本书得到上海高水平地方高校建设创新团队和
华东政法大学涉外法治研究院项目资助

比较法文丛
何勤华 主编
51

中国法制史学的演进与思考

王立民 主编

法律出版社
LAW PRESS·CHINA
北京

图书在版编目(CIP)数据

中国法制史学的演进与思考 / 王立民主编. -- 北京：法律出版社, 2023
(比较法文丛 / 何勤华主编)
ISBN 978-7-5197-3858-7

Ⅰ. ①中… Ⅱ. ①王… Ⅲ. ①法制史－史学史－研究－中国 Ⅳ. ①D929

中国版本图书馆 CIP 数据核字(2019)第 203529 号

中国法制史学的演进与思考
ZHONGGUO FAZHISHI XUE DE YANJIN YU SIKAO

王立民 主编

策划编辑 沈小英
责任编辑 马丽娟 黄 筝
装帧设计 李 瞻

出版发行 法律出版社
编辑统筹 法治与经济出版分社
责任校对 晁明慧
责任印制 吕亚莉
经　　销 新华书店

开本 710 毫米×1000 毫米 1/16
印张 34.5 **字数** 617 千
版本 2023 年 4 月第 1 版
印次 2023 年 4 月第 1 次印刷
印刷 北京虎彩文化传播有限公司

地址:北京市丰台区莲花池西里 7 号(100073)
网址:www.lawpress.com.cn
投稿邮箱:info@lawpress.com.cn
举报盗版邮箱:jbwq@lawpress.com.cn

销售电话:010-83938349
客服电话:010-83938350
咨询电话:010-63939796

书号:ISBN 978-7-5197-3858-7
定价:198.00 元

中国法制史学的演进与思考

主　编：王立民
副主编：练育强　周会蕾
撰稿人：王立民　赵美玲　周会蕾　肖志珂

王立民 1950年4月生，华东政法大学二级教授、功勋教授、博士生导师。法学硕士、历史学博士。曾任华东政法大学副校长、中国法律史学会执行会长、教育部高等学校法学学科教学指导委员会委员、国家司法考试协调委员会委员、上海市法学会法理法史研究会会长、上海市政治学会副会长和德国帕桑大学、日本青山学院大学的客座教授等职。现任中国法学会法学教育研究会学术委员会委员、上海市政治学会顾问、上海市法学会法理法史研究会顾问、华东政法大学涉外法治研究院研究员等职。

享受国务院政府特殊津贴。全国优秀教师，当代中国法学名家。上海市领军人才、首届上海高校教学名师。国家精品课程、国家精品资源共享课“中国法制史”负责人。马克思主义理论研究和建设工程“中国法制史”首席专家。国家社科基金重大项目“中国租界法制文献整理与研究”首席专家。主持国家、省部级等科研项目20余项。

长期从事中国法律史的教学和研究工作，出版个人著作《中国法制史论要》《唐律新探》《中国租界法制初探》《法律史与法治建设》《中国法制与法学教育》《法律思想与法律制度》《古代东方法研究》《上海法制史》《上海租界法制史话》《法苑内外》等10种19部；主编30余部。在《法学研究》《中国法学》《中外法学》《学术月刊》等期刊独立发表论文300余篇，其中30余篇被《新华文摘》《中国社会科学文摘》《红旗文摘》《高等学校文科学报文摘》和中国人民大学复印报刊资料等转载、转摘。获首届全国教材建设二等奖，国家级教学成果二等奖，省部级哲学社会科学优秀成果著作、论文一等奖等20余项奖项。

总　序

自改革开放以来,我国在外国法的研究方面取得了重大成就。这方面的系列丛书可谓琳琅满目,其中,影响较大的有:商务印书馆的“汉译世界学术名著丛书”(法学部分,1981 年)及“法学译丛”(2004 年)、中国大百科全书出版社的“外国法律文库”(1991 年)、中国政法大学出版社的“当代法学名著译丛”(1990 年)及“美国法律文库”(2001 年)、北京大学出版社的“比较法学丛书”(1998 年)、中国法制出版社的“西方法哲学文库”(2001 年)、清华大学出版社的“比较法学丛书”(2001 年)、上海人民出版社的“世界法学名著译丛”(2001 年)、北京大学出版社的“外国法与比较法文库”(2008 年),等等。

然而,在上述众多的系列丛书中,真正冠以“比较法”字样的丛书还不是很多。20 世纪 80 年代到 90 年代,我国先后出版了诸如茨威格特和克茨的《比较法总论》(贵州人民出版社 1992 年版)、勒内·达维德的《当代主要法律体系》(上海译文出版社 1984 年版)、梅利曼的《大陆法系》(知识出版社 1984 年版)、大木雅夫的《比较法》(法律出版社 1999 年版)等比较法方面的经典。但是,出版这些著作大多是一种零星的出版行为,并非系统策划的比较法系列丛书。

21 世纪的中国,对于外国法的介绍、研究、借鉴仍是我国法学研究的一项任务。要顺利完成这一任务,离不开发达的比较法研究。因此,加强比较法方面的研究和出版,成为我国学界和出版界一项重要工作。

鉴于此,法律出版社高瞻远瞩,勇挑重担,与华东政法大学共同策划、出版“比较法文丛”,以期为我国比较法的研究和出版开辟一个新的途径。本文丛以扶植中青年学者,尤其是法学博士、博士后,为这些法学新秀提供一个出版的平台为目的。为此,特选择一批国内最新且富有特色的比较法著作出版,同时,亦可容纳部分纯粹的外国法方面的译著、专著。

本文丛的主要原则和特色是:在百花齐放、百家争鸣的方针指引下,坚持质量第一、宁缺毋滥、不定期出版的原则。具体将体现为以下三点特色:第一,本文丛的著作,应属国内学术界没有涉及的课题,具有填补法学研究空白的特色;第二,本文丛的著作,应是国内学术界都很感兴趣,但还没有系统研究或未及时挖掘的课题;第三,本文丛的著作,应具有比较高的文献史料价值,能为学术界进一步研究提供基础性的资料。我相信,“比较法文丛”的出版,一定会为我国比较法研究的进步与发展做出新的贡献。

本文丛的出版,得到了法律出版社沈小英分社长的全力支持和帮助,也得到了华东政法大学外国法与比较法研究院的建设经费资助。在此,特表示诚挚的谢意。

何勤华

于华政人可居

2010 年 9 月 19 日

序

从历史学的角度来看,中国法制史学是中国史学中的一个组成部分,中国法制史学史是中国史学史中的一个分支。从法学的角度来看,中国法制史学是中国法学中的一个组成部分,中国法制史就是中国法学学术史的一个分支。它以中国法制史的研究成果为研究对象,重点摸索中国法制史学的产生、变化及其发展规律。中国法制史学史是一门专门的学科毫无异议可以成立,不仅如此,这门学科的存在还有十分重要的意义,突出表现在以下三个方面:

首先,有利于发掘中国法制史学的成果,探索中国法制史学的发展规律。自古以来,随着中国法制的发展,对中国法制史的研究也蓬勃开展起来,中国法制史学的成果源源不断地涌现出来。早在先秦时期,《尚书》中就已有关于研究中国法制史的内容,诸子百家的著作中研究中国法制史的内容就更多了。秦朝以后,直至近代、当代,中国法制史学的研究成果更是层出不穷,但这些成果往往是以独立、零星的状态存在,不成体系,也无明显的连贯性。中国法制史学也是中华文明中的一部分,应该对其研究,使其系统化、体系化,把中国法制史学的整体面貌反映出来,把研究成果积累起来,承传下去,造福后代。这一任务就可以由中国法制史学史来完成,其性质如同中国史学史。要完成这一任务,首先就要大量发掘、梳理自古到今的中国法制史学成果,然后再进行分析、归纳,做进一步研究。

对中国法制史学的研究,除了要反映中国法制史学的基本面貌,更要探索中国法制史学的发展规律。对这一规律的探索,可以较为清晰地反映出中国法制史学的产生、发展路径,中国法制史学产生、发展背后的深层次原因,中国法制史学与其他学科之间的关系,中国法制史演变对中国法制史学变迁的影响,甚至预测当今中国法制史学的发展前景,等等。这些不仅可以极大地丰富中国法制史学内涵,还可以使人们从总体上了解、把握中国法制史学发展的一般状况,做到心中有数,利于以后的研究。

其次,有利于借鉴前人的中国法制史学研究成果,推进中国法制史学的向前发展。中国法制史学史所揭示的中国法制史学研究状况和发展规律,可以使今人借鉴前人的研究,明确自己进一步研究的方向、领域。前人没有研究的,可以开发研究;前人已经研究的,要进一步深入研究;前人已有研究结论,而自己的研究的结果与之不同的,可以提出怀疑、异议,甚至商榷。这样,可以避免简单重复而又无学术意义的研究,丰富中国法制史学的研究内容,推进中国法制史学向前发展。

中国法制史学的研究在很大程度上是一种学术研究。这一研究的深入发展取决于研究理念、研究精神、研究方法、研究信息、研究成果的发展等,即与这一研究相关的原素。缺少这些原素,中国法制史学的研究就会受挫,甚至失败。前人对中国法制史学的研究既有成绩也有失误,今天可以从中借鉴,取其精华,避免或减少自己研究中的失误,减少研究成本,提高研究效率和质量,一步步踏踏实实地推进中国法制史学的发展,也为中国法制史学史添砖加瓦。

最后,有利于丰富中国的法制文化,建设中国的法治文化。中国已有几千年的法制文化史,可以说是博大精深,内容丰富。其中,既包括法律思想、法律制度、法律设施、法律的实施,也包括法制史学史。缺少中国法制史学史,中国的法律文化就不完整,留有了缺憾。今天进行中国法制史学的研究,形成中国自己的法制史学史,将极大地丰富中国的法律文化,使其更为丰满。然而,以往由于各种原因,中国法制史学研究成果很多,而中国法制史学史的成果却很少,两者相比,极不对称。中国法制史学史需要迎头赶上,使中国法制史学史与中国法制史学齐头并进,改变不对称状况,尽量不留遗憾。

中国正在推进全面依法治国,加快建设社会主义法治国家,与其相配套的应是法治文化。可是,中国没有法治文化的传统,现代的法治文化也不发源于中国本土,而发轫于其他现代国家。中国的法治建设又不可缺少法治文化,因此,中国在推进全面依法治国、加快建设社会主义法治国家的同时,就需大力建设自己的法治文化。这一法治文化建设的任务很重,在这一过程中,中国的法制史学史可以助一臂之力,从法制史学史中选择有价值的部分,融合进这一文化。

在中国法制史学史中,有些重要的组成部分,其中包括中国法制史的研究成果、主体、事件、争鸣等。(1)关于中国法制史的研究成果。这类成果有多种,但最主要的是著作和论文。它们是中国法制史学的主要载体,集中反映了研究理念、研究对象、研究者的观点、研究运用的资料、研究方法、研究结果等,是中国法制史学研究的综合性体现。缺少了这类成果,中国法制史学史便失去了核心和支柱。中国法制史学的成果很多,既有通史类成果,也有断代史、专史等成果。研究中要去粗取精,抓住有代表性的成果进行深入剖析,取得突破。(2)关于中国法制史的研究主体。中国法制史的研究也是一种人类活动,研究主体十分重要,是研究成果的产出者。没有研究主体就没有中国法制史的研究成果,就不会有中国法制史学。研究主体的一些基本情况,比如籍贯、性别、学历、年龄、研究方向和成果等,都会对中国法制史的研究产生不同程度的影响,应该加以关注。(3)关于研究事件。在中国法制史的研究过程中,会发生一些事件。有些事件会对中国法制史的研究发生作用,从而推进这一研究——一些重要的学术研讨会就是如此。在会议上,各种学术观点同台较量,研究主体互相切磋,以使思想火花迸发,不同论点冲撞,研究得到推进。中国法制史研究中出现的事件在中国法制史学史中不可或缺,也是一种推进中国法制史研究的力量。(4)关于研究中的争鸣。学术的生命在于争鸣,中国法制史的研究也是如此。在争鸣中,不同的学术论点进行碰撞,各种学术思想得以交流,问题越争越明,逐渐靠近真理。没有这种争鸣,不仅学术气氛不浓,而且学术也得不到应有的发展。中国法制史学史中不能没有学术争鸣。

中国法制史学在数千年的演进过程中,受到各种因素的影响和自身的运行,也显现出不同的阶段。除了有古代、近代和当代三大时代以外,在每个时代中还有演进阶段。古代法制史学中就有萌芽、确立、发展、成熟等一些阶段。在每个阶段中,中国法制史学还有自己演进的表现、成果、人物、特色等内容。各个阶段的衔接如同历史发展之链,把中国法制史学的演进过程展现出来,在此基础上的中国法制史学史也就一目了然。

中国法制史学在演进过程中,形成了自己的特点并与许多东方国家的法制史学史有所不同,突出表现在以下一些方面:首先,中国法制史学史的时间跨度大。中国法制史学从产生开始,历经古代、近代和当代,时间跨度达数千年。在这数千年时间里,中国法制史学始终在演进,没有中断,源远流长。其次,中国法制史学史的内涵极其丰富。经过数千年的积累,中国法制史学的资料极其丰富,其中古代以史籍为主,另有出土文献、碑刻等,近当代则以著作、论文为主,其数量都有很多。这一方面给中国法制史学的研究创造了良好的史料条件,另一方面也为这一研究的资料梳理、归纳提出了挑战。在此基础上,中国法制史学史的内涵就特别丰富。再次,中国法制史学史的演进呈现一个古代以自我演进和近代则以借鉴为主的态势。中国古代法制史学与中国古代的法制发展一样,处在自我的演进过程中,形成一个独立体系,几乎不受外国的影响。到了近代,由于受到西学的影响,研究主体大量借鉴西学的研究理念、方法,使中国法制史学也实现了近代化。因此,中国古代的法制史学史与近代的法制史学史的演进就呈现了两种不同的态势。最后,中国法制史学史是一种世俗的法制史学史。数千年来中国法制史学的内容很少受宗教的影响,以世俗化为主导。中国法制史学史也是如此,是一部世俗化的史学史。以上四个特点的综合基本能反映出中国法制史学史的特点。

近三十余年来,随着中国法制史学研究成果的大量涌现,中国法制史学史越来越引起人们的关注,有关中国法制史学史的成果也不断面世。其中,既有论文,也有著作。高旗的《近年来中国法律史研究概观》①和张东刚的《近年来商鞅变法研究述评》②是论文,张晋藩主编的《中国法制史研究综述》③和《中华法系的回顾与前瞻》④是著作。当然,相关成果还有一些,这里只是举例而已。这些研究不仅富有成效,也为后人的研究提供了启示。

近年来,我的关注点也包括中国法制史学史,并对其做了些研究,发表了几篇有关中国法制史学史专题研究的成果,它们是:《中国租界法制研究的检视与思考——以近三十余年来的研究为中心》、⑤《中国地方法制史研究的前世与今生》⑥、《中国唐律研究三十年》⑦和《中国法制史研究 70 年重要问题》⑧。同时,我还带领、指导博士、硕士研究生开拓中国法制史学史领域,经过几年的努力,

① 高旗:《近年来中国法律史研究概观》,载韩延龙主编:《法律史论集》(第 2 卷),法律出版社 1999 年版,第 787~812 页。

② 张东刚:《近年来商鞅变法研究述评》,载《中国史研究动态》1989 年第 11 期。

③ 张晋藩主编:《中国法制史研究综述》,中国人民公安大学出版社 1990 年版。

④ 张晋藩主编:《中华法系的回顾与前瞻》,中国政法大学出版社 2007 年版。

⑤ 王立民:《中国租界法制研究的检视与思考——以近三十余年来的研究为中心》,载《当代法学》2012 年第 4 期。

⑥ 王立民:《中国地方法制史研究的前世与今生》,载《中外法学》2013 年第 5 期。

⑦ 王立民:《中国唐律研究三十年》,载《法学研究》2014 年第 5 期。

⑧ 王立民:《中国法制史研究 70 年重要问题》,载《南京社会科学》2019 年第 9 期。

已初见成效,并集中于中国法制史学史通史,以弥补这方面研究的不足。其中,有2部博士学位论文《中国古代法制史学史研究——以历代古籍为中心》①和《中国近代法制史学史研究》,②并都已公开出版。中国当代法制史学史则由几位硕士研究生以硕士学位论文的形式完成。这样,中国法制史学史通史的分段研究基本告成,在此基础上再进行总和、贯通已有基础,不会有太大的障碍。

2012年我成功申报了司法部"国家法治与法学理论研究"项目立项课题"中国法制史学的演进与思考"(12SFB5008),这实际体现的是一个中国法制史学史通史的主题,从古代至当代,全都包含在内。把这一课题做好,呈现的便是一部中国法制史学史通史著作,正好弥补目前还没有这一通史成果的遗憾。司法部的这个课题给了我进行中国法制史学史通史研究的动力,鞭策我完成这一任务。

这个课题的研究于2015年如期完成,并于2016年上半年顺利结项。其成果的内容分为古代、近代和当代三部分,每一部分都由中国法制史学的成果、史学家的贡献、典型事件等构成,这是一种把中国法制史学史以时代为线索和相关重要问题结合起来的结构,基本能反映中国法制史学史的演进过程,并从中体现出一些值得思考的问题。成果中运用的古代部分史料包括法典、刑法志、律学著作和其他一些著作中有关于中国法制史学内容的部分,近、当代部分则以公开发表的论文和著作为主要依据。它们均是中国法制史学的主体部分,能够基本反映当时中国法制史学的研究状况。此成果还把史论结合起来,论从史出,它不只是简单的史料梳理和归纳,更包含着撰写成员的个人心得,特别是在思考部分有了集中展示。

这一成果结项后,又做了必要修改,并以著作形式做了调整,使其成为一部有史有论的中国法制史学史通史著作。著作的有些内容已公开发表,编入时也做了必要调整。十分冀望它能为学界以后进一步研究中国法制史学史提供一些参考和便利。

本书虽已草成,但还存在不足,主要表现在体例上。由于古代部分时间跨度大,研究成果较为分散,成果的归纳与近、当代有所不同,所以古代与近、当代部分在体例上不尽一致。这有待于今后进一步的研究和改进,以期弥补这一不足。还望各位专家、学者多加指教,使本书再做修改,使其更为成熟一些。多谢!

---

① 张维新:《中国古代法制史学史研究——以历代古籍为中心》,上海人民出版社2012年版。

② 周会蕾:《中国近代法制史学史研究》,上海人民出版社2013年版。

目　录

第一编　中国古代法制史学的演进与思考

第二编 中国近代法制史学的演进与思考

第一编

中国古代法制史学的演进与思考

第一章　先秦时期的法制史学

先秦时代可以算作古代法的萌芽阶段。在这段漫长的历史中，有文字记载的历史大约是从商代开始的，商以前的历史，从炎帝、黄帝、蚩尤到唐尧、夏禹并无直接文字记载，其“历史”仅存在于后世文献对于古老传说的间接描述中，这一“神秘”的时期也往往被后来的法制史研究者作为法治典范时期，并加以称颂。商、西周及至秦统一天下前，是奴隶制国家形成、发展直到衰落、灭亡之时，此一时期，已有文字的记载，在法律方面，不仅有对当时法制状况的记载，也出现了对于法制史问题的探析，古代法制史学也因之诞生。

《尚书》是我国最为古老的一部历史文献，在法制史问题上，其论及了刑罚的起源与发展，记载了西周法制的演变发展历史，是我国历史上最早涉及法制史学研究的历史文献。春秋战国时期，形成了百家争鸣的局面，儒家、墨家、法家、道家等的经典著作也都涉及对于法制史问题的研究，如法律的起源、礼与法关系的法制史溯源、对过去法制情况的总结与评析等。

第一节　史学著作中的法制史学

《尚书》是我国现存最为古老的一部历史文献。该书相传由孔子编订，之后传授于其弟子，记录了距今约2300年至4000年间虞、夏、商、周的一些重大事件，保存了极珍贵的有文字的可考史料。故本节以《尚书》为例,介绍先秦史学著作中的法制史学。

一、《尚书》概述

《尚书》,亦称《书》《书经》,“尚”即“上”,《尚书》也就是指上古以来的书,有《今文尚书》、《古文尚书》和《伪古文尚书》之区分。《今文尚书》共 29 篇,是西汉初年伏生所传,用汉代文字书写,故称《今文尚书》。《古文尚书》共 45 篇,是由西汉孔子后裔孔安国整理,用汉以前的文字书写,故称《古文尚书》。《伪古文尚书》共 58 篇,是东晋梅颐献出的《古文尚书》。《古文尚书》亡佚于魏晋之间,现只存在篇目。梅本《古文尚书》通行至清,但该书已被定位为伪书。①

《尚书》(《今文尚书》)的篇目中,虞书有 2 篇,分别为《尧典》和《皋陶谟》,记录尧、舜、禹、皋陶、伯益之事,涉及历法、巡狩、刑法等古代典制;夏书有 2 篇,分别为《禹贡》和《甘誓》,记录禹治水、划分九州及启伐有扈于甘之誓词等;商书有 5 篇,分别为《汤誓》、《盘庚》、《高宗肜日》、《西伯戡黎》和《微子》;周书有 19 篇,包括《牧誓》、《洪范》、《康诰》、《酒诰》、《召诰》、《多方》、《立政》和《吕刑》等。

《尚书》为研究夏、商、周三代法律制度提供了丰富的史料,也可以算是距今存在的最为古老的法制史书籍,它记载了法律、刑罚的起源与发展,明德慎罚法律思想的确立与发展,上古时期的审案原则和方法,刑与非刑、唯终与非终、罪不相及等法律原则的产生及适用等。以下选取其中刑罚的起源与发展和西周法制演变展开阐述。

二、《尚书》中的法制史学

(一)刑罚的起源与发展

《吕刑》是周书中的一篇,记载了周穆王在位期间,为了巩固其统治地位,向诸侯及大臣宣布《吕刑》时的讲话内容。在该篇中,近乎一半的内容与刑罚的起源与发展有关。

《吕刑》在开篇处,即对刑罚的起源做了描述,“蚩尤惟始作乱,延及于平民,罔不寇贼,鸱、義、奸、宄、夺、攘、矫、虔。苗民弗用灵,制以刑。惟作五虐之刑,曰法,杀戮无辜。爰始淫为劓、刵、椓、黥。越兹丽刑并制,罔差有辞”。也就是说,蚩尤作乱后,苗部落的执政者为了稳定秩序而制定了刑,但其本质却是滥杀无辜,因而此种刑为“虐刑”。“虐刑”只会造成天下大乱的后果,与天意不符。

① 叶孝信主编:《中国学术名著提要》(政治法律卷),复旦大学出版社 1996 年版,第 7 页。

由此，应当还存在一种与“虐刑”截然不同的刑罚，这种刑罚是秉承天意的，是对违反天意之人的处罚，具有止乱的作用，因而，被称为“祥刑”。《吕刑》认为祥刑是圣人尧舜等制定的，是将德与刑罚相结合的产物。《吕刑》写道：“乃命三后，恤功于民。伯夷降典，折民惟刑；禹平水土，主名山川；稷降播种，农殖嘉谷。三后成功，惟殷于民。士制百姓于刑之中，以教祗德。穆穆在上，明明在下，灼于四方，罔不惟德之勤，故乃明于刑之中，率乂于民棐彝。典狱非讫于威，惟讫于富。敬忌，罔有择言在身。惟克天德，自作元命，配享在下。”

刑罚发展到了西周时期，越发严苛，周穆王为了缓和西周当时的内忧外患和阶级矛盾，吸取前代灭亡的教训，接受了吕侯的建议，改革以前的严刑峻法，效法三后，制定祥刑，创立五刑五罚五过的量刑原则：“五刑”以肉刑为主，即墨刑、劓刑、剕刑、宫刑和大辟；“五罚”是指罚金，将用铜赎罪分为五个等级；“五过”也就是赦免。并且，五刑可疑降为五罚，五罚可疑降为五过，每降一个等级刑罚就减轻，“有邦有土，告尔祥刑。……两造具备，师听五辞。五辞简孚，正于五刑。五刑不简，正于五罚；五罚不服，正于五过”。①

赎刑在西周时期占据了重要地位，是周穆王改革严峻刑法的一个重要内容，也是“祥刑”的重要体现。《尚书·吕刑》在开头就写道，赎刑并非西周首创，其在夏朝时已经存在，即“吕命穆王训夏赎刑，作《吕刑》”，但到西周时期才发展完备。具体表现在：

其一，赎刑的适用范围扩大。据《尚书大传》记载，“夏后氏不杀不刑，死罪罚二千馔”。也就是在夏朝时期，赎刑仅适用于死刑，但到了西周，赎刑可广泛适用于墨刑、劓刑、剕刑、宫刑和大辟。

其二，不同等级的设立。赎刑与五刑相对应，也设计了五个等级，分别缴纳不同数量的赎金：第一等级，判处墨刑感到疑问的时候，可以赦免，缴纳一百锾；第二等级，判处劓刑感到疑问的时候，可以赦免，缴纳二百锾；第三等级，判处剕刑感到疑问的时候，可以赦免，缴纳五百锾；第四等级，判处宫刑感到疑问的时候，可以赦免，缴纳六百锾；第五等级，判处大辟感到疑问的时候，可以赦免，缴纳一千锾。即“墨辟疑赦，其罚百锾，阅实其罪。劓辟疑赦，其罚惟倍，阅实其罪。剕辟疑赦，其罚倍差，阅实其罪。宫辟疑赦，其罚六百锾，阅实其罪。大辟疑赦，其罚千锾，阅实其罪”。

其三，适用原则的确立。赎刑的适用原则为“疑罪收赎”原则，也就是在罪可疑的情况下，才能通过缴纳罚锾来获得肉刑的赦免。

---

① 《尚书·吕刑》。

综上,《吕刑》篇对于刑罚的起源和在西周时期的发展作了阐述,并且将刑罚分为虐刑和祥刑两种,虐刑只会导致天下大乱的后果,祥刑才能治理好国家,由此,周穆王面对当时的社会状况,必须将德与刑罚相融合,制定祥刑,以教祗德,恢复人的美好秉性和德行。

(二)明德慎罚原则的形成与发展

在西周时期,殷商以来的神权法思想开始发生重大变化。商代的统治者信奉上帝,宣称自己是上帝的代理人,秉承上帝旨意,在人间发号施令,所有的惩罚都是代天行罚,例如,商汤在讨伐夏桀时说:"有夏多罪,天命殛之。……尔尚辅予一人,致天之罚,予其大赉汝!尔无不信,朕不食言。尔不従誓言,予则孥戮汝,罔有攸赦。"①但商朝仍避免不了灭亡的命运。对此,周朝统治者开始进行反思,认为虽然存在上帝,存在天命,但天命无常,上帝只将权力赋予有德的人,统治者要有德,就需要得民心。至此,西周时期的神权思想出现了二元化,从一元的重视天,到二元的既重视天也重视人,且更为重视人的作用。

"明德慎罚"就是西周统治者在总结商朝衰亡的基础上提出的,是中国法制史上第一次明确提出将德与刑结合起来的主张。该词始见于《尚书·康诰》:"克明德慎罚,不敢侮鳏寡。庸庸,祇祇,威威,显民。用肇造我区夏,越我一、二邦,以修我西土。"意指伟大显赫的文王,能够崇尚德政,慎重刑罚,不侮鳏寡。他勤劳、敬谨,畏惧天威,使小民都能达到光明的境地。

《尚书·吕刑》则第一次明确阐明了"刑"与"德"的关系,既强调德刑兼用,又寄寓以刑辅德的意思:"穆穆在上,明明在下,灼于四方,罔不惟德之勤,故乃明于刑之中,率乂于民棐彝。典狱非讫于威,惟讫于富。敬忌,罔有择言在身。惟克天德,自作元命,配享在下。"显然,该主张将明德置于首位,所以又说"惟敬五刑,以成三德",也就是要谨慎地使用刑罚,能够成就三德,达到正直、刚克、柔克的理想局面。

在"明德"方面,主要包括三点内容:其一,统治者应当勤政修德,力戒荒淫。例如,周公就要求成王以文王为榜样,"自朝至于日中昃,不遑暇食","无淫于观、于逸、于游、于田,以万民惟正之供"。其二,统治者应当保民惠民,"怀保小民,惠鲜鳏寡",②不要对民横征暴敛,过度盘剥,而应当经常给予他们一些小恩小惠,爱护百姓。其三,统治者应当注重教化。在教与刑并用的情况下,应当先以教化,给人以改过自新的机会,实行德政、慎用刑罚、惩罚犯罪、释放无辜,也

① 《尚书·汤誓》。
② 《尚书·无逸》。

即“罔不明德慎罚，亦克用劝；要囚殄戮多罪，亦克用劝；开释无辜，亦克用劝”，①其目的都是劝民从善。

在“慎罚”方面，《吕刑》提出了若干具体措施。例如，在执法人员的选任方面，要求选择熟悉法律的贤人来执掌司法，即“在今尔安百姓，何择非人”；在审理案件过程中，要求司法官通过察言观色的方法，仔细听取和分辨当事人双方的供述，即“两造具备，师听五辞”，必要时可以向群众展开调查，核实情节，即“简孚有众，惟貌有稽”，没有核查的事则不能成为定案的依据，即“无简不听”；如果通过上述方法仍不能确认的案件，那么就可以从宽处理，适用赎刑，甚至赦免。

（三）西周刑事法制的完备

虞书、夏书中相关刑事法制的记载较为简略，而且相关刑罚执行的规定也比较温柔敦厚。随着政权的巩固，商刑较于夏刑更为繁密、残酷。及至西周时期，刑事法制进一步发展，体系颇为完备。在周书 19 篇中谈及刑事法制的就有《洪范》《康诰》《酒诰》《梓材》《召诰》《多士》《多方》《立政》《顾命》《吕刑》《费誓》等篇。以《吕刑》《康诰》《酒诰》为例：《吕刑》是一篇法制史专文，对刑罚的起源，刑罚的分类，赎刑制度、赦免制度的形成和发展，“师听五辞”“上下比罪”“简孚有众”“其刑上备”这些定罪量刑制度的确立，以及刑罚的神性、特殊性和重要性等都有专门的论述。《康诰》篇也记录了一系列的刑罚原则。如严惩不孝的行为，认定不孝不友罪是最大的罪，即“元恶大憝，矧惟不孝不友”；又如区分故意与过失、惯犯与偶犯，故意、惯犯从重，过失、偶犯从轻的原则，即“人有小罪，非眚，乃惟终自作不典；式尔，有厥罪小，乃不可不杀。乃有大罪，非终，乃惟眚灾；适尔，既道极厥辜，时乃不可杀”。《酒诰》则是有关饮酒的一篇专门刑律，可以说是我国最早的禁酒令。周公看到殷商贵族、大臣酗酒成风而荒于政事，因此招致亡国的后果，担心这种恶习也会造成周王室的大乱，所以让康叔在卫国宣布戒酒令，不许酗酒，只有在祭祀的时候方能饮酒，“文王诰教小子有正有事：无彝酒。越庶国：饮惟祀，德将无醉。惟曰我民迪小子惟土物爱，厥心臧。聪听祖考之遗训，越小大德”。而对于群饮的人，将处以死刑，“‘群饮。’汝勿佚。尽执拘以归于周，予其杀”。由此可见，上古的法制发展至西周时期已大为完善。

---

① 《尚书·多方》。

第二节 儒家著作中的法制史学

孔子、孟子、荀子是先秦儒家的代表人物，他们的著作如《论语》《孟子》《荀子》也是儒家的经典之作，其中不乏关于法制史问题的研究。因“礼”乃儒家学派之核心，故儒家著作在阐述法制史问题时也往往离不开对于礼的论析，但因三者所处年代的不同，其研究又存有差异。

一、《论语》中的法制史学

孔子（公元前551~前479年），名丘，字仲尼，鲁国陬邑（今山东曲阜）人，春秋末期著名的政治家、思想家、教育家，儒家学派的创始人。祖先原为宋国贵族，因政治变乱避居鲁国，至孔子时，家境早已经没落，故自称“吾少也贱”。[①]在仕途上，曾任“委吏”（职司会计）和“乘田”（执掌畜牧）等小官吏，中年时开始积极从事政治活动，从中都宰升为司空、司寇之职，但为时不长即因人离间而遭鲁定公冷遇，54岁时携弟子离开鲁国，周游卫、宋、陈、蔡、齐、楚等国，宣扬自己的治国理念，但终不见用，14年后返回鲁国。在教育上，孔子30岁左右开始招收弟子，进行私家讲学，任官职期间仍从事教育，而在周游列国回归鲁国后则开始专心执教，相传孔子一生教授的弟子多达3000人。在中国历史上，孔子对于中华文化做出了巨大的贡献，他兴办私学，聚众讲学，整理文化典籍，曾修《诗》《书》，定《礼》《乐》，序《周易》，作《春秋》，并创立了我国文化史上第一个独立的学派——儒家学派，对华夏民族的性格、气质产生了极大的影响。其所奠定的儒家法律思想对于整个中国法律思想史、法律制度史也产生了深远的影响，尤其到了西汉时期，儒家法律思想被确立为正统法律思想后，中国的法律思想呈现出了一元化的局面。

《论语》是儒家经典著作之一，是孔子弟子及其再传弟子根据直接记录和传闻整理孔子言行的汇编。关于书名的由来，学界有多种看法：一谓内容为孔子遗言而为后来诸儒所讨论；二谓源于有条理地论述孔子之语；三谓《论语》由编辑汇纂而得名。[②] 现行本《论语》共20篇，篇名一般采取篇首数字，分别为：学而第一、为政第二、八佾第三、里仁第四、公冶长第五、雍也第六、述而第七、泰伯第八、子罕第九、乡党第十、先进第十一、颜渊第十二、子路第十三、宪问第十四、

① 《论语·子罕》。
② 叶孝信主编：《中国学术名著提要》（政治法律篇），复旦大学出版社1996年版，第14页。

卫灵公第十五、季氏第十六、阳货第十七、微子第十八、子张第十九、尧曰第二十。

(一)继承西周民本主张,提倡先富后教

在孔子之前,西周初期的周公面对小国周取代殷商的事实,意识到"天难忱"、[①]"天不可信"、[②]"天命靡常",[③]他认为商王朝之所以衰亡,就在于"惟不敬厥德,而早坠厥命",[④]正是在这基础上提出了"以德配天"的主张,从单一的"敬天"发展到既要"敬天",又要"保民",且"保民"更重要,因为周公意识到民心的向背直接影响朝代的兴衰,他说:"天畏(威)棐忱,民情大可见。"[⑤]周公进一步认为,统治者要做到保民,就要体察民情,"君子所其无逸,先知稼穑之艰难,乃逸,则知小人之依",[⑥]也要让人民安居乐业,生活宽裕,"惟文王之敬忌,乃裕民","裕乃以民宁,不汝瑕殄"。[⑦]

孔子受到周人的启发,提出以民为本、先富后教的主张。例如,有一次孔子和弟子们去了卫国,看到他们人口稠密,弟子冉有和孔子便展开了一段对话:"子曰:庶矣哉!冉有曰:既庶矣,又何加焉?曰:富之。曰:既富矣,又何加焉?曰:教之。"[⑧]又如《雍也》篇中写道:"子贡曰:如有博施于民,而能济众,何如?可谓仁乎?子曰:何事于仁,必也圣乎!尧舜其犹病诸!"孔子认为,一个人如果能够做到"博施于民,而能济众",则不仅符合"仁"的要求,更是达到了"圣"的境界,即使是古代的圣明君王尧舜也无法做到。

孔子先富后教的主张蕴含三个方面的意义:其一,孔子从人民的物质生活去探讨道德和法制的问题,强调道德教化和社会治安离不开物质生活,主张国家统治应当以富民为基础,社会大治必然以富民为前提。孔子发现贫穷是导致犯罪和社会动乱的一个基本原因,他指出,"贫而无怨难",[⑨]"小人穷斯滥矣",[⑩]"好勇疾贫,乱矣"。[⑪] 这是说,贫穷可能使人产生怨恨情绪,人到了极度贫穷的

---

① 《尚书·大诰》。
② 《尚书·君奭》。
③ 《诗经·大雅·文王》。
④ 《尚书·召诰》。
⑤ 《尚书·康诰》。
⑥ 《尚书·无逸》。
⑦ 《尚书·康诰》。
⑧ 《论语·子路》。
⑨ 《论语·宪问》。
⑩ 《论语·卫灵公》。
⑪ 《论语·泰伯》。

地步便无所顾忌,这样必然将导致社会的混乱。因此,孔子认为,统治者首先要让百姓富裕起来,使其能够维持基本的物质生活,无受冻挨饿之虞。其二,在民富的基础上,对他们施行教化,教是富的目的,光富而不教,富就丧失了意义,也难以长久保持。孔子十分注重道德教化,如他所说,“道之以政,齐之以刑,民免而无耻;道之以德,齐之以礼,有耻且格”。① 其三,孔子先富后教的主张是他整个法制主张的有机组成部分。孔子不仅重视德教,而且把“不教而杀”列为四种恶政之一。在刑罚的轻重上,他继承了周公“用中刑”的主张,并且通过“兴礼乐”的方式来使“刑罚中”,即“……名不正,则言不顺;言不顺,则事不成;事不成,则礼乐不兴;礼乐不兴,则刑罚不中;刑罚不中,则民无所措手足”。② 此外,孔子希望通过教化的方式,尽量减少刑罚的适用,减少诉讼,以达到无讼的目标。③

(二)继承发展周公的礼治主张

孔子处于春秋末期,恰值封建制取代奴隶制的变革时期,当时出现了“礼崩乐坏”的局面,从小接受周礼熏陶和教养的孔子常常叹息民心不古,极力主张恢复周礼的权威,实行礼治,改变当时天下大乱的局面,他说:“丘闻之:民之所由生,礼为大。非礼,无以节事天地之神也;非礼,无以辨君臣上下长幼之位也;非礼,无以别男女父子兄弟之亲,昏姻疏数之交也。”④为了实现“复礼”,孔子一方面严厉谴责各种违反和破坏周礼的言行,另一方面企图通过改良以缓和阶级矛盾及贵族内部的矛盾,这一切设想主要依靠道德感化来实现。因此,他极力提倡仁者爱人,要求克己复礼。“行仁”是实行礼治的思想基础。孔子认为礼崩乐坏的原因,在于人们缺乏宽厚仁爱的心。因此,孔子主张在“礼”之外辅之以“仁”。《论语》中多次提到了“仁”,孔子对于这一词也作了多种解释。例如,“樊迟问仁。子曰:‘爱人’”,“颜渊问仁。子曰:‘克己复礼为仁’”,而“子张问仁。子曰:‘能行五者于天下为仁矣……恭、宽、信、敏、惠’”。⑤ 其中“爱人”最能表达“仁”的内涵,其也是孔子处理人事关系的基本原则。该原则用之于处理父子和兄弟关系,就是父慈、子孝、兄友、弟恭;用之于处理君臣关系,就是“君使臣以礼,臣事君以忠”;⑥用之于处理同辈人之间的关系,就是要行“忠恕之道”,

① 《论语·子路》。
② 同上。
③ 徐永康:《〈论语〉中的“先富后教”思想及其法文化价值》,载《法律科学》1994年第2期。
④ 《礼记·哀公问》。
⑤ 《论语·颜渊》。
⑥ 《论语·八佾》。

即“己欲立而立人，己欲达而达人”，[①]“己所不欲，勿施于人”[②]等，这些都是“爱人”的表现。

从法制史的角度而言，孔子所提倡的礼治包含如下几个方面的内容：[③]

其一，等级特权。在孔子看来，人与人之间是不平等的，具有尊卑等级之分，尊贵、贤能的人，就有权去统治别人，并受到供养；卑贱、愚昧的人就有义务去劳作，供养尊贵的人。同时，只有礼治，才能维系这种等级差别，使君子、小人、劳心者和劳力者各自遵守一定的行为规范，行使权利，履行义务，保持社会的有条不紊。

其二，忠君尊王。在孔子所处时代，周天子的地位已经形同虚设，齐桓公、晋文公等霸主相继取代了周天子的地位，针对这种情况，孔子说：“天下有道，则礼乐征伐自天子出；天下无道，则礼乐征伐自诸侯出。自诸侯出，盖十世希不失矣；自大夫出，五世希不失矣；陪臣执国命，三世希不失矣。天下有道，则政不在大夫。天下有道，则庶人不议。”[④]也就是说，在孔子看来，礼乐从诸侯、大夫等出都是属于无道的，因此要拨乱反正，要正名，以维护君主的地位和特权。《论语》记载：“齐景公问政于孔子。孔子对曰：‘君君，臣臣，父父，子子。’公曰：‘善哉！信如君不君，臣不臣，父不父，子不子，虽有粟，吾得而食诸？’”[⑤]“子路曰：‘卫君待子而为政，子将奚先？’子曰：‘必也正名乎！’子路曰：‘有是哉，子之迂也！奚其正？’子曰：‘野哉由也！君子于其所不知，盖阙如也……’”[⑥]

其三，亲者相隐。孔子对于家族主义的强调和维护也使他的诉讼观异于常人，尤其是基于孝亲观念，孔子明确主张父子之间应该互相隐瞒犯罪，而不能互相告发。《论语》记载了孔子认为父子相隐的正当性：“叶公语孔子曰：‘吾党有直躬者，其父攘羊，而子证之。’孔子曰：‘吾党之直者异于是，父为子隐，子为父隐，直在其中矣。’”[⑦]

其四，男尊女卑的婚姻家庭观。在周礼的规定中，男女地位存在很大的差别，丈夫居于主导地位，妻子则居于从属地位。孔子极力维护这种男女地位的不平等。例如，他将女子与小人相提并论，说：“唯女子与小人为难养也，近之则

---

① 《论语·雍也》。

② 《论语·卫灵公》。

③ 参见杨鹤皋：《中国法律思想史》（上），湘潭大学出版社2011年版，第82~86页。

④ 《论语·季氏》。

⑤ 《论语·颜渊》。

⑥ 《论语·子路》。

⑦ 同上。

不孙，远之则怨。”①他在《仪礼》中进一步提出了妇女的“三从”，女子的一生都在男子的掌控之下，即“妇人有三从之义，无专用之道，故未嫁从父，既嫁从夫，夫死从子”。②

需要指出的是，虽然孔子主张恢复周礼，但此周礼非为周时的周礼，而是经过损益完善，适合当时环境的周礼。他说：“殷因于夏礼，所损益可知也；周因于殷礼，所损益可知也；其或继周者，虽百世可知也。”③也就是说，后代的礼在继承前代制度的同时，也在对其进行损益完善。孔子对于周礼的损益主要涉及形式和实质两个方面：

其一，形式上的损益。周礼时期的礼义在孔子看来过于铺张浪费，他主张朴素简约。例如，对于礼帽，按照周礼，应由麻料编织，但现在，人们都是用丝料编织的，孔子认为这样可以节省材料，因此肯定了这一做法，他说：“麻冕，礼也；今也纯，俭，吾从众。”④又如，对于丧礼，按照周礼过于奢侈铺张，应当简化，他说：“礼，与其奢也，宁俭；丧，与其易也，宁戚。”⑤

其二，实质上的损益。在礼和仁的关系上，孔子主张两者相结合，礼是仁的依据，仁又是礼的基础，他说：“人而不仁如礼何？人而不仁如乐何？”⑥又说：“礼云礼云，玉帛云乎哉！乐云乐云，钟鼓云乎哉！”⑦正是基于这种认识，孔子极力反对周礼的人殉制，主张将其废除。据《礼记·檀弓下》记载，“孔子谓为刍灵者善，谓为俑者不仁，殆于用人乎”。《孟子·梁惠王上》也记载，“（孔子说）始作俑者，其无后乎”。

如上，孔子面对春秋末期礼崩乐坏的局面，一方面，主张要恢复周礼，并构建了一系列符合周礼的法律制度；另一方面，主张要有所损益，发展周礼，以符合当时的社会情况。

二、《孟子》中的法制史学

孟子（约公元前372~前289年），名轲，字子舆，邹（今山东邹县南）人，战国时期的思想家、政治家、教育家，被尊称为仅次于孔子的“亚圣人”。孟子相传为

---

① 《论语·阳货》。
② 《仪礼·丧服》。
③ 《论语·为政》。
④ 《论语·子罕》。
⑤ 《论语·八佾》。
⑥ 同上。
⑦ 《论语·阳货》。

鲁国贵族孟孙氏的后代,年幼丧父,由母亲抚育成人。年轻时曾师承曾参、子思的门人,悉心钻研孔子学说,并与孔子之孙子思共同创立"思孟学派",该学派被后世看作儒学的正宗。孟子于30岁左右开始招收徒弟,先后有学生数百人。及至40多岁,孟子为推行自己的政治主张,效仿孔子,开始周游列国,先后到过齐、宋、滕、梁、鲁等国。在受到高规格礼遇的同时,他的政治主张却不受采纳,在60多岁时无奈返乡,聚徒讲学,著书立说,并在弟子万章等人的协助下"序《诗》《书》、述仲尼之意,作《孟子》七篇"。①

孟子以孔子继承者自居,既继承了孔子的思想,又有所发展:他发展了孔子的民本思想,明确提出民贵君轻的主张;在政治上主张实行王道、仁政,反对霸道、暴政;提出了人生下来就本善良的"性善论",并以此作为其仁政主张的思想基础;主张社会分工,提出"劳心者治人,劳力者治于人"的主张。

《孟子》一书是孟子和他的弟子万章、公孙丑等编辑,记录了孟子及其部分弟子的言论和活动。书约成于战国中期,篇名与《论语》同,采取篇首数字为名,每篇分为上下两部分。《汉书·艺文志》著录《孟子》11篇,现仅存7篇。相传另有《孟子外书》4篇,现已佚。今存篇目为梁惠王(上、下)、公孙丑(上、下)、滕文公(上、下)、离娄(上、下)、万章(上、下)、告子(上、下)、尽心(上、下)。

(一)法律起源观

在法律起源问题上,孟子持"法先王"的观点,他的这一主张对后世有着深远的影响。有批评者,如后来的荀子、韩非子,他们分别提出了"法后王"和"法新圣"的主张;肯定者如北宋的王安石,他主张变法改革,并主张适用孟子的"法先王"思想。

"法先王"就是效法先王、取法于先王的意思,孟子所谓的先王是指在古代平治天下取得成功的尧、舜、禹、汤、文、武、周公等人。他说:"《诗》云:'不愆不忘,率由旧章。'遵先王之法而过者,未之有也。"又说:"规矩,方圆之至也;圣人,人伦之至也。欲为君,尽君道;欲为臣,尽臣道。二者皆法尧舜而已矣。不以舜之所以事尧事君,不敬其君者也;不以尧之所以治民治民,贼其民者也。"②在孟子看来,这些圣人所制定的"大圣大法"是完美无缺的,后世君主只要因时制宜,稍加损益,即可适用,换言之,这些"大圣大法"就是后世法律的永恒渊源,后世君主只有依先王之法制定的现实法才是良法,才有助于恢复民众的良知,重现三代盛世。在这里,孟子将法分成了理想法与现实法两种,理想法就是圣人所

① 《史记·孟子荀卿列传》。
② 《孟子·离娄上》。

创制的法律,现实法就是后世君主在理想法的基础上加以损益而制定的。理想法以“爱民”“保民”为立法宗旨,因此理想法指导现实法,现实法服从于理想法。

孟子提出“法先王”,以先王之法作为法律渊源有其特定的历史背景。孟子处于战国中期,大大小小的战争、国与国之间的兼并从未间断,不同于孔子要求恢复西周的奴隶制秩序或墨子要求在互不攻伐的基础上维持割据现状的主张,孟子提出了“定于一”的主张。为实现这一理想,就应当借鉴天下大治时期的历史经验,但是这种天下大治的局面在周以后已不复存在,也找不到值得效法的先例,于是孟子不得不将视野放在春秋以前,重视古代平治天下的历史经验,并把平治天下取得成功的先王作为效法的榜样,提出“法先王”的主张,因此在法律上也以先王的理想法作为现实法的历史渊源。

(二)继承孔子先富后教主张,构建经济立法制度

孔子在前人的基础上提出了先富后教的主张,认识到人们的物质生活水平和道德教化之间的关系,孟子进一步结合孔子及孔子以先之人的主张,以及他所提出的仁政主张,强调经济发展对于得民心和使民教的作用,在此基础上,提出了一系列相关经济立法的主张,这些主张大致可分为三个方面:

第一,“制民之产”。所谓“制民之产”,就是使民有“恒产”,给予农民以固定的田产,保证其具有起码的生存条件,如孟子所言,“必使仰足以事父母,俯足以畜妻子,乐岁终身饱,凶年免于死亡”。对于恒产的标准,孟子的设计就是要达到“八口之家”有“五亩之宅”、“百亩之田”以及“五母鸡二母彘”,他说:“五亩之宅,树之以桑,五十者可以衣帛矣。鸡豚狗彘之畜,无失其时,七十者可以食肉矣;百亩之田,勿夺其时,数口之家可以无饥矣……”①民众有了“恒产”之后,“死徙无出乡,乡田同井,出入相友,守望相助,疾病相扶持,则百姓亲睦”,②也就具有了稳定地从事农业生产的积极性,即具有了“恒心”,这样就能为社会的稳定和经济的发展奠定坚实的基础。

第二,“正经界”。所谓“正经界”,就是划分和确定土地的疆界,明晰土地产权。在战国中期,土地兼并已经成为相当普遍的社会现象,如孟子所说,“争地以战,杀人盈野;争城以战,杀人盈城。”③要实行仁政,就必须制止兼并,保障各级贵族及庶民百姓对土地的私有,否则就会使那些暴虐之君和贪官污吏趁机

① 《孟子·梁惠王上》。
② 《孟子·滕文公上》。
③ 《孟子·离娄上》。

侵吞土地，打乱疆界。在土地产权明晰后，各类赋税徭役、百官的俸禄也就确定了，“经界既正，分田制禄可坐而定也”。[①] 由此，既可以稳定封建土地所有制关系，又可以保证民众的恒产免遭侵夺，满足他们的基本生活需求。

第三，“薄税敛”。所谓“薄税敛”，就是指减轻百姓赋税徭役的负担。孟子认为在“制民之产”后，应当保障百姓对于这些恒产的收益，以满足其日常生活。对此，统治者对税赋的征收应当有一定的限度，不要涸泽而渔，贪得无厌，否则就会出现官逼民反的局面。孟子以古人为例，称“夏后氏五十而贡，殷人七十而助，周人百亩而彻，其实皆什一也”。[②] 他又提出了“薄税敛”的具体方法：乡村的农民每家耕田百亩，8 家共耕公田 100 亩，对农民实行劳役地租，“八家皆私百亩，同养公田”，对城内居民则在其收入中征收 1/10 的赋税，“国中什一使自赋”。另外，在《公孙丑上》中，孟子还提出：“市，廛而不征，法而不廛，则天下之商皆悦而愿藏于其市矣。关，讥而不征，则天下之旅皆悦而愿出于其路矣。”[③]即应在市场上给予空地以储藏货物，却不征收货物税；如果货物滞销，则依法收购，不让它长期积压。国家设立关卡，对往来的人只稽查而不征税。商人、旅客对此都会高兴。这种重农而不轻商的做法对社会经济的发展着实具有好处。

值得注意的是，孟子关注养民富民的问题，是从整个统治的大局来考虑的，他说：“民之为道也，有恒产者有恒心，无恒产者无恒心。苟无恒心，放辟邪侈，无不为已。及陷乎罪，然后从而刑之，是罔民也。焉有仁人在位，罔民而可为也？是故贤君必恭俭、礼下，取于民有制。”[④]他要求行仁政，讲民本，重民生，而他的落脚点都在王道之上，这与他作为孔子的继承者不无关系。

三、《荀子》中的法制史学

荀子（公元前 313～前 238 年），名况，字卿，战国末期赵国郇（今山西临猗）人。据传是周郇伯公孙的后裔，曾先后到过齐、秦、赵、楚等国，在齐国稷下讲学，三为祭酒。他以儒家自居，后世也将其视为孔孟之后儒家的主要代表人物，但他的言行及思想已经超越了儒家的范围。他曾打破“儒者不入秦”的惯例，对秦国进行过深入的考察，对先秦诸子的学说，包括儒家各派，尤其是“思孟学派”也提出了批评。他继承和发展了孔子的礼治思想和人治思想，但并不否定法家

---

① 《孟子·滕文公上》。

② 同上。

③ 《孟子·公孙丑上》。

④ 《孟子·滕文公上》。

的法治思想。因而,荀子的法律思想具有儒法合流的特点,对法制史问题的阐发也兼具儒法两家特色。比如,在礼、法起源的问题上,荀子已经不再完全倚赖于天,强调天人的界分;在礼法关系问题上,也不再过于强调礼而忽视法律的作用,而是提出"礼法"的概念,并且确立了"非礼无法"的原则。

应当说,荀子的法律思想、法制主张和他所处的时代背景也有着密切关系。他深处战国末期,法家思想一度昌明,商鞅变法颇有成效,并且春秋以来的"诸侯异政,百家异说"的局面即将结束,出现了大一统的趋势,荀子便适应这一历史发展,以儒家为主,综合百家思想,因而,可以说荀子既是先秦儒家学派的总结性人物,又是后世儒法合流的先驱性人物。

荀子一生著作颇丰,经过汉刘向校定为32篇,名《孙卿新书》,后唐杨倞为其作注,改称为《荀子》。经历代学者考证,认为前26篇大致为荀子所作,但后6篇,即《大略》《宥坐》《子道》《法行》《哀公》《尧问》则是出自其门徒之手。

(一)礼、法的起源

在礼法起源这一法制史问题上,荀子强调天人的界分,并且提出了"化性起伪"的主张。

首先,荀子主张天与人相分,人与人相分。在天与人的关系上,荀子提出了"明于天人之分"的主张。天也就是自然,人也就是社会,他们各有自己的职责,天有其自身的规律,不受人类意志的影响,人类社会则受其自身政治关系的影响,不以天的意志为转移,他说"天行有常",又说"禹以治,桀以乱,治乱非天也"。① 并进而指出,事在人为,"怨人者穷,怨天者无志",②与其顺从天而歌颂天,不如利用其规律为人服务。可见,在礼法起源问题上,荀子从天转移到人类社会本身,由人类社会本身来探求礼、法等社会现象。在将天和人的关系划分开之后,荀子指出,单个人的力量不足以使人生存,人类为了生存,就必须组成社会,而要组成社会,又必须有分,也就是要区分职业和等级。没有群,个人便无法生存,没有分,社会便无法维持。他说:"人之生,不能无群,群而无分则争,争则乱,乱则穷矣。故无分者,人之大害也;有分者,天下之本利也;而人君者,所以管分之枢要也。""穷者患也,争者祸也。救患除祸,则莫若明分使群矣。"③由此,礼、法以及君、臣就是在天人相界分、人与人分群的基础上产生的。

其次,荀子提出"化性起伪"的主张。在人性问题上,荀子主张"人之性恶,

① 《荀子·天论》。
② 《荀子·荣辱》。
③ 《荀子·富国》。

其善者伪也”。[①] 他认为人性本无善恶之分，但与性紧密相连的是情，“性之好、恶、喜、怒、哀、乐谓之情”，[②]情为性的内容，情实际就是性，那么人性就是恶的，具体表现在人生来就有耳目之欲、利欲、疾恶和权力欲这四种情欲：耳目之欲如“目好色，耳好声，口好味，心好利，骨体肤理好愉佚”；[③]利欲如“食欲有刍豢，衣欲有文绣，行欲有舆马，又欲夫余财蓄积之富”；[④]疾恶欲就是妒忌的心理；权力欲如“贵为天子，富有天下，是人情之所同欲也”。[⑤]

正因为人性本恶，人有各种各样的欲望，这些欲望一旦被放纵，就会造成不可收拾的恶果，所以必须对它进行改造，为此，荀子提出了“化性起伪”的主张。“伪”即人为，是人们在改造恶的本性时产生的一种趋善的自觉性，是一种后天的人为作用。他说：“故圣人化性而起伪，伪起而生礼义，礼义生而制法度。”[⑥]也就是圣人及其礼、法是为了“化性起伪”、改造恶性而产生的。

以上是荀子礼法起源观的两个前提，礼法的产生首先是适应了“明使群分”的要求，其次也是为了实现“化性起伪”。荀子的礼、法起源观贯穿于其著作始终：如在《荣辱》篇中，他说：“夫贵为天子，富有天下，是人情之所同欲也。然则从人之欲，则势不能容，物不能赡也。故先王案为之制礼义以分之，使有贵贱之等，长幼之差，知贤愚能不能之分，皆使人载其事而各得其宜，然后使穀禄多少厚薄之称，是夫群居和一之道也。”在《王制》篇中，他说：“分均则不偏，势齐则不一，众齐则不使。有天有地而上下有差，明王始立而处国有制。夫两贵之不能相事，两贱之不能相使，是天数也。势位齐，而欲恶同，物不能澹则必争，争则必乱，乱则穷矣。先王恶其乱也，故制礼以分之，使有贫富贵贱之等，足以相兼临者，是养天下之本也。”而在《礼论》篇里，荀子更是直截了当地回答了“礼起于何”的问题。他说，人天生就有欲望，欲望不能满足就会千方百计地去追求，追求如没有界限或节制，便会发生争夺，从而引起混乱。于是，“先王”制定礼法，使欲望不因为财物少而无法满足，财物也不因欲望大而穷尽，两方面都能在相互制约中增长，即“礼起于何也？曰：人生而有欲，欲而不得，则不能无求；求而无度量分界，则不能不争。争则乱，乱则穷。先王恶其乱也，故制礼义以分之，以养人之欲，给人之求。使欲必不穷乎物，物必不屈于欲，两者相持而长，是

---

① 《荀子·性恶》。
② 《荀子·正名》。
③ 《荀子·性恶》。
④ 《荀子·荣辱》。
⑤ 同上。
⑥ 《荀子·性恶》。

礼之所起也”。

(二)礼法关系

如上节所述,在荀子看来,礼、法并非起源于神权,而是建立在人类社会本身的基础上,是人性恶使然的,因而,可想见荀子对于礼法关系的主张不同于神权天命、性善论者的观点。事实确如此,对于礼、法关系,荀子认为两者是一体的,但是有区别的统一,既要隆礼,也要重法,并且他首创了“礼法”一词。

荀子是中国历史上最早将礼与法结合起来,以“法治”充实“礼治”的思想家。在讲到圣人矫正人性时,荀子将礼义与法政、刑罚并提,他说:“明礼义以化之,起法政以治之,重刑罚以禁之,使天下皆出于治,合于善也。”①关于礼法的关系,荀子有不少论述。例如,他多次说过“隆礼尊贤而王,重法爱民而霸”,②“听政之大分:以善至者待之以礼,以不善至者待之以刑”,③意思是说,处理政务的要领是:对怀着善意而来的人,用礼义去对待他,对怀着恶意而来的人,用刑罚去对待他。又如,在《成相》篇中,他说“治之经,礼与刑”,也就是把礼、刑都作为治理国家的纲领。

在实际应用上,礼与法之间的关系表现为教化与刑罚的结合,先教后刑。荀子认为,礼义的主要作用是教化,小人只有经过这样的“化性起伪”才能成为君子;法、刑的主要作用是强制,强制对于不听从教化的人起着重要的作用,因此,“至道大形,隆礼至法则国有常,尚贤使能则民知方,纂论公察则民不疑,赏免罚偷则民不怠,兼听齐明则天下归之”。④ 荀子还将“不教而诛”、“教而不诛”与“诛而不赏”的后果作了分析,指出:不进行礼义教化便实行刑杀,结果必然是刑罚越来越繁复却不能有效地禁止犯罪;只进行教化而不实行刑罚,那么犯罪的人就得不到应有的惩罚;只施行刑杀而不进行奖赏,那么贤能勤劳的人就得不到应有的鼓励,即“故不教而诛,则刑繁而邪不胜;教而不诛,则奸民不惩;诛而不赏,则勤励之民不劝”。⑤ 同时,对于不同的人,荀子主张采用不同的方式对待:对于贤能之士,“不待次而举”,立即提拔重用;对于一般的人,“不待政而化”,先进行礼义教化;对于心术不正、不守本分的奸民,应该在让他们干活的同时加以教化;对于能够改正的用赏来鼓励;对于屡教不改的则惩之以刑;至于那些拒绝教化,甚至反抗的元恶或奸人之雄,则应“不待教而诛”,即不必经过教化

① 《荀子·性恶》。
② 同上。
③ 《荀子·王制》。
④ 《荀子·君道》。
⑤ 《荀子·富国》。

就可以处死,“请问为政？曰:贤能不待次而举,罢不能不待须而废,元恶不待教而诛,中庸不待政而化。……故奸言、奸说、奸事、奸能、遁逃反侧之民,职而教之,须而待之,勉之以庆赏,惩之以刑罚,安职则畜,不安职则弃”。①

在礼法的结构上,荀子将他们分为了五个层次,即礼义、法义、法数、法类、刑。所谓礼义,就是达到仁的一种符合适中原则的行为标准,具有规范性和制度性,他说:“先王之道,仁之隆也,比中而行之。曷谓中？曰:礼义是也。”②所谓法义,是指法的精神、原则和原理,相当于今天的法理。法义源于礼义,以礼义为指导,二者相一致,但层次有高低。法数则是指具体的法律条文,执政者在掌握法数的同时,必须懂得法义,以法义来指导法数,荀子强调说:“不知法之义而正法之数者,虽博,临事必乱。”③法类,相当于现今的案例。法类可以弥补法数的不足,但是,法类的适用也必须受到法义的指导。最后,所谓刑,也就是刑罚,刑罚的轻重应当与罪行的轻重相适应。④

当然,荀子在强调礼法统一,既隆礼也重法之时,更多的还是强调礼,始终将礼摆在首位,强调礼是治理国家的最好制度,是强盛国家的根本,是建立权威的途径,是成就功名的关键,“礼者,治辨之极也,强国之本也,威行之道也,功名之总也”。⑤ 礼是“法之大分,类之纲纪”,“隆礼,虽未明,法士也;不隆礼,虽察辩,散儒也”。⑥ 礼义是法度的渊源和创制依据,在礼法之间,应当以礼为本,以礼为先。礼义也是治理国家、处理政事的指导原则,没有礼义,国家将很难治理好,政事也难以处理,“国无礼则不正,礼之所以正国也,譬之犹衡之于轻重也,犹绳墨之于曲直也,犹规矩之于方圆也,既错之而人莫之能诬也”。⑦ 并且,在《君道》篇里,荀子全面地阐述了礼的细目:“请问为人君？曰:以礼分施,均遍而不偏。请问为人臣？曰:以礼待君,忠顺而不懈。请问为人父？曰:宽惠而有礼。请问为人子？曰:敬爱而致文。请问为人兄？曰:慈爱而见友。请问为人弟？曰:敬诎而不苟。请问为人夫？曰:致功而不流,致临而有辨。请问为人妻？曰:夫有礼则柔从听侍,夫无礼则恐惧而自竦也。此道也,偏立而乱,俱立而治,其足以稽矣。”由此可见,礼的范围之大,几乎包罗了政权、族权、父权、夫

① 《荀子·王制》。
② 《荀子·儒效》。
③ 《荀子·君道》。
④ 丁凌华主编:《中国法律思想史》,科学出版社 2012 年版,第 50 页。
⑤ 《荀子·议兵》。
⑥ 《荀子·劝学》。
⑦ 《荀子·王霸》。

权等古代伦理的各个方面。

第三节　法家著作中的法制史学

法家学派的形成经历了一个历史的发展过程，是到了战国时期，随着新兴封建势力的进一步发展、壮大而逐渐发展起来的。而在春秋时期的管仲这类法制改革家，虽然其主张融合多家学派，又欠体系性，但因其重视法，其变法主张以及注意到法律与经济的关系等主张为后来法家的代表人物商鞅所沿袭，故将《管子》作为法家著作予以介绍。此外，《商君书》《韩非子》也是较为典型的将法家主张融入于法制史问题研究的著作。

一、《管子》中的法制史学

管仲（？～公元前645年），名夷吾，颍上（今安徽颍上县）人，春秋初期的政治家、军事家。管仲出身于平民，早年贫困，曾以经商为生，也做过几次小官，后因好友鲍叔牙多次推荐，于公元前685年被齐桓公任为相，任职长达40年之久。在任相职期间，管子辅佐齐桓公进行了一系列改革：在经济上，发展农业、手工业、商业；在军事上，实行兵农合一的劳动力编制；在外交上，团结友邦，提高本国地位等。经过这些改革，齐国国力不断增强，齐桓公也成为春秋时期的第一个霸主。《史记・管晏列传》评价管仲"以区区之齐在海滨，通货积财，富国强兵，与俗同好恶。……善因祸而为福，转败而为功；贵轻重，慎权衡。……九合诸侯，一匡天下"。①

《管子》一书是战国时齐国稷下学者著作的总集，讬名管仲撰，非一人一时之作，而是伴随齐国历史的演进，尤其是随着稷下学者的成熟和壮大逐步完善成书。《管子》的成书与齐国历史上两次霸业均有关联，一次是春秋前期齐桓公"尊王攘夷"的霸业（公元前685～前643年），也就是管仲任齐桓公相并辅助齐桓公成就春秋霸业之时；另一次则是战国中期威王、宣王"变法图强"的霸业（公元前356～前301年）。因《管子》为杂集，该书思想丰富，以齐法家政治法思想为主导，包括法家、道家、儒家、名家、兵家、农家、阴阳家、轻重家等诸多学派的思想。也正因其包含多个学派的不同思想，该书在春秋战国时期产生了深远的影响。西汉刘向校定86篇，现存76篇，共分为8类：《经言》9篇，《外言》8篇，《内言》7篇，《短语》17篇，《区言》5篇，《杂篇》10篇，《管子解》4篇，《管子轻

① 《史记・管晏列传》。

重》16篇。

(一)对西周礼制的继承与改造

礼是我国历史上最早的治国的规则。在商代,礼是一种神性的绝对超验价值,是敬拜鬼神时所应遵循的。到了西周时期,神的超验地位开始动摇,人的力量和存在价值开始缓慢萌芽和发展,礼的价值也渐而转变,由神性的绝对超验价值向人性的绝对伦理价值转化。由于礼治强调严格的等级性和浓郁的教化性,所以就社会道德伦理教化而言,礼占据了一种无可替代的地位,同时,对于国家治理的等级秩序而言,礼也有助于加强原始的宗法统治基础。因此,西周统治者"制礼作乐",以更好地维护社会秩序。但是,到了春秋战国时期,局势的动荡使礼崩乐坏,寻找一个有效的治理规则也就成了当时的一个现实问题。

《管子》试图从礼与法两种不同的方式中为制度和规范的确立寻找出路,其中,既有对西周以来旧有传统的继承,也有创新之处。继承性主要体现在,《管子》也重视礼义道德的作用,将礼义廉耻看作维系国家统治的四根绳索,缺乏其中一根或多根都会使国家混乱乃至覆灭,即"国有四维,一维绝则倾,二维绝则危,三维绝则覆,四维绝则灭……何谓四维?一曰礼,二曰义,三曰廉,四曰耻"。①

创新性则体现在多个方面:

其一,礼与刑的关系。在周礼中,礼与刑是相辅相成的,但礼居于主导地位,法为礼的内涵所囊括,如有学者认为:"礼者,《周语》:'随会聘于周,归而讲聚三代之典礼,于是修《执秩》以为晋法。'故礼即古代之遗制旧例,与本朝之成法也。《楚语》子木曰:'楚国之政,其法刑在民心,而藏在王府。'其《祭典》有之曰:'国君有牛享,大夫有羊馈。'此所法、典,皆礼也。"②在《管子》中,法的观念逐渐扩展,并具备了独立的地位,"法出于礼,礼出于治;治礼道也;万物待治礼而后定"。③ "仪者,万物之程式也;法度者,万民之仪表也;礼义者,尊卑之仪表也。故动有仪则令行,无仪则令不行"。④

其二,在治国方略上,采取礼法并举、先礼后法的方略。《管子》认为,在治国方面,礼和法都发挥着各自的作用:礼强调不同社会成员之间的亲疏贵贱、尊卑秩序的等级差别,具有较强的主观色彩,"定宗庙,遂男女,官四分,则可以定

① 《管子·牧民》。
② 钱穆:《国学概论》,商务印书馆1997年版,第21页。
③ 《管子·枢言》。
④ 《管子·形势解》。

威德，制法仪，出号令，然后可以一众治民"；[①]法则强调要按照同一标准和程序办事，具有强制性，并不因人而异，"夫法者，所以兴功惧暴也；律者，所以定分止争也；令者，所以令人知事也。法律政令者，吏民规矩绳墨也"。[②] 同时，礼法也可以互相弥补各自不足：礼可弥补法不足以服人心的缺陷；法则可弥补礼不具有强制效力的缺陷。因此，礼法并举，既可以维护社会稳定，又可以改善人们的行为。

其三，道、义、礼、法的统一。《老子》将道与礼、法视作对立的，法家突出法，儒家突出礼，《管子》中的道家学派却以道为首，将道、义、礼、法兼收并蓄，相互统一，一同作为治理国家所不可或缺的部分，如《心术上》篇中写道："虚无无形谓之道。化育万物谓之德。君臣父子人间之事谓之义。登降揖让，贵贱有等，亲疏之体，谓之礼。简物小未一道，杀僇禁诛谓之法。"[③]

（二）法律的起源及法律与经济的关系

《君臣下》篇开篇写道："古者未有君臣上下之别，未有夫妇妃匹之合，兽处群居，以力相征，于是智者诈愚，强者凌弱，老幼孤独，不得其所。故智者假众力以禁强虐，而暴人止。为民兴利除害，正民之德。而民师之。是故道术德行，出于贤人。"[④]这段话可以看作《管子》对于法律起源的一个表述：法律不是从来就有的，是随着人类社会的发展而形成的。在没有国家之前，人类社会没有君主、臣民之别，没有权威，没有国家，也没有约束人们言行的道术德性或者法律规则，一切都是以力为胜，力大者便占有食物，处于优势地位。但随着生产力的发展、物质财富的积累，人们开始认识到这种状态并不利于其生存和发展，于是就有智者集合众人的力量来对抗暴虐之徒，并制定一些约定，防止暴虐之徒再犯，这便是最初形态的法律。

《管子》的这一法律起源观从根本上否定了天命观的法律起源主张，认为法不是天命的产物，而是人类自身发展过程中产生的，是随着生产力的发展而产生的。因而，在法律起源的问题上，《管子》已经注意到法律与经济之间的关系了。

管仲是我国历史上较早注意到经济与法律之间密切关系的思想家。他认为，人们的物质生活状况决定了社会的治乱和国家的兴亡，同时也决定着人们的道德面貌和法律观，他说："仓廪实则知礼节，衣食足则知荣辱。"[⑤]他看到了

① 《管子·兵法》。
② 《管子·七臣七主》。
③ 《管子·心术上》。
④ 《管子·君臣下》。
⑤ 《管子·牧民》。

物质利益既是人性的自然追求，也是人们遵守礼义法度的必要前提，因而，他在讨论道德和法律的关系时，不再是空谈礼义法度，而是更为深入地看到礼义法度实行的基础，他说："凡治国之道，必先富民，民富则易治也，民贫则难治也。奚以知其然也？民富则安乡重家，安乡重家则敬上畏罪，敬上畏罪则易治也；民贫则危乡轻家，危乡轻家则敢凌上犯禁，凌上犯禁则难治也。"①因此，统治者治国安邦之本就在于发展生产和改善人民的生活。

在这基础上，管子反复申述不务生产的害处，要求统治者必须奖励生产，种植五谷、桑麻，蓄养牲畜等，他说："不务天时则财不生，不务地利则仓廪不盈。野芜旷则民乃荒，上无量则民乃妄，文巧不禁则民乃淫，不障两原则刑乃繁……错国于不倾之地者，授有德也。积于不涸之仓者，务五谷也。藏于不竭之府者，养桑麻育六畜也……务五谷，则食足。养桑麻育六畜，则民富。"②对此，他还提出了一些具体的发展经济的措施，如兴渔盐，根据齐国临海有渔、盐之利，设立渔、盐、铁官职加以管理，鼓励渔盐交易；均分地力，将土地分给平民，以提高土地的使用率，鼓励开荒，承认私田的合法性，按照土地质量区分税收的数额；重视商业，以法令加强官营商业和手工业，同时对富商大贾又有所抑制。

管仲的法律起源观以及他对经济与法律关系的认知，在其所处年代实属难得，对于其后的商鞅变法也有着一定程度的影响。

二、《商君书》中的法制史学

商鞅（约公元前390~前338年），姓公孙，名鞅，出生于卫国，也叫卫鞅，后因变法有功，被秦孝公封于商（今陕西省商县商洛镇），故又叫商鞅。商鞅是战国时期秦国著名的政治改革家，法家的主要代表人物。商鞅虽出身于卫国，但长期生活在魏国，在相国公叔座门下做中庶子，但因官吏过小，难以施展自己的政治抱负。及公元前361年，公叔座病逝后，秦孝公即位，下令大举贤人，商鞅乃携带李悝的《法经》入秦，开始为他的变法主张积极造势。秦孝公三年（公元前359年），商鞅与大夫甘龙、杜挚辩论变法，主张"治世不一道，变国不法古"，③随后于秦孝公六年、秦孝公十二年分别实行了两次变法：第一次变法的内容主要是"改法为律，制定连坐法；重农抑商，奖励耕织；奖励军功，禁止私斗"；第二次变法的主要内容是"废井田，开阡陌，允许土地私有；推行县制，废除旧的

① 《管子·治国》。

② 《管子·牧民》。

③ 《史记·商君列传》。

分封制;统一度量衡制度;按户口征收军赋,进一步加强中央集权"。[①] 两次变法卓有成效,使秦国的国力大增,为秦国富强和中国统一奠定了基础。但由于商鞅在变法中用严刑峻法打击了秦国贵族奴隶主的势力,招致仇恨,于秦孝公死后(公元前338年)被人诬告谋反,受"车裂"之刑死于众目之下。

《商君书》现存24篇,关于其真伪及作者,学界颇有争论:有观点认为该书是一本伪书,持此观点者如郭沫若、黄云眉、顾实、刘汝霖等;有观点认为该书作者是商鞅,持此观点者如吕思勉、谭献及史志的编著者;也有观点认为该书是商鞅及其后学的著作合编,此书非作于一人,也非写于一时,持此观点的如高亨等人。而今第三种观点颇为主流所肯定,并将现存的24个篇目分为三类:第一类,可能出于商鞅者,如《垦令》《外内》《开塞》《耕战》等篇;第二类,记述商鞅言论者,如《更法》;第三类,由商鞅后学写作,写作时间不一,最晚是《徕民》篇,记述了公元前260年,即商鞅过世后近80年的长平之战。[②]

(一)《商君书》的法律起源观

在法律起源问题上,商鞅同于《管子》,认为法律不是从来就有的,而是人类社会发展到一定阶段的产物,社会关系、财产关系等的变化是法产生的根源。

商鞅在《开塞》篇中对于人类历史的发展进行了回顾和总结,认为社会是不断发展的,并且基于"民乱"这一原因,社会由上世发展到中世,由中世发展到下世,每个时代具有不同的特性,也因各个时代的不同情况采用不同的调整手段:在上世,也即母系社会,人们只知道自己的母亲,但不知道父亲是谁,人和人之间完全依靠血缘关系,依靠"亲亲"得以维系;在中世,即父系社会,纯粹的血缘已经无法调整各种纠纷,于是就出现了道德观念上的"仁",以"仁"来维持秩序,此时尚未出现强制性手段;在下世,不具强制意义的、主观的"仁"也难以维持秩序,于是出现了圣人,他们"定分"、"立禁"、"立官"和"立君",由此国家和法律也就出现了。[③]

在商鞅的法律起源观中,值得注意的一点就是,他抛弃了西周以来的"天命

---

① 叶孝信主编:《中国学术名著提要》(政治法律篇),复旦大学出版社1996年版,第64页。

② 同上。

③ 如《开塞》篇开头所写,"天地设,而民生之。当此之时也,民知其母而不知其父,其道亲亲而爱私。亲亲则别,爱私则险,民众而以别险为务,则民乱。当此时也,民务胜而力征。务胜则争,力征则讼,讼而无正,则莫得其性也。故贤者立中正,设无私,而民说仁。当此时也,亲亲废,上贤立矣。凡仁者以爱为务,而贤者以相出为道。民众而无制,久而相出为道,则有乱。故圣人承之,作为土地货财男女之分。分定而无制,不可,故立禁。禁立而莫之司,不可,故立官。官设而莫之一,不可,故立君。既立君,则上贤废,而贵贵立矣。然则上世亲亲而爱私,中世上贤而说仁,下世贵贵而尊官"。

神权说”,转而从物质财产关系方面来分析法律产生的根源。“故圣人承之,作为土地货财男女之分”,[①]也就是说,圣人制定了各种制度来确认土地所有权和其他财产权的归属,以及夫妻之间的权利义务。对于土地的占有,是新兴地主阶级根本利益所在,因而,这种“定分”的功能也就成了保护地主阶级私有制的法律规范的核心,为奴隶制向封建制转变奠定了经济基础。在《君臣》篇中,商鞅进一步将法律的起源与物质财产资源相联系。他认为,在下世,人口越来越多,资源不能满足人们的需要,就出现了民众为争夺利益而以强胜弱、以众暴寡的局面,这就需要制定法律来予以规范,他说:“地广,民众,万物多,故分五官而守之。民众而奸邪生,故立法制为度量以禁之。”[②]商鞅的法律起源观在法家的理论体系中占据了重要地位,是以后法家法律起源观的共同理论基础。

(二)“不法古”“不修今”的变法主张

我国历来都是农耕社会,除靠天吃饭外,还十分依赖前辈的经验和前世的传统,因此,“法古”也就一直存在于民众的意识之中,影响着人们的生活。这种“法古”思想运用到治国之中,就形成了因循守旧的治国方略,而这种治国方略也恰符合农耕社会对于稳妥的需求。但是,商鞅并不赞成这种“法古”、因循守旧的状态,主张进行一次彻底的变法。

首先,商鞅回顾了历史,指出三代的礼制并不相同,却分别成就了王业;春秋五霸的法度也不相一致,但同样都成就了他们的霸业。时代变迁、社会环境的变化要求统治者们不断改变治国方略,依据当时的历史条件和实际情况,制定相为适应的法律制度,断不可拘泥于古制,他说:“三代不同礼而王,五霸不同法而霸。故知者作法,而愚者制焉;贤者更礼,而不孝者拘焉;拘礼之人,不足与言事;制法之人,不足与论辩。”[③]他又进一步以历史上的伏羲、神农、黄帝、尧舜、文武等的不同治理方式以及汤、武因变而兴,殷、夏不变而亡的历史事实来强调变法的重要性,他说:“前世不同教,何古之法?帝王不相复,何礼之循?伏羲神农教而不诛,黄帝尧舜诛而不怒,及至文武,各当时而立法,因事而制礼。礼法以时而定,制令各顺其宜,兵甲器备各便其用。臣故曰:‘治世不一道,便国不必法古。’汤武之王也,不循古而兴;殷夏之灭也,不易礼而亡。然则反古者未必可非,循礼者未足多是也。君无疑矣。”[④]

---

① 《商君书·开塞》。
② 《商君书·君臣》。
③ 《商君书·更法》。
④ 同上。

其次,商鞅在上述“变法”思想的基础上,进一步提出了立法时应当遵循的原则:不能效法古代或者拘泥于现在,要根据社会发展情况和社会风俗来制定法令和政策,即“故圣人之为国也,不法古,不修今,因世而为之治,度俗而为之法。故法不察民之情而立之,则不成;治宜于时而行之,则不干”。①

在上述变法思想的基础和原则上,商鞅先后主持了两次变法。第一次变法的主要内容包括:(1)以《法经》为蓝本,结合秦国的具体情况作了一些修改,如改法为律,增加“令民为什伍,而相牧司连坐。不告奸者腰斩,告奸者与斩敌首者同赏,匿奸者与降敌同罚”②的连坐法,制定《秦律》颁行秦国,厉行法治。(2)奖励军功,禁止私斗,取消世卿世禄制和一切特权,“宗室非有军功论,不得为属籍”;③“斩一首者爵一级,欲为官者为五十石之官”,④“官爵之迁与斩首之功相称也”;“为私斗者,各以轻重被刑大小”,使“民勇于公战,怯于私斗”。太子犯法,“刑其傅公子虔,黥其师公孙贾”。⑤ (3)奖励耕织,重农抑商:“僇力本业,耕织致粟帛多者复其身。事末利及怠而贫者,举以为收孥。”⑥第二次变法的主要内容包括:(1)废除井田制,确立封建土地私有制,“为田开阡陌封疆”,⑦“改帝王之制,除井田,民得买卖”。⑧ (2)推行县制,“集小都乡邑聚为县,置令、丞,凡三十一县”。⑨ 县令、县丞等地方官由国君直接任免,集权中央,并统一度量衡。(3)按户口征收军赋,“舍地而税人”,⑩以利开垦荒地和增加赋税收入,明令“民有二男以上不分异者倍其赋”,⑪并禁止父子无别、同室而居的旧俗。⑫

三、《韩非子》中的法制史学

韩非(约公元前280~前233年),生于新郑(今河南省新郑市),祖上为韩国贵族,与李斯同是荀子的学生。他初习儒学,后转入法家,成为战国末期法家思想的集大成者。韩非目睹战国后期的韩国积贫积弱,多次上书韩王,希望改变

① 《商君书·壹言》。
② 《史记·商君列传》。
③ 同上。
④ 《韩非子·定法》。
⑤ 《史记·商君列传》。
⑥ 同上。
⑦ 同上。
⑧ 《汉书·食货志》。
⑨ 《史记·商君列传》。
⑩ 《通典·食货典·赋税上》。
⑪ 《史记·商君列传》。
⑫ 参见侯欣一主编:《中国法律思想史》,中国政法大学出版社2012年版,第75~76页。

当时治国不务法制、养非所用、用非所养的情况，但其主张始终得不到采纳，因而对韩王“治国不务修明其法制”“反举浮淫之蠹而加之于功实之上”，造成“儒者用文乱法，而侠者以武犯禁”①的现实政治极为不满，便退而著书，写了《孤愤》《五蠹》《内外储》《说林》《说难》等著作十万余言。这些著作是韩非为韩国总结“往者得失之变”所作，并未引起韩王的注意，反倒在传入秦国后，得到秦王嬴政的赏识，秦王甚至称“寡人得见此人与之游，死不恨矣”。② 于是在秦欲急攻韩国之际，韩非受指派出使秦国。至秦后，针对李斯提出灭六国统一天下首要目标为消灭韩国的谏言，韩非与其意见相左，并劝谏秦王先伐赵，缓伐韩，遂遭李斯等大臣的陷害，自杀于狱中。

韩非的著作主要收集在《韩非子》一书中。《汉书·艺文志》载《韩非子》共55篇，今本《韩非子》也是55篇，其中大部分作品出于韩非本人，但也掺入了其他人的作品。各篇之间并无逻辑联系，因此，所述观点及印证材料之间常有互见之处。其中，《五蠹》《显学》《心度》《八经》《八说》《六反》《诡使》《定法》《问辩》《难势》《内储说》《外储说》《饰邪》《奸劫弑臣》《有度》等篇与法家思想关系最为密切。《韩非子》中的法制主张极其丰富，但主要建立在两个理论基础之上，即历史进化说和人性好利说，因而不乏对于法制史问题的探究。

（一）法律起源与变法主张

“法的起源”是先秦著作对于法制史问题关注最多的一个主题，有天命观的法律起源主张，有圣人或贤人制刑的法律起源主张，有取法于道、取法于自然的法律起源主张，有历史进化观的法律起源主张等。韩非的法律起源主张基本继承了商鞅的观点，但其论述较商鞅更为具体、合理。

首先，韩非以历史进化说为基础，将人类社会划分成了四个阶段：上古、中古、近世、当今。上古阶段，是“构木为巢”“钻木取火”的时代，凡能创造出有利于人类生存的发明之人就会得到其他人的拥护；中古阶段，是“天下大水”的阶段，凡是能够治理水灾、改造自然的人就会得到天下的拥护；近古阶段，是夏商周三代时期，成汤、周武讨伐夏桀、商纣，以有道代无道者，受到众人的拥护；当今阶段也就是诸侯争霸、“以力相争”的阶段。然后指出，每个阶段都有其特殊情况，原来的制度不能适用于变化了的社会，所以历史上的每个圣人都不遵循

---

① 《史记·老庄申韩列传》。

② 同上。

过去的做法和规则,而是会依据不同的社会情势,采取不同的统治方式。①

其次,韩非以"人民众而货财寡"以及"皆挟自为心"为基础,探讨国家、法律的起源。他指出,在最初的人类社会,丰富的自然资源足以供养少量的人口,人们无须争夺生活资料,因而也就不需要国家和法律,但后来,人口不断增长,自然资源不足以供养所有的人,这就必然导致争夺和社会的混乱。他说:"今人有五子不为多,子又有五子,大父未死而有二十五孙。是以人民众而货财寡,事力劳而供养薄,故民争。虽倍赏累罚而不免于乱。"②另外,人生来就带有自私自利的本性,为人处世都是从利害关系考虑的,并且这种自私自利的本性是无法通过后天教育而改造转化的,只有强制力才能"禁暴止乱"。因而,在"人民众而货财寡"的客观因素和"皆挟自为心"的主观因素的共同作用下,法律便产生了。

最后,基于上述论断,韩非提出了"法与时转则治,治与世宜则有功"③的变法主张。如在第一点中已经提及,韩非在《五蠹》篇中指出,社会在不断变化,过去的方法不适用于现今,因此要"不期修古,不法常可",否则就如同是"守株待兔"。他在《心度》篇中进一步指出了变法的必然性,他说:"夫民之性,恶劳而乐佚。佚则荒,荒则不治,不治则乱,而赏刑不行于天下者必塞。故欲举大功而难致而力者,大功不可几而举也;欲治其法而难变其故者,民乱不可几而治也。故治民无常,唯治为法。法与时转则治,法与世宜则有功。故民朴而禁之以名则治,世知维之以刑则从。时移而治不易者乱,能治众而禁不变者削。故圣人之治民也,法与时移而禁与能变。"当然,韩非主张因时变法并不是指朝令夕改的变法,而是在变法的同时,保持法的稳定性,否则将让百姓无所适从,反而有害于社会的秩序,他说:"凡法令更则利害易,利害易则民务变;民务变,谓之变业。故以理观之,事大众而数摇之,则少成功;藏大器而数徙之,则多败伤;烹小鲜而数挠之,则贼其宰;治大国而数变法,则民苦之。是以有道之君贵静,不重变法。"④

---

① 《韩非子·五蠹》:"上古之世,人民少而禽兽众,人民不胜禽兽虫蛇;有圣人作,搆木为巢以避群害,而民悦之,使王天下,号之曰有巢氏。民食果蓏蜯蛤腥臊恶臭,而伤害腹胃,民多疾病;有圣人作,钻燧取火,以化腥臊,而民说之,使王天下,号之曰燧人氏。中古之世,天下大水,而鲧、禹决渎。近古之世,桀、纣暴乱,而汤、武征伐。今有搆木钻燧于夏后氏之世者,必为鲧、禹笑矣。有决渎于殷、周之世者,必为汤、武笑矣。然则今有美尧、舜、汤、武、禹之道于当今之世者,必为新圣笑矣。是以圣人不期修古,不法常可,论世之事,因为之备。"

② 《韩非子·五蠹》。

③ 《韩非子·心度》。

④ 《韩非子·解老》。

(二)法、势、术结合的法治主张

在战国前期法家的法治主张中,商鞅重“法”、慎到重“势”、申不害重“术”,韩非则在他们主张的基础上,结合《管子》一书中战国时期齐国法家关于法、势、术的观点,提出了以法为本,法、势、术结合的主张,实现了法家法治主张在理论上的系统化,同时也奠定了韩非作为法家思想集大成者的地位。①

1. 以法为本

关于法,韩非认为法是由统治者公布的统一的法令和制度,这些条文必须由官府公布,其实施的办法应为民众所知晓,这样,遵守者就应当受到奖赏,违反者则应受到处罚,他说:“法者,宪令著于官府,刑罚必于民心,赏存乎慎法,而罚加乎奸令者也。”②由此,法就包含了四层含义:

第一,法是统一的。韩非强调法的统一性,对此,他还批评了申不害的失误,正是因为他不能“一其宪令”,数十次说韩昭侯用术,韩国因此不能成就霸业。他说:“申不害不擅其法,不一其宪令,则奸多。故利在故法前令则道之,利在新法后令则道之,利在故新相反,前后相悖,则申不害虽十使昭侯用术,而奸臣犹有所谲其辞矣。故托万乘之劲韩,七十年而不至于霸王者,虽用术于上,法不勤饰于官之患也。”③

第二,法是成文法,必须由官方制定和公布。韩非认为,公布成文法不仅能使人们有章可循,同时也可以防止官吏徇私枉法,使“官不敢枉法,吏不敢为私”。④

第三,法具有最高的权威。韩非认为,法是衡量一切功过的标准,“令者,言最贵者也;法者,事最适者也。言无二贵,法不两适,故言行而不轨于法令者必禁”。⑤ 因此法必须具备高于一切的权威,为此,必须做到:其一,君主要带头守法;其二,法不阿贵,“刑过不避大臣”;其三,赏罚要慎重得当,与舆论相一致。

第四,要赏罚分明。韩非认为,法律的作用并不在于赏罚对象的本身,而在于其对社会的影响,因此,必须赏罚分明,而且厚赏重罚才能更好地发挥法律的作用。他在《六反》篇中做了较为详细的阐述,他说:“且夫重刑者,非为罪人也,明主之法揆也,治贼非治所揆也,治所揆也者,是治死人也。刑盗非治所刑也,治所刑也者,是治胥靡也。故曰:重一奸之罪而止境内之邪,此所以为治也。重

① 丁凌华主编:《中国法律思想史》,科学出版社2012年版,第98页。
② 《韩非子·定法》。
③ 同上。
④ 《韩非子·八说》。
⑤ 《韩非子·问辨》。

罚者盗贼也,而悼惧者良民也,欲治者奚疑于重刑？若夫厚赏者,非独赏功也,又劝一国。受赏者甘利,未赏者慕业,是报一人之功而劝境内之众也。欲治者何疑于厚赏?"①

2. 抱法处势

势,就是统治者占据的地位和掌握的权力,是君主治理国家、建立功业的重要工具。他说:"柄者,杀生之制也;势者,胜众之资也。"②又说:"明君之所以立功成名者四:一曰天时,二曰人心,三曰技能,四曰势位……得势位则不进而名成。"③势具有唯一性、最高权威性和强制性,不得借人,也不可与人共操,必须由君主独占。

在势和法的关系方面,韩非提出了"抱法处势"的主张。一方面,法离不开势,君主实行法治必须以势为后盾。另一方面,势也离不开法,有势而无法的"势治"不是"法治",而是"人治"。"人治"往往会受到在位者贤或不肖的影响,并且一般情况下,君主都是上不及尧舜、下不为桀纣的"中人之资",需要法的辅助以治理好国家。

3. 术与法、势的结合

术,就是统治者任免、考察、生杀官吏的权术,是君主治国的一种工具。他说:"术者,因任而授官,循名而责实,操杀生之柄,课群臣之能者也。"④韩非相当重视术,在《韩非子》全书中,谈论术的内容占据了一半之多。⑤ 例如,韩非专门作了《内储说上七术》,阐述了"主之所用也七术",包括"众端参观""必罚明威""信赏尽能""一听责下""疑诏诡使""挟知而问""倒言反事"七术。

术的内容是考核官吏,通过考核官吏是否胜任职务,来决定是否授予官职以及赋予每个官职什么样的权力,而臣下"效功于国以履位,见能于官以受职,尽力于权衡以任事。人臣皆宜其能,胜其官,轻其任,而莫怀余力于心"。⑥ 用术可以知奸。君主要保证官吏忠于职守,不能依靠官吏的品德高尚,而应用术使其不得不忠于职守。为此,韩非还打破了传统的"贱不得议贵",主张下级可以告发上级,并且将这种权利责任化,上级犯罪为奸者,下级就会遭到连坐,以此

---

① 《韩非子·六反》。
② 《韩非子·八经》。
③ 《韩非子·功名》。
④ 《韩非子·定法》。
⑤ 参见杨鹤皋:《中国法律思想通史》(上),湘潭大学出版社 2011 年版,第 270 页。
⑥ 《韩非子·用人》。

强化了下级的告发义务。①

在术和法的关系方面，术和法是君主治国的两个工具，缺一不可，缺乏术者，就会像商鞅变法一样，变法主张得不到贵族的支持，或者变法所取得的成就反倒为贵族所占有。缺乏法者，就会如申不害辅佐韩昭侯时期一样，君主再会用权术，也能够钻空渔利，使韩国"七十年而不至于霸王者"。②

在术和势的关系方面，一方面，术能够实现有奸必知，使下畏惧于上，保证赏罚之权不与臣共操，势位巩固而不被侵犯；另一方面，势又是术的根据，没有势，君主就无法用术。

第四节　道家著作中的法制史学

道家著作中相关法制史学的内容最为重要者乃关于法律起源的论述，其批判了儒家、墨家、法家三家的法律起源观点，提出了"道法自然"之说，庄子在这点上继承了老子的观点，故不赘述，本节仅以《老子》为主，阐述道家著作中的法制史学。

一、《老子》概述

《老子》又名《道德经》《老子五千文》，是道家学派的主要著作和中国道教的经典。多年来学界对于该著作的形成时间和真伪一直存有争论：有认为《老子》成书于孔子前，是老子的著作，为真书；③另有观点认为《老子》成书于战国中期、战国末期或西汉文景之世。④ 而关于老子本人，也存有多种说法，依照《史记·老子韩非列传》所载，先秦老子有三位：一位是楚苦县的李耳，"老子者，楚苦县厉乡曲仁里人也，姓李氏，名耳，字聃，周守藏室之史也"，一位是楚人老莱子，"或曰：老莱子亦楚人也，著书十五篇，言道家之用，与孔子同时云"，还有一位是周太史儋，"自孔子死之后百二十九年，而史记周太史儋见秦献公曰：'始秦与周合，合五百岁而离，离七十岁而霸王者出焉。'或曰儋即老子，或曰非也，世

---

① 参见王占通：《韩非法律思想新探》，载《当代法学》2011年第6期。

② 丁凌华主编：《中国法律思想史》，科学出版社2012年版，第100页。

③ 持该观点的学者主要有宋代杨时、罗从彦，明代焦竑，清代王夫之、阎若璩、宋翔凤，现代胡适、张煦、唐兰、黄方刚、金景芳等人。

④ 持该观点的学者主要有宋代陈师道、叶适、黄震，清代毕沅、汪中、崔述，现代梁启超、钱穆、张岱年、罗根泽、顾颉刚、张西堂、孙次舟、刘节、冯友兰、杨荣国等人。

莫之其然否。老子,隐君子也”。[①] 经马叙伦等人的考证,老子应为楚苦县李耳,与孔子同时代但稍长,如马叙伦所说,“老子生当定王、简王之世。孔子五十一岁见老子,为敬王十八年(公元前502年),盖已八九十岁,其卒年虽不可知,而《庄子》载秦失吊其死,则非不知所者也”。[②]

《老子》一书分为上、下两篇,共81章,5000余字,全书采取韵文体,近诗歌,言简意赅,博大精深。因上篇为《道经》,下篇为《德经》,故被称为《道德经》,但1973年在长沙马王堆第三号汉墓中发现两部帛书,其在编排上,《德经》在前,而《道经》在后。全书的核心思想在于“道”字,“道”是世界万物的本源,是世界万物自身的规律,天道无常,道常无为而无不为。该书相关法制史的阐述集中在法律起源的问题上,而法律的起源自然也离不开“道”。

二、《老子》中的法制史学

《老子》批判了儒家、墨家、法家三家的法律起源观点,提出了“道法自然”的法律起源说。

(一)《老子》对儒、墨、法三家法律起源观点的批判

《老子》对于儒家、墨家、法家三家的法律起源观点分别进行了批判:[③]

《老子》反对儒家的“圣人制礼”说。首先,老子认为道高于儒家的仁义,他说:“大道废,有仁义;慧智出,有大伪;六亲不和,有孝慈;国家昏乱,有忠臣。”[④] 儒家所推崇的仁义、智慧、孝慈、忠臣这些都是在大道废弃、国家混乱的时候才出现的,不是治国也不是法律的根本。其次,在儒家看来,德是第一层次的概念,包含了仁、义、礼的内容,但在《老子》看来,德次于道,并且不包含仁、义、礼。儒家的“圣人制定礼法”属于“人之道”,但《老子》认为“圣人之道”不是“人之道”,而是“始终处于封闭性循环运动中的客观存在,它不依人的意志转移的,却无处不在、无时不在,它有序而无须法律规则,但本身就是最高标准的行为规则”。[⑤] 最后,儒家认为治理国家最好的模式是以礼为中心的西周社会,而《老子》则认为没有礼的小国寡民的原生态社会才是最好的社会模式。由此可见,《老子》认为儒家法律是有为的结果,“圣人”是浅层次的,“圣人”制定的礼法也

① 《史记·老子韩非列传》。

② 马叙伦:《老子核诂》,景山书社1924年版,第36页。

③ 参见丁凌华主编:《中国法律思想史》,科学出版社2012年版,第68~70页。

④ 《老子·第十八章》。

⑤ 张维新:《中国古代法制史学史研究——以历代古籍为中心》,上海人民出版社2012年版,第56~57页。

是浅层次的，人间的法律是对宇宙万物的本原——道的破坏。

《老子》反对墨家的"天志"说。在墨家的理论体系中，天是有意志的人格神，具有立法、司法、行政等方面的最高权威，天的意志就是天志，是辨别是非善恶的标准，是最高的法律。但是，《老子》则认为天是没有意志的，万物、百姓都是自然而然的存在，没有受到天的刻意管理，该书写道："天地不仁，以万物为刍狗；圣人不仁，以百姓为刍狗。"①同时，墨家又主张"尚贤"，要求以"义"的标准来选任贤者并由其治理国家，"举义不辟贫贱"，"举义不辟疏"。②《老子》却反对"尚贤"，认为"尚贤"正是造成天下不得安宁的主要因素，因此要"不尚贤，使民不争"。③

《老子》同样也反对法家的"圣人制刑、定分止争"的法律起源说。法家认为在最早的社会中没有君臣上下，"乱而不治"，为了改变这样的局面，就有圣人制定法律，区分君臣上下不同的权利义务，定分止争。但是，《老子》认为，道才是最高的"法律"，一方面，它不是圣人能够制定的，而是人们能够自然遵守的，遵守了道，社会自然会治而有序；另一方面，圣人制刑也是违背道的一种行为，反倒会招致社会的混乱。另外，《老子》也强烈反对法家的滥施刑杀。《老子》认为统治者沉重的横征暴敛，使百姓食不果腹、衣不蔽体，难以维持基本的生存，因而，他们并不怕死，而"民不畏死，奈何以死惧之"。④ 刑罚的滥用只会引起民众的反抗，"民不畏威，则大威至"，最终导致"夫乐杀人者，则不可得志于天下矣"⑤的局面。

（二）《老子》的法律起源观

如上所述，《老子》对于儒家的"圣人制刑"，墨家的"天志"，法家的"圣人制刑，定分止争"的法律起源观进行了批判，认为这些法律起源理论均是从社会表层的乱象来思考问题的，没有从深层次去探求真正的起源。

在《老子》中，道是其哲学的核心，也是其法律思想的核心。道是万物的本源，它产生了宇宙万物，决定宇宙万物的变化。那什么是道？《老子》并没有明确的定义，因在其看来，道是只可意会不可言传的，其在开篇即写道："道可道，非常道。名可名，非常名。"⑥但是，整部《老子》所阐述的道大概有以下三方面

---

① 《老子·第五章》。
② 《墨子·尚贤上》。
③ 《老子·第三章》。
④ 《老子·第七十二章》。
⑤ 《老子·第三十一章》。
⑥ 《老子·第一章》。

的含义：[①]其一，道是一切存在的根源。《老子》所写"道生一，一生二，二生三，三生万物"，[②]即是道产生万物的一个过程。其二，道是一种循环往复的规律。《老子》中所写"执古之道，以御今之有。能知古始，是谓道纪"[③]中的道即是一种规律。其三，道是一种治国、为人处世的行动准则。例如，"道常无名，朴虽小，天下莫能臣也。侯王若能守之，万物将自宾"，[④]"功遂身退，天之道也"[⑤]等则体现了治国、为人处世的准则。

尽管道的含义复杂，并不清晰，但《老子》始终秉持一个中心思想，即"人法地，地法天，天法道，道法自然"，[⑥]在这里，"人法地"是说人之厚其德，乃取法于地之无所不载，"地法天"是说地之成其大，乃取法于天之无所不覆，"天法道"是说天地能长久，乃取法于道之无所不生，"道法自然"是说道之生于不息，乃取法于自然之有条不紊，春夏秋冬循环不已，各不相犯。[⑦] 因而，在《老子》看来，一切都属自然而然，法也不例外，法来源于自然、存在于自然之中，这就是自然法层面的法，也是《老子》所指称的更为深层次的法，这种自然法同样拥有惩恶扬善的威力，且毫无疏漏，正所谓"天之道，不争而善胜，不言而善应，不召而自来，繟然而善谋。天网恢恢，疏而不失"。[⑧] 除了深层次的自然法，还有一种表层的法律、人为的法律，这种人为的法律也就是儒家、墨家、法家所谓的法律，它是"人之道"对于"天之道"破坏的一种产物。在自然而然的状态被破坏后，人们就会欲望激发，大兴争名夺利之风，也使社会动荡不安，需要有一套新的规则来规范人们的行为，如其所写，"上德不德，是以有德；下德不失德，是以无德。上德无为而无以为；下德无为而有以为。上仁为之而无以为；上义为之而有以为。上礼为之而莫之应，则攘臂而扔之。故失道而后德，失德而后仁，失仁而后义，失义而后礼。夫礼者，忠信之薄，而乱之首。前识者，道之华，而愚之始"。[⑨] 在老子看来，自然之法比人为的法律更为优越：首先，自然法符合自然无为的要求，因而是最有效的，任何人均受其约束；其次，自然之法是最为公平、公正的；最后，自然之法才是永恒的法律，人为的法律会因着社会回归到小国寡民的状

---

① 桑玲：《试论老子的法律思想》，载《河南社会科学》2009年第1期。

② 《老子·第四十二章》。

③ 《老子·第十四章》。

④ 《老子·第三十二章》。

⑤ 《老子·第九章》。

⑥ 《老子·第二十五章》。

⑦ 杨鹤皋：《中国法律思想通史》（上），湘潭大学出版社2011年版，第157页。

⑧ 《老子·第七十三章》。

⑨ 《老子·第三十八章》。

态而消失。[①]

基于此,《老子》主张顺应自然,无为而治,反对横征暴敛、严刑峻法。在老子看来,恶政就是有为之政,善政就是无为之政。有为之政是统治者有贪欲而妄为之政,无为之政是统治者无贪欲而不妄为之政。有为之政常行严苛之恶法,以恶法统治、压榨人民。恶政恶法相互为用,是导致犯罪和社会混乱的根源,“民之饥,以其上食税之多,是以饥。民之难治,以其上之有为,是以难治。民之轻死,以其上求生之厚,是以轻死”,[②]“天下多忌讳(制法制禁令),而民弥贫;人多利器,国家滋昏;人多伎巧,奇物滋起;法令滋彰,盗贼多有”。[③]

---

① 杨鹤皋:《中国法律思想通史》(上),湘潭大学出版社 2011 年版,第 158 页。

② 《老子·第七十五章》。

③ 《老子·第五十七章》。

第二章　秦汉时期的法制史学

随着秦朝的建立,中国进入了高度集权的封建专制时代。基于政治的统一,法律思想也逐渐由多元向一元转变,因而,秦汉时期是封建正统法律思想的探索和形成阶段。以儒家法律思想为主、同时吸收战国时期其他各家法律思想为一体的封建正统法律思想在这一时期应运而生,影响了中国两千余年。封建正统法律思想的基本特征就是强调德主刑辅、礼法并用,此种正统法律思想也支配着这一时期的法制史研究。例如,《新语》《新书》《淮南子》《春秋繁露》《论衡》《潜夫论》等均对先秦法制中的礼法关系做了探讨,在此基础上又结合大一统的时代背景,融入了新的思考。

第一节　史学著作中的法制史学

《汉书》是我国历史上第一部"纪传体断代史",该书在法制史学史上具有重要意义,其首创了"刑法志"的编目,《汉书·刑法志》也就成了中国历史上第一部专门意义上的法制史学著作,使法制史首次成为中国正史中一个不可或缺的部分。

一、《汉书·刑法志》概述

班固(公元32~92年),字孟坚,扶风安陵(今陕西咸阳东)人,东汉著名史学家、文学家。班固出身儒学世家,自幼随父亲至各地旅行,参观名胜古迹,收集历史资料。9岁起就能作文章，通读诗赋，16岁入洛阳太学读书，与崔骃、傅毅、李育等同学。其父班彪，因不满后人对于司马迁《史记》的续写，作《史记后传》数十篇，想要续写完西汉一代的历史，但未及完成夙愿即已离世。班固遂下定决心继承父业，继续撰写。然在当时，私撰国史是有罪的，班固因遭人告发，被捕入狱，经其弟班超上书力辩，方被释放出狱。随后被任命为兰台令史，转迁为郎、典校秘书，奉诏完成其父未完成之《汉书》。历经20余年，至建初年中方才完成《汉书》的写作。其一生著作颇丰，除史学大作《汉书》外，尚有开创京都赋范例的《两都赋》，集当时经学之大成的《白虎通义》，以及《典引》《燕然山铭》等。

较之《史记》，《汉书》在编纂体例上具有两大创新之处：其一，它开创了断代为史的体例，是"究西都之首末，穷刘氏之废兴，包举一代，撰成一书"[①]的西汉兴亡史；其二，它首创了刑法志的篇目，后世正史也吸收了这一编目。自《汉书》以后，历代"正史"包括《清史稿》在内的二十五史中，有十三史设置了《刑法志》的编目。"刑法志"往往记载了前一朝代的立法史、司法史以及历史上重大法律事件的记载与评述等，为法制史学史的研究提供重要资料。

二、《汉书·刑法志》中的法制史学

《汉书·刑法志》对于西汉的立法、司法以及西汉史上重大的法制事件均做了较为详细的记载。

（一）立法史的总结

《汉书·刑法志》在开篇用了400余字对于法律的起源问题做了较为详尽的分析论证，"夫人宵天地之貌，怀五常之性，聪明精粹，有生之最灵者也……群而不足，争心将作，上圣卓然先行敬让博爱之德者，众心说而从之。从之成群，是为君矣；归而往之，是为王矣……故圣人因天秩而制五礼，因天讨而作五刑。大刑用甲兵，其次用斧钺；中刑用刀锯，其次用钻凿；薄刑用鞭扑。大者陈诸原野，小者致之市朝，其所繇来者上矣"。[②] 该书也认为法律是为"定分止争"而产生的，同时沿用了先秦"兵刑不分""刑起于兵"的法律起源观点。

在交代了法律的起源后，《汉书·刑法志》对自夏开始的立法史作了回顾。例如，该书极为简要地概括了夏商周三代的立法情况，"夏有乱政而作禹刑，商有乱政而作汤刑，周有乱政而作九刑"；记录了周代创制五刑、刑罚之繁密严苛的状况，"周道既衰，穆王眊荒，命甫侯度时作刑，以诘四方。墨罚之属千，劓罚

① 《史通·六家》。
② 《汉书·刑法志》。

之属千,髌罚之属五百,宫罚之属三百,大辟之罚其属二百。五刑之属三千,盖多于平邦中典五百章,所谓刑乱邦用重典者也”;记录了从秦国到秦朝在立法上广泛采用重刑,“专任刑罚”及由此导致秦朝迅速灭亡的后果,“秦用商鞅,连相坐之法,造参夷之诛;增加肉刑、大辟,有凿颠、抽胁、镬亨之刑。至于秦始皇,兼吞战国,遂毁先王之法,灭礼谊之官,专任刑罚,躬操文墨,昼断狱,夜理书,自程决事日县石之一。而奸邪并生,赭衣塞路,囹圄成市,天下愁怨,溃而叛之”。

在回顾历代立法史的基础上,《汉书·刑法志》对于汉代的立法情况做了记载和评述。首先是在汉初,为恢复战后经济,符合休养生息的立法思想,当时的立法极为简约,“汉兴,高祖初入关,约法三章曰:‘杀人者死,伤人及盗抵罪。’蠲削烦苛,兆民大说。其后四夷未附,兵革未息,三章之法不足以御奸,于是相国萧何攈摭秦法,取其宜于时者,作律九章”。然后到了汉武帝时期,经济恢复并得到了发展,社会矛盾、纠纷也日益突出,汉武帝好大喜功,不断出台新的律令,法网日益繁密、严苛,“及至孝武即位,外事四夷之功,内盛耳目之好,征发烦数,百姓贫耗,穷民犯法,酷吏击断,奸轨不胜。于是招进张汤、赵禹之属,条定法令,作见知故纵、监临部主之法,缓深故之罪,急纵出之诛。其后奸猾巧法,转相比况,禁罔浸密。律、令凡三百五十九章,大辟四百九条,千八百八十二事,死罪决事比万三千四百七十二事”。其后,至汉元帝、汉成帝时,他们开始意识到律令的繁多,不便于百姓遵守,因此下诏要求删减,“合古便今”,如汉元帝下诏曰:“夫法令者,所以抑暴扶弱,欲其难犯而易避也。今律、令烦多而不约,自典文者不能分明,而欲罗元元之不逮,斯岂刑中之意哉!其议律、令可蠲除轻减者,条奏,唯在便安万姓而已。”但总体而言,汉武帝上台后立法的严酷一直到西汉末年一直未有实质改变。

可见,《汉书·刑法志》虽然作为断代体史书的一个篇目,却并非仅静态地记载汉代有关刑律的规定,而是将其放在刑法制度演进的长河中进行再现和考察,从法律起源,到汉朝之前各个朝代的立法演变,再对整个汉朝的立法史做了相对详尽的记载与分析。

(二)司法史的总结

《汉书·刑法志》对于从周代以来的法律实施情况,也即司法史也做了论述与评析。在周代,对于五刑的执行方式是,“凡杀人者踣诸市,墨者使守门,劓者使守关,宫者使守内,刖者使守囿,完者使守积。其奴,男子入于罪隶,女子入舂槁”,但是以上的执行方式也有例外,对于有爵位、年老和年幼者,都不能使之为奴,即“凡有爵者,与七十者,与未龀者,皆不为奴”。《汉书·刑法志》还对《周官》中的五听、八议、三刺等做了记载,即"《周官》有五听、八议、三刺、三宥、三赦之法。五听:一曰辞听,二曰色听,三曰气听,四曰耳听,五曰目听。八议:一曰议亲,二曰议故,三曰议贤,四曰议能,五曰议功,六曰议贵,七曰议勤,八曰议宾。三刺:一曰讯群臣,二曰讯群吏,三曰讯万民。三宥:一曰弗识,二曰过失,三曰遗忘。三赦:一曰幼弱,二曰老眊,三曰蠢愚"。随后对于汉朝的司法制度,具体而言也就是对于五听、三宥、三赦之法的适用做了论述:"高皇帝七年,制诏御史:'狱之疑者,吏或不敢决,有罪者久而不论,无罪者久系不决。自今以来,县道官狱疑者,各谳所属二千石官,二千石官以其罪名当报之。所不能决者,皆移廷尉,廷尉亦当报之。廷尉所不能决,谨具为奏,傅所当比律、令以闻。'上恩如此,吏犹不能奉宣。故孝景中五年复下诏曰:'诸狱疑,虽文致于法而于人心不厌者,辄谳之。'其后狱吏复避微文,遂其愚心。至后元年,又下诏曰:'狱,重事也。人有愚智,官有上下。狱疑者谳,有令谳者已报谳而后不当,谳者不为失。'自此之后,狱刑益详,近于五听三宥之意。三年复下诏曰:'高年老长,人所尊敬也;鳏、寡不属逮者,人所哀怜也。其著令:年八十以上,八岁以下,及孕者未乳,师、朱儒当鞠系者,颂系之。'至孝宣元康四年,又下诏曰:'朕念夫耆老之人,发齿堕落,血气既衰,亦无暴逆之心,今或罗于文法,执于囹圄,不得终其年命,朕甚怜之。自今以来,诸年八十非诬告、杀伤人,它皆勿坐。'至成帝鸿嘉元年,定令:'年未满七岁,贼斗杀人及犯殊死者,上请廷尉以闻,得减死。'"接着,班固对于昭、宣、元、成、哀、平六世之间的治狱情况做了纵向考察,指出执法不公、执法过于严酷以及受刑者众多是这段时间及至东汉初期都面临的问题。因而,班固在《汉书·刑法志》的最后,在总结历史的基础上,呼吁统治者应当正视历史上的司法情况和当今的司法情况,做到慎刑恤罚。

(三)历史上重大法律事件的记载与评述

《汉书·刑法志》还对于历史上发生的重大法制事件做了记载和评述,此处以子产铸刑书和汉文帝废除肉刑为例,稍加展开。

对于子产铸刑书一事,《汉书·刑法志》首先简要交代了此一事件的历史背景,"春秋之时,王道浸坏,教化不行,子产相郑而铸刑书"。然后通过晋国叔向和子产之间的书信内容作较为详细的介绍:"晋叔向非之曰:'昔先王议事以制,不为刑辟。……今吾子相郑国,制参辟,铸刑书,将以靖民,不亦难乎!……民知争端矣,将弃礼而征于书。锥刀之末,将尽争之,乱狱滋丰,货赂并行。终子之世,郑其败虖!'"可见,晋叔向对于子产铸刑书是持否定与批判的态度,认为子产的这一行为将会导致百姓不再遵守礼,增加纠纷。对此,子产回复道:"若吾子之言,侨不材,不能及子孙,吾以救世也。"班固较为赞成叔向的看法,认为法律是乱世中,社会风气衰败、百姓道德水平下降而不得已推出的手段,好的治国方法仍应当是礼治和教化,对此班固还援引了孔子的话,《汉书·刑法志》评论道:"偷薄之政,自是滋矣。孔子伤之,曰:'导之以德,齐之以礼,有耻且格;导之以政,齐之以刑,民免而无耻。''礼乐不兴,则刑罚不中;刑罚不中,则民无所错手足。'"

对于汉文帝下诏废除肉刑一事,《汉书·刑法志》做了较为详细的记载,其首先交代了汉文帝即位时西汉发展经济、约法省刑的社会背景,"及孝文即位,躬修玄默,劝趣农桑,减省租赋……罪疑者予民,是以刑罚大省,至于断狱四百,有刑错之风"。随后,记载了汉文帝废除肉刑的导火索——缇萦上书一事,即齐国太仓令淳于公获罪将被处刑,其女缇萦上书汉文帝,提出肉刑的惨烈并请求能够替父受罪,汉文帝为之所动并下诏废除肉刑,由丞相张仓、御史大夫冯敬制订具体方案。但肉刑废除后,刑罚非但未能减轻反倒有所加重,使许多原本应处肉刑的人被打死或处死,于是景帝又下新诏,进一步减轻处罚,并对刑具作了具体的规定。但是,在班固看来,这样的做法无济于事,废除肉刑的弊端依旧存在,其评论道:"自是笞者得全,然酷吏犹以为威。死刑既重,而生刑又轻,民易犯之。"

第二节 儒学著作中的法制史学

到了秦汉时期,政治上的统一也导致了思想上的一元化,尤其是在西汉中期以后,确立了以儒家法律思想为主,同时吸收各家法律思想为一体的封建正统法律思想。此时的儒家思想已不同于先秦的纯粹的儒家思想,故而儒学著作中的法制史内容也不同于先秦的著作。

一、《春秋繁露》中的法制史学

董仲舒(公元前 179~前 104 年),广川(今河北枣强县)人,西汉哲学家、政治家、新儒学奠基者。景帝时为博士,掌管经学讲授。汉武帝元年(公元前 140 年),汉武帝下诏征求治国方略,董仲舒参加策问,提出"罢黜百家,独尊儒术"的建议,他针对三次策问的对策得到了汉武帝的嘉许,因此被任命为江都相。元朔四年(公元前 125 年)任胶西相,因恐久获罪,于四年后称病辞职归家,潜心著书立说。朝廷每遇有重大事项,就会派遣使者及廷尉张汤至董仲舒家请教,询问意见,其意见往往仍能受到汉武帝的重视。

董仲舒一生著作丰富,据《汉书·董仲舒传》记载,他的著作“皆明经术之意,及上疏条教,凡百二十三篇”,说春秋事得失,《闻举》《玉杯》《蕃露》《清明》《竹林》之属,复数十篇,十余万言,皆传于后世。另据《汉书·艺文志》记载,董仲舒还有《公羊董仲舒治狱》16篇,但其著作今多已散佚,仅《春秋繁露》和《汉书·董仲舒传》中的《天人三策》得以保存。

《春秋繁露》是董仲舒解释儒家经典著作《春秋》之作,共17卷、82篇。其中,《王道通三》《顺命》《天地之行》《阴阳义》《为人者天》《符瑞》等是有关神学目的论的著作,《楚庄王》《基义》《玉杯》《深察名号》《十指》《必仁且智》《为人者天》《王道通三》《立元神》《保位权》《阳尊阴卑》《五行对》《王道》《考功名》《精华》《四时之副》等篇体现了董仲舒的政治法律主张。

(一)发展孔孟“重德轻刑”的法制内涵

在统治方法上,董仲舒吸取秦亡的教训,在孔孟“重德轻刑”的基础上,结合阴阳学说,提出了“阳德阴刑”“大德小刑”的统治方法,认为道德教化是为政的根本方法,刑罚仅仅是为政的辅助方法,两者的形式不同,但其目的均在于维护封建统治,即“教,政之本也;狱,政之末也。其事异域,其用一也”。①

具体而言,董仲舒尤其倡导德治,认为统治者应当秉承“天意”,对人民进行道德教化,他说:“王者承天意以从事,故任德教而不任刑。刑者不可任以治世,犹阴之不可任以成岁也。为政而任刑,不顺于天,故先王莫之肯为也。今废先王德教之官,而独任执法之吏治民,毋乃任刑之意与!孔子曰:‘不教而诛谓之虐。’虐政用于下,而欲德教之被四海,故难成也。”②当然,董仲舒也不反对刑罚的适用,在他看来,“天意”“教化”“法度”都是治国的根本,他还主张利用人民趋利避害的心理,设立赏罚制度,赏有功,罚有罪,他说:“有功者赏,有罪者罚,功盛者赏显,罪多者罚重。不能致功,虽有贤名,不予之赏,官职不废,虽有愚名,不加之罚,赏罚用于实,不用于名,贤愚在于质,不在于文,故是非不能混,喜怒不能倾,奸轨不能弄,万物各得其冥,则百官劝职,争进其功。”③

董仲舒的德刑关系理论是以“天人感应”的神学目的论和“性三品”的人性论为基础的:④首先,关于“天人感应”,在董仲舒以前,已有儒家讲天命,道家讲

① 《春秋繁露·精华》。

② 《汉书·董仲舒传》。

③ 《春秋繁露·考功名》。

④ 参见丁凌华主编:《中国法律思想史》,科学出版社2012年版,第123页。

天道,墨家讲天志,阴阳家讲天人,董仲舒则对其改造后提出“天人感应”之说,即天是至高无上的人格神,是最尊贵的“百神之大君”,①天和人一样,具有意志,具有喜怒哀乐,人和天相通,两者能够相互感应。在德刑关系上,董仲舒认为“阳德阴刑”是天道的体现,天亲阳而疏阴,任德而不任刑,他说:“王者欲有所为,宜求其端于天。天道之大者在阴阳。阳为德,阴为刑;刑主杀而德主生。是故阳常居大夏,而以生育养长为事;阴常居大冬,而积于空虚不用之处,以此见之天任德不任刑也。”②“是故天数右阳而不右阴,务德而不务刑。刑之不可任以成世也,犹阴不可任以成岁也。为政而任刑,谓之逆天,非王道也。”③其次,关于人性论,董仲舒进一步发展了儒家的人性论,既不同于孟子的性善论,也不同于荀子的性恶论,而是提出了“性三品”的学说。他认为,人既然是天造的,人性也得之于天。天有阳有阴,人性也分为性和情,性是善,情是恶。但善、恶的表现是因人而异的,按其善质的不同,大致可以分为“圣人之性”、“中民之性”和“斗筲之性”,它们分别属于上、中、下三品。“圣人之性”先天就很善,不需要进行教育,“斗筲之性”全是贪恶即使经过教育也不会成善,这两者有一共同点即都是不可改变的。“中民之性”是“仁、贪之气两在于身”,“有善质而未能善”,④是能够通过教育而成善的,并且在这三种人中,“中民之性”占据了绝大多数,针对他们可为善、可为恶的特性,最好的统治方式就是既以道德教化使之为善,又用刑罚预防与惩罚其为恶,并应以德教为主。而对于“斗筲之性”这类人就只能使用刑罚。

(二)法律起源观

在法律起源问题上,董仲舒继承并发展了殷周以来的“君权神授”说。“天人感应”理论是董仲舒用于分析法制史课题的重要理论基础,不仅为“德主刑辅”的法制主张,而且为“君权神授”的法律起源观提供了理论基础。如上所述,在董仲舒看来,天是创造一切、支配一切的神,“天者,百神之大君也”,⑤天既要养人,也要管人,但天无法直接管理人类社会,必然需要派遣代表来治理人间社会,那么这个人是谁呢?在董仲舒看来,这个人就是“王”。他在《王道通三》篇的开头就从造字的角度来说明“王”字的含义,认为“王”字的三横分别代表天、地、人,而中间一竖起沟通作用的就是君主,即“古之造文者,三画而连其中,谓

---

① 《春秋繁露·郊义》。
② 《汉书·董仲舒传》。
③ 《春秋繁露·阳尊阴卑》。
④ 《春秋繁露·如天之为》。
⑤ 《春秋繁露·郊语》。

之王。三画者，天地与人也，而连其中者，通其道也”。[①] 由此可推知，在董仲舒看来，君权源于神授，而法律则来源于“天”。

正因如此，君主的行为应该符合天道，君主对社会的治理当然也应符合天道，《王道通三》写道，“是故王者唯天之施，施其时而成之，法其命而循之诸人，法其数而以起事，治其道而以出法，治其志而归之于仁”；否则，社会就会乱，出现乱世的局面，“义则世治，不义则世乱”。然而，天道是有变化的，有春夏秋冬的区别，因此，君主的行为应遵循天道的变化，不可一成不变，更不能与其背道而驰，否则就会造成乱世的结果：“春气爱，秋气严，夏气乐，冬气哀。”“明王正喜以当春，正怒以当秋，正乐以当夏，正哀以当冬。”“人主当喜而怒，当怒而喜，必为乱世矣。”在德刑方面也是如此，对此，董仲舒结合阴阳说，认为德刑关系就是天道中的阴阳关系。用刑属于阴，阴开始于秋天，存在于秋冬两季；德属于阳，阳开始于春天，存在于春夏两季。君主掌握有国家的刑德大权，居于生杀之位，必须依天道行事，如此万事万物就会适应天道而正常运作，避免发生不测。

（三）为法制史上人与人间的不平等提供理论基础

等级名分是礼的核心内容，讲究等级名分、人与人之间的不平等是我国古代法制的一大特点。董仲舒在《基义》篇中通过阴阳理论专门分析论证了人的不平等地位的合理性。

首先，董仲舒认为，社会中的事物都可以用阴阳来解释，“凡物必有合。合，必有上，必有下，必有左，必有右，必有前，必有后，必有表，必有里。有美必有恶，有顺必有逆，有喜必有怒，有寒必有暑，有昼必有夜，此皆其合也。阴者阳之合，妻者夫之合，子者父之合，臣者君之合。物莫无合，而合各有阴阳”。[②] 人与人之间的关系可以简化为君臣、父子、夫妻的关系，而他们的关系也是阴阳的关系，其中，“君为阳，臣为阴；父为阳，子为阴；夫为阳，妻为阴”。[③]

其次，阴阳的地位并不平等，因为“天之亲阳而疏阴”，[④]而万物又生于天。因此，君、父、夫的地位就高于臣、子、妻，这样君为臣纲、父为子纲、夫为妻纲的“三纲”就确立起来了，人与人之间的不平等地位自然也就形成了。因而，此种不平等关系也源于天，是天意的安排，如董仲舒所言，“王道之三纲，可求于天”。[⑤] 阴不能独自存在，必须依附于阳，那么，在三纲下，臣、子、妻也都不能独

① 《春秋繁露·王道通三》。
② 《春秋繁露·基义》。
③ 同上。
④ 《春秋繁露·阴阳义》。
⑤ 《春秋繁露·基义》。

自存在,相应地,臣应依附于君,子应依附于父,妻应依附于夫,“阴道无所独行。其始也不得专起,其终也不得分功,有所兼之义。是故臣兼功于君,子兼功于父,妻兼功于夫,阴兼功于阳,地兼功于天。举而上者,抑而下也”。①

最后,在这三纲之中,“君为臣纲”最为重要,“父为子纲”“夫为妻纲”是从属于“君为臣纲”的,因为依照“天人感应”说,君如天,臣如地,臣子应当绝对服从于君主,而且一切的功劳都要归于君主,一切的罪恶则应归于臣子,如他所说,“君不名恶,臣不名善;善皆归于君,恶皆归于臣。”②“父为子纲”是这三纲的基础。董仲舒强调孝道,并且在一定程度上将其神秘化,“故曰夫孝者,天之经也”,“孝子之行,取之土。土者,五行最贵者也,其义不可以加矣”。③

(四)考察历代法制,提出预防犯罪的主张

董仲舒在考察历代法制和兴亡的教训以及西汉王朝的社会情况时,提出了调均贫富、加强教化的预防犯罪的主张。

首先,董仲舒从历代经济法制入手,认为统治者严苛的经济法制、过度的剥削,导致人民极端贫困,而“大富则骄,大贫则忧。忧则为盗,骄则为暴,此众人之情也”,④由此就导致了犯罪的频发。他尤以秦亡为教训,秦国自采用了商鞅变法之后,为加强中央集权,在经济上,废除了井田制,并且百姓可以买卖田地,这样就导致了富者愈富、穷者愈穷的后果,贫穷者连供其生存的立足之地都没有了,“(秦)用商鞅之法,改帝王之制,除井田,民得买卖,富者田连仟佰,贫者亡(无)立锥之地。又颛川泽之利,管山林之饶,荒淫越制,逾侈以相高;邑有人君之尊,里有公侯之富,小民安得不困”。并且秦时的徭役、赋税格外苛重,如“三十倍于古”“或耕豪民之田,见税什五”,使“贫民常衣牛马之衣,而食犬彘之食”,使人民无法生活下去,不得不“亡逃山林,转为盗贼”。又如楚灵王“大为宫室,多为台榭,雕文刻镂,五色成光。赋敛无度,以夺民财;多发徭役,以夺民时;作事无极,以夺民力”,以致“百姓愁苦,叛去其国”。⑤

其次,董仲舒对照了当时西汉的社会情况,尖锐地指出,统治者“身宠而载高位,家温而食厚禄,因乘富贵之资力,以与民争利于下,民安能如之哉”,并且两极分化十分严重,“富者奢侈羡溢,贫者穷急愁苦;穷急愁苦而上不救,则民不

① 《春秋繁露·基义》。
② 《春秋繁露·阳尊阴卑》。
③ 《春秋繁露·五行对》。
④ 《春秋繁露·度制》。
⑤ 《春秋繁露·五行相胜》。

乐生;民不乐生,尚不避死,安能避罪! 此刑罚之所以蕃而奸邪不可胜者也”。[①]

面对这种状况,西汉的统治者应当采取何种措施才能避免如秦一样的悲惨结局? 董仲舒认为必须要均贫富,使百姓富足,又不至于两极分化,从而预防犯罪,稳固西汉王朝的统治。董仲舒均贫富的基本原则就是,“使富者足以示贵而不至于骄,贫者足以养生而不至于忧。以此为度,而调均之,是以财不匮而上下相安”。[②] 具体而言:第一,要限制统治阶级兼并土地,即“古井田法虽难卒行,宜少近古,限民名田,以澹不足,塞并兼之路”。[③] 第二,要禁止官吏及诸侯王兼营工商业,以缓和西汉官吏与工商业者之间的矛盾。第三,要减轻刑罚,如去奴婢,除去酷吏对于人民的残酷镇压。第四,要轻徭薄赋,董仲舒向汉武帝上书赞扬了古代的赋税徭役制度,“古者税民不过什一,其求易共;使民不过三日,其力易足。民财内足以养老尽孝,外足以事上共税,不足以畜妻子极爱,故民说从上”。[④] 第五,高位厚禄的官员不应当与民争利,而这也是天意,他说:“故已有大者,不得有小者,天数也。夫已有大者又兼小者,天不能足之,况人乎? 故明圣者象天所为为制度,使诸有大奉禄亦皆不得兼小利,与民争利业,乃天理也。”[⑤]

二、《潜夫论》中的法制史学

王符(生卒时间不详,约汉章帝建初末年至汉灵帝建宁年间),字节信,自号潜夫,安定临泾(今甘肃镇南县)人。少时与马融、窦章、张衡、崔瑗等为友,成名后曾受皇甫规接待。王符的母亲是妾婢之类,因此“为乡人所贱”,[⑥]虽然王符出身低微,但他“少好学,有志操”,年少时就已经广泛阅读了经书和诸子著作,但始终不得志,因此就隐居著书,“(王符)效法古代圣贤,总结历史教训,研讨学术,将自己的满腔热血和愤懑熔铸成为光辉千古的不朽篇章,以寄托自己一番救国救民的苦心与痴情”。[⑦] 王符在邻里乡间也颇具影响,《后汉书·王符传》载:“后度辽将军皇甫规解官归安定,乡人有以货得雁门太守者,亦去职还家,书刺谒规,规卧不迎。既入而问:‘卿前在郡食雁美乎?’有顷,又白王符在门,规素

---

① 《天人三策》。
② 《春秋繁露·度制》。
③ 《汉书·食货志》。
④ 同上。
⑤ 《春秋繁露·度制》。
⑥ 《后汉书·王充王符仲长统列传》。
⑦ 张觉校注:《〈潜夫论〉校注》,岳麓书社 2008 年版,第 7 页。

闻符名，乃惊遽而起，衣不及带，屣履出迎，援符手而还，与同坐，极欢。时人为之语曰：'徒见二千石，不如一缝掖。'"①

《潜夫论》为王符隐居时所作文章的合集。由于他愿作为一平民思想家，立一家之言，但不欲彰显其名，因此取名为《潜夫论》。该书共10卷、36篇，10万余言。其中，《本训》《德化》《赞学》《慎微》《明暗》等篇是相关哲学思想的篇章；《梦列》等篇是相关无神论的篇章；《本政》《论荣》《遏利》《明暗》《忠贵》《浮侈》《交际》等篇是相关政治思想的篇章；《述赦》《断讼》《三式》《衰制》等篇是相关法律主张的篇章。《潜夫论》虽然自古以来就被视为儒学著作，但实际上，它也吸收了法家、道家、兵家、五行家等的思想，因而具有丰富的学术价值。

（一）继承发展先秦儒家德主刑辅的法制主张

王符继承发展了先秦儒家的德刑关系法制主张。继承在于，他强调在治理国家之时，德化比威刑更为重要，发展在于，他进一步明确了礼和法之间的区分，指出两者在调整内容方面的不同：

首先，"敦德化而薄威刑"。王符从人性的角度出发，阐述为何要"敦德化而薄威刑"。他说："人君之治，莫大于道，莫盛于德，莫美于教，莫神于化。道者所以持之也，德者所以苞之也，教者所以知之也，化者所以致之也。民有性，有情，有化，有俗。情性者，心也，本也。化俗者，行也，末也。末生于本，行起于心。是以上君抚世，先其本而后其末，顺其心而理其行。心精苟正，则奸匿无所生，邪意无所载矣。"②也就是说，人有情有性，有善有恶，如果对其进行道德教化，人们在道德潜移默化的作用下，都会渐渐向善，而一旦教化成功，人心向善，变正了，那么就不会再变为恶了；威刑则不具有此种使人心向善、永不为恶的效果，只具有临时性威慑的效果。因此，教化的力量远大于威刑。

王符还指出，在中国法制史上，过去的圣明君王也意识到了德化较之于威刑更为有效，因此他们也多"敦德化而薄威刑"，"是故上圣不务治民事而务治民心，故曰：'听讼，吾犹人也。必也使无讼乎！'导之以德，齐之以礼，务厚其情而明则务义，民亲爱则无相害伤之意，动思义则无奸邪之心。夫若此者，非法律之所使也，非威刑之所强也，此乃教化之所致也。圣人甚尊德礼而卑刑罚，故舜先敕契以敬敷五教，而后命皋陶以五刑三居……故民有心也，犹为种之有园也。遭和气则秀茂而成实，遇水旱则枯槁而生孽。民蒙善化，则人有士君子之心；被恶政，则人有怀奸乱之虑……是以圣帝明王，皆敦德化而薄威刑。德者所以修

① 《后汉书·王充王符仲长统列传》。

② 《潜夫论·德化》。

已也,威者所以治人也。上智与下愚之民少,而中庸之民多。中民之生世也,犹铄金之在炉也,从笃变化,惟冶所为,方圆薄厚,随镕制尔”。[①]

那么,如何进行德化?王符提出了两点建议:其一,作为臣民榜样的统治者一是应当修身养性,提高道德水平,他说:“是故世之善否,俗之薄厚,皆在于君。上圣和德气以化民心,正表仪以率群下,故能使民比屋可封,尧、舜是也。二是躬道德而敦慈爱,美教训而崇礼让,故能使民无争心而致刑错,文、武是也。其次明好恶而显法禁,平赏罚而无阿私,故能使民辟奸邪而趋公正,理弱乱以致治强,中兴是也。”[②]其二,要富民,此继承了孔子的“先富后教”的“富民”和孟子的“民本”学说。他认为“民贫则背善”,“贫厄则而忘善,富则乐而可教”,只有使百姓富足,不用担心生计问题,才能使他们有心去接受礼义教化。

当然,王符强调德化在治国之中的重要性,并不意味着他主张可以独任德化,相反,他强烈反对那种“德化可独任”的主张,认为那是一种不通达事理变化的腐儒之论,即使是上圣尧、舜、文、武,他们也有使用刑罚或者武力的时候,他说:“夫上圣不过尧、舜,而放四子,盛德不过文、武,而赫斯怒。诗云:‘君子如怒,乱庶遄沮;君子如祉,乱庶遄已。’是故君子之有喜怒也,盖以止乱也。故有以诛止杀,以刑御残。”[③]

王符进一步明确了礼与法的区分。对于礼与法的关系,传统的儒家有一说法,即“礼者禁于将然之前,而法者禁于已然之后”。[④] 也就是说,礼侧重于教化,使人为善,能够防患于未然;而法侧重于罚恶,使人畏惧,能够惩戒于后。可见,在传统观点之下,是以发挥作用的先后为顺序来区分礼和法的,也就是说,在行为之先就发挥作用的是礼,在行为之后方才发挥作用的是法。王符认为这种传统的区分方法并不能真正地将两者的差别显现出来,因此,他寻找了另一突破口,即从调整对象入手,发现礼与法之间的区分。王符指出,礼所调整的内容是“人情之喜怒所不能已者”,而法所调整的内容是“人所可已者”,并认为只有不是“人情之不可能”者,才能列入法律,这就可以防止把那些应由礼加以调整的行为掺杂到法律中来。他说:“先王因人情喜怒之所不能已者,则为之立礼制而崇德让;人所可已者,则为之设法禁而明赏罚。今市卖勿相欺,婚姻无相诈,非人情之不可能者也。是故不若立义顺法,遏绝其原。”[⑤]

---

① 《潜夫论·德化》。

② 同上。

③ 《潜夫论·衰制》。

④ 《大戴礼记·礼察》。

⑤ 《潜夫论·断讼》。

(二)吸收发展先秦各家相关立法制度的主张

有学者认为,王符非为醇儒,他折中孔子,而复涉猎于申、商刑名,韩子杂说。在立法方面,王符就结合了儒家和墨家、道家等思想和学说主张,将其有机融合,提出独到的立法主张。

首先,以"利民"为本的立法主张。该主张吸收了儒家的"民本"思想和墨家为民"兴利除害"的思想。王符认为,人民是统治者赖以存在的基础,君主必须体恤百姓,"夫民者国之基也,君者民之统也,臣者治之材也"。① 那么君主所制定的法律也必须为民所用,为民除害,"君以恤民为本……君臣法令之功,必效于民。故君臣法令善则民安乐",②"是故先王之制刑法也,非好伤人肌肤,断人寿命者也,乃以威奸惩恶除民害也"。③ 对于君主、人民和法律的关系,王符还做了一个形象的比喻,他把君主比作驾驭车马的人,把人民比作车马,把法律法令比作"衔辔箠策",法律法令是调和君主和百姓之间关系的有效工具,君主必须善于运用法律这一工具,以利民为本,才能使百姓心悦诚服地接受统治,就好比驾驭马车的人只有恰如其分地使用好"衔辔箠策",才能很好地驾驭车马,以到达目的地。④

其次,因时而变的变法主张。该主张主要是承袭了先秦法家的变法主张。商鞅在《商君书》的《更法》篇中说道:伏羲、神农氏时期是"男耕女织,妇织而衣,刑政不用而治",所以当时的法律是"教而不诛";黄帝时代是"以强胜弱,以众胜寡",所以制定了"君臣上下之义,父子兄弟之礼,夫妇妃匹之合,内行刀锯,外用甲兵","诛而不怒"的法律;周文王、周武王时代,"各当时而立法,因事而制礼";到了春秋战国时期,各诸侯国需要通过耕战,努力壮大国家力量,实行"以力吸人"的霸道。王符的主张与商鞅类似,他认为,社会的发展、时代的变迁等会导致社会风俗情况等的不同,这就需要随时变革,去适应客观时势的发展变化。他说:"五代不同礼,三家不同教,非其苟相反也,盖世推移而俗化异也。俗化异则乱原殊,故三家符世,皆革定法。高祖制三章之约,孝文除克肤之刑,

① 《潜夫论·本政》。

② 同上。

③ 《潜夫论·述赦》。

④ 《潜夫论·衰制》:"是故民之所以不乱者,上有吏;吏之所以无奸者,官有法;法之所以顺行者,国有君也;君之所以位尊者,身有义也。义者君之政也,法者君之命也。人君思正以出令,而贵贱贤愚莫得违也,则君位于上,而民氓治于下矣。人君出令而贵臣骄吏弗顺也,则君几于弑,而民几于乱矣。夫法令者,君之所以用其国也。君出令而不从,是与无君等。主令不从则臣令行,国危矣。夫法令者,人君之衔辔棰策也,而民者,君之舆马也。若使人臣废君法禁而施己政令,则是夺君之辔策,而己独御之也。"

是故自非杀伤盗臧,文罪之法,轻重无常,各随时宜,要取足用劝善消恶而已。"①

最后,王符还继承了韩非的法、术、势相结合的主张。他认为,治国应当将法、术、势三者相结合,使之互相制约,互为补充。其中,权势是法术的前提,但又不能离开法术而独立施行,而是要通过法来实现,通过术来驾驭群臣并处理好和群臣的关系。他说:"人君之称,莫大于明;人臣之誉,莫美于忠。此二德者,古来君臣所共愿也。然明不继踵,忠不万一者,非必愚闇不逮而恶名扬也,所以求之非其道尔。夫明据下起,忠依上成。二人同心,则利断金。能知此者,两誉俱具。要在于明操法术,自握权秉而已矣。所谓术者,使下不得欺也;所谓权者,使势不得乱也。术诚明,则虽万里之外,幽冥之内,不得不求效;权诚用,则远近亲疏,贵贱贤愚,无不归心矣。"②

第三节 其他著作中的法制史学

其他著作如《新语》《新书》《淮南子》《论衡》,也有部分相关法制史的记述。

一、《新语》中的法制史学

陆贾(约公元前240~前170年),楚人,经历楚、秦、汉三朝,西汉初期著名的思想家、政治家。早年追随刘邦平定天下,口才极佳,善于辩论,经常出使诸侯国。在高祖入关前和楚汉战争期间,曾先后去秦军中游说缓兵,到项羽营中充当使者。汉王朝建立后,出使南越(今广东、广西一带),招谕南越王赵佗臣属汉朝,称臣奉汉约,因功被任命为太中大夫。在高祖死后,吕后掌权,陆贾便称病辞官,在吕后掌权末期,往来于太尉周勃、丞相陈平等人之间,调和他们的关系,协助其诛灭诸吕势力,迎立文帝。在文帝时,陆贾再次出使南越,敦促佗去帝制。

陆贾在中国古代法学发展史上的贡献主要有:第一,在总结秦亡教训的基础上提出"无为而治"的主张;第二,提出以仁义教化"劝善",以法令"诛恶","文武并用、德刑兼施"的主张;第三,强调君主要明德慎罚、轻刑重赏。陆贾的这些主张对于汉初黄老法学世界观的形成和发展及古代法学基本原则的确立都产生了影响。③

---

① 《潜夫论·断讼》。
② 《潜夫论·明忠》。
③ 参见何勤华:《中国法学史》(第1卷),法律出版社2006年版,第252页。

陆贾的著作除《新语》12篇外,还有《楚汉春秋》(已佚)。陆贾的事迹与思想言论主要集中于《史记·郦生陆贾列传》《史记·南越列传》《汉书·陆贾传》《新语》《论衡》等文献中。《新语》是现存唯一一部完整的陆贾的著作,主要是论述君臣的政治得失和治国方略。据《史记·郦生陆贾列传》记载,该书共12篇,“陆生乃粗述存亡之征,凡著十二篇。每奏一篇,高帝未尝不称善,左右呼万岁,号其书曰《新语》”。[①] 该12篇目分别为:《道基》《术事》《辅政》《无为》《辨惑》《慎微》《资质》《至德》《怀虑》《本行》《明诫》《思务》。

(一)法律起源观

在法律起源问题上,陆贾采纳了圣人制法说,他在《道基》的开篇就叙述道:“传曰:‘天生万物,以地养之,圣人成之。’功德参合,而道术生焉。”随后叙述了圣人创造国家和法律的历史过程:首先,他把人类社会的历史分为先圣、中圣和后圣三个不同时期。在先圣时期,陆贾列举了一些代表人物和他们的事迹。例如,伏羲“仰观天文,俯察地理,图画乾坤,以定人道”;神农氏“偿百草之实,察酸苦之味,教人食五谷”;黄帝“伐木构材,筑作宫室,上栋下宇,以避风雨”;后稷“列封疆,画畔界,以分土地之所宜;辟土殖谷,以用养民;种桑麻,致丝枲,以蔽形体”;夏禹“决江疏河,通之四渎,致之于海,大小相引,高下相受,百川顺流,各归其所”;奚仲“桡曲为轮,因直为辕,驾马服牛,浮舟杖楫,以代人力”;等等。其次,陆贾发现,在生产力水平日益提高,有了剩余产品后,人们就开始“好利恶难,避劳就逸”,那些原始公社的首领就利用自己手中的权力占有比别人更多的财富,并将自己的一部分劳动重担转嫁给别人,矛盾就产生了,于是皋陶“立狱制罪,悬赏设罚,异是非,明好恶,检奸邪,消佚乱”,法律便应运而生。

但是,在陆贾看来,国家的治理光靠法律是不够的,因为如果只有法律,人们只是因为畏惧法律这种外在约束而不敢犯事,他们是不可能真正为善的。要治理好国家,使百姓向善,还必须对他们进行教化,这时中圣的作用便彰显出来了,“于是中圣乃设辟雍庠序之教,以正上下之仪,明父子之礼,君臣之义。使强不凌弱,众不暴寡,弃贪鄙之心,兴清洁之行”。在中圣制定礼义之后,后圣又对这些礼义的内容具体化,将礼义的道理写成五经,定为六艺,作为人民的思想行为准则,也就是“后圣乃定五经,明六艺,承天统地,穷事察微,原情立本,以绪人伦,宗诸天地,纂修篇章,垂诸来世,被诸鸟兽,以匡衰乱”。如果这样教育还不够,那就通过音乐来弥补不足,他说:“调之以管弦丝竹之音,设钟鼓歌舞之乐,

① 《史记·郦生陆贾列传》。

以节奢侈，正风俗，通文雅。”[①]

同时，在人类历史发展的问题上，陆贾认为人类历史是不断进化发展的，因此，人们不应当尚古、泥古，他在《术事》篇中开篇即说：“善言古者合之于今，能述远者考之于近……道近不必出于久远，取其致要而有成，《春秋》上不及五帝，下不至三王，述齐桓、晋文之小善，鲁之十二公至今之为政，足以知成败之效，何必于三王？故古人之所行者，亦与今世同。”[②]陆贾强调要古今并重，以古为鉴，由此吸取历史经验教训，并将历史经验运用于现实政治之中，他说：“制事者因其则，服药者因其良。书不必起仲尼之门，药不必出扁鹊之方。合之者善，可以为法，因世而权行。”[③]

（二）总结秦朝法制的教训，提倡省刑薄赋

秦王朝残暴苛酷的法律和其推行过程中造成的巨大消极后果，是汉初统治者们耳闻身受的。陆贾同样亲身经历了秦王朝的灭亡，因此，他十分重视对秦朝法制经验教训的总结。面对秦王朝的专任刑罚、赋敛无度，陆贾主张改革秦朝遗留下的严刑苛法，主张约法省刑，轻徭薄赋。

首先，陆贾指出亡秦最主要的一个教训即是“秦非不欲治也，然失之者，乃举措太众、刑罚太极故也”，秦始皇“设刑罚，为车裂之诛，以敛奸邪，筑长城于戎境，以备胡、越，征大吞小，威震天下，将帅横行，以服外国，蒙恬讨乱于外，李斯治法于内”，[④]导致事务繁重，天下越乱，法令也越多，最终使人民无所适从。陆贾还以晋厉公、齐庄公、楚灵王、宋襄公为例，他们都“乘大国之权，杖众民之威，军师横出，陵轹诸侯，外骄敌国，内刻百姓，邻国之雠结于外，群臣之怨积于内，而欲建金石之统，继不绝之世”，结果四个人都死于非命，“故宋襄死于泓之战，三君弑于臣之手，皆轻师尚威，以致于斯，故春秋重而书之，嗟叹而伤之。三君强其威而失其国，急其刑而自贼，斯乃去事之戒，来事之师也”。[⑤] 为此，陆贾主张应当效法前代圣君“道莫大于无为，行莫大于谨敬”的做法。例如舜，他当年治理天下时，只是弹琴、诵诗，平静得好像没有治国之意、忧民之心，但天下大治；又如周公，他制礼作乐，祭祀天地、山川后，不设军队，不用刑罚，但四海之内

① 《新语·道基》。
② 《新语·术事》。
③ 同上。
④ 《新语·无为》。
⑤ 《新语·至德》。

纷纷来朝贡、拜谒。[①] 汉朝的统治者应当约法省刑,使人民归服其德行,赞美其政治,从而听从教化、欣然投奔而不敢违抗其命令。

其次,秦统治者横征暴敛,他们对百姓收泰半之赋、发闾左之戍,以此实现“骄奢靡丽,好作高台榭,广宫室”[②]的生活。秦统治者对于百姓极其残酷的剥削和压迫使百姓难以生存,只能揭竿而起,这便招致了秦王朝的迅速灭亡。不仅秦王朝如此,汉朝以先的“尊于位而无德”“富于财而无义者”也都纷纷灭亡了,这些都是他们荒淫无度、贪图一己之利所致,他说:“夫酒池可以运舟,糟丘可以远望,岂贫于财哉?统四海之权,主九州之众,岂弱于武力哉?然功不能自存,而威不能自守,非贫弱也,乃道德不存乎身,仁义不加于下也。故察于利而惛于道者,众之所谋也;果于力而寡于义者,兵之所图也。君子笃于义而薄于利……”因此,陆贾劝诫汉高祖说:“夫怀璧玉,要环佩,服名宝,藏珍怪,玉斗酌酒,金罍刻镂,所以夸小人之目者也;高台百仞,金城文画,所以疲百姓之力者也。故圣人卑宫室而高道德,恶衣服而勤仁义,不损其行,以好其容,不亏其德,以饰其身,国不兴不事之功,家不藏不用之器,所以稀力役而省贡献也。”[③]希望汉高祖能够轻徭薄赋、与民休息,使百姓能够上行下效,与统治者一同勤勉工作,恢复并发展汉朝经济。

(三)继承发展先秦儒家的德治主张

陆贾有关德治的主张同样是在吸取秦亡教训的基础上阐发的,陆贾极力主张“以道德为上”,“以仁义为本”,改变秦朝那种尚刑的统治方法。

首先,陆贾提出“德盛者威广,力盛者骄众”,他将齐桓公与秦统治者相对比,称“齐桓公尚德以霸”,而“秦二世尚刑而亡”,因此“虐行则怨积,德布则功兴”。[④] 陆贾强调统治者应当重视道德,实行德治,“握道而治,据德而行”,[⑤]因为“天地之性,万物之类,怀德者众归之,恃刑者民畏之,归之则充其侧,畏之则去其域”,[⑥]在施行德治的国度,人们才会归服于统治者,“怀其德而归其境,美

① 《新语·无为》:“昔舜治天下也,弹五弦之琴,歌南风之诗,寂若无治国之意,漠若无忧天下之心,然而天下大治。周公制作礼乐,郊天地,望山川,师旅不设,刑格法悬,而四海之内,奉供来臻,越裳之君,重译来朝。”他们看起来是无为,实际上却是有为的。因此,他提出圣人之治应是“设刑者不厌轻,为德者不厌重,刑罚者不患薄,布赏者不患厚。”

② 《新语·无为》。

③ 《新语·本行》。

④ 《新语·道基》。

⑤ 同上。

⑥ 《新语·至德》。

其治而不敢违其政”，[①]才会出现国家太平、人们安居乐业的大治。显然，这是沿袭儒家的德治主张。但陆贾的道德说中也引进了道家的贵柔思想，[②]他说：“故怀刚者久而缺，持柔者久而长，躁疾者为厥速，迟重者为常存，尚勇者为悔近，温厚者行宽舒，怀急促者必有所亏，柔懦者制刚强。”[③]

其次，陆贾所主张的德治是以仁义为本的，他说：“圣人怀仁仗义，分明纤微，忖度天地，危而不倾，佚而不乱者，仁义之所治也。行之于亲近而疏远悦，修之于闺门之内而名誉驰于外。”[④]陆贾从法制史的角度对仁义进行了阐发，他认为，“六经”之中就蕴含着仁义的道理，他说：“春秋以仁义贬绝，诗以仁义存亡，干、坤以仁和合，八卦以义相承，书以仁叙九族，君臣以义制忠，礼以仁尽节，乐以礼升降。”[⑤]同时，他也指出，历史上的圣明君王，如尧、舜也都实行了仁义之政，获得天下大治，如其言，“昔者，尧以仁义为巢，舜以稷、契为杖，故高而益安，动而益固。处宴安之台，承克让之涂，德配天地，光被八极，功垂于无穷，名传于不朽，盖自处得其巢，任杖得其人也……故杖圣者帝，杖贤者王，杖仁者霸，杖义者强，杖谗者灭，杖贼者亡”。[⑥] 因此，陆贾劝告高祖应当效法尧舜，同时吸取亡秦的教训，施行仁义，以期实现“骨肉以仁亲，夫妇以义合，朋友以义信，君臣以义序，百官以义承，曾、闵以仁成大孝，伯姬以义建至贞，守国者以仁坚固，佐君者以义不倾，君以仁治，臣以义平，乡党以仁恂恂，朝廷以义便便，美女以贞显其行”，[⑦]这种仁义贯彻于国家、社会和家庭等各种关系之中，以此确保社会的安宁。

最后，在德治的前提下，陆贾提倡对于人民应当采用教化的方式，使他们向善，并自觉自愿地服从统治。对此，陆贾提出了两种教化的方法：一是通过在上者以身作则，进行潜移默化的教育，“上之化下，犹风之靡草也。王者尚武于朝，则农夫缮甲兵于田。故君子之御下也，民奢应之以俭，骄淫者统之以理；未有上仁而下贼，让行而争路者也”；[⑧]二是通过学校教育，“兴辟雍庠序而教诲之，然后贤愚异议，廉鄙异科，长幼异节，上下有差，强弱相扶，大小相怀，尊卑相承”。[⑨]

---

① 《新语·无为》。
② 参见杨鹤皋：《中国法律思想通史》（上），湘潭大学出版社 2011 年版，第 349 页。
③ 《新语·辅政》。
④ 《新语·道基》。
⑤ 同上。
⑥ 《新语·辅政》。
⑦ 《新语·道基》。
⑧ 《新语·无为》。
⑨ 《新语·至德》。

二、《新书》中的法制史学

贾谊(公元前200~前168年),河南洛阳人。西汉初期的政治家、思想家。从小博览群书,熟悉先秦各家学说,18岁时就博才多学,善作文章,为郡人所称赞,如《汉书·贾谊传》所记载,"年十八,以能诵诗书属文,称于郡中"。[①] 河南郡守吴公尤为赞赏其才华,将其召至门下,经吴公的推荐,贾谊在22岁时被汉文帝任为博士,不久,就被破格提拔为太中大夫。汉文帝曾一度想提拔他"任公卿之位",但受到周勃、灌婴等守旧大臣的诋毁和排挤,贾谊被赶出朝廷,贬为长沙王太傅。文帝七年(公元前173年),文帝因思念贾谊,把他召回京城,任其为梁怀王太傅,但不在公卿之位。文帝十一年(公元前169年),梁怀王在上朝时,不慎坠马身亡,贾谊因此而郁郁寡欢,"常哭泣,后岁余,亦死",[②]年仅33岁。

贾谊的著作,经后人整理编纂为《新书》,又称《贾子》,该书共10卷、58篇,其中,开篇为《过秦论》,总结了秦朝灭亡的历史教训,提出了一系列的政治主张;《宗首》《藩强》《权重》等阐述了加强中央集权的思想;《大政》《修政》等提出了利民安民的民本思想。

(一)继承发展先秦儒家的民本主张

虽然贾谊不像陆贾那样亲身经历秦王朝的覆灭,但秦王朝仅统治了14年后即被农民起义推翻政权的事实,也足以让贾谊震惊并引发他对于如何保证国家长治久安的思考。《新书》的前三篇——《过秦论》,就是贾谊有关总结亡秦历史教训的著作。在《过秦论》中,贾谊肯定了商鞅变法、实行奖励耕战政策对秦国迅速称霸所起的作用,也充分肯定了秦始皇统一天下的功绩,且认为这是顺应民心之举。但是,在天下统一之后,平民百姓都希望能够休养生息,秦始皇却违背百姓的意愿,仍然采用攻天下的方法来守天下,严刑酷法,"以暴虐为天下始"。[③] 秦始皇死后,秦二世继位,仍沿着秦始皇暴政的统治道路走下去,"二世受之,因而不改,暴虐以重祸","繁刑严诛,吏治刻深;赏罚不当,赋敛无度",[④]使国家进一步陷入亡国的深渊。因而,在贾谊看来,光用暴力,忽略人民的需求和力量是导致秦二世而亡的最主要原因。

对于人民,贾谊虽然称他们愚昧无知,如同盲人一般,但是,他们却是为政

---

① 《汉书·贾谊传》。
② 同上。
③ 《新书·过秦论》。
④ 同上。

治国之本，他说："闻之于政也，民无不为本也。国以为本，君以为本，吏以为本。故国以民为安危，君以民为威侮，吏以民为贵贱，此之谓民无不为本也。"①人民的存在决定着国家的生死存亡，决定着君主的权威荣辱，因此，统治者必须时刻铭记民为政本，要爱民、富民，得到民众的拥护，不可欺侮民众。具体而言，贾谊的民本思想大致包含三个方面的内容：

其一，爱民富民。贾谊认为，统治者欲使人民归附，就必须爱民，"故夫民者，弗爱则弗附"。那么爱民的标准是什么？贾谊认为就是必须要"与民以福""与民以财"，使人民实实在在地得到好处。他说："故君子之贵也，与民以福，故士民贵之。故君子之富也，与民以财，故士民乐之。"对此，贾谊还主张可以以是否爱民、富民作为考察官吏功罪的标准，"故夫为人臣者，以富、乐民为功，以贫、苦民为罪。故君以知贤为明，吏以爱民为忠"，以落实爱民、富民主张。②

其二，国家的兴亡取决于是否得到人民的拥护。他说："故夫诸侯者，士民皆爱之，则其国必兴矣；士民皆苦之，则国必亡矣。故夫士民者，国家之所树，而诸侯之本也，不可轻也。"贾谊举夏桀、商纣等暴君的例子后，得出结论说："故自古至于今，与民为仇者，有迟有速，而民必胜之。"③因而，人民的拥护与否才是国家兴亡的最主要因素。

其三，民不可欺。强大的秦王朝被揭竿而起的农民推翻这一事实足以证明人民力量的强大，因此，统治者必须畏惧这种力量，不能欺侮人民，他说："夫民者，万世之本也，不可欺。凡居于上位者，简士苦民者是谓愚，敬士爱民者是谓智。夫愚智者，士民命之也。故夫民者，大族也，民不可不畏也。故夫民者，多力而不可适也。"④

（二）发展礼法结合的法制主张

礼在中国占据重要地位，贯穿于整个中国法制史的始终，但其本身也在不断地演变。西周时期的礼到了春秋时期，大多流于形式甚至被废弛。到了战国末期，儒家代表人物荀子集先秦礼治思想之大成，提出"隆礼重法"的理论，是礼法统一论的先行者。在荀子之后约半个世纪的贾谊，出于新的历史条件，即统一的封建王朝业已建立，不仅总结法制史经验，提出礼治与法治相结合的主张，而且试图将其制度化并贯彻到具体生活之中。因而，有学者认为，贾谊是试图

① 《新书·大政上》。
② 同上。
③ 同上。
④ 同上。

把礼法结合理论制度化的第一人。①

贾谊的礼法结合主张是在总结秦亡历史教训和面临汉兴所带来一系列问题的基础上提出的：一方面，贾谊认为，秦王朝专任刑罚，缺少礼义教化是其灭亡的重要原因，他说："商君遗礼义，弃仁恩，并心于进取，行之二岁，秦俗日败。故秦人家富子壮则出分，家贫子壮则出赘。借父耰锄，虑有德色；母取箕帚，立而谇语。抱哺其子，与公并倨；妇姑不相说，则反唇而相稽。其慈子耆利，不同禽兽者亡几耳。然并心而赴时，犹曰蹶六国，兼天下。功成求得矣，终不知反廉愧之节，仁义之厚。信并兼之法，遂进取之业，天下大败；众掩寡，智欺愚，勇威怯，壮陵衰，其乱至矣。"②另一方面，自汉兴以来，秦的遗风余俗依旧盛行，违背礼义的行为随处可见，甚至有杀戮父兄、白日抢劫、盗宗庙祭器等严重违礼的行为，社会秩序一片混乱。因此，贾谊认为，统治者意欲恢复社会秩序，缓解社会上的各种矛盾，就必须采取礼法结合、礼义为先的统治方针。

贾谊十分强调礼的作用，认为礼是以封建等级制度为内容的行为规范和道德标准，是为政治国的根本，也是区分尊卑贵贱的标准，他说："礼者，所以固国家，定社稷，使君无失其民者也。主主臣臣，礼之正也；威德在君，礼之分也；尊卑大小强弱有位，礼之数也。"又说："礼者，所以守尊卑之经，强弱之称者也。"通过礼义来教化百姓，可以改善社会风气，使社会风俗向善的方向发展，使"君惠臣忠，父慈子孝，兄爱弟敬，夫和妻柔，姑慈妇听"。③ 同时，"以礼义治之者，积礼义……礼义积而民和亲"，④这样就能减少人与人之间的矛盾，狱讼之事也相应减少，那么国家也就能实现长治久安。

在注重礼的同时，贾谊认为也不能忽视法的作用。他认为礼与法在国家的治理中都发挥着作用，但各自的侧重点不同。礼主要是防患于未然，预防犯罪的发生；而法则是禁止于已然，对已经发生的犯罪行为加以惩处。统治者应当善于从历史经验和现实具体情况出发，因时制宜地采取合适的治理方法，他说："君子为国，观之上古，验之当世，参之人事，察盛衰之理，审权势之宜，去就有序，变化应时，故旷日长久而社稷安矣。"⑤

此外，贾谊主张慎用刑赏，该主张可以看作其礼法结合主张的具体化。贾谊认为，治理民众的关键就在于运用好刑和赏这两种手段，"诛赏之慎焉，故与

① 丁凌华主编：《中国法律思想史》，科学出版社2012年版，第115页。
② 《汉书·贾谊传》。
③ 《新书·礼》。
④ 《汉书·贾谊传》。
⑤ 《新书·过秦论》。

其杀不辜也,宁失于有罪也。故夫罪也者,疑则附之去已;夫功也者,疑则附之与已,则此毋有无罪而见诛,毋有有功而无赏者矣”。① 并且以赏有功者为主,以诛有罪者为辅,因为刑罚的本质不是慈爱,难以使民真正向善。

(三)阐述“黥刑之罪不及大夫”的法制内涵

如上所述,贾谊主张礼法结合,又尤为重视礼的作用,礼的核心在于等级名分,因而,在贾谊看来,既然人有等级之分,就应当有不同的权利和义务,他说:“是以高下异,则名号异,则权力异,则事势异,则旗章异,则符瑞异,则礼宠异,则秩禄异,则冠履异,则衣带异,则环佩异,则车马异,则妻妾异,则泽厚异,则宫室异,则床席异,则器皿异,则饮食异,则祭祀异,则死丧异。”②因此,在适用法律时,各个阶级也不应当被平等对待。

在贾谊所处的汉初时期,法律是不区分贵贱的,但贾谊认为,应当总结秦亡的教训,“立经陈纪”,严格封建等级制度,大臣犯法时,可以“废之”“退之”“刺之”“灭之”,但不能对他们适用侮辱刑,否则将是对封建等级秩序的严重违反。对于王公大臣们犯罪,他说道:“废之可也,退之可也,赐之死可也,灭之可也;若夫束缚之,系绁之,输之司寇,编之徒官,司寇小吏詈骂而榜笞之,殆非所以令众庶见也。”③因此,他强烈要求恢复西周时的法律特权,主张“黥刑之罪不及大夫”,他还着重对“礼不下庶人,刑不上大夫”的含义发表了自己的看法,提出了贯彻这一原则的具体办法:在尊贵者触犯法律时,不应由君主用刑罚来制裁,而是大臣自行请罪,以维护其尊荣;在大臣因不廉洁而被免官时,不应说他们贪污,而说是祭祀器具未整理好;在因不正常的男女关系犯罪时,不应说是奸污,而说是帷幕和布帘未挂好;在因软弱无能而不称职时,不应说无用,而说下级官吏不胜任。此外,在大臣犯小罪时,大臣应穿丧服来表示服罪;在大臣犯中罪时,大臣应自毁其容来表示服罪;在大臣犯大罪时,大臣应朝北面跪拜自杀,来表示服罪。这些都是尊贵者犯罪时,维护尊贵者尊严的举措。④ 贾谊还进一步要求文帝将“黥刑之罪不及大夫”写入刑律,其意见为文帝所采纳。

贾谊的“黥刑之罪不及大夫”的法制主张为封建特权开辟了道路,后来的一

---

① 《新书·大政上》。

② 《新书·服疑》。

③ 《汉书·治安策》。

④ 《汉书·贾谊传》:“大臣有坐不廉而废者,不谓不廉,曰‘簠簋不饰’;坐污秽淫乱男女无别者,不曰污秽,曰‘帷薄不修’;坐罢软不胜任者,不曰罢软,曰‘下官不职’。故贵大臣定有其罪矣,犹未斥然正以呼之也,尚迁就而为之讳也。故其在大谴大何之域者,闻谴何则白冠牦缨,盘水加剑,造请室而请罪耳,上不执缚系引而行也。其有中罪者,闻命而自弛,上不使人颈盭而加也。其有大罪者,闻命则北面再拜,跪而自裁,上不使捽抑而刑之也。”

些特权制度,如"议""请""减""赎""官当"等都是对其的贯彻。

三、《淮南子》中的法制史学

《淮南子》,又称《淮南鸿烈》,是西汉淮南王刘安及其门客苏非、李尚等人所著。

刘安(约公元前179~前122年),沛(今江苏沛县)人,汉高祖刘邦的孙子,淮南王刘长的长子,汉文帝时袭父封淮南王,袭父爵位四十二年。刘安博学,好鼓琴,《淮南王传》说他"为人好书鼓琴,不喜弋猎狗马驰骋"。[①] 他还擅长文学辞赋,有很高的艺术造诣,《汉书·艺文志》说刘安以"辩博善为文辞"[②]而名闻朝野。刘安的学识不宥成说,非常广博。在政治上,他的主要活动就是与汉室对抗,最终也因"谋反"事发,自杀身亡,门客数千人也被株连而死,据《史记·淮南衡山列传》记载,"连引淮南王谋反列侯二千石豪杰数千人皆以罪轻重受诛……淮南王安自刭杀,王后荼、太子迁,诸所与谋反者皆族。"[③]

《淮南子》有外篇、中篇、内篇三部分,全书以道家思想为主,融合了阴阳家、墨家、法家和儒家的思想。据《汉书·淮南王传》记载,"(刘安)招致宾客方术之士数千人,作为内书二十一篇,外书甚众,又有中篇八卷,言神仙黄白之术,亦二十余万言"。[④] 据《汉书·艺文志》载,该书录有《淮南道训》2篇,《淮南内》21篇,《淮南外》33篇,但外篇已佚失。该书的写作目的有二:其一,总结先秦和秦汉以来的历史经验教训;其二,探究一套适合汉王朝的治国之道。

(一)法律起源观

《淮南子》认为法来自人的本心、人的本性,该书写道:"法生于义,义生于众适,众适合于人心,此治之要也……法者非天堕,非地生,发于人间,而反以自正。"[⑤]就是说,法律的产生和天无关、和地无关,而是顺从人的本心、本性产生的,同时,又反过来规范和约束人们的行为。该书进而指出,礼乐法度这些都是源于人的自然本性:"夫物有以自然,而后人事有治也……民有好色之性,故有大婚之礼;有饮食之性,故有大飨之谊;有喜乐之性,故有钟鼓管弦之音;有悲哀之性,故有衰绖哭踊之节。故先王之制法也,因民之所好而为之节文者也。因其好色而制婚姻之礼,故男女有别;因其喜音而正雅颂之声,故风俗不流;因其

---

① 《汉书·淮南王传》。
② 《汉书·艺文志》。
③ 《史记·淮南衡山列传》。
④ 《汉书·淮南王传》。
⑤ 《淮南子·主术训》。

宁家室乐妻子,教之以顺,故父子有亲;因其喜朋友而教之以悌,故长幼有序。然后修朝聘以明贵贱,飨饮习射以明长幼,时搜振旅以习用兵也,入学庠序以修人伦。此皆人之所有于性,而圣人之所匠成也。"①

《淮南子》又进一步划分了"上古""上世""衰世"三个历史时期,阐述了法律在这三个历史时期中是如何顺应人性而发展的:在上古时期,一切都处于混冥之中,人的行为都符合道的要求,并没有礼义廉耻,也没有法令刑罚,"无庆贺之利、刑罚之威,礼义廉耻不设,毁誉仁鄙不立,而万民莫相侵欺暴虐";②到了上世时期,人性依然淳朴,少有纷争,"鄙旅之人相让以财,狗彘吐菽粟于路,而无忿争之心",③这时候的法令是"明而不暗"的;到了衰世时期,人的欲望和自私自利之性彰显,纷争越来越多,于是就产生了仁义礼乐,以此约束人的内心,又产生了法,以此约束人的外在行为,"逮至衰世,人众财寡,事力劳而养不足,于是忿争生,是以贵仁;仁鄙不齐,比周朋党,设诈谞,怀机械巧故之心,而性失矣,是以贵义;阴阳之情,莫不有血气之感,男女群居杂处而无别,是以贵礼;性命之情,淫而相胁,以不得已,则不和,是以贵乐",④"人之性有仁义之资,非圣人为之法度而教导之,则不可使乡方。故先王之教也,因其所喜以劝善,因其所恶以禁奸"。⑤

以上是《淮南子》关于法律起源于人心的学说。在此基础上,《淮南子》还进一步提出了"法与时变"的法律进化主张。《淮南子》提出:"是故世异则事变,时移则俗易。故圣人论世而立法,随时而举事。尚(上)古之年,封于泰山,禅于梁父,七十余圣,法度不同,非务相反也,时世异也。是故不法其已成之法,而法其所以为法。所以为法者,与化推移者也。夫能与化推移为人者,至贵在焉尔。"⑥又说:"先王之制,不宜则废之;末世之事,善则著之。是故礼乐未始有常也。故圣人制礼乐,而不制于礼乐。治国有常,而利民为本;政教有经,而令行为上。苟利于民,不必法古;苟周于事,不必循旧。夫夏、商之衰也,不变法而亡;三代之起也,不相袭而王。故圣人法与时变,礼与俗化;衣服器械,各便其用,法度制令,各因其宜。故变古未可非,而循俗未足多也。百川异源,而皆归

① 《淮南子·泰族训》。
② 《淮南子·本经训》。
③ 《淮南子·览冥训》。
④ 《淮南子·本经训》。
⑤ 《淮南子·泰族训》。
⑥ 《淮南子·齐俗训》。

于海；百家殊业，而皆务于治。”①总之，该书认为，一切都在随着时间发生变化，法度也不例外，对于不合时宜的法度就可以弃而不用，不能泥古不化。那么，如何衡量一种法度是否合时宜？这就与《淮南子》所持的法律起源观有关，法律起源于人心、人性，它的发展演变也是以人为中心的，那么就应当以是否有利于人为标准来确定该法度是否合时宜，并进一步确定是否有变法的需要。有学者认为，《淮南子》的“法与时变”的法律进化说，实际上是对复古主义者的反击，也是为汉统治者建立新法制做辩护。②

（二）发展先秦道家“无为而治”的法治主张

先秦道家主张无为而治，这种无为而治是“我无为，而民自化；我好静，而民自正；我无事，而民自富；我无欲，而民自朴”③的消极的无为而治，强调人的无知无欲。一方面，《淮南子》继承了先秦道家“无为而治”的主张，认为只有无为方才合乎道的要求，人君也应当遵守无为的原则，以无为为事，顺应自然，实行无为而治：“达于道者，反于清净，究于物者，终于无为。……是故圣人内修其本，而不外饰其末；保其精神，偃其智故；漠然无为而无不为也，澹然无治而无不治也。”④另一方面，《淮南子》又发展了先秦道家“无为而治”的法制主张，该书所持的无为并不是放任自流，也不是消极的无所作为，而应当是包含有因势利导的积极作为，例如，神农教民种五谷，尝百草；尧立孝慈仁爱，放逐驩兜；舜筑墙作屋，南征三苗；禹决江疏河，平治水土；汤布德施惠，逐桀历山等。这些都是积极的作为，但神农氏、尧、舜、禹、汤这五位圣人的统治仍然是属于“无为而治”。因此，该书对于“无为”的概念做了新的解释，认为所谓的无为就是要去私去欲，不凭个人的妄想嗜欲而轻举妄动，必须巡理而行，按照规律办事，即“若吾所谓无为者，私志不得入公道，嗜欲不得枉正术，循理而举事，因资而立，推自然之势，而曲故不得容者，事成而身弗伐，功立而名弗有”。⑤

在《淮南子》主张的“无为而治”之下，君与臣之间的关系应当是“君道无为，而臣道有为”，也就是君主掌握大权、执本秉要，无须做具体的工作，但君主应当选举人才，由被选出的人才来处理具体事务，并且由他们对自己的工作负责，这样一来，君逸臣劳，可以达到“事无不治”的效果。

---

① 《淮南子·氾论训》。

② 叶孝信主编：《中国学术名著提要》（政治法律卷），复旦大学出版社 1996 年版，第 116 页。杨鹤皋著：《中国法律思想通史》（上），湘潭大学出版社 2011 年版，第 388 页。

③ 《老子·第五十七章》。

④ 《淮南子·原道训》。

⑤ 《淮南子·修务训》。

（三）发展先秦法家法治主张

《淮南子》中的法治主张融合了先秦多家学说，不仅有道家的无为主张，也有法家的法治说。

首先，如上所提及，《淮南子》主张的无为并不是消极不作为，因此，不同于先秦道家无视法律的作用，《淮南子》主张“无为”的“法治”。《淮南子》认为，上古之时，民性淳朴，所以不需要施加刑罚，即“昔者神农之治天下也……威厉而不杀，刑措而不用，法省而不烦，故其化如神……当此之时，法宽刑缓，囹圄空虚，而天下一俗，莫怀奸心”。① 但是，当历史发展到夏、商、周之“衰世”时，则是“削薄其德，曾累其刑”。到秦王朝之时，则更是严刑峻法，加速了秦的灭亡：“商鞅之法亡秦，察于刀笔之迹，而不知治乱之本也。”②针对西汉初期的社会局势，《淮南子》认为，上古之时的不加刑罚不适于当今的统治，但夏、商、周或秦时的严刑峻法同样也不适于当今，应采用无为的法治，即“法宽刑缓”。

其次，《淮南子》在论述法的性质及其在治国中的作用时，很近似于先秦法家的思想，他认为治国必须用法。它认为人虽有好善的本性，但却很少有能自发遵守法度之人，所以就需要国家的强制力，对于不顺从者进行处罚，以此确保人们对于法度的遵循，对于君主的服从。它以神农氏、伏羲、舜为例，说道：“夫神农、伏羲不施赏罚，而民不为非，然而立政者不能废法而治民；舜执干戚，而服有苗，然而征伐者不能释甲兵而制强暴。由此观之，法度者，所以论民俗而节缓急也。”③

《淮南子》认为，法律具有客观性、公正性和平等性：就客观性而言，该书主张法律是一种权衡规矩，是衡量客观事物的标准，具有普遍的约束力，因而不得随意改变，即“夫权衡规矩，一定而不易，不为秦楚变节，不为胡越改容，常一而不邪，方行而不流，一日刑之，万世传之，而以无为为之”。就公正性而言，该书主张一切均应依法行事，赏罚分明，不能偏私，即“言事者必究于法……（法）不偏一曲，不党一事，是以中立而偏（遍），运照海内。群臣公正，莫敢为邪，百官述职，务致其公迹也”。就平等性而言，该书提出了“尊贵不轻罚，卑贱不重刑”的主张，要求法律不能因人而异，区分贵贱，也不能以君主的好恶为转移，即“尊贵者不轻其罚，而卑贱者不重其刑；犯法者虽贤必诛，中度者虽不肖必无罪，是故

---

① 《淮南子·主术训》。
② 《淮南子·泰族训》。
③ 《淮南子·氾论训》。

公道通而私道塞矣”。[①] 在法权和君权的关系上,《淮南子》主张法权高于君权,君主也应当服从法律,以法律为准绳,带头守法,尔后才能确保臣民也能遵守法律。

再次,《淮南子》“以仁义为本,以法度为末”的主张又类似于先秦儒家的思想。在仁义和法度的关系上,淮南子认为两者是相互依赖的,但是仁义起到了主要的作用,法度起到了辅助作用,法度远远及不上仁义的作用,因此,仁义在先,法度在后。[②] 当然,需要指出的是,《淮南子》认为自己所主张的仁义和当时的儒学所主张的仁义并不相同,它认为当时汉朝的正统儒学已经不是先秦所提倡的礼义,而是蜕化成为掩饰君主专制的一种工具了,即“今世之为礼者,恭敬而忮;为义者,布施而德。君臣以相非,骨肉以生怨,则失礼义之本也。”[③]

最后,《淮南子》认为法律仅仅是治国的工具或手段,而不是治国的目的,“法者,治之具也,而非所以为治也,而犹弓矢中之具,而非所以中也”。[④]

四、《论衡》中的法制史学

王充(公元27~97年),字仲任,会稽上虞(今浙江上虞)人,东汉思想家。他一生经历了光武、明帝、章帝、和帝四朝。据《自纪》所载,他年少就成了孤儿,乡里人都称赞他孝顺。后来到了京师,在洛阳太学学习,曾是著名学者班彪的学生。在治学方面,王充不守章句,博通众流百家的学术风格。仕途上,先后任过县掾功曹、都尉府掾功曹、太守列掾功曹、州从事和扬州治中,每次任职的时间并不长。后来辞官回乡,开始以教书为生。晚年处境较为凄凉,王充曾自己感慨道,“仕途隔绝,志穷无如”,“贫无供养”。有观点认为,因《自纪》是王充晚年对于自己生平的记述和解说,因此,较之于正史,《自纪》中透露出了王充富有悲剧色彩的人生观和愤世嫉俗的态度,而此与《论衡》所流露出的态度相吻合。

王充著有《讥俗书》(12篇)、《政务书》(篇数不详)、《养性书》(16篇)、《论衡》等著作,除《论衡》外均已佚失。《论衡》共85篇,如《自纪》所载,“著《论

---

① 《淮南子·主术训》。

② 《淮南子·泰族训》:“治之所以为本者,仁义也;所以为末者,法度也。凡人之所以事生者,本也;其所以事死者,末也。本末一体也,其两爱之,一性也。先本后末,谓之君子;以末害本,谓之小人。君子与小人之性非异也,所在先后而已矣。……故仁义者,治之本也。今不知事修其本,而务治其末,是释其根而灌其枝也。且法之生也,以辅仁义,今重法而弃义,是贵其冠履而忘其头足也”。

③ 《淮南子·齐俗训》。

④ 《淮南子·泰族训》。

衡》八十五篇,二十余万言,释物类同异,正时俗嫌疑”。[①] 第44篇《招致篇》有目无书,因此实为84篇。《论衡》并不是专门有关法律、政务的著作,其中《自然》《谈天》《道虚》《物势》《寒温》等篇是有关自然观的,《识知》《知识》等篇是有关认识论的,《论死》《订鬼》《死伪》等篇是有关无神论的,《治期》《齐世》《宣汉》等篇是有关政治历史的,《非韩》《儒增》《谴告》等篇是有关法律的。由于《论衡》悖于汉代的儒家正统思想,因而遭到当时以及后来历代统治阶级的禁锢,被视为“异书”。但该书仍然对后世产生了深远的影响,对于诸如魏晋时期的杨泉、南朝宋时期的何承天、唐朝时期的刘禹、明清之际的王夫之等都产生了不同程度的影响,近代梁启超称:“王充《论衡》实汉代批评哲学第一奇书。”

(一)驳斥君权神授的法制起源说

在有关法律起源的问题上,“君权神授”说一直占据着重要的地位。自西汉董仲舒以“天人感应”为理论基础,重塑君权神授说后,此种法律起源观在汉朝及今后的朝代中都占据主流地位,不可动摇。王充则以道家的自然天道观为理论基础,驳斥“天人感应”“天造谴告”,从而进一步驳斥了汉儒普遍信奉的“受命于”天的君权神授说。

首先,王充认为天和地仅仅是由气构成的自然,人和其他的世间万物虽然是天地之气所造,但这种创造过程是随机的、自发的而不是天有意为之。王充说:“天地,含气之自然也。”[②]“儒者论曰:‘天地故生人。’此言妄也。夫天地合气,人偶自生也,犹夫妇合气,子则自生也。夫妇合气,非当时欲得生子,情欲动而合,合而生子矣。且夫妇不故生子,以知天地不故生人也。……万物生天地之间,皆一实也。”[③]

其次,天是一种物质性存在,不具有精神作用,它不能刻意安排人世间的变化,不能造谴告,相应地,人也不可能通过自己的行为感天,因此“天人感应”这一说着实不合理。王充说:“天之动行也,施气也,体动气乃出,物乃生矣……天动不欲以生物,而物自生,此则自然也。施气不欲为物,而物自为,此则无为也。”而日食、月食、水灾、旱灾、雷击等,都仅仅是一种无意识的自然现象,它们都有着自身的周期和规律,并非天有意为之,更非是天对于人君的告诫。例如,对于日食、月食,它们都是有规律的现象,“四十二月日一食,五六月月亦一食,

① 《论衡·自纪》。
② 《论衡·谈天》。
③ 《论衡·物势》。

食有常数”。[1] 而对于水旱灾害,也不是上天对于统治者的不满,仅仅是自然变化,他说,“尧遭洪水,汤遭大旱,如谓政治所致,尧汤恶君也”,“非政治,是运气也。运气有时,安可请求”。[2] 雷击也不是天怒,而是一种火,他具体论证道:“以人中雷而死,即询其身,中头则须发烧焦,中身则皮肤灼焚,临其尸上闻火气,一验也。道术之家,以为雷烧石,色赤,投于井中,石焦井寒,激声大鸣,若雷之状,二验也。人伤于寒,寒气入腹,腹中素温,温寒分争,激气雷鸣,三验也。当雷之时,电光时见大,若火之耀,四验也。当雷之击时,或燔人室屋及地草木,五验也。夫论雷之为火有五验,言雷为天怒无一效。然则雷为天怒,虚妄之言。”[3]

最后,针对一些谶纬家编造出的帝王、圣人不是普通人,以及受命于天道的圣君出世会伴随祥瑞的说法,王充进行了驳斥。例如,针对尧是其母与赤龙交合而生,夏禹是其母吃下神灵的薏苡草而生,殷汤是其母吃下灵燕之卵而生,汉高祖刘邦也是其母与龙交配而生等,王充说,“夫人,物也,虽贵为王侯,性不异于物”;[4]又说,“世治非圣贤之功,衰乱非无道之致”,[5]“百姓安者,太平之验也”。[6] 如此,王充不仅否定了君主的神秘性,而且也否定了他们的历史主导性,其将社会的治与乱同百姓的生活状况相联系,认定百姓的力量决定了历史的发展方向。又如,对文王得赤雀、武王得白鱼乃受命之符的说法,王充认为“文王当兴,赤雀适来;鱼跃鸟飞,武王偶见”,[7]是极其偶然的事情,吉凶祸福并不由天,世上有天象与人事相应的现象都仅仅是巧合而已。

(二)对于兵刑关系的法制史研究

王充反对神化儒家圣人、迷信儒家文献的做法。他除在《问孔》《刺孟》两篇中指出了《论语》和《孟子》的错误外,还在“三增”“九儒”等篇中揭示儒家文献的失实。其中,“三增”是指《语增》、《儒增》和《艺增》,而“增”是溢美、言过其实的意思。《儒增》是其中最长的一篇,列举了十四例书、传言论,指出了其中虚妄夸大之处。其中第一例就是针对兵刑关系的。

王充认为,儒生为了宣扬仁政和法先王的主张,就刻意美化先王,夸大他们

---

① 《论衡·治期》。
② 《论衡·明雩》。
③ 《论衡·雷虚》。
④ 《论衡·道虚》。
⑤ 《论衡·治期》。
⑥ 《论衡·宣汉》。
⑦ 《论衡·初禀》。

的盛世,甚至歪曲历史事实说尧舜和周初“一人不刑”,“刑错不用”,他写道:“儒书称尧、舜之德,至优至大,天下太平,一人不刑;又言文、武之隆,遗在成、康,刑错不用四十余年。是欲称尧、舜,褒文、武也。”①对此,王充认为这是溢美之词,不符合事实,他从以下两个方面进行反驳:

一方面,他从常识出发,他认为“一人不刑”“刑错不用”是不可能的,是一种夸大的说法,他说:“尧、舜虽优;不能使一人不刑;文、武虽盛,不能使刑不用。言其犯刑者少,用刑希(稀)疏,可也;言一人不刑,刑错不用,增之也。”②

另一方面,他从历史事实出发,列举了尧、舜、文、武用兵的事实,反驳儒生的说法。他接着说:“夫能使一人不刑,则能使一国不伐;能使刑错不用,则能使兵寝不施。案尧伐丹水、舜征有苗,四子服罪,刑兵设用。成王之时,四国篡畔,淮夷、徐戎,并为患害。”③此处的论证逻辑是尧舜文武用兵也就是用刑,史料有先王用刑的记载,那么说他们不用刑的说法就是夸大的、错误的。王充的这一论证就涉及中国法制史上的一个重要课题:刑与兵的关系。为了保持逻辑上的连贯,王充紧接着就说明了兵刑关系,而在他看来,刑和兵在本质上就是一致的,它们都是用来保全民众、禁止奸邪的手段。他说:“夫刑人用刀,伐人用兵,罪人用法,诛人用武。武、法不殊,兵、刀不异,巧论之人,不能别也。夫德劣故用兵,犯法故施刑。刑与兵,犹足与翼也,走用足,飞用翼,形体虽异,其行身同。刑之与兵,全众禁邪,其实一也。称兵之用,言刑之不施,是犹人身缺目完,以目完称人体全,不可从也……身无败缺,勇无不进,乃为全耳。今称一人不刑,不言一兵不用;褒刑措不用,不言一人不畔,未得为优,未可谓盛也。”④这里王充用“大刑用甲兵,其次用斧钺;中刑用刀锯,其次用钻凿;薄刑用鞭扑”⑤这一法的起源观来揭示儒书的不实之处,认为自古以来刑与兵就是紧密联系在一起的,它们是国家对内对外不可缺少的职能,只要有武力征伐,刑法就必然伴随而出现。刑与兵虽然名称不同,但其作用都在于“全众禁邪”,都是国家存在不可缺少的条件,这就如同对于鸟儿来说,足与翼都是不可或缺的一样。在王充看来,汉王朝由于制定了仪律和其他法律,才实现功成治安。“故叔孙通定仪,而高祖以尊;萧何造律,而汉室以宁。”⑥治国没有法,势必德衰政失。

---

① 《论衡·儒增》。
② 同上。
③ 同上。
④ 同上。
⑤ 《国语·鲁语》。
⑥ 《论衡·效力》。

（三）对礼法关系的法制史研究

上述两点中，王充本着求实精神，对于儒家有关天人感应和刑措的法制主张进行了批判，但并不能由此断言王充对于儒家的法制主张是全盘否定的。在治国之道的问题上，王充就继承和发展了儒家以礼治国、礼法兼用、礼主刑辅的法制主张，且颇具创新地提出了德力并重的主张。他说："治国之道，所养有二：一曰养德，二曰养力。养德者，养名高之人，以示能敬贤；养力者，养气力之士，以明能用兵。此所谓文武张设、德力具足者也。事或可以德怀，或可以力摧。外以德自立，内以力自备。慕德者不战而服，犯德者畏兵而却。"[①]可见，在王充看来，养德可以树立道德形象，养力可以提升国家的实力，可以使轻视道德者胆怯，使反对者受打击。这样，一德一力，一文一武，可以使国家内部稳定，同时也免受外部的打击，因而，德和力都是治理国家不可缺少的工具。

礼与法是中国法制史上两个重要的范畴，早在孔子时期，已经将二者对立起来，孔子认为"道之以政，齐之以刑，民免而无耻；道之以德，齐之以礼，有耻且格"；[②]荀子则主张既要隆礼，又要重法；董仲舒则以阴阳五行说为理论基础，提出阳主德、阴主刑，大德而小刑。王充的观点与董仲舒颇为类似，他通过考察诸多典型例子，发现礼法应当结合，但相对而言，礼义德教比刑罚更为重要。

王充列举了韩非"不养德"、徐偃王"不任力"的例子，批评韩非独任刑法、徐偃王却忽视刑法的做法。他说："（徐偃王）修行仁义，陆地朝者三十二国，强楚闻之，举兵而灭之。此有德守，无力备者也。夫德不可独任以治国，力不可直任以御敌也。韩子之术不养德，偃王之操不任力，二者偏驳，各有不足。偃王有无力之祸，知韩子必有无德之患。"[③]由此可见，王充认为无论是独任德还是独任刑，都是错误的，都不能作为治国之道。德与刑各有侧重点：礼侧重于"勉其前"，通过教育防患于未然；法则侧重于惩罚，"防其后"。两者必须结合起来才能治理好国家。且王充指出，在中国历史上，自古以来就是礼和法密不可分，有多少礼的规定，相应地就有多少刑的条款，这就表明礼法间互为表里、相辅相成的关系，他说："古礼三百，威仪三千，刑亦正刑三百，科条三千。出于礼，入于刑，礼之所去，刑之所取，故其多少同一数也。"[④]

但是，相对而言，礼义德教比刑罚更为重要。王充从人性出发，论证此一观

① 《论衡·非韩》。
② 《论语·为政》。
③ 《论衡·非韩》。
④ 《论衡·谢短》。

点,他说:"论人之性,定有善有恶。其善者,固自善矣;其恶者,故可教告率勉,使之为善。凡人君父,审观臣子之性,善则养育劝率,无令近恶;近恶则辅保禁防,令渐于善。善渐于恶,恶化于善,成为性行……凡含血气者,教之所以异化也。三苗之民,或贤或不肖,尧舜齐之,恩教加也。楚越之人,处庄、岳之间,经历岁月,变为舒缓,风俗移也。"①也就是说,在他看来,人性既有善也有恶,刑罚可以使人不敢为恶,但无强人为善的力量;但是,礼义德教就可以使人愿意向善,并且弃绝罪恶。有学者认为,王充之所以将礼义德教置于刑罚之先,其实是基于他对"君君、臣臣、父父、子子"的维护,这些伦理纲常能够有效地维护封建统治;治家则"亲戚有伦",治国则"尊卑有序"。②

① 《论衡·率性》。
② 杨鹤皋:《中国法律思想通史》(上),湘潭大学出版社2011年版,第470页。

第三章　魏晋至隋唐时期的法制史学

魏晋隋唐时期是中国封建社会由大分裂到统一乃至鼎盛的一个时期。在这一时期,封建正统法律思想也日趋完善和成熟,不但成为封建法制的理论基础,指导着封建王朝的立法和司法活动,而且也逐渐为社会大众所接受,左右着整个社会的法行为和法意识。这一时期的法制史学研究也正是在日渐巩固的正统法律思想的指导下开展的。至唐朝,史学的学术地位已经由经部的附庸转变为堪与经学比肩而论的一门学问,史籍的种类和数量急剧增加。其中,杜佑撰写的《通典》为中国史学史上的第一部典制史巨著,其中的《刑典》篇是继《汉书·刑法志》之后又一重要的法制史专门篇目。同时,稳定、繁荣的社会环境为法制的发展提供了基础,《唐律疏议》作为封建法典的典范在这一时期应运而生,其不仅是一部法典,而且也是一部法制史书籍,对于立法体例、罪名、罪行、法律制度等的历史沿革均有阐述。此外,一些政论性的古籍,如《抱朴子》《昌黎先生集》《白居易集》《柳河东集》等,均对法律的起源、复仇制度史等法制史问题展开研究。

第一节　法典中的法制史学

《唐律疏议》是我国封建法典的典范。其中,疏议部分在对法条内容进行诠释时,往往会对所涉及的体例、罪名、罪行、制度等法制历史予以简要介绍,故而说

《唐律疏议》也是一部法制史著作。

一、《唐律疏议》概述

《唐律疏议》共30卷,由唐代长孙无忌等人奉敕所撰。唐初统治者吸收隋亡的教训,十分重视法制建设。李渊起兵时,即宣布约法12条,废除隋末苛残之法,于武德四年(公元621年)参照《开皇律》制定《武德律》,唐太宗李世民于贞观十一年(公元637年)颁布《贞观律》。唐高宗在位期间,命令长孙无忌、李勣、于志宁等人以《武德律》《贞观律》为基础,编纂《永徽律》,于永徽二年(公元651年)颁行天下。之后,为了统一对《永徽律》的理解,高宗又命令长孙无忌等人对《永徽律》作疏证解释,成为《律疏》,《律疏》附于律文之后,与律文具有同等法律效力。《律疏》与《律》合为一体,统称《永徽律疏》,明末清初始名为《唐律疏议》。

长孙无忌(约公元594~659年),字辅机,河南洛阳人。出身于北魏皇族,唐太宗长孙皇后之兄,数从李世民征伐有功,参与策划"玄武门之变",历任吏部尚书、尚书右仆射,颇受太宗信赖。于贞观十一年(公元637年)撰成《贞观律》,永徽初年编撰完成《永徽律》,后因《永徽律》过于简约,使用起来不方便等原因,与李勣、于志宁等人一起对其进行解释,作成《唐律疏议》。

《唐律疏议》既是一部集大成的法典,它上承战国秦汉魏晋南北朝和隋代的法制,下启宋、元、明、清的法制。它实际上也是一部法制史专著,不论是立法体例、罪名、罪行、刑罚制度,还是其他的法律制度,它们的产生、发展变化,及至唐朝时的定型,都能在《唐律疏议》中寻找到历史沿革。此外,法律如何逐步实现儒家化这一历史演进过程,也都能在《唐律疏议》中找寻到。

二、《唐律疏议》中的法制史学

《唐律疏议》对于法制史问题的研究可以归纳为如下四个方面:

(一)立法体例的历史沿革

《唐律疏议》共有12篇,《名例》篇的前言对于律的体例、篇目以及名例律的沿革做了简要回顾:"周衰刑重,战国异制,魏文侯师于李悝,集诸国刑典,造法经六篇:一、盗法;二、贼法;三、囚法;四、捕法;五、杂法;六、具法。商鞅传授,改法为律。汉相萧何,更加悝所造户、兴、厩三篇,谓九章之律。魏因汉律为18篇,改汉具律为刑名第一。晋命贾充等,增损汉、魏律为20篇,于魏刑名律中分为法例律。宋齐梁及后陈,因而不改。爰至北齐,并刑名、法例为名例……唐因于隋，相承不改。"①由此可见，律的立法体例大致经历了这样一个发展变化的过程：战国时期李悝首先制定了《法经》，共有6篇；到了商鞅时期，篇目未变，但将法改成了律；汉朝时，增加了3篇，共9篇；魏时又增加至18篇，且将具律改为刑名律，并置于律典的第一篇；晋时增加至20篇，从刑名律中分出法例律；宋齐梁及后陈沿用；北齐时将刑名律和法例律合并成为名例律一篇；隋朝唐朝沿袭北齐的体例，形成了以名例律为第一篇共12篇的体例。

除记载了整个律典体例、篇目数量的发展变化外，《唐律疏议》在每个篇目的开始，都设有"疏议"，专门介绍这一篇目的产生、变化过程。比如，卫禁律的历史大致是：在晋以前没有卫禁律，至晋时始创卫宫律，宋至后周沿用，北齐时将卫宫律改称为禁卫律，隋朝又改为卫禁律，唐朝则沿袭了隋朝的称呼，也称为卫禁律，如疏议记载，"卫禁律者，秦汉及魏未有此篇。晋太宰贾充等，酌汉魏之律，随事增损，创制此篇，名为卫宫律。自宋洎于后周，此名并无所改。至于北齐，将关禁附之，更为禁卫律。随开皇改为卫禁律"。② 又如，户婚律是在汉萧何时期始创，称为户律，及至后周时期一直沿用户律，到了北齐时，将婚事附加进去，就改名为婚户律，隋朝时期将户置于婚前，改称为户婚律，唐朝沿袭之。"疏议曰：'户婚律者，汉相萧何承秦六篇律后，加厩、兴、户三篇，为九章之律。迄至后周，皆名户律。北齐以婚事附之，名为婚户律。隋开皇以户在婚前，改为户婚律。'"③

（二）罪名、罪行的历史沿革

从内容上来看，《唐律疏议》可以说就是一部古代刑法典，在其12篇、512条条文中，绝大部分条款为相关罪名、罪行的条款，其中，有许多罪名、罪行有其历史渊源和发展变化的过程，《唐律疏议》也在其疏议部分将此历史演变过程予以阐述。例如，对于"十恶"这类最为严重的罪名，《唐律疏议》记载了"十恶"作为一个大罪名以及其各个小罪名（如"谋反""谋大逆""大不敬""不孝""内乱"等）的历史发展过程。首先，对于"十恶"，疏议说："五刑之中，十恶尤切，亏损名教，毁裂冠冕，特标篇首，以为明诫。其数甚恶者，事类有十，故称'十恶'。然汉制九章，虽并湮没，其'不道'、'不敬'之目见存，原夫厥初，盖起诸汉。案梁陈已往，略有其条。周齐虽具十条之名，而无'十恶'之目。开皇创制，始备此科，酌于旧章，数存于十。大业有造，复更刊除，十条之内，唯存其八。自武德以

---

① 《唐律疏议·名例》。
② 《唐律疏议·卫禁》。
③ 《唐律疏议·户婚》。

来。仍遵开皇,无所损益。"其次,对于"十恶"中具体的一些罪名,《唐律疏议》也做了溯源性的阐述。例如,"谋反"罪名,可以追溯到《公羊传》《左传》的记载,疏议解释道:"案公羊传云:'君亲无将,将而必诛。'谓将有逆心,而害于君父者,则必诛之。左传云:'天反时为灾,人反德为乱。'然王者居宸极之至尊,奉上天之宝命,同二仪之覆载,作兆庶之父母。为子为臣,惟忠惟孝。乃敢包藏凶慝,将起逆心,规反天常,悖逆人理,故曰'谋反'。"①

对于一些罪行,《唐律疏议》也记载了他们的历史演进过程。例如,"不孝"罪包括多个罪行,其中的"供养有缺"和"闻祖父母父母丧,匿不举哀"两个罪行均源于《礼记》。它们的确定是以历史上的《礼记》为依据,与其有渊源关系,《唐律疏议》揭示了它们之间的这种关系:"礼云:'孝子之养亲也,乐其心,不违其志,以其饮食而忠养之。'其有堪供而缺者,祖父母、父母告乃坐。"②由此而确定子孙们"供养有缺"是"不孝"罪中的一项罪行。"依礼:'闻亲丧,以哭答使者,尽哀而问故。'父母之丧,创巨尤切,闻即崩殒,擗踊号天。今乃匿不举哀,或捡择时日者,并是。"③以《礼记》的这一记载为依据,《唐律疏议》确定了"不孝"罪中"闻祖父母父母丧,匿不举哀"的罪行。④

(三)法律制度的历史沿革

《唐律疏议》前五条是有关刑罚的条款,每条疏议中也对此种刑罚制度的历史沿革进行了阐述。例如,对于笞刑,疏议写道:"笞者,击也,又训为耻……汉时笞则用竹,今时则用楚。故书云'扑作教刑',即其义也。汉文帝十三年,太仓令淳于意女缇萦上书,愿没入为官婢,以赎父刑。帝悲其意,遂改肉刑:当黥者髡钳为城奴令舂,当劓者笞三百。此即笞、杖之目,未有區分。笞击之刑,刑之薄者也。随时沿革,轻重不同,俱期无刑,义唯必措。孝经援神契云:'圣人制五刑,以法五行。'礼云:'刑者,侀也,成也。一成而不可变,故君子尽心焉。'孝经钩命决云:'刑者,侀也,质罪示终。'然杀人者死,伤人者刑,百王之所同,其所由来尚矣。"⑤疏议对于笞刑的产生、用刑工具的变化、和杖刑的关系的历史变化等均做了记载。又如死刑,其历史渊源甚为久远,疏议说:"古先哲王,则天垂法,辅政助化,禁暴防奸,本欲生之,义期止杀。绞、斩之坐,刑之极也。死者魂气归

---

① 《唐律疏议·名例》。

② 同上。

③ 同上。

④ 王立民:《〈唐律疏议〉——中国古代法律与历史融合的典范》,载《浙江工商大学学报》2005年第6期。

⑤ 《唐律疏议·名例》。

于天,形魄归于地,与万化冥然,故郑注礼云:'死者,澌也。消尽为澌。'春秋元命包云:'黄帝斩蚩尤于涿鹿之野。'礼云:'公族有死罪,罄之于甸人。'故知斩自轩辕,绞兴周代。二者法阴数也,阴主杀罚,因而则之,即古'大辟'之刑是也。"①

除刑罚制度外,对于其他的一些制度,《唐律疏议》也记载了他们的发展变化过程。例如,作为特权制度之一的八议制度,源于《周礼》中的"八辟",以后逐渐演进为"八议",到了唐朝,这一制度完备化,如《唐律疏议》所记载,"周礼云'八辟丽邦法。'今之'八议',周之八辟也","以此八议之人犯死罪,皆先奏请,议其所犯,故曰'八议'"。②

(四)律学的发展史

律学在中国古代法制史上扮演者重要的角色,它极大地推动了中国古代法制的发展。具体而言,律学扩充了古代法制的内容,解决了法条的抽象性和复杂性,利于法条的适用。律学萌芽于先秦时期;发轫于秦汉时期,以秦代法律注释书《法律问答》、董仲舒等人以经释律、马融和郑玄等人以经注律为标志;成熟和完善于隋唐时期,以《唐律疏议》的制定与施行为标志。《唐律疏议》记录了唐以前各代法制建设的兴盛存亡的经验和教训,也记录了历史上一些著名法律家的事迹。它既是一部伟大的法典,也是一部伟大的律学著作,更确切地说,《唐律疏议》是一部官方的律学著作。

《唐律疏议》吸收了以往各代律学发展的成果,因而仔细阅读该法典,也能够找到中国古代律学的发展脉络。具体而言,《唐律疏议》汇集了过去各家的注释方式。它既采用了秦代《法律答问》的注释方式,又继承了汉代以降逐字逐句的注经方法。问答方式的注释在《唐律疏议》中随处可见,例如,《名例律》的"犯罪未发自首"条规定:"自首不实及不尽者,以不实不尽之罪罪之,至死者,听减一等。"疏议解释道:"'自首不实',谓强盗得赃,首云窃盗赃,虽首尽,仍以强盗不得财科罪之类。'及不尽者',谓枉法取财十五匹,虽首十四匹,余一匹,是为不尽之罪。称'罪之'者,不在除、免、倍赃、监主加罪、加役流之例。假有人强盗二十匹,自首十匹,余有十匹不首,本法尚合死罪,为其自有悔心,罪状因首而发,故至死听减一等。"紧接着,疏议就站在当事人的立场上,对于可能存在的疑问以一问一答的形式展开作解释,问:"谋杀凡人,乃云是舅;或谋杀亲舅,复云凡人,姓名是同,舅与凡人状别。如此之类,若为科断?"疏议答曰:"谋杀凡人是

---

① 《唐律疏议·名例》。

② 《唐律疏议·卫禁》。

轻,谋杀舅罪乃重,重罪既得首免,轻罪不可仍加。所首姓名既同,唯止舅与凡人有异,谋杀之罪首尽,舅与凡人状虚,坐是'不应得为'从轻,合笞四十。其谋杀亲舅,乃云凡人者,但谋杀凡人,唯极徒坐;谋杀亲舅,罪乃至流。谋杀虽已首陈,须科'不尽'之罪。三流之坐,准徒四年,谋杀凡人合徒三年,不言是舅,首陈不尽,处徒一年。"又如,对于《户婚律》的"卑幼自娶妻"条,[①]疏议逐词解释道:"'卑幼',谓子、孙、弟、侄等。'在外',谓公私行诣之处。因自娶妻,其尊长后为订婚,若卑幼所娶妻已成者,婚如法;未成者,从尊长所定。违者,杖一百。'尊长'谓祖父母、父母及伯叔父母、姑、兄、姊。"[②]在解释字句的同时,还援用了大量律书以外的法令对律文中规定不够完备和不够周密之处进行补充。

总而言之,《唐律疏议》不仅吸收了晋代律学研究成果,还大量吸收了先秦、秦汉、魏、北齐、北周、隋等朝代的律学研究成果。体例结构的合理、礼与律的充分融合、刑罚体系的规范、轻重缓急的掌握、注疏的确切、举例的恰当、文字表述的准确等,使《唐律疏议》成为"代表着中国律学的最高成就,为后世封建立法、注律所继承","标志着中国律学进入成熟阶段,从而使得中国传统律学具有了综合性、准确性和协调性的特点"。[③]

第二节　史学著作中的法制史学

《通典》是我国历史上第一部典制史巨著,也是继《汉书》后,于史书中专门设立法制篇章的著作。其中,《通典·刑典》综合历代法制典章的资料,记述历代刑制的沿革,囊括立法、司法、刑议等方面内容,属我国古代少有的法制史专著之一。

一、《通典》概述

杜佑(公元735~812年),字君卿,京兆万年(今陕西西安)人,唐代中期的政治家、史学家。杜佑出身于官宦世家京兆杜氏,年十八就以父荫补官,走上仕途。历任济南参军、郯县县丞,后入润州(今江苏镇江)刺史韦元甫幕,历官容管经略使、水陆转运使,又做到岭南淮南诸镇节度使,任内推广灌溉,开垦荒田;后

① "诸卑幼在外,尊长后为订婚,而卑幼自娶妻,已成者,婚如法;未成者,从尊长。违者,杖一百。"

② 《唐律疏议·户婚》。

③ 张晋藩:《中国法律的传统与近代转型》,法律出版社1997年版,第157页。

又任户部侍郎判度支,时军费开支浩繁,官吏大索商贾,杜佑便主张裁减官吏、减轻税赋;最后十年(唐德宗末年)又官至宰相兼度支使、盐铁使,拜司徒,封岐国公。杜佑自幼聪敏好学,博古通今,不仅在政治上稳步高升,终取得宰相之位,而且在治史上也有其一番贡献。

在杜佑以先,刘知几的儿子刘秩就以"《周礼》六官所职",将历代典章制度分门别类,著成《政典》一书,共35卷。杜佑获取《政典》后,认为该书尚不完备,于是就博采众书,如五经群史、汉魏六朝文集、奏疏等,历史30年,终于撰成《通典》。依杜佑在《通典·序》中所说,其著该书的目的是"实取群言,征诸人事,将施有政",也就是为政治服务。该书共200卷,由食货、选举、职官、礼、乐、兵、刑、州郡和边防9门组成,每一个门类均有序,其下又分若干细目,每类前有总序,其后多有论述,表述作者的见解。其中,《刑典》位于《兵典》之后,共8卷,其细目又分为:刑制3卷(上、中、下),杂议2卷(上、下),肉刑议、详谳、决断、考讯合1卷,守正、赦宥、禁屠杀赎生合1卷,宽恕、囚系、舞紊、峻酷、开元格附合1卷。该典时间跨度大,记述了上起传说的唐虞时代,下至唐代德宗建中三年的历代刑制,总结了历代刑制的实施情况,从杜佑的总结和分析中我们可以看出,上古至唐代德宗建中年间历代刑制的发展脉络。

二、《通典》中的法制史学

《通典》中的《刑典》为专门记述法制史之篇章,其内容主要可以分为如下几个方面:

(一)历代刑制的沿革

杜佑在《刑典》中的前三卷,即"刑制"卷中对于历代刑制的发展进行了梳理,大致形成了从先秦至两汉时期的草创阶段、魏晋南北朝时期的发展阶段、隋唐时期的成熟阶段这样的发展脉络。

1. 先秦至两汉时期

杜佑从尧舜制法说起:"虞舜圣德聪明,建法曰:'象以典刑,(象,法也。法用常刑,用不越法。)流宥五刑,(宥,宽也。以流放之法宽五刑。)鞭作官刑,(以鞭为治官事之刑。)扑作教刑,(扑,榎楚也。不勤道业则挞之。)金作赎刑。(误而入刑,出黄金以赎。)眚灾肆赦,怙终贼刑。(眚,过也。灾,害也。贼,杀也。过而有害,当缓赦也。怙奸自终,当刑杀之。)钦哉,钦哉,惟刑之恤哉!'"一直到东汉末年献帝建安初期,应劭根据《律本章句》《尚书旧事》《廷尉版令》《决事比例》《五曹诏书》《春秋折狱》,删定律令,共250篇,又集《议驳》30篇为止,以时间为顺序，有详有略地回顾了这段时间刑制的沿革。中间经历了夏启作禹刑、殷作汤刑，这两部分的论述极为简略。到了周时期，《通典·刑典》论述较为详细，因此时周人所制的法律已经初具体系，有“八辟”“三刺、三宥、三赦”“五听”之法，有“刑新国，用轻典；刑平国，用中典；刑乱国，用重典”之“世轻世重”原则，修“五刑”之法，后又作“九刑”之法。周道衰微后，进入春秋战国之际，杜佑以秦国为主线，梳理了这一时期诸侯国的刑制，如子产铸刑书，李悝制《法经》传于魏，商鞅受之以相秦。秦始皇嬴政平定六国、统一中国，建立秦朝后，刑制严苛、残暴，“燕人卢生窃言‘始皇乐以刑杀为威’，因亡去”。到了汉朝，杜佑记述更为详细，从“汉高帝初入咸阳、约法三章”讲起，萧何作《九章律》，叔孙通作《傍章》18篇，惠帝二年除“诽谤妖言罪”，吕后除“三族罪”，文帝、景帝改革肉刑，武帝时期张汤撰《越宫律》27篇、赵禹撰《朝律》6篇，宣帝设置廷平四人平理刑狱，成帝定令“年未满七岁，贼斗杀人及犯殊死者，上请廷尉以闻，得减死”，哀帝除“诽谤诋欺法”。西汉末年法治凋敝，王莽篡政后，更是旧章不存，法网松弛，到了光武帝、章帝，他们都留心刑狱，罢斥崇刑峻法，安帝时期废除蚕室刑，最后到献帝时期删定律令。此为中国古代法制的草创阶段。

2. 魏晋南北朝时期

依据杜佑的记述，我们可以看出，魏晋南北朝时期是中国社会又一个大的变革时期，这一时期的各种法律处于各种文化的交流激荡之中，这一时期也是中国古代法制由草创向成熟转变的过渡时期，后来唐律中的许多制度是在这一时期酝酿和诞生的。例如，曹魏统治时期，“八议”制度正式被写进魏律；陈朝创设官当制度；《北齐律》规定重罪十条等。北朝出现的《北魏律》《北齐律》《大周律》三部重要法典，其中以“法令明审、科条简要”的北齐律最为成熟，成为隋唐律制定的范本；法律形式上，北朝出现了为后世所继承的“格”和“式”。从杜佑对于这一时期刑制发展的描写中，我们一方面可以看出各种刑制在不断发展完善，另一方面也可以看出“北优于南”的法制史发展规律。

3. 隋唐时期

杜佑对于隋唐尤其是唐前期的刑制沿革记述得尤为详细。从其记述来看，隋朝的统治时间虽然较为短暂，但隋文帝、隋炀帝都很重视修律制刑，分别修有《开皇律》和《大业律》，杜佑称《开皇律》“自是刑网简要，疏而不失”，并且《开皇律》可以看作唐律的主要范本。唐代前期的各统治者也十分重视立法修令，比如说武德七年颁布了《武德律》，贞观十一年颁布了《贞观律》，永徽二年颁布了《永徽律》，永徽四年颁布了《律疏》30卷，唐玄宗开元年间颁布了《开元律》以及《开元格》、《开元式》、《开元令》等其他法律形式，这些都是在唐前期被制定出来的。后世宋、元、明、清的律令都是以唐律令为范本的，唐朝的律令则是以隋朝为范本的，因此，古代法制发展到隋唐时期，已经堪称完备。

（二）历代司法制度的沿革

杜佑在《刑典》的前三卷中记述了尧舜至唐时的立法沿革，在第六卷、第七卷中也对司法制度的沿革做了记述，以下以详谳、守正为例。

1. 详谳

详谳是指在遇到重大疑难案件的时候，应当上报请示，这一司法审判制度在我国存在已久，依据杜佑记载，“周西伯立，有明德，时诸侯有狱，皆请决平”，早至西周时期就已经创立了详谳制度，而该制度的真正成熟则大约在西汉的初期。汉代的详谳制度形成于汉高祖时期，其后日趋成熟与完善。杜佑在《刑典》中记载：“汉高帝诏曰：‘狱之疑者，吏或不敢决，使有罪不论，无罪久系。自今以后，狱疑者各谳所属二千石官，二千石官以其罪名当报之。（当，为处断。谳，平议也。）所不能决者，皆移廷尉。廷尉不能决，具为奏，附所当比律令以闻。’”由此形成了“县道官狱疑——二千石官，二千石官不能决——廷尉，廷尉不能决——谨具为奏”的等级详谳制度。到了景帝时期，景帝也对这一司法制度下诏说：“狱，人之大命，死者不可复生。吏或不奉法，以货赂为市，朋党比周，以苛为察，以刻为明。有罪者不伏罪，奸法为暴，甚无谓也。诸狱疑，若虽文致于法，而人心不厌者，则谳之。”“狱，重事也。人有智愚，官有上下。狱疑者谳有司。有司所不能决，移廷尉。有令谳而后不当，谳者不为失。假令谳讫，其理不当，所谳之人不为罪失。欲令理狱者务先宽。”至此，详谳制度已经相当成熟，正如杜佑所评论的，“狱刑益详，近于五听、三宥之意”。汉宣帝即位后，又设置了廷平四人，平理刑狱。

2. 守正

所谓守正，即官员在司法之时应当恪守正道、遵守法度。杜佑在《刑典》第七卷中记载了自春秋中期至唐开元初期十多位秉公执法的司法官员，如张释之、郭躬、戴胄、狄仁杰、徐弘敏等。对于张释之，杜佑记载了两件其守正之事：一为汉文帝出行时，汉文帝所乘之马因路人突然出现而受惊，汉文帝因此欲重重惩罚路人，张释之坚持天子与民同的原则，要求对路人处以罚金，即“汉文帝尝行中渭桥，有一人闻跸，匿桥下。久，以为跸过，走出，乘舆马惊。廷尉张释之奏：‘犯跸，当罚金。’帝怒曰：‘赖吾马和柔，他马已伤败我，廷尉乃罚金耶？’释之曰：‘法者，天子所与天下公共。且方其时，上使诛之则已。既下廷尉，廷尉，天下之平也，为之轻重，民安所错手足乎？是法不信于民也。’帝良久曰：‘廷尉当是。’”另一件事为有人盗窃高庙中的玉环，汉文帝欲对该罪犯适用族刑，张释之则据理力争认为弃市足矣，即“有盗高庙坐前玉环，释之奏：‘当弃市。’帝大怒曰：‘此人无道，吾欲族之。君以法奏之，非吾所以恭承宗庙意也。’释之曰：‘且罪等，（俱死罪也，盗玉环不若盗长陵土之逆也。）然以逆顺为本。今盗宗庙器而族之，假令愚人取长陵一抔土，（抔，音步侯反，谓手掬之。不忍言毁彻，故云取土耳。）陛下何以加其法乎？’帝许之”。

杜佑对于徐弘敏尤为推崇，其所记载徐弘敏守正事例最多，并且将其描绘为唐武则天时期秉公执法的标杆。当时，武后革命，任用酷吏，“作威而作周政，寄情而害唐臣”，“朝野屏气，道路以目。于斯时也，谁敢忠正？”只有徐有功“孑然介立，守法不动，抑扬士伍，慷慨朝端，始卒不渝，险易如一。”并且，杜佑将徐弘敏与其他守正官员比较，认为徐弘敏是其他人所不及的，他说：“详观徐大理之断狱也，自古无有斯人，岂张、于、陈、郭之足伦。”原因在于，“（张、于、陈、郭）四子之所奉，多是令主，西汉，张释之，文帝时为廷尉；于定国，宣帝时为廷尉；东汉陈宠、郭躬，章帝时为廷尉：皆遇仁明之主”。而徐弘敏却没有碰到这样的仁明之主。

第三节　其他著作中的法制史学

其他著作主要为一些文集类的著作，如葛洪、韩愈、白居易、柳宗元的著作中也均涉及了对于一些法制史问题的阐发。

一、《抱朴子》中的法制史学

葛洪（公元284~364年），字稚川，自号抱朴子，丹阳句容（今江苏句容）人。葛洪出生于世代官宦之家，其祖父、父亲曾都在吴国任过高官，父亲在晋任官职十余年。葛洪自幼好学，16岁时就开始广泛阅读《孝经》《论语》《诗经》《易经》等典籍，年少即从郑隐学习神仙之术，因此，他的思想具有一定的隐士色彩。在西晋惠帝时，葛洪因参与镇压石冰起义有功，被封为伏波将军。但他见天下已乱，于是远徙广州，参广州刺史稽含军事，及含遇害，在广州羁留长达十余年。在东晋元帝时，葛洪多次被敦请为官，但他以“不仕为荣”，南行至广东罗浮山潜心研究炼丹之术，著书立说。葛洪的著述颇丰，依据其《自叙》，“凡著《内篇》二十卷，《外篇》五十卷，碑颂诗赋百卷，军书檄移章表笺记三十卷，又撰俗所不列者为《神仙传》十卷,又撰高尚不仕者为《隐逸传》十卷;又抄五经、七史、百家之言,兵事方伎、短杂奇要三百一十卷,别有目录",①则包括著和抄述共430卷。其中保存下来的仅《内篇》20卷和《外篇》50卷。

葛洪将《内篇》《外篇》合取名为《抱朴子》。外篇主要是一些政论性的文章,以借古讽今,讥评世俗,阐述治民之道为中心,反映了葛洪以振兴儒家为宗旨的思想主张。内篇则主要是论道教。如葛洪在《自叙》中所称"《外篇》言人间得失,世事臧否,属儒家;内篇言神仙方药、鬼怪变化、养生延年、禳邪却祸之事,属道家"。② 有学者认为,外篇反映了葛洪早年的思想,内篇则反映了其中、后期的思想。③ 其中,《崇教》《君道》《臣节》《良规》《用刑》《弭讼》《广譬》《诘鲍》等篇较为集中地反映了他的法律主张。

(一)发展先秦儒家的德刑关系说,提出"刑为仁佐"的法制主张

《用刑》一文为《外篇》中的第十四卷,集中阐述了葛洪的仁刑观。整体而言,《外篇》反映了葛洪以振兴儒家为宗旨的思想主张,因而可推知,在德刑关系上,葛洪继承了先秦儒家德主刑辅的主张,在仁与刑的关系上,葛洪提出了"刑为仁佐"的法制主张。

首先,葛洪认为"明主不能舍刑德以致治"。④ 在治理国家时,既要有仁,进行德教,也要有刑罚,两者相济,缺一不可。他说:"莫不贵仁,而无能纯仁以致治也;莫不贱刑,而无能废刑以整民也。咸云:'明后御世,风向草偃。道洽化醇,安所用刑?'余乃论之曰:'夫德教者,黼黻之祭服也;刑罚者,捍刃之甲胄也。若德教治狡暴,犹以黼黻御剡锋也;以刑罚施平世,是以甲胄升庙堂也。故仁者养物之器,刑者惩非之具,我欲利之,而彼欲害之,加仁无悛,非刑不止。刑为仁佐,于是可知也。'"⑤也就是说,人们重视仁、重视刑,但是没有人能够仅依靠其中一者就能使国家安定。仁或者说德教和刑罚各有其调整的侧重点和效果,德教就如同祭祀用的礼服,适宜于平世,可以达到风向草偃、道洽化醇的功效,而刑罚就如同抵挡刀枪的甲胄,适宜于乱世,用以惩治强暴。因此,应当将两者结合,恰如其分地发挥两者的作用,不可只重视道德仁义而鄙弃律令刑法。

葛洪尤其强调不能单靠施行仁政来治理天下,必须结合刑罚制裁,原因就在于,百姓多巧诈,如果单纯追求伏羲神农的仁德,而忽视百姓的狡黠和自私本

---

① 《抱朴子·外篇·自叙》。
② 同上。
③ 叶孝信:《中国学术名著提要》(政治法律卷),复旦大学出版社1996年版,第188页。
④ 《抱朴子·外篇·广譬》。
⑤ 《抱朴子·外篇·用刑》。

性，是非常错误的，只会导致社会的混乱。他说：“仁之为政，非为不美也。然黎庶巧伪，趋利忘义。若不齐之以威，纠之以刑，远羡羲农之风，则乱不可振，其祸深大。以杀止杀，岂乐之哉！”为此，葛洪又举例说，即使是作为圣明君王典范的黄帝轩辕、唐尧虞舜、西周成康和汉文帝这些统治者，他们也没有放弃刑的运用，这样政权才能稳定，“夫匠石不舍绳墨，故无不直之木；明主不废戮罚，故无凌迟之政也”。①

其次，葛洪主张“赏罚相当”。葛洪认为赏、罚的关键就在于与功过要相当，并非必须重赏或重罚，他说：“夫赏贵当功而不必重，罚贵得罪而不必酷也。”为此，葛洪还列举了唐虞杀共工、周公处置管蔡二叔、孔子杀少正卯、汉武帝处死外甥的事例，指出在处罚上要不分亲疏贵贱，公正执法，由此可以达到杀一人以救万人、损害少数人以成全多数人的效果，他说：“唐虞其仁如天，而不原四罪；姬公友于兄弟，而不赦二叔。仲尼之诛正卯，汉武之杀外甥，垂泪惜法，盖不获已也。故诛一以振万，损少以成多……”②

此外，对于仁、刑二者，何者可宽一些何者可猛一些，葛洪认为，这是没有固定标准的，是可以变换的，必须依据客观的政治形势来确定，“观民设教，济其宽猛，使懦不可狎，刚不伤恩”。他还认为，仁只是美容之脂粉，是一种宣传安抚粉饰太平的手段；而刑罚则是驾驭天下的手段，须臾不可舍弃，仁义过多会导致法令不立，威刑过少则会导致以下犯上，他说，“仁者，为政之脂粉；刑者，御世之辔策；脂粉非体中之至急，而辔策须臾不可无也”，“多仁则法不立，威寡则下侵上。夫法不立，则庶事汩矣；下侵上，则逆节明矣”。③

（二）恢复肉刑的法制主张

由上部分内容可知，葛洪十分看重刑罚的作用，认为刑罚可以威慑百姓，使其不敢犯罪，从而更为有力地维护社会秩序。在这一前提下，对于争论已久的恢复肉刑问题，葛洪采取肯定的态度，认为当今之世以恢复肉刑为宜。他回顾了这一争论，在《抱朴子·外篇·用刑》中写道：“昔魏世数议此事，诸硕儒达学，洽通殷理者，咸谓宜复肉刑，而意异者驳之，皆不合也。魏武帝亦以为然。直以二陲未宾，远人不能统至理者，卒闻中国刖人肢体，割人耳鼻，便当望风谓为酷虐，故且权停，以须四方之并耳。通人扬子云亦以为肉刑宜复也。但废之来久矣，坐而论道者，未以为急耳。”

① 《抱朴子·外篇·用刑》。
② 同上。
③ 同上。

葛洪从以下两个方面阐述了为什么应当恢复肉刑：其一，肉刑可填补死刑和服役刑间的刑罚空缺。葛洪认为，死刑和服役刑之间存在巨大的刑罚空缺，死刑过重，服役刑过轻，两者之间缺乏中间刑。而在现今的犯罪比例当中，恰恰是当处中间刑的犯罪行为最多，他们的罪行尚不足以判处死刑，但若对其适用服役刑却显得过轻，他在《抱朴子·外篇·用刑》中说："今除肉刑，则死罪之下无复中刑在其间，而次死罪不得不止于徒谪鞭杖，是轻重不得适也。又犯罪者希而时有耳，至于杀之则恨重，而鞭之则恨轻，犯此者为多。今不用肉刑，是次死之罪，常不见治也。"[①]其二，肉刑可以起到警示作用。葛洪认为，死刑虽然是极刑，是最为严重的刑罚，但是，死刑的警示效力范围非常小，因为能够亲眼看到执行死刑的人是比较少的。而如果适用肉刑，一方面，肉刑所致的肉体或者精神上的痛苦对于罪犯本人具有很强的威慑力；另一方面，由于适用肉刑的犯罪占所有犯罪行为的比重最大，因此，百姓很容易接触到因肉刑致残的人，了解肉刑带来的痛苦，故肉刑的警示效力范围更广，肉刑的惩戒作用也就更大。他说："而刑者犹任坐役，能有所为，又不绝其生类之道，而终身残毁，百姓见之，莫不寒心，亦足使未犯者肃栗，以彰示将来，乃过于杀人。杀人，非不重也。然辜之三日，行埋弃之，不知者众，不见者多也，若夫肉刑者之为摽戒也多。"[②]因此，葛洪主张对于一些不是谋反、诋毁国君和父母、违犯军法和亲手杀人的犯罪，不用死刑而应处以肉刑。

（三）调和道儒关系，主张道本儒末

《抱朴子》的外篇和内篇较为鲜明地显示出葛洪思想的转变，即从以振兴儒家为宗旨的主张到推崇道教的转变。对于儒道关系，先秦道家一直持反儒主张，认为儒道不可合流，葛洪则持不同观点，他认为儒和道并不矛盾，他说："仲尼，儒者之圣也；老子，得道之圣也。儒教近而易见，故宗之者众焉。道意远而难识，故达之者寡焉……所以贵儒者，以其移风易俗，不唯揖让与盘旋也。所以尊道者，以其不言而化行，匪独养生之一事也。若儒道果有先后，则仲尼未可专信，而老氏未可孤用。"[③]因此，在《内篇》中，葛洪主张要调和儒道关系，但是，在何者为根本、何者为末节的问题上，葛洪认为道贵于儒，道是根本，儒是末节。他说："或问儒道之先后。抱朴子答曰：'道者，儒之本也；儒者，道之末也。'……今苟知推崇儒术，而不知成之者由道。道也者，所以陶冶百氏，范铸二仪，胞胎

---

① 《抱朴子·外篇·用刑》。

② 同上。

③ 《抱朴子·内篇·塞难》。

万类，酝酿彝伦者也。”①“道者，万殊之源也；儒者，大淳之流也。”②这显然与《外篇》中尊儒贬道相反，《用刑》篇说：“道家之言，高则高矣，用之则弊，辽落迂阔，譬犹干将不可以缝线，巨象不可捕鼠，金舟不能凌阳侯之波，玉马不任骋千里之迹也。”③

葛洪经过对道、儒的比较，得出的结论是，“笃论二者，儒业多难，道家约易，吾以患其难矣，将舍而从其易焉”。④ 这表明他要舍儒从道，即由儒家的积极入世转变为道家的消极遁世。

二、《昌黎先生集》中的法制史学

韩愈（公元768~824年），字退之，号昌黎，邓州南阳（今河南南阳）人。贞元二年（公元786年）进京参加进士考试，三试不第，于贞元八年（公元792年）第四次赴考时终考取进士，但后又因三试博学宏词科不成，辗转奔走，先后在宣武节度使董晋、宁武节度使张建封幕下任观察推官。贞元十九年（公元803年）始入京，调四门博士，次年，被任命为监察御史，这才算“有官守，有言责”的实授，后历任刑部侍郎、国子监祭酒、京兆尹、兵部侍郎、礼部侍郎等职务。在文学方面，韩愈积极倡导用散行单句古文写作，成为唐代古文运动的主将，也被誉为唐宋八大家之首。在思想方面，韩愈在佛教影响日益繁盛的情况下，力倡复兴儒学，因而，其相关的法律主张也与儒家相关主张一脉相承，例如，圣人立法的法律起源论；德礼为先，而辅以政刑的德主刑辅论；不劳作受诛罚的刑罚目的论等。

《昌黎先生集》为韩愈一生著作的汇编，收录了诗文杂著共700篇，并目录合为41卷，外集10卷，遗文1卷。其相关法律制度方面的论述集中在《原道》《原性》《复仇状》《论捕贼行赏表》等中。

（一）国家与法律的起源

国家和法律的起源问题是古代思想家经常思考的问题，不同的人由于不同的经历、所处时代的背景、个人修养等方面的差异，观点各不相同。韩愈认为，儒家之道有一个传授的系统，“尧以是传之舜，舜以是传之禹，禹以是传之汤，汤以是传之文武周公，文武周公传之孔子，孔子传之孟轲”，⑤但孟轲死后不得其传

---

① 《抱朴子·内篇·明本》。
② 《抱朴子·内篇·塞难》。
③ 《抱朴子·外篇·用刑》。
④ 《抱朴子·内篇·塞难》。
⑤ 《昌黎先生集·原道》。

焉,因此,他自命为是儒家道统的传承者。韩愈对于尧、舜、禹、汤、文王、武王、周公、孔子、孟子等推崇备至,将他们视为天生性善、完美无缺的圣人,其有关国家和法律的起源基本上也是对儒家传统理论——圣人制法的延续。在他看来:首先,圣人创造了人类社会。在上古时代,人类的生存环境非常恶劣,但是人类没有可以御寒的羽毛或者鳞介,也没有可以争夺食物或进行防御的利爪锐齿,因此,人类面临着各种各样的威胁,生存艰难。但是,随后,智慧超众的圣人出现,教会早期人类相生相养之道,驱逐了野兽,发明了衣服、食物、宫室、器皿和医药等,人类才结束了茹毛饮血、穴居野处的生活,逐渐由野蛮走向文明,人类社会由此形成,“驱其虫蛇禽兽,而处之中土。寒,然后为之衣;饥,然后为之食。木处而颠,土处而病也,然后为之宫室。为之工以赡其器用,为之贾以通其有无,为之医药以济其夭死,为之葬埋祭祀以长其恩爱”。[①] 其次,圣人创制了礼乐刑政。圣人在教会人类相生相养之道的同时,还“为之君,为之师”,“为之礼以次其先后,为之乐以宣其湮郁,为之政以率其怠倦,为之刑以锄其强梗。相欺也,为之符玺、斗斛、权衡以信之。相夺也,为之城郭甲兵以守之。害至而为之备,患生而为之防”,[②]也就是创制了礼、乐、政、刑以及军队等一整套区分等级尊卑、维护社会秩序的工具,至此,国家、法律也就产生了。在这种体制下,君出令、臣行令、民事生产,各在其位,各司其职,不履行自己职责的将受到处罚。“君者,出令者也;臣者,行君之令而致之民者也;民者,出粟米麻丝、作器皿,通货财以事其上者也。君不出令,则失其所以为君;臣不行君之令而致之民,则失其所以为臣;民不出粟米麻丝,作器皿,通货财,以事其上者,则诛”。[③] 因此,无论是创立社会还是创制礼乐刑政,圣人的作用都是巨大的,如果没有圣人,人类早就灭亡了。

(二)继承发展儒家的德刑关系说

德、刑作为治理国家之二柄,它们间的相互关系也是历代统治集团或思想家所必思考的问题。韩愈基本上沿袭了儒家关于德刑关系的传统观点,主张德与礼均为治理国家的两种重要的手段,“礼法二事,皆王教之端”,[④]“道莫大乎仁义,教莫正乎礼、乐、刑、政,施之于天下,万物得其宜,措之于其躬,体安而气平”。[⑤] 但两者间仍有主辅、先后之分,在这一点上,他赞同孔子所说的“道之以

---

① 《昌黎先生集·原道》。

② 同上。

③ 同上。

④ 《昌黎先生集·复仇状》。

⑤ 《昌黎先生集·送浮屠文畅师序》。

政，齐之以刑，民免而无耻；道之以德，齐之以礼，有耻且格”，[①]因此，有关德刑二者间关系，韩愈的基本主张是“以德礼为先，而辅之以政刑”。[②]

韩愈不仅继承了传统儒家“德主刑辅”的主张，而且在补充和修正孟子、荀子等人的人性学说以及董仲舒“性三品”说的基础上，系统阐述了自己的人性学说，并依此作为“德主刑辅”主张的理论基础。董仲舒将人性分为“圣人之性”、“中民之性”和“斗筲之性”，即“圣人之性不可以名性，斗筲之性，又不可以名性，名性者中民之性。中民之性……性待渐于教训而后能为善”。[③] 对此，韩愈专门写了《原性》一文，进一步发扬了董仲舒的理论，“性也者，与生俱生也。情也者，接于物而生也。性之品有三，而其所以为性者五。情之品有三，而其所以为情者七”。[④] 韩愈以“仁义礼智信”为标准，将人性分为三品：“仁义礼智信”五者皆具备者，就是上品之人；缺少其中部分者，就是中品之人；全部缺少者，就是下品之人。在这三品当中，上品是纯善的，天生就具备仁义礼智信等品质；中品与上品相比则有所缺憾，未能完全具备仁义礼智信的品质，因此他们既可以向上攀升，也可以向下沉沦；下品则是与仁义礼智信等品质相悖逆的人性，是天生的坏人。“上焉者，善焉而已矣；中焉者，可导而上下也；下焉者，恶焉而已矣。”[⑤]对于这三品之人，依据其特质，可采取不同的方式防止、减少犯罪，引导到善的境界。具体而言，“上之性，就学而愈明”，[⑥]对于上品之人，可以通过教化使其变得更好；“下之性，畏威而寡罪”，[⑦]对于下品之人，教化已经无法发挥作用，只能通过刑罚使他们因畏惧而减少犯罪；中品之人则比较特殊，其居于上品和下品之间，具有一定的可塑性，而且，中品之人也是占人口数量最多的一部分人群，对他们，仅凭仁义德礼的引导恐怕还不够，尚需要借助刑法的威慑，由此，也就需要坚持儒家传统的“大德小刑”“德主刑辅”。

在德礼为先上，韩愈主张要以“仁义”修其身，并以《大学》中的理论进行论证，强调说：“古之欲明明德于天下者，先治其国；欲治其国者，先齐其家；欲齐其家者，先修其身；欲修其身者，先正其心；欲正其心者，先诚其意。”[⑧]同时，要实现

① 《论语·为政第二》。
② 《昌黎先生集·外集注·潮州请置乡校牒》。
③ 《春秋繁露·实性》。
④ 《昌黎先生集·原性》。
⑤ 同上。
⑥ 同上。
⑦ 同上。
⑧ 《大学·卷二》。

“仁义”修其身，应当加强教化，特别是以《大学》的八目作为“教”的内容。

在刑罚为辅的问题上，韩愈也主张用刑，并且提倡重刑。例如，他在讨伐淮西三州叛乱的时候，曾向皇帝谏言鼓吹动用重刑镇压反叛，他说：“兵之胜负，实在赏罚，赏厚可令廉士动心，罚重可令凶人丧魄，然可集事，不可爱惜所费，惮于行刑。”①

（三）复仇制度史的研究

在唐代，礼与法出现了全面的结合，如《唐律疏议》序疏云，“德礼为政教之本，刑罚为政教之用，犹昏晓阳秋相须而成者也”，以法典的形式确立了礼法并用的治国主张。但在司法实践中，礼与法之间常常发生冲突，如何贯彻礼法并用的原则就成了不可回避的问题。经典事例如复仇问题，唐律中虽然没有明确禁止复仇的条文，但作为故意杀人或伤害，其属于犯罪行为，但是，从礼的层面而言，复仇事关亲情伦理，不应被禁止。因此，唐代的许多著名学者纷纷对复仇问题阐发自己的观点，韩愈对此问题也专门撰写了《复仇状》一文，从一些儒家经典出发，提出了他有关复仇制度的观点。

该文是从唐宪宗元和六年（公元811年）发生的富平县人梁悦为父报仇后自首一案出发的，“唐宪宗元和六年秋九月，富平县人梁悦为报父仇，杀秦杲，自诣请罪”。案件上奏朝廷之后，宪宗下诏曰：“复仇杀人固有彝典，以其申冤请罪，视死如归，自诣公门，发于天性，志在徇节，本无求生，宁失不经，特从减死，宜决杖一百，配流循州。”皇帝充分考虑到这次仇杀案件的特殊性，没有依照法律以杀人罪处梁悦以死刑，而是从轻发落。后来，皇帝又发布一道诏书：“复仇，据《礼经》则义不同天，征法令则杀人者死。礼、法二事，皆王教之大端，有此异同，必资论辩，宜令都省集议闻奏者。”唐宪宗对该案涉及的礼与法的冲突也感到矛盾，对于该案也是迟疑不决，于是令尚书省讨论辨明。时任员外郎的韩愈认为：首先，儒家经典是允许“子复父仇”的，“伏以子复父仇，见于《春秋》，见于《礼记》，又见《周官》，又见诸子史，不可胜数，未有非而罪之者也”。其次，法律对于是否应当允许“子复父仇”则处于两难的境地，如果不容许这种复仇行为，那么将有害于天伦天性，如果容许这种复仇杀人行为，那么将可能导致相互之间无休止的仇杀，进一步导致社会秩序的难以维持，如其言，“最宜详于律，而律无其条，非阙文也。盖以为不许复仇，则伤孝子之心，而乖先王之训；许复仇，则人将倚法专杀，无以禁止其端矣”。那么，应如何解决此一问题？韩愈引述了《周官》《公羊传》中有关复仇的三种观点：其一，“凡杀人而义者，令勿仇，仇之

① 《昌黎先生集·论淮西事宜状》。

则死”；其二，“父不受诛，子复仇可也”；其三，“凡报仇者，书于士，杀之无罪”。韩愈认为第一种观点是可以商榷的，第二种观点不可施行，第三种观点不适用。在此基础上，韩愈进一步认为，是否允许复仇不可著为定制，因为“复仇之名虽同，而其事各异”。因此，应当由司法官吏在具体审理案件之时，依据具体情况做出决定，这样既解决了复仇问题应当如何判决，也解决了礼法之间的冲突。例如，对于“百姓相仇”，则“可议于今”，对于“为官所株”，则“不可行于今”。因此，总的一个原则就是“凡有复父仇者，事发，具其事申尚书省，尚书省集议奏闻，酌其宜而处之”，以达到“经律无失其指”的要求。事实上，韩愈对于此一问题的意见属模棱含糊，“除在处理程序上提出了一般性的建议外，没有提出任何实质性的解决办法。倒是对于他关于礼律均不可失，德刑必须兼用的主张，又一次做了充分的阐明，表明了他维护儒家封建正统法律思想的立场”。①

三、《白居易集》中的法制史学

白居易（公元772~846年），字乐天，晚号香山居士，原籍太原，后迁至下邽（今陕西渭南县）。白居易出身于“世敦儒业”的中小官僚家庭，精通儒学，对道家、法家等均颇有研究，是唐代著名的文学家、思想家。唐德宗贞元十六年（公元800年）举进士，授秘书省校书郎。宪宗元和年间任翰林学士、拜左拾遗。在任谏官期间，因频繁上书直言，令唐宪宗不快，被革除谏官职位，后因上表主张严缉刺死宰相武元衡的凶手，被认为是越职言事并遭诽谤，被贬为江州司马。唐穆宗即位，又被召回长安，但因目击宦官擅政、朋党倾轧、政治混乱，又自请离京外任，历任杭州刺史、苏州刺史、秘书监、河南尹、太子少傅、刑部尚书等职务。

《白居易集》为白居易自行整理其所著诗文后的汇编，并将诗分为讽喻、闲适、感伤、杂律四类，共37卷，文34卷。据《白居易集·白氏长庆集后序》载，“白氏前著《长庆集》五十卷，元微之为序；后集二十卷，自为序；今又续后集五卷，自为记。前后七十五卷，诗笔大小凡三千八百四十首”。② 至宋，《白居易集》亡佚4卷。白居易在法律思想方面的言论集中于《策林》之中，具体如《论肉刑》《刑礼道》《止狱措刑》《论刑罚之弊》等。

（一）修正传统儒家德刑关系说

与韩愈坚持传统儒家德刑关系不同，白居易在结合唐中期的政治形势的基础上，对传统儒家的“德主刑辅”做出了修正。在传统儒家理论中，“德礼为政教

---

① 王立民主编：《中国法学经典解读》，上海教育出版社2006年版，第217页。

② 《白居易集·白氏长庆集后序》。

之本,刑罚为政教之用",[①]德礼是治理国家的根本纲纪,在任何情况下都应当以礼为先,刑罚仅仅是辅助德礼发挥作用的手段。白居易则认为,刑和礼在治理国家中同样重要,两者没有绝对的主次、先后关系。同时,白居易对儒家传统德刑关系的修正还表现在,他认为治理国家仅依靠礼、刑还不够,还需要依靠道,其所谓的"道",即为黄老的清静无为之"道","夫欲使人情俭朴,时俗清和,莫先于体黄老之道也。其道在乎尚宽简,务俭素,不眩聪察,不役智能而已。盖善用之者,虽一邑一郡一国至于天下,皆可以致清净之理焉"。[②] 由此可见,白居易之所以强调道的作用,在于道具备了礼、刑所不具备的使"人情俭朴,时俗清和"的作用。

在《刑、礼、道》一文中,白居易首先考察了法制史上自汉以来统治阶级所采取的各家学说和统治方式,认为儒家以礼乐仁德治国,法家以法治国,道家则主张清静无为,三者各有不同作用,"夫刑者,可以禁人之恶,不能防人之情;礼者,可以防人之情,不能率人之性;道者,可以率人之性,又不能禁人之恶"。刑、礼、道各有所长又各自存在缺陷,因此必须结合起来,缺一不可,"人之性情者,君之土田也,其荒也,则薙之以刑,其辟也,则莳之以礼,其植也则获之以道,故刑行而后礼立,礼立而后道生。始则失道而后礼,中则失礼而后刑,终则修刑以复礼,修礼以复道。"三者犹如"天之有两曜,岁之有四时"一样,不可或缺,同等重要,并且应当"循环表里,迭相为用"。如何"迭相为用"?首先,应当正确定位三者在治国之中的作用。对此,白居易认为,"刑者,礼之门;礼者,道之根。知其门,守其根,则王化成矣"。其次,这三者应当结合社会形势和三者各自特点,见机行事,酌情处理,"是以衰乱之代,则弛礼而张刑;平定之时,则省刑而宏礼;清净之日,则杀礼而任道"。也就是说,在衰乱的时代,应当以刑为主;在社会平定的时候,应当推崇礼;而在社会清净之时,则应任道。如此,当刑、礼、道"举有次,措有伦,适其用,达其宜"时,天下就实现大治了。在"迭相为用"理论的基础上,白居易进一步认为,他所处的那个时代是一个"华夷有截,内外无虞,人思休和,俗已平泰"的时代,主要任务并不是"惩恶抑淫,致人于劝惧",而是"划邪窒欲,致人于耻格",因此,应该"惜而不失",抓住时机,"杀刑罚","崇礼乐",最终实现天下大治。

(二)探究古代法制史上"止狱刑措"问题

白居易在考察了中国历代法制施行和犯罪状况后,发现犯罪的主要原因与

---

① 《唐律疏议·卷第一》。

② 《白居易集·卷六四·刑礼道》。

人民的经济水平有关。在《止狱刑措》一文中，白居易开头即通过自问的方式总结了历代的兴衰，并引发如何止狱刑措的思考。其指出，在周成康时期，天下富寿，人人知耻格，因此囹圄空虚了四十余年；汉文景之时，节用劝农，海内殷实，人人自爱，不犯刑法，故每年决狱仅至四百；唐太宗时期，勤俭化人，人用富庶，加以德教，至于生平，故一年断刑不满三十。相比之下，桀纣之时，暴征雠敛，百姓穷苦，有怨无耻，奸宄并兴，故此时比屋可戮；秦朝之时，厚赋以竭人财，远役以殚人力，力殚才竭，群盗满山，每年断罪的有数十万，到底是什么原因呢？[①]

对于此一疑问，白居易继承和发展了前人的富民止狱说。首先，白居易引用孔子、管子等人的说法，"臣闻仲尼之训也：既庶矣，而后富之；既富矣，而后教之。管子亦云：仓廪实，知礼节；衣食足，知荣辱"。[②] 其后，白居易在赞同孔子、管子说法的基础上，将经济状况、礼教和刑罚联系起来，阐发了其间的关系，认为"食足财丰，而后礼教所由兴也。礼行教立，而后刑罚所由措也"。[③] 也就是说，经济发展，百姓富庶，礼教就会兴，礼教兴，犯罪也就会减少。换言之，贫穷是犯罪的根源，要减少犯罪，就应当发展经济，使百姓富庶。如果人民的财富分配不均，贫富差距悬殊，即使是尧舜那样的圣人来治理国家，也不能平息纷争和减省刑狱；如果人民衣食不足，饥寒交迫，即使是皋陶那样的司法官员来主管刑狱，也不能禁止奸宄和消除盗贼。[④] 由此，白居易认为，犯罪、刑狱问题的解决不能仅仅停留在增减科条、施刑轻重这些浅层次的问题上，而应当挖掘其深层次的、根本性的原因，也就是使百姓富足，"富其人，崇其教，开其廉耻之路，塞其冤滥之门，使人内乐其生，外畏其罪，则必过犯自省，刑罚自措"。[⑤] 只有在"温饱充于内"的基础上，加上礼义教化，使人们知廉耻、知荣辱，刑狱的数量才会大大减少。

此外，白居易在《去盗贼》一文中，也将"富民止狱"的观点具体运用到盗贼问题的解决上。他认为，圣王解决盗贼问题有两种方式：其一为举贤才、有德之人；其二为使百姓富足，安业厚生。针对第二种方式，白居易举例说，在周成康、

---

① 《白居易集·卷六五·止狱刑措》："问：成、康御宇，囹圄空虚；文、景继统，刑罚不用；太宗化下，而人不犯。成此功者，其效安在？桀、纣在上，比屋可诛；秦氏为君，赭衣满道。致此弊者，其故安在？今欲鉴桀、纣、秦氏之弊，继周、汉、太宗之功，使人有耻且格，刑措不用。"

② 《白居易集·卷六五·止狱刑措》。

③ 同上。

④ 《白居易集·卷六五·止狱刑措》："圣王不患刑之繁，而患罪之众；不患教之废，而患人之贫。故人苟富，则教斯兴矣；罪苟寡，则刑斯省矣。是以财产不均，贫富相并，虽尧舜为主，不能息忿争而省刑狱也。衣食不充，冻馁并至，虽皋陶为士，不能止奸宄而去盗贼也。"

⑤ 《白居易集·卷六五·止狱刑措》。

汉朝文景之时，人民富裕，礼让大兴，盗贼都销声匿迹了。而针对其所处的时期，法律虽然严密，盗贼依然猖獗，在白居易看来，原因之一就是“陛下之人有多困穷冻馁者”，①这就应当通过“厚其生业，使俗知耻格”②的方式解决盗贼问题。

（三）探讨古代“法贵统一”“宽猛相济”的问题

我国古代的立法，曾经历了从《法经》6 篇到汉律 60 篇再到唐律 12 篇这样一个由简到繁和由繁到简的变化过程。一些开明皇帝，一般都力主“简法省刑”，如唐太宗就要求立法应当简约。在立法简约的基础上，开明统治者也主张保持立法的统一性。白居易对于法令的统一也有论述。他先援引《左传》中“人心不同，如其面焉”的说法，提出人心本来就是不一致的，一人一心，那么万人就万心，如果不用法令加以统一，人心各异，就很难治理好国家，而“谨于始、慢于终”，“张于近、弛于远”，“急于贱、宽于贵”，“行于疏、废于亲”③都是法令不统一的表现。要统一法令，一方面，需要保持法令的稳定性，不能朝令夕改，晨行暮止；另一方面，就要在执法中谨而不慢，张而不弛，不分贵贱，不分亲疏，一律准法科罪。

白居易通过总结秦汉以来的历史经验教训，提出了“政包宽猛，法有弛张”④的观点，此一说法与孔子宽猛相济的主张一脉相承，但白居易在此基础上做了更为深入的阐述与发挥，他将重点放在了弛张上面，他说：“政不可宽，宽则人慢；刑不可急，急则人残。……将使宽猛适宜，疏密合制。”⑤那么，如何才算是宽猛适度？白居易认为，关键就在于在立法和司法过程中，必须切实贯彻“理大罪，赦小过”⑥的区别对待原则，即所谓“罪不同科，轻重宜别”。⑦ 他认为，只有严惩大罪才能够使人心畏而服之，而对于小过错，则要予以宽容，才能够使人爱而悦之。他援引《尚书》“宥过无大，况小者乎？刑故无小，况大者乎？”的说法，并进一步阐述道：“宥其小者，仁也；仁以容之，则天下之心，爱而悦之矣。刑其大者，义也；义以纠之，则天下之心，畏而服之矣。”⑧

但是，当时的实际司法状况却正好与此相反。没有权势的人虽有小过失也

---

① 《白居易集·卷六五·去盗贼》。

② 同上。

③ 《白居易集·卷六二·号令》。

④ 《白居易集·卷六六·判》。

⑤ 《白居易集·卷六五·使人畏爱悦服，理大罪，赦小过》。

⑥ 同上。

⑦ 《白居易集·卷六七·判》。

⑧ 《白居易集·卷六五·使人畏爱悦服，理大罪，赦小过》。

被绳之以法,施以重刑;而一些有权有势却罪大恶极的人,往往能够逍遥法外。白居易举例说,在一些地方监狱中,犯人因为欠负官钱,就被无期限地拘禁,或者是有的人因为坐赃罪,也被监禁多年,甚至死在牢狱之中,对于已经身死狱者,还要将其儿子收禁,实不合理,他说:"以罪坐之刑,无重于死,故杀人者,罪止于死,坐赃者身死不征。"①

白居易认为,这种"严下宽上""重小轻大"的做法,根本违背了《尚书》所言的"先王宥小过,刑大罪"的用刑之道。因此,他强烈主张,君主治理国家,应该从严治大罪,从宽治小罪,他说:"是以善为理者,举其纲,疏其网。纲举则所罗者大矣,网疏则所漏者小也。伏惟陛下举其纲于长吏,疏其网于朝官,舍小过以示仁,理大罪而明义,则畏爱悦服之化,闇然而日彰于天下矣。"②

另外,在肉刑问题上,白居易反对恢复肉刑,主张肉刑可废不可复。首先,他认同《尚书》将五刑称为"五虐之刑"的说法,并且回顾以往的法制史,总结得出以往好施肉刑者得不了民心、均无好下场的结论,"苗人始淫为之,而天既降咎。及秦人又虐用之,而天下亦离心"。③ 其次,废除肉刑是人类发展的总趋势,是人类从野蛮走向文明的体现,"汉文帝始除去之,而刑罚以清。我太宗亦因而弃之,而人用不犯"。④ 况且,古之圣人已主张用刑轻重应适时而变,肉刑废除已久,已经不再适宜于当时的朝代,因此,"不必乎反今之宜,复古之制也"。⑤

四、《柳河东集》中的法制史学

柳宗元(公元 773~819 年),字子厚,祖籍河东(今山西省永济市),生长在长安。出身于官僚家庭,少年时就才华出众,贞元九年(公元 793 年),21 岁时中进士,名声大震。贞元十四年(公元 798 年)入仕,任集贤殿校书郎,后调任蓝田尉,后迁监察御史里行、礼部员外郎等职。顺宗永贞年间,由于参与王叔文等人的政治活动,触犯唐宪宗,被贬为永州司马,在当地度过 11 年的被贬生活后,应诏回京师,但又再次被贬为柳州刺史,4 年后病逝,结束一生坎坷的仕途。柳宗元是唐代的文学家、哲学家、散文家和思想家,一生写有大量的诗文,为古文运动的兴起和唐代文风转变做出巨大的贡献,与韩愈一起入选"唐宋八大家"。

《柳河东集》是柳宗元一生著作的汇编,最初由刘禹锡编成《柳河东先生

---

① 《白居易集·卷五九·奏状二》。
② 《白居易集·卷六五·使人畏爱悦服,理大罪,赦小过》。
③ 《白居易集·卷六四·议肉刑》。
④ 同上。
⑤ 同上。

集》30卷本,至北宋已经很少流传。宋人穆修几经搜寻,晚年得到一个45卷本,校定后以《河东先生文集》刊行于宋仁宗天圣元年(公元1023年),并广为流传,但现已佚失。目前较佳的版本是以百家注本为底本、以世彩堂等诸本为校本,并以明以后诸本为参校本,校定而成的版本,共45卷,外集2卷,附录1卷。其中,相关法律方面的言论集中在《封建论》《思维论》《天爵论》《守道论》《天对》《非国语》《断刑论》《时令论》《六逆论》《驳复仇议》等中。

(一)国家与法律的起源

前文阐释了韩愈有关国家与法律起源的论述,与韩愈同一时代的柳宗元对此也有述及,且与韩愈坚持传统"圣人制刑"的主张不同,柳宗元的观点则颇具创新性,他把国家和法律的产生甚至是整个人类社会历史的产生看作一种固有的客观趋势,强调势或时势的作用。按照柳宗元的说法,在远古时期,自然界一片草木榛榛、鹿豕狉狉,人类不像飞禽走兽那样天生就有一身皮毛羽翼,单靠自身根本无法自卫生存,必须借助于其他东西,但可借助之物有限,于是就引发了各种纷争,当纷争不能得到有效解决时,各方就会求助于"能断曲直者",这些"能断曲直者"都被看作智者,其断决往往能为周围群众所信服,如理屈一方不予执行,必然会采取措施予以惩戒,这样,"君长刑政",国家和法律就应运而生了:"争而不已,必就其能断曲直者而听命焉。其智而明者,所伏必众。告之以直而不改,必通之而后畏。由是君长刑政生焉。"至此,似乎柳宗元对于法律的起源同样持了圣人或者智者制刑的观点,但其后论述就异于以往学说。柳宗元继续阐述道,这种国家和法律刚开始规模比较小,但后来则日趋扩大,"近者聚而为群,群之分,其争必大,大而后有兵有德。又有大者,众群之长又就而听命焉,以安其属,于是有诸侯之列。则其争又有大者焉,德又大者,诸侯之列又就而听命焉,以安其封,于是有方伯、连帅之类。则其争又有大者焉,德又大者,方伯、连帅之类,又就而听命焉,以安其人,然后天下会于一"。① 在国家与法律产生和扩大的过程中,起关键作用的不是圣人或智者的言行,而是一种客观存在的"势"。

值得一提的是,在柳宗元看来,这种"势"的作用,不仅仅存在于国家和法律最初产生和扩大的过程中,而且贯彻于整个人类社会的历史发展。比如,在国家行政制度的设计方面,尧舜禹汤文武诸君王统治时期实行的都是封藩建邦的封建制,在这种封建制下,君主权力受限制,而地方势力强大,看似不符合中央统治者的意志,但是,这样的一种制度有其不得不存在的客观之"势","盖非不

① 《柳河东集·封建论》。

欲去之也,势不可也”。所谓的“势”就是“诸侯归殷者三千焉,资以黜夏,汤不得而废;归周者八百焉,资以胜殷,武王不得而易。徇之以为安,仍之以为俗,汤、武之所不得已也”。又如,至秦朝时期,君主专制的郡县制取代了以前的分封制,这种行政制度的巨大转变同样是“势”所必然,而不是简单地出于秦始皇个人的任意作为。在分封制下,“列侯骄盈,黩货事戎。大凡乱国多,理国寡。侯伯不得变其政,天子不得变其君”,以至于像周朝最后竟“威分于陪臣之邦,国殄于后封之秦”,在这种情况下,废除分封制实行郡县制就成为一种历史必然。秦后,汉朝实行了短暂的分封制,但又改行了郡县制也是形势所迫,因为“汉有天下,矫秦之枉,徇周之制,剖海内而立宗子,封功臣。数年之间,奔命扶伤之不暇,困平城,病流矢,陵迟不救者三代”,最后不得不接受谋臣的献策,大力削藩,实行郡县制。①

总体而言,柳宗元有关国家、法律起源的看法是对儒家传统圣人史观的反驳,其不再从人或圣人的身上去寻找起源的原因,而是力图从社会现象内部去寻找这一起因,强调作为客观形势或时势的“势”的作用,认为在国家和法律从无到有、从小到大、从一种形式到另一种形式的演进过程中,“势”起了决定性作用。

(二)从复仇问题探讨礼法关系

法的主要内容是“赏罚”,韩非称之为“二柄”,也就是国君的两个权柄,“二柄者,刑德也”,“杀戮之谓刑,庆赏之谓德”。柳宗元继承并发展了法家的德刑关系思想,一方面,极力主张用道德来引导教化百姓,同时又注重法在调整社会关系中的作用;另一方面,柳宗元主张在定罪量刑时要以事实为依据,既要合法,又要合乎情理。

柳宗元有关礼法关系的论述尤见于《驳复仇论》一文中,他通过对于复仇问题的论述,揭示其所持的礼法观。之所以将礼法关系寄托于复仇问题然后展开论述,原因就在于,在复仇问题上,礼与法的矛盾凸显,一方面,复仇是合乎孝道,合乎礼义的;另一方面,按照当时的刑法,杀人者死,复仇行为又是违法行为,应受到处罚。

在武则天统治时期,徐元庆的父亲被县尉赵师韫杀死,徐元庆替父报仇后到官府投案自首,其后,朝廷对于此一事件展开热议。谏官陈子昂撰写《复仇议状》一文,提出礼法不可偏废,应当先判徐元庆死罪,然后再对其进行表彰,柳宗元的《驳复仇议》一文,则是对于陈子昂观点的批驳。

---

① 《柳河东集·封建论》。

在柳宗元看来，陈子昂的建议看似调和了礼与法的矛盾，但他不弄清事实，盲目地既判处死刑又给予表扬的做法，实际上是“坏礼黩刑”、破坏礼法统一性的做法。也就是说，若徐父未陷于公罪，县官杀他则是滥杀无辜，那么徐元庆杀死县官而自首的行为属于守礼行义之举，当受颂扬；反之，如果徐元庆的父亲不免于罪，县官杀他则为依法行事，徐父“非死于吏也，是死于法也”，①那么徐元庆的行为属于“仇天子之法”，②应当处死而不应表彰。柳宗元进一步表述道：“礼之大本，以防乱也，若曰无为贼虐，凡为子者杀无赦，刑之大本，亦以防乱也，若曰无为贼虐，凡为理者杀无赦。其本则合，其用则异，旌与诛莫得而并焉。诛其可旌，兹谓滥，黩刑甚矣；旌其可诛，兹谓僭，坏礼甚矣。果以是示于天下，传于后代，趋义者不知所以向，违害者不知所以立，以是为典可乎？”③也就是说，在礼与法的关系上，两者的目的和本质是一样的，都是用于“防乱”，但两者的表现形式与操作方式不一样，因此，表彰与诛杀不能同时适用于同一个人的行为，无论是诛杀本应表彰的还是表彰本应诛杀的，都是严重破坏礼法的行为。因此，官吏在定罪量刑时，必须以事实为根据，并在彻底理解礼法关系的前提下，确定某种复仇行为的赏罚，“盖圣人之制，穷理以定赏罚，本情以正褒贬，统于一而已矣”。④ 柳宗元的这一主张与前述韩愈对于复仇问题的看法在一定程度上相契合。

（三）批判传统的“天罚”“时令”说

在法律源于“势”的基础上，柳宗元还提出了天人不相预的观点，认为天、地、阴阳都是自然现象，与人的行为无关。具体到法律上，柳宗元反对将“四时”“五行”等宗教观念牵强附会到行政、司法上，反对治理国家和实施赏罚必须按“时令”办事，他认为：“《月令》之作，所以为君人者法也。盖非为聪明睿智者为之，将虑后代有昏昧傲诞而肆于人上，忽先王之典，举而废之，近而取之，若陈、隋之季是也。”⑤在中国法制史上，从夏商周到秦汉，统治者对于“天罚”说、“时令”说始终推崇备至。特别是自汉代董仲舒创立一整套“天人感应”理论后，“按时施政”“秋冬行刑”便成为官方正统的法律制度，并且在东汉正式入律，贯彻于立法与司法实践中，至后代沿用不辍。对于这一套理论，柳宗元则持否定

---

① 《柳河东集·驳复仇议》。
② 同上。
③ 同上。
④ 同上。
⑤ 《柳河东集·时令论》。

的态度，认为这些理论只不过是“瞽史之语，非出于圣人者也”。① 柳宗元认为，生植、灾荒都是自然现象而已，法制、悖乱则是社会现象，二者处于不同的领域，有着各不相同的产生、发展规律，不应当混为一谈，“生植与灾荒，皆天也；法制与悖乱，皆人也。二之而已，其事各行不相预”。②

在前述理论基础上，柳宗元进一步批驳了“时令”说——“天人感应”理论在司法实践中的贯彻，全面否定了被尊为儒家经典的《礼记·月令》。

首先，柳宗元纠正了过去对于圣人的看法，其认为所谓圣人实际上是为民兴利除害之人，从不引天论神，他说：“圣人之道，不穷异以为神，不引天以为高；利于人，备于事，如斯而已矣。”③

其次，柳宗元批驳了必须依照时令行事的做法。在他看来，政令的做出应依据时势而非时令，有的政令可能需要等待正确的时节方能施行，如春季要兴修水利，夏季要除草施肥，秋季要劝人种麦，冬季要讲武习射御等，但有的政令却不能等待，如修订法律、审判案件、选拔人才等。

最后，柳宗元又专门写了《断刑论》，④正面批驳了“赏以春夏而刑以秋冬”的传统学说。“赏以春夏、刑以秋冬”的论调早在先秦时期即已萌芽，之后的一些经典古籍，如《礼记》《吕氏春秋》《淮南子》等均对此一原则有所论述，而至西汉，董仲舒以“天人感应”说与阴阳五行理论为基础，提出了系统的“秋冬行刑”理论，并运用于司法实践，自东汉以后，“秋冬行刑”便成为历代沿袭不变的定制，几乎无人提出质疑。柳宗元对此则进行了全面的批判，在他看来，赏罚如不及时，很难起到奖励和惩罚的作用，“夫圣人之为赏罚者非他，所以惩劝者也。赏务速而后有劝，罚务速而后有惩。必曰赏以春夏而刑以秋冬，而谓之至理者，伪也。使秋冬为善者，必俟春夏而后赏，则为善者必怠；春夏为不善者，必俟秋冬而后罚，则为不善者必懈。为善者怠，为不善者懈，是驱天下之人而入于罪也”，⑤进一步从理论来源、实际效果、政治效率、现实意义等多方面出发，全面驳斥了“秋冬行刑”这一儒家传统做法，否定了影响中国法制史千余年的学说。

---

① 《柳河东集·时令论》。

② 《柳河东集·答刘禹锡天论书》。

③ 《柳河东集·时令论》。

④ 遗憾的是，此文献的上篇早已散失，仅存下篇。

⑤ 《柳河东集·断刑论(下)》。

第四章　宋元时期的法制史学

宋元时期,依靠盛唐累积的财富,经济依旧繁荣,科学技术也空前发展。在法学方面,借助唐代奠定的基础,宋朝法律进一步发展,乃至有学者认为,"中国的传统法律,到了宋朝,才发达到最高峰"。[①] 并且,这一时期的社会结构、经济结构、政治结构等都发生了变化,封建社会发展到了一个新的阶段。尤其是程朱理学日渐占据统治地位,无论是法律制度研究还是法制史研究,理学、哲学思想的融入为儒家传统法制精神增添了许多新的内涵。[②] 以下选取《律附音义》《刑书释名》《范文正公集》《欧阳修全集》《直讲李先生集》《四书章句集注》《朱子语类》《文献通考》等古籍探寻这一时期法制史的研究状况。

第一节　史学著作中的法制史学

如果说马端临的《文献通考》在史学史上具有重要的地位,那么其中的《刑考》一门则在中国古代法制史学史上举足轻重,属中国古代少有的法制史学著作之一。

---

① 徐道邻:《中国法制史论集》,台北,志文出版社 1975 年版,第 89 页。

② 张维新:《中国古代法制史学史研究——以历代古籍为中心》,上海人民出版社 2012 年版,第 380 页。

一、《文献通考》概述

马端临(公元1254~约1323年),字贵与,号竹洲,饶州乐平(今江西乐平)人。其父马廷鸾于咸淳年间官至右丞相兼枢密使。马端临于咸淳(公元1265年)中获漕试第一,以荫补承事郎。宋亡后,隐居未出仕,后起为学官,不久乞归,于是利用家里丰厚的藏书,专心研读,用了20多年时间著成《文献通考》这一史学巨著。除《文献通考》外,尚著有《多识录》150卷、《义根守墨》3卷、《大学集传》等。

《文献通考》共24门,348卷,分别为《田赋考》7卷、《钱币考》2卷、《户口考》2卷、《职役考》2卷、《征榷考》6卷、《市籴考》2卷、《土贡考》1卷、《国用考》5卷、《选举考》12卷、《学校考》7卷、《职官考》21卷、《郊祀考》23卷、《宗庙考》15卷、《王礼考》22卷、《乐考》21卷、《兵考》13卷、《刑考》12卷、《经籍考》76卷、《帝系考》10卷、《封建考》18卷、《象纬考》17卷、《物异考》20卷、《舆地考》9卷和《四裔考》25卷。该书是通过通考的方法,对上古至宋的各类文献进行考订,采其中有证据可信者,由此勾勒出上古时期至南宋嘉定年间典章制度的发展演变历程。其中,唐天宝以前的史实,是在杜佑《通典》的基础上进行拾遗补阙,天宝以后至宋嘉定五年,加以续修。该书所记载的宋制尤为详细,多为《宋史》各志所不具备者,因此具有重要的参考价值。

从内容的记叙方式上,该书是按照时间顺序,从古代写到近代,先引诸史记事,次引诸家议论,对于有歧义的部分,在最后附上作者的考证。其相关法律的论述集中于《刑考》一门,对从虞舜至宋宁宗的刑制、徒流、详谳、赎刑以及赦宥分别做了详尽的法制史考究。

二、《文献通考》中的法制史学

《文献通考》对于法制史问题的研究集中于《刑考》一门,其中对自虞舜至宋宁宗时期刑罚原则、宋朝各种法律形式适用情况和以民为本的法制史论做了较为详细的阐释。

(一)对刑罚原则的法制史考究

马端临在《刑考》门中对于虞舜至宋宁宗时期的刑制以及刑罚的执行等做了由古及近的法制史考究,其中,对于宋朝的记述尤为详尽。在对历代刑制演变的史料进行考究时,作者亦表明了其所持的一些主张:在刑罚上,马端临强调应慎刑恤罚,应刑罚适中,反对滥赦,反对以思想言论定罪。

首先,强调慎刑恤罚。在第一百七十卷《刑考九》中,马端临罗列了许多过去体现慎刑恤罚的事件。如在唐高宗上元三年,左威大将军权善才、右监门中郎将范怀义斫昭陵柏木,大理奏以官减外并除名,皇帝下令将其处以死刑,大理丞狄仁杰执奏,称“罪不当死”,“法悬象魏,徒罪、死罪,具有差等。古人云:‘假使盗长陵一抔土,陛下何以加之?’今陛下以昭陵一株柏杀二将军,千载之后谓何!臣不敢奉诏”。[①] 皇帝听取了狄仁杰的意见,免除了权善才和范怀义的死罪。又如唐明宗天成二年七月,州平恩县百姓高弘超的父亲被同乡杀害,高弘超替父报仇,杀死该同乡后自首,对于此一案件,尚书刑部员外郎李殷梦大夫回复道:“伏以挟刃杀人,按律处死;投狱自首,降罪垂文。高弘超既遂报仇,固不逃法,戴天罔愧,视死如归。历代以来,事多贷命。长庆二年,有康买得父宪为力人张泣乘醉拉宪,气息将绝,买得年十四,以木锸击泣,后三日致死。敕旨:‘康买得尚在童年,能知子道,虽杀人当死,而为父可哀。若从沈命之科,恐失度情之义,宜减死处分。’又元和六年,富平人梁悦杀父之仇,投县请罪。敕旨:‘复仇杀人,固有彝典,以其伸冤请罪,自诣公门,发于天性,本无求生,宁失不经,特宜减死。’方今明时,有此孝子。其高弘超若使须归极法,实虑未契鸿慈。”[②]由此得出奉敕“可减死一等”的判决。

其次,强调刑罚适中。马端临在强调慎刑恤罚的同时,主张量刑不可畸轻畸重,而应当量刑适中。在该书的序言中,马端临之所以作《刑考》,其中一个重要原因就是希望通过对历代刑制的考察,对当下的量刑有所启示,既不过于严苛也不过轻,其在该书的自序中写道:“昔汉陈咸言:‘为人议法,当依于轻,虽有百金之利,慎无与人重比。’盖汉承秦法。过于严酷,重以武、宣之君,张、赵之臣,淫刑喜杀,习以为常,咸之言盖有激也。窃尝以为劓刖椓黥,蚩尤之刑也,而唐虞遵之;收孥、赤族,亡秦之法也,而汉魏以来遵之。以贤圣之君而不免袭乱虐之制,由是观之,咸言尤为可味也。汉文除肉刑,善矣,而以髡笞代之。髡法过轻,而略无惩创;笞法过重,而至于死亡。其后乃去笞而独用髡,减死罪一等即止於髡钳,进髡钳一等,即入於死,而深文酷吏务从重比,故死刑不胜其众,魏晋以来病之。然不知减笞数而使之不死,乃徒欲复肉刑以全其生,肉刑卒不可复,遂独以髡钳为生刑。所欲活则傅生议,于是伤人者或折腰体,而才翦其毛发;所欲陷者与死比,于是犯罪者既已刑杀,而复诛其宗亲。轻重失宜,莫此为甚。及隋唐以来,始制五刑,曰笞、杖、徒、流、死。此五者即有虞所谓鞭、朴、流

---

① 《文献通考·刑考九·详谳》。

② 同上。

宅,虽圣人复起,不可偏废也。若夫苟慕轻刑之名,而不恤惠奸之患,杀人者不死,伤人者不刑,俾无辜罹毒虐者,抱沉冤而莫伸,而舞文利贼贿者,无后患之可惕,则亦非圣人明刑弼教之本意也。作《刑考》第十七,首刑制,次徒流,次详谳,次赎刑、赦宥。凡十二卷。"①

再次,反对滥赦。马端临在《刑考十》的下半部分集中论述了赦宥的问题,其从虞舜时期的"眚灾肆赦"说起,又列举了《周官》《吕刑》《王制》等中的赦刑,在对历代赦刑进行法制史考究的基础上,提出赦刑的适用必须满足特定条件,不能滥赦,如其言"唐虞三代之所谓赦者,或以其情之可矜,或以其事之可疑,或以其在三赦、三宥、八议之列,然后赦之。盖临时随事而为之斟酌,所谓'议事以制'者也。至后世乃有大赦之法,不问情之浅深,罪之轻重,凡所犯在赦前,则杀人者不死,伤人者不刑,盗贼及作奸犯科者不诘。于是赦遂为偏枯之物,长奸之门"。②

最后,反对以思想言论定罪。马端临反对以个人的言论或者是思想为由定罪处罚,在他看来,以思想言论定罪的都是昏君奸臣当道的表现,他说:"党锢之狱,出于宦官之恶直醜正,然欲加之罪,则必从而为之辞。灵帝之问曹节曰:'党人何用为恶而欲诛之邪?'善哉,问也!帝时年方童幼,未知奸佞容悦之可亲,忠贤鲠直之可恶,故发此问。至对以'谋不轨,危社稷',则不复能穷诘其所以谋之说,所以危之状而遽可其奏矣。自昔昏暴之君,诛诤臣,戮直士,若龙逄、比干之俦,皆以谏诤于朝而婴祸,而窃议于野者则未尝罪之也。至李斯始有偶语之禁,张汤始有腹诽之律,皆处以死罪。今观党锢诸贤所坐,即偶语、腹诽之罪……至于根连株逮坐死者,不可胜计。"③

(二)对宋朝各种法律形式适用情况的法制史考究

在《文献通考》中,宋代部分的资料占据全书内容的一半以上,因而,该书被认为是研究宋代制度的重要参考资料。宋时的法律形式多样。宋初,沿用了唐的律、令、格、式,但是随着形式的发展和皇权集中的需要,编敕的频率和规模日渐扩大,到了宋仁宗天圣年间设置了"详定编敕所",编敕已经有了和律并重甚至高于律的地位。宋神宗时,编敕的数量进一步增多,也更为严密,完全有了取代律的可能性,而律的地位已经降为次要,其适用也十分有限,因此,在宋神宗

① 《文献通考·自序》。
② 《文献通考·刑考十下·赦宥宽恤》。
③ 《文献通考·刑考三·刑制》。

时，以敕、令、格、式作为主要的法律形式，也经常会引用成例，并延续至南宋。①

《刑考》中也不乏此类情况的具体体现，如该书记载了熙宁元年关于谋杀已伤，按问欲举自首、从谋杀减二等一案所引起的一次争论，其中，王安石说道："律意，因犯杀伤而自首，得免所因之罪，仍从故杀伤法；若已杀，从故杀法，则为首者必死，不须奏裁；为从者，自有《编敕》奏裁之文，不须复立新制。"司马光则辩论道："杀人不死，伤人不刑，尧、舜不能以致治。近刑部奏钞兖、怀、耀三州之民有斗杀者，皆当论死，今乃妄作情理可悯或刑名疑虑奏裁，刑部即引旧例一切贷之。凡律、令、敕、式或不尽载，则有司引例以决。今斗杀当死，自有正条，而刑部承例，不问可否，尽免死决配，作奏钞施行，是杀人者不死，其斗杀条律无所用也。请自今诸州所奏大辟，情理无可悯，刑名无疑虑，令刑部还之，使依法处断。实有可悯、疑虑，令刑部具其实於奏钞后，先拟处断，令门下省审覆。如或不当，及用例破条，即令门下省驳奏，取旨勘之。从之。"②在此一事件中，虽然王安石与司马光的意见不一致，但从其论述中我们看到，在宋代的法律形式中，律的最高地位已经受到了限制，在许多情况下，编敕、例等其他法律形式也成为了司法断案的依据。

又如，对于例的一种——指挥的法律效力，其记载道："乾道六年指挥，强盗并依旧法。议者以为，持杖胁人以盗财者亦死，是胁人与杀人等死，恐非所以为良民地。后来遂立六项并依旧法处断外，余听依刑名疑虑奏裁。自此指挥已行之后，非特刑名疑虑者不死，而在六项者亦为不死。法出奸生，徒为胥吏受赃之地。若犯强盗者不别轻重而一于死，则死者必多，又非所以示好生之德也。乞下有司详议，立为定法。"③

（三）以民为本的法制史论

在马端临看来，法律制度是一种表象，是对时代特点的反映，而法律制度背后的能够使社会稳定发展的更深层的因素，也就是治国安民之道，才是核心内容。通过对于历代法制以及相应的社会发展演变的考究，可以得出治国安民之道所在，而在马端临看来，治国安民之道就在于"以民为本"。④

以对于帝王的诽谤和咒骂为例，马端临在《刑考二》中叙述道："（汉孝文帝）二年，诏曰：'古之治天下者，朝有进善之旌，诽谤之木，所以通治道而来谏者

---

① 王立民主编：《中国法律制度史》，上海教育出版社2006年版，第158页。

② 《文献通考·刑考九·详谳》。

③ 同上。

④ 参见张维新：《中国古代法制史学史研究》，上海人民出版社2012年版，第239~240页。

也。今法有诽谤妖言之罪，是使众臣不敢尽情，而上无由闻过失也。将何以来远方之贤良？其除之。民或祝诅上，以相约而后相谩，吏以为大逆，其有他言，吏又以为诽谤。此细民之愚，无知抵死，朕甚不取。自今以来，有犯此者，勿听治。'"①自古以来，对于帝王的诽谤和诅咒一直被认为是对帝王的大不敬，应以死罪论处。在汉代的300余年之中，此项禁令多次面临被废除的命运，如汉孝文帝就看到了对诽谤、诅咒帝王的人处以重罪的害处，即"使众臣不敢尽情"，自不利于治国，但是，这项禁令从秦代以来就没有被废除过。为此，马端临认为，对于诽谤、咒骂帝王者以死罪论处，显然是对皇权的无限扩张，必须将此一禁令废除，②其论证道："古者庶人谤，商旅议。夫子曰：'天下有道，则庶人不议。'则诽谤，古所有也。周公曰：'小人怨汝詈汝。'又曰：'否则厥口诅祝。'晏子曰：'人民苦病，夫妇皆诅。虽其善祝，岂能胜亿万人之诅？'则祝诅亦古所有也，然未尝以此罪人。至秦之立法，则犯此二者，皆坐以大逆而诛夷之。汉高帝入关，约法三章，除秦苛娆，而首及诽谤偶语之酷，则当亟除之矣，而卒不曾除。至高后元年，有诏除其法矣，而又不克除。文帝之时，复有此诏。然自景、武而后，则一用秦法，凡张汤、赵禹、江充、息夫躬之徒，所为诬害忠鲠、倾陷骨肉，坐以深文、中以危法者，不曰'诽谤不道'，则曰'诅祝上，有恶言'。盖此二法者，终汉之世，未尝除也。"③马端临极力要求废除禁令、限制皇权的主张，从本质而言也是以民为本法制史论的体现。

第二节　律学著作中的法制史学

宋代律学著作中，《律附音义》是对唐律的注音、解释，《刑书释名》是对从黄帝时期一直到宋时期刑书中的刑名予以解释的著作，这两本著作可谓此一时期的法制史之作。

一、《律附音义》中的法制史学

孙奭（公元962~1033年），字宗古，博州博平（今山东聊城东南）人。宋太宗时，参加科举考试，以《九经》及第，被授予他莒县主簿，后升为大理评事、国子监直讲。宋真宗即位后，兼职于太常礼院、国子监、司农寺，后累迁工部郎中、龙

① 《文献通考·刑考二·刑制》。
② 参见张维新：《中国古代法制史学史研究》，上海人民出版社2012年版，第239页。
③ 《文献通考·刑考二·刑制》。

图阁侍制、左谏议大夫、给事中。宋仁宗时,迁翰林侍讲学士、判国子监,兵部侍郎、龙图阁学士,历仕宋太宗、真宗、仁宗三朝。孙奭知识渊博,精通经史,常以史为鉴来评判当今政事的得失,曾数次上书反对符瑞之说和大规模出巡,建议“损益虚华,斥远邪佞,罢兴土木”,要求“纳谏、恕直、轻徭、薄敛”。

孙奭在长期从事教学和参政的同时,还选录了五经中的治政之言,辑成《经典徽言》50卷,另撰《乐记图》《五经节解》《五服制度》等,并考订《尚书》《论语》《尔雅》等经典。在北宋天圣四年(公元1029年),孙奭领国子监直讲杨安国、赵希言、王珪、公孙觉、冯元详等人对唐律、律疏、宋刑统进行全面校订,并作《律附音义》,对律文的音、义进行考究和诠释。

《律附音义》从编纂体例上,依照唐律的篇目,分为名例、卫禁、职制、户婚、厩库、擅兴、贼盗、斗讼、杂律、捕亡、断狱12篇。每篇先释名,阐述其发展源流,然后按律文中出现的次序,对重要的词语逐一进行注音、解释,还对个别原文作了勘正。《律附音义》的注音、解释,一方面,推动了古代的法学研究;另一方面,因该书记录了唐律原文,对于后人更为全面、正确了解唐律的内容起到了重要的作用。

总体而言,《律附音义》对于大部分法律用语的解释较为简单,但其中也有解释较为详尽者,从该法律用语的历史渊源开始,对其发展变化的过程做了较为详细的考证。如对于“名例第一”,该书解释道:“主物之谓名,统凡之谓例,法律之名既众,要须例以表之,故曰名例。汉作九章,散而未统。魏朝始集罪例,号为刑名。晋贾充增定律二十篇,以刑名、法例揭为篇冠至此。齐赵郡王睿等奏上齐律十二篇,并曰名例。后循而不改。”该书首先解释了名例的内涵,其后介绍了“名例”一词沿革,即在汉朝的《九章律》中尚采纳类似的法律总则,在魏朝才开始用“刑名”来表示一些总括性的规定,然后经历了晋时以刑名、法例作为总括性的规定,最后到了齐方才将刑名、法例合为一篇,称为名例,再无变更,沿用至宋。又如对于“御宝”一词,该书解释道:“御宝,博抱切。蔡邕《独断》曰:玺者,印也。印者,信也。天子用白玉螭虎纽。古者尊卑共之。《月令》曰:固封玺书。《春秋左氏传》:鲁襄公在楚,季武子使公冶问玺书,追而与之。此诸侯大夫印称玺者也。秦以前民皆以金、玉为印,龙虎纽,惟其所好也。自秦以来,天子独以印称玺,又独以王,群臣莫敢用也。唐开元岁中,改玺曰宝。”①

当然,《律音附义》中的部分解释抄袭了晋时张斐的《律注表》或《唐律疏议》的内容。例如,对于“五刑”的起源,《律音附义》阐述道:“五刑之名尚矣。

① 何勤华:《中国法学史》(第2卷),法律出版社2006年版,第46页。

古者大刑用甲兵,次斧钺;中刑用刀锯,次钻笮;薄刑用鞭扑。"该解释大体采纳了《唐律疏议》"古者大刑用甲兵,其次用斧钺;中刑用刀锯,其次用钻笮;薄刑用鞭扑。其所由来,也已尚矣!"的内容。①

二、《刑书释名》中的法制史学

《刑书释名》是宋人王键的作品,但目前,学界对于该作者的生平事迹几无所知。该书解释了历代刑书(法典)中的刑名以及用刑的方法。

总体而言,《刑书释名》将历代,从黄帝时期一直到宋时期刑书中的刑名加以列举,并对其用刑方法作了阐释,其中,在刑名上,分为:黄帝刑,包括鞭扑、钻凿、刀锯、斧钺、甲兵;周代刑,包括墨、劓、刖、宫、大辟;汉代刑,笞、耐、完、髡、死;魏刑,赎、罚金、杂抵罪、作、完、髡、死;晋刑,输赎、髡作、弃市、斩、枭首;梁刑,赎、笞、耐、髡、钳、死;北齐,杖、鞭、耐、流、死;后周刑,杖、鞭、徒、流、死;隋刑,笞、杖、徒、流、死;唐、宋、金与隋同。②

正如上所列举,从该书的内容中可以清晰地看出历代刑名的发展演变。该书对于每个刑名都做了较为简单的解释。例如,对于黄帝刑,该书解释道:"黄帝刑,一曰鞭扑。二曰钻凿,钻膑刑,去膝盖骨也。凿黥刑也,以墨涅其面。三曰刀锯,刀割鼻也,锯刖刑断足也。四曰斧钺,斩刑,军戮也。五曰甲兵,以六师诛霍乱也。"对于鞭扑、钻凿、刀锯、斧钺、甲兵这五刑做了较为简明的解释。对于周刑中的死罪,即大辟则做了相对详细的解释:"大辟,死罪也,其等有七十:一曰斩,诛之斧钺;二曰杀,以不用弃市;三曰搏,去衣磔之也;四曰焚,烧杀之也;五曰辜,磔之也;六曰踣,毙之于市肆也;七曰磬,缢之于隐处。"③

在"古今用刑"部分,该书依据古代经典对一些刑名做出了解释,如"炮烙,商纣造","杀,神农氏杀风沙氏""戮,黄帝擒戮蚩尤""烹,齐衰公烹于周""诛,尧诛三苗""分尸,同肢解,汉分项王尸""肆,杀而陈其尸也,见《论语》"等。④总之,该书可以看作一部宋人所著的法制史中相关刑书、刑名的专题性论著。虽内容简略,但较为清晰地展现了中国古代刑罚发展漫变的历程,是中国古代法制史学史研究不可或缺的历史文献。

---

① 何勤华著:《中国法学史》(第2卷),法律出版社2006年版,第46页。

② 同上书,第49页。

③ 同上。

④ 同上。

第三节　其他著作中的法制史学

《范文正公集》《欧阳修全集》《直讲李先生文集》《四书章句集注》《朱子语类》也不乏对于法制史的思考和研究。

一、《范文正公集》中的法制史学

范仲淹(公元989~1052年),字希文,北宋苏州吴县(今江苏苏州)人。是北宋的政治家、文学家,也是北宋改良运动领袖。大中祥符八年(公元1015年)举进士,被任命为广德军的司理参军,从此开始了长达40年的仕途,在江苏、安徽、河南、陕西等地担任官职。仁宗庆历三年,各种反抗朝廷的暴动与骚乱纷然而起,为稳定局面,范仲淹被调回京师,仁宗连日催促范仲淹等人拿出措施,改变局面,范仲淹和富弼、韩琦连夜起草改革方案,很快承上了著名的新政纲领《答手诏条陈十事》,提出10项改革主张,即明黜陟(严明官吏升降制度)、抑侥幸(限制侥幸做官和升官的途径)、精贡举(严密贡举制度)、择长官(奖励能官,罢免不才)、均公田(均衡官员收入)、厚农桑(重视农桑等生产事业)、修武备(整治军备)、推恩信(广泛落实朝廷的惠政和信义)、重命令(严肃对待和慎重发布朝廷号令)和减徭役。同时,在法律上,针对当时积弊,结合法制史经验,力主进行司法改革,提出了许多较为合理的封建法制改革的主张。

其著述集中于《范文正公集》,该文集自北宋以来流传版本颇多,元明通行多为42卷本,近世通行为清康熙四十六年(公元1707年)范时崇岁寒堂的刻本,共48卷。

(一)反对先秦君主主义,提出君臣共治主张

北宋王朝伊始,加强皇权和中央集权即成了首要任务。宋太祖赵匡胤采取了一系列加强中央集权的措施,不断分化各级官吏的事权,扩大官僚机构,实现彼此间的相互监督与牵制。皇权的空前膨胀使皇帝个人成了治国的重要因素。范仲淹在承袭先秦政治家的君主主义理论、强调君权独尊的同时,反对君主的个人专断。在他看来,君权的独尊不等于君权独断,如果仅凭皇帝一人独断专行,则“肆予一人之意则国必颠危”。[①] 皇帝一个人的智慧是有限的,无法做到不偏不倚、客观公正,因此,需要限制君权,君臣共处国事,共商大计。范仲淹指出,古之圣人即已认识到限制君权、实行君臣共治的必要性,他说道:“圣人之至

① 《范文正公集·用天下心为心》。

明也，临万几之事而不敢独断，圣人之至聪也，纳群臣之言而不敢偏听。独断则千虑或失，偏听则众心必离。人心离则社稷危而不扶，圣虑失则政教差而弥远。故先王务公共，设百官，而不敢独断者，惧一虑之失也，开言路，采群议而不敢偏听者，惧众心之离也。”①由此，范仲淹认为君臣共治应通过两个途径实现：一是改革官职；二是加强司法监督。

1. 改革官制

在范仲淹看来，过去的圣哲明君之所以治绩卓越，关键就在于他们能够选拔到杰出的人才予以辅佐，“盖天下治乱，系之于人，得人则治，失人则乱”。②从当时的情况来看，他认为要改弦更张，关键就在于改革不合理的人事制度，纠正有才德之人得不到任用和缺乏才德之人却充斥庙堂的现象。为此，范仲淹提出了一套培养、选拔、任用、考核官僚的制度：第一，大力培养和选拔人才，他提出了培养人才的方向、规格和途径，即：“夫善国者莫先育材。育材之方，莫先劝学；劝学之道，莫尚宗经：宗经则道大，道大则才大，才大则功大。盖圣人法度之言存乎《书》，安危之几存乎《易》，得失之鉴存乎《诗》，是非之辩存乎《春秋》，天下之制存乎《礼》，万物之情存乎《乐》。故俊哲之人入乎《六经》，则能服法度之言，察安危之几，陈得失之鉴，析是非之辩，明天下之制，尽万物之情。使斯人之徒辅成王道，复何求哉？”③具体做法就是要开学校，设科等，选拔和培养有用人才，并将这些人才用于治理国家，特别要在“命试之际，先之以《六经》，次之以正史，该之以方略，济之以时务”，保证培养和选拔出“天下贤俊”，“为我器用”，又要不断培养人才，储备人才。第二，改进并厉行考核官吏的“磨勘”制度。所谓“磨勘”就是指通过考核文武官吏的功过行能，来决定升降的一项制度，但在当时“文职三年一迁，武职五年一迁”，因此导致了有功者得不到提拔，有过者也不会受到处罚，官场内一片乌烟瘴气的局面。于是，范仲淹就提出要改革“磨勘”制度，建议“臣僚有大功大善，则特加爵命，无大功大善，更不非时进秩”，④同时，也要派遣贤明，巡行诸道，对于“诸道、知、州、同判，耄者、懦者、贪者、虐者、轻而无法者、堕而无政者”⑤皆可奏请黜降。

① 《范文正公集·奏上时务书》。

② 《范文正公集·奏杜杞等充馆职》。

③ 《范文正公集·上时相议制举书》。

④ 《范文正公集·上执政书》。

⑤ 同上。

2. 加强司法监督

在范仲淹看来，司法对于辅佐君主治理国家尤为重要。但是，当时的情况是，由于司法官吏的迂腐无能造成了许多的冤假错案，也造成了刑罚的滥用。针对这种现状，范仲淹提出必须加强对于各级司法部门的监督，具体可通过三个措施来落实：其一，审慎刑名，限制类推，即应当正确定罪。例如，在其看来，因管理河道交通不善而造成损失的案件，将其定为"私罪"就属定罪不当。另外，范仲淹反对随意运用比附，可由审刑大理寺精选明晓法律的辅臣，将旧有的案例加以整理，汇编成册，供以后断案无法条依据时所用，避免滥用比附。其二，限定权限，统一领导。此措施主要是针对大理寺和刑部，令大理寺"每至岁终，具天下断案中大辟流罪以特恩减放，并法寺辨明出入人数进呈"，令刑部"每至岁终，具天下断过大辟徒、流若干人，并特恩宽减及法寺辩雪人数，并刑部覆校过公案若干道，辩正冤讼若干件进呈，以凭审核"。① 其三，同习法律，提高素质。在范仲淹看来，官吏缺乏德能和才能是造成一些冤假错案、司法审判质量差的重要原因。因此，他提出：对于无德者，应当将其绳之以法，对于职务犯罪者应当严格依律处罚；对于无才者，应当被有才者，经过法律训练、熟悉法律的司法官员所替代。具体方法是，各县推荐曹司一名，到州府集中学习法律，经过专门的考试后，合格者可以回到原县担任司法官员，经过 3 年判案无误者，可以提升一级。② 由此，通过培养有德有才的司法官员，减少冤假错案的发生。

（二）丰富儒家德治的法制原则

范仲淹的政治法律思想主要源于儒家学说，其强调"德治"，要求统治者"日崇圣德，以永服天下之心"。③ 面对北宋王朝新的历史条件，范仲淹进一步丰富了儒家的这一法制原则，其基本内涵包含了以下三方面：

其一，修德省刑。在范仲淹看来，统治者欲维护国家秩序，使国家长治久安，就必须要修德省刑，实施刑措，即"卦有四德，曰：元、亨、利、贞……元者何也，道之纯者也……于国为行庆，为刑措"，④统治者应"敦好生之志，推不忍之心，薄于刑典，厚于恻隐"。⑤ 不施行刑措、推行德治者，必然难以实现国家的稳定发展，从历史上来看，秦二世而亡即是最好的例证，范仲淹说，"秦以力，则人

① 《范文正公集·再奏乞两府兼判》。
② 参见丁凌华主编：《中国法律思想史》，科学出版社 2012 年版，第 152 页。
③ 《范文正公集·奏上时务书》。
④ 《范文正公集·四德说》。
⑤ 《范文正公集·奏上时务书》。

视君如仇雠”,[①]“秦好兵刑,不好仁义,而天下归汉”。[②] 因此,应当以史为鉴,吸收秦亡的教训,修德省刑,做到“谋一令,思以敷天下之祐;议一赏,思以起天下之善;举一刑,则必怅然有不忍之心”,[③]“明慎刑赏,而使之必当”。[④]

其二,推行教化。在我国古代,德治与法治的一大区别在于它们的实施手段不同:德治在于教化,在于言传身教;法治则在于广泛适用刑罚,在于以刑去刑。范仲淹特别强调教化的作用,在他看来,只有通过坚持不懈地广施教化,才能达至社会无刑,人与人之间和谐相处的美好社会,他说道“期于无刑,求之于礼义,礼义既充,熟而成风,然后天下熙熙而遂,乐也无穷”。[⑤] 有基于此,范仲淹尤为反感五代时期的重刑、滥刑主义,认定五代时期的统治者过于残暴,“视民如芥,生杀由之”,[⑥]指出现在的北宋统治者也出现了重视通过刑罚来治理社会而忽视教化作用的现实,此不得不警惕,必须“慎选举,敦教育之道”,“若今于教化之道,复如刑名之用心,亦何患不至乎”,“若今刑政之用心,则无不成焉”。[⑦]

其三,养民惠民。在范仲淹看来,养民惠民是实施德治的前提条件,“圣人之德,惟在善政,善政之要,惟在养民”。[⑧] 所谓的养民就需要均徭役、宽赋税并且使民以时,此与孟子的主张一脉相承。范仲淹强调统治者应当爱护百姓就像爱护自己的身体一样,要使百姓丰衣足食,即“爱民则因其根本,为体则厚其养育”,[⑨]刑罚只是在百姓懒散、不勤勉的时候方才起到一种警诫的作用。百姓的富足,会使他们安定并且爱护自己的身体,畏惧刑罚,尽量避免触犯刑典,进而减少犯罪,保障社会的稳定,即“衣食足则爱肤体,爱肤体则畏刑罚,畏刑罚则寇盗自息,祸乱不兴”。[⑩] 要使百姓富足,国家必须实行一系列有利于国计民生的法律,实现惠民,“夫利者何也,道之用者也……于国为惠民,为日中市”,[⑪]而要实现惠民,首先应当顺民,即“敷惠则顺乎天,应乎人”。[⑫] 即使是制定刑典也必

---

① 《范文正公集·奏上时务书》。
② 《范文正公集·帝王好尚论》。
③ 《范文正公集·皇储资圣颂并序》。
④ 《范文正公集·易义》。
⑤ 《范文正公集·皇储资圣颂并序》。
⑥ 《范文正公集·上执政书》。
⑦ 同上。
⑧ 《范文正公集·答手诏条陈十事》。
⑨ 同上。
⑩ 同上。
⑪ 《范文正公集·易义》。
⑫ 同上。

须顺民,"上克承于天道,下弗违于民欲","发号施令,实允叶于群情","举刑罚罪,因众弃而方行",①否则就会出现虽令不从的局面。北宋当时的一些有关经济方面的官禁以及科以重刑的现象,在范仲淹看来是明显有违养民惠民的,也不利于教化、德治的施行,因此极力反对,他提出"茶、盐出于山海,是天地之利,以养万民也。近古以来,官禁其源,人多犯法……其民庶私贩者,徒流;兵稍盗取者,绞配。岁有千万人罹此刑祸"②的局面必须革除,要"大变商法,以行山海之货"。③

二、《欧阳修全集》中的法制史学

欧阳修(公元1007~1072年),字永叔,号醉翁、六一居士,吉州永丰(今江西吉安永丰县)人。欧阳修一生经历真宗、仁宗、英宗、神宗四朝,为官40余年。天圣(公元1023~1032年)年间举进士,入朝为馆阁校勘。范仲淹被贬时受牵连,贬为夷陵令,因被指斥为"朋党"而作《朋党论》驳斥。后历任知谏院、龙图阁学士、知开封府、礼部侍郎兼翰林侍读学士、枢密副使、参知政事等职。欧阳修是北宋著名的政治家、文学家、史学家,其学术领域涉及经学、史学、文学、金石学、目录学等。在文学上,欧阳修是宋代最早开创一代文风的文坛领袖,领导了北宋诗文革新运动,继承并发展了韩愈的古文理论。在法律上,欧阳修是范仲淹庆历改革派的重要成员,为北宋中期的社会变革包括法制变革提供了理论依据。其著作有《新五代史》,与宋祁合修《新唐书》《欧阳修全集》等。

熙宁五年(公元1072年),欧阳修将自己的部分诗文整理成《居士集》50卷,成为最早的欧阳修别集本子。在欧阳修逝世后,其子欧阳发、欧阳棐将其遗著分类整理,列188卷。此后,各种欧阳修的诗文总集、分集的钞刻版开始出现。现行中华书局版共160卷,包括了正文153卷、《附录》5卷和《补佚》2卷。

(一)继承古代重农的经济立法主张

欧阳修长期任地方官,熟悉地方的农业、经济发展状况,而其所处时代的北宋已开始陷入了财政困境,为此,欧阳修一方面结合实地经济状况,另一方面结合过去王朝在经济法制上的有益经验,提出了一些提高北宋经济的立法主张,其中最为重要的就是以农为本的经济立法原则。

欧阳修继承古代爱农重农的思想,反复强调要以农为本,以农为"衣食、王

① 《范文正公集·政在顺民心赋》。

② 《范文正公集·奏为灾异后合行疏决刑狱等六事》。

③ 《范文正公集·再奏乞两府兼判》。

道、为政、天下”之本，因此，“凡为国者，莫不务焉”，[1]而“未尝敢忽”。[2] 据欧阳修考究，历史上不乏有关重农的思想与实践，例如，孟子认为“养生送死，王道之本”，[3]对此，欧阳修写道：“孟子聘列国，陈王道，未始不究耕桑之勤。”[4]又如，汉朝之所以兴盛，其根本原因也在于对于农业的重视，汉兴“劭农勉人，为之著令”。[5] 相比较而言，北宋王朝的财政日渐匮乏，国力也日渐衰微，其中的一个重要原因就在于国家不重视农业，官吏鄙农、不爱农。

在欧阳修看来，北宋的农业有三大弊端：其一，“诱民之弊”，此系针对劳动力而言，即出于一些原因，从事农业生产的人数量锐减，其中主要原因，一是佛教的泛滥，二是当时的募兵制度。由于佛教的泛滥，僧道人员增多，由于募兵制度，服兵役的人员也增多，这些僧道、服兵役人员原为农业生产者，这就必然导致能够从事农业生产的人员数量减少，甚至出现了匮乏，如其所言，“今坐华屋享美食而无事者，曰浮图之民；仰衣食而养妻子者，曰兵戎之民。此在三代时，南亩之民也。”[6]尤其是募兵制度，使民众和士兵截然分离，互不影响。宋朝的军队人数急剧膨胀，到了仁宗时期，已经达到了 140 余万人次，夺去了大批可从事农业生产活动的青壮年劳动力，而且给宋朝的财政增添了极大的负担，如其所言，“古之长大壮健者任耕，而老弱者游惰；今之长大壮健者游惰，而老弱者留耕也”，“耗之一端也”。[7] 其二，“兼并之弊”，此系针对生产资料而言，即由于盛行土地兼并，广大农民丧失了生产资料，没有生活来源，陷入贫困、流离失所的境地。在宋真宗、仁宗时期出现了宋代历史上第一次土地兼并的浪潮，而皇帝和大官僚们是推动这一浪潮的主要力量。占总户数 6%～7%的地主阶级占据了全国 60%～70%的农田，而其中大官僚、大地主、大商人、高利贷者占据了 50%左右的土地。丧失土地的农民只能租种新开垦的土地，或者向庄主举债，受到庄主的无情剥削，常常食不果腹，“其场功朝毕而暮乏食，则又举之”，“故冬春举食则指麦于夏而偿，麦偿尽矣；夏秋则指禾于冬而偿也。似此数十家者，常食三倍之物，而一户常尽取百顷之利也”，[8]农民阶级生活十分困苦，其与地主阶级矛盾日

① 《欧阳修全集·外制集·劝农敕》。
② 《欧阳修全集·居士麻·原弊》。
③ 同上。
④ 《欧阳修全集·崇文总目叙释·农家类》。
⑤ 同上。
⑥ 《欧阳修全集·居士麻·原弊》。
⑦ 同上。
⑧ 同上。

益尖锐。其三,“力役之弊”,是指力役法制繁苛,官府借助力役进行勒索,农民无法应对官府的勒索,以致全家破产、弃卖田业,又使部分农民丧失土地。

针对这三弊,欧阳修提出了相应的经济立法上的三个主张:其一,“量民力以为节”,就是说,应当根据国家财力和农民经济能力来制定各种财政计划和赋税法律。欧阳修指出,在古代时期即已经有此方面的实践,“古者冢宰制国用,量入以为出,一岁之物三分之,一以给公上,一以给民食,一以备凶荒”,[①]应当效法古时做法,“量民力而制国用”,而不是“量国用而取之民”。其二,“量民力之所征”,就是说,国家在制定财政开支计划和赋税法律时,应当要考虑依自然条件的变化来分配、消费储备的粮食。同样,欧阳修指出,古时已经有了储备粮食的实践,“古者丰年补救之术,三年耕必留一年之蓄,是凡三岁期一岁以必灾也”。[②] 欧阳修认为天灾是难以避免的,为政者也必须效法古人,在丰年储备粮食,以备灾年之需。其三,奖惩官吏,即对管理农业、发展经济有力的官吏应当予以奖励,而对忽视农业、阻碍农业发展的官吏加以惩罚,“自今在官有能兴水利,辟田荒,课农桑,增户口,凡有利于农而弗扰者,有司具为其赏格,当议旌酬”,“或陂池不修,田野不辟,桑枣不植,户口流亡,慢政惰官,亦行降黜”。[③]

(二)对“唐太宗”纵囚法制事件的质疑

《旧唐书·太宗纪》记载了唐太宗把近300名死囚放走,要求他们于特定时间回来服刑的事迹,“贞观六年十二月辛未,亲录囚徒,归死罪者二百九十人于家,令明年秋末就刑。其后应期毕至,诏悉原之”。[④] 这一法制事件被作为唐太宗施恩德感化罪犯的佳话,在历史上广为流传。但是,对于这一事件,欧阳修不以为然,专门撰写了《纵囚论》予以驳斥。

首先,从常理来看,这些被判处死刑的人是小人,而且是小人中最坏的,但是他们为了信义,视死如归,这对于君子来讲也实属难能可贵。将君子都难以做到的事,却要让小人中最坏的人必须做到,实与常理相悖,即“信义行于君子,而刑戮施于小人。刑入于死者,乃罪大恶极,此又小人之尤甚者也。宁以义死,不苟幸生,而视死如归,此又君子之尤难者也”。[⑤]

其次,从逻辑来看,唐太宗纵囚的目的在于确立自己恩德的美名,但实际上是利用了死刑犯想要活命的心理,就像死刑犯利用了唐太宗想要获取“恩德”的

---

① 《欧阳修全集·居士麻·原弊》。
② 同上。
③ 《欧阳修全集·外制集·劝农敕》。
④ 《旧唐书·太宗纪》。
⑤ 《欧阳修全集·居士集·纵囚论》。

美名一样,欧阳修将唐太宗的心理和死刑犯的心理活动称为“交相贼”,这显然与“恩德”相悖,如何能取得“恩德”的美名,欧阳修说:“然安知夫纵之去也,不意其必来以冀免,所以纵之乎?又安知夫被纵而去也,不意其自归而必获免,所以复来乎?夫意其必来而纵之,是上贼下之情也;意其必免而复来,是下贼上之心也。吾见上下交相贼以成此名也,乌有所谓施恩德与夫知信义者哉?”①

最后,从正面来看,唐太宗该如何做可获得恩德的美名?在欧阳修看来,对于放回家又回来的囚犯仍然应当执行死刑而不能赦免,然后再放出一批囚犯,如其仍然能回来赴死刑,则说明其是被恩德所致,可以免除其死刑。但“纵囚”绝不能成为一种“常法”,否则犯死罪的人都将免于死刑,即使是三代圣人治理国家,也不会采取这种做法,“是可为天下之常法乎?不可为常者,其圣人之法乎?是以尧、舜、三王之治,必本于人情,不立异以为高,不逆情以干誉”。② 由此可见,在欧阳修看来,对于纵囚制度或者说是司法制度,都应当严格依照法律,而不能以人情为标准。

(三)解读上古时代五刑制度中体现的德刑关系

欧阳修在应试进士时,有一题是针对上古时期的五刑制度,即“古者纠邦禁以叙六典,因天讨而作五刑,所以申严国章,明慎时宪。协大中之法,助教化之治,定三尺以著令,明一成而不变。又赦过宥罪,议狱缓死,法天地之茂育,象雷雨之作解,式显好生之化,茂宣去杀之仁。且肆眚之恩苟废而不用,则时无涤秽之泽;若数以为利,则人有委辔之欢。折衷之理,愿闻嘉言”。③ 该问题主要涉及三方面内容:其一,上古为何制定五刑?其二,为何在五刑的基础上又制定了宥赦之法?其三,治国时,恩与威的关系是什么?④

对于第一个问题,欧阳修认为,上古之所以制定五刑,是因为人与人之间存在纷争,对此,欧阳修还以商周的法制史为例,说明刑法在为政者治理国家中的作用。在欧阳修看来,商周的盛世即得益于刑典的存在,“以商周之盛德,有九刑之典,亦知狱与刑之不可去也如此”,⑤由此强调了刑法是必不可少的。

对于第二个问题,欧阳修又以周的法制史为例,解释为何要制定宥赦之法,“《周官》有三宥,新国用轻典,皆所以宽民之谓也”,也就是说,制定宥赦之法的

① 《欧阳修全集·居士集·纵囚论》。

② 同上。

③ 《欧阳修全集·居士集·策问五首试策八首》。

④ 参见张维新:《中国古代法制史学史研究——以历代古籍为中心》,上海人民出版社2012年版,第250~252页。

⑤ 《欧阳修全集·居士集·策问五首试策八首》。

目的就是要宽民，减轻百姓的负担。

对于第三个问题，欧阳修在解答时，将恩与德相联系，将威与刑相联系，因此，整个解答上升到了德刑关系的层面。在欧阳修看来，为政者治国时，既不能仅仅依靠刑法，也不能单纯依靠道德。“夫民弊于末，心作乎争，德不可以独行也，辅之者，其刑法乎！”①那么，如何将德与刑统一，欧阳修从天人感应出发，认为可以通过天来决定什么时候用刑法，什么时候用道德，“谓天有震耀杀戮，我则严之以威虐刑罚；谓天有生殖长养，我则申之以温慈惠和”。②

除此之外，欧阳修还强调了刑法应当宽平、适中。其以西周和西汉的法制为例，之所以称西周和西汉是“至忠厚”“至宽仁”，是因为在康成之治、文景之治时期，刑法较为宽松，很少会动用刑法进行诉讼，而这本身也体现了德与刑的结合，因德刑并用而法之宽平，“折衷之理，何以辨之？盖周家之政至忠厚也，须成、康而刑乃措；汉世之德至宽仁也，至文、景而狱乃平。夫所以致刑之措、狱之平，其要非他，在削苛刻之深文，执议论之平谳”。③

三、《直讲李先生文集》中的法制史学

李觏（公元1009~1059年），字泰伯，号盱江先生，北宋建昌军南城（今江西南城县）人，是北宋时期一位重要的哲学家、思想家、教育家、改革家。他出身于一个衰败的小地主家庭，两次应试都不中，后创立盱江书院，从学者常达数百人。皇祐二年（公元1050年）经范仲淹等举荐为太学助教，后升直讲，所以，又称直讲先生。嘉祐中（公元1058年前后），为国子监奏，后为海门（今江苏启东北）主簿、太学说书。李觏一生仕途并不顺，但他对北宋中期一系列社会矛盾的尖锐批评，在政治、经济、法制等领域也提出了许多大胆的改革设想。他的许多思想为范仲淹的“庆历新政”提供了理论支持，也是后来王安石变法的思想渊源，因此，李觏对于后来的改革产生了深远的影响，我们也可以视他为北宋中期积极主张社会改革的思想家。李觏一生有大量的著作，如《潜书》、《广潜书》、《礼论》、《周礼致太平论》、《庆历民言》以及《内治》、《国用》、《军卫》、《刑禁》等，阐述了他在政治、军事、法学、经济等方面的主张。

《直讲李先生文集》，又作《直讲李先生集》《盱江文集》，为李觏一生著述的汇编，共37卷，又附外集3卷，年谱1卷，其中：《礼论》7篇，《易论》13篇，《删定

① 《欧阳修全集·居士集·策问五首试策八首》。
② 同上。
③ 同上。

易图序论》6 篇,《周礼致太平论》51 篇,《潜书》15 篇以及《富国策》寸首等为有关经学著作;《礼论》7 篇,《刑禁》6 篇等为相关法律制度的论述,其中不乏一些与众不同的法制史观点。

(一)礼法关系

礼是儒家文化的标志与象征,在李觏看来,礼在周及周以前最为兴盛,到了魏晋时期开始衰微,其所处的北宋正是礼大幅衰弱时期,而他自己肩负起了复兴礼、复兴儒学的使命,“觏小人,世宅田野,上天哀怜,以古人之性授之,读书属文,务到圣处,其言周公之作、孔子之述,盖多得其根本。……使三代之道,珠连玉积,尽在掌上,所大愿也”。[①] 由此,李觏对于作为尧舜之道、周孔之教、圣人之法的礼进行了系统的法制史的考究,作《礼论》7 篇,在传承儒家传统的礼的基础上,凸显了礼的意义。

首先,李觏重新解读了礼的内涵,他写道:“礼、乐、刑、政,天下之大法也;仁、义、智、信天下之至行也。八者并用,传之者久矣,而吾子一本于礼,无乃不可乎?”“夫礼,人道之准,世教之主也。圣人之所以治天下国家,修身正心,无他,一于礼而已矣。”[②]在李觏看来,作为尧舜之道、周孔之教、圣人之法的礼实际上是人类社会最高范畴的一个概念,它无所不包,包含了乐、刑、政、仁、义、智、信这七者,其中,乐、刑、政是礼的三支,仁、义、智、信是礼的四名,它们都一统于礼,以礼为基础,如李觏所云,“所谓本者,礼也”,[③]“(乐、刑、政)是三者,礼之大用也,同出于礼而辅于礼者也”,[④]“仁、义、智、信者,实用也。礼者,虚称也,法制之总名也”。[⑤] 李觏甚至认为,他对于礼的内涵的构建是直接来自他对古代圣贤精神的深刻把握,在他看来,“圣人把礼、乐、刑、政、并举,目的是使礼、乐、刑、政得以兼用,其实把礼放在乐、刑、政之前,也就说明礼统括乐、刑、政。者好比空门四教曰:文、行、忠、信,这里的‘行’已包括了‘忠’、‘信’在内,孔子把它们并列,只是害怕众人止于言行而忽视忠信罢了。至于仁、义、智、信,只不过是礼的使用而已,它们根本不能与礼并用,用‘礼’统括它们,其目的就在于‘使人知其根本’[⑥]”。[⑦]

---

① 《直讲李先生文集·上江职方书》。
② 《直讲李先生文集·礼论第一》。
③ 《直讲李先生文集·礼论第四》。
④ 《直讲李先生文集·礼论第二》。
⑤ 《直讲李先生文集·礼论第五》。
⑥ 同上。
⑦ 朱人求:《李觏的礼法观》,载《孔子研究》2007 年第 6 期。

其次，在作用上，李觏认为礼的作用在于其规范性，尤其是规范和维护等级名分关系，“丰杀有等，疏数有度。贵有常奉，贱有常守。贤者不敢过，不肖者不敢不及。此礼之大本也”。[①] 在礼的作用下，人们的物质需求得到满足，长幼秩序得到遵循，各类活动有序展开，社会秩序就一片井然，正如其所说，“饮食既得，衣服既备，宫室既成，器皿既利，夫妇既正，父子既亲，长幼既分，君臣既辨，上下既列，师友既立，宾客既交，死丧既厚，祭祀既修，而天下大和矣”。[②] 李觏还进一步对礼、乐、刑、政、仁、义、智、信这八者的作用作了区分，“人之和必有发也，于是因其发而节之。和久必怠也，于是率其怠而行之。率之不从也，于是罚其不从以威之。是三者，礼之大用也，同出于礼而辅于礼者也。不别不异，不足以大行于世。是故节其和者，命之曰乐；行其怠者，命之曰政；威其不从者，命之曰刑。此礼之三支也”。[③] 也就是说，乐、政、刑是礼的外在作用，礼通过这三者发挥它“节之”“行之”“威之”的功能。相对于乐、政、刑具有实实在在的功能，仁、义、智、信更多发挥的是从精神层面予以指导的作用，不具备外在的保障功能，“在礼之中，有温厚而广爱者，有断决而从宜者，有疏达而能谋者，有固守而不变者。是四者，礼之大旨也，同出于礼而不可缺者也。于是乎又别而异之。温厚而广爱者，命之曰仁，断决而从宜者，命之曰义；疏达而能谋者，命之曰智；固守而不变者，命之曰信。此礼之四名也”。[④] 这一作用的划分也进一步印证了李觏对于礼的内涵的解读。

最后，既然在李觏看来礼属于最高范畴的概念，那么法不可能超越礼之范畴。实际上，李觏把礼等同于法，把礼认定为法制的总名，法是礼的现实功用，“礼者，虚称也，法制之总名也”。[⑤] 所以李觏经常礼法互称，有时将礼称为法，如“礼者，圣人之法制也”，[⑥]有时则将法称为礼，如“法制既立，而命其总名曰礼”。[⑦] 李觏将法等同于礼，其原因，一方面，在于强调礼的规范性，也就是儒家文化中的礼贯穿于生活的各个方面；另一方面，在于提高法的神圣性，由此也保证了法的不可侵性。虽然李觏经常礼法互称，将礼等同于法，但在其看来，在礼与法的关系上，礼仍然处于最为根本的地位，是法的创制依据，法或者说刑仅仅

---

① 《直讲李先生文集·礼论第一》。
② 同上。
③ 同上。
④ 同上。
⑤ 《直讲李先生文集·礼论第五》。
⑥ 《直讲李先生文集·礼论第四》。
⑦ 同上。

是礼的一部分内容，是辅佐礼发挥“威之”功能的一种要素。总体而言，李觏援法入礼、礼法互等的思想是对形成于战国末期完成于魏晋至隋唐时期的礼法合流思想的继承和发展。

（二）探讨古代立法制度史问题

《直讲李先生文集》对于古代法制史上的一些立法原则也进行了思考和探讨，如世轻世重、宽猛相济和区分故意与过失的法制原则。

1. 世轻世重的法制原则

《尚书·吕刑》中记载：“上刑适轻，下服；下刑适重，上服。轻重诸罚有权。刑罚世轻世重，惟齐非齐，有伦有要。”[①]李觏继承了这一观点，认为法律必须适时而变，并且解释了为何周时大司寇之职责，建刑典以佐王治国，刑新国用轻典，刑平国用中典，刑乱国用重典，李靓称：“新辟地立君之国，居处未安，衣食未足，君臣之义未固，上下之情未接，从而急之，则鱼淰鸟獝，不复聚矣，其可不用轻法邪？篡弑叛逆之国，纪纲大坏，风俗大恶，强弱相胜，众寡相暴，从而缓之，则羊狠狼贪，难以制矣，其可不伐灭之邪？承平守成之国，人各有业，事各有制，缓之将恐纵，急之将恐扰，其可不用常行之法邪？”[②]李觏在继承过去世轻世重立法原则的基础上，又有了新的发展，在他看来，不仅因为局势不同要区别立法，对于同一国家内的不同人也要区别对待。在国家积贫积弱的时候，对于普通的民众适用缓刑，但对于盗贼这一类严重扰乱社会秩序的罪犯则仍应及时施加刑罚，这也是实行先王仁政的基本要求，如其言，“是救饥之政虽则缓刑，至于盗贼，不可不急其刑以除之也。……然而缓刑，仁也；除盗贼，义也。凶年饥馑而仁义存焉，亦不减于先王矣”。[③]

2. 宽猛相济的法制原则

李觏从他的礼法观出发，反对重刑、酷刑，“或为轘裂鼎镬，炮烙菹醢，剥面夷族，以威天下；若是类者，非礼之刑也”。[④] 他总结了古来历代的立法经验，认为先王制作刑法并非喜欢杀人或显示威风，而是为了保全更多人的性命和幸福，如其言，“窃迹古先哲王之制刑法，非嗜杀人，乃以生人也；非欲作威，乃以作福也”。[⑤] 针对有的人强调立法必以猛，有的人强调立法必以宽，另有的人或者斥责前之猛而改行宽，或者斥责前之宽而改行猛，还有的人对于立法的宽或猛

① 《尚书·吕刑》。
② 《直讲李先生文集·刑禁第一》。
③ 《直讲李先生文集·刑禁第六》。
④ 《直讲李先生文集·礼论第五》。
⑤ 《直讲李先生文集·安民策第八》。

都不以为然，李觏主张立法应当宽猛相济，“宽猛不可偏任也。失之于宽，则济以猛。失之于猛，则济以宽。宽猛并行，然后为治也。何谓宽猛并行哉？于善则宽，而于恶则猛也”。[①] 显然，不同时代不同情势下善恶的标准也不尽相同，因此，李觏以善恶为对象而施行宽猛用刑的依据，是一个原则性标准，对于不同时代都有其适用性，因此，具有一定的法制史借鉴意义。

另外，因李觏认为自己肩负着复兴儒家的职责，他也非常重视教化的作用，“民有以生之而无以教之……虽日诛之，死者弗之悔而生者弗之悟也”。[②] 因此，他主张对于犯有小错轻罪的人应当进行教育，使其感到耻辱，自行悔过自新，以免越陷越深，犯杀身之罪，通过小惩进行大诫，以达到预防犯罪的目的，他说：“是故，先王之驭民必早为之。所过轻者则坐诸嘉石，稍重者则归于圜土，皆未入于五刑也。若因兹困辱，遂能自新，则复为齐民，何刑杀之及哉！此亦使民迁善远罪之术也。”[③]

3. 区分故意与过失的法制原则

李觏在坚持宽猛相济的基础上，提出了应当坚持过去区分犯罪的主观状态而加以定罪的做法，他写道：“皋陶曰：宥过无大，刑故无小，过虽大，而宥其宽也；故虽小，而刑其猛也。明主诚宜处宽猛之用，以命群吏，谨察其所为而废兴之，则治道一致，而百姓阜康矣。”[④]

（三）探讨古代司法制度史问题

《直讲李先生集》中还涉及了对于古代司法制度史的思考，包括“三刺”“三宥”“三赦”的司法原则、赦赎的适用等问题。

1. “三刺”“三宥”“三赦”的司法原则

《周礼》记载：“司刺掌三刺、三宥、三赦之法，以赞司寇听狱讼。一刺曰讯群臣，再刺曰讯群吏，三刺曰讯万民。一宥曰不识，再宥曰过失，三宥曰遗忘。一赦曰幼弱，再赦曰老旄，三赦曰蠢愚。以此三法者求民情，断民中，而施上服、下服之罪，然后刑杀。”[⑤]李觏赞同这一原则，认为在进行司法审理的时候，应当进行三刺，在此基础上再宽宥赦免，如其言，“凡有血气之类，莫不爱其生，君大夫士之于牛羊犬豕犹无故不杀，况于人者万物之灵……故圣人求之以五听，丽之以八议，三宥以恤其非意，三赦以异于全人。犹恐聪有所不闻，明有所不见，下

① 《直讲李先生文集·安民策第七》。
② 《直讲李先生文集·安民策第一》。
③ 《直讲李先生文集·刑禁第五》。
④ 《直讲李先生文集·安民策第七》。
⑤ 《周礼·秋官司寇第五·司民》。

情有所不达，议法有所不平。于是有外朝之位以询于众焉，必群臣、群吏、万民之意同，然后刑杀，可不谓慎乎”。① 在审理程序上的五听、三刺等都是为了保障在定罪量刑上的谨慎。

2. 赦赎的适用

李觏反对《周礼》所规定的赦赎制度，认为赦赎看似是慎刑恤罚的体现，但儒家的先哲们却没有相关的言论，其原因就在于赦赎的弊远大于利。法律应当得到有力的执行，对于有罪者应当依法处罚，滥用赦赎会导致法律不稳定等后果，如其言，“杀人者死，然后人莫敢杀；伤人者刑，然后人莫敢伤；弱寡愚怯之民有所赖矣。故曰：鞭扑不可弛于家，刑罚不可废于国，征伐不可偃于天下也。若曰：有赦焉有赎焉是皆仁者之过也。昔王符有言曰：贼良民之甚者，莫大于数赦赎，赦赎数，则恶人昌，而善人伤矣，其论甚详”。② 相对于赦赎，罚当其罪会使罪犯感到畏惧和耻辱，由此不敢再犯，起到了警示和预防犯罪的作用，“与其赦之，曷若使畏而不犯；与其赎之，曷若使耻而不为”。③

四、《四书章句集注》《朱子语类》中的法制史学

朱熹（公元 1130～1200 年），字元晦（一字仲晦），号晦庵，婺源（今江西婺源）人。绍兴十八年（公元 1148 年），登进士第，3 年后被派任泉州同安主簿，赴仕途中拜道学家程颐的再传弟子李侗为师。后相继出任枢密院编修官、知南康军、提点江西刑狱公事、秘阁修撰等职。光宗和宁宗时，先后出任江东转运副使，知漳州、潭州，焕章阁待制、待讲，庆元二年（公元 1196 年）落职罢祠。朱熹被尊称为朱子，是孔子之后又一位集大成者，是中国历史上著名的理学家、哲学家、思想家。其一生著作颇多，其中影响力较大的有《四书章句集注》《诗集传》《楚辞集注》《周易本义》等，自有诗文《晦庵集》100 卷、《续集》5 卷、《别集》7 卷，另有记载其与门生谈话之语录《朱子语类》。

《四书章句集注》是四书（《大学》《中庸》《论语》《孟子》）的注本，共 26 卷，其中《大学章句》《中庸章句》各 1 卷，成书于宋孝宗淳熙十六年（公元 1189 年），《论语集注》10 卷、《孟子集注》14 卷，成书于孝宗乾道四年（公元 1168 年）。朱熹将大量时间与精力倾注于本书的撰写、修改之上，可以说该书在很大程度上代表了朱熹本人的思想，是朱熹最有代表性的著作之一。

---

① 《直讲李先生文集·刑禁第二》。

② 《直讲李先生文集·安民策第八》。

③ 同上。

《朱子语类》是记载朱熹与其门生谈话的语录，由其门生编辑刊刻而成。该书共 140 卷，其中，《四书》51 卷，《五经》29 卷，哲学类等 40 卷，历史、文学、政治类有 20 卷。朱熹有关政治法律思想的阐述集中于《外任》《内任》《论刑》《论治道》《论民》等篇之中。

（一）法律起源观

我国古代关于法律起源的学说大体可以归为三类：一为天命天理天道说；二为心性情义说；三为物欲节制说。朱熹继承了以孔子为代表的天命说，并将其上升到哲理的高度，形成了法律起源的天理说。朱熹所讲的理与前人有所不同，此“理”是与“太极”“道”等具有相同内涵的概念，是宇宙间最高的真理，而且是世界的本体，这个最高的理可以表现为各种具体的理，而这些理都源于天理，“万个是一个，一个是万个。盖体统是一太极，然又一物各具一太极”。[①]

因而，在朱熹看来，理是一切事物赖以存在的依据，它既适用于自然界也适用于人类社会。理在人类社会中一方面表现为规范社会生活的礼法，另一方面表现为个体心性的仁义，而礼和仁义具有一种外在形式和内在精神的关系，即内仁而外礼、内义而外法。如此，不论是礼还是法律制度都来源于天理。同时，朱熹明确把天理和封建统治的三纲五常以及人伦道德统一起来，浑然成为一体，“父子、兄弟、夫妇皆是天理自然，人皆莫不自知爱敬，君臣虽亦是天理，然是义合”，[②]由此，以人伦作为出发点，向上求索于天理，向下就派生出了法制。

在天理向礼法制度的转化过程中，人起到了关键作用。在朱熹看来，人甚至拥有超越天的力量，也就是说，只有天却没有人的话，很多事物、行为仍是无法实现的。对于人，朱熹受到了秦汉等级制与人之品性的影响，将人划分为不同等级，即“自幼而善”的圣人、“自幼而恶”的小人以及“长而见异物而迁焉，失其赤子之心者也”的中人，同时又提出了四类划分法：第一类是“生而知之的圣人”；第二类是“学而知之的大贤”；第三类是“困而学之的众人”；第四类是“困而不学的下民”。天理向礼法制度的转化必须经过圣人才能进行，作为第一等的，他们属于明智能尽其性者，可以成为亿兆之君师。自古以来的第一等圣人如伏羲、神农、皇帝、尧舜等圣人，“生知安行，不待学而能”，[③]他们是人间的立法者。从这一点上看，朱熹是继承了过去先哲圣人制法的立法观。

朱熹的著作中不乏法律起源于天理的言论，典型的如其在《大学章句》中所

① 《朱子语类·卷九四》。
② 《朱子语类·卷十三》。
③ 《朱子语类·卷四》。

言,“盖自天降生民,则既莫不与之以仁义礼智之性矣,然其气质之禀或不能齐,是以不能皆有以知其性之所有而全之也。一有聪明睿智能尽其性者出于其间,则天必命之以为亿兆之君师,使之治而教之。以复其性。此伏羲、神农、黄帝、尧、舜所以继天立极,而司徒之职,典乐之官所由设也”。① 又如其在《中庸章句》中写道,“性即理也。天以阴阳五行化生万物,气以成形,而理亦赋焉,犹命令也。于是人物之生,因各得其所赋之理,以为健顺五常之德,所谓性也。率,循也;道,犹路也,人物各循其性之自然,则其日用事物之间,莫不各有当行之路,是则所谓道也。修,品节之也。性道虽同,而气禀或异,故不能无过不及之差。圣人因人物之所当行者而品节之,以为法于天下,则谓之教,若礼、乐、刑、政之属是也”。②

(二)对古代法制中“政刑德礼”关系的新发展

早在孔子就对政刑德礼的关系做了表述,“道之以政,齐之以刑,民免而无耻。道之以德,其之以礼,有耻且格”,③即通过道和齐两种途径,将政、刑、德、礼维系起来,以实现“为政以德”。朱熹同样尚德,并进一步将四者结合起来,发展为政刑德礼的一体构架,对于政刑德礼四者间的关系,朱熹表述道:“此政与道德功术一般。有德礼,则政刑在其中。不可专道政刑做不得底,但不专用政刑。”④在朱熹看来,德是人内在的心性,礼则是德的外在表现,是各种行为规范和等级的界限,政是法制原则的约束,而刑就是对于违反德礼行为的一种处罚,政、刑、德、礼之间存在内部联系:其一,德礼之间,德为本,礼为末,“德又礼之本也”,朱熹在对“道之以德,齐之以礼”做解释时,说道:“言躬行以率之,则民固有所观感而兴起矣。而其浅深薄厚之不一者,又有礼以一之,则民耻于不善,而又有以致于善也。”⑤其二,政刑之间,政为本,刑为末,政是治理国家的主要工具,刑只是一种辅助的工具,政是刑的标准,“政者,为治之具;刑者,辅治之法”,⑥“政者,法度也。法度非刑不立。故欲以政道民者,必以刑齐民”。⑦ 其三,德礼和政刑之间,德礼为本,政刑为末,德礼是政刑的指导依据,政刑是德礼的保障,当人们能够自觉遵从教化之时,德礼可以取代政刑,但政刑始终不能取

① 《四书章句集注·大学章句》。
② 《四书章句集注·中庸章句》。
③ 《论语·为政》。
④ 《朱子语类·卷二三》。
⑤ 《四书章句集注·论语集注·为政第二》。
⑥ 同上。
⑦ 《朱文公文集·卷四一》。

代德礼。

在德与刑、刑与教的关系上,朱熹继承了中国古代德主刑辅、先教后刑的观点,“愚谓:政者,为治之具;刑者,辅治之法。德礼则所以出治之本,而德又礼之本也。此其相为终始,虽不可以偏废,然政刑能使民远罪而已。德礼之效,则有以使民日迁善而不自知,故治民者不可徒恃其末,又当深探其本也”,[①]“臣闻昔者,帝舜以百姓不亲,五品不逊,而使契为司徒之官,教以人伦,父子有亲,君臣有义,夫妇有别,长幼有序,朋友有信。又虑其教之或不从也,则命皋陶作士。明刑以弼五教而期于无刑焉”。[②] 此基础上,朱熹提出了“以严为本,以宽济之”的严刑主张,似与以往德主刑辅下的宽刑主张相背离,但是,朱熹的严刑并非指重刑、滥刑:

首先,在执法问题上,朱熹言,“或问:为政者当以宽为本,而以严济之?曰:某谓当以严为本,而以宽济之。《曲礼》谓‘涖官行法,非礼,威严不行。’须是令行禁止。若曰令不行,禁不止,而以是为宽,则非也”,“古人为政,一本于宽,今必须反之以严。盖必如是矫之,而后有以得其当。今人为宽,至于事无统纪,缓急予夺之权,皆不在我。下梢却是奸豪得志,平民既不蒙其惠,又反受其殃矣”。[③] 可见,朱熹所主张的严刑是在对比古人“一本于宽”和今人“事无统纪”后提出的,如果目无纪法、不依法用刑、刑法过宽,必然会导致坏人得逞,平民不能蒙恩惠反遭殃的后果,因此,朱熹认为应当严格执法,维护法制的尊严和威力。

其次,在肉刑问题上,朱熹说:“今徒流之法,既不足以止穿窬淫放之奸,而其过于重者则又有不当死而死,如强暴赃满之类者,苟采陈群之议,一以宫剕之辟当之,则虽残其支体而实全其躯命,且绝其为乱之原,而使后无以肆焉。岂不仰合先王之意,而下适当世之宜哉。”[④]故在朱熹看来,肉刑是为了弥补徒刑、流刑的不足,克服死刑过重而设立的,同时又具有“绝其为乱之本”的作用,符合先王之意,也可以适应社会的需要,因而应当恢复肉刑。

最后,在恤刑问题上,朱熹反对当时不论有罪无罪一律从轻的做法。“今之法家,惑于罪福报应之说,多喜出入罪以求福报。夫使无罪者不得直,而有罪者得幸免,是乃所以为恶尔,何福报之有?”“所谓钦恤者,欲其详审曲直,令有罪者

① 《四书章句集注·论语集注·为政第二》。
② 《朱文公文集·卷一四》。
③ 《朱子语类·卷一八〇》。
④ 《朱文公文集·卷三七》。

不得免，而无罪者不得滥刑也。”恤刑应当适用于疑罪的情形，“罪之疑者从轻，功之疑者从重，所谓疑者，非法令之所能决，则罪从轻而功从重，唯此一条为然耳。非谓凡罪皆可以从轻，而凡功皆可以从重也”。[①] 只有在法令不能判定、被认定为疑罪时，才适用恤刑；否则，当罪行明确时，就应当严格依照法令处罚，而不能对任何罪都适用恤刑。倘若罪行明确，仍然适用恤刑，这在实质上是一种包庇罪犯的行为，帮助罪犯逃避惩罚，而使受害者蒙冤，不能受到抚恤。因而，恤刑的适用应当受到一定的限制。

总而言之，对于政刑德礼，朱熹传承了传统儒家的理论，同时又结合当时的时代背景做出了损益，实现了传统儒家法制理论的价值嬗变。朱熹在政刑德礼上形成了自己体系和特点，并在揭示政刑德礼内在联系的基础上，提出了要平衡德刑关系以求适中的主张，也就是倡导要以严为本、施行有限定的严法。

(三)田制史的研究

面对南宋复杂的社会环境，朱熹本人也长期致力于寻求救亡图存、富国强民的途径，而富国强民的前提就是要有一套完整的、合理的经济法律制度。因此，朱熹的著作中也不乏对于经济法律制度的构画，其中较为重要者是有关田制的主张。

朱熹推行井田制，但并不主张恢复此一制度，同时也不主张恢复与此一制度有密切联系的封建制和宗法制，“井田制法要行，需是封建”，[②]“封建实是不可行”，“封建井田乃圣王之制，公天下之法，岂敢以为不然？但在今日恐难下手，设使强做得成，亦恐意外别生弊病，反不如前，则难收拾耳！此等事未须深论。他日读书多，历事久，当自见之也”。[③] 在封建制问题上，朱熹赞同唐代柳宗元的观点，提倡以郡县制取代封建制。在宗法问题上，与封建制下的宗法不同，朱熹主张的是立小宗法，即多是有关冠婚丧祭方面的礼，以此维系在没有封建井田情况下的新的亲族关系，同时也不至于出现“礼全乱”的局面。

对此，朱熹考证了从商到宋有关田制的法制。朱熹认为，商君针对时弊而“愤然不顾、尽开阡陌”，悉除禁限而听民兼并买卖以尽人力，垦辟弃地悉为田畴以尽地利，使民有田即为永业而不复归授以绝烦扰欺隐之奸；而唐代杨炎也“疾浮户之弊而遂破租庸以为两税”，朱熹就感叹道，“一时之害虽除，而千古圣贤传

---

① 《朱子语类·卷一一〇》。

② 《朱子语类·卷一八〇》。

③ 同上。

授精微之意于此尽矣”。[1] 宋代的土地制度与税法是承袭唐代的制度，因而，从理论上来讲，朱熹并不赞同宋代的土地制度。朱熹所说的千古圣贤的“精微之意”，并非井田，也非封建和宗法。朱熹强调的是“法其意”而不是“法其形”。对于读《周礼》，朱熹说“第一要见得圣人是个公平底意思”，又说“先王疆理天下，均以予民”，“土地者，天下之大本也。《春秋》之义，诸侯不得专封，大夫不得专地”。[2] 由此可以看出，朱熹认为将天下土地均给百姓是理想社会的基础，因而他反对专封、专地这种土地过分集中的现象。[3]

---

① 《文献通考·田赋考一》。

② 《朱文公文集·卷六八》。

③ 参见刘复生：《宋儒的井田议》，载《宋代文化研究》2009 年第 2 期。

第五章　明清时期的法制史学

明清之际是中国封建社会的末期。自明代中后期的嘉靖到万历年间，商品经济开始发展，私人手工业、矿业和商业等都有了较大的增长，有些中小地主也兼营工商业，他们把多余的地租全部卖出，积累银钱，一反重农轻商的故态，经济的发展有了新的转变。① 同时，政治上，高度的中央集权统治，使社会内部的矛盾也不断突现。正是基于这样的历史条件，中国社会内部涌现了一批启蒙思想家，其中，与法律史相关的如黄宗羲、顾炎武和王夫之，他们试图以法制史为镜，寻求变法的方向，他们的《明夷待访录》《日知录》《亭林文集》《读通鉴论》等为法制史研究树立了新风。晚清的龚自珍、魏源、薛允升等面对清王朝统治的岌岌可危，也纷纷寻求变法，他们面对中国古代法制问题和西方法制，详细考察和探究中国古代法制的发展传承历史，探寻改革现行法制的出路，因而，《龚自珍全集》《默觚》《唐明律合编》《读例存疑》等也均涉及对于法制史问题的研究。

第一节　史学著作中的法制史学

就史学类著作而言，成书于明初的《元史·刑法志》与成书于清代的《明史·刑法志》分别对于元朝和明朝的法制史进行了专门的、系统的整理和研究。

---

① 武树臣：《中国法律思想史》，法律出版社 2004 年版，第 287 页。

一、《元史·刑法志》中的法制史学

《元史》成书于明朝初年,是一部系统记录元朝兴亡过程的纪传体断代史,由宋濂、王祎等撰,该书共计210卷,包括本纪47卷、志58卷、表8卷、列传97卷,记录了从蒙古族兴起到元朝建立和灭亡的整个过程。《元史》的编纂耗时不长,主要原因在于,该书大部分是直接抄自于元代各朝实录、《经世大典》、《功臣列传》等官修典籍。

《元史·刑法志》主要记载了元朝法律和司法制度方面的内容。该志与其他刑法志不同,除一介绍性短文外,仅录有条文,并未详细记述蒙古统治者建朝以来制定法律、实行法律措施、法制建设总的概况以及元代刑制实行的得失。其内容分为《刑法一》《刑法二》《刑法三》《刑法四》四部分:《刑法一》介绍《至元新格》《风宪宏纲》《大元通制》的制定和作者对元代刑法之得失的评语,详述元代刑法的明例(五刑、五服、十恶、八议、赎刑)和卫禁、职制(上);《刑法二》介绍元代刑法的职制(下)、祭令、学规、军律、户婚;《刑法三》详述刑法的食货、大恶、奸非、盗贼;《刑法四》讲述刑法的诈伪、诉讼、斗殴、杀伤、禁令、杂犯、捕亡、恤刑和平反的内容。

由于元代所颁布的法律文本大多已经散失无存,今所能见到的元代法律史料主要就是《大元圣政国朝典章》(简称《元典章》,主要是刑例汇编)、《通制条格》(《大元通制》的一部分)以及《元史·刑法志》,因而,《元史·刑法志》是研究元代法律制度的重要史料。

(一)元代法制中体现儒家精神的法律制度研究

由于元朝是在军事征服的基础上建立起来的以蒙古族为主体由汉族地主和其他族上层人员组成的封建政权,因而,元朝的法律具有复合性的特点,它一方面因袭蒙古国固有的习惯、行为规范,一方面参照唐宋旧制,吸收汉族的文化和法制精神,其中,儒家的法制精神不可避免地被吸收到元朝法制之中。

《元史·刑法志》在开篇就交代了编纂缘由,即"自古有天下者,虽圣帝明王,不能去刑法以为治,是故道之以德义,而民弗从,则必律之以法,法复违焉,则刑辟之施,诚有不得已者。是以先王制刑,非以立威,乃所以辅治也。故《书》曰:'士制百姓于刑之中,以教祗德。'后世专务黩刑任法以为治者,无乃昧于本末轻重之义乎!历代得失,考诸史可见已"。[①] 在该书的作者看来,通过对历代史书的考证,可以明晓历代刑法之优缺点,也可以得出其中一以贯之的原则,即

① 《元史·志第五十 刑法一》。

各个朝代的圣明君王治理国家都会注重将道德与法律相结合,且法律处于辅助的地位,也就是儒家所主张的"德主刑辅"的法制原则。

《元史·刑法志》在交代完编纂缘由、立法沿革后,依据法典条例次序,将元代法律及其运行的实际状况予以罗列,从这些法条中,不难发现体现儒家精神的法律制度,如五刑、五服、十恶、八议等制度的规定。以八议为例,该书对八议的解释就是沿袭了《唐律疏议》的内容,"议亲:谓皇帝袒免以上亲,及太皇太后、皇太后缌麻以上亲,皇后小功以上亲;议故:谓故旧;议贤:谓有大德行;议能:谓有大才业;议功:谓有大功勋;议贵:谓职事官三品以上,散官二品以上及爵一品者;议勤:谓有大勤劳;议宾:谓承先代之后,为国宾者"。又如对于慎刑恤罚原则的采纳,"诸狱囚,必轻重异处,男女异室,毋或参杂。司狱致其慎,狱卒去其虐,提牢官尽其诚……诸疑狱,在禁五年之上不能明者,遇赦释免"。[①]《刑法一》中即对慎刑恤罚原则采纳的原因作了揭示,"盖古者以墨、劓、剕、宫、大辟为五刑,后世除肉刑,乃以笞、杖、徒、流、死备五刑之数。元因之,更用轻典,盖亦仁矣。世祖谓宰臣曰:'朕或怒,有罪者使汝杀,汝勿杀,必迟回一二日乃覆奏。'斯言也,虽古仁君,何以过之。自后继体之君,惟刑之恤,凡郡国有疑狱,必遣官覆谳而从轻,死罪审录无冤者,亦必待报,然后加刑"。[②]

(二)元代的立法制度史

依据《元史·刑法志》的记载,元朝的法律形式主要包括三种:诏制、条格和断例。如该书记载,"其(《大元通制》)书之大纲有三:一曰诏制,二曰条格,三曰断例。凡诏制为条九十有四,条格为条一千一百五十有一,断例为条七百十有七,大概纂集世祖以来法制事例而已"。[③] 诏制相当于宋的敕或金的敕条;条格相当于唐、金的令,但也包含了格和式的内容;断例则包含了两个方面的法律形式,一种是断案通例或科断通例,也就是律,另一种是断案事例或科断事例。

如上所述,《元史·刑法志》仅录有条文,并未详细记述蒙古统治者立国以来制定法律、实行法律措施,法制建设总的概况以及元代刑制实行的得失,但是结合本部分与《元史》其他部分的记载,大抵可知元朝的立法成就:

1.《大扎撒》。元史的太宗本纪记载"(太宗元年)秋八月己未,诸王百官大会于怯绿连河曲雕阿兰之地,以太祖遗诏即皇帝位于库铁乌阿剌里。始立朝

---

① 《元史·志第五十三 刑法四》。
② 《元史·志第五十 刑法一》。
③ 同上。

仪，皇族尊属皆拜。颁大扎撒。华言大法令也”。① “扎撒”是蒙古语，在汉语中是“法令”的意思，是成吉思汗建立蒙古国后，在以往社会习惯或行为规范的基础上制定的，由于起初没有文字，因而其仅仅是系统地宣布号令而已，于是，在公元1225年，再次颁布了《大扎撒》。

2.《至元新格》。据该书记载，《至元新格》是元世祖忽必烈在至元年间颁行的一部法典，“元兴，其初未有法守，百司断理狱讼，循用金律，颇伤严刻。及世祖平宋，疆理混一，由是简除繁苛，始定新律，颁之有司，号曰《至元新格》”。②《至元新格》是元朝最早制定的一部综合性法典，对此，《元史·世祖本纪》中也有记载，“（二十八年五月）何荣祖以公规、治民、御盗、理财等十事，辑为一书，名曰《至元新格》，命刻版颁行，使百司遵守”。③

3.《风宪宏纲》。由于《至元新格》的内容过于简单，不能满足现实需要，因而，成宗即位后就命令何荣祖更定律令，即《大德律令》，但未能正式颁行。直到仁宗即位之后，“又以格例条画有关于风纪者，类集成书，号曰《风宪宏纲》”。④《风宪宏纲》是有关朝廷纲纪和吏治的法规，是元朝监察法律的集成。

4.《大元通制》。《大元通制》是英宗时以《风宪宏纲》为基础制定的一部有关国家各部类单行法的汇编，该汇编试图使各级官吏遵循法律，改变当时政令不一、同罪异罚的现象，如《刑法一》所记载，“至英宗时，复命宰执儒臣取前书而加损益焉，书成，号曰《大元通制》”。⑤《元史·英宗本纪》对于《大元通制》的体例也作了简要记载，“格例成定，凡二千五百三十九条，内断例七百一十七，条格千一百五十一，诏赦九十四，令类五百七十七，名曰《大元通制》颁行天下”。⑥《大元通制》的颁布标志着元朝法典的基本定型，一直使用至元朝灭亡，前后执行了40余年（公元1323~1368年）。

5.《经世大典》。《经世大典》是在至顺二年编成的，是一部律令式的法典，许多内容与《大元通制》相同，其中，《宪典》是具有刑法典性质的律令，《元史·刑法志》选取了其中的前20篇。

6.《至正条格》。《至正条格》是在《大元通制》基础上制定的，于至正六年编成，其中包括制诏150条，条格1700条，断例1059条，共2909条。

---

① 《元史·本纪第二 太宗》。
② 《元史·志第五十 刑法一》。
③ 《元史·本纪第十六 世祖十三》。
④ 《元史·志第五十 刑法一》。
⑤ 同上。
⑥ 《元史·本纪第二十八 英宗二》。

此外，还有《元典章》，但其并非中央政府颁布，而是地方自行编制的一部法律汇编，汇集了元世祖至英宗至治二年（公元1322年）颁布的圣旨条画、律令格例以及司法部门所判案例。

（三）元代的吏治史

中国古代封建社会的各个朝代对于吏治都比较重视，元代作为中国历史上第一个由少数民族建立的全国性政权，统治者也制定了一系列的律令来防止官吏滥用权力、贪污腐败等行为。例如，《风宪宏纲》是一部专门有关朝廷纲纪和吏治规定的法规；此外，在《元典章》《大元通制》《至正条格》等中也有涉及吏治的规定。对此，《元史·刑法志》作了较为详细的记载。

首先，对于官吏的违法行为及其处罚而言，依据该书记载，大致可以分为以下几类：

1. 贪污受贿。《元史·刑法志》依据官吏非法占有财物的行为，进一步分成了受财枉法、受财不枉法和受赃悔过自首，且根据违法官吏的主动、被动、受财的数量、犯罪造成的危害等决定处罚的轻重。对于受财枉法，"诸职官及有出身人，因事受财枉法者，除名不叙"，"以至元钞为则，枉法：一贯至十贯，笞四十七，不满贯者，量情断罪，依例除名；一十贯以上至二十贯，五十七；二十贯以上至五十贯，杖七十七；五十贯以上至一百贯，八十七；一百贯之上，一百七"；对于受财不枉法，"不枉法者，殿三年，再犯不叙，无禄者减一等"，"不枉法：一贯至二十贯，笞四十七，本等叙，不满贯者，量情断罪，解见任，别行求仕；二十贯以上至五十贯，五十七，注边远一任；五十贯以上至一百贯，杖六十七，降一等；一百贯以上至一百五十贯，七十七，降二等；一百五十贯以上至二百贯，八十七，降三等；二百贯以上至三百贯，九十七，降四等；三百贯以上，一百七，除名不叙"。对于受赃悔过自首者，"无不尽不实者免罪，有不尽不实，止坐不尽之赃。若知人欲告而首及以赃还主，并减罪二等。闻知他处事发首者，计其日程虽不知，亦以知人欲告而首论。诡名代首者勿听。犯人实有病故，许亲属代首"。

2. 岗位失职。该类又可细分为：越权行事，如"诸流外官越受民词者，笞一十七，首领官二十七，记过"；冒犯皇帝，如"诸内外百司五品以上进上表章，并以蒙古字书，毋敢不敬，仍以汉字书其副。诸内外百司，凡进贺表笺，缮写誊籍印识各以式，其辄犯庙讳御名者，禁之"；违背皇帝命令以及玩忽职守，如"诸郡县灾伤，过时而不申，或申不以实，及按治官不以时检踏，皆罪之。诸虫蝗为灾，有司失捕，路官各罚俸一月，州官各笞一十七，县官各二十七，并记过"。①

---

① 《元史·志第五十 刑法一》。

3. 权力滥用。如记载："诸和顾和买，依时置估，对物给价。官吏权豪，因缘结揽，营私害公者，罪之。诸有司和买诸物，多余估计，分受其价者，准盗官钱论，不分受，以冒估多寡论。监临及当该官吏诡名中纳者，物价全没之。"[①]

其次，为了防止官吏的违法行为，元代立法对于各级官吏都设置了严密的监察机构和监察机制。依据该书记载，御史台是对百官进行监督的专门机构，每年都对各地方官吏进行定期考核，"诸内外台，岁遣监察御史刷磨各省文卷，并察各道廉访司官吏臧否，官弗称者呈台黜罚，吏弗称者就罢之"，其考核内容包括"司刑名、赋役、铨选、会计、调度、征收、营缮、鞫勘、审谳、勾稽、及庶官廉贪，厉禁张弛，编民茕独流移，强暴兼并"。[②] 通过考核确定官吏称职与否，决定其职位的保留或罢免、升职或降职，由此提高官吏履行职责的积极性与办事效力，从立法上加强对官吏的监督与管理，维护统治秩序。

二、《明史·刑法志》中的法制史学

《明史》是清朝特设明史馆的官修史书，是二十四史的最后一部，记载了自朱元璋洪武元年（公元 1368 年）至朱由检崇祯十七年（公元 1644 年）二百多年的历史。该书于康熙十八年（公元 1679 年）开始修订，雍正十三年（公元 1735 年）定稿，乾隆四年（公元 1739 年）刊行，是我国历史上纂修时间最长的一部史书，共有 332 卷。其中，相关法律部分的《明史·刑法志》由浙江慈溪人姜宸英撰写而成。

《明史·刑法志》共分 3 卷：第一卷主要记述明代立法史与赎刑历史。前半部分为全志的序言，就明初定律，后来律例并行，以及厂卫专权、屡兴大狱等明朝法制状况做了总括性的评价和总结。继而叙述《大明律》草创、更定、整齐的过程；全律篇目、二刑图、八礼图、六赃图等内容提要；《问刑条例》的创始增订以及律例合编的过程各朝对律例的补充。后半部分记叙赎刑、充军制度。第二卷主要记载了明代司法审判的历史。前半部分记叙司法机构及审判制度，赦法；后半部分叙述各朝刑政概况以及重大的案例，并对明代刑罚得失做出评价。第三卷记载了明代自创的特殊法律制度，如廷杖、东西厂、锦衣卫、镇抚司狱等，重点描述了东厂和锦衣卫酷害吏民的特务活动。

《明史·刑法志》中记事层次分明，条理清楚，往往用简洁的词句较为准确

① 《元史·志第五十 刑法一》。

② 同上。

地概括和表达出了明代法律的特征，如“大抵明律视唐简核，而宽厚不如宋”，[①]一语点出明律的总特点和精神实质，又对历朝几次重大的立法活动及司法审判制度中极具特色的会审制度加以具体描述，是清人对于明朝法律制度较为完备的记述。本节选取其中部分内容加以详述。

（一）明律“遵唐旧”考究

唐代的法制是封建法制趋于成熟的标志，宋代基本沿袭唐制，明代的立法者也在总结前朝立法经验的基础上，吸取唐宋朝的法制成就，制定明律，因而明律和唐律是一脉相承的，我国的封建立法具有延续性。

《明史·刑法志》开篇就对历代的立法沿革做了简要回顾，明朝的立法者在审慎研究考证的基础上，做出了“宜遵唐旧”的立法决定。该书记载道：“自汉以来，刑法沿革不一。隋更五刑之条，设三奏之令。唐撰律令，一准乎礼，以为出入。宋采用之，而所重者敕。律所不载者，则听之于敕。故时轻时重，无一是之归。元制，取所行一时之例为条格而已。明初，丞相李善长等言：‘历代之律，皆以汉《九章》为宗，至唐始集其成。今制宜遵唐旧。’太祖从其言。”[②]

“遵唐旧”的立法原则贯穿于明律的整个立法过程和最终确定的法典之中。在洪武元年制定《大明律》时，朱元璋就曾命“儒臣四人，同刑官讲唐律，日进二十条”，[③]洪武六年最终制定出《大明律》，从其篇章体例就可看出其中的“遵唐旧”，正如洪武七年刑部尚书刘惟谦、翰林学士宋濂在《进明律表》中宣称，“（大明律）篇目一准于唐：曰卫禁，曰职制，曰户婚，曰厩库，曰擅兴，曰贼盗，曰斗讼，曰诈伪，曰杂律，曰捕亡，曰断狱，曰名例。……合六百有六条，分为三十卷，或损或益，或仍其旧，务合轻重之宜”。[④] 明律贯彻“遵唐旧”的立法原则还体现在另外一个重要的方面，即将“礼”贯穿于整个法典之中。据该书记载，《名例篇》中列有“五刑之图”“次图有七”“丧服之图有八”“十恶、六赃、八议”等内容。“太祖谕太孙曰：‘此书首列二刑图，次列八礼图者，重礼也。顾愚民无知，若于本条下即注宽恤之令，必易而犯法，故以广大好生之意，总列《名例律》中。善用法者，会其意可也。’”[⑤]此外，礼的核心内容在于尊卑有序，因而，明律也依照尊卑贵贱的不同，给予不同身份以不同的特权或量刑标准，如其规定了“存留养亲”“弟不证兄、妻不证夫、奴婢不证主”“奴婢不得告主”等一系列具有浓厚

① 《明史·志第六十九 刑法一》。
② 同上。
③ 同上。
④ 同上。
⑤ 同上。

“礼”之色彩的法律规定。

（二）明代的立法制度史

《明史·刑法志》中的卷一对于明代各朝律例编纂和增删的过程做了简明扼要的记述。

对于《大明律》的制定颁行，该书总结道：“盖太祖之于律令也，草创于吴元年，更定于洪武六年，整齐于二十二年，至三十年始颁示天下，日久而虑精一代法始定，中外决狱，一准三十年所颁。”①在该部分的作者看来，《大明律》仿照唐律之翔实，但不如《宋律》宽厚，其写道：“大抵明律视唐简核，而宽厚不如宋。至其恻隐之意，散见于各条，可举一以推也。如罪应加者，必赃满数乃坐。如监守自盗，赃至四十贯绞。……凡若此类，或间采唐律，或更立新制，所谓原父子之亲，立君臣之义以权之者也。”②

在洪武十八年，朱元璋根据“刑乱国用重典”的传统思想，为了矫正纲纪废弛、官吏恣纵的积弊，亲自编订《大诰》，次年复为《续编》《三编》，对此，《刑法二》记载：“太祖开国之初，惩元季贪冒，重绳赃吏，揭诸司犯法者于申明亭以示戒。又命刑部，凡官吏有犯，宥罪复职，书过榜其门，使自省。不悛，论如律。累颁犯谕、戒谕、榜谕，悉象以刑，诰示天下。及十八年《大诰》成，序之曰：‘诸司敢不急公而务私者，必穷搜其原而罪之。’”③《大诰》中汇编了以酷刑惩治官吏过犯的案例，对于这些官吏，《大诰》大量地适用法外之刑，据该书记载，“凡三《诰》所列凌迟、枭示、种诛者，无虑千百，弃市以下万数”。④ 朱元璋为了普及《大诰》，要求“皆颁学宫以课士，里置塾师教之”，⑤而且，犯罪之人，凡有《大诰》者可以罪减等，于是就出现了“天下有讲读《大诰》师生来朝者十九万余人”⑥的景象。

由于朱元璋制定的《大明律》不可更改，在施行的过程中难免会出现与社会脱节的情况，为适应社会的需要，在明朝中期以后，条例便成了一种广泛运用的法律形式，但随着条例数量的增多，条例之间的矛盾也增多，其适用就出现了混乱。于是，在弘治十三年（公元1500年），“刑官复上言：‘洪武末，定《大明律》，后又申明《大诰》，有罪减等，累朝遵用。其法外遗奸，列圣因时推广之而有例，

---

① 《明史·志第六十九 刑法一》。

② 同上。

③ 《明史·志第七十 刑法二》。

④ 同上。

⑤ 《明史·志第六十九 刑法一》。

⑥ 同上。

例以辅律,非以破律也。乃中外巧法吏或借便已私,律浸格不用。'于是下尚书白昂等会九卿议,增历年问刑条例经久可行者二百九十七条",①《问刑条例》便随之诞生了。其后,在嘉靖和万历年间均对《问刑条例》有所增删,对此,该书做了明确记载:"(嘉靖)二十八年,刑部尚书喻茂坚言:'自弘治间定例,垂五十年。乞敕臣等会同三法司,申明《问刑条例》及嘉靖元年后钦定事例,永为遵守。弘治十三年以后、嘉靖元年以前事例,虽奉诏革除,顾有因事条陈,拟议精当可采者,亦宜详检。若官司妄引条例,故入人罪者,当议黜罚。'会茂坚去官,诏尚书顾应祥等定议,增至二百四十九条。三十四年,又因尚书何鳌言,增入九事。万历时,给事中乌昇请续增条例。至十三年,刑部尚书舒化等乃辑嘉靖三十四年以后诏令及宗籓军政条例、捕盗条格、漕运议单与刑名相关者,律为正文,例为附注,共三百八十二条,删世宗时苛令特多。"②《问刑条例》的产生和多次修订,反映了明代君臣在长达一百余年的立法实践中反复探索,逐渐形成一套相当成熟的律例关系理论,即"以律以定例,定例以辅律"、"律例并行"的史实。该书用简明扼要的词句为我们描述了明朝立法的发展状况,使我们更加全面、具体地了解明代的主要立法实践,从而在客观上把握明代的立法体系。

(三)明代的司法制度史

《刑法二》主要记载了明代的司法审判制度,大致包含了几项重要的审判制度以及明代司法制度中的一些具体问题。

对于审判制度,该书记载了会审、朝审、大审、热审、地方恤刑会审等的初创、变化,体现了明朝审判制度的体系化、完备化的特点。《刑法二》记载道:"天顺三年,令每岁霜降后,三法司同公、侯、伯会审重囚,谓之朝审。历朝遂遵行之。成化十七年,命司礼太监一员会同三法司堂上官,于大理寺审录,谓之大审。南京则命内守备行之。自此定例,每五年辄大审。初,成祖定热审之例,英宗特行朝审,至是复有大审,所矜疑放遣,尝倍于热审时。内阁之与审也,自宪宗罢,至隆庆元年,高拱复行之。故事,朝审吏部尚书秉笔,时拱适兼吏部故也。至万历二十六年朝审,吏部尚书缺,以户部尚书杨俊民主之。三十二年复缺,以户部尚书赵世卿主之。崇祯十五年,命首辅周延儒同三法司清理淹狱,盖出于特旨云。大审,自万历二十九年旷不举,四十四年乃行之。"③

对于明代的司法制度,该书记载了关于提人、击登闻鼓、诬告、越诉、讯囚、

---

① 《明史·志第六十九 刑法一》。

② 同上。

③ 《明史·志第七十 刑法二》。

决死囚、籍没等方面的规定。例如,击登闻鼓制度是中国古代重要的直诉方式之一,明太祖朱元璋时即设立了登闻鼓,并设有专人管理,规定冤民申诉的,皇帝就会亲自受理,官员如有阻拦者,将一律重判。到明宣德年间,一位官员曾上奏取消登闻鼓,宣德皇帝以其为祖上所设未肯。对此,《刑法二》记载道:“登闻鼓,洪武元年置于午门外,一御史日监之,非大冤及机密重情不得击,击即引奏。后移置长安右门外,六科、锦衣卫轮收以闻。旨下,校尉领驾帖,送所司问理,蒙蔽阻遏者罪。龙江卫吏有过,罚令书写,值母丧,乞守制,吏部尚书詹徽不听,击鼓诉冤。太祖切责徽,使吏终丧。永乐元年,县令以赃戍,击鼓陈状。帝为下法司,其人言实受赃,年老昏眊所致,惟上哀悯。帝以其归诚,屈法宥之。宣德时,直登闻鼓给事林富言:‘重囚二十七人,以奸盗当决,击鼓诉冤,烦渎不可宥。’帝曰:‘登闻鼓之设,正以达下情,何谓烦渎?自后凡击鼓诉冤,阻遏者罪。’”①

此外,《明史·刑法志》还对明代一些特殊的司法制度做了记述,主要记载于《刑法三》之中。例如,有关锦衣卫制度的沿革,该书记述道:“锦衣卫狱者,世所称诏狱也。古者狱讼掌于司寇而已。汉武帝始置诏狱二十六所,历代因革不常。五代唐明宗设侍卫亲军马步军都指挥使,乃天子自将之名。至汉有侍卫司狱,凡大事皆决焉。明锦衣卫狱近之,幽系惨酷,害无甚于此者。”如东厂的沿革,该书记载道:“东厂之设,始于成祖。锦衣卫之狱,太祖尝用之,后已禁止,其复用亦自永乐时。厂与卫相倚,故言者并称厂卫。初,成祖起北平,刺探宫中事,多以建文帝左右为耳目。”又如镇抚司狱制度,其记载道:“镇抚司职理狱讼,初止立一司,与外卫等。洪武十五年添设北司,而以军匠诸职掌属之南镇抚司,于是北司专理诏狱……”②可以说,厂卫干预司法、操纵刑狱是明朝法制最为显著的特色,在此基础上加上廷杖和镇抚司私刑,使明朝中后期司法极度混乱。

第二节 律学著作中的法制史学

就律学著作而言,《大学衍义补·慎刑宪》、《读例存疑》与《唐明律合编》均为较重要的法制史相关著作。其中,《大学衍义补》是对《大学》经义的阐发,而其中的《慎刑宪》集中对于法律、法制史问题做了论析。《读例存疑》与《唐明律合编》都是清代著名法学家薛允升的律学著作,两书在写作风格上有很大的相似性,不同处在于:《唐明律合编》仅在于对唐朝和明朝的法律进行比较,总结两

① 《明史·志第七十 刑法二》。

② 《明史·志第七十一 刑法三》。

朝的立法经验和立法教训；而《读例存疑》则侧重于对各个例的历史沿革和具体内涵进行深层次的剖析，其目的在于使司法官员能够更好地理解和运用这些例。

一、《大学衍义补·慎刑宪》中的法制史学

邱濬（公元 1412~1495 年），字仲深，号深庵、琼台，广东琼州人（今海南省琼山），明代著名政治家、理学家、史学家、经济学家和文学家。景泰五年（公元 1454）中进士，历官翰林院编修、侍讲、礼部右侍郎、掌祭酒事、礼部尚书、掌詹府事、文渊阁大学士、特命参预机务。邱濬学问渊博，熟悉当代掌故，研究领域涉及政治、经济、文学、医学等，与王桐乡、海瑞、张岳崧同被誉为"海南四大才子"。著作有涉及教育方面的《琼台会集》《家礼仪节》，涉及医学方面的《本草格式》、《重刊明堂经络前图》、《重刊明堂经络前图》、《丘文庄集》、《世史正纲》、《朱子学》以及《大学衍义补》等。

《大学衍义补》一书是对《大学》经义的研究，广泛涉及治国、用人、武备、理财、保民、固本等方面的内容，是一部论述"治国平天下之道"的儒学著作。从编排体例上看，该书正文一共 12 目，160 卷，每一个目下，先有总论，次引正史，缀有前人的议论及史实，最后表达自己的观点。

其中，第九目《慎刑宪》较为集中地对古代法制史的相关问题作了阐述。该目共分为 16 个部分，即总论制刑之义（上）、总论制刑之义（下）、定律令之制（上）、定律令之制（下）、制刑狱之具、明流赎之意、详听断之法、议当原之辟、顺天时之令、谨详谳之议、伸冤抑之情、慎眚灾之赦、明复仇之义、简典狱之官、存钦恤之心、戒滥纵之失。从编写体例上而言，该目与《大学衍义补》全书的风格相同，在列举抄录前人相关法律论述或者是前朝法律规定后，详申作者的有关要义，因而不乏对于古今法律的对比。

（一）法律起源观

一方面，关于法律起源的问题，邱濬坚持传统儒家关于"立法用刑是国君奉承上天旨意而为之"的思想，强调君主、圣人立法设刑是承"天意"，即在现实生活中，刑法虽然在表面上是君主制定的，但君主不过是天意的承担者和发布者。基于此，他在《慎刑宪》中屡屡提到"刑，天讨也"、①"刑狱之事实关于天，典刑者

① 《大学衍义补·慎刑宪·总论制刑之义（下）》。

唯一循天理之公"、[①]"刑无大小,皆上天所以讨有罪者也"[②]等主张。

另一方面,在具体论述法律起源上,邱濬特别强调人的私欲、物质利益在法律起源方面的重要作用,这是前代思想家所少见的。他认为人天生好利,在人类初期的"国初民少之际",并不存在法令刑罚制度。在远古时期,君臣品德高尚,民众数量比较少,相互之间往往能直接进行交流,大家都能直接受到高尚品德的熏陶和感染,只有少数教而不化者,刑法也就没有存在的必要了。但是后来,人口不断增多,人的欲望不断扩张,但物质有限,由此导致了人们相互争夺和残杀,任其发展下去,就会无法维系基本的人类生存秩序,因而必须制定法律,来规范人们的行为,维护生存秩序,如其言"生齿日繁,种类日多,地狭而田不足以耕,衣食不给,于是起而相争相夺。而有不虞度之事矣。是以圣王随其时而为之制",[③]又如其言"刑狱之原,皆起于争讼。民生有欲,不能无争,争则必有讼",[④]"刑生于狱,狱起于讼。讼之所以起者,由乎财之不均,言之不顺,为之不当乎理也",[⑤]于是圣王"既分田授井以养之,立学读法以教之,又制为禁令刑罚以治之",[⑥]这便是邱濬所认为的法律产生的社会原因。

(二)法律形式的法制史研究

邱濬在第九目《慎刑宪》下的《定律令之制》中考察了唐以后至明朝的法律形式:唐朝"有律,律之外又有令、格、式",宋朝"初因之。至神宗更其目曰:敕、令、格、式",到了明朝则"惟律令者,治天下之法也"。[⑦] 故此,邱濬认为,法律的形式应当不断发展。

宋朝承袭了唐朝律、令、格、式的法律形式,但有所损益,即产生了"编敕",各司、路、州、县也有"敕",于是便形成了特殊的"敕、令、格、式"的法律形式。但是,"敕"并不能取代律,而仅仅是律的补充,"敕"应当依情势的需要制定。及至明朝,洪武元年制定了《大明令(律)》,较前几个朝代为简,就是吸取了"古者律令至简,后世渐以烦多,甚至有不能通其义者,何以使人知法意而不犯哉?民既难知,是启吏之奸而陷民于法"[⑧]的经验教训。其后,在洪武年间制定的礼

---

① 《大学衍义补·慎刑宪·简典狱之官》。
② 《大学衍义补·慎刑宪·总论制刑之义(上)》。
③ 《大学衍义补·慎刑宪·总论威武之道(上)》。
④ 《大学衍义补·慎刑宪·详听断之法》。
⑤ 同上。
⑥ 同上。
⑦ 《大学衍义补·慎刑宪·定律令之制(下)》。
⑧ 同上。

制、《大诰》三编及《大诰武臣》等书都是继承了唐宋以来的法律形式，只是不再沿袭原有的名称。

邱濬进一步对律、令作了区分，令是法之意，适用于法律技术尚不完备之时，而律是刑之法，适用于世事稳定、法律技术完备之时，其言："夫律者，刑之法也。令者，法之意也。法具则意寓乎其中，方草创之初，未暇详其曲折，故明示以其意之所在，令是也。平定之后，既已备其制度，故详载其法之所存，律是也。"①

对于法令没有记载的，邱濬则认为可以采纳臣僚对于宋徽宗的建议，进行编例。由于例是针对不同时代背景而临时制定的，那么就需要时时对例进行修改，如其言，"一时之宜，法所不载，而后用例可也。既有法矣，何用例为？若夫其间，世异势殊，人情所宜，土俗所异，因时救弊，不得不然。有不得尽如法者，则引法与例取裁于上，可也。宋之臣僚，请取前后所用例，以类编修，与法有妨者去之，在今日亦宜然"。②

（三）具体的刑法制度史研究

邱濬在《慎刑宪》中对一系列的刑法制度做了由古代至明朝的法制史研究，以下选取其中主要部分进行介绍：

1. 肉刑制度的法制史研究

邱濬回顾了古代有关肉刑的适用状况，"唐虞三代以来俱用肉刑，至汉文帝始废肉刑用笞，其原盖权舆虞刑之鞭扑也，除死罪外，自墨、劓以下率以笞代之"，"魏晋南北朝其君臣仁暴不同，其俗尚厚薄不一，其所用刑各有不同，隋文帝始定为今之五刑，凡前代考讯之具若大棒、束杖、车辐、鞋底之类尽除不用。唐宋因之，制为刑具，各有等第"。③ 但在汉之后不断有恢复肉刑的主张和法外适用肉刑的情况，邱濬对此进行了严厉的抨击，在他看来，恢复肉刑是和儒家的"仁政"法制精神相背离的，其言："自汉除肉刑，古刑不用久矣，而五代中晋复创刺面之刑，是肉刑皆废而黥刑复用于数百年之后，彼衰世庸君固无足责，宋太祖以仁厚立国，乃因之而不革，其后乃至以刺无罪之士卒，其为仁政累大矣。"④"祖宗好生之仁，虽为恶之罪人惟恐或有所伤，而为之薄刑也如此，是以仁恩厚德浃于民心，百年于兹。近年以来，乃有等酷虐之吏恣为刑具，如夹棍、脑箍、烙

① 《大学衍义补·慎刑宪·定律令之制（下）》。

② 同上。

③ 《大学衍义补·慎刑宪·制刑狱之具》。

④ 《大学衍义补·慎刑宪·明流赎之意》。

铁之类,名数不一,非独有以违祖宗之法,实有以伤天地之和……”①

由此可见,在邱濬看来,肉刑是有害于天理、人伦、风化的,肉刑的适用对五刑体制也造成了破坏,正如其所举宋朝刺配之例,“宋人于今五刑之外,又为刺配之法,岂非所谓六刑乎”。② 同时,肉刑对于社会秩序也具有相当严重的危害性,仍以刺配为例,受刺配之人“虽欲自新,而面上之文已不可去。其亡去为盗,挺起为乱,又何怪哉”。③ 既然肉刑既与正统儒家的“仁政”思想不符,又有如此大的危害,邱濬认为绝不可恢复肉刑,同时也强烈反对在五刑之外规定一些法外的酷刑、肉刑。

2. 赎刑制度的法制史研究

邱濬在《明流赎之意》的下半部分专门就赎刑作了详细的论述。他首先列举了历朝历代学者的不同理解,有认为赎刑乃始于舜时,适用于鞭扑等轻刑且情有可原者,反对将赎刑滥用于五刑之中。例如,宋朝的朱熹曰:“金作赎刑者,使之入金而免其罪,所以赎夫犯鞭扑之刑而情又轻者也”。宋朝的蔡沈曰:“皋陶谓‘罪疑惟轻’者,降一等而罪之耳,今五刑疑赦直罚之以金,是大辟、宫、剕、劓、墨皆不复降等用矣。舜之赎刑,官府、学校鞭扑之刑耳。夫刑莫轻于鞭扑,入于鞭扑之刑而又情法犹有可议者,则是无法以治之,故使之赎,特不欲遽释之也,而穆王之所谓赎,虽大辟亦赎也,舜岂有是制”。元朝的董鼎曰:“舜既以五流而宥五刑矣,鞭扑之轻者乃许以金赎,所以养其愧耻之心而开以自新之路,曰‘眚灾肆赦’则直赦之而已。穆王乃以刑为致罪,以罚为赎金,既谓五刑之疑有赦,而又曰其罚若干锾,则虽在疑赦皆不免于刑赎,五刑尽赎,非鬻狱乎?自是有金者虽杀人皆可以无死,而刑者相半于道,必皆无金者也,中正安在哉?”也有认为赎刑仅限于疑罪,且后来的罚金刑也渊源于此。例如,元代马端临曰:“穆王之赎法非利其货入,盖因后世禁网深密,犯罪者多,阅其实有可疑者则罚其所甚欲之金以贷其罪也,夫罪入五刑而可疑者,使富而有金者出金以赎其罪可矣。”④

其后,邱濬表明自己的观点,即他认同前种说法,他总结道:“赎刑乃帝王之法,孔子修《书》载在圣经,盖惟用之学校以宽鞭扑之刑,所以养士大夫之廉耻也。后世乃一概用之以为常法,遇有边防之警则俾之纳粟于边,遇有帑藏之乏

① 《大学衍义补·慎刑宪·制刑狱之具》。

② 《大学衍义补·慎刑宪·明流赎之意》。

③ 同上。

④ 同上。

则俾之纳金于官,此犹不得已而为之,是以职金、纳金货于司兵之意也。若当夫无事之时而定以为常制,则是幸民之犯以为国之利,可乎？然此犹为国也,今之藩臬州邑往往假以缮造公宇、修理学校为名,随意轻重而取之,名虽为公,实则为己,朝廷虽有明禁,公然为之,恬无所畏。乞敕法司申明旧比,再有犯者坐以枉法,终身不齿,庶几奸弊少息乎。"①

3. 复仇制度的法制史研究

邱濬在《大学衍义补》第一一〇卷——《明复仇之义》中对复仇制度做了系统的分析。他首先考察了《周礼》、《礼》及秦汉以来历代的复仇制度,以及郑玄、吴澂、吕大钧、马希孟、游桂、顾元常、何休、柳宗元、韩愈、胡寅等人有关复仇制度的言论,其后表述了自己对于该制度的独特看法。总体而言,邱濬对于复仇制度持肯定的态度,但认为应当有限制,也就是对于误杀、戏杀和过失杀的情形一律不准复仇,其言:"复仇之义乃生民秉彝之道,天地自然之理。事虽若变,然变而不失正,斯为常矣……朝廷当明为之法,曰:凡有父兄亲属为人所杀者,除误杀、戏杀、过失杀外,若以故及非理致死者,亲属邻保即为之护持其子若孙及凡应报复之人,赴官告诉,如无亲属,其邻里交游皆许之。"②

邱濬进一步认为,复仇制度实际上是"公法"和"私义"的碰撞,在允许复仇的情况下,国法将难存,而在不允许复仇的情况下,孝义将难伸。面对这种矛盾,邱濬提出了他的解决方案,即在亲人被杀的情况下,"若不告官,不出是日而报杀者,官司鞫审,杀当其罪者不坐;若出是日之外,不告官而擅杀者,即坐其亲属、邻保以知情故纵之罪,而其报复之人所杀之仇果系可杀,则谳以情有可矜,坐其罪而免其死。若官吏假王法以制人于死,律有常条,不许私自报复,必须明白赴诉,若屡诉不伸而杀之者,则以上闻,委任大臣鞫审。如果被杀者有冤而所司不为伸理,则免报仇者死而流放之,如胡氏之所以处张瑝者,而重坐经由官司之罪;若被杀之人不能无罪,但不至于死,则又在随事情而权其轻重焉"。③

二、《唐明律合编》中的法制史学

薛允升(公元1820~1901年),字云阶,陕西长安人,清代著名法律家。咸丰年间中进士,授刑部主事,事迁郎中。光绪年间应召为刑部侍郎、刑部尚书,在刑部任职将近40年。在任职期间,薛允升处理了大量的诉讼案件,积累了丰

---

① 《大学衍义补·慎刑宪·明流赎之意》。
② 《大学衍义补·慎刑宪·明复仇之义》。
③ 同上。

富的办案经验，依法处理了许多重大案件，并在同治九年（公元 1870 年）参与了修例。他精通律学和服制，一生著有《汉律辑存》《服制备考》《唐明律合编》《读例存疑》等重要著作。

《唐明律合编》是中国历史上第一部比较系统的比较法著作，不仅梳理了唐明两代法律的渊源呈递关系，而且对唐律明律的相异之处做了分析疏证，该著作对于中国近现代法学的发展也发挥着巨大的作用。

从编排体例来看，《唐明律合编》首先是徐世昌的《唐明律合编·序》，其后是薛允升自序，而后是柳赟的《唐律疏议序》，再后分别为“例言”、唐律目录、刘惟谦等人的进明律表、《明史·刑法志》摘录、陈省的“恭书律例附解后”、明律总目、薛允升撰写的唐明律卷首，最后是卷一至卷三十的正文内容。正文以朝代先后为序，按原有律目：名例、卫禁、职制、户婚、厩库、擅兴、贼盗、斗讼、诈伪、杂、捕亡和断狱，先列唐律条文，再列明律，还附有唐、明两代的相关令和条例。

从内容来看，《唐明律合编》首先是对比立法条文，即罗列相类数条唐律的规定与相类数条明律的规定，指出明律对唐律的继承、修改及明律的新规定，而后进行充分的比较、分析，其后阐释各家律学观点，最后表明作者自己的观点。[①] 此外，除对两朝的律文进行比较外，同时还附有唐、明两朝的令和条例。

（一）“礼主刑辅”的法制传统

在法制原则上，薛允升也赞同“礼主刑辅”这一封建正统的法制原则，认为“古律之为书，原根极于君臣父子夫妇之经，而使事事物物之各得其宜也……《易·系辞》曰：有夫妇然后有父子，有父子然后有君臣，有君臣然后有上下，有上下然后礼义有所措。《记》曰：凡听五刑之讼，必原父子之情，立君臣之义以权之。律书之义，此数语尽之矣”。[②] 他对封建之礼的核心内容——“君为臣纲，父为子纲，夫为妻纲”坚信不疑，且呼吁人们要“思古”“复礼”。

第一，定律必须以礼为依据，“礼所不裁者，法亦未便遽增”。[③] 服制制度是按照与死者的亲疏远近决定所应穿的丧服的制度，该制度在以等级名分为核心的礼制中占据了相当重要的地位。薛允升特别强调“服制”在定律中的重要作用，认为离开服制定律必然会导致舛误丛生。例如，他认为曹魏律中大逆犯诛及已出之女的规定就是违背服制的，因为按照妇女的“三从之义”，出室之女遇

① 参见何勤华：《中国法学史》（第 2 卷），法律出版社 2006 年版，第 348~349 页。

② 《唐明律合编·后序》。

③ 《唐明律合编·卷二十二》。

丧父母降其服纪，目的是“明外成之节，异在室之恩”。[①]

第二，根据礼判定罪之轻重。薛允升写道：“古人定礼各有限制，立法亦同。亲有等杀，即法有轻重。”[②]在他看来，礼就是判定法之轻重的标准，凡违背纲常伦理的行为就应当被认为是严重的犯罪，贼盗之事反倒是轻微的犯罪。

第三，司法也必须以礼为据。薛允升认为，司法官在执行法律之时，不仅应该遵守律文，而且应当遵守律文之外的封建礼义。例如，“亲属相为容隐”是一条体现春秋理义的古律，是一条数千年来一直被沿用的良法，但是很多官吏在司法之时，却不遵守这条法律，让犯人的亲属作证，对此，他赞成宋文帝时蔡廓的意见，应当“令全家人与囚相见，无乞鞫之辞便足以明伏罪，不须责家人下辞”。[③]

第四，先教化后刑罚。薛允升认为，只有崇尚礼教，才能养成良好的风气，可将违法行为禁止于将然，光注重严刑峻法是不足以治乱止奸的。他说，“惩之于已然何如禁之于未然，专事刑罚何如崇尚礼教”，[④]“刑法与教化相辅而行，教化明而人自不犯法”。[⑤]

在《唐明律合编》中，薛允升很明显地扬唐律而抑明律，其根源就在于唐律很好地贯彻了“礼主刑辅”的法制原则，而明律在这一方面已经有所偏颇。其在“唐明律卷首”中就指出，“明代则取唐律而点窜之，涂改之，不特大辟之科，任意增添，不惬于人心者颇多。即下至笞杖轻罪，亦复多所更改，揆其意总在求胜于唐律，而不屑轻为沿袭，名为遵用唐律，而唐律名存实亡也”。[⑥]

（二）立法宜“繁简得中，宽严俱平”

在立法上，薛允升也推崇唐律，认为唐律宽而有制，繁简得中，宽严俱平，而明律则“颇尚严刻”，“非过于疏略即涉于繁杂”。

首先，在立法体例上，薛允升认为唐律的体例清晰得当，而明律的体例过于混乱。唐律 12 篇结构完整，逻辑严密，如其所言，唐律在名例律后以宫卫为首，“盖所以尊君也”，“唐律以断狱终，盖以上十章皆为犯法者言之，此条例为判断者言之也。而终之以疑狱，其所以矜恤罪囚而惟恐稍有错失者，可谓无微不至

① 《唐明律合编·卷十四》。
② 《唐明律合编·卷二十二》。
③ 《唐明律合编·卷六》。
④ 《唐明律合编·卷十》。
⑤ 《唐明律合编·卷一》。
⑥ 《唐明律合编·唐明律卷首》。

矣”。[1] 但是,明律完全改变了唐律的体例,以六部分统各条,且在每篇之下的具体门类上,唐律是以行为进行归类的,也就是,相同的行为归在同一门下,但明律却常将相同行为归在不同门下,如诈伪、捕亡等,因而薛允升称明律是“大非唐律之本来面目矣”。[2] 在法律条文之间,唐律是“一线穿成,此律与彼律亦相互照应”,而明律则“顾此失彼者颇多”。[3] 例如,对于大辟罪名的规定,就是删改失当,“大辟罪名,已增多至二十余条。虽历代典章,不相沿袭,而律为民命攸关,必当详慎周密,方可垂诸永久。事不师古,而私心自用,非良法也”。[4]

其次,在法律的轻重得平上,薛允升也认为“莫不以唐律最为善”,但明律却是“于不宜宽者而故意从宽,则必于不应严者而恣意从严”。[5] 对于一些有关风俗教化之事,应当要严格立法,但明律的立法却较唐律为轻。例如,对于郊祀庙享、婚姻等事,前者是国之大典,后者是人道之始,都应当严格立法,但明律都改而从轻,甚至明明应载在十恶之列被绞流者,却都改成了杖罪。另外,薛允升在《唐明律合编·后序》中列出了明律中较为苛刻的法律条文,如“犯官员大臣专擅选用者”“文官亲戚非奉特旨除授官职者”“文官非有大功勋所司朦胧奏请封公侯爵者”“从车驾行而逃,百户以上”“投匿名文书告言人罪者”等38条,皆为斩绞罪。

(三)司法应公正

薛允升强调“法不阿贵”,司法应当公正,对此,他认为应当具备两方面的条件:其一,就是要有良吏。薛允升非常强调司法官吏的作用,他认为司法官吏必须具有“守正不阿”“仗义秉公”的优秀品质,既能够为民申冤,又能够不畏惧权威。因此,他很赞赏历代法律制度中关于严惩监临主守犯罪的法律规定;他也十分敬仰唐代司法官员狄仁杰,认为狄仁杰能够严守法律而敢于抗旨的胆识堪称司法实践中的典范。他自己在司法实践中,也总是以历代司法不阿的清官为楷模。进一步而言,在这一方面,薛允升赞赏先秦荀子的“有治人无治法”学说,其言,“有治法而无治人,法亦虚设耳”,[6]“有治法而无治人,其奈之何”。[7] 值得一提的是,薛允升的“人治”说相较于前人而言,增加了一些新的内涵:(1)治人

---

① 《唐明律合编·后序》。
② 《唐明律合编·序》。
③ 同上。
④ 同上。
⑤ 《唐明律合编·后序》。
⑥ 《唐明律合编·杂律》。
⑦ 《唐明律合编·职制》。

比治法更重要。虽然是消极地惩罚已犯罪者，但是，好的司法官吏可以通过言传身教，起到“绝恶于未萌”的作用。(2)批判清政府吏治腐败的现状。既然治人具有如此大的作用，清政府就应当加大反腐力度，整顿吏治。(3)严厉批判宋代以来的科举制度。薛允升认为科举制度下选拔出来的所谓“人才”，“所习非所用”，让这些人去充当司法官吏进行司法，即使是再好的律令制度，也只会丧失良法美意。[①] 其二，要司法公正，除需有良吏外，还应当注重“狱贵察情”。[②] 为了保证矜慎察狱，审理案件时必须以“众证”为依据，反对滥用刑讯，如果确实无实证可查，司法官员也应当首先以“五听”听之，若以“五听”仍不可得，始用刑拷，但“刑拷必须严依法例”。[③]

三、《读例存疑》中的法制史学

《读例存疑》是清末著名法学家薛允升的另一力作，是研究清代律例的重要文献。该著作以及《唐律疏议》、《大明律例辑注》、《大明律例笺释》、《读律琐言》、《大清律例通考》、《大清律集解附例》和《六部则例》等书，对清代200余年间的条例进行了系统的编纂整理，考证了每一条例产生的年代、背景和原意，探讨了例与正律之间的联系和改变过程，论证了各个条例的合理性及不足。

从编排体例来看，《读例存疑》首先是刑部进呈《读例存疑》奏折（光绪二十九年十一月二十九日），其后是薛允升的自序，然后分别是沈家本序、总论、《读例存疑》例言、《读例存疑》总目，然后是正文卷一至卷五十四的内容。正文部分依照大清律的目次，分为名例、吏、户、礼、兵、刑、工多个部分，后附有总类及督捕则例等目。

就内容上而言，《读例存疑》的释文部分主要分成四大部分：(1)律文；(2)引条例；(3)在律文（或例文）后，简要说明该律文（或例文）的来龙去脉；(4)用“谨按”的方式阐述律意、例意，该部分先分析该条例的订立目的、意图、沿革，与其他律文、条例、则例之间的关系，再探讨其实行的可能性，从而得出该条例是优是劣的结论。

（一）对条例的批判

《读例存疑》实际上是薛允升撰写的对于清朝条例的批评意见。在清朝，律

---

① 李光灿、张国华总主编：《中国法律思想通史》（第10卷），山西人民出版社2000年版，第75页。

② 《唐明律合编·贼盗》。

③ 《唐明律合编·断狱》。

和例是法律的基本形式。从法制史的角度来说,自春秋战国时期商鞅改法为律以后,律就一直是传统法律最基本的部分,主要规定了一些原则性的内容,清朝也不例外。但随着几千年的演变发展,律越来越成为一种没有意义的符号而被保留在法典之中。这种现象在清朝更甚,律往往过于注重形式,强调体例结构的整齐和文字的严谨,忽视实际效用。正是在这种背景下,例应运而生。例从明朝就开始确立和盛行,到了清朝,其地位得到了进一步的提高。原则上,律与例的关系是律为纲、例为目,但由于例的形式灵活,不存在定律时繁琐的程序,因而,例的数量迅速增加,地位也不断提高。尤其是乾隆以后,清例呈泛滥之势,律和例之间的平衡关系被打破,形成了“有例则不用律”的习惯,而“律的愈滋繁碎”,或“一事设一例”,或“一省一地方专一例”,就导致了立法和司法实践的混乱。为了减少例的泛滥所带来的弊端,修例就成了当时重要的立法活动,这就需要律学家正确阐明律和例之间的关系,增强法律的准确性,薛允升的这部《读例存疑》也便应运而生。

薛允升在对大量律例资料进行收集、抄录和分类的基础上,以唐律、《唐律疏议》、张楷著《律条疏义》、王藻著《大明律例附解》、吴坛著《大明律例统考》、高举法著《大明律例附例》、杨简著《明律集解》、沈之奇著《大清律例辑注》、王肯堂著《大清律例笺释》、雷梦麟著《读律琐言》、陆柬之著《读例管见》、夏敬一著《读律示掌》以及《大清律集解附例》等律书为依据,对《大清律例》存在的问题进行了逐一考证,并将李之芳、袁枚、赵翼、施为翰、顾炎武、孔广森等学者的论法论文收入其中,作为具体论述例文历史沿革和内涵的佐证,并在此基础上,就条例的存废、修补、适用以及和正律之间的衔接等提出了建议。①

综合来看,《读例存疑》对于例的批判可归纳为两方面:②

1. 结构形式上的问题。薛允升通过对大量的例的比较研究,发现有许多例已经不再具有实效性,应当予以删除,具体可分为四类:(1)前代的例文与现状不同者。例如,“名例律”中“太常寺厨役有犯”条和“乐工托势挟制官俳”条承袭于明朝的《问刑条例》,在雍正七年、乾隆五年分别改定过,但对于有犯的太常寺厨役和乐工,这些条文和现在的规定有出入。(2)专为一事而设立的例,此与法律的概括性和普遍性不符,只会使法律变得过于繁杂。例如,“名例律鸦片案内人犯自首”条,是专门针对鸦片案件中的自首的,与普通的自首也无差别,没

① 参见王立民主编:《中国法学经典解读》,上海教育出版社 2006 年版,第 392 页。

② 对此,更为详细的内容可参见张晋藩主编:《清代律学名著选介》,中国政法大学出版社 2009 年版,第 475~479 页。

有专门规定的必要。(3)与法律规定本身无关的内容。例如,在“吏律武臣受伤阵亡赏恤”条中,规定了在战争中受伤的军官可以得到赏赐,阵亡的军官除赏赐以外,还可以世袭职位,薛允升便认为此处的受伤得到赏赐和世袭职位无关,应当予以删除。(4)司法实践中已经停用者。例如,“名例律内外现藩、各省藩拟具题案内及到部人犯老小废疾”条的规定在司法实践中已经停止使用。此外,薛允升也发现有许多例的分类不合理,应当重新归类,从而使规范相同法律关系的规定归属于同一门类之中。例如,名例律中的“徒流人又犯罪”门本来是专指徒流人犯又犯徒流罪的,但又将杂犯、遣军犯、盗窃犯、旗下另户人犯等又犯徒流罪归入该门下。

2. 内容上的问题。《大清律例》是以明原例为基础,略有增删形成的,在薛允升所处的清朝末期,自然在很多思想内容上都已经不适应当时社会的需要。薛允升就是通过逐条评价和分析,对当时的法律内容,提出了很多的改革建议,大致可以概括为以下几个方面:(1)废除严刑峻法,纠正法律的轻重失平;(2)反对因礼废法,强调法律本身的作用;(3)提倡民族平等,逐步削减满族特权;(4)为适应经济发展而修改一些例。下文将对前二者稍作展开。

(二)对严苛法制的批判

薛允升处于清朝末期,严刑峻法也正是每个封建朝代末期的一个特点,表现在多方面,例如,加重对于“十恶”重罪中“谋反”、“谋大逆”等侵犯皇权犯罪的惩罚;扩大一些重要犯罪的连坐范围;加重危害社会治安和财产犯罪的处罚;严惩思想异端,大兴文字狱等。薛允升在青壮年时期也亲身耳闻目睹了李秀成、洪仁达被凌迟处死,蕲州知州胡万智被凌迟枭首等事件,因此坚决反对严刑酷法,并主张废除之。薛允升对于严苛法制的批判大致可以概括为以下几种:①

1. 反对凌迟、枭首、刺字、枷号、充军以及凌迟之上更予加刑的刑罚,认为这些都是极其残酷甚至惨无人道的刑罚。

2. 反对引律比附,在薛允升看来,不仅会律外有例,例外又有比引条例,案牍繁杂,并且往往会导致罪有出入、刑罚既重又滥的情形出现。

3. 反对缘坐,薛允升认为缘坐属于前明残刻之律,必须废止不用。

4. 反对杂犯和任意加重立决。

5. 反对严刑逼供。薛允升特别反对刑讯逼供,反对捕役私自拷讯,因为在他看来,刑讯逼供的证据是完全不可相信的。在这方面,他赞赏明朝万历十五

---

① 对此,更为详细的内容可参见华友根:《试论薛允升关于废除严刑酷法的思想及其意义》,载《学术月刊》1999年第8期。

年十二月刑部关于《律例应讲究十六条》内所规定的，即节奉孝宗皇帝圣旨，今后捕获强盗不许私下擅自拷打，俱送问刑衙门，务要推究得实；若徇情扶同致有冤枉，一体重罪不饶。并认为，立法虽严，日久玩愒，今后捕盗员役拿获强盗，不许私自拷打，径送掌印官，追验赃杖，失主认明，亲注口词，五日内招详。其有供扳伙盗，即令细开姓名年貌籍贯住址，并所分赃物明白。后获又须隔别质审，委与原开人赃相同，方许成招。如果仇扳，即与开释，毋得偏护捕官，滥及无辜。在薛允升看来，"盗犯虽应行正法，而私拷之供，究难凭信。一有错误，所关匪细。捕官尚不许私审，况捕役乎"。①

（三）反对因礼废法

如上节《唐明律合编》中所述，薛允升虽强调"礼主刑辅"，但其并不主张过分偏于礼而忽略法律的作用，这在《读例存疑》中主要体现在他对现行法律中有关"十恶"、"八议"、"犯罪存留养亲"和"复仇"等问题的看法。

薛允升在《读例存疑》中引述了清雍正皇帝的谕旨，认为不能因礼而废法。在对"十恶"犯罪相关例的分析研究时，对于"不孝""内乱"等犯罪的处理规定都提出了修改意见。在相关谨实部分，他援引了明朝王肯堂的《笺释》、夏敬一的《读例示掌》等的观点，认为当时的条例对于"不孝""内乱"等十恶犯罪的处理没有区分具体情况，有扩大处罚的倾向，应当进行修改。针对"八议"，薛允升认为"八议之法，本于《周礼》，虽明载于律，而引用者绝少。《示掌》云，按《会典》载八议之条，不可为训，虽仍其文而实未尝行者"。② 也就是说，一方面，实践中已经很少有适用"八议"的案例；另一方面，"八议"的适用会导致贵族官员和百姓在法律上处于不平等地位，因而应当将相关"八议"的内容废除。另外，薛允升也提出了废除"犯罪存留养亲"的观点，并且反对复仇制度的适用。实际上，"十恶"、"八议"、"犯罪留存养亲"和"复仇"都具有强烈的"礼"的色彩，或者说这些都是礼的要求，与法律的要求相背离，因而，薛允升建议将这些内容删除，也正是其反对"因礼废法"的体现。

第三节　其他著作中的法制史学

明清时期，其他的一些政论性古籍，如黄宗羲的《明夷待访录》，顾炎武的《日知录》《亭林文集》，王夫之的《读通鉴论》，龚自珍的《龚自珍全集》和魏源的

① 《读例存疑·刑律贼盗上·强盗》。
② 《读例存疑卷一·名例律上·八议》。

《默觚》，也均对法制史问题开展了一定的研究。

一、《明夷待访录》中的法制史学

黄宗羲（公元1610~1695年），字太冲，号南雷，称梨洲先生，浙江省余姚县黄竹浦人，明末清初经学家、史学家、思想家、地理学家、天文历算学家、教育家。年轻时即饱读诗书，与其弟黄宗炎、黄宗会号称浙东三黄，在清代前期与孙奇逢、李颙并称"国初三大儒"，与顾炎武、王夫之并称"明清之际三大思想家"。著有《宋元学案》《名儒学案》《南雷文定》《明夷待访录》等。

黄宗羲在法律方面也颇有自己的一番见解，他提出了"君权民授"的国家观；"天下之法"取代"一家之法"的立法观；"论者谓有治人无治法，吾以为有治法而后有治人"的法治观等观点。

《明夷待访录》一书比较集中地反映了黄宗羲的政治法律思想。"明夷"一词来源于《易经》中第三十六卦之名，象曰："明入地中，明夷；君子以莅众，用晦而明。"明就是太阳，夷就是毁灭，明夷就是比喻君主昏暗，贤明之士遭受迫害的意思。"待访"则是等待后世明君的采访接纳。故而，明夷待访意指既然在艰难困顿的时势中无法实现抱负，只能将理想寄托在书中，等待以后的圣君来访察才行。可以说，《明夷待访录》一书是黄宗羲几十年斗争经验以及研究历史和明代政治的总结，具有鲜明的启蒙性质和民主色彩。梁启超评价该书道："我们当学生时代，（《明夷待访录》）实为刺激青年最有力之兴奋剂。我自己的政治活动，可以说是受这部书的影响最早而最深"，"该书是人类文化之一的高贵产品"。①

从内容上看，《明夷待访录》共有13章、21篇，除题词外，有《原君》《原臣》《原法》《置相》《学校》《取士》《建都》《方镇》《兵制》《财计》《胥吏》《奄宦》等内容。其中，《原君》《原臣》《原法》《学校》《方镇》等篇章集中反映了黄宗羲的政治法律思想：《原君》是对君主制度的大胆批判，从人类社会为什么要设立君主说起，逐步揭示君主的本义、责任，后世对于君主的歪曲，古之君主与后世君主的根本区别；《原臣》论述了对于君臣关系和为臣之道的看法，设君臣都是为了天下的治理，无论是君还是臣都应当以天下为己任，为天下人服务；《原法》将三代时候的法和后世的法相比较，指出"三代以上有法，三代以下无法"，由此提出以"有治法而后有治人"取代"有治人无治法"；《学校》则强调了学校在政治生活中的作用，可以利用这种民间机构对政治、法律活动进行监督，保护人民利

---

① 梁启超：《中国近三百年学术史》，东方出版社1996年版，第56页。

益不受君主或地方权力的侵害;《方镇》提出了设立方镇制度在国家治理中的重要地位。

(一)法律起源观

黄宗羲在《原君》开篇论述"有生之初,人各自私也,人各自利也",即自私自利是社会的原始状态,在这种状态下,人类都以个体为单位进行管理、满足其生存,而不能将各个分散的个体结合起来"兴公利、除公害",由此导致了"天下有公利而莫或兴之,有公害而莫或除之"的后果,为避免这种状态导致的不利后果,君主便应运而生,起初君主的职责便是"不以一己之利为利,而使天下受其利,不以一己之害为害,而使天下释其害",通过君主建立国家和法律制度,调解"私利"与"公利",建立理想的社会秩序,"三代"的尧、舜等就是这样的君主,在其为君主期间,为调整"私利""公利"进行了一系列的立法活动,这也便是国家和法律的起源。其在《原法》中进一步论述"天下之法"的起源:"二帝、三王知天下之不可无养也,为之授田以耕之;知天下之不可无衣也,为之授地以桑麻之;知天下之不可无教也,为之学校以兴之,为之婚姻之礼以防其淫,为之卒乘之赋以防其乱。此三代以上之法也,固未尝为一己而立也。"这一系列的有关授田、教育、婚姻、赋税等法律,都是为了满足天下万民的利益,而不是去满足当权者的一己私利。

由此可见,在黄宗羲看来,法律起源于对利益——"私利"与"公利"的调整,也就否定了传统儒家的"君权神授"法律起源说,否定了君主作为"主"的地位。也就是说,在上古时期,君主的职分是义务与责任,而不是权利:"古者以天下为主,君为客,凡君之所毕世而经营者,为天下也。"[①]但后世的君主却反客为主,颠倒了君主与人民的关系,这就违背了国家与法律制度起源的本初意义,因此有必要澄清法律的起源非在于神授予君主的权利,而在于君主所负担的调整"私利"与"公利"的义务。

(二)"三代以上有法,三代以下无法"

黄宗羲在《原法》篇中将三代时候的法律与后世的法律相比较,并且极力称赞"三代之法"而贬损"后世之法",称"三代以上有法,三代以下无法"。他认为,三代以上的法律在性质上是为天下人的利益而设定的,也就是"三代以上"的"二帝"(尧、舜)、"三王"(禹、商汤、周文王武王)都是为了天下人的利益而耕田、种桑麻、兴学校、设婚姻之礼、军队之赋,他说道:"知天下之不可无养也,为之授田以耕之;知天下之不可无衣也,为之授地以桑麻之;知天下之不可无教

---

① 《明夷待访录·原君》。

也，为之学校以兴之，为之婚姻之礼以防其淫，为之卒乘之赋以防其乱，此三代以上之法也。”因而，三代以上的法律是真正的法律。但是，三代以下的法律是为君主个人利益而设定的，是一家之法，并不是真正的法律，他说道：“后之人主，既得天下，唯恐其祚命之不长也，子孙之不能保有也，思患于未然以为之法。然则其所谓法者，一家之法，而非天下之法也。”他列举了秦汉以来的一些措施，如秦废封建制改采郡县制、汉封诸子为王等措施，实质上都是君主为了自己的利益而制定的法律，不是真正的法律。

黄宗羲也十分向往三代以上没有等级贵贱之别、人与人融洽相处、法律宽松但秩序井然的状态，但是后世法律制定得越来越繁密，天下却越来越动乱。之所以会有这样的变化，与后世之法的性质有关。如前所述，后世之法是君主为了自身的利益而设立的“一家之法”，这种法毫不考虑天下人的利益，也欠缺三代圣王的恻隐仁爱之心，天下人自然群起而反之。黄宗羲的这种主张突破了传统儒家和法家关于法的理论框架，他强调国家必须重视公共利益，国家的基本制度正是为了群体利益而制定、为了公众的利益而设定的，这也是制度具有正当性的依据。国家的基本制度应宽严相济，以公众利益为根本；否则，法律制定得越严厉，社会反而越动荡不安。如果法律的制定是以公众的利益为根本，宽松的法律也会使社会和谐安宁。

二、《日知录》《亭林文集》中的法制史学

顾炎武（公元1613~1682年），字宁人，原名绛，居亭林镇，号亭林，江苏昆山人。著名的思想家、史学家、语言学家，与黄宗羲、王夫之并称为明末清初三大儒，也被称作清朝的“开国儒师”“清学开山”始祖。顾炎武在为学方面重考据、注意经世致用，富有另辟蹊径进行探索的勇气，因此，学界普遍认为，顾炎武宣告了晚明空疏学风的终结，开启了清代的朴实学风。他所倡导的学术话语和学术理念以及他所开创的学术范式和学术方法曾对清代乾嘉学派产生了广泛的震撼，引起了乾嘉学者的普遍共鸣。

顾炎武一生为学，广览群书，多闻博学，对于经义、史学、文字、音韵、金石、考古、天文、历算、军旅等方面都做了开创性的研究，在众多领域都取得了斐然的成就，留下了《日知录》《音学五书》《天下郡国利病书》《肇域志》《军志论》等近五十种著述。

《日知录》书名取自语《论语·子张篇》，子夏曰“日知其所亡，月无忘其所能，可谓好学也已矣”，该书是顾炎武长年累月、积金撰玉写成的学术札记，内容

丰富,囊括了作者大部分的学术观点、政治思想。顾炎武本人言及该书的写作目的:“别著《日知录》,上篇经术,中篇治道,下篇博闻,共三十余卷。有王者起,将以见诸行事,以跻斯世于治古之隆。”“意在拨乱涤污,法古用夏,启多闻于来学,待一治于后王。”①

从编纂体例和内容上看,该书不分门目,编次略以类从,大致而言,卷一至卷七论经义,卷八至卷十二论经济,卷十三论世风,卷十四和卷十五论礼制,卷十六和卷十七论科举,卷十八至卷二十一论艺术,卷二十二至卷二十四论名义,卷二十五论古事真妄,卷二十六论史法,卷二十七论注书,卷二十八论杂事,卷二十九论交通、兵制、边疆、外国,卷三十论天象、术数,卷三十一论地理,卷三十二为杂考。

《日知录》在法律思想方面虽然不成系统,散见于各卷,如卷一《师出以律》,卷二《殷纣之所以亡》,卷五《造言之刑》,卷八《法制》《吏胥》《乡亭之职》,卷九《人材》《部刺史》,卷十二《清义》《名教》《廉耻》《贵廉》等,但不乏真知灼见,例如:取消专制,改独治为众治,改专制法律为“公天下而为之”的法律;官吏选拔方面,取消科举制度;“为治之本”乃“正人心、厚风俗”,而不是“法制禁令”等。

《亭林文集》是顾炎武的文章汇编,是由其弟子在其身后编辑而成的。从编纂体例和内容上看,全书共6卷:卷一由6篇论文组成,卷二是为自己及他人著作所作的序,卷三、卷四为与友人、门生讨论学术等问题的书信,卷五为各类记述、墓志铭等散文,卷六为补遗,兼有论文、书信、序记等。

(一)国家治理模式的法制史研究

顾炎武与黄宗羲都反对君主的至上地位,也都对君权、法权的关系进行了法制史方面的研究分析,但两者的侧重点不同:黄宗羲重在论证法律的起源,即法律不是起源于“君权神授”,而是调整“私利”与“公利”的产物;顾炎武则重在论证“独治”之弊、“众治”之优,并由此得出取消专制之法,以“众治”取代“独治”的主张。

首先,顾炎武否定了天子对于“君”这一称谓的专享及天子至高无上的地位。顾炎武在卷二十四《君》条中援引大量古籍,考证“君”这一称谓,发现“君”并不止于天子,反倒是“上下之通称”,即使是人臣、诸侯、卿大夫,乃至府主、家主、父、舅姑等都可以称为“君”。至于天子的地位并不是唯天子独尊的,天子与臣民之间应当是平等的,对此,顾炎武在卷七《周室班爵禄》中援引西周古籍,

---

① 《日知录·卷四》。

谓："班爵之意，天子与公、侯、伯、子、男一也，而非绝世之贵……是故知天子一位之义，则不敢肆于民上以自尊。"①

其次，顾炎武论证了"独治"之弊、"众治"之优。在"独治"的国家治理模式之下，各项权力都集中于君主一人之手，君主独揽大权，地方官员只能消极地完成君主所赋予的职责，难免会出现政治腐败、经济凋敝、矛盾激化的局面，最终导致天下大乱、改朝换代。其谓："于是多为之法，以禁防之，虽大奸有所不能逾，而贤智之臣亦无能效尺寸于法之外，相与兢兢奉法，以求无过而已。于是天子之权，不寄之人臣，而寄之吏胥。是故天下之尤急者，守令亲民之官，而今日之尤无权者，莫过于守令。""夫辟官、莅政、理财、治军，郡县之四权也，而今皆不得以专之。是故上下之体统虽若相维而令不一，法令虽若可守而议不一。为守令者，既不得其职，将欲议其法外之意，必且玩常习故，辟嫌碍例，而皆不足以有为。"②既然"独治"存在如此大之弊端，则应"众治"，对此，顾炎武在列举管仲不死子纠一例时说，"君臣之分，所关者在一身；夷下之防，所系者天下。故夫子之于管仲，略其不死子纠之罪，而取其一匡九合之功。盖权衡于大小之间，而以天下为心也。夫以君臣之分，犹不敌夷下之防，而《春秋》之志可知矣"。③ 表明君臣之事为小，天下之事为大，那么除去天子的独揽大权，进行"众治"，求得天下太平昌盛，有何不可。

最后，顾炎武在对法制史经验进行分析的基础上，就如何"众治"提出了具体模式的主张，即采封建制与郡县制的结合。其从历史纵向的角度考察，发现封建制变为郡县制是因为其存在弊端，而从这一规律可推知，郡县制的弊端，也必然会导致治理的变化，但不会变回封建制，他说："盖自汉以下之人，莫不谓秦以孤立而亡。不知秦之亡，不封建亡，封建亦亡；而封建之废，固自周衰之日而不自于秦也。封建之废，非一日之故也，虽圣人起，亦将变而为郡县，方今郡县之弊已极，而无圣人出焉，尚一一仍其故事，此民生之所以日贫，中国之所以日弱而益趋于乱也。"④顾炎武还进一步总结了封建制和郡县制的弊端，"封建之失，其专在下；郡县之失，其专在上"。⑤ 但如果能将两者结合，通过地方分权限制中央，在郡县制中吸收封建制所具有的独立自主性，分帝王的权力，加强地方

① 《日知录·卷七》。
② 《日知录·卷九》。
③ 《日知录·卷七》。
④ 《顾亭林诗文集·郡县》。
⑤ 同上。

自治权,则可以达到"寓封建之意于郡县之中,而天下治矣"①的效果。在论述郡县制之时,顾炎武不忘具体考证郡县制的历史,认为郡县制早在春秋时代既已产生,而非晚至秦始皇之时,他写道:"《汉书·地理志》言:秦并兼四海,以为周制微弱,终为诸侯所丧,故不立尺土之封,分天下为郡县,荡灭前圣之苗裔,靡有孑遗。后之文人祖述其说,以为废封建,立郡县,皆始皇之所为也。以余观之,殆不然。""则六国之未入于秦,而固已先为守、令、长矣……此固其势之所必至。秦虽欲复古之制,一一而封之,亦有所不能,而谓罢侯置守之始于秦,则儒生不通古今之见也。"②在具体构想上,顾炎武认为应当首先由君主将权力分给太守,允许地方官员实行有条件的世袭制度,同时强化宗法制度,宗子家族长再分给各守、令部分权力,享有一定的族权,以族法和家规来治理家族,并拥有评论政教风俗、实施一定刑罚的权力,这样既避免了权力过分集中,也防止地方权力过大,可以保持社会秩序的稳定。③

(二)吏治的法制史研究

顾炎武提出的"众治"除了包含上节所述的"地方分治",还包括了另一个重要内容,即"百官分治"。他认为,天子欲实现天下大治,必须充分发挥百官的积极性、主动性,同时保持其廉洁性,对于贪赃枉法者应当依法严惩,不可姑息。

顾炎武在卷十三《除贪》中考察了历代的吏治情况,指出历代对于赃官都用法严苛。"汉时,赃罪被劾,或死狱中,或道自杀。唐时赃吏多于朝堂决杀,其特宥者,乃长流岭南。睿宗太极元年四月,制官典:主司枉法,赃一匹已上,并先决一百。而改元及南郊赦文,每曰:'大辟罪已下,已发觉未发觉,已纠正未纠正,系囚见徒,罪无轻重,咸赦除之。官典犯赃,不在此限。'然犹有左降遐方,谪官蛮徼者。而卢怀慎重以为言,谓屈法惠奸,非正本清源之术。是如乱政同位,商后作其丕刑;贪以败官,《夏书》训之必杀。三代之王,罔不由此道者矣。宋初,郡县吏承五季之习,黩货厉民,故尤严贪墨之罪……史言宋法有可以得循吏者三,而不赦犯赃其一也……"④但是,到了明朝,统治者却不再效仿前朝严惩赃官的法制,对于赃官过于放纵,也就导致了官吏贪赃枉法成风、经济凋敝、社会衰落,顾炎武说道:"盖自永乐时,赃吏谪令戍边,宣德中,改为运砖纳米赎罪,浸至于宽,而不复究前朝之法也。呜呼!法不立,诛不必,而欲为吏者之毋贪,不可

① 《顾亭林诗文集·郡县》。

② 《日知录·卷二十二》。

③ 李光灿、张国华总主编:《中国法律思想通史》(第7~9卷),山西人民出版社2000年版,第662页。

④ 《日知录·卷十三》。

得也。”[①]但是,顾炎武并不主张对赃官一律适用重刑,而应当根据具体情况,刑罚得中,对此,顾炎武举了《册府元龟》所记载的明宗皇帝的敕文,[②]指出明宗皇帝对县令李商的判决刑罚适中,顾炎武评论道:“读此敕文,明宗可谓得轻重之权者矣。”[③]

(三)乡亭之治的法制史研究

明代末期,高度集权的君主专制制度使世风日下,整个国家都处于堕落和停滞之中。因此,必须改变当时的世风,回归正义、朴实的人心风俗,而回归朴素之风的重要途径,就是通过礼义教化来实现。对此,顾炎武尤为赞赏洪武年间的里老制度,即由各地官员选取各地德高望重的老人来处理乡里纠纷,申明礼义教化,如此,既有助于纠纷的解决,实现各基层组织的自治,也有助于朴素民风的培养。但是,与洪武年间的里老制度相比,顾炎武所处时代的里老制度实际上已经名存实亡,里老地位低微,完全受制于官府,因此,德高望重之人均不愿担任里老一职,反由一些奸邪之人担任,而这些人凭借里老的地位又作奸犯科、欺压百姓。

顾炎武希望通过基层组织,强化地方权力,更好地教化百姓、维持基层秩序,将“众治”落实到基层。对此,顾炎武考证了古代的“乡亭”法制建设,发现《周礼·地官》中就有相关记载:“自州长以下,有党正、族师、闾胥、比长,自县正以下有鄙师、酇长、里宰、邻长,则三代明王之治,亦不越乎此也。夫惟于一乡之中,官之备而法之详,然后天下治,若网之在纲,有条而不紊。”[④]秦时则“大率十里一亭,亭有长;十亭一乡,乡有三老,有秩、啬夫、游徼。三老掌教化,啬夫职听讼、收赋税,游徼循禁贼盗”。[⑤] 汉承秦制,也设有三老处理民间纠纷,“汉世之于三老,命之以秩,颁之以禄。而文帝之诏,俾之各率其意以道民。当日为三老者,多忠信老成之士也”。[⑥] 顾炎武还从唐柳宗元的论述中找到对基层治理的重

① 《日知录·卷十三》。

② 《日知录·卷十三》中《册府元龟》载:“天成四年十二月,蔡州西平县令李商,为百姓告陈不公,大理寺断上赎铜。敕旨:‘李商招愆,惧在案款。大理定罪,备引格条,然亦事有所未图,理有所未尽。古之立法,意在惜人;况自列圣相承,溥天无事,人皆知禁,刑遂从轻。丧乱以来,廉耻者少,朕一临寰海,四换星灰,常宣无外之风,每革从前之弊,惟期不滥,皆守无私。李商不务养民,专谋润己,初闻告不公之事件,决彼状头;又为夺有主之庄田,挞其本户。国家给州县篆印,抵为行遣公文,而乃将印历下乡,从人户取物。据兹行事,何以当官?宜夺历任官,杖杀。’”

③ 《日知录·卷十三》。

④ 《日知录·卷八》。

⑤ 《汉书·卷十九(上)》。

⑥ 《日知录·卷八》。

视，并根据柳宗元先有里胥而后有县大夫、诸侯、方伯、连帅及天子的论述，得出结论："由此论之，则天下之治，始于里胥，终于天子，其灼然者矣。故自古及今，小官多者其世盛，大官多者其世衰。兴亡之途，罔不由此！"①

三、《读通鉴论》中的法制史学

王夫之（公元1619~1692年），字而农，号薑斋，湖南衡阳人，因晚年居于南岳衡山下的石船山，并在该地著书立说，故世称"船山先生"。著名的思想家、哲学家、史学家、文学家、美学家，与黄宗羲、顾炎武齐名，并称为明末清初三大思想家，也是湖湘文化的精神源头。王夫之与其同时代的顾炎武一样，比较注重现实生活，注重考察社会，着意研究经世致用之学。

王夫之精通经学、子学、史学、文学、政法、伦理，造诣精深，兼通天文、历数、医理、兵法乃至卜筮、星象等，一生著作颇多，他的著述存世的约有73种、401卷，散佚的约有20种，其中包括《永历实录》《周易外传》《周易内传》《读四书大全说》《庄子通》《春秋世论》《宋论》《读通鉴论》等。

《读通鉴论》是王夫之晚年的作品，是其阅读司马光的历史巨著《资治通鉴》的笔记，但又不局限于《资治通鉴》，上联系到了战国前，下延及五代后的宋元明三朝。该书通过引鉴史实，分析各朝各代的兴衰成败，探索历史演进的规律，而王夫之的个人生活经历、政治遭遇、学术思想在该著作中也有所体现。从体例和内容来看，该著作按朝代分为30卷，没有篇题，包括秦史1卷、西汉史8卷、三国史1卷、西晋史4卷、南北朝史4卷、隋史1卷、唐史8卷、五代史3卷，另附《叙论》4卷作为卷末。除三国、西晋、五代外，其余各卷都不署朝代名，而以帝王为号依次排列（王莽除外，用其名）。

《读通鉴论》中不乏王夫之对于法律的见解，如：主张人治、法治并重，重在治吏；主张明慎用刑、秉公执法；反对繁密酷刑，提倡法简刑轻、统一必刑；主张法具有可变性，无一成之法等。

（一）人治或法治的法制史研究

在王夫之看来，无论是人治还是法治，其都是治国的方式，"任人任法，皆言治也"。但是，对于此一问题，王夫之首先考察法制史上向来存在的两种相互对立的观点：法家强调法治，务使"境内之民，其言谈者必轨于法"；儒家则强调人治，贤人之治，"政者，正也，子帅以正，孰敢不正？"其后，在考察历朝历代任法不任人或任人不任法的治理情况后，王夫之发现，无论是法治还是人治都存在其

① 《日知录·卷八》。

固有的弊端,在法治,如果一味地只讲求法治,一律严格按照朝廷颁布的律条办事,必然将导致凡事"一刀切",最终招致国家混乱的结果,他说:"法诚立矣,服其官,任其事,不容废矣。而有过于法之所期者焉,有适如其法之所期者焉,有不及乎法之所期者焉。才之有偏胜也,时之有盈诎也,事之有缓急也,九州之风土各有利病也。等天下而理之,均难易而责之,齐险易丰凶而限之,可为也而惮于为,不可为也而强为涂饰以应上之所求,天下之不乱也几何矣!"①而在人治,依照贤能者个人的好恶进行治理,将失去统一的标准,也会导致混乱的后果,他说:"任人而废法,则下以合离为毁誉,上以好恶为取舍,废职业,徇虚名,逞私意,皆其弊也。"②由此,王夫之提出了独特的观点,即既要法治又要人治,且选择贤能的人相对来说更为重要,他说:"盖择人而授以法,使之遵焉,非立法以课人,必使与科条相应,非是者罚也。"③"以要言之,用人其尤亟乎!人而苟为治人也,则治法因之以建,而苛刻纵弛之患两亡矣。"④

(二)法的繁简、宽猛的法制史考察

王夫之在考察以往各朝代的立法政策与实践后,总结出古代法制具有三种立法倾向:其一,是以先秦法家为代表的立法,其立法严苛;其二,是以先秦道家为代表的立法,其排斥人定法;其三,是以先秦儒家为代表的立法,其为前两种立法的折中。

王夫之以总结历史经验的形式对第一种立法政策予以了批驳,认为严苛的立法非但不能禁止犯罪行为,反而使犯罪越发严重,枉法裁判越发泛滥,如:秦朝立法繁密,终致二世而亡,"孰谓秦之法密,能胜天下也";⑤汉灵帝时"以州郡相党,制婚姻之家及两州人士不得对相监临,立三互之禁,选用艰难,而州郡之贪暴益无所忌";⑥北魏拓跋氏诏令"未班禄也,枉法十疋、义赃二十疋,坐死;其既班禄也,义赃一疋、枉法无多少,皆死",⑦但实际上却是"法愈密,吏权愈重;死刑愈繁,贿赂愈章;涂饰以免罪罟,而天子之权,倒持于掾史"。⑧

王夫之也重点批驳了后世"伪儒"们所主张的立法倾向,认为这种"内申、韩,而外儒术"的立法政策,害国害民,他说:"(儒者)仁而弱,宽而纵,崇情以氿

① 《读通鉴论·三国》。
② 同上。
③ 同上。
④ 《读通鉴论·晋泰始元年起》。
⑤ 《读通鉴论·二世》。
⑥ 《读通鉴论·灵帝》。
⑦ 《读通鉴论·武帝》。
⑧ 《读通鉴论·二世》。

法，养奸以病民，诚过矣。然使其过也，果害于国，果贼于民。”①王夫之对此表示了强烈的不满：“乃后之儒者，恶恶已甚，不审而流于申、韩。无知之民，苟快泄一时之忿，称颂其擿发之神明，而不知其行自及也。呜呼！可悲矣夫！”②

在考察了历代立法政策和实践后，王夫之对于法的繁简、宽猛问题也形成了自己的观点，详言之：

在法的繁简问题上，王夫之主张法条应当内容完备且简明，“夫法者，本简者也，一部之大纲，数事而已矣，一事之大纲，数条而已矣”。③ 在民治方面，王夫之认为“律简则易从”，“政莫善于简，简则易从。抑唯上不惮其详，而后下可简也。始之立法者，悉取上下相需、大小常变之条绪而详之，乃以定为画一，而示民以简，则允易从矣”。④ 在吏治方面，王夫之则认为“律简则易察”，认为对于官吏的不轨行为，过于放纵固然不好，但是律条过于细密，吹毛求疵也不合适，对此，其尤为欣赏唐玄宗时代晋陵尉杨相如的立法建议，即“法贵简而能禁，刑贵轻而必行。小过不察，则无烦苛；大罪不漏，则止奸慝”。⑤

在法的宽猛问题上，王夫之认为应当宽严相济，严以治吏，宽以养民，他说：“严者，治吏之经也；宽者，养民之纬也；并行不悖，而非以时为进退者也。”⑥他反对对违法的官吏惩处不力，指出“驭吏以宽，而民之残也乃甚”。⑦ 他也反对对民众施以暴行，并以东汉末年为例，指责“外戚阉人作威福以钳天下，而任贪人于郡邑；使虔刘赤子，而民日在繁霜积雪之下，哀我惮人，而何忍言猛乎”，⑧达官显贵也不例外，应当受到严治。王夫之之所以强调严于治吏的原因是，在其看来如果官吏，尤其是达官显贵本身都能遵守好法律、法令，那么通过上行下效，其他人也都会遵循法律、法令，如其言，“法先自治以治人，先治近以及远”。⑨

（三）刑罚目的的法制史考察

王夫之在对古代法制刑种的考察后，首次提出了对罪犯讲求“人道”的说法。在他看来，刑罚的目的绝不是惩罚，而是通过惩罚来消灭犯罪，并最终废弃

① 《读通鉴论·玄宗》。
② 《读通鉴论·宣帝》。
③ 《读通鉴论·梁武帝》。
④ 《读通鉴论·德宗》。
⑤ 《读通鉴论·玄宗》。
⑥ 《读通鉴论·桓帝》。
⑦ 同上。
⑧ 同上。
⑨ 《读通鉴论·代宗》。

刑罚,他说:"王者首出,诛恶削僭,以兵治而期于无兵,以刑治而期于无刑。"[①]由此,王夫之认为肉刑之残酷,不符合刑罚的目的,也不符合"人道"的要求,故主张废除肉刑,"抑使教养道尽,礼乐复兴,一如帝王之世,而肉刑犹未可复也。何也?民之仁也,期以百年必世,而犹必三代遗风未斩之日也。风未移,俗未易,犯者繁有,而毁支折体之人积焉,天之所不祐也。且也,古未有笞杖,而肉刑不见重;今既行笞杖,而肉刑骇矣"。[②] 对于死刑的执行,王夫之认为也应当贯彻"人道"的思想,应以处死为限度,无须斩首示众、五马分尸,因为这种方式对于死者而言并没有什么影响,但是给没有犯罪的死者的亲属却带来了精神痛苦,"夫刑极于死而止矣,其不得不有死刑者,以止恶,以惩恶,不得已而用也"。[③]

(四)对《礼记·曲礼》中"礼不下庶人,刑不上大夫"含义的质疑

"刑不上大夫"本是奴隶社会的法律制度,经过儒家的理论总结,成为一项重要的法律原则。该原则也曾遭受商鞅、韩非等先秦法家的严厉反对,其后,因其对于封建特权起到了一定的保护作用,经过汉儒的阐述和宣扬,成为封建法制的一项重要原则。历代学者对于这一原则都有不同的诠释,有认为"刑不上大夫"是指尊贵大臣有罪时,由其自行请罪,而不由君主对其施加刑罚;有认为此一原则古法无据,因而不能成立等。[④] 王夫之对于此一原则也有其独特的见解,他认为法应当尊重人格,即"敬者,君子之自治,不以微疵累大德",由此,"礼不下庶人"就是指不能用衡量君子的道德标准去衡量普通百姓,即"不可以君子之修,论小人之刑辟","刑不上大夫"就是指不能用对待囚徒的禁令责问君子的一时行为,即"不可以胥隶之禁,责君子以逡巡"。[⑤] 那么,要贯彻"礼不下庶人,刑不上大夫"这一原则,首先应当区分好道德与违法、对待囚徒与对待一般人的界限。

四、《龚自珍全集》中的法制史学

龚自珍(公元1792~1841年),字璱,号定庵,晚年又号羽庵山民,浙江仁和(今杭州)人,近代思想家、文学家。27岁中举人,38岁中进士,担任过内阁中书、宗人府主事和礼部主事等职务。龚自珍的文学创作打破了清中叶以来局限

---

① 《读通鉴论·光武》。

② 《读通鉴论·文帝》。

③ 《读通鉴论·隋文帝》。

④ 参见张维新:《中国古代法制史学史研究——以历代古籍为中心》,上海人民出版社2012年版,第317页。

⑤ 《读通鉴论·玄宗》。

于山水之景的格局，超出单纯的自然景物描写，往往着眼于政治、社会形势，因而开创了近代文学的新篇章。

龚自珍一生著述相当丰富，但今有大量遗失，仅存《当世急务储备条》《尚书序大义》《左氏决疣》等几十种书目。《龚自珍全集》就是龚自珍自编嘉庆十九年（公元1814年）以来的文稿，共3卷，并附《余集》3卷、《少作》1卷，现今最为完整的版本为1955年中华书局出版的，由王佩诤校点的《龚自珍全集》，系仿邃汉斋本分为11辑：第一辑为政治、学术论文；第二辑为碑传、纪事；第三辑为书序；第四辑为金石题跋；第五辑为各种表、启、笺；第六辑为佛学论著；第七辑为韵文；第八辑为语录；第九辑为编年诗；第十辑为杂诗；第十一辑为词。

《龚自珍全集》中最为主要的政论文是《乙丙之际箸议（塾议）》11篇，和《明良论》4篇，针对当时清王朝的衰落，龚自珍批判了君主专制制度，呼吁制度改革，同时，还揭露了封建司法制度中的种种黑暗现象，极力倡导变法。

（一）法律起源观

清朝晚期，士大夫们的政治主动性重新活跃，龚自珍也不例外，他一方面批判当时的衰世，另一方面开始寻求封建自救的方法。为此，龚自珍专门撰写《农宗》等文，从经济发展和社会发展的层面阐述了国家与法律的关系，重新审视了法律起源的问题，并构建了一个理想的宗法分封社会。

在法律起源上，龚自珍独有见地地提出了法律起源于“农”的观点，农业生产和宗族制度是一切法律制度的根源，换言之，龚自珍为“农宗”法律起源说第一人。在龚自珍看来，法律是经济、农业发展到一定阶段的产物，在生产力极端低下的原始社会，人类都是靠天吃饭，以“天谷”为生，不能自主进行农业活动，“未有礼乐、刑法与礼乐、刑法之差”。逐渐地，人类学会了农业耕作，能够自己生产“地谷”，不再依赖“天谷”，人类也逐渐开始拥有了多余的粮食及生活资料，由此，私有制、等级分化也出现了，“生民之故，上哉远矣。天谷没，地谷茁，始贵智贵力。有能以尺土出谷者，以为尺土主；有能以倍尺、若十尺、伯尺出谷者，以为倍尺、十尺、伯尺主；号次主曰伯。帝若皇，其初尽农也。则周之主伯与？古之辅相大臣尽农也”。[①] 龚自珍又进一步阐释道：“上古不讳私，百亩之主，必子其子……父不私子则不慈，子不业父则不孝，余子不尊长子则不悌，长子不赡余子则不义。”[②]龚自珍将土地与人伦关系、等级秩序联系起来了。拥有土地的人拥有权力，土地越多，权力越大，等级越高，各人都不得逾越等级，因此

① 《龚自珍全集·农宗》。

② 同上。

就必须立规矩，礼乐、刑法等各种规定等级、名分的规章制度便应运而生，法律也就产生了，“土广而谷众，足以芘其子，力能有文质祭享报本之事，力能致其下之称名，名之曰礼、曰乐、曰刑法”。①

（二）君臣关系

龚自珍在《古史钩沉论四》中重构了君主与臣子的关系，提倡要“宾宾”，也就是说，在君臣关系之中，君主应当要像对待宾客一样对待有才能的臣子，臣子是君主的客人，是为君王服务的异姓人才。为此，龚自珍从古代法制出发，论证中国历史上不乏尊宾的君主。

首先，龚自珍提出三代圣王都遵行“宾宾”，“宾也者，三代共尊之而不遗也”。又引用先秦诸子的说法，如其引用孔子的说法，“孔子曰：‘非天子不议礼，不制度，不考文，吾从周。’从周，宾法也。又曰：‘出则事公卿。’事公卿，宾分也”。

其次，宾的首要职责就在于掌握前代的礼乐道艺，在新朝代兴起之后，承担着复兴“礼乐”和“道艺”的职责，如龚自珍所说的：“故夫宾也者，生乎本朝，仕乎本朝，上天有不专为其本朝而生是人者在也。”在此，龚自珍指出秦、汉之所以灭亡，很大的原因就在于“宾”的缺失，没有“礼乐”和“道艺”的传承者，使君主越分违礼，导致王朝的混乱与衰亡，他说道：“夫嬴、刘之主，骄于三代者何也？宾籍阙也。汉之宾籍阙，不于其季，于其初。汉初，伏生老，窦公耄，申公胥靡，故汉初已无有宾。”

最后，宾应当有其特殊的品格，也就是要有守道不移的品格。他们“北面事人主，而不任叱咄奔走，捍难御侮，而不死私仇”，他们不做一姓皇帝的奴仆，不为一姓皇帝卖命，而是为天下的治理贡献其智慧，“故进中礼，退中道，长子孙中儒，学中史”。他们对于皇家应当“谏而不行则去”，“识其大掌故，主其记载”，“不吝其情”。总之，“不自卑所闻，不自易所守，不自反所学，以荣其国家，以华其祖宗，以教训其王公大人，下亦以崇高其身”。②

另外，在权力分配上，龚自珍认为，政权不应当由君主个人独有，而应当使君主和大臣共同执掌，天子的职责在于“训迪其百官，使之共治吾天下”，“责之以治天下效，不必问其若之何而以为治”。龚自珍之所以主张分权，是因为他看到了在君主权力过于集中的情况下，臣子受到的束缚过多，无法发挥自己的才干，臣子都“守法畏罪”，“而实不能以行一谋、专一事”。对此，龚自珍主张，完

---

① 《龚自珍全集·农宗》。

② 王立民主编：《中国法学经典解读》，上海教育出版社2006年版，第350页。

全可以仿照古代的法制，赋予守令生杀大权，大官甚至可以自行选拔属吏，皇帝无须过问具体的行政事务，也就是龚自珍所说的，“古之时，守令皆得以专戮，不告大官，大官得以自除辟吏”。虽然这种方法也存在很多的弊端，但是在别无他法之时，可以在一定程度上限制君主的专制，其言：“此其流弊，虽不可胜言，然而圣智在上，今日虽略仿古法而行之，未至擅威福也。仿古法以行之，正以救今日束缚之病。矫之而不过，且无病，奈之何不思更法，琐琐焉，屑屑焉，惟此之是行而不虞其陊也？”①

（三）对中国古代司法制度的批判

《乙丙之际塾议三》一文乃龚自珍在亲眼所见的基础上，揭示了当时司法制度的腐朽黑暗，司法审判实务全然为幕友操控，全国狱讼案件如出一人，幕友师爷垄断司法的腐败现象。龚自珍对此进行了严厉批判，并提出解决问题的办法。

首先，龚自珍揭露了当时司法判案中的 7 种怪现象：(1)各地邸抄中呈送的案件，不同案件的各种情形都相类似；(2)平民官吏审案所写的案情，总会受到上级的批驳，非由自己书写的，反倒获得认可；(3)不同胥吏撰写的书狱在语言文字上毕同；(4)地方上幕僚胥吏以各种理由使其他官吏唯其是从，专擅司法权力；(5)下级幕僚胥吏与上级官府相勾结，垄断司法权力；(6)胥吏之间形成了错综复杂的利益网，长期占据胥吏之位，实际掌控当地的司法权力；(7)胥吏因司法权力而谋得富贵生活，即“狎富久，亦自富也。狎贵久，亦自贵也。农夫织女之出，于是乎共之，宫室车马衣服仆妾备”。

其次，龚自珍试图寻找此种司法腐败的根源。龚自珍认为，无论是过去的法制还是现在的法制，都存在一个问题，即司法权与行政权不相分离，掌握于同一人手中：在中央，最高司法权和最高行政权均由皇帝掌控并行使；在地方，则由行政长官代皇帝行使地方上的司法权与行政权。在这种法制之下，司法不能独立，司法受到行政长官的执掌干预，难免出现行政官吏为了一己之利，滥用己权徇私枉法的现象。他从历史到当朝总结道：“古之书狱也以狱，今之书狱也不以狱……佐杂书小狱者，必交于州县，佐杂畏此人矣。州县之书狱者，必交于府，州县畏此人矣。府之书狱者，必交于司道，府畏此人矣。司道之书狱者，必交于督抚，司道畏此人矣。督抚之上客，必纳交于部之吏，督抚畏此人矣。”②

最后，龚自珍认为解决此类问题的唯一出路就是变革司法制度，实现司法

① 《龚自珍全集·明良论四》。

② 《龚自珍全集·乙丙之际塾议三》。

与行政的独立。龚自珍主张由士或师儒来独立司法治狱，反对以吏恃权势立文定法治狱讼，其言："民之识立法之意者，谓之士。士能推阐本朝之法意以相诫语者，谓之师儒"。①

五、《默觚》中的法制史学

魏源(公元1794~1857年)，名远达，字默生，又字汉士，湖南邵阳市隆回县人。道光二年中举人，道光二十五年始成进士，先后任江苏政使、巡抚幕僚，也在扬州、高邮等地做过知县和知州。鸦片战争爆发后，魏源一度应钦差大臣裕谦的聘请，入浙江参赞军务。魏源认为论学应以"经世致用"为宗旨，提出了"变古愈尽，便民愈甚"的变法思想，同时，魏源主张学习西方先进科学技术，提出"师夷长技以制夷"的新思想，因而成为近代中国少有的"睁眼看世界"之人。

魏源学识渊博，一生著作甚多，其中包括：他在贺长龄请他主持编纂的《皇朝经世文编》，该书共有120卷，包含了从顺治到道光初年近两百年间的学者论著书札、官员奏疏、官方文书中足备经世、关乎实用的篇章2241篇，具体分为学术、治体、吏政、户政、礼政、兵政、刑政、工政八纲，是一部集中反映清代前中期经世实学的论文总集；他在鸦片战争后，遵友人林则徐所嘱，编写了世界地理学巨著《海国图志》，该书起初为50卷，后到1852年扩张到了100卷，是中国近代第一部由中国人自己编写的介绍世界各国国情的著作，传播了近代自然科学知识以及别种文化样式、社会制度、风土人情。其他著作还有《书古微》《诗古微》《老子本义》《墨子注》《孙子集注》《圣武记》《元史新编》《默觚》等。

《默觚》一书，默字取之于魏源的字"默深"，觚则为古代木简的意思，故以"默觚"为篇名。该书是魏源从理论上系统论述社会变革思想的短文集，包含了作者丰富的哲学思想。从体例上看，该著作分为《学篇》和《治篇》两大部分30篇，其中，上篇《学篇》共14篇，下篇《治篇》共16篇。从内容而言，上部较多体现了一个传统士人的经学见解，边疆史地以及盐铁之论，下部则着重论述世情政务，针对河工、漕运、盐法、兵制等提出自己的议论和见解。虽然该著作没有专就法律做出系统论述的篇章，但也不乏对于晚清法律制度变革的审视和构想的内容。

(一)古代法制变异观

魏源在《默觚》中详细阐述了自己的变异观，认为变不但是自然界的发展规律，更是社会历史发展的基本规律。历史是不断前进的，现在和过去不同，过去

---

① 《龚自珍全集·乙丙之际塾议六》。

和远古更不同,如其言,"气化无一息不变者也,其不变者道而已,势则日变而不可复者也"。[1] 此种变异,在法制史中也同样存在,历朝历代的法制是经常变化的,不能用古代的法律来约束和规范当今社会,否则,就是"诬今",也不能用当今的法律衡量古代社会,否则,也就成了"诬古"。另外,此种变异是一种积极的变异,也就是后来的朝代必胜于前朝,将来的朝代也必胜于现在,例如,汉文帝废除肉刑,柳宗元批判封建制而颂扬郡县制以及世袭制变为贡举制,无不体现了这种"新胜于旧""因时制变"的道理。

为说明法制建设的这种变化,魏源列举了历代关于赋税、选举、劳役、兵役等制度不断变革的典型例子,其言:"三代以上,天皆不同今日之天,地皆不同今日之地,人皆不同今日之人,物皆不同今日之物。……古乃有古,执古以绳今,是为诬今;执今以律古,是为诬古。诬今不可以为治,诬古不可以语学。……租、庸、调变而两税,两税变而条编。变古愈尽,便民愈甚。……天下事,人情所不便者变可复,人情所群便者变则不可复。江河百源,一趋于海,反江河之水而复归之山,得乎?履不必同,期于适足;治不必同,期于利民。是以忠、质、文异尚,子、丑、寅异建,五帝不袭礼,三王不沿乐,况郡县之世而谈封建,阡陌之世而谈井田,笞杖之世而谈肉刑哉!……庄生喜言上古,上古之风必不可复,徒使晋人糠秕礼法而祸世教;宋儒专言三代,三代井田、封建、选举必不可复,徒使功利之徒以迂疏病儒术。君子之为治也,无三代以上之心则必俗,不知三代以下之情势则必迂。……守陈案者不可与言律……善治民者不泥法。"[2]

这种法制变异的规律在清王朝也同样适用,清朝的官制、律例、赋税、兵额都是依据明朝的制度修改而成,但又都胜于明朝。在清朝立国之初,君主总结明朝失败的经验教训,制定的法制体恤民情,严禁宦官专权、重赋扰民。因而,清初的百姓都耳不闻苛政虐刑,眼不见兵戎攻战,朝廷对官员的谏诤,不但不加责备,反而厚待他们,使清朝官员都不会畏惧明朝的廷杖、诏狱等的迫害。但是,现如今的清朝与建朝之初已经大相径庭,内忧外患无不威胁着清王朝的统治。因此,从本朝的法制经验来看,欲巩固本朝的统治,必须改革现行法制。对于改革,魏源认为,首先,改革不是一蹴而就的,应当循序渐进;其次,变法应当具有基本的衡量尺度,而这种尺度,在魏源看来就是"人情",也就是他所谓的"天下事,人情所不便者变可复,人情所群便者变则不可复","履不必同,期于适

① 《默觚下·治篇五》。

② 同上。

足;治不必同,期于利民”。①

(二)批评古代封建集权制

魏源在为两江总督陶文毅公写碑铭时,对于当时封建集权下的官僚机构现状做了描绘,他写道:“国家承明制,挢明弊,以内政归六部,外政归十七省总督、巡抚,而天子亲览万几,一切取裁于上,百执事拱手受成。上无权臣方镇之擅命,下无刺史守令之专制,虽嵬琐中材,皆得容身养拙于其间。渐摩既久,以推诿为明哲,以因袭为老成,以奉行虚文故事为得体。”②对于此一问题,魏源在《默觚》中也有所论及,他认为封建集权制是清朝法制弊政的根源,在封建集权制之下,皇帝独揽大权,官吏或其他人员不积极,因循守旧、唯命是从。

在魏源看来,天子不是圣人,只是“众人中之一人”。朝代兴衰存亡的主要力量来自于众人,因而,一切典章、制度、政策等都不能完全出自天子个人,而应当是众人意见的产物,也就是“公天下”——君主兼采天下之议的产物。以古代的圣君明王为例,他们就害怕百姓不能“息息相同”。因而,强调皇帝在制定典章、制度、政策等时,应当广征博采,百家争鸣,才能制定有益的政策等。既为众议,则需辈出的人才,但历代的科举制度在很大程度上限制了人才的选拔,魏源称之为是“以无益之画饼、无用之雕虫”来选人,只能选出“不知君国为远犹为何事”,只知道“市恩、报怨、希进”的小人。因而,魏源提出必须对历代的科举制度进行改革,广泛吸纳能够解决实际问题的人才,任人唯贤,才能改变这样的现状。

(三)提倡法宜宽简的法制观

魏源对比了清朝和唐及唐以后的朝代,特别是明朝的法律,认为清朝的法律尤为野蛮和残酷。就酷刑而言,清朝无论在立法还是执行方法、适用范围上,均较明朝更为严苛。以凌迟为例,明律中有关凌迟的律和例共计十三条,清律在全部承袭明律的基础上又陆续增加了劫囚、发冢、谋杀人、杀一家三人、威逼人致死、殴伤业师、殴祖父母、父母、狱囚脱监以及谋杀本夫等九条十三罪,并规定凌迟罪犯在行刑前如自然死亡,仍须戮尸。

对此,魏源认为清王朝必须变革现行严酷的法律,在刑罚上,应采法宜宽平的原则。首先,在法律的严酷程度方面,魏源认为刑罚的功能只是在于告诫人们分清善恶,而非单纯的惩罚,他说:“刑赏者,所以劝惩天下之中人,然劝惩所及者,显恶显善而已。阴恶阴善,则王法劝惩所不及,自非天网恢恢疏而不失,

① 《默觚下·治篇五》。

② 魏源:《太子太保两江总督陶文毅公神道碑铭》,载《魏源集》,中华书局1976年版。

岂能福善祸淫于耳目之所不及乎？"[1]因而法律并非越严酷越好，反倒是相对宽松更有利于清朝的统治秩序。

而在法令的数量方面，魏源认为，法令的繁多，往往会造成冤假错案数量的上升，他援引《诗·桧风·匪风》中的比喻，将法令的制定比作烹鱼，称"言烹鱼，烦则碎，治民烦则乱，是以治大国者若烹小鲜"。因此主张立法应当科条简要，宽简适中。

① 《默觚下·治篇十六》。

第六章　中国古代法制史学演进的思考

本书前五章中,以历代古籍为中心,探讨了法制史学在古代的演进情况,大致看到了“先秦的萌芽—秦汉的初步确立—魏晋至隋唐的发展—宋元的完善—明清的进一步发展”这样一个历史脉络;法制史学的发展总离不开人物的推动,故本章第二节选取古代典型史家,思考他们对于法制史学的发展所做出的贡献。与此同时,一些历史事件由于其巨大的影响,也成为古代法制史学经常研究的课题,故本章第三节选取古代典型法制史事件,回顾这些事件的具体内容,思考其对古代法制史学发展的作用。虽然中国古代没有法制史学科,但古籍中记载尚存有不少相关的记述,这些内容也让我们领略到古代法制史学与近代法制史学的迥异之处和它特有的意义。

第一节　中国古代法制史学的演进阶段

从先秦至明清,整个古代法制史学时间维度跨越之大,发展之缓慢。由于法制史学乃法学与史学的结合,法制史学的发展与法学和史学的发展都有着联系,但又呈现出了自身的发展规律和发展阶段,从前述相关法制史学的著作及观点,我们大致可以将古代法制史学的发展历程划分为五个阶段。

一、先秦时期——萌芽阶段

依通说,法律是随着国家的起源而产生的。约公元前21世纪,夏朝作为我国第一个奴隶制朝代在北方中原一带正式形成,由此开启了中国法制文明史。但夏代并无文字,也没有留下当时的资料,故而夏代并无史学,更无法制史学可言。商代开始有了文字和历法,也就有了零星的史料记载,商代统治者为了使自己的统治合法化,开始宣传"王权神授""致天之罚"的法律起源说,故而可以说,商代已经开始触及了法制史学的问题。到了西周时期,奴隶制国家走向鼎盛,并由盛及衰,中国的古代早期法制文明体系也逐渐发展成熟、完备,出现了专门的"史"和"史官"。春秋战国一直到秦统一天下前,是奴隶制国家逐渐走向衰落、灭亡的大变革时期,却同时也是中国历史上"百家争鸣"、法律思想异常繁荣的时期,此一时期的思想家们也越来越多地关注法制史问题,从而有了古代法制史学的萌芽。

《尚书》是我国现存最为古老的一部历史文献,记录了距今2300年至4000年间,虞、夏、商、周朝的一些重大历史事件。其中不乏刑罚的起源与发展、明德慎罚法律思想的确立与发展、上古时期的审案原则与方法和西周法制演变等法制史内容,故而是古代法制史学萌芽的代表之作。春秋战国时期诸子百家的著述也从其本身派别的立场出发,对于法制史问题发表了不同的观点,这既丰富了古代法制史学的内容,也为后来古代法制史学的演进奠定了基础。

二、秦汉时期——初步确立阶段

随着秦朝的建立,大一统的封建集权专制在中国确立了起来。基于政治上的统一,法律思想也逐渐由多元向一元转变。在秦代,法家思想成了这一时期的主流思想,各项法制实践在"法治"思想的指导下开展。但因秦代持续时间过短,其对于古代法制史学的影响较为薄弱。西汉时期,是封建正统法律思想的探索和形成阶段,以儒家法律思想为主,同时吸收战国时期诸家法律思想为一体的封建正统法律思想应运而生。封建正统法律思想的基本特征就是强调德主刑辅、礼法并用,此种正统法律思想也支配着这一时期乃至此后近两千年的法制史学。

东汉班固所著《汉书》是我国历史上第一部"纪传体断代史",该书首创"刑法志"的编目,并为后世的正史所吸收,为后世在正史中书写法制史提供了写作范式。《汉书·刑法志》成了中国历史上第一部专门意义上的法制史学著作,从此使法制史成为中国正史一个不可或缺的部分。因而可以说,该书标志着古代法制史学的初步确立。

三、魏晋至隋唐时期——发展阶段

魏晋时期又是中国社会的一个大分裂时期,是从中国封建社会前期向成熟期过渡的一个时期,尽管政局动荡,这一时期在法学上仍有长足的发展,尤其是《北齐律》的制定,为隋的《开皇律》以及其后的唐律奠定了历史基础。隋唐时期,国家逐步统一,乃至达到鼎盛。在这一时期,封建正统法律思想也日趋完善和成熟,不但成为封建法制的理论基础,指导着封建王朝的立法和司法活动,而且也逐渐为社会大众所接受,左右着整个社会的法行为和法意识。这一时期的法制史学研究也正是在日渐巩固的正统法律思想的指导下开展的。至唐朝,史学的学术地位已经由经部的附庸转变为堪与经学比肩而论的一门学问,统治者出于专制需要,组织"官修"史书,同时也高度重视法制建设,因而法制史学在这一时期得到较为快速的发展。

唐代中期杜佑撰写的《通典》是中国史学史上的第一部典制史巨著,其中的《刑典》篇是继《汉书·刑法志》之后又一重要的法制史专门篇目,该著作以历代刑法制度的沿革为经,以前人评论为纬,全方位叙述历代刑法制度的发展演变以及世人的观点,体现了古代法制史学在魏晋隋唐时期的发展水平。而《唐律疏议》不仅是一部封建法典的典范,而且也是一部法制史书籍,对于立法体例、罪名、罪行、法律制度等的历史沿革均有阐述,亦体现了古代法制史学在这一时期的发展。

四、宋元时期——成熟阶段

中国的封建社会在唐代达至顶点,随后的宋元开始逐渐走向衰弱,但并非说自宋朝开始中国社会就止步不前了。相反,依靠着盛唐积累下的各种财富,宋朝社会经济繁荣,尤其是商品经济得到了空前的发展,经济的发展也推动了科学技术的进步,此一时期印刷术已经得到广泛运用,这就便于各类思想借助纸张这一载体传播开来。

在法学方面,有学者认为,及至宋王朝,中国古代法律才达到了顶峰,主要表现在:第一,宋朝诞生了更为细密的理学世界观,并且对于其后朝代的法学都产生了巨大的影响;第二,在律学方面,宋代也较之唐代有创新,如孙奭的《律附音义》、傅霖的《刑统附解》;第三,在法典编纂上,《宋刑统》既吸收了唐律的精华，又有所发展和创新；第四，宋代的法医学和判例法研究也较为发达，而唐代并无此方面的成就。[①] 同时，宋元的史学也是中国古代史学史的繁荣时期，宋元出现了许多中国古代史学史的著名作品。[②]

依附于法学和史学的发展，法制史学在这一时期也走向了成熟，孙奭的《律附音义》是对唐律的注释，不仅有注音、解释，还记载了唐律的源流，可以说是一部唐朝法制史作品。马端临的《文献通考·刑考》通过“文”“献”“注”相结合的方式，对从虞舜至宋宁宗的刑制、徒流、详谳、赎刑以及赦宥分别做了详尽的法制史考究。

五、明清时期——进一步发展阶段

明清时期为中国封建社会的末期，在政治、经济、文化、法律等方面都是唐宋的延续，并无多大变革或创新，正如有学者所称，此时的中国就像是一个步履沉重的老人，逐渐走向封建制的终点，[③]封建正统的法学也在走向衰亡。然而，这一时期在法制史学方面，却取得了较大的发展。自明代中后期的嘉靖到万历年间，商品经济开始发展，私人手工业、矿业和商业等都有了快速增长，有些中小地主也兼营工商业，他们把多余的地租全部卖出，积累银钱，一反重农轻商的故态，经济的发展有了新的转变，[④]同时，政治上，高度的中央集权统治，使社会内部的矛盾也不断突现。正是基于这样的历史条件，中国社会内部涌现了一批启蒙思想家，如黄宗羲、顾炎武和王夫之，他们试图以法制史为镜，寻求变法的方向，他们的著作为法制史研究树立了新风。丘濬的《大学衍义补》是一部完整的法制史研究成果，传达了完备而系统的治国治民学说。即使是在“万马齐喑”的雍乾嘉时期，该书也注重史学注疏与考证，这种学术氛围从客观上说大大地促进了法制史的研究，并一直影响到清末时期。[⑤] 而到了晚清时期，龚自珍、魏源、薛允升等面对清王朝统治的岌岌可危，纷纷寻求变法，他们面对中国古代法制问题和西方法制的渗入，详细考察和探究中国古代法制的发展传承历史，探寻改革现行法制的出路，留下了中国古代历史上最为系统完备的法制史学著作。

① 参见何勤华：《中国法学史》（第2卷），法律出版社2006年版，第2页。

② 参见范沛潍：《中国古代史学史的分期》，载《史学月刊》1996年第6期。

③ 参见何勤华：《中国法学史》（第2卷），法律出版社2006年版，第198～199页。

④ 参见武树臣：《中国法律思想史》，法律出版社2004年版，第287页。

⑤ 参见张维新：《中国古代法制史学史研究——以历代古籍为中心》，上海人民出版社2012年版，第381页。

这一阶段的法制史学,无论是从研究的数量抑或质量,研究的方法抑或系统性,均较之宋元时期乃至以往的任何一个时期有了更为进一步的发展,甚至可以说是整个古代法制史学演进历程的巅峰时期。而随着国门被打开,西学的引入及至法制史学科的产生,中国法制史学又进入了一个截然不同的历史时期。

第二节　中国古代著名史家对法制史学的贡献

在古代法制史学演进的历程中,一些史家的研究方法不仅对于一般的历史研究,而且对于作为专门史的法制史研究,都有重要影响。本节列举了班固、杜佑、马端临、黄宗羲、顾炎武、王夫之及薛允升7位典型代表人物,思考他们对于古代法制史学的独特贡献。

一、东汉班固首创法制史专门编目

班固是东汉著名的史学家,他撰写了一部专门记载西汉一朝的历史书——《汉书》。该书断代为史,也用了纪传体的体裁,开创了我国纪传体断代史的编纂体例。班固对司马迁将西汉前6位皇帝的历史"编于百王之末,厕于秦项之列"表示不满,认为那样把汉朝的地位降低了。在他看来,秦朝根本算不上是一个正统的王朝,项羽也没有正式做过皇帝,不应为他立本纪,因此,基于抬高汉朝地位之动机,班固提出了所谓"汉绍尧运,以建帝业"的说法,认为汉朝是对尧的统绪,秦、项乃至夏、商、周三代都不能与汉朝相提并论,因此,就将西汉王朝的历史写成了一部独立的史书,此为班固在史学上的贡献之一。其另一贡献则是首创了"刑法志"的编目。在《史记》八书中是没有专门记载刑法篇目的,因而,班固在史书中增加"刑法志"的编目,是对专门史——法制史的重要贡献,这一编目的创制开创了中国法制史研究的先河,使法制史首次成为中国正史中一个不可或缺的部分。

从内容上讲,《汉书·刑法志》并非静态地记载西汉有关刑律的规定,而是放在刑法制度演进的长河中进行再现和考察的。该书涉及了上自远古的黄帝时代,下至东汉末年的法制史,因而可以说班固较好地解决了"断汉为史"与"通古今"相结合的创新史学体例问题,正如学者所言,"班固辩证地处理'断代为史'与'通古今'二者的关系。对'断代为史'的体裁体例要求,若刻板地理解,那就只限于记述汉代历史,上起高祖,终于王莽。但历史是不能割断的,而且史家记载历史,目的是取鉴过去而预见将来。所以高明的史家治史不仅要符合'断代为史'的体例要求,而且必要时应当灵活变通。班固以记述汉代刑法制度演变为重点,同时,明其渊源所自。《刑法志》不仅主体部分体现了'通古今'的观点,而且前面记载兵制部分,也是起自西周兵制'因井田而制军赋',再历春秋、战国、秦的沿革,迄于汉代兵制,做到了'通古今',明其源流沿革。《刑法志》记载兵制与记载刑法之间,以及记载刑法沿革前后两部分之间,都有恰当的过渡文字将其紧密联系起来,因而起承转合自然,全篇构成结构严整的有机整体"。[①]

班固在史书中首创"刑法志"的编目可谓意义重大:首先,该编目可谓是法制史的专门编目,是中国古代法制史学史研究的重要文献,并且,此一编目为后世正史所吸收,为后世在正史中书写法制史提供了写作范式。具体而言,自《汉书》以后,历代"正史"包括《清史稿》在内的二十五史中,有十三史设置了"刑法志"的编目,具体为《晋书》《魏书》《隋书》《旧唐书》《新唐书》《旧五代史》《宋史》《辽史》《金史》《元史》《新元史》《明史》《清史稿》。个别没有"刑法志"的史书,如《后汉书》《三国志》等,也通过《晋书·刑法志》和《隋书·刑法志》做了补充。[②] 其次,该编目的存在,使一些亡佚的成文法典,尤其是唐代以前的成文法典得到了记录,也就是起到了保存法制史料的作用,正如学者的评价,"唐朝以前,中国制定的大型成文法典基本上都已亡佚,主要依靠各史的《刑法志》得以知其要略,这不能不归于《汉书·刑法志》的首发之功"。[③] 最后,从该编目的创制上可见班固对于法律的重视,其已经意识到法律在治国安邦中的作用。在《汉书》10篇志的排序中,《刑法志》列于《律历志》和《礼乐志》之后,而居于《食货志》《郊祀志》等7篇之前也进一步体现了班固对于法律的重视。

二、唐代杜佑创设新的史书编纂体例

唐代在中国社会历史发展长河中占据重要地位,以安史之乱为分割点,唐初至唐中叶的一百多年时间内,社会较为稳定,经济也得到了快速的发展,但之后,藩镇割据、宦官专权,社会陷入一片萧条。杜佑恰生活在唐代中期,既经历了开元、天宝的盛世,又目睹了安史之乱的大动乱及以后的衰落,因而,他树立

① 陈其泰:《历史编纂学视角展现的学术新视域——以〈汉书·刑法志〉为个案的分析》,载《天津社会科学》2008年第4期。

② 参见何勤华:《中国法学史》(第1卷),法律出版社2006年版,第242页。

③ 朱凤祥:《〈汉书·刑法志〉的历史编纂学价值》,载《兰台世界》2009年第11期。

“以富国安人之术为己任”的志向，孜孜不倦地进行着他的政治、学术活动，“实采群言，征诸人事，将施有政”，①并于67岁时，最终编纂完成中国史学史上的第一部典制史巨著——《通典》。《通典》全书200卷，由食货、选举、职官、礼、乐、兵、刑、州郡和边防九门组成，每一个门类均有序，其下又分若干细目，记载了上起远古时期、下至唐玄宗天宝末年的历史，唐肃宗、代宗以后的史实，多以夹注的形式补入。

在编纂体例上，杜佑既有继承也有发展。继承之处即在于《通典》也同样设置了“礼”、“乐”、“食货”、“刑”、“地理(州郡)”和“职官”的门类。发展之处在于：其一，《通典》舍弃了“律历”“天文”“五行”“艺文(经籍)”“舆服”的门类，又新设置了“选举”“兵”“边防”的门类。其二，《通典》对于各门类的排序具有其别具匠心的内在逻辑联系，如杜佑在自序中所言，“夫理道之先在乎行教化，教化之本在乎足衣食……夫行教化在乎设官职。设官职在乎审官才。审官才在乎精选举。制礼以端其俗，立乐以和其心，此皆先哲王致治之大方也。故职官设然后兴礼乐焉。教化隳然后用刑罚焉，列州郡俾分领焉，置边防遏戎狄焉。是以食货为之首，选举次之，职官又次之，礼又次之，乐又次之，刑又次之。州郡又次之，边防末之。”②也就是说，国家的经济措施、选举制度、政府机构三者至关重要，所以食货、选举、职官置于前；礼乐是维护统治的软手段，兵刑是维护统治的硬手段，不可或缺，所以礼乐、兵刑居中；而全国的行政区划以及四方邻国，又都关系国家的稳定与安全，所以州郡、边防殿后。从总体看，杜佑选择这样的编排方式，有其自身的目的。如前文所述，杜佑目睹了唐朝的衰落，他将振兴国家作为己任，因而，他编纂《通典》的目的与其说是为修史，不如说是为经世致用。其三，《通典》特别强调会通。虽然汉代班固在撰写《汉书》时辩证地处理了“断代为史”与“通古今”二者的关系，但其毕竟是一部断代史著作，对于典章制度的沿革关系不可能详尽。《通典》以通为名，自然“通”是杜佑所特别强调的，他强调要“酌古之要，通今之宜”。以“刑”为例，在“刑”的门类下，《通典·刑典》综合历代法制典章的资料，记述历代刑制的沿革，囊括立法、司法、刑议等方面内容，上起黄帝“以兵定天下”，下迄唐德宗建中三年(公元782年)八月事。且其取材十分广泛，涉及经、史、子、集，广泛的取材使《通典·刑典》在制度沿革的叙述上更加丰满，其中前代正史刑法志是其主要参考材料，杜佑前代已出十五部正史，其中设有刑法志的有《汉书》、《晋书》、《魏书》和《隋书》四部。当然，杜佑

---

① 《通典·自序》。

② 同上。

取材前代史书刑法志的内容并不是照搬照抄,而是有所损益增删。

《通典·刑典》以历代刑法制度的沿革为经,以前人评论为纬,全方位叙述历代刑法制度的发展演变以及世人的观点,其所援引史料文献丰富,因其中不少史料已经散佚,《通典·刑典》也具有珍贵的史料价值。例如,其记载了秦始皇以来的大量诏令、战国以来各种律典的名称、部分律法内容等,这些史料为后来进行法制史研究以及对法制史资料的辑佚、校勘工作等均具有重要的意义。如清代史学家章学诚所言,"杜氏有《通典》,并仿《周官》六典,包罗典章,巨细兼收,书盈百帙,未尝不曰君臣事迹,纪传可详,制度名数,书志难于赅备,故修之至汲汲也"。①

三、元代马端临"文""献""注"相结合的研究范式

马端临为宋末元初著名的史学家,其所著的《文献通考》是一部记载了从上古时期到宋朝宁宗时期典章制度的通史,是继《通典》《通志》之后规模最大的一部记述历代典章制度的著作,该书和杜佑的《通典》、郑樵的《通志》合称"三通"。"通"自古以来就是史学家治史的一种方式,司马迁著《史记》,强调"究天人之际,通古今之变,成一家之言","原始察终,见盛观衰,论考之行事,略推三代,录秦汉,上记轩辕,下至于兹"。② 杜佑著《通典》,称"所纂《通典》,实采群言,征诸人事,将施有政"。③ 郑樵也有类似之观点,他说:"百川异趋,必会于海……万国殊途,必通诸夏……会通之义大矣哉!"④与《史记》《通典》《通志》相比,《文献通考》继承和发展了前人"会通"的史学研究方法,不仅研究历代典章制度的因革变张,而且还寻求其中"变通张驰之故",在"通"中求"变",在"变"中求"因"。

《四库全书总目提要》称该书:"条分缕析,使稽古者可以案类而考。又其所载宋制最详,多《宋史》各志所未备。案语亦多能贯穿古今,折衷至当,虽稍逊《通典》之简严,而详赡实为过之,非郑樵《通志》所及也。"近代学者治史,大多取材于此书。

《文献通考》与《通典》相比,存在如下的不同之处:⑤

---

① 《文史通义·卷七外篇二》。

② 《史记·太史公自序》。

③ 《通典·食货·总序》。

④ 《通志·自序》。

⑤ 参见张维新:《中国古代法制史学史研究——以历代古籍为中心》,上海人民出版社 2012 年版,第 389~391 页。

第一,写作的宗旨不同。《通典》的写作宗旨带有总结经验的色彩,其作为一部政书,写作的目的就在于总结历代典制的得失,从中吸取教训,以作为唐王朝的施政参考。《文献通考》则不同,其写作宗旨在于探索历代典章制度沿革的自身相因关系、变化原因,由此寻求其中的历史发展规律。因而可以说,较之《通典》,《文献通考》学术色彩更浓。并且,《文献通考》的一个目的也在于弥补《通典》的不足。马端临认为,"杜书纲领宏大,考订该洽,固无以议为",但"时有今古,述有详略,则夫节目之间,未为明备,而去取之际,颇欠精审,不无遗憾"。[①] 因此,他以严谨的态度另行撰写《文献通考》,弥补《通典》之不足。

第二,内容不同。杜佑编纂的《通典》,迄于天宝。天宝以前的内容,《文献通考》就《通典》已有的材料加以补充,而天宝以后至宋嘉定之末的内容,则另行续写。《文献通考》在《通典》的基础上,增减了门类,如马端临将《通典》的《食货典》细分为《田赋》《钱币》《户口》《国用》等八门;《经籍》《帝系》《封建》《象纬》《物异》等五门为《通典》所未有,因此,该五门为马端临搜集新材料所写成。又如,《通典》的《礼典》有100卷,占全书一半篇幅,而《文献通考》的《社郊考》只有3门60卷,不及全书的1/5。

相关法律的内容方面,《通典》设置了《刑法》,共八卷,即第一百六十三卷至第一百七十卷,包括了刑制、杂议、肉刑议、详谳、决断、守正、赦宥、禁屠杀赎生、考讯、宽恕、囚系、舞紊、峻酷、开元格等内容。《文献通考》则设置了《刑考》共12卷,即第一百六十二卷至第一百七十三卷,分为刑制、徒流(配没)、详谳(平反)、赎刑、赦宥(宽恤)等五门。

第三,编纂体例不同。在编纂体例上,《文献通考》采用了"文""献""注"相结合的方式。具体而言,"文"即为"叙事"的部分,也就是作者在自序中所说的"本之经史,而参之以历代会要以及百家传记之书",[②]该部分也属于"史"的部分,一律顶格书写;"献"即为"论事"的部分,也即"先取当时臣僚之奏疏,次及近代诸儒之评论,以至名流之燕谈,稗官之纪录",[③]一律低一格书写;"考"即为作者自己论事的部分,"其载诸史传之纪录而可疑,稽诸先儒之论辩而未当者,言精覃思,悠然有得,则窃著己意,附其后焉",[④]一律低两格书写,在每条材料前,通常会冠以"某人曰"字样,引用他父亲所言的,冠以"先公曰",发表自己意

① 《文献通考·自序》。
② 同上。
③ 同上。
④ 同上。

见者,用"按"字来表示。如此,"文""献""注"结合的编纂体例,将叙史、论史相结合,颇为清晰,亦颇具创造性。

四、明末清初黄宗羲开创法制史研究新风

黄宗羲生活在明末清初社会转型时期,与以往朝代更迭之际不同,这一时期具有它自身的特点:在国家内部,资本主义因素开始萌芽,并由此导致传统的经济结构受到一定冲击;在国家外部,西欧资本主义兴起并开启了向其他国家殖民扩张的进程,从而造成了西方文化冲击中国传统文化的新形势。正是在这样的背景下,明清之际的学术界逐渐形成了带有明显民主性和实用性的思想解放思潮——民主主义的启蒙思潮。黄宗羲将这一思潮融入他的法制史研究中,开创了法制史研究新风。

在法制史问题上,黄宗羲的《明夷待访录》中有些观点是专门针对明代法制流弊的,并且进一步指向了整个封建专制制度和传统儒家、法家的法制理论。他从不同朝代更替的历史中,总结得出万民的忧乐直接决定国家的治乱兴衰,他说:"盖天下之治乱,不在一姓之兴亡,而在万民之忧乐。是故桀、纣之亡,乃所以为治也;秦政、蒙古之兴,乃所以为乱也。"①他强调国家必须重视公共利益,国家的基本制度是为了群体利益而制定的,这也是各类制度的正当性依据;国家的基本制度应宽严相济,以公众利益为根本,而不能损害公众的利益,否则法律制定得越严厉,社会反而越动荡不安。如果法律的制定是以公众的利益为根本,宽松的法律也会使社会和谐安宁。

在方法论上,黄宗羲形成了一套不同于以往的理论和原则,其中,"经世应务""治经通史"是其治史的根本指导思想,也就是强调在治史之时,应当汲取历史经验,为现实服务,他说:"学必原本于经术而后不为蹈虚,必证明于史籍而后足以应务。"②"夫二十一史所载,凡经世之业,亦无不备矣!"③为此,黄宗羲在治史之时,把重点放在宋元明三代的研究上,法制史也不例外,其注意对历史上"治乱之故"进行总结,并且寓褒贬于史,他说:"大奸大恶将何所惩创乎?曰:苟其人之行事载之于史,传之于后,使千载而下,人人欲加刃其颈,贱之为禽兽,是亦足矣!孟子所谓'乱臣贼子惧',不须以地狱蛇足其后也。"④同时,黄宗羲也

---

① 《明夷待访录·原臣》。
② 《鲒埼亭外编·甬上证人书院记》。
③ 《南雷室文集·补历代史表序》。
④ 《国史儒林传稿》。

十分珍视史料，在撰写书籍之时，他十分重视广征博考、去伪存真、实事求是的方法。他编著《明文海》《明史案》《明儒学案》等巨著，不仅耗费了二十多年的精力，批阅数千家文集，而且做了大量“弹驳参正”“编纂钩玄”的工作。他曾作《明史条例》，提出了“国史取详年月，野史取当是非，家史备官爵世系”的史料取舍原则；他以南明史为例强调了考核史实的重要，指出“桑海之交，纪事之书杂出，或传闻之误，或爱憎之口，多非事实。以余所见，唯《传信录》、《所知录》、《劫灰录》，庶几与邓光荐之《填海录》可考信不诬”。①

此外，黄宗羲通过自己孜孜不倦的著书活动，为保存历史文献也做出了重要的贡献。据学者考证，他的著作共计 112 种、1300 余卷，涉及政治、经济、哲学、史学、文学、宗教、历法、数学、地理、音乐等众多领域。他编订的《明文海》保留了有明一代数千家文集的精华，记录了明代“三百年人士之精神”。《宋元学案》100 卷，是由黄宗羲粗定规模，而由黄百家、全祖望、冯云濠、王梓材等人增补定稿的，是了解宋元两朝学术发展演变的必读之书。《行朝录》《弘光实录》等十多种史学著作，则比较客观地记载了弘光、隆武、永历、监国鲁王等南明小朝廷以及郑成功的抗清历史。②

五、明末清初顾炎武开创注重科学实证的法制史研究方式

中国史学的近代转型始于明清之际，由黄宗羲开创的注重人文价值的浙东史学和由顾炎武开创的注重科学实证的浙西史学，分别代表了传统史学近代转型的两种思想进路。法制史乃史学之一部，因而，在法制史研究上，顾炎武同样注重科学实证。

在中国传统治史中，“《春秋》笔削大义微言”始终占据了主导地位，撰写的史学或法制史的内容首先是为皇权专制服务的，历史真实性则让位于政治伦理。顾炎武敏锐地意识到，“史策所载，未必皆为实录”，③出于维护统治者、家族的利益或者是一己私欲，一些史学家往往会篡改历史、歪曲历史。例如，明朝的《太祖实录》，一修于建文之时，再修于永乐之初，今所传者皆三修之本，“然而再修三修所不同者，大抵为靖难一事”，④目的就是掩盖明成祖朱棣之恶行；又如，“予偿亲见大臣之子追改其父之疏草而刻之……其为诬罔甚于唐时”，⑤此

---

① 《桐城方烈妇墓志铭》。

② 吴光：《黄宗羲的学术成就及其现代价值》，载《中国哲学史》2006 年第 1 期。

③ 《日知录·卷十五》。

④ 《亭林文集·答汤荆岘书》。

⑤ 《日知录·卷十八》。

目的是维护家族之利益;再如,历代文人达官显贵所作的碑铭志状,其中往往多为失实的阿谀之词,此则为一己之利益,为获取丰厚的“谀墓金”。顾炎武强烈反对这样的做法,并将真实性确立为治史的生命。顾炎武认为,历史学家要写出真实可靠的信史,就必须严守价值中立的原则。针对宋明儒者以正统观念歪曲历史的做法,他在《日知录》卷二十“年号当从实书”条中指出,年号的书写,自当“据其国之人所称而书之”,①不应赋予政治伦理的意味。针对史学家们往往以门户之见或党派偏见歪曲历史的做法,顾炎武在《日知录》卷十八“三朝要典”条中更加明确地指出,这是造成“国论之所以未平,百世之下难乎其信史”②的根本原因。要示人以信史,就须历史学家们超越于门户和党派偏见之上,站在中立的立场上,客观真实地表述历史。③

对于如何确保作品的真实性,顾炎武开创了一套方法,即“多重证据法”,就是通过广泛收集历史考据的资料,如廿一史、历朝实录、章奏文册、公移邸报、方志谱牒、舆地艺文、野史笔记、金石铭刻等,以进行比照核对。具体使用的方法为:其一,将正史的纪传表互相对勘,本纪失实者,可以在列传的记载中得以辨明;此一史书的失实之处,可以借助后来的史书记载来辨明。例如,顾炎武在撰写《日知录》卷十五“厚葬条”时,他发现《史记·孝文本纪》记载汉文帝的遗诏曰“治霸陵皆以瓦器,不得以金银铜锡为饰”,但《张汤传》则写道:“武帝之世已有盗发孝文园瘗者矣”,《晋书·索靖传》则有“建兴中,盗发汉霸、杜二陵,多获珍宝”的记载,由此推翻了前述《史记·孝文本纪》关于汉文帝薄葬的记载。其二,借助金石明文等文物资料和对历史遗迹的田野调查来补缺订讹史书的方法。例如,历来研究春秋者都是以“春王正月”四个字来描绘大一统的政治伦理交易的,但顾炎武根据大量的金石铭文资料证明,类似的文字见于古器物者不知凡几,因而《春秋》首书的“春王正月”这四个字是没有任何“微言大义”可言的。其三,将野史与正史相互参订,以寻求真实历史的方法。

顾炎武在著书之时就是以真实性、中立性的原则要求自己的。例如,在《日知录》的写作上,顾炎武坚持原创,但又不失其准确性、可靠性,因而,顾炎武花了将近三十年的时间,足见其写作之审慎。顾炎武自己曾将《日知录》和当时其他一些人的作品作了比较,并提出了一个形象的比喻,他认为其他人写的书就像是买了一些旧的钱币砸碎,然后以废铜的名义将其熔化再铸造成新的钱币,

① 《日知录·卷二十》。
② 《日知录·卷十八》。
③ 许苏民:《顾炎武与浙西史学》,载《东南学术》2004年第1期。

这样的做法,不仅使新钱粗糙,而且使古人留下的传世之宝也不复存在。然而,《日知录》的原材料是直接采自于矿山,直接由铜矿石中提炼而来,既精美又不失真。[①] 如《四库全书总目》所评价,"炎武学有本原,博赡而能通贯,每一事必详其始末,参以证佐,而后笔之书,故引据浩繁,而抵牾者少,非如杨慎、焦竑诸人,偶然涉猎,得一义之异同,知其一而不知其二"。[②]

在注重科学实证的同时,顾炎武同样赋予了法制史研究以经世致用的作用,他认为六经就是讲义理的书,而义理是从国家大事和人伦关系中总结出来的为政为人的准则,并不是什么玄妙的唯心学说。顾炎武所谓的"治道",就是指从法制史上总结出来的经验教训。他用"治道"来说明国家治乱的原因,总结明朝灭亡的沉痛教训,对于探讨"国家治乱之源,生民根本之计"[③]存有实益。他认为从社会风俗的演变能看出国家的兴衰,进而进行"教化",以正确的社会舆论导向进行引导,就能树立使人们懂得廉耻的良好社会风俗,而有了良好的社会风俗,国家就会兴旺发达,如他所说的,"教化者,朝廷之先务;廉耻者,士人之美节;风俗者,天下之大事。朝廷有教化,则士人有廉耻;士人有廉耻,则天下有风俗",[④]"天下风俗最坏之地,清议尚存,犹足以维持一二;至于清议亡,而干戈至矣"。[⑤]

六、明末清初王夫之"通变"的法制史研究方式

王夫之与黄宗羲、顾炎武并称为明末清初三大儒,其在史学或者法制史的研究上也有创新之处,即采用了"通变"的研究方法。何为"通变"的研究方法?就是要运用历史经验,体察古今差异。具体到法制史研究上,也就是运用历朝历代的法制经验,来体察其差异得失。王夫之注意从历史实际出发,运用《周易》的通变思维,思考历史的兴亡盛衰,他说:"为贵乎史者,述往以为来者师也。为史者,记载徒繁,而经世之大略不著,后人欲得其得失之枢机以效法之无由也,则恶用史为?"[⑥]"史者,垂于来今以作则者也。"[⑦]

王夫之在剖析王安石变法流产的原因时,批评王安石道:"读古人之书,以

① 参见朱仲玉编著:《中国古代史学家》,北京科学技术出版社1995年版,第98页。
② 《四库全书总目·卷一百十九》。
③ 《亭林文集辑补·与黄太冲书》。
④ 《日知录·卷十三》。
⑤ 同上。
⑥ 《读通鉴论·光武》。
⑦ 《读通鉴论·太宗》。

揣当世之务,得其精意,而无法不可用矣。于此而见此之长焉,于彼而见彼之得焉,一事之效,一时之宜,一言之传,偏据之,而曰:三代之隆,两汉之盛恃此也。以固守而行之者,王安石;以假窃而行之者,王莽而已。"①也就是说,王夫之认为王安石打着复《周礼》的大旗,企图从三代的固定模式中寻求"新法",这种不懂通变的法制史研究方法,必然是无法找到历史出路的。王夫之的《读通鉴论》实际上是借引司马光《资治通鉴》所载史实来系统评论自秦至五代之间漫长的封建社会历史,但仍避免不了对于司马光治史的批判,王夫之说:"夫古今异时,强弱异势,战守异宜,利害异趣,据一时之可否,定千秋之是非,此立言之大病,而温公以之矣。"②可见,王夫之对于司马光的批判也是基于"通变"的治史思维。

那么,如何做到"通变"?一方面,就是不能以僵化的思维看待历史经验教训及历史上的成败得失,他说:"善师古者,凡此类勿容忽焉不察也。其他因时随土以立一切之法者,固可变通以行其化裁者也,而又何成法之必仿乎?"③"得可资,失亦可资也,同可资,异亦可资也。故治之所资,惟在一心,而史特其鉴也。"④另一方面,要用当下的眼光去审视历史经验,以务实而变通的眼光看待古人的言论,他说:"读古人书,不揆其实,欲以制法,则殃民者亦攀援附托以起,非但耕战刑名之邪说,足以祸天下也。"⑤"以一时之利害言之,则病天下;通古今而计之,则利大而圣道以弘。天者,合往古来今而成纯者也。"⑥

有学者认为,王夫之能够将"通"与"变"结合起来,并作为一个完整的范畴提出来,是中国史学家的一个突出贡献,"'通'是联系,是连接、因依,'变'是贯穿其中,是'通'的依据,'通'是'变'的表现,'变'有千姿百态,有大变、小变、剧变、渐变、量变、质变,其'通'也因此各异。史学史上的'通识'有高下之分,有深浅之别,但重要的一点是他们对这种通识中包含对历史的'变'的理解上的不同。因此,王夫之尽管有时将此种思维称为'通识',但其实还是'通变'思维","王夫之的历史思维,可以说把古代关于历史盛衰的史学思想提高到当时前所未有的高度。从思维上讲,王夫之的论说,对于思考人与环境、历史与现实、历史与未来都有重要价值",⑦对于法制史学史的研究同样也存在裨益。

---

① 《读通鉴论·高宗》。
② 《读通鉴论·文宗》。
③ 《读通鉴论·玄宗》。
④ 《读通鉴论·叙论四》。
⑤ 《读通鉴论·代宗》。
⑥ 《读通鉴论·武帝》。
⑦ 吴怀祺:《历史思维与王夫之的史论》,载《河北学刊》2008 年第 2 期。

七、清代薛允升首创比较法的研究方法

相较于前述的典型史家，清代的薛允升更侧重于对法制史的研究，因此，从某种程度上来说，薛允升是清末著名的法制史学家，其著作《汉律辑存》、《汉律决事比》、《服制备考》、《唐明清三律汇编》和《唐明律合编》可以看作古代的法制史专著。薛允升同时也是司法实务家，他一生办案无数，始终秉持自己的处事原则，即如本传所写，"初，允升观政刑曹，以刑名关民命，穷年讨测律例，遇滞义笔诸册，久之有所得。或以律书求解，辄为开导，而其为用壹归廉平。凡所定谳，案法随科，人莫能增损一字。长官信仗之，有大狱辙以相嘱。其鞫囚如与家人语，务使隐情毕达，枉则为之平反"。①

薛允升是从事比较法研究的先驱者之一，他在早期做过汉律与唐律的比较研究，他认为汉律是中国法律之源，唐律为中国法律之最为完善者，他说，"刑法虽起于李悝，至汉始完全，大儒郑康成为之注释。乾嘉以来，俗儒多讲汉学，不知汉律为汉学中一大部分，读律而不通汉律，是数典二忘祖"，②"古人多以经术断狱，后世一准以律。律之为言，整齐划一之谓，亦轻重得平之谓也。其名始于汉，而其书则散佚，讲求斯道者，莫不以唐律为最善"。③ 后来，薛允升就重点比较研究了唐律和明律，他认为，"汉律经六朝北魏改革失真，主唐两次修正，始复其旧，明律虽本于唐，其中多参用金辽酷刑，又经明太祖修改，已非唐律真面目，因纠其缪戾，著《唐明律合编》"。④《唐明律合编》可视为中国历史上第一部比较系统的比较法作品。

如前章所述，从内容来看，《唐明律合编》首先是对立法条文，即相类数条唐律的规定，而后举出相类数条明律的规定，指出明律对唐律的继承、修改及明律的新规定，并进行充分的比较、分析，其后阐释各家律学观点，最后表明作者自己的观点。薛允升在比较时，能够旁征博引，充分利用相关的历史文献和法制史著作。据统计，薛允升在《唐明律合编》中引用的历代经典文献有《史记》《汉书》《后汉书》《三国志》《晋书》《梁书》《陈书》《隋书》《唐书》《唐会要》《宋史》《元史》《金史》《明史》《明会典》《周礼》《尚书》《左传》《仪礼》《说文解字》《日知录》《读礼通考》《五礼通考》《通典》《欧北集》《大学衍义补》《九经古义》《礼

---

① 《清史稿·卷四百四十二》。
② 吉同钧：《薛赵二大司寇合传》，载《乐素堂文集》卷三，中华印书局 1932 年版。
③ 《唐明律合编·序》。
④ 吉同钧：《薛赵二大司寇合传》，载《乐素堂文集》卷三，中华印书局 1932 年版。

经问答》《齐东野语》《康輶纪行》《尚书大传》《刑书会据》《升庵外集》等三十余种及各类刑法志;[①]除律文外,还附有唐、明两朝的令和条例的比较。众所周知,至清代,中国古代现存的大的法典实际上就是四部:唐律、宋刑统、明律和清律。其中,宋刑统仿自唐律,清律承袭明律,因此,薛允升对于唐律、明律的比较,也蕴含着对唐宋明清四朝法律制度的比较,更广而言之,在某种意义上也是对整个中国古代法律的比较研究。在比较的方法上,薛允升提出"取两律之彼此参差轻重互异者,逐条疏证,以类相从"[②]的方法,也即首先是一种纵向的比较,其次是一种从个别到一般,从具体到抽象的研究方法。

虽然薛允升首创了纵向比较研究的方法,因此,《唐明律合编》成为中国历史上第一部比较法学作品,但其仍落入中国传统律学研究的窠臼,远非现代意义上的比较法。现代意义上的比较法是法系比较的产物,或者至少是不同国家之间法律比较的产物,侧重于"横向""双向"的比较,其目的就是尽可能地处理好国家间或地区间的法律冲突,推动法的统一化和国际化。但《唐明律合编》是一种"纵向""单向"的比较,将明律以唐律为参照。由于清律是承袭明律而来,薛允升试图通过唐明律之间的比较,以唐律来纠正明律的一些不尽如人意的规定和做法,凡明律与唐律不相合之处,就会被认为是"不伦不类""尽失古义""不知其故"等,进一步揭示清律规定的不妥之处。当然,以现代法学方法评价古代法律研究方法,或失之偏颇,无论如何,薛允升所创之比较研究方法,在中国古代法制史学的研究上仍具有重要意义。

第三节 中国古代重要法制事件及其对法制史学的影响

本节所谓中国古代典型法制史事件,是指在内容上,是对过去法制问题的争论与探寻,在目的上,是更好地为现有法制服务,在结果上,影响着后世的法制或法律思想等的历史事件。本节择取孔子问礼于老子、铸刑书铸刑鼎、盐铁会议和肉刑复废之争四个典型事件,思考和探讨古人的法制史观点与学说。

一、孔子问礼于老子

孔子、老子生活在礼崩乐坏的春秋战国之际。"礼乐在晚周的崩坏,不在于礼乐形式的残缺或失落,而在于'郁郁乎文'的礼乐在萎谢了内在的精神后徒然

① 何勤华:《中国法学史》(第2卷),法律出版社2006年版,第355页。

② 《唐明律合编·序》。

流为一种缘饰。”①孔子和老子是最早意识到这一问题并进行终极式思考的人，两者间还存在互动，也就是“孔子问礼于老子”。这一历史事件开启了两者法制史上的分歧，儒道的分流与会通，因而在法制史学史研究上具有重要的地位。

（一）孔子问礼于老子的史料记载

学界对于孔老相会、孔子问礼于老子向来存有争议，主要缘于文献传承之争、史学方法之争及哲学观念之争，②但有丰富的史料可以证明此一说法当属事实。例如，在《史记·孔子世家》中就有记载：“鲁南宫敬叔言鲁君曰：‘请与孔子适周。’鲁君与之一乘车，两马，一竖子俱。适周问礼，盖见老子云。辞去，而老子送之曰：‘吾闻富贵者送人以财，仁者送人以言。吾虽不能富贵，而窃仁人之号，送子以言，曰：聪明深察而近于死者，好议人者也。博辩广大危其身者，发人之恶者也。为人子者毋以有己，为人臣者毋以有已。’孔子自周返于鲁，弟子稍益进焉。”③《老子韩非列传》也同样记载了这件事：“孔子适周，将问礼于老子。老子曰：‘子所言者，其人与骨皆已朽矣，独其言在耳。且君子得其时则驾，不得其时则蓬累而行。吾闻之，良贾深藏若虚，君子盛德，容貌若愚。去子之骄气与多欲，态色与淫志，是皆无益于子之身。吾所以告子，若是而已。’孔子去，谓弟子曰：鸟，吾知其能飞；鱼，吾知其能游；兽，吾知其能走。走者可以为罔，游者可以为纶，飞者可以为矰。至于龙吾不能知，其乘风云而上天。吾今日见老子，其犹龙邪！”④在《史记·仲尼弟子列传》中也直接提到了老子与孔子的师生关系：“孔子之所严事：于周则老子；于卫，蘧伯玉；于齐，晏平仲；于楚，老莱子；于郑，子产；于鲁，孟公绰。”⑤此外，《礼记·曾子问》《孔子家语·曲礼子夏问第四十》《韩诗外传》《庄子》《吕氏春秋·当然》等均有孔子向老子问礼的记载。可见，无论是儒家典籍还是道家文献，无论是官修史书还是民间碑刻，都认可孔子问礼于老子这一史实。并且，“《礼记》、《韩诗外传》、《孔子家语》等儒家作品均成书于儒学独尊、排斥别家的学术氛围下，这表明孔子曾经问礼于老子并非道家的杜撰，而是自孔子以来儒家代代相传的事实，以致儒家即便在获得独尊的地位后仍不能否认”。⑥

---

① 黄克剑：《孔老之辨》，载《哲学研究》2007年第9期。

② 陈悬：《“孔子问礼于老子”早期传本考信》，载《孔子研究》2017年第6期。

③ 《史记·孔子世家》。

④ 《史记·老子韩非列传》。

⑤ 《史记·仲尼弟子列传》。

⑥ 张维新：《中国古代法制史学史研究——以历代古籍为中心》，上海人民出版社2012年版，第395页。

（二）孔子问礼于老子的内容及其关于礼的分歧

如上所述，《史记》的《孔子世家》和《老子韩非列传》对于孔子向老子问礼之事均有记载，但涉及的是一些具有普遍意义的如何为人处世之教诲，却未涉及具体的礼。孔子究竟向老子询问了哪些礼的内容？《礼记·曾子问》中有三个条目记载了曾子向孔子询问丧葬之礼的相关事宜，孔子则引用了老子的话语来回答：

一是涉及送葬途中遇到日食该如何处置的问题。曾子问曰："葬引至于堩，日有食之，则有变乎，且不乎？"孔子曰："昔者吾从老聃助葬于巷党，及堩，日有食之，老聃曰：'丘，止柩就道右，止哭以听变。'既明反，而后行，曰：'礼也。'反葬而丘问之，曰：'夫柩不可以反者也？日有食之，不知其已之迟数，则岂如行哉！'老聃曰：'诸侯朝天子，见日而行，逮日而舍奠。大夫使，见日而行，逮日而舍。夫柩不蚤出，不莫宿，见星而行者，唯罪人与奔父母之丧者乎！日有食之，安知其不见星也？且君子行礼，不以人之亲痁患。'吾闻诸老聃云。"

二是涉及夭折而亡的人应如何安葬的问题。曾子问曰："下殇土周葬于园，遂舆机而往，涂迩故也。今墓远，则其葬也如之何？"孔子曰："吾闻诸老聃曰：'昔者史佚有子而死，下殇也，墓远。'召公谓之曰：'何以不棺敛于宫中？'史佚曰：'吾敢乎哉？'召公言于周公，周公曰：'岂不可？'史佚行之。下殇用棺衣棺，自史佚始也。"此乃丧葬之礼的变通之举，老子熟悉这种处理方式的由来，因而讲述给孔子听，孔子又将其讲述于其弟子曾子。

三是丧葬发生于战争之时，哭丧者是否还应以手捶胸的问题。子夏曰："金革之事无辟也者，非与？"孔子曰："吾闻诸老聃曰：'昔者鲁公伯禽有为为之也。'今以三年之丧从其利者，吾弗知也。"此亦为老子告诉孔子丧葬之礼的变通之举，孔子以此回答子夏的提问。

如果说早期孔子问礼主要集中于婚丧朝聘等方面具体的礼，他在中年以后向老子请教的内容就更为广泛和深刻。据《庄子·天运》记载，孔子51岁，在探索天道而倍感苦恼时，听说老子隐居沛地，遂决定再次前往拜访老子，向老子求仁义之道，并在回去后久久斟酌老子所说的大道，"孔子行年五十有一而不闻道，乃南之沛，见老聃……孔子见老聃而语仁义……孔子见老聃归，三日不谈"。①

虽然老子精通周礼并传授于孔子，但是，在对于如何看待西周以来宗法封建制度及文化传统的问题上，老子却持消极态度，他主张以抗议、批判和毁弃的

① 《庄子·天运》。

方式来解救时代危机,反对将礼作为最高准则。在老子的思想体系中,道、德、仁、义、礼分别处于不同的层次,道处于最高层次,礼则处于最低层次,并且是导致世道混乱的原因,他说:"失道而后德,失德而后仁,失仁而后义,失义而后礼。夫礼者忠信之薄,而乱之首也。"①又说:"上礼为之而莫之应,则攘臂而扔之。"②孔子则持不同态度,在老子的启发下,他主张在维护周礼法制制度及文化的同时,在原有的体制内进行一定的改良和损益,从而使礼更具生命力。

(三)孔子问礼于老子的历史影响

孔子和老子,一为儒家创始人,一为道家创始人,两者相会,探讨礼制问题,实为中国法制史上一次重要的历史事件,也是法制史学史研究中不可或缺的课题。从上述问礼的内容和分歧可以看出:一方面,老子精通于礼制;但另一方面,他却否定礼的作用,反对作为人定法的"礼"。而孔子则以恢复西周的礼治秩序为自己终生的政治法律信念,不仅寻求形式上的礼,而且推寻礼的价值本原,寻找如何能使"礼"的秩序得到自觉遵守的心理与情感基础,从而使礼治社会的实现拥有长久稳定的保证。两者间的分歧从本质而言,是儒道两家所分别代表的两种文化观念的分歧,并逐渐演变为两种不同的法律文化传统:一个强调积极作为,另一个则强调无为而治。也正是因为两者对传统和现实政治的不同态度,决定了儒、道两家截然不同的命运:孔子所创立的儒家经过秦汉之际的发展,最终成为主流派别,成为官方的正统代言人;而老子所创立的道家,则只能流为非正统派别,为少部分在野人士继承发展。

当然,从孔子接触老子并问礼于老子可以看出,儒道两家也有相互渗透的状态,也就是早期儒家向道家汲取了部分思想来充实发展自己,而早期道家也利用儒家思想作为阐述自己学理的论据材料。例如,《论语·卫灵公》记载:"子曰:'无为而治者其舜也与?夫何为哉?恭已正南面而已矣。'"③孔子说舜的理想之邦正是"无为而治",不能不说是受到了老子的影响。又如,《论语·述而》写道:"善人,吾不得而见之矣;得见有恒者,斯可矣。亡而为有,虚而为盈,约而为泰,难乎有恒矣。"④其所内含的对立面转化、物极必反的哲学意味在《老子》一书中随处可见,相似的表述如"大成若缺""大盈若冲""大直若屈""大巧若拙""大辩若讷"等。道家的经典中也有承接《论语》的思想资料、《论语》中的人

① 《老子·第三十八章》。
② 同上。
③ 《论语·卫灵公》。
④ 《论语·述而》。

物,甚至将孔子的形象塑造成道家思想的宣传者。

总而言之,以孔子问礼于老子为肇始,儒家、道家的法制史学说出现分歧和对立,而二者也存在互补性,二者在法律文化路向和学术宗旨上的差异正是这种互补性必不可少的前提。正如冯友兰先生所指出的,"中国思想的两个主要趋势道家和儒家的根源,它们是彼此不同的两极,但又是同一轴的两极"。①

二、铸刑书、铸刑鼎

春秋战国是中国古代社会大变革的时代,这种变革,从制度史的角度来讲,是从礼制到法制的变革。在当时的历史条件下,各国为维护自身利益、摆脱统治危机,都进行了一系列的政治改革,而社会的深刻变化也促成了法律制度的变化,其中,具有划时代意义的是"以保护封建私有制为核心的成文法陆续在各国出现并加以公布"。② 首先公布成文法的是郑国的子产,他在公元前536年将自己的3篇刑书铸在铁鼎上并予以公布。公元前513年,晋国的赵简子和荀寅也铸成刑鼎,并将范宣子制定的刑法条文浇铸于该鼎之上,公之于众。由此,开启了中国法制史上法典成文化的序幕。

(一)铸刑书、铸刑鼎的史料记载

《左传》记载了在子产铸刑书公布成文法以后,晋国贵族叔向写了一封长信于子产,强烈批评此事,我们可以从此信的内容中窥探子产铸刑书的内容、历史背景以及在当时所产生的影响。据《左传·昭公六年》记载,(鲁昭公六年)三月,郑人铸刑书。叔向使诒子产书曰:"始吾有虞于子,今则已矣。昔先王议事以制,不为刑辟,惧民之有争心也。犹不可禁御,是故闲之以义,纠之以政,行之以礼,守之以信,奉之以仁,制为禄位,以劝其从,严断刑罚,以威其淫。惧其未也,故诲之以忠,耸之以行,教之以务,使之以和,临之以敬,莅之以强,断之以刚。犹求圣哲之上,明察之官,忠信之长,慈惠之师,民于是乎可任使也,而不生祸乱。民知有辟,则不忌于上,并有争心,以征于书,而徼幸以成之,弗可为矣。夏有乱政而作《禹刑》,商有乱政而作《汤刑》,周有乱政而作《九刑》,三辟之兴,皆叔世也。今吾子相郑国,作封洫,立谤政,制参辟,铸刑书,将以靖民,不亦难乎?《诗》曰:'仪式刑文王之德,日靖四方。'又曰:'仪刑文王,万邦作孚。'如是,何辟之有?民知争端矣,将弃礼而征于书。锥刀之末,将尽争之。乱狱滋丰,贿赂并行,终子之世,郑其败乎!肸闻之,'国将亡,必多制',其此之谓乎!"

---

① 冯友兰:《中国哲学简史》,北京大学出版社1985年版,第22页。

② 杨鹤皋:《中国法律思想通史》,湘潭大学出版社2011年版,第55页。

复书曰："若吾子之言，侨不才，不能及子孙，吾以救世也。既不承命，敢忘大惠？"①但关于刑书的实质内容，《左传》几未提及。2016年出版的《清华大学藏战国竹简》（六）公布了一批抄写于战国中期的古文献，其中《子产》篇对于铸刑书有了更为实质性的描述，指出子产立法以上古三代法律为基础，以"天地、逆顺、强柔"为依据，并且法律形式包括律和令两种，"子产既由善用圣，班好物俊之行，乃聿（肄）三邦之令，以为郑令、野令、道之以教，乃迹天地、逆顺、强柔，以咸全御；聿（肄）三邦之刑，以为郑刑、野刑、行以尊令裕仪，以释亡教不辜，此谓张美弃恶"。②

在23年后，晋国随之"铸刑鼎"，在刑鼎之上公布了成文法，这一行为同样遭到了质疑，这一次，是来自儒家创始人的孔子。据《左传》记载，（鲁昭公二十九年）冬，晋赵鞅、荀寅帅师城汝滨，遂赋晋国一鼓铁，以铸刑鼎，著范宣子所为刑书焉。仲尼曰："晋其亡乎！失其度矣。夫晋国将守唐叔之所受法度，以经纬其民，卿大夫以序守之。民是以能尊其贵，贵是以能守其业。贵贱不愆，所谓度也。文公是以作执秩之官，为被庐之法，以为盟主。今弃是度也，而为刑鼎，民在鼎矣，何以尊贵？贵何业之守？贵贱无序，何以为国？且夫宣子之刑，夷之蒐也，晋国之乱制也，若之何以为法？"蔡史墨曰："范氏、中行氏其亡乎！中行寅为下卿，而干上令，擅作刑器，以为国法，是法奸也。又加范氏焉，易之，亡也。其及赵氏，赵孟与焉。然不得已，若德，可以免。"③

（二）铸刑书、刑鼎之争的内容

从上文所引叔向的书信来看，叔向所反对的与其说是刑书的公布，不如说是由于"多制"而导致的"弃礼而任刑"。叔向主张重礼而轻刑的治国态度，其反对子产铸刑书主要有三个理由：第一，铸刑书的行为违反了西周以来"议事以制"的传统；第二，刑书公开之后，人们将会依照刑书来据理力争，不再遵守礼，滋生纠纷；第三，纠纷盛行也会导致司法的腐败。相反，如果不铸刑书，通过道德来引导和规范人们的行为，通过赏、刑两种手段来劝善止乱，用庄敬、和悦、威严、刚强的态度来治理人民，使其安居乐业，各尽其责，选拔贤良和忠信之人来执行和实施各种政治主张，④才能维护社会秩序，治理好国家。

孔子认为，在传统共和政体中，立法权、司法权等应当为贵族所掌握，他们

① 《左传·昭公六年》。

② 李学勤主编：《清华大学藏战国竹简》（六），中西书局2016年版，第138页

③ 《左传·昭公二十九年》。

④ 参见张维新：《中国法制史学史——以历代古籍为中心》，上海人民出版社2012年版，第399页。

可以通过对判例的解释和具体案件的处理来行使立法、司法权。而铸刑鼎将法律条文化、固定化，一方面使法律家贵族所保存的古老判例以及他们所理解的法律原则归于无效，另一方面也使这些法律家贵族群体成为多余。此外，孔子也担心让人民知道法律的具体内容后，会导致“贵贱无序”，百姓会背信弃义，仅仅依据刑书，斤斤计较个人利益，与官长抗争，有违礼的核心。

由此可见，叔向反对铸刑书与孔子反对铸刑鼎的出发点是相同的，他们都是出于政治上的考虑，需要维护贵族罪刑擅断的特权，巩固贱尊贵、贵使贱的秩序，维护“亲亲、尊尊”的宗法礼治秩序。

（三）铸刑书、铸刑鼎的历史影响

春秋时期铸刑书、铸刑鼎事件的一大历史影响就是，其标志着成文法的首次公布，打破了贵族司法专横擅断。但是，近年来，学者们越来越发现，其历史影响并不止于成文法的公布，而且在于它带来的社会控制模式的转变和立法权、司法权由多元向一元的转变。

传统的政治秩序或者法律秩序是一种“礼之所去，刑之所取”的血缘宗法礼治秩序。但是，在春秋时期，随着各国间的混战和经济关系的变化，这种维系原本秩序的血缘关系纽带逐渐松弛，礼乐秩序也逐渐衰落瓦解，“网罗一切犯罪”的社会控制理念在当时的历史条件变得步履维艰。因而，统治者就需要建立一种新的秩序，铸刑书、铸刑鼎也正是顺应了这种历史背景。统治者们为了“禁暴止乱”，只能先制定罪刑相对应的刑法来重点制止少数特别危害秩序的恶行，用特定的法条去打击特定的恶行，在这种情况下，许多违反传统礼的恶行也就不能受到法律的规制，被合法化了。至此，国家开始使用“齐一”的刑来代替“别异”的礼，开始试行新的统治方法，①这种新的统治方法成了后来中国两千多年法制史上的主旋律。

也有学者认为，铸刑书、铸刑鼎的真正意义在于，其标志着立法权和司法权从多元向一元的转变，即宗法贵族君主制下的法制向君主专制下的法制的转变。首先，从立法上来讲，铸刑书、铸刑鼎使一元的立法权逐渐登上中国法制史的舞台，使周初法律多元化的局面发生改变，诸侯盟会产生的盟约渐而消失，体现部族特色的法律也渐渐不存在了。其中，郑国子产铸刑书体现的是国君的集权活动，晋国六卿的铸刑鼎则体现的是卿大夫争取自立为君的活动，两者都在否定“君主、贵族议事会和‘国会’大会共同立法、共同执法这一旧体制”。“铸刑书”首先剥夺的就是贵族议事会的立法权，所以叔向批评子产铸刑书的第一

---

① 参见黄东海、范忠信：《春秋铸刑书刑鼎究竟昭示了什么巨变》，载《法学》2008年第2期。

个理由就是不合古制，因为"昔先王议事以制，不为刑辟"，即先王立法并未采用一罪一罚相对应的立法技术，而是由君主、贵族议事会、"国人"大会根据周礼和刑罚进行个案处理。铸刑书则将立法权集中到了君主的手中，只有君主才拥有立法权，法律也就变成了君主实现其意志的工具。其次，从司法上来讲，铸刑书、铸刑鼎也使司法权从多元向一元转变，此种转变可以说是与立法权的转变相一致的。在铸刑书、铸刑鼎之前，定罪量刑并没有统一的标准，只能由君主、贵族议事会乃至"国人"大会等通过一事一议的方式决定，因而司法权掌握在多方的手中。但是，由于一罪一刑相对应的立法技术模式的采用，这就对司法人员的专业水平提出了要求，同时，君主也迫切需要剥夺贵族议事会的司法权，因而，司寇这一类司法专业人员的诞生，符合实现司法权一元化的目的。①

三、盐铁会议

汉昭帝始元六年（公元前 81 年），也就是汉武帝过世后第六年，在当时主持朝政的霍光，以皇帝的名义诏郡国举良贤文学之士六十多人，举行以问"民所疾苦，教化之要"为议题的讨论会，后称盐铁会议。在会议上，双方代表就汉武帝的法政制度、经济制度、学术思想等问题，展开了针锋相对的激烈论战，是儒、法两家主张的大碰撞。

（一）盐铁会议的史料记载

在汉初六七十年间，国家的经济得到恢复和发展，但社会的矛盾也日益凸显出来，拥有雄韬伟略的汉武帝一反其先祖们"清静无为"的主张，采取积极的有为政策来解决既已出现的矛盾。汉武帝打着"独尊儒术"的旗号积极地作为，但是，实际上却是"外儒内法"。他在经济上打击富商大贾，采取盐铁专卖等措施，增加国家的财政收入，在法律上制定许多严酷的法律，并任酷吏执法，在对外关系上多次进攻匈奴，耗费大量人力、财力。桑弘羊为汉武帝掌管财政大权三十多年，是汉武帝政治路线的坚决捍卫者，其在汉武帝死后，与霍光等人一起受遗诏辅佐幼主昭帝。此次盐铁会议，实际上是霍光等人策划的组织儒生攻击桑弘羊，并攻击汉武帝时各项政策的会议。

会议上，一方是贤良文学唐生等六十余人，另一方是御史大夫桑弘羊和丞相使等人，他们围绕盐铁官营、酒类专卖、均输、平准等问题展开激烈的论战，

① 参见郝铁川：《从多元立法权和司法权到一元立法权和司法权的转折——春秋时期"铸刑书"、"铸刑鼎"辨析》，载《华东政法学院学报》2005 年第 5 期；王沛：《子产铸刑书新考：以清华简〈子产〉为中心的研究》，载《政法论坛》2018 年第 2 期。

《汉书》记载:“所谓盐铁议者,起始元中,征文学贤良问以治乱,皆对愿罢郡国盐铁、酒榷、均输,务本抑末,毋与天下争利,然后教化可兴。御史大夫弘羊以为此乃所以安边竟,制四夷,国家大业,不可废也。当时相诘难,颇有其议文。至宣帝时,汝南桓宽次公治《公羊春秋》,举为郎,至庐江太守丞,博通善属文,推衍盐铁之议,增广条目,极其论难,著数万言,亦欲以究治乱,成一家之法焉。”①桓宽专门著《盐铁论》一书,就此一事件中各方言论做了专门的记载。②

《汉书》作者班固进一步引用桓宽的话来评论盐铁会议,尽量客观地展现会议上的斗争情况:“观公卿贤良文学之议,‘异乎吾所闻’。闻汝南硃生言,当此之时,英俊并进,贤良茂陵唐生、文学鲁国万生之徒六十有余人咸聚阙庭,舒六艺之风,陈治平之原,知者赞其虑,仁者明其施,勇者见其断,辩者骋其辞,龂龂焉,行行焉,虽未详备,斯可略观矣。中山刘子推言王道,挢当世,反诸正,彬彬然弘博君子也。九江祝生,奋史鱼之节,发愤懑,讥公卿,介然直而不挠,可谓不畏强圉矣。桑大夫据当世,合时变,上权利之略,虽非正法,巨儒宿学不能自解,博物通达之士也。然摄公卿之柄,不师古始,放于末利,处非其位,行非其道,果陨其性,以及厥宗。车丞相履伊、吕之列,当轴处中,括囊不言,容身而去,彼哉!彼哉!若夫丞相、御史两府之士,不能正议以辅宰相,成同类,长同行,阿意苟合,以说其上,‘斗筲之徒,何足选也!’”③

(二)盐铁会议相关法制史内容的争论

盐铁会议的目的是解决盐铁官营等具体问题,但其所争论的问题涉及了政治、经济、军事、法律等领域,范围相当之广。而在法律问题及法制史学说的问题上,主要集中在以下四个方面:

1.“人治”与“法治”之争

所谓的人治,即强调在治理国家方面,起决定作用的是统治者个人,而不是法律制度。相反,所谓的法治,则是强调在治理国家之时,法律居于主导地位,其作用比人要大。桑弘羊一派坚持法治主张,认为以法治国就可以完全治理好国家,他们说道:“执法者,国之辔衔;刑罚者,国之维楫也。故辔衔不饬,虽王良

---

① 《汉书·公孙刘田王杨蔡陈郑传》。

② 《盐铁论》是桓宽搜集当时参加会议者的对于此次会议内容的回忆,贯穿而成的。全书共60篇,分三部分:第一部分从首篇《本议》到第四十一篇《取下》,开明宗义地“问民间所疾苦”和整个会议的进展情况;第二部分从第四十二篇《击之》到第五十九篇《大论》,为会议结束后的余论;第三部分为最后一篇《杂论》,是作者的序言。

③ 《汉书·公孙刘田王杨蔡陈郑传》。

不能以致远;维楫不设,虽良工不能以绝水。"①

贤良文学则有针对性地反驳道:"辔衔者,御之具也,得良工而调。法势者,治之具也,得贤人而化。执辔非其人,则马奔驰;执轴非其人,则船覆伤。"②因而,在贤良文学看来,人是治国的主体,而法律不过是治国的工具。

2."德礼"与"法势"之争

在"德礼"与"法势"问题上,贤良文学强调治国要以德礼为先,只有施行德礼,才能使民自行义,如此,即便没有刑或法,也同样可以实现太平盛世。他们反对不教而刑,并要求以秦为戒,"治国谨其礼,危国谨其法。昔秦以武力吞天下,而斯、高以妖孽累其祸,废古术,隳旧礼,专任刑法,而儒、墨既丧焉。塞士之涂,壅人之口,道谀日进而上不闻其过,此秦所以失天下而殒社稷也"。③

桑弘羊一派则认为必须以法势为先,认为从历史经验来看,秦国之所以能够成功地实现大一统,就在于他们能够遵循法治,"(六国)非服其德,畏其威也"。④ 如果不强调法的力量,而讲求德礼教化,只能是自取灭亡,"夫治民者,若大匠之斵,斧斤而行之,中绳则止。杜大夫、王中尉之等,绳之以法,断之以刑,然后寇止奸禁。故射者因槷,治者因法。虞、夏以文,殷、周以武,异时各有所","不任斤斧,折之以武,而乃始设礼修文,有似穷医,欲以短针而攻疽,孔丘以礼说跖也"。⑤

3.立法繁简与刑罚轻重之争

在立法繁简问题上,贤良文学主张刑罚要适中,使"轻重各服其诛",⑥刑罚不中会导致民愤不平,进而导致社会的混乱,"罢马不畏鞭箠,罢民不畏刑法",⑦"严刑峻法不可久也"。⑧ 因此,他们反对重刑,反对株连,"自首匿相坐之法立,骨肉之恩废,而刑罪多矣。父母之于子,虽有罪犹匿之,其不欲服罪尔。闻子为父隐,父为子隐,未闻父子之相坐也。闻兄弟缓追以免贼,未闻兄弟之相坐也。闻恶恶止其人,疾始而诛首恶,未闻什伍之相坐也"。⑨ 同时,他们也反对赎罪制度,认为赎罪制度是刑罚不中的表现,赎罪制度不仅可以使"杀人者生,

---

① 《盐铁论·刑德》。
② 同上。
③ 《盐铁论·论诽》。
④ 《盐铁论·诛秦》。
⑤ 《盐铁论·大论》。
⑥ 《盐铁论·周秦》。
⑦ 《盐铁论·诏圣》。
⑧ 同上。
⑨ 《盐铁论·周秦》。

剽攻窃盗者富”,[①]还会使“蒙戮辱而损礼义”[②]的犯罪收刑之人“食太官享赐”,“载卿相之列”,[③]明显违背了刑罚的应有之义。

桑弘羊一派则主张立法繁密,认为只有详备的立法才能防止有罪之人逍遥法外,他们说“夫少目之网不可以得鱼,三章之法不可以为治。故令不得不加,法不得不多”,[④]“令严而民慎,法设而奸禁。罔疏则兽失,法疏则罪漏”。[⑤] 在此基础上又主张实施轻罪重罚,以此达到威吓百姓、使其不敢犯罪的目的。他们以握火和握刃来比喻罪犯受到重刑的后果,“未尝灼而不敢握火者,见其有灼也,未尝伤而不敢握刃者,见其有伤也”。[⑥]

(三)盐铁会议的历史影响

盐铁会议的论证可以说是先秦儒法对立的延续,但却又不同,原因在于,及至西汉,无论是儒家思想还是法家思想,均与先秦之时发生了变化,他们相互渗透,同时还吸收其他各家的学说,呈现出了新的面貌:儒家思想在汉武帝时期被确立为正统思想,至此时,其既已融合了阴阳家、法家、道家等的思想,而先秦法家的法治理论已经以中央集权的君主专制政体的形式被确立并延续了下来。例如,在“盐铁会议”上,桑弘羊既赞颂商鞅、韩非,又大谈“春秋之法”;贤良文学既祖述尧、舜、文、武、孔、孟,又侈谈“尽地力”,承认“法势者,治之具”,[⑦]主张“刑必加而无赦”[⑧]等,[⑨]无不体现两家法律主张的历史变化。

西汉以后,在秦时备受打击与压抑的儒学逐渐复兴,民间教育的深厚根基使儒学保持了一定的生命力,通过入仕政策又使儒学步入王朝的殿堂,尤其是在汉武帝“罢黜百家,独尊儒术”后,儒家思想的正统地位得到了确立。但是,在“盐铁会议”召开前后的这段时间,儒家法律思想尚未真正指导封建立法、司法活动,儒家思想在以加强中央集权和抵御外患为首要任务的时代尚不那么切实有效,因而,先秦法家的某些措施甚至是思想仍实际操控着国家的管理。在这样的历史背景下,盐铁会议对于儒家思想及儒家法律主张从理想状态转向实际管理运用、从上层认可到普遍被接受,起到了一个推动的作用。经过此次会议,

---

① 《盐铁论·周秦》。
② 同上。
③ 同上。
④ 《盐铁论·诏圣》。
⑤ 《盐铁论·刑德》。
⑥ 《盐铁论·周秦》。
⑦ 同上。
⑧ 同上。
⑨ 参见武树臣:《中国法律思想史》,法律出版社 2004 年版,第 198 页。

在“独尊儒术”学说之后,法律儒家化已经形成广泛的社会影响,并日渐成为民间知识精英用以批评朝廷法律政策的主流话语,其后,儒家思想占绝对优势地深入到统治者阶层的施政方针与国家法律制度的建设。

另外,这次会议对于儒生踏上官府台阶,实现孔子“学而优则仕”的理想也提供了助力。由于儒学迂阔而不切实用,故长期受到在朝文吏的鄙夷,他们称儒生“文学能言而不能行,居下而讪上,处贫而非富,大言而不从,高厉而行卑,诽誉訾议以要名采善于当世。夫禄不过秉握者不足以言治,家不满担石者不足以计事,儒皆贫羸,衣冠不完,安知国家之政县官之事乎”。① 在这场会议中,六十多位儒生与桑弘羊等人就各类经济、法制等问题展开激烈论战。在法制问题上,就“人治”与“法治”、“德礼”与“法势”、立法繁简与刑罚轻重等问题唇枪舌剑,展现儒生风采。以此为契机,加之儒学定于一尊之后,经学方兴未艾且浸润到法律注释的领域,儒生通经而入仕者见多,在立法、司法上的发言权也越来越多,最终在官府中站稳阵脚,并在法律领域中也取得一番成就。

四、肉刑复废之争

西汉汉文帝从“本兴仁恻”的“仁政”思想出发,下诏废除已经实行一千多年的肉刑,是刑罚由野蛮向文明的发展,是中国法制史上的一个重大事件。但自东汉始,不断有人提出恢复使用肉刑的主张,因而,也就在中国法制史上形成了历经千年的肉刑恢复与废除之争论。

(一)汉文帝、景帝废除肉刑的史料记载

汉代由乱而治,社会趋于平和。社会的安定和经济的恢复,以及人心的归服,都需要刑制的简约。肉刑作为一种与苛政相关联的措施,是与汉代“约法省刑”的精神相违背的,在这一历史背景下,以肉刑为中心的刑罚体系逐渐失去了其所倚靠的社会基础,以“缇萦上书”为导火索,改革刑制、废除肉刑,最终于汉文帝在位时着手实施。

汉文帝首先下了一道废除肉刑的诏书:“制诏御史:盖闻有虞氏之时,画衣冠异章服以为戮,而民弗犯,何治之至也?今法有肉刑三,而奸不止,其咎安在?非乃朕德之薄而教不明与?吾甚自愧。故夫训道不纯,而惠民陷焉。《诗》曰:‘恺弟君子,民之父母。’今人有过,教未施而刑已加焉,或欲改行为善,而道亡繇至,朕甚怜之。夫刑至断支体,刻肌肤,终身不息,何其刑之痛而不德也!岂称为民父母之意哉!其除肉刑,有以易之。及今罪人各以轻重,不亡逃,有年而

① 《盐铁论·地广》。

免,具为令。"①

改革刑罚、废除肉刑的具体任务主要是由丞相张苍和御史大夫冯敬来完成的。主要内容有:"诸当完者,完为城旦舂;当黥者,髡钳为城旦舂;当劓者,笞三百;当斩左止者,笞五百;当斩右止,及杀人先自告,及吏坐受赇枉法,守县官财物而即盗之,已论命复有笞罪者,皆弃市。罪人狱已决,完为城旦舂,满三岁为鬼薪、白粲。鬼薪、白粲一岁,为隶臣妾。隶臣妾一岁,免为庶人。隶臣妾满二岁,为司寇。司寇一岁,及作如司寇二岁,皆免为庶人。其亡逃及有罪耐以上,不用此令。前令之刑城旦舂岁而非禁锢者,如完为城旦舂岁数以免。"②总体而言,汉文帝废止肉刑的具体内容是,以笞并科苦役取代黥、劓、斩左趾,原来的斩右趾上升为死刑"弃市"。

但此一刑罚改革在实践中遇到了问题,主要是:其一,斩右趾改为"弃市",扩大了死刑的范围;其二,施行笞刑往往没打够法定数目就致人死亡,不符合废除肉刑之宗旨。于是,在景帝时,又进行了第二次刑罚改革。具体措施是,降低笞刑数额,限定笞具规格,并改笞背为笞臀,如《汉书·刑法志》所记载,"景帝元年,下诏曰:'加笞与重罪无异,幸而不死,不可为人。'其定律:笞五百曰三百,笞三百曰二百",但这样仍会出现刑罚尚未执行完毕就打死人的情况,于是景帝又将笞的数量减少了,"加笞者,或至死而笞未毕,朕甚怜之。其减笞三百曰二百,笞二百曰一百",关于刑具的规定,则是"笞者,箠长五尺,其木大一寸,其竹也,末薄半寸,皆平其节。当笞者笞臀,毋得更人,毕一罪乃更人"。③

(二)复存之争的代表人物及理由

主张恢复肉刑的著名人物有东汉著名史学家班固,著名经学家郑玄、陈纪,曹魏宰相陈群,著名史学家荀悦,曹魏的丞相钟繇,河南尹李胜,西晋著名法律家、争论家刘颂,东晋四朝宰相王导,著名政治家纪瞻、贺循、令庚亮、刁协,廷尉卫展,取代东晋建立楚政权的桓玄等,④其所持理由可归纳为以下三点:

第一,肉刑是古代圣王之制,不宜废止,并且肉刑可以免于人口数量的减少,如荀悦说:"古者人民盛焉,今也至寡。整众以威,抚寡以宽,道也。复刑,非务必也。生刑而极死者,复之可也。如斩右趾本生刑也,而改为弃市,则极死矣,斯则斩右趾之刑复之可也。自古肉刑之除也,斩右趾者死也;惟复肉刑,是

① 《汉书·刑法志第三》。
② 同上。
③ 同上。
④ 张兆凯:《论古代肉刑存废之争》,载《湘潭大学社会科学学报》2003年第6期。

谓生死而息民。"[①]钟繇则更多从增加人口的角度阐述了他的观点，他说："使如孝景之令，其当弃市，欲斩右趾者许之。……能有奸者，率年二十至四五十，虽斩其足，犹任生育。今天下人少于孝文之世，下计所全，岁三千人。张苍除肉刑，所杀岁以万计。臣欲复肉刑，岁生三千人。"[②]

第二，从刑罚的平衡上来讲，废除肉刑存在两方面的缺陷：一方面，斩右趾与斩左趾本无太大差别，斩右趾却上升为"弃市"，把身体刑变成了生命刑，是失之于重。另一方面，死刑与生刑之间过于悬殊，缺少中间刑加以过渡。因而，如果恢复肉刑则可以承上启下，使刑罚平允，如班固说肉刑是"外有轻刑之名，内实杀人。斩右止者又当死。斩左止者笞五百，当劓者笞三百，率多死"；"且除肉刑者，本欲以全民也，今去髡钳一等，转而入于大辟，以死罔民，失本惠矣。故死者岁以万数，刑重之所致也。至乎穿窬之盗，忿怒伤人，男女淫佚，吏为奸臧，若此之恶，髡钳之罚又不足以惩也。故刑者岁十万数，民既不畏，又曾不耻，刑轻之所生也"。[③] 又如，仲长统认为，"肉刑之废，轻重无品，下死则得髡钳，下髡钳则得鞭笞。死者不可复生，而髡者无伤于人。髡笞不足以惩中罪，安得不至于死哉"。[④]

第三，肉刑可以去掉罪犯实施犯罪的条件和手段，如刺面、割鼻后，人皆识其为恶人，故知警惕防范，强盗被断趾后终身不能再做强盗，这就起到使犯罪者不能再犯罪的作用。同时，实行肉刑可以使一般人产生恐惧和耻辱之心，从而不敢重蹈覆辙，这样又能够使没有犯罪的人不会去犯罪，如陈群说："名轻则易犯，实重则伤民……若用古刑，使淫者下蚕室，盗者刖其足，则永无淫放穿窬之奸矣。"[⑤]

反对恢复肉刑的著名人物有曹操时期的孔融、王修，曹魏征西将军名士夏侯玄，东晋军阀，九州刺史王敦，东晋政治家周顗、孔琳等人，[⑥]其所持理由主要为：

第一，肉刑太残酷，有损仁政和德教，非圣人治国理民之术，且容易激起变乱。

第二，肉刑不利于引导和教育罪犯改恶从善，阻塞了改邪归正的道路，却往

① 《申鉴·时事第二》。
② 《三国志·魏书十三》。
③ 《汉书·刑法志第三》。
④ 《后汉书·王充王符仲长统列传第三十九》。
⑤ 《资治通鉴·卷第六十六》。
⑥ 张兆凯：《论古代肉刑存废之争》，载《湘潭大学社会科学学报》2003年第6期。

往使受刑者因不齿于人、愤不欲生而自暴自弃,铤而走险。例如,孔融认为,“被刑之人,虑不念生,志在思死,类多趋恶,莫复归正”。①

第三,肉刑既已废止多时,一旦恢复,民甚不便,恐生事端。东晋大将军王敦说道:“百姓习俗日久,忽复肉刑,必骇远近。且逆寇未殄,不宜有惨酷之声,以闻天下。”②

(三)肉刑复废之争的历史影响

汉末魏晋之际恢复肉刑的主张并由此引发的肉刑复废之争,最主要的原因是死刑与徒刑之间缺少中间刑,刑罚畸轻畸重,而无论是要求恢复肉刑还是要求废除肉刑的主张,其最终的归宿点则是一致的,就是减轻刑罚。在这一场大争论之中,刑罚的功能与作用、罪与刑的关系、刑罚的体系、肉刑废除后刑罚体系存在的弊端、生死刑之间中间刑的设置等问题得到了充分的论析与关注。最高统治者们无疑也受到这场大论证的影响,他们在这种论争中左右为难,意识到了徒刑与死刑之间缺乏中间刑的不合理性,也意识到了肉刑必须被废除的历史趋势,他们也在积极地寻求出路,因而,这场大论争对新的刑罚体系的建立具有积极的意义。从曹魏的《新律》开始,理论之争的影响也开始体现于官方的法律之中。曹魏《新律》首次将肉刑从刑罚体系之中剔除,而代之以劳役刑。北魏开始又将流刑列入法定刑,至北齐,死、流、徒、鞭、杖五刑已经产生,这为隋唐五刑制的完善打下了基础。新五刑的最主要特点就是流刑出现并作为法定刑填补了文帝刑制改革后生刑和死刑之间的空白,解决了自文帝废除肉刑以来刑罚体系的缺陷。到了唐太宗时期,部分死刑被改为加役流三千里,居作二岁,这样,既满足了唐朝统治者对于死刑犯的人道关怀,又不至于让重刑者免受应得的惩罚,加役流取代肉刑成了仅次于死刑的重刑,进一步平衡了各法定刑。

此外,复废肉刑之争也体现出了中国古代法律儒家化的发展趋势。综观汉末魏晋的复废肉刑之议,不难发现,无论是主张还是反对恢复肉刑者,都是以儒家所强调的“仁政”“德治”为核心的。他们之间所不同的是:主张恢复肉刑论者片面强调刑罚的威吓作用,注重刑罚的惩戒性,却忽视了肉刑的野蛮及其对受刑之人所带来的心灵上的创伤;主张废除肉刑者则能站在更高的历史高度上,看到刑罚由严苛走向缓和、由野蛮向文明发展的趋势,认为只有德化礼教才能防患于未然,从根本上预防犯罪。正如有学者提出的,“事实上,教育因素在刑罚属性中地位的加强正是刑罚进化的必然结果,反对恢复肉刑论者的主张恰

① 《后汉书·郑孔荀列传第六十》。

② 《晋书·刑法志》。

恰吻合了时代的发展潮流。不仅如此,自西汉武帝将儒家思想定为封建社会的正统思想以后,儒家所崇尚的礼开始成为贯穿于整个封建社会的立法原则,中国古代的法律便开始了儒家化的进程。复肉刑之议的结果也正体现了汉代以后中国古代法律儒家化的这一发展趋势”。①

第四节　中国古代法制史学的特点及意义

我国古代没有专门的法制史学科,但是,在古代历史上,不乏对法制史问题进行研究和探讨者。因而,本书前五章以历代古籍为中心,梳理、研究古人就法制史问题的不同看法,其中:有较为系统记述法制史的,如各种刑法志;有观点比较零散,须进一步归纳总结者,如各类政论性的典籍。总体而言,通过对于古人就法制史问题所阐发观点、相关成果的研究,我们大致可以寻找和观察其异同之处和演变规律,管窥历史文本与历史学家们阅读间的互动,故中国古代法制史学史有其特有的研究意义。

一、中国古代法制史学的特点

较之于中国近代的法制史学,中国古代法制史学呈现了如下的特点:

(一)时间跨度大,内容分散

本章第一节总结了中国古代法制史学的发展阶段,我们看到,中国古代法制史学萌芽于先秦时期,而终结于 19 世纪初西学东渐之前,因而,从整个时间维度来看,古代法制史学运行了将近四千年,而观之近代与当代的法制史学,不过百年,可见古代法制史学时间跨度之巨大,但也正是这巨大的时间跨度,显得古代法制史的发展进程相当之缓慢,从先秦的萌芽到秦汉的初步确立,期间就跨越了两千余年,这自然与先秦社会本身发展缓慢有关,其后进程稍有加快,但从一个阶段演进至另一个阶段,仍需要历经几百年的时间。

虽然中国古代法制史研究的时间跨度相当大,但少有关于法制史方面的专著。东汉班固的《汉书·刑法志》可算作我国历史上第一部法制史专著。其后的正史也纷纷效仿汉书设置“刑法志”的篇目,记述前朝法制历史。除了正史,尚有其他类的古籍对法制史研究者:

1. 法典类。《唐律疏议》是我国现存最古、最完整的封建法典,也是我国古代立法的最高成就,在该法典中零散地记录了一些法制史的内容,如法典体例

---

① 薛菁:《汉末魏晋复肉刑之议论析》,载《东南学术》2004 年第 3 期。

的沿革、罪名罪行的沿革、刑罚制度的沿革等。

2. 律学类。律学研究中也不乏对于法制史的记述或研讨,如《律附音义》《刑书释名》《大学衍义补》《唐明律合编》《读例存疑》中均不乏对法制史的研究。其中,清代薛允升的《唐明律合编》首创纵向比较研究的方法,将唐律和明律进行比较,其称"明律虽本于唐,其中多参用金辽酷刑,又经明太祖修改,已非唐律真面目,因纠其缪戾,著《唐明律合编》",①所以,《唐明律合编》的目的就在于恢复唐律之本来面目。

3. 政论性古籍类或文集。有些政论性古籍和名人文集中亦有关于法制史内容的记述,但相对法典类、律学类和史书类,此类古籍对于法制史的记述最为分散。例如,《新语》《新书》《淮南子》《春秋繁露》《论衡》《潜夫论》《昌黎先生集》《白居易集》《柳河东集》《范文正公集》《欧阳修全集》《直讲李先生文集》《亭林文集》《龚自珍全集》《默觚》等会在不同的篇章中涉及法制史内容。

由此可见,在浩如烟海的古籍之中,相关法制史的内容相当分散。这个与法制史在中国传统学术体系的定位有关,在中国古代,法制史仅仅是包罗万象、规模宏大的史学的一部分。而到了近代,传统学术结构向西方的分科体系转变,并且法政教育的兴起推动了法制史课程的设置,由此推动了法制史学的系统化、专业化。因此,古代法制史学内容相当分散也是其一大特点。

(二)缺乏体系性,尤为关注"法律的起源"

从前面五章所记述的内容来看,古代法制史学关注的法制史问题集中于"法律的起源""礼法关系""刑事立法沿革""刑事司法沿革"等个别主题,因缺乏科学的理论指导,少有体系研究法制史者。其中,尤其是关于"法律的起源"问题,前述近半数的古籍均有述及,即《尚书》《管子》《老子》《商君书》《孟子》《荀子》《韩非子》《新语》《淮南子》《春秋繁露》《论衡》《昌黎先生集》《柳河东集》《朱子语类》《大学衍义补》《明夷待访录》《龚自珍全集》这些古籍中均对"法律的起源"问题做了论述。② 这或许与当时的法制史学的实用主义价值取向有关。而这些"法律的起源"观背后存在这样的规律:先秦古籍的法律起源观大致与其所属流派相关,而秦汉以后,由于法律思想的融合与大一统,多数法律起源观是以儒家为主,结合诸家的观点,并有所改造。

先秦的法律起源观大致可以分为儒家、法家、墨家还有道家的法律起源观。

---

① 吉同钧:《薛赵二大司寇合传》,载《乐素堂文集》卷三,中华印书局1932年版。

② 由于文章主题和篇幅所限,前五章仅选取了部分古籍中关于"国家、法律起源"问题的论述,实际上,研究此一问题的古籍远不止所列的这些。

先秦儒家的法律起源观就是“圣人制礼”，强调圣明君王的智慧和在法律产生中的作用。例如，孔子说：“今大道既隐，天下为家，各亲其亲，各子其子，货力为己，大人世及以为礼，城郭沟池以为固，礼义以为纪。以正君臣，以笃父子，以睦兄弟，以和夫妇，以设制度，以立田里，以贤勇知，以功为己。故谋用是作，而兵由此起。禹、汤、文、武、成王、周公，由此其选也。”①又如，孟子说：“《诗》云：‘不愆不忘，率由旧章。’遵先王之法而过者，未之有也”，“规矩，方圆之至也；圣人，人伦之至也。欲为君，尽君道；欲为臣，尽臣道。二者皆法尧舜而已矣。不以舜之所以事尧事君，不敬其君者也；不以尧之所以治民治民，贼其民者也。”②荀子在这一问题上同样坚持“圣人制礼”，但与孔子、孟子不同的是，他基于“人性恶”的基础，认为是因为人的欲望没有节制，而物质是有限的，人们就会发生争夺，从而引起混乱。于是，“先王”制定礼法，以定分止争，如荀子说：“礼起于何也？曰：人生而有欲，欲而不得，则不能无求；求而无度量分界，则不能不争。争则乱，乱则穷。先王恶其乱也，故制礼义以分之，以养人之欲，给人之求。使欲必不穷乎物，物必不屈于欲，两者相持而长，是礼之所起也。”③

先秦法家在法律起源问题上结合了历史进化观，认为法律不是从来就有的，而是人类社会发展到一定阶段的产物，其中，社会关系、财产关系的发展决定着法律的产生与发展。例如，商鞅在《商君书・开塞》的开头就写道：“天地设，而民生之。当此之时也，民知其母而不知其父，其道亲亲而爱私。亲亲则别，爱私则险，民众而以别险为务，则民乱。当此时也，民务胜而力征。务胜则争，力征则讼，讼而无正，则莫得其性也。故贤者立中正，设无私，而民说仁。当此时也，亲亲废，上贤立矣。凡仁者以爱利为务，而贤者以相出为道。民众而无制，久而相出为道，则有乱。故圣人承之，作为土地货财男女之分。分定而无制，不可，故立禁。禁立而莫之司，不可，故立官。官设而莫之一，不可，故立君。既立其君，则上贤废，而贵贵立矣。然则上世亲亲而爱私，中世上贤而说仁，下世贵贵而尊官。”④韩非子大致也继承了商鞅的观点，并且进一步结合历史进化论，提出“不法常可”的主张，他说：“上古之世，人民少而禽兽众，人民不胜禽兽虫蛇；有圣人作，搆木为巢以避群害，而民悦之，使王天下，号之曰有巢氏。民食果蓏蜯蛤腥臊恶臭，而伤害腹胃，民多疾病；有圣人作，钻燧取火，以化腥臊，而

① 《论语・先进》。
② 《孟子・离娄上》。
③ 《荀子・礼论》。
④ 《商君书・开塞》。

民说之,使王天下,号之曰燧人氏。中古之世,天下大水,而鲧、禹决渎。近古之世,桀、纣暴乱,而汤、武征伐。今有搆木钻燧于夏后氏之世者,必为鲧、禹笑矣。有决渎于殷、周之世者,必为汤、武笑矣。然则今有美尧、舜、汤、武、禹之道于当今之世者,必为新圣笑矣。是以圣人不期修古,不法常可,论世之事,因为之备。"①

先秦墨家的法律起源观建立在其"兼相爱,交相利"的法律思想核心基础之上的。墨家认为,法律是人们为了组成社会、统一思想而制定的。在远古时期,没有法律和国家,人人都有自己的是非标准,"一人则一义,二人则二义,十人则十义",②人人都各执己见,不可调和,于是矛盾、争斗频现,为了消除这种混乱,实现"兼爱",上天就选择贤能的人,治理国家,制定法律,"夫明乎天下之所以乱者,生于无政长,是故选天下之贤可者,立以为三公……又选其国之贤者,置立之以为正长","一同天下之义","举天下之万民以法天子"。③

先秦道家主张的是无为而治,顺应自然,真正的法是源于自然,存在于自然之中的,"天之道,不争而善胜,不言而善应,不召而自来,坦然而善谋。天网恢恢,疏而不失"。④ 另外还有一种浅层次的法,也就是儒家、法家、墨家的法,它是"人之道"对于"天之道"破坏的一种产物。在自然状态被破坏后,争名夺利之风大兴,社会就变得动荡不安,这就需要有一套新的规则来规范人们的行为,也就是"上德不德,是以有德;下德不失德,是以无德。上德无为而无以为;下德无为而有以为。上仁为之而无以为;上义为之而有以为。上礼为之而莫之应,则攘臂而扔之。故失道而后德,失德而后仁,失仁而后义,失义而后礼。夫礼者,忠信之薄,而乱之首。前识者,道之华,而愚之始"。⑤

后来的陆贾、董仲舒、韩愈等均是秉持儒家的"圣人制礼"说,但结合其所处的历史背景做了一些改变。比较有特色的是刘安的"法生于心"的法律起源观,以及柳宗元强调势或时势在法律产生和发展上的作用。刘安在《淮南子》中说"法生于义,义生于众适,众适合于人心,此治之要也。……法者非天坠,非地生,发于人间,而反以自正",⑥也就是说,法律不是天或神制定的,它是顺从人的本心、本性制定出来的,反过来又规范和约束人们的行为。柳宗元则把国家和

① 《韩非子·五蠹》。
② 《墨子·尚同》。
③ 同上。
④ 《老子·第七十三章》。
⑤ 《老子·第三十八章》。
⑥ 《淮南子·主述训》。

法律的产生甚至是整个人类社会历史的产生看作固有的客观趋势,虽然在远古时期需要"能断曲直者"来解决各种纠纷,"争而不已,必就其能断曲直者而听命焉。其智而明者,所伏必众。告之以直而不改,必痛之而后畏。由是君长刑政生焉",①这种说法似乎为"圣人制礼"说,但是,他创新地认为,在国家和法律的产生和扩大过程中,起到关键作用的不是圣人或智者的言行,而是一种客观存在的势,即"近者聚而为群,群之分,其争必大,大而后有兵有德。又有大者,众群之长又就而听命焉,以安其属,于是有诸侯之列。则其争又有大者焉,德又大者,诸侯之列又就而听命焉,以安其封,于是有方伯、连帅之类。则其争又有大者焉,德又大者,方伯、连帅之类,又就而听命焉,以安其人,然后天下会于一"。②

此外,在受到西学的影响以前,不仅是法制史学,整个学术系统、理论架构都是在一个封闭式的环境中发展的,无论是内容还是方法,抑或支配研究者的指导思想,均是内部生长、内部运行的,几乎未受到外来文明的影响。也正是这种自我运行模式,造就了古代法制史学的特色,也导致了古代法制史学和受西学影响极大的近世法制史学间的巨大差别。

二、中国古代法制史学的意义

虽然中国古代法制史学缺乏科学的理论指导,缺乏体系性,其研究结果也存在诸多缺陷,但是,这四千余年的古代法制史学仍然具有其意义。

其一,积累丰富的法制史料。中国古代早期的很多法制史料均已散佚,而后人的法制史著作很有可能就有这些散佚的史料之内容。例如,各朝正史中的"刑法志"就保留有相当丰富的前朝法制史料,正如有学者所说,"每一部断代的《刑法志》都是后人对前朝法律状况较全面、较系统的总结,每一部《刑法志》都因各朝代刑律和法制的特性而被赋予新的内容,每一部《刑法志》都能映衬出各代统治法术的臧否与得失。各史的《刑法志》,承前启后,共同组成了一部大型的中国古代法制史,它使我们对于汉以后近两千年的法制沿革有了较为系统的了解。唐朝以前,中国制定的大型成文法典基本上都已亡佚,主要依靠各史的《刑法志》得以知其要略,这不能不归于《汉书·刑法志》的首发之功"。③

其二,便于理解古代法学著作。虽然我国古代法制史学没有科学的理论指导,没有体系性,其关注的重点也缺乏多样性,但也正因如此,我们可以通过古

① 《柳河东集·封建论》。

② 同上。

③ 朱凤祥:《〈汉书·刑法志〉的历史编纂学价值》,载《兰台世界》2009年第11期。

人的法制史研究，发现古人在法制史研究方面的重心所在，发现“历史文本与历史学家们的阅读之间的互动过程”，[①]也能够使我们更为理解古代的法学著作。

其三，提供方法论上的借鉴。如前所述，在研究方法上，中国古代法制史学主要是以法制史料为基础，通过罗列、源流考证的方式呈现过去的法制面貌。这种对于史料的重视以及考据学方法的运用，可以增加法制史学的可信度，尽可能地还原法制史原貌，因而也影响到了后世的大批学者们。[②]

其四，激发新的思考模式。法制史的研究既包括静态的史实研究，也包括动态的“变迁”研究。在后者，“不外是‘连续性’与‘非连续性’的思考”，通过对中国古代法制史学的研究，探究“不同历史时空脉络下的社会变造与法律变迁”，无论是对于古代抑或当今的法律研究，都可以激发新的思考模式。[③]

① 韩秀桃：《中国法律史学史——一个学科史问题的透视》，载《法制与社会发展》2003年第6期。

② 周会蕾：《中国近代法制史学史研究》，上海人民出版社2013年版，第24页。

③ 黄源盛：《刑法的古今绝读——〈清史稿·刑法志〉举要与思辨》，载《清华法学》2019年第3期。

第二编

中国近代法制史学的演进与思考

第七章　晚清时期的中国法制史学

传统社会的中国法制史研究，最早要追溯到先秦时期，《尚书》中已经出现了有关法制史问题的研究考察。不过以专门形式系统整理中国法制史的尝试，则始于东汉班固的《汉书·刑法志》。班固修《汉书》时，首次专门设置“刑法志”的体例，叙述一代法律制度的发展演变过程。中国法制史研究就此展开，不过，传统社会的中国法制史研究，只是作为规模宏大、包罗万象的史学研究的一部分存在。晚清以降，中国社会身处“三千年未有之一大变局”中，在西学东渐影响下，中国传统学术理论、架构悄然发生变化，传统学术体系向西方近代学术体系过渡之桥已搭建，近代意义上的中国学术分科体系随着国人对西学认识的深化而逐渐形成。伴随着《钦定学堂章程》和《奏定学堂章程》的颁布，近代学科意义上的中国法制史学应运而生。经过薛允升、沈家本、梁启超等具有开放性视野的学者的努力，中国法制史学渐次发展为一门具有独立品格的学科。

第一节　中国法制史学科的产生

一、“七科之学”的定型

传统中国并不存在近代意义上以“学科”为标准的学术分科，根据迥异于西方学术分科体系的传统特殊学术分科标准，传统学术分科经历了从“七略之学”到“四部之学”的演进历程，并渐次形成了以“四部”为主体构建的知识体系。19 世纪以来,在西学东渐影响下,近代意义上的学术分科体系随着国人对西学认识的深化而逐渐形成。传统学术向近现代学术的转型,实际上是从传统文史哲不分的"通人之学"向近现代学术分科的"专门之学"转变,或者说是从传统的"四部之学"到近现代"七科之学"的转变。

(一)"经世之学"的兴起和学术分科观念的普及

1. "经世之学"的兴起

近代中国的学术分科体系是随着西学东渐、中国传统学术向近现代学术转型而形成的,其形成的内在契机是晚清"经世之学"的兴起。

传统中国素有"经国济世以致其用"的实学传统。然而 19 世纪以后,清朝内外交困,身处严重政治危机和社会危机之中。在经世思潮的影响下,越来越多的学者认识到,通过经史之学寻找的"经世之道"已经不足以经世,与实际相关联的"经世之学"兴起。

"经世之学"的基本精神是面向实际,以关注现实为第一要义,强调务实性和致用性。一方面,"经世之学"要求根据传统的"经世致用"观念,从传统学术资源,即经史之学,挖掘出可资利用的经世之术;另一方面,则强调在传统经史之学不足以救世的情况下,必须要引进西方的"经世之学",换言之,对西学的进一步传播以及西方"格致诸学"及"富强之术"的引进势在必行。

"经世之学"的兴起要求西学的大规模输入和进一步传播,而西学的大规模输入,使西方的学术分科观念以及学术分科原则也自然而然被引入国内。

2. 学术分科观念的引入

明朝时期,西方传教士艾儒略等人首次向中国士大夫介绍了西方分科设学制度以及西方近代学科观念,艾儒略在《职方外纪》中提出,大学应该分为医科、治科、教科、道科等四科,但是,这种提法在当时并未引起国内学者太多的注意。

1839 年英国人温施娣和美国人布朗在澳门开办马礼逊学堂,这是中国最早按照西方分科立学设置课程的新式学堂。马礼逊学堂迁至香港后,课程设置主要有英文和中文两科,其中英文科主要有代数、几何、生理学、化学、天文、地理、历史等课程,中文科主要有"四书"类。尽管开设的西学内容比较简单,但是这种知识体系对国人而言无疑是新颖的,西方诸如生理学、化学等学科门类也自此传入中国。此后主要由西方传教士设立的教会学堂,也是按照西方分门治学原则进行课程设置和教学的。

鸦片战争后,洋务派认为,要想改变国家积贫积弱的局面,必须在发展经济、巩固国防的基础上增强国力,而其中的重中之重在于新式人才的培养。但是,如果仍然按照传统教育模式,是肯定不能培养出新式人才的,因此引进西学才是根本出路。在洋务派看来,西学包括以下内容:首先,西学主要是西文,有了西文作为语言媒介,才能与其他国家进行外事交涉;其次,西学是指西方的军事科学技术,鸦片战争使清政府认识到了西方坚船利炮的重要作用,因此形成了军事技术是西学关键部分的认识;最后,西学是指西方的商务、矿业等知识,只有依靠工业才能发展经济。基于这样的认识,1861 年冯桂芬在《采西学议》中,提出了由三类"中学"和两类"西学"组成的分科方案,其中的"西学"是指历算之学(天文、历算等)和格致之理(算学、重学、视学、光学、化学等),该分科方案也是中国近代最早的学术分科方案。此外,在洋务派的倡导下,1862 年创建了京师同文馆,其目标在于培养翻译人才。在创建初期,京师同文馆仅仅设立了英文馆、法文馆和俄文馆,学习课程主要是西文和中文。1867 年总教习丁韪良根据西方分科立学原则制定新课程表后,才增设了自然科学和实用科学等课程。

在此基础上,晚清创办的各种新式学堂也逐渐采用了分科治学的做法,学术分科观念进一步传播开来。

3. 学术分科观念的普及

发展至 19 世纪 90 年代,国人所了解的学术门类主要有数学、医学、天文学、物理学、化学、地理等近代学科。1895 年后随着西学传播规模的进一步扩大,西方分科之学原则被越来越多的学者接受,并按照此种原则进行课程设置。

与此同时,国人对西学的认识更加深刻,许多学者已经认为西学已不仅是工艺之学、格致之学,而是包含了西方社会科学在内的知识体系。洋务派只看到了"西学"自然科学的一面,而忽视了"社会科学"的那一面,这才是洋务运动以及洋务教育失败的根本原因。在梁启超看来,西方学术分科具有层次性,主要包括"西艺"和"西政",前者主要是指格致学和制造术,后者主要是指西方的政治学和法律学,两者中应该以后者为主。

西方学术分科观念的普及,进一步影响了国内新式学堂课程设置的理念和实践。1895 年盛宣怀在天津创办了中西学堂,头等学堂课程分为普通学和专门学,前者主要有几何学、格物学、化学、地学、金石学、万国公法等科目,后者主要有工程学、矿务学、律例学等科目。1896 年孙家鼐在《议复开办京师大学堂折》提出,即将设立的京师大学堂课程应分为十科:天学科、地学科、道学科、政学科、文学科、武学科、农学科、工学科、商学科、医学科,其中法律属于政学科。

(二)"七科之学"

大学,在近代,被视为培养高级人才和研究高深学问的中心。在大学中设置的学科，影响并主导着学术研究的方向。因此，大学中课程的设置更能直观地反映当时学术分科情况。

1896年孙家鼐提议设立京师大学堂，后因庚子之乱，直至1901年清政府才重新将此事提上日程。1901年张之洞等人以日本学制为参照，以“中体西用”原则为指导，提出“七科分学”的大学分科方案。该方案指出，大学应该分设经学、史学、格致学、政治学、兵学、农学、工学等七科，其中法律属于政治学一科。从中可以看出，“七科”中除经学、史学、政学的部分内容属于传统旧学外，其余四学皆为西学。

被任命为管学大臣的张百熙，在《钦定京师大学堂章程》中提出了迥异于张之洞的“七科分学”方案。张百熙同样以日本学制为参照，指出大学应该分设政治科、文学科、格致科、农业科、工艺科、商务科、医术科等七科，其中法律学仍然在政治科之下。其突出特点在于，取消经学科，把经学设在文学科之下。不过这一方案受到守旧派的强烈反对。

1903年张之洞会同张百熙等人制定了《奏定京师大学堂章程》等章程，张之洞等提出了“八科分学”的方案，即在原有七科之外，重新加入经学科。

1913年教育部公布《大学令》等文件，对大学设置的学科门类进行原则性规定，大学分为文科、理科、法科、商科、医科、农科、工科等七科。自此“七科之学”定型。

如今，一般以“七科之学”称呼近代西方学科分类体系中国化后的知识体系。“七科”主要是大学分科设置的文科、理科、法科、医科、农科、工科、商科，“学”主要是指知识，“七科之学”主要是指“按照学科标准以文、理、法、医、农、工、商七科为骨干建构起来之知识系统”。① 这套“七科之学”明显是按照西方学术分科原则架构的，除了将传统“四部之学”纳入体系内，近代西方重要的学科门类也被纳入。从“四部之学”到“七科之学”的转变，不仅标志着中国学术分科的日益专门化，而且标志着中国传统学术体系基本转入西方近现代学术体系轨道上。

二、清末新政

曾几何时，闭关锁国和文化专制政策下，国人思想封闭，故步自封。晚清以降，当中国被迫融入世界格局中时，当西学东渐已经无法阻挡时，内忧外患下，

① 左玉河：《从四部之学到七科之学——学术分科与近代中国知识系统之创建》，上海书店出版社2004年版，第6页。

一部分进步的国人开始主张开眼看世界,并提出“师夷长技以制夷”。然而在中日甲午战争宣告了“器物之学”在中国的失败之后,对西学的借鉴则转向了制度之学。随后由于列强大举入侵,中国再度陷入内外交困的危亡时局,清政府为维护其摇摇欲坠的统治,对外“结与国之欢心”,慈禧太后于 1901 年宣布实行“新政”。无论学界如何定性清政府在危亡时局下的举措,骗局也好,新政也罢,客观上看,毋庸置疑的是,清末新政不仅仅成为中国法制史学科产生的直接推动力,而且为中国法制史学的发展奠定了基础。

(一)变法修律

变法修律,是清末新政的一项重要举措。1902 年清政府任命沈家本、伍廷芳为修律大臣,进行修律事宜。在立法指导思想上,修律贯彻“仿效外国资本主义法律形式,固守中国封建法制传统”的方针。在“折冲樽俎,模范列强”思想下实施的清末变法修律,制定了大量的新型法律制度。

新型法律制度的出现,一方面急需具有相应法律观念、法律知识的法律人才,另一方面又刺激了学者对中国传统法制研究的热情。就前一方面而言,实际上,早在 19 世纪末期,就已经体现出了因法律人才匮乏而产生的种种弊端。为了解决法律人才匮乏的困境,沈家本、伍廷芳等奏请设置京师法律学堂。此后,各地争相开办,法政学堂一时蜂起,呈现繁荣的景象。而无论是大学的法学教育,还是法政学堂的法学教育,基本上都按照前述《奏定大学堂章程》的规定进行了诸如《中国古今历代法制考》《中国历代刑律考》等课程的设置。课程设置后,客观上就要求该课程有专业的教师进行讲授、有专门的中国法制史类教材、有确定的课时和考核方式,这无疑助推了中国法制史学的发展。就后一方面而言,变法修律大量参考英美法系、罗马法系已是不争的事实,许多学者认为,借鉴西方的法律制度固然重要,但是对于中国的传统法制,并非要持放弃的态度,而是要取其精华、弃其糟粕。在以引进西方法律为指导构建中国法律体系的过程中,如果要实现构建的法律体系适应中国社会的目标,进路之一便是了解中国本土法律文化。当然也有部分学者纯粹出于“思古之情”,进而进行中国传统法制的研究。

(二)留学政策的推行

鸦片战争后,在西方列强不断加重的殖民侵略和“西学东渐”的巨大刺激下,清政府认识到传统人才培养模式因已不足以应对晚清以降日益加深的社会危机,变革迫在眉睫。在“寓教于内”的同时,需要打通“寓教于外”的渠道。晚清的留学教育肇始于 1872 年,早在 1874 年,伍廷芳就赴英国留学,成为第一个系统接受英国法律训练的华人。甲午海战后又掀起了留学的新浪潮。10 年后的日俄战争,则更坚定和加快了国人借鉴日本的步伐。清政府宣布实施新政后,对留学教育越发重视,颁布了一系列鼓励留学的政策,为日后留学生登上国内政治、学术舞台拉开了序幕。发展至 20 世纪 20 年代末期,尤其是“七七事变”后,派遣留学生的人数相对有所减少。

仅就清朝留学政策而言。根据张之洞等人的提议,清政府出台了一系列鼓励留学日本的政策。1901 年光绪皇帝颁发了派遣游学的上谕,并以出身奖励毕业的留学生。1902 年外务部《奏议复派赴出洋游学办法章程折》,1903 年清政府颁布《约束鼓励出洋游学生章程》,一方面指导留学生在科目选择上,偏重于包括法政的文科,另一方面以拔贡、举人、进士、翰林等出身,奖励毕业的留学生。1905 年清政府的留学政策从原来的鼓励留学日本转向了欧美,科目选择上不再像前期偏重文科,法政科人数也较之以前有所下降。

留学教育政策产生的积极影响主要在于,无论是留学日本,还是留学欧美的学生,知识结构较之前更为全面系统,当这一新兴知识群体归国后,除在中西文化融合过程中起到非常重要的作用以外,对国内的教育、学术、政权建设等方面也起了巨大的推动作用。就中国法制史研究而言,法史研究大家(如杨鸿烈、程树德、丁元普等人)都经历过留学生涯,可以说他们对中国法制史学的贡献,正是建立在留学政策基础之上的。

(三)《钦定京师大学堂章程》与《奏定大学堂章程》

在教育领域内,清政府相继颁布了《钦定学堂章程》和《奏定学堂章程》等一系列教育立法,根据这些立法,中国法制史课程在清末法学教育课程中出现。

1.《钦定京师大学堂章程》

光绪二十七年十二月初一(1902 年 1 月 10 日),清政府委派张百熙为管学大臣,并切实开办京师大学堂一事。光绪二十八年七月十二日(1902 年 8 月 15 日)清政府颁布由张百熙模仿日本学制主持拟定的《钦定学堂章程》,史称“壬寅学制”。“壬寅学制”以“上溯古制,参考列邦”为指导思想,是近代首次颁布的系统规定学制的文件,公布了包括《钦定京师大学堂章程》在内的 6 个章程。《钦定学堂章程》确立了全国性的系统教育制度,法学列在高等教育阶段,而高等教育及学科体制则在《钦定京师大学堂章程》中得以确定。

《钦定京师大学堂章程》中,大学堂分为大学院、大学专门分科、大学预备科、附设仕学馆和师范馆。大学分科课程仿效日本分为七科:政治科、文学科、格致科、农业科、工艺科、商务科、医术科。其中政治科下设政治学和法律学,详细课程并未确定。

仕学馆课程分年表,所设置的法律课程主要有:刑法总论分论、刑事诉讼法、民事诉讼法、法制史、罗马法、日本法、英吉利法、法兰西法、德意志法、民法、商法、国法。就中国法制史类课程而言,第一年的课程中,设置中有掌故一门,讲授国朝典章制度沿革大略,每周授课2小时;第二年的课程中,设置中有法律学一门,讲授内容为刑事诉讼法、民事诉讼法和法制史,每周授课4小时。

《钦定学堂章程》颁布后不久即被废止,即实际上并未执行。然而,其所倡导的近代意义上的学术分科体系以及中国法制史学课程的设置,则对后世产生了深远影响。

2.《奏定大学堂章程》

光绪二十九年,清政府又委派张百熙、张之洞、荣庆等人重新拟定学堂章程,光绪二十九年十一月二十六日(1904年1月13日),清政府颁布了由张百熙会同张之洞等人仿效日本学制七易其稿的《奏定学堂章程》,史称"癸卯学制"。"癸卯学制"以"中学为体,西学为用"为指导思想,是近代首次在国内推行的系统学制,公布了包括《奏定大学堂章程》在内的一系列章程。

《奏定学堂章程》中,有关高等教育及学科体制的内容在《奏定大学堂章程》中得以确定。大学堂分设八科:经学科、政法科、文学科、医科、格致科、农科、工科、商科。课程分为主课、补助课以及随意科目,其中,主课和补助课都是必修课,主课是专业主要科目,补助课是专业辅助科目,随意科目则是选修科目,即其他专业的科目。

在经学科大学、政法科大学和文学科大学课程的设置中,均出现有关中国法制史课程的设置。具体而言,经学科大学分十一门:周易学门、尚书学门、毛诗学门、春秋左传学门、春秋三传学门、周礼学门、仪礼学门、礼记学门、论语学门、孟子学门、理学门,每门补助课课程中均设置有"中国古今历代法制考"一科。此外,若课程课时少,可以兼习随意科目,第二学年的随意科目之一为比较法制史。政法科大学分两门:政治门和法律门。政治门主课科目中关涉中国法律史的课程有:大清会典要义、中国古今历代法制考;法律门中关涉中国法律史的课程主要有:中国古今历代法制考、中国历代刑律考。文学科大学分九门:中国史学门、万国史学门、中外地理学门、中国文学门、英国文学门、法国文学学门、俄国文学学门、德国文学门、日本国文学门。中国史学门的主课以及万国史学门和中国文学门的补助课中均设置的科目之一是:中国古今历代法制考。

《奏定大学堂章程》中有关中国法制史类课程设置的具体情况,如表7-1所示。

表 7-1 《奏定大学堂章程》中国法制史课程的设置

<table>
<tr><th>大学</th><th>学门</th><th>学制</th><th>课程名称</th><th>课程性质</th><th>第一年每星期授课钟点</th><th>第二年每星期授课钟点</th><th>第三年每学期授课钟点</th><th>第四年每学期授课钟点</th></tr>
<tr><td rowspan="2">经学科</td><td rowspan="2">周易</td><td rowspan="2">三年</td><td>中国古今历代法制考</td><td>补助课</td><td>1</td><td>2</td><td>3</td><td rowspan="2">无</td></tr>
<tr><td>比较法制史</td><td>随意科目</td><td>无</td><td>第二年设置，课时不详</td><td>无</td></tr>
<tr><td rowspan="3">政法科</td><td>法律</td><td rowspan="3">四年</td><td>中国历代刑律考</td><td rowspan="3">主课</td><td>1</td><td>1</td><td>0</td><td>0</td></tr>
<tr><td>法律</td><td>中国古今历代法制考</td><td>3</td><td>3</td><td>3</td><td>2</td></tr>
<tr><td>政治</td><td>中国古今历代法制考</td><td>4</td><td>4</td><td>4</td><td>4</td></tr>
<tr><td rowspan="4">文学科</td><td rowspan="2">中国史</td><td rowspan="4">三年</td><td>中国古今历代法制考</td><td>主课</td><td>1</td><td>2</td><td>3</td><td rowspan="4">无</td></tr>
<tr><td>各国法制史</td><td>随意科目</td><td>第一年设置，课时不详</td><td>无</td><td>无</td></tr>
<tr><td>万国史</td><td>中国古今历代法制考</td><td rowspan="2">主课</td><td>0</td><td>1</td><td>2</td></tr>
<tr><td>中国文学</td><td>中国古今历代法制考</td><td>1</td><td>1</td><td>2</td></tr>
</table>

注：经学十一门科目设置中，补助课均有《中国古今历代法制考》，课程设置相同。现仅就周易一门为例说明。

在中国法制史课程教材的编写上，按照《奏定大学堂章程》规定，采取的方法主要是："中国古今历代法制考"课程"此时暂行摘讲今人所编《三通考辑要》，①日本有《中国法制史》，可仿其义例自行编纂教授，较为简易"。② "中国历代刑律

① 《三通考辑要》是汤寿潜于1896年完成的巨著，共30卷、200余万字，综述历代典章制度。

② 璩鑫圭、唐炎良编：《中国近代教育史资料汇编·学制演变》，上海教育出版社1991年版，第346页。

考”则主要根据选取汉律辑本、唐律疏义、明律以及历代刑法志的内容编纂而成。

《钦定大学堂章程》和《奏定大学堂章程》颁布后，尽管中国法制史学还不具备作为一门独立学科应有的完善知识体系，然而“中国古今历代法制考”“中国历代刑律考”等中国法制史课程在高等教育中的设置，说明中国法制史学作为一门学科已经初步形成。

三、中国法制史课程的初步设置

清末近代法学教育主要有大学法学教育和法政学堂法学教育两种，下文就两种教育中的课程设置情况展开阐述。

（一）大学法学教育

清末大学中设置法科的学校，主要有京师大学堂、北洋大学堂以及山西大学堂。

1895 年，盛宣怀创办天津中西学堂，1903 年重建后改名为北洋大学堂。北洋大学堂法科学生的课程出现“宪法史”，这也是部门法史在近代法学课程中的首次出现。

1902 年 12 月京师大学堂以先招收仕学馆和师范馆而正式开办。具有速成性质的仕学馆，是为了已仕人员补充法政知识而设置的。仕学馆开设的课程中除“掌故学”中有“国朝典章制度沿革大略”以外，“法律学”中也包含“法制史”课程。大学堂专门分科于 1910 年正式开学，“法律学”中包含“中国历代刑法考”和“中国古今历代法制考”课程。

（二）法政学堂法学教育

光绪三十一年三月二十日（1905 年 4 月 24 日），沈家本上奏《删除律例内重法折》时，奏请设立京师法律学堂。同时，直隶省也在筹设法政学堂一事。同年 11 月 15 日，直隶法政学堂开学，开清末法政学堂创制之先声，至 1909 年法政学堂已达 47 所之多。1910 年清政府又准予私人设立法政学堂，法政学堂一时蜂起。尽管直隶法政学堂设置最早，但在课程设置中并没有出现中国法制史类课程。此外，由于清末许多法政学堂大多仿照京师法政学堂的章程办理，因此可以以京师法律学堂和京师法政学堂为例，说明法政学堂中的中国法制史类课程的设置情况。

京师法律学堂于 1906 年 10 月招生，培养对象为已仕人员，培养目标为裁判人员，学制三年。另外设置速成科，学制一年半。按照 1905 年《修律大臣订立法律学堂章程》的规定，在京师法律学堂第一学年课程中设置“大清律例及唐明律”以及“现行法制及历代法制沿革”两门中国法制史类课程，这两门课程在三年制学习体系中的授课时数均为第一学期周 4 小时，第二学期周 3 小时；在一年半速成科学习体系中的授课时数均为每学期周 4 小时。

1907 年 2 月，学部提出设立京师法政学堂。京师法政学堂分设正科、别科和讲习科。正科是“以造就完全法政通才”为宗旨，学制三年，分为政治门和法律门；为从政之急需设置了别科和讲习科，别科学制三年，讲习科学制一年。其中，政治门和法律门开设课程中均有“中国法制史”和“外国法制史”两门法制史类课程。按照《学部奏筹设京师法政学堂酌拟章程折》的规定，“正科法律门中第一学年课程设置中，有中国法制史一科，授课时间为每星期 2 小时”。[①] 需要特别指出的是，这是首次出现的以“中国法制史”命名的中国法制史类课程。

1910 年，学部奏准改革法政学堂章程。根据改订后的法政学堂章程规定，法政学堂分正科、别科两类，正科分设法律门、政治门、经济门，学制为四年，别科不分门，学制为三年。其中，正科法律门和政治门中均设置有“中国法制史”一科，每周授课时间均为 3 小时，不过前者设置在第一学年，后者设置在第四学年；别科在第一学年也设置“中国法制史”一科，每周授课时间为 3 小时。

综上所述，尽管中国法制史学产生于 20 世纪初期，但就学术渊源而言，历经千年发展的传统社会中国法制史研究，为其奠定了本土文化基础，正是在这种本土文化基础上借鉴了伴随西学东渐而来的西方学术分科体制，方才生成了近代意义上的中国法制史学。《钦定京师大学堂章程》使近代意义上的学术分科体系得以在近代大学中确立，而在《奏定大学堂章程》中明确把有关中国法制史的课程列为政法科大学的必修科目，则是近代中国法制史学科之滥觞。

第二节　中国法制史学的研究成果

一、通史研究

（一）研究概说

1. 中国法制通史研究

1906 年，由四川泸州学正署官刻的《古今法制表》刊行，作者为孙荣。

《古今法制表》原名《九通政要表》，为其作序的赵藩以《中国古今法制表》易之。首先，孙氏在发凡中表明本书的写作意图，即希望通过表格的形式纵述

---

① 《学部奏筹设京师法政学堂酌拟章程折》（章程附），载《东方杂志》1907 年第 11 期。

中国古代法制的变迁,进而“取其精华,弃其糟粕”,达到“古为今用”的目的。其次,本书分十六卷加以论述典章制度的历史沿革,不设章节,十六卷分别为田赋、钱币、户口、职役、征榷、市籴、土贡、国用、选举、学校、职官、礼制、乐制、兵制、刑法、封建。再次,全书以“九通”史料为底本,通过表格的形式综述历朝涉及政治管理的重要制度变迁。

该著的研究视野多局限于“九通”资料范围内,通过综述切于时政的田赋、钱币等十六方面典章制度的沿革历史,指陈利弊得失,虽与近现代中国法制史的概念体系相去甚远,然不失为一种借鉴。

2. 部门法通史研究

由沈家本所撰的《历代刑法考》,是中国近代第一部刑法史通史著作。该著系统整理了中国历代与刑法有关的资料,内容丰富、选材广博,被公认为是整理古代法律史料的经典著作。此外,该著不仅仅侧重于文献的考据,沈氏也利用西方法学视角对中国古代法律制度进行审视和整理。

3. 专题法史通史研究

1904 年梁启超发表的《论中国成文法编制之沿革得失》问世,该文被称为中国法律史的开山之作。该文主要对战国之前到明清时期的成文法的发展历史进行了详细描述。

1908 年 4 月涂景瑜的《中国监狱史》由天津官书局发行,这是第一本关于监狱史考察的著作,也是中国法制通史中的一部专史。也有学者认为,“涂氏是第一个借助比较刑罚学和监狱学观点论述中国监狱史中诸多基本问题的学者”。[①] 涂氏写作目的主要在于:在近代修律改制的浪潮中,不能仅着眼于国外制度建设,具体到监狱改制方面,通过叙述中国古代监狱沿革,从中寻找可供利用的本土资源。该著作针对监狱性质、功能、关押对象、刑制、监狱名称、监狱与刑罚的关系等问题进行史的考察,并在此基础上对中西监狱进行对比,继而得出中国古代监狱具有优越性的结论。

(二)研究评析

1. 开创了中国法制通史研究的众多先河

晚清的中国法制通史研究主要出现在清末十年间。清末十年的中国法制通史研究创造了许多“第一部”。

如前所述,梁启超《论中国成文法编制之沿革得失》一文,首次系统地对中国古代成文法律的发展演变进行梳理。沈家本的《历代刑法考》,则是第一部刑

① 郭明:《中国监狱学史纲》,中国方正出版社 2005 年版,第 103 页。

法通史研究作品。这两本论著均被认为是晚清时期中国法制史研究的扛鼎之作。

尽管赵舒翘的《提牢备考》在中国法制史研究中占有重要地位,但其研究对象仅仅是有清一代的狱政管理。而涂景瑜的《中国监狱史》,尽管篇幅甚小(序言和正文共6200余字),然而却是第一本关于监狱史考察的著作。

晚清的中国法制通史研究所创造的众多"第一部",为后世的研究奠定了稳固的基础。

2. 中国法制史新研究范式的问世

从研究内容上看,梁启超《论中国成文法编制之沿革得失》一文,奠定了中国法制史学科研究的基本框架。

从研究方法上看,孙荣、涂景瑜,以及沈家本,其研究范式主要是以正史和成文典章为史料基础,以史料罗列和源流考证为主要方法进行中国法制史的研究。梁启超则不然,梁氏以近代西方法学体系、法学理论、法律术语、研究方法等建构中国传统法制的内容。将孙荣和梁启超的研究做对比,即能看出两者的显著区别。孙氏对中国法制史的研究,是以法制史隶属于史学研究下的传统概念体系为指导的,其研究思路仍然停留在对中国传统法制资料的梳理上,并没有形成近现代中国法制史学的概念体系;梁氏利用西方近代法学理论体系和法学概念为指导研究传统法制,这种研究范式逐渐成为民国时期中国法制史研究的主流。

从整体上看,该时期中国法制通史研究的成果从数量上看并不多,但梁启超和沈家本的研究成果足以彪炳史册,垂范后世。

二、断代史研究

(一)汉代法制研究

1. 研究概说

汉代法制在我国古代法制史上占有重要地位,它上承周、秦,下启晋、唐,是中华法系形成过程中至为关键的一环。因此,学界一向重视汉代法制,研究成果颇为可观。晚清时期的相关研究成果具体而言主要集中于以下两个方面:

(1)汉律的辑佚和考证

两汉律书,汗牛充栋,可随着时间的推移,各种原律久已亡佚,无从得见,给后人的研究带来资料不足的莫大困难。有关汉律的研究,一般首推南宋王应麟的《汉制考》。迄至清代,辑佚研究达到一个巅峰,出现的有关汉律研究作品分别是:汪之昌的《汉律逸文》、孙传凤的《集汉律逸文》、杜贵墀的《汉律辑证》、张鹏一的《汉律类纂》、淡园的《汉诏令》,以及薛允升的《汉律辑存》和《汉律决事比》等。此后,沈家本和程树德集前人研究之大成,分别出版了《汉律摭遗》和《汉律考》,是为清末民国时期汉律研究的扛鼎之作。

《汉律辑存》是薛允升之作,成书年代不详,根据沈家本所述,"公所谓《汉律辑存》,庚子逸于京师,传闻为某舍人所获,秘不肯出"。薛著将散见于《汉书》《史记》《后汉书》《说文解字》《春秋公羊传》《礼记》《尚书》《周礼》《春秋左氏传》中的有关汉律的条文收集整理编号并加以注释。全书共辑录条文286条,大多按年代顺序加以整理。在进行注释时,薛氏参考引用了大量的古代文献典籍,多方阐释和举证,偶尔还以"案"或"按"的形式说出自己的观点。此外,就其内容看,虽名为汉律,却还含有春秋战国时期的法律规定。

1897年,杜贵墀辑录《汉律辑证》一书。全书共6卷,所辑律文约有275条。杜氏将这些条文按照一定的门类进行归类:卷一所辑条文为各种处罚的内容;卷二主要是有关赋税徭役方面的法律规定;卷三主要是有关盗、赃等犯罪方面的法律规定;卷四主要是有关官吏即职制方面的法律规定;卷五所辑主要为仪制方面的内容;卷六主要是有关兵律等方面的内容。在《汉律辑证》序文中,杜氏以一半的篇幅追溯了汉律的渊源与沿革。该著对以后的辑佚研究提供了借鉴:其一,对于所辑条文,都逐条予以考证。辑佚引用的典籍,经史子集、政书、类书无所不包。其二,注重制诏与案例,以扩大搜集范围。其三,注重汉唐律的比较。杜氏在注解中,引入各家对每一条律文的注释,尤其时时注意将所引律文与唐律及同时代法律相比,并且指出其变化之处。同时,还以"按""愚按"等形式对他家的阐释进行补充或进一步说明。

1907年,张鹏一的《汉律类纂》刊行。张氏此书旧稿,曾以《汉律考》刊出,后张氏加以厘定,准备刊行,听闻薛允升有辑本,便暂停刊刻。之后因薛允升旧稿散佚,便于1907年刊行。张氏此书不同于杜氏的"辑证",名为"类纂",表明其所辑汉律是按照一定类别编排的,即按照汉九章律为标准。这是汉律辑佚中首次按照汉九章律为分类标准的著作,不过张氏改变了汉九章律的篇目,按照具、户、兴、厩、盗、贼、囚、捕、杂,在九篇之下,列出律目及相关律文。这一点也是张氏此著的主要特点。《汉律类纂》的另一特点在于揭示了汉与后世律之间的渊源。在程树德看来,该著的主要缺陷是"强以已意窜定律目律文,识者讥之"。①

(2)行政法律制度方面

汉代的三公九卿制和郡县制是研究者关注的核心问题。代表性著作是陈

① 程树德:《九朝律考》,中华书局2006年版,第52页。

树镛的《汉官答问》、强汝询的《汉州郡县吏制考》。代表性论文有无名氏的《论官制》、麦孟华的《论中国变法必自官制始》等,大多被收入历次编纂的《皇朝经世文续编》《皇朝经世文新编》《皇朝经世文三编》等经世文集中。

官制是皇朝政体的主要形式,朝野上下对"治体"的探讨议论,几乎贯穿整个清代。研究者普遍认为,汉代循良最盛,遂以中兴,因而汉代官制备受青睐。强汝询的《汉州郡县吏制考》成书于1898年,分二卷。卷上分《州吏考》《郡吏考》《县吏考》三目。自秦始皇废封建制改行郡县制,郡县官吏的设立至汉代时才较为完善。强氏收集《前汉书》《汉官仪》《续汉志》《通典》等有关郡县吏制资料,上自州刺史、郡太守、县令长,下至门亭长、兵马掾、亭长、里魁、什伍等的设置及职责,皆有资料排比和叙述。卷下为杂论,对汉乡亭之制、刺史的演变等二十二事,均有论述。

刊登于1897年《时务报》第二十二册、第二十四册的麦孟华的《论中国变法必自官制始》一文是典型的政论性考证。该文旨在推动官制改革,革除政体积弊。为达目的,麦氏一方面从历朝官制中取法,尤其称道汉代的官制;另一方面赞誉日本与西方国家的官制,称其与历朝善制有相同或相似之处。最后,麦文提出改官制之道,即停捐纳,严保举,设商部、农部和学部。

对于汉代官制的考证,强汝询的《汉州郡县吏制考》有意识地将汉代州郡县吏为研究对象,对两汉地方吏制做了全面探讨。麦孟华的《论中国变法必自官制始》则将对汉代官制的考证作为发表政治意见的辅助性证据,虽在某种程度上开始采用中西对比的横向比较研究方法,但是零散单薄亦在所难免。

2. 研究评析

(1)晚清的汉律研究具有鲜明的时代特征

晚清是中国近代社会一个大转变的时期,内忧外患的危局极大地唤醒了中国的民族危机意识,有不少有识之士埋首找寻强国御侮之策。古人云:"以铜为镜,可以正衣冠;以史为鉴,可以知兴衰。"所以,他们将对历史的反省作为首要之责。汉代的制度建设为后世奠定了坚实基础,其重要性自不必说。并且,官制改革是晚清政治体制改革的主要任务,以1861年总理衙门和南北洋大臣的设立为标志,清朝开始了步履维艰的官制改革之路。甲午战争后,维新派登上了历史舞台,他们主张向西方学习,推动官制改革。因此,可以说,汉代法制史研究切合当时的时代潮流。身处中西碰撞时代的学者,希冀通过研究古律并蓄新旧、会通中西,使中国法借此恢复广大。

张鹏一在《汉律类纂》"叙例"中就提到了这一点。在中国被西方法律文化冲击之时,中国固有法也被裹挟进变革当中。张氏认为,两千年以来,中国法独立于东亚,为世界四大法系之一,其重要地位不容忽视。张氏推崇汉律,对汉律的辑佚,不单单为学术研究之目的,还为了昌明汉律,酌古准今。张氏明确指出:“吾国研究法律,将于溥权利思想于人民。窃愿输入新法者,究心古律之佚说。庶旧学发明,相得益彰,而阐扬国粹,不至为西人所窃笑。”

(2)以辑佚考证为特征的汉律研究的典范作用

以薛允升为首的汉律研究者自幼所接受的学术训练与厚重的国学功底,使汉律的辑佚考证研究一开始便达到了一个很高的起点。薛允升的《汉律辑存》、杜贵墀的《汉律辑证》、张鹏一的《汉律类纂》均为汉律的研究做出了重要贡献。但相较而言,杜著更胜一筹。

薛著在内容上略显简单贫乏,如其所列律文只是以所收集的古代文献为线索,然后将每一部书中有关汉律的内容集中列举出来,其对律文的注释也相对比较简单。杜著则为汉律令的辑佚提供了正确的方法,实为此后绵延百年的秦汉法律研究的先导,因而被誉为“考汉律者,当推此为最善本矣”。①

从研究方法上看,主要以考证注释法为主。一方面是受到乾嘉学派“无征不信”的考据学精神影响,另一方面为了极大可能地将汉律保存下来,研究者进行了大量的汉律辑佚研究,因而考证注释法广为适用。并且,随着国门洞开,西方法律文化也随之而入,在这特定的历史条件下,中西比较法开始崭露头角。

(3)资料使用上的遗漏

从研究资料上看,大多研究成果所使用的材料都是传世典籍,对于当时的出土资料,则未予以运用。例如,两周时期的青铜器,自宋代已有著录。清末以前出土且已有拓本传世的部分青铜器,对于研究周代法律有重大的意义。还有封泥(尤其是汉代封泥)与瓦当,可用以探讨汉代的官制。对这些材料的遗漏,不能不说是一个遗憾。

(二)唐代法制研究

1. 研究概说

唐代是中国古代鼎盛的时期。唐律更是中国乃至世界法制史的一块瑰宝。它在中国古代的法典中,无论是体例结构,还是具体内容,都居领先地位,被认为是中国古代立法中的最善者。然而晚清时期对唐代法制的研究,与其历史地位相比则太不相称。该时期对唐代法制的专门性研究和深入研究并不多见,且主要集中于立法方面的研究。具体而言,薛允升的《唐明律合编》和《唐明清三

---

① 程树德:《九朝律考》,中华书局2006年版,第52页。

律汇编》是最具代表性的作品。

《唐明律合编》三十卷，是一部将中国古代最有影响的两部法典——唐律、明律进行纵向比较的法制史著作。薛著以时代先后为序，按原有律目，先后编列唐律、明律条文，同时还附有唐、明两朝的令和条例，对照异同，进行比较、分析、阐释，并附以其他各家观点，最后提出自己的见解，以此考辨定罪量刑的轻重。在序言中，薛氏曾经自述，“兹仿班、马异同及新旧唐书合钞之义，取二律之彼此参差、轻重互异者，逐条疏证，以类相从，命之曰《唐明律合编》”。[①]

《唐明清三律汇编》是薛允升继《唐明律合编》之后的又一部法制史作品，堪称我国传统法制史著作的精华巨著。《唐明清三律汇编》的编写体例与《唐明律合编》相同，唯其具体内容和编写的侧重点不同。该书以明律的编写体例为顺序，先简略引用唐律有关条目及其《疏义》要义，对明律则不再罗列其正文内容，只比较二者之轻重宽严，然后再大量排列清朝律例，其中又以例文占主要篇幅，并叙述其源流发展，分析其利弊得失。可见，《唐明清三律汇编》实际是以清朝律例尤其是以例为研究重点，对唐、明二律的征引及比较，只是为了追溯或探讨其历史渊源与发展脉络。

2. 研究评析

(1)第一部比较法专著问世

如果说，明代以前，中国法制史研究仍然属于史学的附庸的话，自清代开始，学者就已经开始有意识地从事中国法制史研究，中国法制史研究有走向专业化的趋向。薛氏《唐明律合编》一书，即是其有意识进行法制史研究的成果，也是中国法学史上第一部比较法研究专著。该著从清代、民国时期，以至现在，反复被重印，其对后世的影响力可见一斑。该著目前也是中国法律史研究者的必读书目。

(2)唐律研究方法论的典范作用

法制史的比较研究，可以追溯到蔡法度撰《晋宋齐梁律》20 卷，盖比较四代律文之异同，恐为比较之作。金元时期有郑汝翼所撰《永徽法经》，先列唐律于前，再附金律于后，并详注其存亡、异同、增减情况，可惜已佚。虽然，这两部法制史的比较研究著作都在《唐明律合编》之前，但是从真正的比较法制史学的意义上来说，像薛允升，将中国古代最有影响的两部法典进行纵向比较，通过“逐条疏证”、“以类相从”，列出唐律的条文后，列出相类明律的条文，说明哪些被明律继承、修改，哪些并不存在于明律中。《唐明律合编》当具有开创性，其研究方

---

① 薛允升:《唐明律合编》,怀效锋、李鸣点校,法律出版社 1999 年版,第 1 页。

法为后人提供了比较法研究的典范。

(3)研究成果并不多

基于时代原因,晚清时期对唐代法制的专门性研究和深入研究并不多见,与其历史地位相比则太不相称。

(三)清代法制研究

1. 研究概说

清代作为中国历史上最后一个封建朝代,不仅其经济发展超越了前代,在法制建设方面也取得了显著成就。身处这个时代,研究便利自不必说。正因如此,晚清时期的研究者对清代法制史的研究倾注了无限的热情,研究成果相当丰硕。总体而言,可分为以下几方面:

(1)《大清律例》研究方面

清入关以后,经过顺治、康熙、雍正、乾隆四朝大规模的立法活动,至乾隆五年修成《大清律例》,基本不再改动。作为清代最系统、规模最大、最具代表性的成文法典,研究者一直重视对《大清律例》的研究。晚清时期研究《大清律例》的代表作主要有黄恩彤的《大清律例按语》、张沣中的《大清律例根源》、吴坤修的《大清律例根原》、薛允升的《读例存疑》,以及吉同钧的《大清律例讲义》。

1847 年,黄恩彤的《大清律例按语》由潘德畲之海山仙馆刊出,该著辑有雍正至道光十九年大清律例理念修改增删之复奏,将历代律例之变迁以原律、原改律、原增律、原条例、原增现行例和现行例之名,列于各篇各门下,可以使读者清楚地看出其中的变革。同年,张沣中搜集各家按语,辑成《大清律例根源》一书,刊行问世。

1871 年,吴坤修的《大清律例根原》问世。该著按照清律的 7 篇结构排列,即名例律、吏律、户律、礼律、兵律、刑律、工律,篇下分门,篇末附《督捕则例》,以顺治三年大清律为基础,将雍正三年至同治九年各朝所修改之大清律和例按照年代分别附于各门各条后,注明原律、原例、原条例、现行例、原改现行例、原增现行例、续增现行例,并将修改、续纂标明条例的变迁情况,累次修律改例的按语也予以保留。该著体现了《大清律例》近二百年间的因革关系。

1904 年,薛允升的《读例存疑》刊行,共 40 册、54 卷,该书上起乾隆四十四年,下迄光绪朝。在某种意义上,可以说是吴坛《大清律例通考》的续编,在体例上仍沿袭吴著,对乾隆四十四年以后的律例条文的发展变化进行考辨,尤其是对光绪朝通行的《大清律例》逐条加附按语,疏证其源流因革过程,指出其彼此抵牾,前后歧异,或畸重不当,或分析未明以及应增应减之处。该著通过对清代两百多年间的条例进行系统的编纂整理,考证每一条例产生的年代、背景和原意,探讨其与正律之间的关系,论证各条例的合理性及不足,供变法修律时参考。该著具有极高的学术和实践价值。

1908 年,吉同钧的《大清律例讲义》问世。清末,沈家本、伍廷芳奏请专设法律学堂,京师法律学堂、京师法政学堂等设有课程《大清律例》,吉同钧为主讲。吉氏认为律义精深,非口舌能尽,便编成《大清律例讲义》,由当时的法部核定出版。沈家本为《大清律例讲义》作序,序中指出,该著"讲之有素,考订乎沿革,推阐乎义例,其同异重轻之繁而难纪者,又尝参稽而明辨之,博综而审定之,余心折之久矣"。该著的主要特点在于:其一,由于该著是讲义,并且教学目的在于培养精通中外法律、足资应用的人才,因此该著除理论性以外,还注重实用价值。其二,追本溯源,比较得失。吉同钧对许多条文的注释,都以史为经,追本溯源,借助古今对比,或援引阐述,使读者明晓法意。若与薛允升的《读例存疑》相比,从制度沿革的考释,远比薛著详尽。其三,引用学说,参诸国外。在论著中,吉同钧特别注意吸收明代以来的注律成果,以及西方诸国的法律制度。沈家本对该著予以了高度评价:"其于沿革之源流,义例之本末,同异之比较,重轻之等差,悉本其所学引申而发明之,辞无弗达,义无弗宣,洵足启法家之秘钥而为初学之津梁矣。"

(2)行政法律制度方面

1848 年,徐栋的《保甲书》刊行。保甲制度是我国传统社会一种重要的基层管理制度,它以户(家庭)为基本单位,其牌、甲、保之间一般以十进制的方式编制,具有亦兵亦民的性质,既可对生产建设和人口户籍进行管理,又具有维持地方社会秩序、统制民力、征发徭役、收取赋税、教化居民等功能。徐栋辑录《清会典》及各家文集中有关保甲的条例、章程、奏疏、论说、公牍等撰成此著,内容由凡定例、成规、广存、原始四类组成。1871 年,徐栋和丁日昌辑录《保甲书辑要》刊行。

咸丰年间,王庆云撰成《熙朝纪政》一书,后改名为《石渠余纪》。全书共 6 卷,分别对赈贷、蠲免、徭役、科举、吏治考核、地丁、耗羡、漕粮、漕运、屯田、劝垦、官仓、社仓、义仓、圈地、铸钱、矿政、盐法、引课、税政、市舶、畿辅营田水利等问题加以阐述,全面记述了清代顺治、康熙、雍正、乾隆、嘉庆诸朝典章制度沿革。该著除用少量篇幅去探索科举、吏治等以外,均有历代沿革的考证,列举史实简明,数据精当,而且重点突出。例如,盐务就有《纪盐法》、《纪引课》、《直省盐课表》、《纪盐禁》、《纪河东盐法篇》(上中下)等。

(3)刑事法律制度方面

就刑罚制度研究而言,《清史稿·刑法志》记载:"刺字乃古墨刑,汉之黥也。"①刺字刑自五代复活之后,清代是继宋朝之后的又一个高峰。因为刺字规定繁多,执法者一时难以掌握全部内容,所以清代出现了许多总结整理刺字条例的论著。

该时期有关刺字的研究主要有:孟楏的《刺字统纂》、无名氏的《刺字条款》、嵩昆的《刺字条例》以及沈家本的《刺字集》等。1869 年,孟楏的《刺字统纂》收录了刺字条款 173 条;无名氏的《刺字条款》辑录了刺字条款 452 条;沈家本则对刺字进行了较为系统的整理,沈氏与郭存甫共同编研,1886 年完成《刺字集》一书。该著分四卷:通例、条例、免刺条款、备考,并附以处分各例。后来沈氏写有《刺字考》,删增编入了《历代刑法考》中。从体例上看,沈著没有脱离旧有的各种刺字例集的编排模式,但已经变得更有体系性,更为精炼,更易为司法者参考引用。且从序中可以看出,对于刺字刑,沈氏从思想到感情上,都有指责和反对的一面,但正如沈氏所言,"顾定制遵行已久,遽难更张","夫刺字亦国宪也",只能"守法不变之中,寓因时变通之意"。可惜的是,沈著出版后不久,刺字刑就被废除,可以说其研究价值远远超过其实践意义。

就审判制度研究而言,秋审制度是研究者关注的焦点。秋审制度是在古代"慎刑"和"秋冬行刑"的思想基础上确立的。作为一种最高级别的死刑复核制度,清朝一直很重视秋审,甚至将其视为"大典"。秋审制度因其在清代诉讼制度中的重要性,而颇受研究者关注。该时期研究秋审的主要代表作有英祥的《秋审实缓比较成案》、桑春荣的《秋审实缓比较汇案》、谢诚钧的《秋审实缓比较条款》、刚毅的《秋谳辑要》、英瑞的《秋审类辑》、薛允升的《秋审略例》、沈家本的《秋谳须知》及《秋审比较条款附案》等。

1873 年,英祥的《秋审实缓比较成案》刊行,其内容主要为记载道光、咸丰、同治三朝秋审之各类成案。1877 年,桑春荣的《秋审实缓比较汇案》刊行,分类汇辑了咸丰年间至光绪五年各省秋审判定实缓之死罪案件,依律目分类,内有诱拐、窃盗、杀害等案件。1878 年,谢诚钧的《秋审实缓比较条款》刊行,该著将秋审条款订正增删,加以论注,再附以成案,分职官服图、人命、奸抢窃、杂项以及秋审矜缓比较条款等五门,谢著最大的贡献在于其独特体例,将五门各款分别附以相应成案,以便比案条款彼此印证并补条款之所不及。有鉴于此,沈家本在 1903 年编成的《秋审条款附案》一书,在体例上就参照了谢著的体例形式。

---

① 赵尔巽等撰:《清史稿》,中华书局 1977 年版,第 4200 页。

1884年,刚毅的《秋谳辑要》刊行,该书辑录了乾隆七年至嘉庆十二年间有关秋审之条款及成案共六十七道,比较全面地搜寻了清代有关秋审方面的谕旨、条款与成案。在体例安排上,与谢著不同的是,刚著将秋审条款与成案分列,虽然收录比较全面,但是不如谢著清晰明白。这也是谢著虽短小,但却能将办理秋审案件主要适用的条款收录齐全,再佐以成案,形成一个完整的体系。沈家本的《秋谳须知》和《秋审比较条款附案》在该时期的秋审制度研究中占有重要地位。《秋谳须知》一书,规模更为庞大,研究内容更为广泛,专讲秋审文稿之写作要领,兼及秋审程序之运用;《秋审比较条款附案》一书,则主要包括秋审条款和秋审成案,以秋审条款为纲,后附相关秋审成案,并加以评论,阐述精要。

就监狱制度研究而言,主要代表作有赵舒翘的《提牢备考》、濮文暹的《提牢琐记》,以及周馥的《恤囚篇》。

2. 研究评析

其一,务实的清律研究,不仅在实践上指导了清末的变法修律,而且在理论上为后世清律研究奠定了基础。

康熙后期,由于在思想上实行高压政策,尤其是盛极一时的"文字狱",沉重打击了知识分子参政、议政的勇气。因"惧一身之祸",他们大多埋首书斋,钻故纸堆。清初一度兴起的着眼于经世致用的学风,逐渐为脱离现实的烦琐考据之学所代替。鸦片战争爆发后,封建的清朝腐败无能,帝国主义的侵略日益加深,国家面临着生死存亡的严重局面。在这种情况下经世致用之学,再度兴起。本着求真务实的精神,研究者致力于实用之学。一方面,他们以史为鉴,以考证条文的沿革变化、并对历史进行探源溯流为手段,使"用法者寻绎其源,以明律例因革变通之理";另一方面,他们中开始有少部分人将目光投向西方法律文化,力求为处于困顿之中的中华民族找到新曙光。

针对《大清律例》和秋审制度的研究,正是经世致用学风的体现。薛允升的《读例存疑》并非简单的历史考证,而是注入了其多年从事司法和掌管刑部的经验,薛氏在自身丰富司法实践经验基础上,对《大清律例》在操作层面出现的一系列问题进行了深入思考,并将自己修改律例的意见也加入其中,因而其具有很高的学术与应用价值。《读例存疑》后被奉为律例馆修改法律的准绳和依据。清末颁行、作为过渡时期使用的《现行刑律》,正是依据和参考了《读例存疑》方修订而成的。

其二,断代史研究中,清律研究成果最多。

其三,从研究方法上看,除使用乾嘉考据方法外,阐释法也占有一席之地。

在研究方法上,除了适用考证注释法这一经典方法,叙述评论法也是主要的研究方法。叙述评论的方法就是在如实叙述史料之后加以评论。清代法制史研究成果大都是史论结合。如果说考证注释是从史料到史料,那么叙述评论就是从史料到规律,从史料中提取出活的、于今于后可加以运用的规律性的内容。

三、专题法史研究

(一)研究概说

1. 议院

1850 年后,“自强”一直是晚清最重要的政治命题,“师夷长技以制夷”成了不可避免的手段。但是“师夷狄”,仅仅学习西方的技术文明够不够?维新派主张采用西方君主立宪政体,并提出仿效西方创设议院制度。当时不少研究者针对此进行研究,并认为西方的议院制度,中国古已有之。陈虬认为,“议院之设,中土未闻,然其法则固中国法也”。[①] 郑观应则撰文指出,“议院乃上古遗意,固非西法,亦非创辟之论也”。[②]

议会是古旧中国闻所未闻、鲜难觅见踪迹的事物,连牵强附会的契机都难以搜寻。徐继畬创造的“公会”之话语,却激发了后来者的灵感。1896 年梁启超作《古议院考》,进行托古。“《洪范》之卿士,《孟子》之诸大夫,上议院也;《洪范》之庶人,《孟子》之国人,下议院也”,证明中国古代“虽无议院之名,而有其实也。”[③]严复对此文颇有微词,曾驰书相质。梁氏后来也承认该文的牵强附会,认为这是自己数年前游戏之作。“实则启超生平最恶人引中国古事以证西政,谓彼之所长,皆我所有。此实吾国虚骄之结习,初不欲蹈之,然在报中为中等人说法,又往往自不免。得先生此论以权为断,因证中国历古之无是物,益自知其说之讹谬矣。”[④]

在欧风东渐影响下,部分学者在“夷夏之辩”的传统思想框架里辗转腾挪,其基本策略是大力倡导“西学中源论”。将西方的镜像与上古的镜像重叠起来,其中必然存在牵强附会之说。晚清对政体的研究大多体现了这一特点。

2. 官制改革

晚清以来,官制改革问题,令人瞩目。1861 年冯桂芬在《校邠庐抗议》一书

① 郑振铎编:《晚清文选》,吉林人民出版社 1998 年版,第 316 页。
② 郑观应著、夏东元编:《郑观应集》,上海人民出版社 1982 年版,第 323 页。
③ 梁启超:《古议院考》,载《时务报》1896 年第 10 期。
④ 梁启超:《饮冰室合集》(第 1 册),中华书局 1989 年版,第 108 页。

中，发表了《改科举议》一文，他指责统治者因“惧天下瑰伟绝特之士”而以八股文“禁锢生人之心思材力”，“意在败坏天下之人才，非欲造就天下之人才”。[①]麦仲华所辑《皇朝经世文新编》卷三的无名氏《论官制》一文，则较为详尽地论述了“乡职之设，源于三代之遗”等问题。

麦孟华的《论中国变法必自官制始》一文则指出，要想使中国富强，必须变法，而变法，首先就要改革官制。该文亦旨在推动官制改革，革除政体积弊。他回顾古今，从历朝官制中取法，又对比中西，赞誉日本与西方国家的官制，称其与中国古代历朝善制有共通之处，并提出改官制之道，即停捐纳，严保举，设商部、农部和学部。

3. 中外刑律比较

1893 年，格致书院以“中外各国刑律轻重宽严异同得失考”和“中西律例得失安在”为题考课学生。李经邦以比较的方式，旁征博引，详述了英国、德国、美国、俄国、日本 5 国刑律之条文，内容涉及杀伤罪在不同国家的处罚方式。文中，李经邦提到了中国的各种残酷刑法和西方的监禁罪，肯定西方报纸登载监禁罪的做法。但他不主张全面学习西方律法，特别在涉及“纲常伦纪”问题上，他大力维护中律，贬斥西律，其目的是以西律来弥补中律之短，借西律之长来维护中国的既存体制。从社会影响来说，他认为中律比美律更具威慑力。杨毓辉的《中外刑律辨》也系其在题为“中外各国刑律轻重宽严得失异同得失考”考试中的答卷。二文皆先考述中外刑律之源流，以《大清律例》为“万世之宗”，其中刑律“皆仁之至义之尽者也”。[②] 其相异之处在于：李文按英、德、美、俄、日之国别，“各举数则以与中国刑律比论，并据管见所及者，各考其轻重宽严异同得失”；[③]杨文则考述了中西刑律在诉讼、断狱、诈伪、盗窃、贪赃、人命、奸情等方面之轻重互异。

对中外刑律进行比较的代表作还有孙兆熊的《中西律例繁简考》。该文对中国古代律例的发展脉络进行了考证，以为“定律者何其详而慎也”，而今人引律，“律文中小字不察”，“条例中虚字不察”，松弛懈怠以致适用法律错误，层层批驳不慎，而迟迟不得结案。[④]

---

① 郑振铎编：《晚清文选》，吉林人民出版社 1998 年版，第 104 页。

② 杨毓辉：《中外刑律辨》，载陈忠倚辑：《皇朝经世文三编》卷六，文海出版社 1972 年版。

③ 李经邦：《中外各国刑律轻重宽严异同得失考》，载陈忠倚辑：《皇朝经世文三编》卷五十九，文海出版社 1972 年版。

④ 孙兆熊：《中西律例繁简考》，载陈忠倚辑：《皇朝经世文三编》卷六十，文海出版社 1972 年版。

郑观应则在考述中外刑制的历史发展脉络后，提出“中国用刑残忍，不若外国宽严有制，故不得不舍中而言外，取外而酌中”。① 其《狱囚》《罚赎》二文亦旨在推动改革以消除中外刑律之轻重悬绝。又有《掌故学》一文，在考证中西律之异同后，建议于“京师设律学堂一区，博习中外律例，宜广译西人律学之书以资考”。②

（二）研究评析

鸦片战争爆发后，中国被迫开放了国门而踏上了近代化之旅。随着中西方文化冲突和交流的愈加深入，不少有识之士开始向西方学习。起先，他们以为只要引进“西艺”，就可实现富国强兵，实现与西方接轨或法制的近代化。但是甲午海战的大败使他们认识到，光有那些洋东西还不够，还必须有更根本的改革。于是，他们将目光转向西方的先进制度，呼吁变法维新。中国法律近代化便成为研究者广泛关注的焦点。他们从不同角度对该问题进行了深入广泛的探讨，他们的研究成果为后世中国法律近现代化研究提供了借鉴。当然，受时代所限，该时期的研究也有自身缺陷。

1. 研究贡献

正因为中国法律近代化是摆在当时研究者面前的一个全新命题，所以其研究成果无疑具有伟大的开创性意义。具体而言，贡献主要有以下几点：

第一，从内容上看，研究者将目光集中于鼓吹变法、中央议院和地方自治、官制改革与中外刑律对比上，他们对这些制度追本溯源，进行了精炼而整体性的概括，客观上促进了西方法律文化在中国社会的传播。

第二，开始兼采纵向比较与横向比较的研究方法，并引入西方法律概念。研究者普遍对中外法制进行古今对比，以考其轻重宽严异同得失。同时，研究者开始以西方法律概念来研究中国法制，如“法律”“陪审”“律师”等西方法律语词已在研究成果中相继出现。

第三，对中国法律近代化的研究，直接为戊戌变法和清末修律及其他政治制度改革提供了坚实的理论基础。研究者将对中国古代法制的回溯作为其呼吁革新、推动变法的有力工具，可以说，这是一种带有强烈时代色彩的经世致用思想。

2. 研究缺陷

第一，研究中存在“西学中源”说。传统观念的历史惯性，帝国虚骄的难以

---

① 郑观应著、夏东元编：《郑观应集》，上海人民出版社1982年版，第499页。

② 阙名：《掌故学》，载陈忠倚辑：《皇朝经世文三编》卷五十九，文海出版社1972年版。

克服,致使研究者往往把要输入和提倡的西学,说成是中国固有的。如在对议会制度进行研究时,很多研究者将西方资本主义议院制度与中国古代的“乡里选举”之法相提并论,认为中国古已有之。这种不顾时空条件的差异,人为地将两种不同的异质文化生搬硬套地联结在一起的做法,实在有悖科学研究。

第二,研究中存在“中学”与“西学”的矛盾心理。一方面,为了提倡西学,研究者必须指出中学弊端之所在;另一方面,研究者又担心西学传入中国后,会不会使中学失去统治地位,而渐渐被忘却。这种矛盾的心理,无论是在广度还是深度上,对其研究都有一定的制约。

第三,研究深度不够,资料有待发掘。如前所述,这些政论研究是迫于内忧外患、出于救亡图存的需要,是一种应急之举,几乎是饥不择食,涉及的范围虽广,但莠菁并存,其实并未真正领悟西方法文化的精髓,其专门性和深入性还远远不够。并且,在一些研究成果中,描述的比例远远大于论证的比例,资料引用甚少。

作为中国法制史研究中的一个基本问题,对于中国法律近代化的研究有助于从宏观上认识中国古代法制和推动现实法律的发展进程。从整体上看,晚清时期对中国法律近代化的研究尚处于初级阶段,当然这也为我们今日的研究提供了本源。

四、判例及判牍研究

(一)研究概说

1. 判例研究

晚清时期的判例研究的集大成者为《刑案汇览三编》。《刑案汇览三编》包含《刑案汇览》、《续增刑案汇览》及《新增刑案汇览》三种。此外,吴潮等编纂《刑案汇览续编》32 卷,收录了道光年间(1828~1871 年)中央司法机关审理的案件 1696 件。

由祝庆祺编辑、鲍书芸参定的《刑案汇览》,是清代编纂成案的杰作,是清代规模最为庞大的判例集,于道光十四年(1834 年)刊行。《刑案汇览》收录了乾隆元年到道光十四年,即 1736 年到 1834 年由中央司法机关审理的案例,按《大清律例》的门类编排,书后附有刑部事宜及拾遗备考二节。其后至晚清时期,祝庆祺又辑《续增刑案汇览》十六卷,主要收录道光年间(1821~1850 年)中央司法机关审理的刑事案件 1670 余件,分类方法仍按前书即按照《大清律例》的名例、吏、户、礼、兵、刑、工诸律进行分组编纂。潘文舫等编辑的《新增刑案汇览》

16卷，辑录1842~1885年中央司法机关处理的案件291件。

收录案件的主要来源大致可以分为三类：(1)刑部律例馆所存的"说帖"，即中央三法司对地方呈报的重罪案件所拟的意见书，这些"说帖"的用途在于大修律例时作为重要参考，一部分被编纂为例，另一部分存馆备查；(2)刑部颁至各省的"通行"及传至部内各司的"遵行"，作为州县官员办案时参考的法律依据，对州县官员具有法律的约束力；(3)成案，即"系列无专条、援引比附、加减定拟之案"。在无律例的条件下被赋予法律效力。

2. 判牍研究

明清判牍是明朝、清朝地方官在审理案件时所记录下的文件，可能包括案件的原委、经过，以及该地方官判决的结果，这些记录的文章被收集起来，形成判牍。判牍或单独成书，或收录在文人文集中(见表7-2)。①

表7-2　晚清判牍汇

编者	书名	内容
何绍祺	滇牍偶存	道光二十四年至二十六年担任云南省云南府昆明县知县期间所审案件的集成，计有判语2件，批词37件，总计39件
邱煌	府判录存	道光十六年至二十五年担任陕西省凤翔府知府，同时于道光二十一年至二十二年署理同州府知府期间所审理案件的集成，总155件
沈衍庆	槐卿政迹(卷二至卷六)	道光十八年至咸丰二年历任江西省赣州府兴国县、南康府安义县、吉安府泰和县、饶州府鄱阳县等地知县期间所审案件的集成，计有135件
常恩	安顺府及黎平府禀稿	道光二十七年历任贵州省安顺府知府与黎平府知府，又于二十九年回任安顺府知府时期所审案件的集成，总计183件
胡秋潮	问心一隅	道光二十九年前后担任山东省东昌府博平县知县，可能于二十八年署理聊城县知县期间所审案件，总计约46件
胡林翼	新编评注胡林翼判牍菁华	道光二十七年至咸丰元年历任贵州省安顺府、镇远府、思南府、黎平府等地署理知府或知府期间所审案件，收有判语38件与批词28件，共计66件

① 表7-2的内容参考国家图书馆编：《明清法制史料辑刊》，国家图书馆出版社2008年版；[日]三木聪、[日]山本英史、[日]高桥芳郎编：《传统中国判牍资料目录》，汲古书院2010年版等。

续表

编者	书名	内容
贾臻	退厓公牍文字（卷一、卷三）	道光三十年署理河南省河南府知府，并于同年至咸丰元年间任知府期间所审案件，共计6件
牟房	牟公案牍存稿	任浙江省绍兴府会稽县知县至道光三十年后，于咸丰元年任湖州府安吉县知县期间所审案件，计有8卷60件
刘如玉	自治官书偶存（卷二、卷三）	咸丰二年至六年担任湖南省永州府宁远县知县，咸丰八年至十年署理长沙府茶陵州知州期间所审理案件的集成，共计39件
徐宗干	斯未信斋文编	咸丰四年任福建按察使，七年至八年任浙江按察使期所审理案件，总计3件
曾国藩	曾文正公批牍（卷四至卷六）	咸丰十年至同治四年、同治五年至七年、九年至十一年三任两江总督，以及同治七年至九年任直隶总督时所审案件，计21件
曾国荃	曾国荃判牍菁华	同治元年至二年任江苏布政使、五年至六年任湖北巡抚、光绪二年至六年任山西巡抚期间所审案件之集成，共计45件
张修府	溪州官牍	咸丰十一年至同治六年担任湖南省永顺府知府期间所审案件集成，丙集有批词99件，判词12件，共计111件
孙镜寰	之游唾馀录	咸丰四年至同治九年历任湖北省襄阳府谷城县署知县与汉阳府汉川县署知县期间所审案件，第1册为判词，第3册另收有2件判词
何桂芬	自乐堂遗文	同治五年至七年任陕西省陕安道时所审案件，计有批文2件
蒯德模	吴中判牍	同治六年任江苏省苏州府长州县知县，以及同治七年至九年署理太仓州知州时期所审案件，计有45件
李鸿章	新编评注李鸿章判牍菁华	其案件内容时间不详，计有判文45件，批词19件，驳文2件，总计66件
黄云鹄	雅州公牍	同治八年前后担任四川省雅州府知府时所审案件，计有判文11件

续表

编者	书名	内容
戴杰	敬简堂学治杂录(卷四)	同治八年至十三年任山东省济南府陵县知县时所审案件的集成,卷四有堂判9件
宗源翰	颐情馆闻过集(卷八)	同治九年至十年任浙江省湖州府知府时期所审案件,卷8有8件
方濬师	岭西公牍汇存	同治八年至光绪四年任广东省肇庆府知府,同时署理肇阳罗道时期所审案件集成,总计有83件
汤肇熙	出山草谱	同治十一年至十二年任浙江省衢州府开化县知县,以及余光绪八年至十一年任温州府平阳县知县时期所审案件,计有10件
张联桂	问心斋学治杂录(卷三)	光绪初年历任广东省高州府、惠州府、潮州府知府及惠潮嘉道时期所审案件,续录卷三收有批文12件与判文6件,共计18件
徐赓陛	不慊斋漫存(卷五)	光绪四年至六年署理广东省惠州府陆丰县知县时期所审案件,卷五收有2件
周家楣	期不负斋政书	光绪四年至五年及八年至十年任直隶顺天府尹时期所审案件,计有9件
董沛	吴平赘言(卷一至卷三)	光绪六年至七年任江西省临江府清江县知县时期所审案件,卷一有34件,卷二有29件,卷三有21件,总计84件
董沛	汝东判语(卷一至卷五)	光绪八年署江西省抚州府东乡县知县时所审案件,卷一有32件,卷二有42件,卷三有25件,卷四有23件,卷五有20件,总计142件判文
董沛	晦暗斋笔语(卷一)	光绪九年至十年任江西省南康府建昌县知县时期所审案件,卷一有43件
董沛	南屏赘言(卷一至卷三)	光绪十一年担任江西省广信府上饶县知县时所审案件,卷一有27件,卷二有32件,卷三有10件,总计判文69件
童兆蓉	童温处公遗书	光绪六年署理陕西省延榆绥道时所审案件,计有1件
潘彬	剡中治略(卷中)	光绪六年至九年及十一年至十三年两度任浙江省绍兴府嵊县知县时所审案件,卷中有判语32件

续表

编者	书名	内容
潘彬	天彭治略(卷三)	光绪十九年前后任四川省成都府彭县知县时所审案件,卷三收有堂判 32 件
刚毅	审看拟式	光绪十一年至十四年任山西巡抚时所审案件,计有 83 件
符翕	阳山丛牍	光绪十五年任广东府连州阳山县知县时所审案件,第一册有 19 件,第二册有 20 件,第三册有 20 件,第四册有 9 件,总计 68 件
钟体志	柴桑佣录(卷一至卷二)	光绪十三年至十五年任江西省九江府德化县时期所审案件的集成,卷一收有谳语 45 件,卷二收有批词 79 件,总计 124 件
刘曾騄	梦园公牍文集	光绪十年前后二十余年之间历任山东省济南府历城县、济宁直隶州郓城县、沂州府郯城县、东昌府茌平县等知县时期所审各地案件,总计收有 67 件
刘镇寰	琴堂判事录	自光绪十六年起,历任广东省潮州府惠来县、嘉应直隶州兴宁县、韶州府乐昌县等地知县,以及署理惠州府归善县、广州府增城县等地知县时期所收案件,总计收有 74 件
樊增祥	樊山批判	光绪十七年至十九年任陕西省西安府咸宁县知县,光绪十九年至二十五年任西安府渭南县知县时期所审案件集成,总计 1629 件
樊增祥	樊山政书	光绪二十七年至三十年任陕西按察使、三十年至三十三年任陕西布政使、三十四年至宣统三年任江宁布政使时期所审各地案件,计有 281 件
钱康荣	卷园书牍	光绪二十年署理湖南省岳常沣道时所审案件,计有批词 15 件
沈秉堃	敬慎堂公牍(卷六)	光绪年间历任四川省泸州直隶州江安县、嘉定府乐山县、成都府成都县、绵州直隶州绵竹县、成都府彭县、重庆府巴县、叙州府富顺县等地知县所审案件,卷六收有 51 件
陆维祺	学治偶存(卷五至卷六)	任湖北省荆州府松滋县时所审案件集成,时间不详,卷五收有判词 7 件,卷六收有批词 59 件,总计 68 件
倪望重	诸暨谕民纪要(卷一至卷三)	光绪二十一年至二十三年为署理浙江省台州府诸暨县知县时期所审案件集成,卷一收 59 件,卷二收 92 件,卷三收 66 件,总计 217 件堂谕

续表

编者	书名	内容
李钟珏	宁阳存牍	光绪二十一年至二十二年任广东省广州府新宁县知县时所审案件,计 1 件
冯煦	蒿盦类稿	光绪二十一年至二十二年任安徽省凤阳府知府时期所审案件,计 5 件
端方	新编评注端午桥判牍菁华	光绪二十四年至二十五年历任直隶霸昌道与陕西按察使时期所审各地案件,计有判语 21 件,批词 50 件,总计 71 件
姚锡光	吏皖存牍	光绪二十五年至二十六年历任安徽省池州府石埭县与安庆府怀宁县知县时期所审各地案件,收有 5 件
孙鼎烈	四西斋决事	光绪二十年左右历任浙江省绍兴府会稽县、台州府太平县、临海县等地知县时期所审案件,总计收有 169 件
吴光耀	秀山公牍(卷三至卷四)	光绪二十七年至二十八年任四川省酉阳州秀山县知县时所审案件,卷三收有批词 133 件,卷四有堂判 121 件,总计 254 件
熊宾	三邑治略	光绪二十七年至三十一年历任湖北省施南府利川县与宜昌府东湖县知县时期所审案件,总计收录 183 件
庄纶裔	卢乡公牍(卷一至卷四)	光绪二十八年至三十一年任山东省登州府莱阳县知县所审案件,卷一至卷二有详文 8 件,卷三至卷四有堂判 152 件,总计 160 件
程龢	交河爪印	光绪二十七年至二十八年任直隶省河间府交河县知县时所审案件,收有批词 25 件及判语 2 件,总计 27 件
程龢	浙鸿爪印	光绪三十三年至宣统元年任浙江省宁波府象山县知县期间所审案件,计有 73 件
何恩煌	宛陵判事日记	光绪二十九年任安徽省宁国府宣城县知县时所审案件,计有堂谕 33 件,堂断 29 件,总计 64 件
李麟国	陕西镇安县公牍	光绪二十九年至三十一年任陕西省商州镇安县知县时期所审案件,计 1 件
汪钟霖	赣中寸牍	光绪三十一年至三十四年任江西省道台时所审案件,共计 10 件

续表

编者	书名	内容
刘汝骥	陶甓公牍	光绪三十三年至宣统元年左右任安徽省徽州府知府时所审案件,共计129件
赵滨彦	两淮案牍钞存	光绪二十九年至宣统元年任两淮盐运使期间所审案件,计有58件
赵滨彦	湘藩案牍钞存	宣统二年至三年任湖南布政使期间所审案件,计有2件
沈祖燕	案事编	光绪三十二年任湖南省永绥直隶厅事时所审案件,计有4件
许文濬	塔景亭案牍	光绪三十四年任江苏省江宁府句容县知县时所审案件,总计收有402件判语
钱瑞生	谤书(卷二至卷四)	光绪三十四年至宣统元年任河南省南阳府唐县知县时所审案件,卷二至卷四收有禀文23件
赵幼班	历任判牍汇记	清末历任江苏省江宁府上元县知县与山东省泰州知州期间所审案件,共计收录721件

3. 案例汇编

《折狱龟鉴补》于清朝光绪年间胡文炳所汇辑,为承继宋朝政和年间郑克所汇编的《折狱龟鉴》一书加以补编延续而成。内容主要搜辑历朝历代的各种刑事、民事等案件,及其定夺之记录。全书6卷、719则,约26万字。内文分犯义(卷一)、犯奸"上下"(卷二、卷三)、犯盗(卷四)、杂犯"上下"(卷五、卷六)。

周尔吉辑《历朝折狱纂要》,因年少时留心古书记载和口头传记中的疑难案件,随手摘录,积攒了200余例,分成诘奸、察盗、辨伪、理冤、判产、惩诈、感化、明伦八类。

(二)研究评析

1. 判例判牍研究的典范作用

就《刑案汇览三编》而言,其问世以来便成为古今中外法学家研究中国法制史的重要资料。其资料源自档案,内容精良,因其案件收录多、时间跨度长而备受推崇。沈家本称赞该书说:"固所以寻绎前人之成说以为要归,参考旧日之案情以为依据者也。"美国著名汉学家布迪、莫里斯称《刑案汇览》为"所有中文案例汇编中篇幅最大、内容也最为精良"的作品。1961年两人在美国宾夕法尼亚大学法学院开设的中国法律思想课程上即主要以《刑案汇览》中的案例作为课堂讨论的材料,并从中精心选出 190 个案例译成英文,并著成《中华帝国的法律》,该书成为国外学者研究中国古代法律的重要杰作。

就判牍研究而言,由于清代的律学发达,加上前朝判牍研究的影响,该时期的判牍作品众多。从这些判牍作品中可以看出,编纂者任官的级别从州县到省级,范围几乎遍及全国,通过这些判牍资料可以看出当时地方审判的过程,借此不但可以了解当时的法制运作与司法实践,还可以了解当时的行政制度、社会生活等问题,是法律史研究、社会史研究很好的资料基础。下举一例说明之。光绪末年的樊增祥,将之集编为《樊山判牍》《樊山政书》,收录了判、禀、禀词、呈词、恳词、控词、息词、诉词、说单、报呈等。其中,"判"是判语、判书、判帐,类似今天的判决书。《樊山判牍》《樊山政书》中各个案件的批词,除包含清代州县官员(或地方审判官员)对这个案件的看法和基本态度外,还可以看到州县官员在审理同类案件中普遍的审理方式,对研究州县官员的处断有重要的参考价值,是研究清代法律和州县官员断案的重要资料。民国建立以后的"大理院"便视《樊山判牍》为研究前清律法判例的范本。

2. 研究具有鲜明的时代特色

(1)从判例判牍研究的内容上看。与以往朝代不同,明清时期的涉外贸易十分活跃,走私活动也十分猖獗,因此清代涉外贸易纠纷案件、走私案件的审判也在判例判牍汇编中得体现。另外,有关贩卖鸦片烟的案例汇编也逐渐增多。这些都为当时的判例判牍研究印上了鲜明的时代特色。

(2)从判例判牍研究服务的对象上看。明清时期,尤其是晚清时期,中国社会出现了前所未有的许多问题,而这些问题在对应的法典里可能还找不到依据。毕竟,稳定的法典和变动的社会现实之间的矛盾是法在应用过程中固有的缺陷之一。而此刻,判例和判牍就凸显出来了。通过判例和判牍的研究,也使后人能比较客观地看到大清律例在实际生活中的具体运作情况。

五、法医学研究

(一)研究概说

咸丰以后,法医学研究著述大多为对前人的补注辑说,极少创新,其中代表作有:1843 年童濂的《洗冤录集证》、1854 年许梿的《洗冤录详义》、1876 年张开运的《洗冤录摭遗补》、1880 年乐理莹的《宝鉴篇补注》、1891 年刚毅的《洗冤录义证》、1909 年曾慎斋的《补注洗冤录集注》等。其中,许梿的《洗冤录详义》一著最为详尽完备,流传最广。

许梿对宋慈的《洗冤集录》非常推崇,编著一部内容详备的司法检验著作是其编写《洗冤录详义》的初衷。该著分四卷:卷一主要总论、图表和各种验尸、验骨方面的内容;卷二主要是各种死亡情状;卷三则是疑难杂说;卷四专讲各种验尸和急救的处方。正文主要分三板块:第一板块为下栏,对宋代宋慈《洗冤集录》和元代王与《无冤录》原著的编校;第二板块为上栏,以眉注形式出现的原文各项子目录;第三板块为中间,或综合百家之说,或直抒已见,对原文蕴义颇多阐发,使读者易于理解。其编订特色主要有:体系结构和内容上,更为系统、合理和充实;博采众说,大量收录各省成案,加以印证解说;直陈已见,辨明实情,指正旧说错漏。

(二)研究评析

发展至明清时期的古代法医学,在欧风东渐影响下,其发展显得日趋缓慢,不过在学术研究上还是有一定进步的。

以《洗冤录详义》为代表的晚清法医学研究成果,由于受到时代发展、复杂的社会生活、法医检验技术水平的提高等因素的影响,较前代更为进步。尤其是《洗冤录详义》以其更加完备的编纂体例、更为丰富的编纂内容以及更为科学合理的司法检验技术,实现了对前代研究成果的超越,对中国古代法医学的发展起到了很大的推动作用。

第三节 中国法制史学的代表人物

一、薛允升

(一)其人

薛允升(1820~1901年),字克猷,号云阶,陕西长安人。薛允升出生于平民家庭,幼年嗜学。21岁一试而中举,36岁考取进士。相隔的16年间,薛氏除了在家奉母,还留心世务砥砺学问,在传统学问上,自然已有可观的根基。1856年授主事,分刑部。自1872年外任职7年,1880年召为刑部右侍郎,转左侍郎,后历礼、兵、工三部,在兵部为最久。1893年授刑部尚书。1898年因疾奏请开缺。1900年复召用为刑部左侍郎。1901年慈禧太后与光绪帝回京,薛氏随驾至河南,因病卒于开封。

薛氏对律例从事深入细致的钻研,大概是在刑部才开始的。薛氏自初任刑部司曹,即开始搜集整理律例资料,朝夕手抄,分类编辑,蔚为卷帙;嗣后,更进一步博考精研,以汉、唐、明律参证比较,从事整理与著述。对律例多年的潜心研究,使他终于成为刑狱及法制之权威。薛氏一生尽瘁于公务与律例的钻研,直至耋年仍笔耕不辍,诚如孙家鼐在《皇清诰授光禄大夫紫禁城骑马重赴鹿鸣筵宴刑部尚书云阶薛公墓志铭》中所称,“公视刑律为身心性命之学,老病闲居不废,其精勤实数十年如一日”。

(二)其著

1. 概说

薛氏一生著述等身,其已刊行及未刊行之遗作,总计当不下数百万言。[①] 在中国法制史研究方面,薛氏的主要代表作有:《汉律辑存》6卷、《汉律决事比》4卷、《唐明律合编》40卷、《唐明清三律汇编》、《读例存疑》54卷、《服制备考》4卷、《秋审略例》、《定例汇编》等。

在这些洋洋大作中,经常为人所称道或引用者为《唐明律合编》和《读例存疑》。而二书中,薛氏“半生心血尽耗于此”[②]的《读例存疑》更为他本人所重,堪称中国传统法制史学的殿后之作。

2.《唐明律合编》

《唐明律合编》是中国法学史上第一部比较法研究专著,也被认为是“中国历史上第一部有意识地专门研究前代法制的著作”。[③] 该著在比较唐律、明律条文优劣的基础上,梳理了唐明两代法律的渊源关系,旁征博引诸子百家经典、各种法律制度、明清律学,进而提出关于中国古代法律发展的见解。

《唐明律合编》[④]的编排次序为:总序、点校说明、徐世昌的序、薛允升的序、唐律疏议序、例言、唐律目录、进明律表、明史刑法志、恭书律例附解后、明律总目、唐明律卷首、唐明律卷一至卷三十。薛氏在序中开宗明义说明了该著的写作目的及方法,即“兹仿班、马异同及新旧唐书合钞之义,取两律之彼此参差,轻重互异者,逐条疏证,以类相从,名之曰《唐明律合编》。俾读者展卷瞭然,其得失之处不烦言而自解,亦读法者之所宜从事也”。[⑤] 通过将两律“逐条疏证”、“以类相从”,比较唐明律之间的参差轻重,得失自然而然就清楚了。

该著的特点主要有:其一,右唐左明是该著的主体思想。薛允升认为,中国

---

① 参见黄静嘉:《清季法学大家长安薛允升先生传——一位传统法学的殿后人物》,载《清华法学》(第5辑),清华大学出版社2004年版,第153页。

② 薛允升:《读例存疑重刊本》(第1册),台北,成文出版社有限公司1970年版,第52~53页。

③ 曾宪义、郑定编著:《中国法律制度史研究通览》,天津教育出版社1989年版,第28页。

④ 此书使用版本为1999年法律出版社由怀效锋、李鸣点校的版本。

⑤ 薛允升撰:《唐明律合编》,怀效锋、李鸣点校,法律出版社1999年版,第1页。

古代立法“莫不以唐律为最善”,“明律虽因于唐,而删改过多,意欲求胜于唐律,而不知其相去远甚也”。① 明律的主要缺点在于:法律体系混乱;只知尊君不知礼臣;一味从宽,不应宽而故意从宽,不应严而恣意从严。在比较唐明律时,还不时穿插明代条例辅助理解。其二,开创了比较法典的研究模式。通过“逐条疏证”、“以类相从”,列出唐律的条文后,列出相类明律的条文,说明哪些被明律继承,哪些被明律修改,哪些并不存在于明律中,之后进行比较分析。其三,旁征博引。薛氏引用的历代经典文献有《周礼》《尚书》《左传》《仪礼》《说文解字》《日知录》《读礼通考》《五礼通考》《通典》《大学衍义补》《九经古义》《礼经问答》《齐东野语》《康輶纪行》《尚书大传》《刑书会据》《升阉外集》《史记》《汉书》《后汉书》《三国志》《晋书》《梁书》《陈书》《隋书》《唐书》《唐会要》《宋史》《元史》《金史》《明史》《明会典》等;引用的律学家作品有《律例笺释》《律例辑注》《读律琐言》《读律示掌》《读例集解》《读律管见》《读法须知》《读律佩觿》;广泛引用各朝律及刑法志,包括《汉书刑法志》《晋书刑法志》《隋书刑法志》《唐书刑法志》《宋史刑法志》《唐律疏议》《大明律》,以及汉律、晋律、元律和汉晋唐宋元等时期的诏令。其四,在比较的基础上,加入“愚按”,阐述自己的见解,以及立法改革建议。

该著的研究缺陷主要有二:其一,薛氏对明律的一些评述显得有失公允。薛氏“褒唐贬明”的一个目的在于,表面是批评明律,实际是批评因袭明律的清律,进而服务于修订清律。但在这一主体思想的指引下,薛氏对明律的有些批评确实不够客观。例如,明律基于重惩贪官污吏,特别在《刑律》篇中设置“受赃”一目,共十一条。薛氏忽视了明朝的状况,一味肯定唐律,认为明律不应该单独设置改目。其二,薛氏坚持传统立法观等落后思想不容忽视。薛氏承袭了礼法并用的立法观,在变法图强的时期,仍强调“三纲”思想,强调根据礼仪定罪,维护宗法制度,泥守封建伦常的立场十分鲜明,忽视了社会生活的演进。例如,反对明律中提高雇工人地位的制度,认为明朝之雇工人,就是唐朝之部曲,应为奴婢之类,在立法上应重视主仆之名分。

3.《读例存疑》

1904年,薛允升的《读例存疑》刊行。该著是薛氏研究清代律例的重要文献,通过对清代200多年间的条例进行系统的编纂整理,考证每一条例产生的年代、背景和原意,探讨其与正律之间的关系,论证各条例的合理性及不足,供变法修律时参考。该著被视为是中国传统法学的殿后之作。

---

① 薛允升撰:《唐明律合编》,怀效锋、李鸣点校,法律出版社1999年版,第1页。

薛氏在自序中提到，以往基本上按照“五年一小修，十年一大修”的定例编修《大清律例》，但自同治九年至光绪二十六年没有编修过，薛氏决定对之进行深入研究，目的在于将“凡彼此之互相抵牾及罪名之前后歧异者，俱一一疏证而明通之。抉其可否，溯厥源流，兼引前人成说而参以末议。诚以法令为民命攸关，一或偏倚，即大有出入，且有生死互易者，故不惮繁复，详为之说，使业此者知某条之不可轻用，某条之本有窒碍，熟识于心，临事庶不致迷于向往。非敢云嘉惠后学，或不无稍有裨益”。为了使法律协调划一，薛氏“将半生心血尽耗于此”，著成此书。

《读例存疑》的编排次序为：刑部进呈《读例存疑》奏折、薛允升自序、沈家本序、总论、例言、总目（自卷一名例律至卷五十四督捕则例）。该著的释文主要由四部分组成：第一部分，引用律文；第二部分，引用条例；第三部分，“谨按”；第四部分，对律文或条例追本溯源。其中，“谨按”部分是核心内容，其目的主要是：说明律文或条例的渊源和文义；引出其他相关法律规定或律学著作中的相关观点；对律文或条例做出评价，并提出修改意见。

众所周知，明代正式出现“例”，清朝则“律”“例”并行，但是学者对于“例”的研究远远不如对“律”的研究。而在司法实践中，“既有例即不用律”，甚至“用例不用律”，“例”的重要作用可见一斑。要穷究清代法制的内涵，研究“例”是必经之旅。薛著正是前无古人之研究，对清代法制的特殊问题“例”，旁征博引，深入剖析其历史沿革和具体内涵，此外，对清代制定法的解释和适用等方面的问题都做了详尽的剖析。刑部进呈《读例存疑》的奏折就特别指出，薛氏此著最为切要，于刑政大有关系；沈家本在主持变法修律时，对待旧律的改革，字里行间均可看到薛氏的影子，《大清现行刑律》正是以薛氏此著为主要参考修订而成的。《读例存疑》无愧于传统法学殿后之作的名号。

（三）对中国法制史研究的贡献

作为“一位传统法学的殿后人物”，薛氏对中国法制史研究做出了显著的贡献。

1. 极大地促进了对汉律、唐律、明律、清例、服制的研究

“薛氏自任刑部司曹，即开始对律例资料之搜集，朝夕手抄，分类编辑，蔚为卷帙；嗣后，更进一步博考精研，以汉、唐、明律参证比较，从事整理与著述。”[①]其已刊行和为刊行著作，不下数百万言。

---

① 黄静嘉：《清季法学大家长安薛允升先生传——一位传统法学的殿后人物》，载《清华法学》（第5辑），清华大学出版社2004年版，第153页。

就汉律研究而言，薛氏认为，不通汉律，是数典忘祖的行为。薛氏对散佚的汉律广加搜剔，缀录成编，命名为《汉律辑存》六卷。据《清史稿》记载，薛氏还著有《汉律决事比》四卷。沈家本的《汉律摭遗》深受薛著影响。

就唐明律研究而言，薛著主要有《唐明律合编》和《唐明清三律汇编》。薛氏对唐明两朝法制的研究为中国法制史研究做出了巨大贡献。另外，从借古喻今的意义上看，薛氏认为，律"其名始于汉，而其书则已散佚。讲求斯道者，莫不以为唐律为最善"。① 明律则改变了唐律的体例和内容，而清律又是沿袭明律制定而成的，对明律的批评，实质是借古喻今，目的在于批判现行的大清律例。如果说《唐明律合编》对清律的批判还较为隐晦的话，《唐明清三律汇编》则更为直截了当。

就清代法制研究而言，如前所述，薛氏的《读例存疑》被誉为传统法学的殿后之作。

就服制研究而言，薛氏著有《服制备考》四卷。我国旧律对于罪名构成以及量刑轻重，以行为人对应的身份关系为依据。身份关系又以丧服为准，因此服制研究就显得尤为重要。薛氏认为，服制是礼之纲目，服制若不明，刑便不能允当，因此著成《服制备考》一著。董康修订的《大清现行刑律》附有《服制图》，即是受到薛氏此著的影响。

沈家本在述及薛氏著作时，称其"洵律学之大成，而读律者之圭臬也"。薛氏的研究，是有关我国传统法制最系统完整的巨著，不仅是研究汉唐明律法制流变的津梁，也使后人得以站在巨人的肩膀上继续研究。

2.《唐明律合编》开创了比较研究的传统

从方法论意义上说，这是薛氏为中国法制史研究做出的最大贡献。《唐明律合编》被公认为是中国历史上第一部比较法学作品。

不同于法国学者达维德的《当代主要法律体系》，薛氏的《唐明律合编》是一部一国法律体系内部的比较作品，属于一种纵向的比较。通过列出唐律、明律的相应条文后，说明哪些被明律继承，哪些被明律修改，哪些并不存在于明律中，之后进行比较分析。通过比较分析，厘清认识，使后人更好地理解律意。

薛氏对唐明律的比较研究，实际上是对唐宋明清四朝法律制度的比较。因为发展至清代，当时存在的大的法典就是唐律、宋刑统、明律和清律。而在这四部法典中，宋刑统效仿唐律，清律承袭明律，因此对唐明律的比较研究，实际上就是对四朝法制的研究，在某种意义上也是对整个中国古代法律的比较研究。

---

① 薛允升：《唐明律合编》，怀效锋、李鸣点校，法律出版社1999年版，第1页。

3. 以薛氏为首的"陕派律学"对中国法制史研究贡献极大

沈家本明确提出,光绪之时,国内有豫派、陕派两派法学家,陕派则以薛允升为首。"陕派律学",实际上是指在晚清刑部内逐渐形成的一个以陕西人为主的律学学派。此派人物基本上都出身于科举,精通国学,又长期在刑部任职,对传统律学有深入研究,所取得成就也是引世瞩目的。

有清以来,陕籍人士在刑部任职,并有声望者,不乏其人,但直至薛允升,才出现"陕派律学"。有学者认为,没有薛允升,就没有"陕派律学",原因在于:"首先,薛允升本人有不凡的律学成就,其学术造诣影响了当时的律学,足为学界楷模及学术团体的开山祖师;其次,重视乡谊的性格注定受其影响的律学家以'陕籍'人士为主。"[①]薛允升好诱掖后进,如赵舒翘、沈家本、吉同钧、董康等门生故吏,不胜枚举。而"陕派律学"代表人物除薛氏以外,尚有赵舒翘、吉同钧等人。赵舒翘的《提牢备考》、吉同钧的《大清律讲义》是他们骄人学术成就的表现,以薛氏为首的"陕派律学"对中国法制史研究的贡献可见一斑。

二、沈家本

(一)其人

沈家本(1840~1913年),字子淳,号寄簃,汉族,浙江归安(今浙江湖州)人,光绪九年(1883年)进士,清末著名法律学家和立法专家,历任天津知府、刑部右侍郎、修订法律大臣、资政院副总裁等职。

沈家本出生于官宦之家,沈父沈丙莹是道光二十五年的进士,在刑部为官。与同时期其他知识分子一样,沈家本的启蒙之学是儒学。沈氏自幼学习儒家经典,因其喜好读书、勤于思考,因此精于经学和小学。1865年沈氏乡试中举,1883年方考取进士,时年沈氏已43岁。众所周知,清代科举考试与前朝相比,更加注重对程朱理学为儒家正宗的强调。沈氏考中举人和进士的事实,从另一个侧面说明了其本身所接受的学术训练内容,即坚固的中学基础。传统教育奠定了沈氏深厚的经史考证功底,这为其日后从事律学研究做了良好的铺垫,沈氏后来在法学研究上的建树与其深厚的史学功底是分不开的。具体而言则主要体现在研究方法上,即沈氏善于利用考据方法,常常以训诂入手,引经据典,追本溯源。

沈氏24岁时,援例到刑部任职,自此与律例之学结下不解之缘。最初因沈

---

① 闫晓君:《陕派律学的几个问题》,载曾宪义主编:《法律文化研究》(第6辑),中国人民大学出版社2011年版,第153页。

氏仍以考取功名为首务,因此对进入刑部并不满意。然而在考取进士前近二十年的刑曹经历,加之家学渊源,使其对司法事务十分熟稔,也为日后的法学研究奠定了坚实的基础。1883 年考取进士后,沈氏仍任职刑部,并“自此遂专心法律之学”。[①] 在遍览历代法制典章、刑狱档案之余,也对中国古代的法律资料进行整理和研究,著述甚丰,这也是沈氏被称为名副其实的法律大家的明证。

20 世纪初,沈氏被任命为修订法律大臣,自此开始了为期 10 年的修订法律事宜。当西方法律学说和法典不断涌入国内时,清政府学习西学从起始到进入实质性步骤,沈氏因其身份原因都是融入其中的,修订法律大臣的身份使沈氏与西学有了更加“亲密”的接触,并为沈氏将西学与传统文化相糅合提供了有力支撑。1911 年,沈氏退出官场,自此致力于古籍整理和创作,直至逝世。

(二)其著

1. 概说

20 世纪初期,沈氏工作重心虽在修订法律上,然而在我国法律古籍的整理以及法学著述上,也大有作为。

沈氏晚年关涉中国法制史学研究的著述主要有:1907 年 11 月交付修订法律馆印刷刊行的《寄簃文存》,全书共八卷,其中有关中国法制史学研究的主要有卷一的《删除律例内重法折》、卷二的《律目考》、卷三的《充军考》(上中下)、卷五的《论故杀》等;1909 年秋,《历代刑官考》刊刻;1912 年,沈氏完成《汉律摭遗》22 卷,这也是他的最后一部著作。

沈氏逝世后,后人对其著作重新进行整理刊印,出版了《沈寄簃先生遗书》一书。该书分甲乙两编,甲编中绝大部分都为法学著作,乙编却不然。甲编主要分为《历代刑法考》和《寄簃文存》两大类。

2.《寄簃文存》

《寄簃文存》分为 8 卷 90 篇,分为:《卷一·奏议》12 篇,《卷二·论》7 篇,《卷三·说》8 篇,《卷四·考、释、学断》9 篇,《卷五·笺、补、书、答问》6 篇,《卷六·序》21 篇,《卷七·跋》13 篇,《卷八·跋》14 篇。与《历代刑法考》有所不同的是,《历代刑法考》本身便是一部中国刑法史通史作品,而《寄簃文存》则主要是有关沈氏学术论著及一些重要文稿的汇编。不过,尽管如此,《寄簃文存》中也有许多关涉中国法制史研究的作品。从直观上看,有些论著本身就是中国法制史研究的成果,如《卷三·说》中的《官司出入人罪唐明律比较说》、《明律徒流折杖与唐律徒流加杖之法不同说》以及《法学盛衰说》,而另外一些论著,论述

---

① 赵尔巽等:《清史稿》(第 43 册),中华书局 1977 年版,第 12447 页。

内容中包含了中国法制史研究的部分。具体而言,《寄簃文存》中有关中国法制史的研究主要体现在:

第一,《卷三·说》的《官司出入人罪唐明律比较说》《明律徒流折杖与唐律徒流加杖之法不同说》《法学盛衰说》。首先,《官司出入人罪唐明律比较说》和《明律徒流折杖与唐律徒流加杖之法不同说》体现了沈氏利用比较研究方法进行中国法制史研究,以前者为例对此简要加以说明。沈氏从唐朝"官司出入人罪"条入手,援引了《唐律疏议》的详细规定,之后简述了明律"官司出入人罪"条的内容,最后围绕刑制、流徒杖的折算、处理轻重等方面对唐律明律进行比较,指出明律在"官司出入人罪"条本是沿袭了唐律,然因为其刑制不同,所以相关规定自然也不同。整体来看,在"刑罚中"的思想指导下,相较明朝而言,沈氏赞同唐朝对"官司出入人罪"的量刑和实际执行。其次,《法学盛衰说》一文对中国传统法学的发展历史进行了概括说明。沈氏首先考察了中国传统法学发展的历程:法学之流源于理官;盛于战国;秦时衰落;西汉因私家注律等因素而再兴;三国两晋南北朝时期的进一步推动;唐时最盛;元朝废除律博士后再次走向衰落;明清并不重视。之后探讨了中国法学盛衰的原因:"则法家之盛衰,与政之治忽,实息息相通。然当学之盛也,不能必政之皆盛;而当学之衰也,可决其政之必衰。"①即法学研究与政治环境相关联,法盛时政不一定盛,法衰时政必衰。此外,法学盛衰的原因还在于:立法者不守法;势要寡识之人,大多不知法为何物等因素。

第二,《卷四·考、释、学断》。首先,"比部考"是有关行政法的历史考证。沈氏考证了中国古代的比字、比部的设置、历史沿革及其执掌等问题,尽管沈氏并没有明确论述比部与刑部的关系等内容,然让世人关注到了对行政法史的研究,其研究成果也有一定参考借鉴作用。其次,"释"的前三篇"释贷借""释虑囚""释规避"是对古代民事概念以及刑事制度、刑事概念的考释。在"释贷借"中,沈氏在贷、施、求、与、籍、借、假等字考释基础上,对唐律、明律的有关规定进行了比较解读,由此对贷借进行了概括解释,即"出资者为贷,即古义之施也,引申之则曰与也。受资者为借,即古义之求也,引申之则曰取也"。② 在"释虑囚"中,沈氏指出《汉书》中所记载的录囚就是虑囚,从小学上对"虑"加以考释,并简要介绍了唐朝的录囚制度,在"学断"中分析了古代四个著名案件,即后魏刘辉之狱、宋安崇绪之狱、宋檀偕之狱、宋阿云之狱,其中对阿云一案着墨最多。

① 沈家本:《历代刑法考》(第4卷),邓经元、骈宇骞点校,中华书局1985年版,第2142页。
② 同上书,第2153页。

此处以该案件为例，说明沈氏如何对古代典型判例进行分析评价。阿云一案，王安石以题为"诏谋杀已伤按问欲举自首从谋杀减二等论"的判词说明对该案件的处理。沈氏介绍基本案情后，援引《大学衍义补》和《御批通鉴辑览》中的断案观点，并用两大段的按语，驳斥了王安石等人的误判。沈氏首先明确了首陈(自首)的前提条件，之后利用刑法理论列举了许遵、王安石判决的"六难通"，最后得出结论："综而论之，阿云谋杀未昏夫……许、王所议，显与律意相违……邱文庄衍温公之说，固足以断斯狱。伏读御批，义正词严，洵为千秋定论。"①沈氏对错案的分析探讨，为司法实践树立了正确审案的典范。

第三，《卷八·跋》。跋多写在文章或书籍后面，主要对文章或书籍内容进行评介或者介绍写作经过。首先，在《雍正三年修律黄册跋》中，沈氏简要介绍了清律的历史沿革，之后对"雍正三年修律"黄册本进行了考证，并进一步论证了清律基本上是承袭明律而来的观点。其次，在《书明大诰后》，沈氏对《明大诰》所体现的重刑主义进行了批判。通过对中国法制历史的回顾，沈氏指出，随着社会的发展，犯罪之习变为社会现象，然而威吓和重刑并不能革除犯罪恶习。以《明大诰》为例，《明大诰》采用了极其残酷的肉刑，不分故意犯罪与过失犯罪、轻罪和重罪之间的区别，一律从重，并适用广泛的株连。然而实施结果却是"治愈重而犯愈多"，这就说明威吓和重刑并不能消除犯罪，反而会失去人心。沈氏最终对《明大诰》严刑重法的批判落在"失民心"上，说明了沈氏把刑法制度建设和"民为贵"思想相联系，不仅是对历史立法的按语，更是对现实法制建设的警示。

3.《历代刑法考》

《历代刑法考》②一书共78卷、120余万字，主要包括刑制考和专题考，是中国近代第一部刑法史通史著作。分为：《刑法总考》四卷，《刑法分考》十七卷，《赦考》十二卷，《律令》九卷，《狱考》一卷，《刑具考》一卷，《行刑之制》一卷，《死刑之数》一卷，《唐死罪种类》一卷，《充军考》一卷，《盐法私矾私茶酒禁同居丁年考》合一卷，《律目考》一卷，《汉律摭遗》二十二卷，《明律目笺》三卷，《明大

① 沈家本：《历代刑法考》(第4卷)，邓经元、骈宇骞点校，中华书局1985年版，第2169页。

② 目前所见的《历代刑法考》，是由邓经元、骈宇骞点校并于1985年由中华书局出版的，该书把《沈寄簃先生遗书》甲编的《寄簃文存》作为附录也一并收于其中。而行文论述时，是将两者分开来讲。

诰峻令考》一卷,《历代刑官考》二卷,[①]其中《汉律摭遗》约占全书的1/3之多。总体上看,该书有关中国法制史的研究主要体现在下述几个方面:

第一,《历代刑法考》系统考察了中国历朝历代的立法概况。沈氏在《律令考》中在对立法的主要形式律、令、科、法进行简要说明后,按照时间先后对始自黄帝迄至明朝的历代立法情况进行详尽阐述。此外,对于某些立法在历史上是否真正存在、立法的详细过程等也进行了考察说明。

第二,《历代刑法考》系统考察了中国历代刑罚制度的发展演变历程,并对某些重要的刑法制度进行详细论说。首先,沈氏考察了古代刑罚制度的发展演变。具体而言,在《刑制总考》四卷中,沈氏以朝代为纲,对始自唐虞时期,终至明朝的历朝刑罚体系进行考察研究,在论述历朝刑罚体系时,沈氏还对其利弊得失进行探讨,如阐述秦朝刑罚体系的主要构成后,沈氏以"按"的形式指出:"世之用刑者,慎勿若秦之以刑杀为威,而深体唐虞钦恤之意也。"[②]在《刑法分考》中,沈氏以刑罚种类为纲,进一步考察了传统社会各种刑罚制度的产生以及沿革;在《充军考》中,对哪些罪名适用充军、充军的具体执行等情况进行了说明。其次,沈氏在对十二卷《赦考》中对赦免制度进行了论说。在对赦免原因进行界定的前提下,对传统社会赦免的种种行为表现进行具体说明,如帝王颁布赦令是因为践祚、改元、立后、大丧、封禅,立庙、巡狩、定都、克捷、年丰、灾异等原因。

第三,《历代刑法考》对关涉中国古代司法概况的重要问题进行论说。沈著中的《历代刑官考》《刑具考》《行刑之制考》《狱考》等,分别对古代的司法官员、刑罚执行情况以及监狱情况进行详尽阐述。《历代刑官考》中,沈氏对始自太皞伏羲迄止明朝的历朝历代司法官员进行考察。至于刑罚执行情况,举例说明,如具体到死刑的执行问题,在《行刑之制考》对死刑执行的程序、时间、地点、方式以及尸体的处理等问题均有详细论述。

第四,《历代刑法考》系统整理了久已亡佚的汉律,使其面目大致可观。《汉律》早已亡佚,其内容散见于许多史籍中,沈氏通过对众多史籍的探隐发微、搜罗排比、分条别类,考得大要,著成《汉律摭遗》22卷。有学者认为该著是"研究

---

① 何勤华:《中国法学史》(第3卷),法律出版社2006年版,第424~425页;李贵连:《沈家本传》,法律出版社2000年版,第387页。何勤华认为,李贵连主张《明律目笺》只有2卷是不正确的,《明律目笺》有三卷。此外邓经元、骈宇骞点校的《历代刑法考》一书也主张《明律目笺》有三卷,所以此处笔者从何说。

② 沈家本:《历代刑法考》(第1卷),邓经元、骈宇骞点校,中华书局1985年版,第17页。

汉律的一部绝无仅有的难得的宝贵法律史料”。① 在《汉律摭遗自序》中,沈氏首先论述了从商鞅变法到唐律的法律演变过程,指出汉律在其中的重要地位。之后主要对盗律、贼律、囚律、捕律、杂律、具律、兴律、厩律、户律、傍章律、越宫律、朝律、金布律、尉律、田租税律、田令、钱律、上计律、大乐律、田律、尚方律、箠令、挈令、廷尉挈令、光禄挈令、廷尉班令、公令、水令、功令、养老令、马复令、秩禄令、宫卫令、任子令、胎养令、祀令、祠令、斋令、品令、戍卒令、予告令、令甲、宁告科、军法、决事类等内容进行具体介绍。

(三)对中国法制史研究的贡献

杨鸿烈最早从学术史角度出发阐述沈家本在中国法制史上的地位,杨氏在《中国法律发达史》一书中,评价说“沈氏是深了解中国法系且明白欧美、日本法律的一个近代大法家,中国法系全在他手里承先启后,并且又是媒介东方西方几个法系成为眷属的一个冰人”。② 就中国法制史研究而言,在传统法制史研究向近代法制史研究转变过程中,沈家本无疑起到了承前启后的重要作用。

1. 媒介中西一冰人

首先,沈家本继承了传统法律史研究的精髓。前学科时期的中国法制史研究,作为传统史学的一个组成部分,受到史学研究范式影响而形成的研究范式是:以史书和成文典章为史料基础,以史料罗列、源流考证为其主要方法,进行中国法制史的研究考察。就沈家本的中国法制史研究而言,首先,从学术源流上看,如前所述,出身于官宦世家的沈氏自幼以经史启蒙,加上为考取功名的二十年寒窗苦读,可见其受传统文化的熏陶和影响极深。步入仕途后,长期供职刑部的经历,使其对中国传统法律又有全面的研究和精深的见解。其次,在坚实的国学基础和法学训练基础上,沿袭前学科的中国法制史研究范式,沈氏撰写了许多中国法制史论著。通过诸如《历代刑法考》类的著述,可以看出沈氏的主要学术贡献实际上还停留在传统法制史学研究的框架之中。“传统律学的范式包含了一种王朝更替循环的历史观、经世致用的知识观和探赜索隐的注释方法”。③ 该范式的叙述模式即是在传统史学指导下,以王朝、事项为经纬,汇集史料,运用音韵训诂知识加以解释,之后阐明己见。这种传统的中国法制史研究的叙述模式在沈氏著述中得到了很好的体现。

其次,沈家本在进行中国法制史研究过程中,并没有局限于已有的研究范

① 李光灿:《评〈寄簃文存〉》,群众出版社1985年版,第132页。

② 杨鸿烈:《中国法律发达史》,中国政法大学出版社2009年版,第492页。

③ 梁治平:《法律史的视界:方法、旨趣与范式》,载《中国文化》2002年第Z1期。

式,在承袭传统的同时,又有所突破。而正是这种突破才恰恰是近现代中国法制史研究范式的核心要素。突破的学术根源在于,沈家本在外放任职期间,经历了甲午战争、保定教案、庚子之变,在这一时期,他与西方文化发生了直接的接触,加深了对包括法律在内的西方文化的认识。20 世纪初期的修订大臣身份,使沈氏对西方法律有了更加深入的认识,这就为其后来利用西方法学方法、概念、观点研究中国传统法律制度奠定了基础。沈氏的著述中,出现了运用西方的罪刑法定和陪审等原则和制度与中国传统法制进行比较分析,运用西方部门法理论对中国的诸法合体进行分析评论等情形。如果仍借用其代表作《历代刑法考》来说明的话,便是尽管《历代刑法考》的主要叙事模式沿袭了传统中国法制史研究范式,然而“其法理分析,多援用西方法哲学以及部门法学原理,是近代中国法制史学科研究之先声”。[①] 这正是沈氏的突破所在,即利用西方法学概念、学说解释中国传统法制内容。

2. 在刑法史、汉律研究等领域做出了巨大贡献

首先,沈氏的主要代表作《历代刑法考》被认为是国内第一部刑法史著作,还被称为是“整理中国法律史资料方面的带有总结性的著作,至今仍是研究中国法律史的基本参考书”。[②]

其次,沈氏在汉律研究方面做出了巨大贡献。沈氏研究汉律的代表作为《汉律摭遗》。沈氏通过对众多史籍的探隐发微、搜罗排比、分条别类,考得大要,著成《汉律摭遗》22 卷。沈氏研究汉律的贡献主要表现为:尽可能恢复了汉律的原貌;注意到了汉律立法规定与实际执行的差距;说明了中华法系的伦理法律化特点;并初步解决了学术史上的若干疑案。

最后,沈氏在沿袭传统的同时,突破了中国传统法制史研究的方法论,较早采用了西方法学理论学说和比较研究方法,系统地研究中国历代法制。相较于前期法学家以及同时期法学家,这种更为开阔的视界和较高的高度,使沈氏当之无愧地成为传统法制史研究的总结性人物和近代法制史学研究的奠基性人物。正如有学者所言的那样,沈家本不是清末唯一的法学家,“然能将西学融入中学,明乎法理,阐新古律,定鼎革新,创立一种法学研究新风气的清末法学家,沈家本无疑是排列前位的”。[③]

---

① 陈晓枫、柳正权:《中国法制史研究世纪回眸》,载《法学评论》2001 年第 2 期。

② 刘广安:《二十世纪中国法律史学论纲》,载《中外法学》1997 年第 3 期。

③ 赵元信:《出入经史之间　定鼎法学新风——沈家本先生法律思想的学术源流探微》,载《华东政法学院学报》2003 年第 5 期。

三、赵舒翘

(一)其人

赵舒翘(1847~1901年),字展如,号琴舫,晚号慎斋、学堂,陕西长安人。

赵氏出身贫寒,幼丧父母,由叔母董氏抚养,少时以"好学不倦"闻名乡里。赵氏对《易》用力极深,且多于其中采撷精微之义,贯穿于其后的刑法之学。27岁时中进士,以提牢主事任职于刑部。赵氏任职刑部后,即师从于薛允升(薛氏是赵氏的舅父)。在薛允升提携下,他"潜心法律,博古通今,《大清律例》全部口能背诵,凡遇大小案无不迎刃而解"。[①] 由于赵氏谙习律令、谨慎执法,于光绪二十一年,被任命为刑部左侍郎,三年后晋升尚书之职。公务繁忙之余,赵氏仍不断进取,日夜钻研刑名律学。直至庚子年,赵氏充任总理衙门军机大臣,后受义和团运动无端的牵连,赵氏以庚子祸首的罪名而被清王朝赐死于西安,时年53岁。

(二)其著

1. 概说

赵氏一生留下的遗产除广为人知的《提牢备考》外,还有多部以"慎"字命名的著作,如《慎斋文集》《慎斋别集》《慎战要言》《慎疾箴言》等。其中,收入在《慎斋别集》中的《像刑录》即为一篇法制史佳作,尽采古人有关刑政之嘉言懿行。

2.《提牢备考》

《提牢备考》编纂于清光绪五年,由刑部提牢主事赵舒翘搜集整理,内容包括清代有关监狱管理的法律、条例、章程以及囚犯和监狱管理人员的生活情况等。赵氏此著是反映古代监狱制度的珍贵资料,是中国历史上第一部监狱学专著。

赵氏在自序中交代了其写作目的:"刑部提牢一职,管理南北两监,事繁责重,称难治焉。己卯年八月间,堂宪派翘提牢拟陪,自念以孤寒杂厕曹末,忽蒙上官谬加赏识,惧弗胜任,贻陨越羞。自此益懔懔。"[②]也就是说,提牢一职事务繁多,监狱管理责任重大,为防止自己不能很好地履行职责,因此编辑有关资料,也可留待后任参考。《提牢备考》涉及监狱事务的主要有四个方面:监管措施及安全措施;对在押囚犯的管理;对监狱管理人员的管理;狱内生活琐记、杂感以及相关的治狱思想。

---

① 吉同钧:《赵薛二大司寇合传》,载吉同钧撰:《乐素堂文集》卷三,中华印书局1932年版。

② 赵舒翘:《提牢备考》,载《续修四库全书·史部·政书类》,上海古籍出版社2002年版,第549页。

《提牢备考》的结构大体为：自叙、目录和跋。目录包括：卷一，囚粮考。主要涉及囚粮的领取、代存和发放，老米、细米、粟米等的兑换比例，四季三餐中饭和粥的配给，煮饭用煤的领用等。卷二，条例考。涉及内监、外监和女监管理，狱吏狱卒的管理特别是对其违法乱纪的处罚，老弱病残罪犯的管理，基础设施的维护及狱具的使用，囚犯的待遇等。卷三，章程考。涉及领米事宜、提牢厅事宜、南北两监防范事宜、监内稽查事宜、外围弃兵条规、秋后待质各犯章程等。卷四，杂事考。收录了曾任提牢的李玉泉先生纪事诗、司狱王夔堂所作的"咏李玉泉先生为提牢诗"、提牢琐记、祥刑古鉴、提牢琐记、狱中手植榆树记、阿公祠碑、阳明先生提牢厅壁题名记、重修提牢厅司狱司记等纪事抒情类作品。之所以把"囚粮考"放置首位，是因为赵氏认为囚粮关乎囚犯生命，且丛弊最深，最易导致贪污腐化，而当时律法对此并没有相应规定，这与其重要地位不相符合。最后一卷的"杂事考"，其目的则在于号召各监狱官员"矜恤庶狱"。

尽管用今日的眼光看，《提牢备考》显得很粗浅，但作为中国历史上第一部监狱学著作，该著具有重要的理论价值和实践价值。从理论价值上看，该著收录了清代不同时期关于监狱管理的各种法律、法规、章程，并将许多分散资料以及散佚资料汇集起来，为后世研究清代乃至古代监狱管理等问题提供了珍贵的资料。从实践价值上看，该著阐述了一系列关于狱政管理的思想和可操作性极强的做法，为赵氏之后任者以及其他狱政管理人员提供了可资借鉴的资源。

（三）对中国法制史研究的贡献

在中国法制史研究领域，赵氏最为人称道的就是其著《提牢备考》。作为中国历史上第一部专门探讨监狱法的作品，《提牢备考》一书无疑具有重要的价值。这也是赵氏在中国法制史研究领域所做出的巨大贡献。

第一，赵氏的《提牢备考》开创了对监狱管理制度进行专题法制史研究的传统。继此书之后，才陆续有了周馥的《恤囚篇》、白曾焯的《庚辛提牢笔记》、沈家本的《历代刑法考 · 狱考》、吴承仕的《监狱解蔽篇》、涂景瑜的《中国监狱史》等有关监狱专题法制史之作。

第二，《提牢备考》一书为后世保存了大量清朝监狱管理方面的文献资料。本书收集整理了有清以来有关狱政管理的各种法律法规，使许多分散无序的文献得以汇集在一起，予以保存下来，从而为后世了解、研究清代的监狱管理和监狱文化提供了珍贵的资料。①

---

① 参见何勤华：《中国第一部监狱学著作——赵舒翘撰〈提牢备考〉评述》，载《法学》1999年第7期。

第三，本书融理论于实践之中，为后任监狱管理者提供了经验和参考。赵氏编写此书的目的并非简单地为研究而研究，而是考虑到提牢之实务中存在“事例繁杂”却“向无成书”的状况，确有必要编写一本有关监狱管理的各项内容的书以备后任参考。因此，本书具有很强的实践价值。

此外，赵氏自任职刑部后，师从刑部尚书薛允升。作为薛氏之同乡和弟子，赵氏亦得以谙熟历代法典和刑狱档案，法学根底深厚。后与在刑部供职的沈家本、张承勋等并称为“西曹之英”，被视为“陕派律学”中坚力量。

四、梁启超

（一）其人

梁启超(1873~1929年)，字卓如，号任公，又号饮冰子、饮冰室主人、哀时客等，汉族，广东新会人。

梁启超出生在耕读之家，他曾说：“吾家自始迁新会十世为农，至先王父教谕公始肆志于学，以宋、明儒义理名节之教贻后昆。”①在“归教于闾里”的祖父和父亲的言传身教下，“六岁后，就父读，受中国略史、五经卒业；八岁学为文；九岁能缀千言；十二岁应试学院，补博士弟子员”②。13岁以后梁氏开始了他的治学之路，对训诂之学产生了浓厚的兴趣，认为天地间于训诂词章之外并无他学。1889年，17岁的梁氏通过广东乡试，中举人第八名；次年赴京参加会试，不幸落第。

自1890年始，梁启超就读于万木草堂。在梁氏看来(至少当时是这么认为)，康有为是一位“学贯中西古今”的大家，在康有为的指导下，梁氏走出训诂之学，去寻找新的学术天地。在万木草堂的五六年学习经历，使梁氏的治学发生了历史性的转变：从训诂之学向经世致用之学的转变；从传统旧学向近代新学的转变。与康有为等发动“公车上书”后，梁氏奔走于北京、长沙等地，领导强学会，办《时务报》，任湖南时务学堂总教习。在此期间，梁氏“以政学为主义，以艺学为附庸”的思想初步形成。

戊戌变法失败后梁氏逃亡海外，这为梁氏提供了更多的时间和机会考察海外的社会状况和学术发展。在日本和欧美等国，梁氏看了许多西方政治法律类的著作，使其对西方法律有了更深层次的认识。流亡日本期间，梁氏先后创办了《清议报》《新民丛报》，以开通民智、改造国民思想为己任，宣传君主立宪思

---

① 梁启超：《饮冰室合集·专集》(第23册)，中华书局1936年版，第127页。

② 梁启超：《饮冰室合集·文集》(第11册)，中华书局1936年版，第15页。

想,大量介绍西方社会政治法律学说。

1912年梁氏归国,后历任司法总长、制币局总裁、财政总长等职,1917年退出政坛。1918年年底,梁氏再次欧游,一年多的实地考察,将梁氏从旧世界的批判者转变为旧传统的提倡者。归国后,梁氏宣称西方文明已经破产,极力主张回归和发扬本土传统文化。1920年后梁氏潜心于文化教育和学术研究,曾受聘于南开大学等学校,并于1925年担任清华国学研究院导师,为人才培养做出了有益贡献。1929年病逝,终年57岁。

(二)其著

1. 概说

梁氏涉猎广泛,在史学、哲学、政治学、法学、文学、经学、伦理学、宗教学等领域均有建树,堪称一代宗师。梁氏一生著述丰富,其主要作品大多收录于1936年出版的《饮冰室合集》中。20世纪上半叶,在中国法制史学研究上,梁氏的主要作品是1904年在《新民丛报》第四卷第五、六期发表的《中国法理学发达史论》。1921年梁氏为天津南开大学的学生讲授"中国历史研究法",次年将讲义整理成书并出版,即《中国历史研究法》一书。1930年又根据梁氏1926年在清华的演讲著成《中国历史研究法补编》一书。尽管这两本著作是梁氏史学理论的主要代表作,但其中也提出了一些有关中国法制史研究的主张和观点。

2.《论中国成文法编制之沿革得失》

《论中国成文法编制之沿革得失》原本是《中国法理学发达史论》的附录,因其内容超出了法理学的内容,加上篇幅过长,所以梁氏将其析出单独成篇。

《论中国成文法编制之沿革得失》主要分为三部分:第一部分为自序和绪论,此部分梁氏主要对成文法的概念进行阐述;第二部分主要对战国之前到明清时期的成文法的发展历史进行了详细描述;第三部分主要论述成文法的渊源以及缺点,在回顾成文法的发展历史后,梁氏归纳了中国古代法律的五种渊源,即惯习、君主之诏敕、先例、学说、外国法,并进一步指出中国古代成文法的缺点所在,即法律种类不备、法律固定性太过、法典体裁不完善、法典文体不适宜。

《论中国成文法编制之沿革得失》一文体现出三个特点:第一,这是首次系统研究中国古代成文法的论著。[①] 梁氏是第一个对中国古代成文法律的发展演变进行梳理的学者,15年后(1919年),日本学者浅井虎夫的《中国法典编纂沿革史》才被译界至国内。第二,该篇文章奠定了中国法制史学科研究的基本框架。文章从"战国前的成文法"开始,对李悝、两汉、魏晋、唐代、宋代、明清的成

---

① 范忠信选编:《梁启超法学文集》,中国政法大学出版社2000年版,第10页。

文法进行考察,在点明中国成文法发展脉络的同时,这种纵向研究方法也被后世继承,后期研究者在进行中国法制史研究时,大多按照时间先后对研究主题进行考察。第三,梁氏运用西方法学观研究中国成文法,并对中国古代成文法进行了评析,对后世形成了重要影响。梁氏在对中国历代成文法进行考察时,"频繁引用了西方及日本著名法学家如查士丁尼、培根、拿破仑、梅因、边沁、蒂鲍、里斯特、普兰斯、穗积陈重、织田万等关于成文法的观点",①以西方法学观为指导研究中国古代法制这个方式也被后世继承。此外,后世研究者基本上也赞同梁氏对成文法缺点的分析,后期论著对该问题探讨时多引用梁氏的说法。

(三)对中国法制史研究的贡献

1. 中国法制史学的开山鼻祖

之所以称梁氏为"中国法制史的开山鼻祖",主要是从中国法制史学科构建角度而言的。

《钦定京师大学堂章程》使近代意义上的学术分科体系得以在中国确立,而《奏定大学堂章程》中明确规定将有关中国法制史的课程列为政法科大学的必修科目,自 1902 年始中国法制史学课程便出现在高等教育中。1904 年梁启超撰写《论中国成文法编制之沿革得失》,如前所述,该文是迄今为止所见到的第一部由中国学者撰写的较系统的法制通史论著,在借鉴日本学者的研究方法和研究视角上,梁氏大致勾画了中国传统成文法的发展沿革框架,奠定了中国法制史学科研究的基本框架。

2. 中国法制史新研究范式的问世

沈家本的研究范式主要是以正史和成文典章为史料基础,以史料罗列和源流考证为主要方法进行中国法制史的研究。与沈家本的研究范式有所不同的是,梁启超则采取了另一种中国法制史研究范式,即以近代西方法学体系、法学理论、法律术语、研究方法等建构中国传统法制的内容。该研究范式一般将中国法的内容分为制度和思想两部分,对法律制度大体从刑法、民法、行政法、司法制度等方面展开论述。《论中国成文法编制之沿革得失》正是这一研究范式的体现。

梁氏利用西方近代法学理论体系和法学概念为指导研究传统法制,文中大量使用诸如成文法、习惯法、法典、单行法、法的渊源、法的体系、立法技术等近现代法学概念,频繁引用外国法学家如梅因、边沁、穗积陈重、织田万等的观点,在分析这些法学概念基础和观点之上,以西方现代法制为标本考察传统法制的

① 何勤华:《中国法学史》(第 3 卷),法律出版社 2006 年版,第 185 页。

缺陷。尽管梁氏在文中也大量利用了史料，但这些史料是在西方法学理论体系之下为说明某一法学概念和观点才出现的。显而易见，这与沈家本为代表的中国法制史研究范式是有很大不同的。自此，该种研究范式逐渐成为 20 世纪上半叶中国法制史研究的主流。

3. 专门史研究法的提出

从性质上看，梁启超认为中国法制史隶属于历史，属于历史中的专门史。以此出发，梁氏提出了专门史的研究方法论。

（1）就专门史的研究者而言。“治专门史者，不惟须有史学的素养，更须有各该专门学的素养。”[①]在梁氏看来，研究包括中国法制史在内的专门史，不是史学家的责任，而是各专门史学者的责任；进行专门史研究的学者，需要具备的知识储备包含了史学和专门学基础，就法制史研究而言，如果要在该领域内深入研究并希望有所突破，单纯的史学知识或者单纯的法学知识都显得不足，只有具备扎实的史学基础和一定的法律素养，方能进行中国法制史的深入研究。这个观点具体指出了中国法制史研究者所应该具备的专业素质构成。

（2）就专门史的研究方法而言。尽管在《中国历史研究法》和《中国历史研究法补编》中，梁氏没有提出具体的研究方法，但是根据其阐发的专史研究方法，可以窥见其对法制史研究的指导意义。梁氏认为，专史中最重要的组成部分是文物专史，文物专史包含了政治史，法律则属于政治史的内容之一；政治专史的做法，大体可以从三方面进行：其一，民族、国土、时代、家族和阶级；其二，政治上制度的变迁；其三，政权的运用。梁氏反对把历史写成横截式的断代体例，为了使读者了解前后因缘关系，倡导“贯通”的史著体例；按照朝代分期的方法对政治专史在内的文物专史进行分期，因并不能反映制度之间的联系，所以并不是一种恰当的做法；此外，梁氏对史料非常看重，其在史料分类、搜集以及鉴别方面的观点为中国法制史研究提供了极大的借鉴。尽管以上所述都是梁氏提到的文物专史中的政治史的做法，然而联系梁氏学术思想的其他内容，能够看出在政治史范畴下的法制史研究，梁氏也持相同的观点。实际上，梁氏之后的另一法学大家陈顾远的法制史研究以及婚姻史研究，恰恰就是采用了梁氏的上述研究思路。

---

① 梁启超：《中国历史研究法》，中华书局 2009 年版，第 44 页。

第八章　民国时期的中国法制史学

中华民国诞生后，尤其是在"五四运动"后，在西方的科学研究体系和研究方法进一步传播的同时，国内近现代化的学制也逐渐完备，相关学科体系的建设也趋于科学化。教育的正规化会进一步推动相关学科研究的系统化和科学化。作为中国法律史学主体部分的中国法制史学，也渐次成为一门现代意义上真正具有独立品格的学科。而所谓现代意义上具有独立品格的学科，一般认为其标志主要在于：有独立的研究内容、成熟的研究方法、规范的学科体制，以及学术大师及其代表作的出现。

第一节　中国法制史学演进的社会背景

一、政治因素

（一）教育立法

1. 北洋政府时期的教育立法

民国初期，教育部主管教育事业。1912 年 10 月 24 日北京政府教育部发布部令第 17 号文件《大学令》，并于次年 1 月 12 日发布部令第 1 号文件《大学规程》。根据这两项基本法令，大学分为七科：文科、理科、法科、商科、医科、农科、工科。其中，文科和法科课程设置中出现中国法律史学课程。具体而言，法科分为法律学、政治学、经济学三门，法律学门科目中，法制史为必修科目，比较法制史为选修科目；文科分为哲学、文学、历史学、地理学四门，历史学门又分为：中国史及东洋史学类和西洋史学类，这两类科目中都有法制史，前者特别注明法制史的内容主要从《周礼》、各史志、通典、通考、通志综合而来。

1912年11月2日，北京政府教育部发布部令第22号文件《法政专门学校规程》，统一法政专门学校的办学标准。规定法政专门学校本科为3年，分设法律、政治、经济三科。《法政专门学校规程》第5条规定了法律科学习的科目，法制史和比较法制史是属于选择科目，在众多选择科目中学生只需选取一门以上即可。当时课时未确定，实际上一般为每周2小时。

1917年9月27日，北洋政府教育部发布部令第64号文件《修正大学令》。明确规定大学设立评议会，由评议会决定学科课程设置，自此在课程设置上由各个学校自行规划。

2. 国民政府时期的教育立法

南京国民政府时期，由于学校在课程设置上出现"轻重倒置"等问题，在1928年的第一次全国教育会议上，提出要厘定大学课程、设定教材标准。同年教育部公布《大学规程》(修订)，规定大学各学院各科课程采取学分制。1930年教育部组织大学课程标准起草委员会，力图厘定课程标准，此项工作直至1938年才完成。教育部于1938年9月22日颁布部令7551号文件《大学法学院共同必修科目表》，同年5月聘请专家起草《各学院分系必修与选修科目表》，并于次年8月公布实施，其中在法律学系必修及选修科目表特别附注："本表系法律学系暂行课程，俟教育部会商司法行政部后再行修订。"①根据这份科目表，中国法制史是第三学年的必修科目，占3学分。

1942年10月教育部召集法律教育讨论会，对1939年公布的科目表进行修订，并于10月22日公布了修订后的《大学法学院法律系司法组必修选修科目表》。中国法制史作为必修科目，占4~6学分，课程安排在第二学年下学期和第三学年上学期；中国法律思想史为选修科目，占3~6学分，第三学年或第四学年选修；中国旧律研究，占6学分，第三学年选修。

3. 教育立法下的课程设置情况

在1917年之前，根据教育立法进行法科教育课程设置。1917年大学享有自主设置课程权利后，在法科教育中，中国法制史课程也大都出现，不过课程性质不一，或者是必修课程，或者是选修课程。1938年后中国法制史定为必修科目，法科教育也自然而言必须设置该课程。

---

① 教育部编：《大学科目表》，正中书局1940年版，第87页。

（二）“七七事变”下的学术发展

“七七事变”后，中华民族再度面临生死存亡的危急关头。当中华文化遭受重创时，学界再次掀起了“保国、保种、保教”的斗争，有关民族文化复兴的论争再度兴起。

“七七事变”对学术发展产生了极大的负面影响，政局的动荡，影响了学校原有的正常教学工作以及学者的科研工作。反映在中国法制史学研究上，多年抗战期间出版或发表的论著，与1936年前8年相比，数量上呈现大幅锐减的态势，而且也没有什么代表作问世。程树德先生以《九朝律考》一著闻名天下，早年致力于中国法制史、国际法等的研究，曾任职于多所大学。“七七事变”爆发后，北京的许多高校南迁，程树德失去了教职，自然也失去了经济来源。生活无着、困窘不堪的情况下，又身患瘫痪，风烛残年的程树德即使身在病中，仍然笔耕不辍，历时九年还完成了《论语集释》一书。然1944年竟被冻死！

另外，“七七事变”后，学界有关民族复兴的论争兴起。1937年8月郭沫若撰写的《理性与兽性之战》中，提出在争取民族自由、祖国独立的同时，还要争取民族文化的伟大复兴。在中国法制史学研究领域，受到民族复兴论以及丁元普等人早前就提倡的“复兴中华法系之精神”的影响，部分学者倡导中华法系的重建，丁元普的《中华法系与民族复兴》等文章即是明证。

二、文化因素

中国法制史学科的产生和发展，正与“西学东渐”这一历史潮流息息相关。具体而言，一方面，正是在借鉴西方学术分科基础之上，中国法制史学科才得以在中国形成；另一方面，随着西方启蒙思想的进一步传播，20世纪20年代前后，中国国内爆发了一场崇尚科学、抨击封建思想的文化启蒙运动，史称“新文化运动”。“新文化运动”对中国近代政治生活产生影响的同时，对近代社会科学学术的发展起到了巨大的推动作用，为马克思主义在中国的传播奠定了思想基础。中国法制史学科也在这一文化洪流中逐渐发展起来。

（一）马克思主义的传入与唯物史观的提出

“新文化运动”兴起了两面旗帜：民主与科学。民主主要是指民主思想和民主政治，科学则指近代自然科学法则和科学精神。民主和科学旗帜的树立，为近代西方新思想、新理论的进一步传播提供了基础。在此基础上，马克思主义思想传入中国。1919年5月5日渊泉在《晨报》翻译河上肇的《马克思的唯物史观》一文，揭开了马克思主义传播的序幕。同年5月李大钊在《新青年》发表了《我的马克思主义观》,这是国人较为系统分析马克思学说的开山之作,在国内产生了广泛的影响,如同丘汉平所说的那样,“近五十年来,这种思想充满了全世界。就是我们闭关自守物质落后的中国,也受其影响”。[①] 1924年《史学要论》出版,该书是马克思主义中国化的重要文献。

李大钊在《我的马克思主义观》中指出,马克思的唯物史观有二个要点:一是关于人类文化的经验的说明;二是社会组织进化论。“其一是说人类社会生产关系的总和,构成社会经济的构造。这是社会的基础构造。一切社会上政治的、法制的、伦理的、哲学的,简单说,凡是精神上的构造,都是随着经济的构造变化而变化。我们可以称这些精神的构造为表面构造。表面构造常视基础构造为转移,而基础构造的变动,乃以其内部促他自己进化的最高动因,就是生产力为主动,属于人类意识的东西,丝毫不能加他以影响,他却可以决定人类的精神、意识、主义、思想,使他们必须适应他的行程。”[②]这就是马克思独特的唯物史观。

在马克思主义唯物史观的指导下,李大钊将法制史纳入历史学的组成部分中。在李大钊看来,历史学是研究社会变革的学问。既然史学是研究整个社会现象的学问,法律、政治无疑都是包含于社会现象之中的,据此可以得出结论:法制史自然也是史学的一个组成部分。如果说上述内容只是推测的结论,不足以说明问题的话,接下来的论点就比较具体了。李大钊明确指出,史学主要由普通历史学、特殊历史学和历史哲学三部分组成,其中特殊历史学又分为记述历史和理论历史,法律史则是记述历史的重要组成部分。在明确了中国法律史的史学属性的同时,李大钊也指出了中国法制史具有独特性的特点,这对中国法制史学科的影响是深远的。李大钊把法律史归属于历史学范畴之内,认为法律史尽管有其特点,但它依然是史学的分支,并没有脱离史学的属性;另外,他认为法律史学并非史学的附庸,它重在考察法律现象本身的历史,而那些从普通历史分科出来的个人史、氏族史、社团史、国民史、民族史、人类史等皆是考察、叙述活动的主体的人或人群的经历者。此外,李大钊还从方法论的角度上出发,说明了研究历史的历史研究法。按照中国法制史学具有史学属性的观点,可以得出这样的结论,即史学研究方法以及史学理论在中国法制史领域也是有效的。不过,由于中国法制史学还有其独特性,因此研究者仅仅拥有史学研究方法和史学理论素养还是不够的。

---

① 何勤华、洪佳期编:《丘汉平法学文集》,中国政法大学出版社2004年版,第22页。

② 李守常:《史学要论》,河北教育出版社2000年版,第133页。

随着马克思主义在国内的传播,中国法制史学研究领域主要出现了两方面的新变化:一是研究内容的变化;二是研究方法的变化。从研究内容上看,对经济史问题的研究涉猎面更为广泛,发表的论著较之前也有所增加,代表作迭出;从研究方法上看,学者开始以马克思唯物史观为指导,进行法制史的研究。王亚南的《支持官僚政治高度发展的第一大杠杆——两税制》,即是运用马克思主义政治经济学理论研究古代法制的力作。

(二)“整理国故运动”

在新文化运动高涨的1919年,胡适发表了《新思潮的意义》一文。胡适在文中提出新文化运动应以“整理国故”为指导纲领,此论一出,舆论哗然,尽管有人极力反对,然而亦有许多人积极响应,并由此在学界引起了一场规模较大的“整理国故运动”。“整理国故运动”对中国法制史学的发展起到了巨大推动作用。

首先,从中国法制史学科建制上看。有关学科体制的构建问题无疑是“整理国故运动”中一个相当重要的环节。中国传统学术强调贯通,自清末民国以来,西方学术分科体系虽然在国内有所发端,但是并未形成一种普遍的风气。“整理国故运动”的兴起则对分科体系在国内的发展产生了巨大的驱动力。这也恰恰是“整理国故运动”对中国法制史学产生影响的表现之一。1922年梁启超在《中国历史研究法》中明确提出了中国法制史分科的必要性。1923年胡适在《〈国学季刊〉发刊宣言》拟定了一个中国文化史的系统,政治史和制度史是其中两项重要组成部分,尽管其中没有直接提到法律史,但是综观胡适的思想,可以看出法律史跑不出政治史或制度史的范畴。其后,受胡适思想的影响,《国立东南大学国学院整理国学计划书》中拟定的学科项目就包含了“中国法制史”。因此,“整理国故运动”对于民国时期中国法制史学科的建构起到了极大的推动作用。

其次,从中国法制史学研究上看。“整理国故运动”对中国法制史学研究起到的作用主要体现在两方面:一方面,是唤起更多人对中国法制史的重视;另一方面,则是为中国法制史的方法论注入新元素。

当新文化运动取得摧枯拉朽般的胜利时,胡适提出将“整理国故”作为新文化运动的纲领,这说明在胡适看来,在再造文明的当下,引进西学固然重要,但对于中国的传统,也并非持放弃的态度,而是要去芜存菁。胡适“整理国故”的观念对部分学者产生了影响,这些学者清醒地认识到,在以引进西方法律为指导构建中国法律体系的过程中,如果要实现构建的法律体系适应中国社会的目标,进路之一便是了解中国本土法律文化,并借鉴传统法制的精华。而如果要了解法律文化和借鉴法律精华,法制史的研究便是基础。因此,新文化运动过程中"整理国故运动"的出现,客观上使学者从对西方法律的关注转向本土法律资源,进而刺激其研究中国法制史的热情。

胡适认为,"整理国故"的具体步骤有四:系统的整理;观察产生发展以及因果关系;运用科学的方法考察古人的真实意思;还历史以真面目。其中,胡适提到了"科学的方法",也就是说,"整理国故",不是单纯地要求学者扎进"故纸堆",而是提倡以"科学的方法"整理国故。持有该观点不只是胡适一人,1919年朱希祖发表《整理中国最古书籍之方法论》一文,文中指出:"我们中国古书中属于历史的、哲学的、文学的,以及各项政治、法律……皆当由今日以前的古书中抽寻出来,用科学的方法,立于客观地位整理整理,拿来与外国的学问比较比较,或供世人讲科学的材料。"①朱希祖也提出了将古籍中的法律予以科学整理的方法。1928年胡适在其撰写的《治学的方法与材料》中明确提到,科学的整理国故,不能仅以"故纸堆"为研究的唯一材料。胡适强调以"科学的方法"进行国故整理的理论,对中国法制史研究起到的影响主要体现在方法论上。一方面,强调科学方法的运用,要求法史研究不能局限在以乾嘉考据学为主导的传统法史研究范式上,要寻找方法论的突破;另一方面,强调"故纸堆"不是研究的唯一史料,倡导治学材料的多元化,为"二重证据法"在法史研究中的采纳奠定了基础,而"二重证据法"也恰恰又迎合了前述方法论的突破。

因此,"整理国故运动"对中国法制史学的学科建制和中国法制史学的研究都起到了积极影响作用。

综上所述,"新文化运动"的兴起,对中国法制史的学科建制和方法论完善都有巨大的推动作用,尤其是对后者而言。"新文化运动"兴起之前,中国法制史学的两种主要研究方法,分别为传统史学研究方法和法学研究方法。就前者而言,其主要沿袭了乾嘉考据学传统,在中国法制史学研究方法论中占据主要地位。"新文化运动"兴起以后,则在愈发注重法学研究方法的同时,拉开了马克思主义唯物史观在中国传播的序幕,并促使其他法史研究方法的生成,使中国法制史研究在方法论得以进一步完善。

三、学科因素

(一)史学

中国法制史学既是史学的一个分支,也是法学的基础学科,是历史学和法

① 朱希祖著、周文玖选编:《朱希祖文存》,上海古籍出版社2006年版,第87页。

学之间的交叉学科。民国时期的中国法制史研究者也大多肯定了中国法制史的史学和法学属性,学者尤其强调了中国法制史的史学属性。既然作为史学和法学的交叉学科,中国法制史学科与史学及法学学科之间自然存在密切的联系。客观上看,民国时期的史学等相关学科确实对中国法制史学科产生了极大的影响。

20 世纪初期,以进化史观为指导,梁启超发表他的“新史学”观,掀起了一场“史界革命”。“新史学”的提出也对中国法制史学科的形成及发展创造了条件并奠定了理论基础。首先,“新史学”的提出使中国法制史学得以以独立身份跻身于史学谱系中。其次,“新史学”为中国法制史学研究提供了理论指导。民国时期的学者,如陈顾远在研究中国法制史时,在梁氏思想指导下,指出对中国法制历史的研究,要以寻找因果关系为主,并且不同于以往的“断代为史”的做法,创造了“问题研究法”,以此展开中国法制史的阐说。瞿同祖在《中国法律与中国社会》中,将汉至清数千年的法律作为一个整体看待,通过对其局部的分析,观察全体印象,这种做法很明显带有梁氏方法论的痕迹。

20 世纪 20 年代,随着马克思主义的传播,李大钊提出了运用马克思主义研究历史的观点,发轫于此的中国马克思史学观对中国法制史学也具有重要的指导意义。李大钊将法律史纳入到了历史学的组成部分中,并开创了以马克思唯物史观为理论指导研究中国法制史的新进路,即从经济现象出发理解法律现象,然后借助这些根本的原则,说明过去的社会学现象,进而总结社会历史的发展规律。

20 世纪二三十年代,史学界疑古派、释古派、史料派兴起,并对史学方法论和法史研究领域产生重大影响。受胡适在新文化运动中倡导的“整理国故”思想影响,以顾颉刚为主的代表,主张用历史演进观念和大胆疑古的精神研究历史,吸收西方近代社会学、考古学等方法,疑古辨伪,揭示历史真面目。自 1923 年顾颉刚发表《与钱玄同论古史书》,到 1926 年《古史辨》问世,古史辨派正式形成,该派也被称为“疑古”派。以傅斯年为代表,注重史料研究、以考实为治史方法前提的学者,一般称为史料派。傅斯年认为,“史学便是史料学”,非常重视史料和新史料的获得。他认为,能直接研究材料便是进步。史学研究的第一步就是找资料,“上穷碧落下黄泉,动手动脚找东西”。在此基础上,对史料进行考证和整理,对资料的收集、考证、整理构成了史学研究的主体部分,以王国维为代表的释古派则主张注重利用科学的方法,还历史以真实面目。受古史辨派、史料派和释古派的影响,部分研究中国法制史的学者,也在这几种治史方法论指导下，进行学术研究。

（二）考古学

作为人文科学的一部分，夏鼐先生认为，考古学是根据古代人类通过各种活动遗留下来的实物以研究人类古代社会历史的一门科学，其目的在于恢复人类历史的本来面目。随着欧风东渐，直至20世纪20年代以田野调查发掘为基础的近代考古学才在中国出现。近代考古学以田野调查、考古发掘为主要特征，考古发现的史料价值与传世文献迥然不同。考古学极大地开拓了传统史学的研究方法和研究视野，并以其独特性为中国法制史学研究注入新鲜活力。

1. 近代考古学的兴起

西方学者早在清末就提出对中国上古史的质疑。“五四运动”时期“整理国故”口号的提出，也使传统研究面临被重估的境地。顾颉刚“古史层累说”的提出，使传统古史观进一步受到质疑，学者认识到上古史研究信史的缺乏并困惑于已有材料的真假难辨。以顾颉刚、李玄伯为代表的疑古派，主张用历史演进的观念和“疑古辨伪”的精神，借鉴西方近代考古学等方法，寻找文献记载以外的资料，如发掘出土的实物史料，研究包括上古史在内的古代历史和典籍。李玄伯明确提出，要解决古史，唯一的方法就是考古学。胡适也提出研究商代历史必须学习甲骨文的观点，这些都反映了当时学者对考古学的期待之情。在这种内在需求之下，西方兴起的近代考古学逐渐传入中国就显得顺理成章。

19世纪末期，西方探险队到中国进行考古及探险活动，这种考古大多属于掠夺性质，如斯坦因和伯希和运走敦煌古物的行为。这种掠夺活动从负面意义上刺激了国内知识分子建立自己的考古学的愿望。1916年农商部地质调查所成立，在丁文江的带领下，开启了近代中国考古学研究之先河。地质调查所中的瑞典地质学家安特生于1921年在河南渑池仰韶村的发掘，对学者治学观念和治学方法的转变产生了重大影响。被誉为“现代中国考古学之父”的李济，在1926年去山西西阴村开始了中国人首次进行的田野调查工作。1928年中央研究院成立后，傅斯年出任历史语言研究所所长，李济出任考古组组长，国内出现从事考古发掘的专门机构，这是考古学在中国诞生的重要标志。

2. 近代考古学方法论

王国维“二重证据法”的提出，被誉为20世纪中国考古学和考据学的重大革新。其正是1914年在考释汉晋木简、创作《流沙坠简》时的经验总结。研究汉晋木简时，王国维运用“纸上之材料”与“地下之新材料”相印证的方式，即运用传世文献，结合近代考古学的成果，对汉晋木简所涉及的制度进行详尽的考释。研究方法一方面体现了传统史学研究方法；另一方面结合20世纪初期的重大考古发现，形成了“二重证据法”方法论的萌芽。1917年王国维又利用《史记》和其他历史文献与甲骨史料互相释证，发表了《殷卜辞中所见先公先王考》及《殷卜辞中所见先公先王续考》。1925年王国维明确提出“二重证据法”的概念，即运用地下考古材料与古文献相印证的方法，用地下新材料补正纸上之材料，考证古代历史。这一理论的提出，不仅代表了考古学的重大革新，对法史研究的重要影响也不言而喻。

如同王国维曾指出的“古来新学问起，大都由于新发见”一样，陈寅恪先生在《敦煌劫余录》序中也指出：“一时代之学术，必有其新材料与新问题。取用此材料，以研求问题，则为此时代学术之新潮流。治学之士，得预于此潮流者，谓之预流（借用佛教初果之名）。其未得预者，谓之未入流。此古今学术之通义，非彼闭门造车之徒，所能同喻者也。”①学术研究的发展，需要新材料的发现。随着清末民国时期考古学的发展，敦煌文献、西域木简、甲骨文、居延汉简等的出现，学者进行研究时使用的资料不再局限于传世文献，而是通过结合出土文物，如甲骨文、汉晋简牍、陶器、出土文献、封泥等资料，辅助史学研究，并取得了一系列成果。

3. 近代考古学与中国法制史学研究成果

（1）甲骨文与殷商法制的研究

先秦史研究中独占鳌头的罗振玉和王国维，被称为“罗王之学”。罗王继承了乾嘉考据学风，同时借助西方实证主义方法，利用殷墟甲骨文资料、金文资料以及传统研究所使用的传世文献资料，考证上古史的许多历史问题，取得令人瞩目的成绩。就甲骨文研究而言，当其成为一门新学问后，很快便受到学界的重视。1903年刘鹗出版《铁云藏龟》；1912年罗振玉出版《殷墟书契前编》《殷墟书契精华》等一系列甲骨文论著；1917年王国维发表《殷卜辞中所见先公先王考》及《殷卜辞中所见先公先王续考》；1928年以后进行的15次殷墟发掘，为甲骨文研究提供了更为广阔的思路和背景资料。在罗振玉、王国维、董作宾、郭沫若之后的甲骨文研究中，最有成就的当属胡厚宣，胡氏的《甲骨学商史论丛》系列更是进一步促进了甲骨学的发展。在《甲骨学商史论丛》初集中，《殷代婚姻家庭宗法生育制度考》一文是研究殷商婚姻家庭制度的一篇名著。

杨鸿烈在《中国法制史》中，指出中国法律起源于殷代，但是殷代真实史料过于缺乏，所以在杨著中，对殷代法律的介绍篇幅非常小，仅有的内容是根据已

① 陈寅恪：《金明馆丛稿二编》，三联书店2001年版，第266页。

经出土的甲骨文和王国维先生对殷代制度考证部分,再结合传世文献,进行阐述。

(2)汉晋简牍与汉代法制研究

19世纪末至20世纪初期,汉简开始大量出现,自汉简为基础,结合汉碑、秦石鼓文、瓦当、玺印、封泥、传世文献等主要资料,王国维、罗振玉、张凤、夏鼐、黄文弼、马衡、贺昌群、劳干、翦伯赞、何兹全、李源澄等人对秦汉史进行研究,并取得重大成果。

敦煌汉简的第一次发现,是斯坦因第二次中亚考察的成果。斯坦因获得大批汉晋木简后,委托法国汉学家沙畹释读该批资料,后沙畹出版成书。1913年沙畹将木简释文的手稿寄给罗振玉,罗振玉认识到该批汉晋木简的价值,便和王国维开始对此进行研究,四个月后即1914年在日本出版《流沙坠简》,其中考证出了汉代边郡都尉府官僚组成结构。

1913~1915年,斯坦因在敦煌、酒泉两地发现竹简近200件,交由马伯乐进行研究,张凤根据从马伯乐处得到的出土简牍照片和出土地点编号等资料,1931年出版《汉晋西垂木简汇编》。

1931年,劳干等人开始对居延汉简进行整理和考释。1936年原西北科学考察团将劳干、余逊的部分考释成果印刷出版。在抗战爆发后的恶劣环境中,1944年劳干所著《居延汉简考释・考证之部》出版,这是居延汉简较早的释文。居延汉简为汉代赋税研究提供了珍贵的第一手资料。劳干对"更赋皆给"进行考证,认为"更者徭役或徭戍之称,赋者田赋及口赋之谓,'更赋皆给'者,即言老役及赋税并经完纳矣"。[①] 1942年劳干发表《汉代兵制及汉简中的兵制》一文,从汉简出发研究汉代兵制。

(3)敦煌学与唐代法律文献的整理研究

1909年,罗振玉、王仁俊等人经过伯希和的允许得以抄录他带来的敦煌文献,后来伯希和又寄来了一些敦煌写本的照片,根据这些资料国内出现了第一批敦煌文献整理的成果。后来,国内学者纷纷奔赴巴黎、伦敦,对敦煌文献进行抄录、拍照、调查研究。敦煌文献中保存的唐代法律文献虽然数量不多,但是却受到了学者极大的重视,最早对敦煌唐代法律文献研究的是王仁俊、罗振玉和王国维等人,研究的主要目的是校勘需要。1911年,王仁俊刊布了《唐写本开元律・名例疏》,录文后附有《唐开元律案证》。在《唐开元律案证》中,王氏结合传世文献《唐律疏议》,考订出写本是《开元律疏名例》一部分,出自由唐尚书都省,是散于天下的50本之一,发于沙州;根据写本和传世文献的对照,王氏认为

① 沈颂金:《二十世纪简帛学研究》,学苑出版社2003年版,第119页。

传世文献从版本上看并非开元二十五年的律疏。该写本的刊布对了解唐律的演变以及开元律疏的修撰均有很大意义。

唐代法律有律令格式四种,其中"式以轨物程事",为官吏常守之法。1913年罗振玉所辑《鸣沙石室佚书》中刊布了唐代《水部式》残卷录文,罗文利用《水部式》校勘了《唐六典》,在指出了《唐六典》错误所在的同时,订正了《新唐书·百官志》的不明及疏漏。1936年,根据《水部式》以及唐代文献,陶希圣撰写《唐代管理水流的法令》一文,对唐代灌溉用水的管理、河上交通、海上运输等内容进行阐释。1925年,罗振玉出版了《敦煌石室碎金》,其中刊布了《唐写本开元律·名例疏》、《唐律疏议·杂律下残卷》和《永徽东宫诸府职员令》。罗振玉也认为该唐律写本和唐律传世本是不同的。对于罗文中《永徽东宫诸府职员令》,王国维经过考证,认为是《唐武德职官令》。实际上,该名称也不够准确,但也为后来研究奠定了基础。

董康归国后,出版《书舶庸谭》一书,书中包含《垂拱职制、户婚、厩库律残卷》和《神龙散颁刑部格残卷》的内容,校录《神龙散颁刑部格》后,与唐律进行比较研究。后来又发表《残本龙朔散颁格与唐律之对照》一文。罗振玉也曾研究过《神龙散颁刑部格》。

1934年王重民在法国国家图书馆整理敦煌遗书,编《伯希和劫经录》,并选出《巴黎敦煌残卷叙录》一、二辑,其中介绍了唐律和《唐律疏议》各2件,并进行书写年代的考证,指出了写本与传世本的异同。此外王重民"据写本律疏考出传世本中《唐律疏议》中之'疏议曰'系因宋元人不明律疏之义'连疏于议'所致,发数百载之覆"。①

金毓黻最早对标号为敦煌P.2504号文书进行校录,并根据《旧唐书·职官志》考定该文书为《天宝官品令》。1943年金毓黻发表《敦煌写本唐天宝官品令考释》一文,金文认为该文书可以与《职官志》《开元令》相互印证,并列表展示该文书如何补充《职官志》的错漏。虽然作者对该文书的命名未能成为定论,但是也为后人进一步研究唐令提供了参考。此外,1930年胡长清对敦煌出土的唐代开元律残卷进行研究,撰写了《唐律残篇之研究》的文章。

综上所述,随着以实物收集为主要治学方法、去广阔天地中进行田野调查为主要特征的近代考古学在国内的兴起,以及清末民国的几次重大考古发现,不仅为中国法制史研究提供了大批可供利用的"新材料"和提出了一系列的"新

① 郝春文:《敦煌学与唐史研究》,载李斌城主编:《二十世纪唐研究》(文化卷),中国社会科学出版社2002年版,第753页。

问题”,而且“二重证据法”的提出还为中国法制史研究注入了新鲜血液。通过考古发现可以起到了证史、补史、纠史的作用,即用考古材料证明文献的真伪,用考古材料补充和纠正文献的阙如以及不足。这种打破学科界限,实现多学科合作,从而寻找历史研究的新突破口,用全局的、整体的观点分析问题、研究问题的方法,促进了中国法制史研究的深入发展。

第二节　中国法制史学的研究成果

一、通史研究

(一)研究缘起

1. 编订教材的需要

《奏定大学堂章程》除了规定在京师大学堂设置中国法制史类课程,还就中国法制史课程教材的编写进行了说明,指出要根据日本的中国法制史义例编纂中国法制史教材。随后,当中国法制史类课程固定在高等教育中开设以后,为了教学的需要,教师们开始编写中国法制史课程的讲义。

当然,当时除任课教师自行编写教材外,有的学校直接翻译了日本学者撰写的中国法制史,以此作为教材使用。不过,这种做法在当时受到了陈顾远的批评,在陈氏看来,研究中国法制的历史,竟然以外国人撰写的中国法制史作为课本,终究不妥。

2. 学术研究的需要

首先,在新时期制定和修改法律的时候,必须要参考本土资源,因此需要对我国数千年法制的因革详加研考,考察支配变革的因素所在。本土资源主要包括本国固有国情以及本国历史上的法制现象。前者是指每个国家的法律自然都是本民族固有的产物,也各有其固有国情和历史特殊性,法律是适应社会之物,法律的内容与本国的地理、人情、风俗、习惯和气候等因素息息相关,每一时代的法律都有每一时代的民情风俗。清朝末期开始变法修律,引进和参考了大量的大陆法系和英美法系的法律制度。这种现象在许多学者看来,是存在很大风险的。郁嶷认为,在引进他国法律的过程中,尽管可以“择善而从”,然而不考虑本国特有国情和历史属性而贸然进行移植,必定会产生南橘北枳的结果。每国法制自有本国精神所在,一味地撷人之长,将自身的典章制度付诸东流,也会产生东施效颦、适彰其丑的效果。至于后者,在陈顾远看来,现行法制不过是法制史体系下的后一个阶段,法制历史不仅是现行法制的直接渊源,更是现行法制的镜鉴。既然如此,对现行法制的研究自然需要以法制史为出发点;朱方则认为,只有通过考察历代法制递嬗之迹象,探究历代法制沿革体现的变与不变的原理,最后再加以归纳总结其得失,才可能了解不同时期的民情俗尚,才可以对历代法制形成全面的认识,进而为现阶段的法律制定提供借鉴作用。

其次,中华法系的重要性决定了研究中国传统法制的必要性。中华法系绵延四千多年都不曾中断,并且自成一独立系统,在世界法系中占据了重要地位。无论学者对世界法系持"五分类法"还是"十六分类法",都肯定了中华法系在其中的地位和重要性。在杨鸿烈、郁嶷等人看来,正因为中华法系的重要性,所以不但中国人民都应该知道中华法系的内容,而且其他想要了解世界文化全体真相的人也应该对此加以详细研究。

最后,中国自古重视对历史的研究,其中也包括对法制历史的研究,现阶段也应该遵循这一学术传统,使其持续发展。陈顾远认为,学界存在重视法律思想史或哲学理论而忽视制度史的研究状况,应该改变这种现象。此外,西方学术思想、法律制度传入国内后,难免会对东西方文化、法律制度等进行比较,一些学者厚此薄彼,大有数典忘祖之意。倡导对中国法制历史的研究,通过溯源穷流,考察变革之迹象,探究变革之原因,核其得失,察其因果,不但可以对法制史形成清晰的认知,并且"油然起爱国之观念,发思古之幽情,且以觇吾中国三千年来之也。政治、风俗、人情、教化以及一切经济生活,善亦中国人不可不具之常识也"。①

(二)研究概观

民国时期的通史研究成果主要表现为两类:一类是中国法制史通史研究类成果;另一类是有关法律文化类研究成果,如瞿同祖的《中国法律之儒家化》等。其中第一类研究完善了中国法制史学的内部体例和结构。具体而言,第一类研究主要包括 1912 年徐德源的《中国历代法制考》、1918 年曹恭翊的《法治通史》、1918 年康宝忠的《中国法制史略》、1919 年壮生的《中国历代法制大观》、1920 年郁嶷的《中国法制史》、1923 年冯承钧的《本国法制史纲要》、1923 年王培槐的《大中华法制史》、1927 年冯福臻的《中国法制史》、1927 年徐像枢的《中国古代法律略论》、1928 年程树德的《中国法制史》、1930 年丁元普的《中国法制史》、1930 年杨鸿烈的《中国法律发达史》、1931 年朱方的《中国法制史》、1935 年陈顾远的《中国法制史》、1941 年靳麟的《中国法制史》、1943 年秦尚志的《中国法制及法律思想史讲话》。此外,黄寿鼎的《比较法制史讲义》、黎孤岛的《中

① 朱方:《中国法制史》,上海法政学社 1932 年版,第 15 页。

国法制史讲义》、张玉锐的《中国法制史概要》、骆继生的《中国法制史》、崔学章的《中国法制史》、罗德源的《中国法制史》、钱承钧的《中国法制史》、周祺的《中国法制史》则出版年月不祥。基于民国时期通史研究的重要性，下文将对之进行简要说明。

1. 通史研究的资料基础

中国法制史学研究的基础是资料的搜集。资料主要由两部分构成：史料以及其他研究成果。

(1)没有史料作为基础，根本无从组织法制史的内容。尽管研究者的研究成果都建筑在史料的使用基础之上，但明确提出史料运用问题的并不多，主要有杨鸿烈、朱方、陈顾远等人。

杨鸿烈专门提到"法律史的史料"这个问题。杨氏在写作中把每一朝代所使用的史料都在导言中加以简单介绍。他认为，法律史的史料主要分为"原料"和"副料"，内容一般包括历代经史子集、法典法规、甲骨文、金文、石碑、简牍、民间散藏的契约文书、出土文物、文学作品等。根据研究时期的不同，需要运用不同的"原料"和"副料"，如研究殷商法制需要甲骨文等资料。此外在某时期研究中充当"原料"的部分，在其他时期可能是"副料"，如杜佑的《通典》在研究隋朝法制时是"原料"，但在研究两汉时期法制时却是"副料"。

朱方在"编辑大意"中说明了他写作所使用的史料，主要参考了九通以及历代刑法志的内容，并旁稽诸子百家及历代史乘。此外朱方还特别指出，如果史乘之间有歧义的话，则选择传述较多、较正确的内容，在传述相当的情况下，需要根据当时情形进行判定。

陈顾远具体说明了史料运用上需要注意的问题。陈氏认为需要注意的主要有三方面：一是推测之辞不可信，研究者应该把史事记载和史事观察区分开来，前者是可信的，后者因为属于史家的观察，实属一家之言；二是设法之辞不为据；三是传说之辞不为确。后两点的提出主要是针对殷商以前的史料运用，由于许多学者惯常使用"托古改制"，因此出现很多"设法之辞"，再加上西周时期已经缺乏记载前朝的资料，所以对于这部分内容的使用需要加以进一步分析，不能直接引用。

(2)除运用史料外，研究者也注意吸收和总结其他国内外相关研究成果，作为自身中国法制史研究的基础。

借鉴国内外的相关研究成果，不仅仅局限于其他学者有关中国法制史的研究成果，还包括其他法学研究成果、历史学研究成果、考古学研究成果以及其他相关研究成果等。相较而言,杨鸿烈的著作广泛吸收了相关研究成果,如日本学者鸠山和夫、阪本三郎提出的中国法制史研究方法,沈家本对于中国古代刑法史料的考证成果,王国维等人对于甲骨文和金文的研究成果,人类学研究成果等。

2. 研究范围和对象

在学科的形成和发展过程中,不同学者会从不同视角出发,形成自己对研究范围和研究对象的认识,并据此进行著作的撰写。此处通过时间和内容两方面来观察民国时期研究者对中国法制史研究范围的认识,并通过下文对著述撰写框架的考察进一步对此加以分析。

首先,从内容上看,该时期的研究者除陈顾远、丁元普、朱方、杨鸿烈明确提到了有关研究范围和对象的内容外,其他研究者大多没有明确对该问题进行界定。因此对该问题的考察除去研究者明确界定的以外,只能通过对研究者著述的内容所反映出来的研究范围进行归纳总结。因此从整体上看,该时期对中国法制史的研究范围和研究对象的认识可以归纳为三种观点:

第一种观点为"以制统法"说,该说也被称为"大法制史"说。该说认为法制史的范围不应该局限于法律这一个方面,凡是属于中国典章文物礼刑教化的内容,与"制"相关的,都应该包含在法制史的范围内。一般认为该说以陈顾远为代表,实际上,首次提出该观点的是丁元普,之后陈顾远对此又进行了详细的论述。此外,通过孙荣、壮生、郁嶷、钱承均、黎孤岛等人的著述,可以看出他们也是用"大法制史"的视野研究中国法制史。在此需要特别加以说明的是,尽管他们都使用了"大法制史"的概念,然而对于哪些"典章文物礼刑教化"的内容该纳入法制史的考察,认识并不一致,这在下文的写作框架中再进行具体论说。丁元普认为,法字的概念,含义很广泛,不仅仅是刑法一方面。应该在现代法理基础上认识"法制",法制史的研究范围应该包含组织、人事、民事、社会、经济等方面。陈顾远认为,"法"和"制"是不同的,"法"是经过国家认可的具有强制效力的社会生活行为规范,而"制"是社会秩序的框架结构,需要把两者都放入法制史的考察视野。因此,法制史研究的内容不应该仅仅限于立法、刑法、民法、诉讼制度等领域的内容,还应该包括政治制度、经济制度、宗族制度、婚姻制度等内容。只有运用"大法制史"的概念,才能看到更全面的中国法制历史面貌。

第二种观点为"以法统制"说,该说认为法制史的范围应该以法律上的制度为限,凡是不属于讼狱律令内容的,都不应该包含在法制史的范围内。一般认为该说以程树德为代表,在笔者看来,是朱方首次明确提出并肯定了这种观点。

朱方认为,法制史有广义狭义之分,他采用狭义一说。如果按照广义说,则在研究中国法制史时应该把涉及职官、刑制、田赋、货币、考绩、礼乐、兵制、教育、交通、地方自治等的内容一并论述。之所以不采用广义说的原因在于:一是按照广义说进行考察,考察范围过大,涉及面过于广泛,实际上不可能对多元化内容一一详细论说;二是在现代学术分科体系发展的基础上,政治史、经济史、教育史、风俗史、交通史等都已经有专人进行研究,自然也不必在法制史中再加入这些内容;三是现代学者研究法制史的视野和以前不同,更加看重的是法制这一方面。因此,朱方的论著采取狭义法制史的概念。

第三种观点则主张,中国法制史的研究对象还应该包括法律思想。该观点的主要代表人物是杨鸿烈和秦尚志。杨鸿烈的《中国法律发达史》的研究范围包括了三方面内容:中国法律演进的历史、中国法律的原理、中国历代法家的思想。与程树德和朱方相比,杨氏的研究范围中多出了一项,就是关于法律思想的内容。秦尚志在《中国法制及法律思想史讲话》一书中采用了和杨氏类似的风格,即历代法制和法律思想合并在一起论述的风格。秦氏认为,法制是指法律制度、法典编纂、狱讼情形等现实性内容,法律思想则是指历代政治家和学者对法制方面的意见,以及历代支配法律内容的根本原理的理论性内容,两者之间的关系是异常密切的,因此合并论述是非常合适的。

其次,从时间上看,民国时期的研究者都认为中国法制史研究的应该是中国历史上的法律制度,具体到对研究时期的界定,又根据研究者自身所处时代与认识的不同而有所不同,总体上看可以分为两类:一类是通史性质的论述;另一类是只论述重要朝代的。

通史性质的论述可以分为两类:第一类的研究时期是上溯唐虞,但是下限却有所不同。具体来说,一种是下迄民国,杨鸿烈、朱方、王培槐等的论著在时间上都是下迄民国,这些学者认为当代史也应该属于法制史的范畴。其中杨鸿烈的涉及面最为广泛,论述的朝代中包括五胡、宋齐梁陈、五代这些其他著作基本上都没有涉及的时代。另一种是下迄清朝,程树德、丁元普的论著在时间上都是下迄清朝,而壮生的著作只论述至明朝,他认为清朝法制与前期相比,变革甚多,如果要了解详细情形,需要专门加以编纂。第二类的研究时期是上溯殷商,下迄民国,以秦尚志和陈顾远为代表。陈顾远认为法制史的研究需要以史料作为基础,而殷商以前的法制历史没有确切史料予以佐证,因此研究应从殷商开始。

只论述重要朝代的主要有以下几种:壮生、郁嶷和黎孤岛重点论述了唐虞三代、秦汉、唐、宋、明五个时期。壮生认为，三代以后，只有汉唐宋明四个时期，运祚既久法制也最详备，其他时期法制皆是历代延续，没有大的变革，因此摒弃不录；郁嶷认为，中国法制只有在秦朝和清朝有根本的变动，所以清朝需要另外专门研究；黎孤岛则有大汉族主义思想，特别提到元代和清代皆有特别性质，属于特别法律，需要综合这两个时期的法律综合论断，因此把元、清两朝排除在法制史的范畴外。钱承均关注的是唐虞三代、秦汉、唐三个时期。徐德源关注的是唐虞三代、秦汉和魏晋南北朝时期。

3. 研究方法

民国时期的研究者，明确提出中国法制史学研究方法的主要有以下几位：

郁嶷认为，中国法制史的性质在于自中国法制方面叙述历史事实，以考察其发达进化过程。该属性决定了在研究方法上，主要应该采用两种方法：归纳法和历史法。首先，中国法制史以叙述历史事实为目的，在研究方法上应该采用归纳方法。原因在于，学者研究学术的方法主要有两种：演绎方法和归纳方法。演绎方法重视论理，归纳方法重视事实。学科的性质不同，使用的研究方法应该也不同。中国法制史的性质决定了归纳方法的采用。其次，中国法制史要考察中国法制现象的发达进化，自然要使用历史法。

丁元普认为，对中国法制史的研究必须注意纵横两个方面：纵的方面，是指中国历代法制因革损益；横的方面，是指世界各国法制变化的情形。具体而言，在研究过程中，应该遵循三点：依照年代说明法制的因革损益；对每一时期的法制分列条晰；区别法学之变迁说明法制之所以发达。实际上，丁氏的研究方法即是今日所说的历史方法和比较方法。

杨鸿烈认为，中国法制史的研究主要需要综合三种研究方法：第一种是兼用“外包法制史”和“内容法制史”两种方法。前者侧重叙述法律与国家的关系及法源等，后者侧重论述各类法律的进化过程。第二种是互用“横的研究”和“纵的研究”。前者侧重研究法典，即为静态的研究；后者侧重法制运用，即为动态的研究。第三种是比较的方法和观察的方法。

朱方认为，中国法制史的研究方法有两种：一种是由古以证今，重在理性；另一种为由今以推古，重在经验。前者源于自然法的理论，认为自然法是存在于现实法律之上的，现实法的创立和变更要以自然法为模范标准。因此通过考察自然法在古代法律的创立以及变革过程中的作用，自然能够明了今日法律之发展变化的情形。后者源于历史法的理论，认为在了解近代国家状态和法制精神的基础上，进而层层追溯古代法制的内容。之所以如此，是因为对古代典章是否是信史存怀疑态度,所以不如从今日之法学理论出发,推断古代制度。两者要结合使用。

陈顾远认为,考察中国法制的历史变迁,应该采取"问题研究法",即以问题为切入点进行研究。按照"问题研究法"进行研究需要遵循三项原则:其一,"不应妄依朝代兴亡而求中国法制之变迁",即考察法制历史,不能采用"断代为史"的方法。"断代为史"的研究方法割断了法制发展演变的连续性,不利于会通古今。其二,"不应专依或种标准而言中国法制之变迁",即要说明中国法制史变迁的阶段,应该从法制本身的性质出发考察,而不能借用历史或政治史之类的分期标准。其三,"不应偶依个人主观而述中国法制之变迁"。综合而言,陈氏主张按照法制自身发展的脉络解说中国法制史。

4. 研究框架

(1)"断代为史"的框架结构

所谓"断代为史"的框架结构,是指以各朝代为经,以各朝代的法律内容为纬的撰写方法。换言之,从纵向上划分各个时期,横向上阐述该时期的法律内容的撰写方法。采用"断代为史"的学者,对朝代划分可能有所不同,或者对法律内容理解不同,因此呈现不同的框架结构。采用"断代为史"框架结构的学者著述主要有:

壮生的《中国历代法制大要》,由五章构成,即唐虞三代之法制、汉代之法制、唐代之法制、宋代之法制、明代之法制。第一章主要从官制、经济状况、军制、刑法方面论述;后四章主要从官制、贵贱之阶级、经济状况、财政、救恤行政、交通行政、教育行政、军制、法源、诉讼法、刑法等方面展开论述。论述最为详尽的是唐朝和明朝,与其他时期相比,唐朝还研究了民籍行政、宗教行政、民法,明朝则研究了"自治制度之发达"、宗教行政以及民法。其中,刑法主要从刑名、刑之适用、刑之执行、刑之消灭、犯罪等五个方面加以说明;民法主要从人法和物法两方面加以说明。

郁嶷的《中国法制史》,由绪论和本论构成。绪论部分主要从中国法制起源及进化、中国法制史之意义、研究之重要、研究之困难、中国法制进步迟缓之原因、中西法制之差异等六方面进行有深度的探讨;本论则分五章,从唐虞三代、秦汉、唐、宋、明五时期介绍法制发展情况,每一时期主要从经济制度、阶级制度、官职制度、兵制、法典编纂制度、刑制、学制、救恤制度、交通制度等方面进行考察。其中,刑制从主要刑名、刑之适用、刑之执行、刑之消灭、犯罪等五个方面加以说明。

王培槐的《大中华法制史》,由5篇构成。第一篇为总论,概述法制、法制史、中国法制等内容。余下4篇为:上古史,自唐虞三代;中古史,自汉至隋唐;近代史,宋至明;今代史,清至民国,前3篇主要从官职制度、教育制度、军制、经济制度、交通制度、法源、诉讼法、刑法等方面加以阐述,后一篇则主要介绍清朝和民国的主要法规。

朱方的《中国法制史》,由绪言和5章正文构成。绪言以法制史、法制史研究之方法及学派、世界法系之概略、中国法制史、本书研究之范围为专题;余下5章分别为创造时期之法制、因革时期之法制、完成时期之法制、沿袭时期之法制和变动时期之法制。朱氏认为,自唐虞至周末为创造时期,自秦至隋为变革时期,唐代为完成时期,自宋至清同治为沿袭时期,自清光绪至民国为变动时期。横向上,主要叙述每一时期的立法、司法、审判等内容。

杨鸿烈的《中国法律发达史》,由27章构成,主要分为导言、胚胎时期、成长时期、欧美法系侵入时期四部分。具体而言,从上古至秦为胚胎时期,从西汉至明为法律成长时期,从清到民国为欧美法系侵入时期。导言论述了中国法律之特点与其在世界文化中的位置、本书研究的范围和目的、研究的方法、法律史的史料等法制史的一般问题。横向上主要以西方部门法的分类体系,把中国历代法制进行了分类,对每个时期的法制主要从法典、法院组织、诉讼法、刑法总则、刑法分则、民法总则分则、法律思想、法学家等方面阐述。

秦尚志的《中国法制及法律思想史讲话》,由9章构成,即总说、殷商西周、春秋战国、秦汉、魏晋南北朝、隋唐、宋辽金元、明清、近代。每一时期从法律制度和法律思想两方面加以叙述。从内容上看,著者认为本书应分为5个历史时期:殷商为原始时代;周初为礼刑对立时代;春秋战国到秦为法治时代;汉中叶到晚清为礼法调和时代;近代为欧美法系侵入时代。

黎孤岛的《中国法制史》,由7编构成。第一编为总论,主要从疆域、人种、主权之所系者、封建、宗教、社会阶级、法源等七方面阐述。其他六编为唐虞三代之法制、汉代法制、唐代法制、宋代法制、明代法制以及清代法典述,主要从官职制度、经济制度、财政制度、救恤行政、交通制度、教育行政、宗教行政、军制、诉讼法、刑法、民法等方面对各时期加以阐释。

(2)"问题研究"的框架结构

所谓"问题研究"的框架结构,是指以不同问题或主题为切入点,论述在历史上不同时期该问题或主题的发展演变过程。采用"问题研究"框架结构的学者著述主要有:

程树德的《中国法制史》由4篇组成。即总论、律令、刑制、关于中国法制之研究。其中,总论包含法律之语源、先秦诸子之法治思想、律典之沿革、中国法律之特征及律家五方面;律令部分从律令之别、上古至清各个时期的律令两方面罗列律令的沿袭变革;刑制部分则由唐虞及三代、秦汉、魏晋、南北朝、隋唐及宋、辽金元六章构成;最后,从8个专题对中国法制进行微观研究,专题分别为:成年制度之沿革、婚姻制度及离婚、法律上之养子、唐明律之伤害罪、自首案举觉、缓刑制度之变迁、历代法官与法律上之责任、旧律与家族制度。

丁元普的《中国法制史》,由序言和9章正文组成。序言概述法制史的意义、法制与礼制的区分、法制史研究纲要;其余9章为法律之起源及其沿革、地方自治制度、家庭社会制度、经济制度之变迁、法典之编纂及刑法之变迁、教育制度、职官制度、兵制,从各章主题出发,叙述历代法制的相关内容。

陈顾远的《中国法制史》,由4编构成。即总论、政治制度、狱讼制度、经济制度。总论围绕中国法制之史的问题、中国法制之变的问题、中国法制之质的问题、中国法制之量这些中国法制史基本问题展开论述;政治制度由组织法和选试法组成;狱讼制度由诉审、刑名、科刑、肆赦组成;经济制度由田制税制中的经济立法和商制币制中之经济统制组成。

(三)研究评析

总体上看,通过中国法制史通史研究,民国时期的研究者大致确定了中国法制史学的学科属性、研究范围和研究对象、主要研究方法、内部体例和结构。具体而言,研究者的研究得失主要体现在以下几个方面。

1. 从概念界定和学科属性上看

从中国法制史概念界定上看,尽管仅有陈顾远和丁元普论及,但他们对概念的界定却切中要害。陈顾远认为:“为社会生活之轨范,经国家权力之认定,并具有强制之性质者,曰法;为社会生活之形象,经国家公众之维持,并具有规律之基础者,曰制。条其本末,系其终始,阐明其因袭变革之关系者,是谓法制之史的考察,曰法制史。”①陈氏在界定“法”和“制”内涵的基础上,论述“法制史”的概念,这一界定详尽、清晰、确切。丁元普认为:“广而征之万国以求其同,综述法制之兴废变迁者,是指谓法制史。”②丁氏把中国法制史放在世界法制的范围内进行概念的界定,体现了其视野的宽阔。

从中国法制史学科属性上看,研究者肯定了中国法制史学的史学属性。多

---

① 陈顾远:《中国法制史》,商务印书馆1934年版,第1页。

② 丁元普:《中国法制史》,上海法学编译社1930年版,第5页。

数学者认为中国法制史原属于普通历史的一部分,虽然现在已经分立,但在研究时应该注意作为专史一部分的中国法制史,与其他史学组成部分之间的密切关系。

2. 从研究基础上看

该时期延续了传统史学研究中的资料使用风格,即把传统文献作为论证的最基本和主要材料。随着考古学的发展,研究者在研究中也开始采用考古发现结合传统文献的资料使用方法,最终形成了利用多元化资料进行研究的格局。

从整体上看,杨鸿烈在资料的使用上最值得称道。首先,杨氏开创了多元化研究的格局。多数学者在史料运用上,多以历代刑法志、存世的法典、经史子集的相关论述为主,而杨氏的取材超乎寻常的广泛,除引用常态史料即传世文献外,杨氏还利用文学作品资料,如白居易、骆宾王、储光羲、刘长卿等人的诗文集,对唐朝法制进行考察,利用出土的甲骨文和金文考察殷商和周代法制,此外使用的史料还包括了金文、石碑、简牍、契约文书等,另外杨氏还广泛引用了国内外学者的研究成果,如英、美、法、德、俄、日等国家学者的研究成果。其次,杨氏在导言部分,明确列出了每一章所使用的主要史料。最后,在对待史料的态度上,杨氏"信则传信,疑则传疑"的治史态度特别值得借鉴。不过,单纯就后者而言,即对待史料的态度问题上,陈顾远的见解的影响力远远超过了杨氏。

然而,在资料的使用问题上,研究者还存在一些缺陷,主要有:第一,过多注重史料的堆积,而缺乏对史料的理性归纳和总结分析;第二,对一些史料的使用并没有经过严格考证,许多学者将一些未加考证的资料作为信史使用,从而对唐虞时期的法制状况进行论述,得出的结论自然值得怀疑。在杨鸿烈的著作中,也存在对一些伪书资料的使用,如《汲冢周书》等。

3. 从研究框架上看

从研究框架上看,早期法制史学的框架与传统典制体史学关系密切,另外,日本学者编写的中国法制史体例对国内研究者也产生了重大影响。就整体而言,该时期形成和完善了中国法制史学的内部体例和结构,进而为后期研究者的研究提供了借鉴。

多数研究者认为,中国法制史学的体例由两部分构成:总论和分论。总论主要研究中国法制史的一般问题,如中国法制史的概念、研究范围、研究意义与研究重要性、中国法律的特征等;分论主要研究历史上的法律制度。尽管在分论的撰写中,有"断代为史"或"问题研究"两种框架结构,并且还存在不同的中国法制史时期划分,然而在内容上基本都囊括了中国历史上重要朝代的法律制度。在总论的撰写中,相比较而言,陈顾远对于史疑、史实、中国法制变与不变、中国法制之特质方面的阐释,体现了著者高屋建瓴的洞察力。在分论的撰写中,杨鸿烈和陈顾远提供了两种风格不同、又都可供借鉴的体例结构。前者涉及面广泛,从上古至民国,除十国外的其他各个时期的法律制度,几乎全部涵盖在内;后者视野广阔,从制度专史出发,较为深刻地把握了制度自身变迁的脉络。

不过,在体系构建方面的缺陷主要体现在:其一,强行把西方部门法分类标签加诸中国传统制度上,按照西方部门法体系建构中国各朝代的法制内容,如杨鸿烈对中国古代"法院组织"的考证等。众所周知,传统中国存在与西方社会完全不同的法律文化,在法律概念体系上也存在不同的理解,所以不能够在不考虑彼此之间差异性的前提下,一味按照西方的部门法体系解释中国传统法制。其二,存在对其他学者研究体系照抄照搬的现象,如壮生的《历代法制考》几乎就是日本学者浅井虎夫一著作的翻版。

综观民国时期的中国法制通史研究成果,可以看出中国法制史学科的科学体系已经初步形成,研究范围和研究框架已经大体确定。这种综述性的研究对于中国法制史学科建设来说是必不可少的,也为中国法制史的学术史发展奠定了基础。

二、断代史研究

从总体上看,学者侧重研究的是西周法制、汉代法制、唐代法制等时期的法制,研究相对薄弱的是夏商法制、秦代法制、三国两晋南北朝等时期的法制。之所以侧重研究某些朝代法制,源于学者浓厚的学术兴趣以及该时期法律制度的重要性。具体而言,从西周法制研究来看,古籍中有关周代的记载非常多,再加上传统社会存在"尊周"的观念对学者有很大影响,学者对周代法律制度的研究热情非常高;从汉朝法制研究来看,汉朝法律在中国法律发展过程中,所起到的承上启下的作用,自然有极大研究价值;从唐律研究上看,除了有关唐律的资料比较多以外,唐律本身的科学性和代表性更能引发学者的研究兴趣。多数研究者对某些朝代法制的研究甚少,从夏商时期法制研究来看,多数研究者语焉不详的原因是:一则史学界认为夏并未形成国家观念,二则史籍中记载夏商时期的内容非常少。相对而言,史籍中记载唐尧虞舜时期的内容更多,因此会出现这种情形:多数研究者常常论及唐尧虞舜时期的法制,却很少提及夏商时期的法制。从秦代法制研究来看,除没有考古资料外,秦代"焚书"事件以及后来官方记载在项羽的一把火中化为灰烬的影响，致使有关秦代的书面记载资料缺失；另外最重要的便是观念问题，儒家思想从汉朝开始便在传统社会占据主导地位，深受法家影响的秦代自然是儒家口诛笔伐的对象，加上“暴秦”的观念深入人心，使学者很少对秦代有研究兴趣。从三国两晋南北朝法制研究来看：一则该时期政权的更迭以及每一政权存在时间短暂的原因，使有关法制记载不多，再加上大部分史籍又毁于战乱，造成史料缺失；二则学者多注意该时期的政治格局，而不是法律变迁。需要指出的是，尽管三国两晋南北朝整体研究薄弱，然而相对而言较为侧重魏、晋、后魏几个重要时期，程树德和杨鸿烈均如此，章太炎也比较推崇晋律。从隋朝法制研究来看，研究之所以没有达到应有的深度和广度，除朝代延续时间短的原因外，隋炀帝对法制的破坏也冲淡了学者的研究兴趣。

（一）先秦法制研究

1. 研究概说

囿于考古资料的缺失以及信史的缺乏，论者虽常常论及唐虞时代的法制，但对许多具体问题往往语焉不详。实际上，信史的缺乏，不仅仅涉及远古时期，包括夏商周三代在内，资料不但匮乏，而且真伪难辨，这些因素在客观上都为先秦法制的研究增添了很大难度，使先秦法制研究成为一个艰难的课题。不过，随着近代考古学在中国的形成，甲骨文等的出土以及考古成果的相继出版，为先秦法制研究注入了新鲜血液。

（1）就远古时期的法制研究而言。最早的专论是1928年董康的《唐虞五刑说》一文。董康指出，五刑之名来自《虞书·舜典》，“五刑有服，五服三就”，虞舜五刑说其实是以西周制度附会而成的结果，即“惟虞舜五刑，既书阙无闻，汉儒相承，复无异议，亦姑以周制附会其说焉”。① 通过对五刑具体内容的阐释，进一步指出：五刑虽然产生于尧舜时期，然而直至西周才有完整意义上的五刑制度；唐虞时期，象刑和五刑是并行存在的，根据不同情况适用不同的刑罚；唐虞时期设置了十二类官员。另外，刘仰之的《唐虞刑法考》，以及对唐虞时代律令、刑制进行研究的程树德的《中国法制史》，也是远古时代法制史研究的代表作。

（2）就商代的法制研究而言。囿于信史的缺乏，商代法制的研究基本上是依靠语焉不详的传世文献，论述非常简略，甲骨文出现后，有关殷商法律制度的论述较之前有所增多。商代法制研究主要集中在婚姻、宗法等制度上。较早以甲骨卜辞钟鼎文字考察宗法制度，始于1934年丁山的《宗法考源》，而胡厚宣的

① 何勤华、魏琼编：《董康法学文集》，中国政法大学出版社2005年版，第236页。

《殷代婚姻家族宗法生育制度考》一文则属集大成之作，直至现在，胡文仍然是研究殷商婚姻宗法制度的重要读物。该时期研究宗法制度的主要还有：江绍原的《殷君宋君继统制讨论》、曾謇的《殷周之际的农业的发达与宗法社会的产生》、葛启扬的《卜辞所见之殷代家族制度》、徐中舒的《殷代兄终弟及为贵族选举制说》等；该时期研究婚姻制度的主要还有温丹铭的《殷卜辞婚嫁考》以及毛起鵕的《殷商时代的妇女、婚姻及族制》等。

(3)就西周法制研究而言。由于存在已久的“崇周”观念，加上传世文献中对于西周制度的记载也较多，相较于先秦其他时期而言，学界对西周法制的研究也非常重视。西周法制研究大概可以区分为三类：司法制度的研究、《吕刑》、其他。司法制度研究的代表作主要有曹树钧的《中国周代陪审制度之研究》、魏运五的《周礼司法制度考》、董光孚的《周代初年之审判制度》、陈顾远的《周礼所述之司法制度》；《吕刑》研究的代表作主要有邓子骏的《〈吕刑〉研究》、居正的《读〈吕刑〉书后》、季年文的《〈吕刑〉考》、袁柳的《读吕刑》，以及展恒举的《书读〈吕刑〉后》；其他有关西周法制的研究，主要有熊开化的《周代刑法之探讨》、曾謇的《周金文中的宗法记录》、傅尚文的《周秦时代礼法刑三观念的变迁》，以及王焕镳的《论周代婚制》等。需要特别说明的是，汉代以后，在中原地区出土了一些周代的青铜器皿，大多青铜器上刻有铭文，后世称之为金文或钟鼎文。少数学者开始利用金文结合传世文献的方法进行法史研究，如杨鸿烈在《中国法律发达史》中，曾使用西周孝王时期的曶鼎铭文，考察西周民事法律制度。曾謇的《周金文中的宗法纪录》一文也是利用金文进行研究的结果，曾文通过考释金文，提出“宗法组织是在家产共有制下由嫡长子承继制度演变而来”的观点。

(4)就春秋战国法制研究而言。春秋战国是中国历史上的第一次大动荡时期，法律制度也经历了从早期习惯法、秘密法到成文法的重大转变。在这段历史进程中，成文法的公布、李悝制定《法经》和商鞅变法无疑占据了突出地位，民国时期也对此进行了专门研究。首先，对春秋战国时期的法典研究主要体现在：杨鸿烈在《中国法律发达史》中罗列了春秋战国诸侯国公布的成文法名称，如宋国的“刑器”、楚国的“茆门法”“仆区法”、晋国的“常法”、“被庐法”等；董康在《春秋刑制考》中指出，春秋战国时期的成文法典主要有晋被庐之法、晋常法、晋刑鼎、晋戎索、郑刑鼎、郑竹刑、宋刑器、鲁国之法、楚茅门者法、楚仆区法、楚宪令、齐轻重之法、魏大府之宪、魏《法经》、墨者之法等。其次，关于李悝的《法经》，程树德等人均肯定了李悝和《法经》作为中国成文法典创始人和源头的地位。再次,关于商鞅变法的研究,代表作主要有祜苏的《商鞅农战政策之研究》、倪德修的《商鞅变法的探讨》、刘道元的《商鞅变法与两汉田赋制度》、曾謇的《论秦的家族组织与商君的变法》、江民桢的《商鞅的农战政策研究》、曾繁康的《商鞅的变法》、王其豪的《商鞅在法治上的努力与成就》、刘大音的《商鞅变法在中国经济史上的双重意义》、齐思和的《商鞅变法考》,以及纪庸的《商鞅立法》等。此外,有关春秋战国法制研究的成果,还有高耘晖的《鲁国的一生一及承继制度》、曾謇的《战国时代郡县制度的发展及其完成》,以及顾颉刚的《春秋时的男女关系及婚姻习惯》。

(5)就先秦法制通史研究而言。研究主要集中在刑法沿革和婚姻问题上,有关前者的研究主要有王恩生的《唐虞夏商周刑法研究》、孙传瑗的《中国上古时代刑罚史》、黄公觉的《中国上古刑法》、廖志鸣的《关于中国上古刑法嬗演史程之管窥》;有关后者的研究主要是裘可桴的《唐虞三代婚姻制度考》、陈贻祥的《先秦时代之不婚》、黄建中的《殷周就学结婚年龄相关考》。此外,张觉之的《周秦两汉的地方自治制度》一文就有关地方行政制度问题加以探讨;罗志渊的《西周春秋战国兵役制度研究》一文就兵役展开研究;其他相关论著还有胡韫玉的《中国政法史略:唐虞夏商政制法制之渐定》、曹树钧的《唐虞夏商刑法研究》、黄公觉的《周秦以前之法律考略》,以及司徒黼的《周秦以前之法律考略》等。

2. 研究评析

第一,从研究的对象来看,学者非常重视西周法制的研究,相对而言,对夏代法制的研究几乎可以忽略不计。

就文化史而言,西周时期形成的文化对古代中国产生了深远影响,传统文化的主要内容均可追溯到西周时期。就法律制度而言,西周法制也在中国法制历史中占据主要地位。因此长期以来,受儒家思想支配下的中国学术界,存在浓厚的"崇周"观念,学者也深受根深蒂固的传统"国学"观念的影响,对西周法制研究颇为重视。另外,传世文献中有关西周法制的记述较先秦其他时期而言,内容最多,这在客观上也为西周法制的研究奠定了坚实的基础。反观夏代,由于当时史学界还没有形成夏代已经形成国家的观念,因此一般将夏代作为上古的一个组成部分,和唐尧虞舜放在一起加以研究。而实际上,由于传世文献中对有关唐尧虞舜的记载内容远远超过了夏代,所以学者对夏代法制的态度,往往是把其作为远古部分中微不足道的一部分,加以语焉不详的笼统论述。杨鸿烈论及夏代法制时,仅仅列举了《尚书·大传》中"夏刑三千条"等史料,不足五百言。原本和夏代一样,传世文献中对于殷商法制的记载内容也并不多,但随着考古学的发展,甲骨文的出现,殷墟的发掘,殷代法制的研究自然远远超过夏代法制研究。

第二,从研究所依托的资料上看,尽管随着考古的发展,考古学成果也被引入到了法史研究中,但学者使用最多的史料还是传世文献。而正是由于先秦法史研究中过多依托传世文献,因此不可避免地使多数研究缺乏说服力。

按照西方近代的知识分类体系,各学科逐渐在中国国内形成。而随着众多学科的形成,在学术研究中,可以借助其他学科的研究方法,进一步加强和完善本学科的研究体系。因此,考古学的形成对法史研究也起到了极大的促进作用。杨鸿烈研究殷代法制时,使用的资料中包含了已经出土的若干甲骨文,研究西周法制时,利用《曶鼎》铭文解释民事诉讼内容。但不容忽视的是,尽管有其他学科成果的引入,法史学科传统研究所使用的传世文献仍然占据了主导地位。

众所周知,20 世纪初期,顾颉刚形成了对中国古代传说时代时期历史的"层累地造成的中国古史"说,即传统的古史结构是由儒家精心建构的观点,中国史学界处于"疑古"状态。梁启超等人也相继指出《尚书·尧典》等传世文献的伪造成分。实际上,许多先秦史料的真伪本身已经很难辨认,加上后世"托古改制"的出现,有些学者会伪造或夸大周前的史料,又进一步增大了研究的难度。然而如前所述,囿于考古资料的缺失,以及受到根深蒂固的传统"国学"观念影响,多数学者依旧把传世文献中有关上古时期唐尧虞舜传说时代的记载作为信史看待,认为中国法制的历史始自于此,并以此为起点进行中国法制史的研究。因此该时期的先秦法史研究,尤其是对唐尧虞舜时代的法制研究,由于在史料运用上缺少科学依据,在结论上自然缺乏说服力。

不过对于传世文献的可信度问题,以及针对学界的疑古风气,居正的观点引人深思。居正认为,如果殷代以前的法制不是像传世文献中所记载的那般详细,"若果根本否认殷代以前曾有萌芽的法律制度,而认为一切都是自殷代才开始,那么,殷代何以能够忽然凭空进入这一个阶段呢?我们岂不是连进化的轨则都否认了么"。[①] 直至现代,如何看待传世文献的记载,法史学界也有不同的结论。因此,客观上说,建筑于传世文献基础之上的先秦法史研究,具有的缺陷是属于"先天性"的,即便放在现代社会,也很难规避。

第三,从研究的方法和深度看,在传统史学研究方法基础上,学者还使用了

---

① 居正:《为什么要重建中国法系》,大东书局 1946 年版,第 13 页。

西方法学体系和概念,研究中,多数学者注重的是简单罗列,理论探讨相对有所欠缺。

法史研究中所出现的简单罗列情形,几乎是民国时期中国法制史研究的通病。西方法学方法借鉴到先秦法史研究后,用西方的概念体系解释先秦法制成为研究的一大特色,存在的问题,用一个例子加以说明。前文所述曹树钧的《中国周代陪审制度之研究》一文,从西方陪审制度出发,认为周代存在类似西方的陪审制度,并对之进行详细的阐述,非常明显,这是把西方法律制度的标签贴到中国古代社会中去,尽管研究角度能给人启迪,但实际上"风马牛不相及",实属牵强附会。

(二)秦汉法制研究

1. 研究概说

受到观念的影响和资料的局限,民国时期对秦代法制的研究极其薄弱。即使是在集大成的通史性著作,如杨鸿烈在《中国法律发达史》中,对秦代法制的介绍也是和战国诸国混杂在一起,泛泛而谈。专门针对秦代法制的论文主要集中在政治制度上,如与作民的《秦代官制考》、雷海宗的《皇帝制度之成立》、萨孟武的《秦的官僚政治及其文官制度》、萨师炯的《秦代的地方制度》等。

汉代所形成的法制基本精神和法律原则,对后代法制内容尤其是中华法系的形成,具有不可低估的作用。基于此,学界颇为重视汉代法制,研究成果蔚为可观。具体而言,研究主要集中在下述几个方面:

(1)汉律的考证方面。汉律在南北朝时期已经散佚,因此学界自南宋时便出现了汉律的辑佚工作,至清代则到达一个巅峰。沈家本于1912年撰《汉律摭遗》一书,1919年程树德撰《汉律考》一书。这两本著作被视为民国时期汉律研究的代表作。

(2)法律形式两方面。陈顾远于1947年发表《汉之决事比及其源流》一文,对法律形式之一的决事比进行专题研究。另外,众所周知,范晔所著《后汉书》中并没有《刑法志》的内容。因此1938年丘汉平编成《后汉刑法志略》一文,补充《后汉书》的缺憾,后该文收录到丘氏的《历代刑法志》一书中。

(3)行政法律制度方面。涉及各级文官的考试、任用、管理、权利义务以及致仕等的文官制度,是该时期研究的重心。其中,尤其是与汉代官员选任相关的察举制度引起了学者极大的关注。总体上看,代表性著作有曾资生的《两汉文官制度》和周道济的《汉唐宰相制度》,代表性论文主要有赵俊兴的《两汉文官制度概述》、但焘的《论汉代选举》、邹文海的《两汉选举制》、孔玉芳的《西汉诏举制》与《东汉诏举制度考》、曾资生的《汉唐荐举制度的运用与精神》、张震泽的《两汉之选举制度》、马元材的《西汉时代的吏治》，以及劳干的《汉代察举制度考》。其他有关行政法律制度的论文，还有林桂圃关于王位继承的《西汉皇位继承制度》等。

(4)刑事法律制度方面。研究集中在汉代刑罚制度和刑法志两个问题上。刑罚制度问题的研究又分为两方面：一是刑罚体系；二是汉代的肉刑改革。就肉刑改革而言，汉文帝时期的肉刑改革是古代刑罚演变的重要环节，并由此在历史上引发了持续很久的肉刑存废论，该问题自然也引起了学者关注。基于此，1930 年王恒颐的《汉文帝废止肉刑与中国刑制之得失》、1937 年刘公任的《汉魏晋的肉刑论战》、1947 年张斗衡的《秦汉肉刑考》，以及 1947 年徐定戡撰的《两汉刑名考》，对汉代的肉刑进行了较为详细的研究。其中，王文从仁政的角度赞扬了文帝废除肉刑之举；张文分述了肉刑的起源、秦汉肉刑制度的变迁及刑罚种类，文后还附有死刑表和非死刑表；徐文则仿照清代杜贵墀《汉律辑证》的模式，具体阐释了七类刑罚，其中也对汉代肉刑改革进行了详述。

(5)民事法律制度方面。民国时期在古代婚姻史研究上有两个大家，陈顾远和董家遵。陈顾远的研究主要体现在其《中国婚姻史》这一通史著作中，董家遵除通史著作外，还发表了大量的论文。就汉代婚姻问题，则主要有《汉唐时"七出"研究》和《论汉唐的离婚》两篇文章。此外，娄景斐也就西汉时期一夫多妻的盛行进行了简要论述。

(6)经济法律制度方面。受到 20 世纪 20 年代末期在中国掀起的经济史研究热潮的影响，出现了一批有关汉代赋役制度研究的专著和关联性论文。刘道元的《商鞅变法与两汉田赋制度》一文，以传世文献为基础，对汉代赋役制度进行全面考辨。代表论著还有杨筠如的《两汉赋税考》、慕先的《前汉赋税制度之研究》、黄君默的《两汉的租税制度》、马元材的《秦汉时代的租税制度》、刘不同的《汉代人头税考》、李源澄的《汉代赋役考》、许育英的《汉代赋税概况》，以及曹道安的《汉代的薄赋与苛捐杂徭》等。就国家财政收入而言，除田赋外，盐税也是重要收入之一。然而由于统治者出于不同的统治政策考量，盐政时而采用征税制，时而采取专卖制，这种因地、因时而异的做法，在西汉和东汉体现得就非常明显。西汉一度对盐业实行专卖制度，到了东汉，则重新采取了征税制度。刘隽的《西汉时代的国家专卖盐法》及《东汉的盐政制度》则对之分别进行了具体阐释。

(7)监察法律制度方面。陈世材的《两汉监察制度研究》是汉代监察制度研究的代表性著述，通过考察两汉监察制度，为当时的"五权宪法"构建服务。其他有关论著还有杨宗适的《西汉台谏制度》、周匡的《西汉的监察制度》、劳干的《两汉刺史制度考》、萨师炯的《西汉刺史制度之建立与演变》，以及郭昌鹤的《略论先秦两汉之监察制度》。

(8)兵制方面。董家遵和劳干的著述值得特别关注。劳干利用汉简而作的《汉代兵制及汉简中的兵制》代表了汉代兵制研究的最高成就，此外，相关论文主要还有武宗灿的《两汉兵制考》、孙毓棠的《西汉的兵制》及《东汉兵制的演变》、徐德嶙的《西汉兵制及其国防》及《东汉兵制及其国防》。

2. 研究评析

其一，民国时期的秦汉法制史研究具有浓烈的时代气息。

汉代作为中国古代承上启下的重要时期，其制度建设为后世奠定了坚实的基础，使学界自古以来对汉史始终保持浓厚的研究兴趣。但值得注意的是，民国时期研究者对汉代法制的研究，不仅仅是一种历史的传承，更受到了时代的影响。

就历史研究目的而言，整理历史、研究历史的目的，并非为了整理而整理，为了研究而研究，"而是要明白历代社会政治经济之渊源演变，利害得失，以供现代改革之镜鉴的"。[①] 正是由于中国社会所处的时代背景，对自身历史的研究显得尤为迫切。清末变法修律以来，大量西方法律流入。为避免外来法律水土不服症状的发生，在构建新法律体系的关键时刻，必须要从自身出发，了解本土法律文化。秦汉制度建设为后世制度的建构奠定了坚实的基础，要了解历代法律制度的渊源演变，不能不重视秦汉时期法制研究。

若以上所述仅仅代表了中国法制史研究大背景的话，下面就从汉代法制研究的具体层面观察其研究动机。一方面，就汉代赋役制度研究而言。以国共合作为基础的第一次大革命失败后，在中国社会陷入困境的情况下，20 世纪 30 年代，国内发生了一场由如何认识中国社会性质引发的社会史大论战。论战中，一些接受马克思主义的学者认为，经济在社会结构和社会发展中起了基础性与决定性的作用，该观念激发了学者的研究热情，后者随即在国内掀起了一股研究经济史的热潮。多数汉代赋役制度的研究即是渊源于此。另一方面，就汉代监察制度研究而言，正是由于孙中山先生提出的"五权宪法"概念以及因此而在国内进行的"五权宪法"构建，才会进一步推动学者对作为"五权宪法"之一的"监察权"进行追根溯源的考察，民国时期对中国古代监察权的研究因此而逐渐

① 曾资生：《两汉文官制度》，商务印书馆 1942 年版，第 1 页。

增多。汉代作为古代监察制度的初创期,地位的关键可想而知,陈世材的著作就此应运而生。汉代法制研究中就文官制度、赋役制度、监察制度而涌现出的众多成果,正是时代洪流涌动下的产物。以上也足以说明汉代法制的研究带有浓厚的时代气息。

其二,民国时期的秦汉法制史研究中实证主义盛行。

所谓实证主义的盛行,主要是指在"二重证据法"指导下出土文物和文献相结合,利用考古发现与历史文献资料相互参证、融会贯通的研究方式,盛行一时。

秦汉时,由于客观条件所限,文献的传播主要依靠的是口授笔录的方式。由于西汉末年和东汉末年的社会大动乱,以及魏晋南北朝的战火劫掠,多数史籍已经亡佚,存世之作不多。留下的为数不多的传世之作多为当代史且多是私人撰述,相对而言能较为客观地反映历史,也成为千百年来研究秦汉史最基本的依据。秦汉时经史不分,因此在经注、子书、诗赋、文集中也会有史事内容,这些都成为后人研究秦汉史不可忽视的资料来源。正是由于秦汉史研究资料的局限性,因此,20 世纪前期的秦汉史研究,在方法论上"将乾嘉学者'无征不信'的考据学优良传统发扬光大,对有关的基本史料进行了深入的考辨、阐述与研究,并在此基础上对涉及秦汉社会各方面的问题进行了有益的探讨"。[①] 具体到法制研究,在清代朴学传统的影响下,学者非常重视对文献的整理工作,所进行的汉律辑录考证,便是承袭乾嘉学派"无征不信"考据学方法在实际运用中的具体成果,沈家本的《汉律摭遗》和程树德的《汉律考》即是明证。

尽管传统史学以考证为主的研究方法仍然在秦汉法制研究中占据主要地位,然而,考古发现以及"二重证据法"的提出很快为秦汉史及秦汉法制史研究注入了新鲜血液。如 19 世纪末 20 世纪初期,考古发现了大量的汉简,随后这些汉简被王国维、罗振玉、夏鼐、黄文弼、贺昌群、劳干、翦伯赞、何兹全、李源澄等运用到秦汉史研究中;1907 年因修建陇海铁路而发现的东汉刑徒墓志砖,端方《陶斋藏砖记》著录了 133 件,罗振玉《恒农砖录》汇录了 231 件。在研究方法上,利用考古发现与历史文献资料相互参证、融会贯通的方式,即"二重证据法"的实证主义学风盛行一时。劳干的《两汉刺史制度考》、《汉代察举制度考》以及利用汉简而作的《汉代兵制及汉简中的兵制》便是这一方法论运用的出色成果。利用新出现的考古发现,以及采用新出现的方法论"二重证据法",以结合考古资料与文献资料的方式,通过彼此之间的相互印证,不仅为汉代法制研究

---

① 周天游、孙福喜:《二十世纪的中国秦汉史研究》,载《历史研究》2003 年第 2 期。

开辟了新天地，也使之实现了一定的突破。

其三，民国时期的汉律考证达到了很高的水平。

沈家本的《汉律摭遗》和程树德撰的《汉律考》这两本著作被视为民国时期汉律研究的代表作，代表民国汉律考证的最高水平。沈著辑佚广博，在构建汉律令体系的基础上深入探究了九章律、傍章律、金布律等律令、律说、军法、决事、故事。沈著被视为汉律研究中具有重要价值的传世之作，中外学者均对沈著给予了很高的评价。泷川政次郎认为："本书为一代博识之士倾其蕴蓄而作。其旁征博引，不仅汉律，炎汉一代之制亦备于一书。"

其四，秦汉法制史研究中侧重研究西汉法制。

就秦代和汉代法制研究而言，学术界对秦代法制的研究显得非常薄弱，却对汉代法制研究非常重视。之所以出现这种局面，原因之一在于人们观念上的局限。自汉代开始，儒家思想便在中国占据主导地位。而与此形成鲜明对比的是，与儒家思想格格不入的法家以及深受法家思想影响的秦代，历来都是儒家所口诛笔伐的对象。受此影响，学术界也自然对包括法律制度的暴秦"讳莫如深"，耻于为伍，在这种情形下，又何谈太多的学术兴趣呢？反观汉代，学界一致认为，作为前承周秦、后启唐明的重要时期，汉代法律在中国法律发展过程中也起到了承上启下的重要作用，对此自然有浓厚的学术兴趣。另一原因则主要源于资料上的局限。受到秦王朝文化专制的影响，有关秦代的记载资料本身就很少，加之后来项羽所烧掉的秦代官方记述，遗留给后代的秦代记载，不仅是经过儒家的消化，而且是少之又少；汉代遗留给后世的文献记载则很多。基于这两方面的因素，才出现在秦汉法制研究中轻此重彼的局面。就西汉和东汉法制研究而言，学者的着眼点主要集中在西汉法制上面。原因可能在于，东汉法制主要是西汉法制的承袭，本身并没有太大的建树。

（三）三国两晋南北朝法制研究

1. 研究概说

三国两晋南北朝时期政权更迭频繁，每一个政权存在时间有限，史籍中对这些政权的记载则显得差强人意。另外，由于该时期国家长期处于动荡不安之中，多数史籍毁于战乱。同时，人们过多注意的是三国两晋南北朝战乱毁损的一面，而对其法律发展变迁并没有倾注太多的精力，因此民国时期有关三国两晋南北朝法制的研究成果并不多。已有研究主要集中于以下几方面：

（1）法律考证方面。1927 年程树德的《九朝律考》搜集了自公元前 2 世纪到公元 7 世纪散佚的法律资料，书中考证了魏律、晋律、梁律、陈律、后魏律、北齐律、后周律等内容。此外,1938 年董康的《魏法制新律溢出于汉律目录考》一文简要考证了魏新律的 18 篇结构。

(2)行政法律制度方面。九品中正制是魏晋南北朝时期重要的选官制度,其上承两汉的察举制度,下启隋唐的科举制度,是传统社会三大选官制度之一。20 世纪 30 年代,杨筠如的《九品中正与六朝门阀》一书,是近代对九品中正制研究的开山之作。就中央官制研究而言,较早的论文主要有严耕望的《元魏北镇制度考略》与《北魏尚书制度考》、萨孟武的《两晋的中央官制》等。就魏晋南北朝地方政权研究而言,主要代表作有萨师炯的《魏晋南北朝时代的地方制度》、严耕望的《北朝政府地方属佐制度考》及《魏晋南朝地方政府属佐考》。

(3)刑事法律制度方面。魏晋时期由于政局动荡,如何利用刑罚维护自身的统治秩序,成为十分突出的政治问题。自从汉文帝进行肉刑改革后,肉刑存废的争论在学者间从未停息,魏晋时期又爆发了一次长时间的论争。1937 年刘公任撰文《汉魏晋之肉刑论战》,较为全面地记述了该时期的肉刑论战。刘公任认为,肉刑是刑罚史中不可避免的一阶段,废除肉刑的立论点在于法律要给人改过自新的机会,恢复肉刑的立论点在于肉刑的威吓作用,对肉刑的威吓作用不可全部否定。

(4)赋役制度方面。武仙卿的《魏晋南北朝田租与户调对立的税法》,以曹操开创的田租与户调对立的税法为对象,阐述其发展演变。杨联升最早关注到南朝税制与唐税制之间的承袭关系,并撰文《中唐以后税制与南朝税制之关系》,对之进行具体阐释。

(5)军事法律制度方面。就世兵制度而言,何兹全的《魏晋南朝的兵制》一文对世兵制的形成、制度化以及破坏等问题进行了深入分析,后期的研究大多建立在何文基础上。就府兵制度而言,主要代表作有谷霁光的《府兵制度的起源》及《西魏北周和隋唐的府兵》、陈寅恪的《府兵制前期史料试释》等。

(6)其他方面。就土地制度以及司法案例研究而言,曾謇的《晋的占田与课田的考察》和杨鸿烈的《后魏司法上因种族成见牺牲的大史案》是该时期的主要代表作。

2. 研究评析

其一,该时期整体研究的相对薄弱和对晋律的推崇。囿于材料的限制以及人们观念的影响,民国时期对三国两晋南北朝时期法律制度的研究,显得非常薄弱,与其在中国法制史中的实际地位是极其不相称的。从研究成果的数量、涉猎面以及影响力方面均可以明显看出研究的薄弱。

三国两晋南北朝法制研究尽管整体薄弱，然而相较而言，学者较为侧重于魏、晋、后魏这几个重要时期的法制研究，程树德和杨鸿烈均如此。这几个时期中，学者则较为推崇晋律。杨鸿烈指出，泰始律的制定是中古时代法典大备的开始。程树德在《九朝律考》中也用了较多的篇幅考证晋律。

其二，程树德的《九朝律考》对后世研究所起到的典范作用不容忽视。程著中的《魏律考》《晋律考》《梁律考》《陈律考》《后魏律考》《北齐律考》《后周律考》具有极其重要的学术研究价值。通过对魏、晋、梁、陈、后魏、北齐、后周七个朝代的文献史料进行十分细致的梳理考证，从中采撷内容丰富的法律资料，不仅在一定程度上恢复了七朝的法律发展面貌，勾勒出了古代中国法律的沿革，为后世研究中国历代法律变迁提供了参考，而且还填补了传统的学术空白。与汉律考证相比，清末、民国时期的中国法制史研究中，曾出现了包括程著在内的八部考证汉律的作品。然而，对于三国两晋南北朝时期法律的考证，除程著外，则阙如。从这一比较就能够明显看出程著在三国两晋南北朝法制研究中的典范作用。另外，特别需要指出的是，在《后魏律考序》中，程氏指出，“自晋氏而后，律分南北二支，南朝之律，至陈并于隋，而其祀遽斩；北朝则自魏及唐，统系相承，迄于明清，犹守旧制”，[①]从中程氏勾勒出了中国古代法律发展的“律系表”。

（四）唐代法制研究

1. 研究概说

一般认为，唐代的法律制度体现了中国古代发达的立法技术，反映了中国传统法的基本特征。学者对唐代法制研究也倾注了无限的热情。总体上，学者的研究主要集中于以下几方面：

（1）唐律令考证、唐律性质及唐律地位方面。代表论文主要有徐道邻的《唐律通论》、胡长清的《唐律残篇之研究》、袁仲灿的《故唐律疏议非永徽律疏》、徐道邻的《故唐律疏议非永徽律疏》、董康的《残本龙朔散颁格与唐律之对照》、金毓黻的《敦煌写本天宝官品令考释》、徐道邻的《唐律在中国法制史上及在东南亚诸国之价值》，以及刘陆民的《关于唐令复旧之研究》等。其中，董康、金毓黻均是利用敦煌学成果对唐律令进行整理。

（2）行政法律方面。代表论著主要有黄绶的《唐代地方行政史》、周道济的《汉唐宰相制度》、张觉人的《隋唐地方自治制度》、黄现璠的《唐宋时代的转运使及发运使》、钱卓升的《唐宋以来之市舶司制度》、邝平章的《唐代都护府之设

---

① 程树德：《九朝律考》，中华书局2006年版，第339页。

置及其变迁》、罗香林的《藩镇制度沿革考》、陈寅恪的《元白诗中俸料钱问题》与《隋唐的科举》、曾资生的《唐五代的岁贡科举》、陈森的《唐代的考试制度》等。其中,罗文是有关藩镇制度较早较系统的研究成果,主要考证了节度使与藩镇起源、节度使与藩镇设置、藩镇的职权以及藩镇组织演变等问题;陈文则主要以元、白诗中有关俸料的内容为切入点,参考其他史料,考察唐代的官俸外以及其与中唐前后内外官地位的关系,并指出《新唐书·食货志》记载有误。

(3)刑事法律制度方面。代表论文主要有贺圣鼐的《未遂罪在唐律及刑法上之比较观》、董康的《唐律并合罪说》与《科学的唐律》、朱友英的《新刑律唐律清律对照表》等。

(4)民事法律制度方面。学者主要针对婚姻、继承、家庭财产等方面展开研究。相对而言,针对唐朝婚姻制度的研究起步较早,1928 年章寿昌发表《罗马婚姻法与唐明律之比较》一文,对婚姻制度进行中西比较研究。此后,陈顾远、董家遵等人的研究相继展开,代表论文主要有董家遵的《唐代婚姻制度》《汉唐时七出研究》《唐宋时七出研究》《论汉唐时代的离婚》《隋唐五代的收继婚》等。有关继承制度的论文主要有陈鹏的《唐宋继承法研究》、陶希圣的《唐代处理客商及蕃客遗产的法令》。有关唐朝家庭财产共有的论文,主要有陈鹏的《唐宋时代家族公产制度与法律》以及杨莲生的《唐代高利贷及债务人的家庭连带责任》等。

(5)经济法律制度方面。学者主要针对税收、市场管理方面展开研究。有关税收研究的代表论文主要有鞠清远的《唐代的户税》与《唐代的两税法》、庄心在的《杨炎及其两税法》、黄君默的《唐代租税论》、傅安华的《唐代的商税》以及秦璋的《唐代户口与租税之一考研》;有关市场管理研究的代表论文主要有陶希圣的《唐代管理"市"的法令》与《唐代官私贷借与利息限制法》、王永兴的《中晚唐的估法和钱币问题》、傅安华的《唐代盐法考略》,以及俞大纲的《读〈高力士外传〉释"变造"、"和籴"之法》等。

(6)诉讼和司法方面。代表论文主要有张景浚《我国唐代法典及诉讼法之研究》、刘陆民的《唐代审判制度考》,以及刘陆民、郝一伍的《唐代司法组织系统考》。《唐代审判制度考》论述了唐代审判的通则,审判开始的缘由,审判的方式、标准、技术、程限、平反责任等内容;《唐代司法组织系统考》则考述了中央、京畿和地方的司法组织机构,以及司法机关的外部和内部组织。

(7)军事法律制度方面。探讨兵制的,主要有陈寅恪的《府兵制前期史料试释》和杜洽的《唐代府兵考》,前者后来收录到《隋唐制度渊源略论稿》中,后者则是唐代府兵制度较早的专论,考释了府兵的渊源、性质、建置以及折冲府的始称、数量、等级和兵数等。唐长孺在《唐代军事制度的演变》指出,唐代军事制度的演变一是从征兵变为募兵,二是由内重外轻变为边防兵盛而中央军衰,此外还论述了军区设置与变征兵为募兵的关联。

(8)其他方面,研究成果主要陶希圣的《唐代管理水流的法令》、贺圣鼐的《妇女在唐律上之地位》、杨中一的《唐代的贱民》等。其中,陶希圣利用敦煌写本《水部式》结合唐代文献的方法,对唐代的灌溉用水、河上交通的管理、海上运输等方面加以阐述。

2. 研究评析

其一,唐律研究蕴含了浓厚的时代气息。民国时期的学者之所以对唐代法制倾注了巨大的热情和经历,除唐代法制本身的科学性和历史的惯性外,还受到了当时时代背景的影响。清末变法修律以来,西方法律大量涌入国内,要保障构建的新法律体系能够在中国产生良好的效果,避免外来法律出现水土不服的症状,就需要加强对自身法律文化和法律历史的认识和剖析。作为中华法系的代表,中国古代最高立法技术的体现,对科学的唐律的研究,能够起到"窥一斑而见全豹"的效果。换言之,对唐代法律的研究,可以观察出中国传统法律的底蕴,在该种认识基础上,完成中西法、传统与现代的融合和交接。此外,在西学东渐影响下,学界难免会对东西方文化、法律制度等进行比较,一些学者厚此薄彼,臣服于西学,大有数典忘祖之意,自卑之状无以言表。一些学者则截然相反,认为中国传统文化和传统社会的法律才是最好的,自满之情无以复加。后来,当中华民族在政治上面临危亡关头时,当西方学术、西方法律的主导地位在国内形成时,受爱国心的驱使、民族自豪感的支配,许多学者也开始呼吁民族文化的复兴,具体到法律问题上,则是中华法系的重建。唐代法律作为中华法系的代表,对其的研究自然是题中应有之义。

其二,民国时期的唐律研究是中国法制史研究的重点区域。学界对唐代法律倾注了无限的热情,这种热情体现在研究成果上,便是大量论著的发表。学者发表的这些论著,涉及领域非常广泛。总体上看,学者的研究主要围绕刑事法律制度、民事法律制度、经济法律制度、军事法律制度、诉讼和司法方面的研究、法律考证等方面展开。围绕每一具体领域,学者的研究更加细化,比如在经济法律制度中,针对户税、两税法、租税、商税、管理"市"的法令、盐法等具体问题,都有具体论著发表。可以说,从宏观立法到微观上一些具体的法律制度,都有学者进行研究。

其三,民国时期的唐律研究有重大的突破。如果说大量论著的发表,只具有数量上的优势的话,那么该时期有关唐代法制的研究,也取得了许多成就。首先,从方法论上看。实证主义学风也体现在唐代法制的研究中。敦煌写本问世后,部分学者以敦煌写本为基础,结合传世文献,进行唐代法制的研究。如陶希圣,利用敦煌写本《水部式》,结合唐代文献的方法,撰写了《唐代管理水流的法令》一文;董康撰写了《残本龙朔散颁格与唐律之对照》,金毓黻撰写了《敦煌写本天宝官品令考释》。其次,从研究的深度上看。尽管不能说学者的研究都很有深度,但是在个别领域,正如上文"主要问题研究"中阐述的几个问题,也能够证明学者研究具有一定的深度。正是因为这种深度,所以部分学者的论著才会对后世产生重大影响,徐道邻的《唐律通论》和杨鸿烈的《中国法律对东亚诸国之影响》,即是两个代表。

(五)宋代法制研究

1. 研究概说

(1)立法方面。1924 年王世杰在《北大社会科学季刊》"学术书籍之绍介与批评"栏目中,发表《评〈宋刑统〉》一文,对《宋刑统》做了极为简略的介绍。1929 年杨鸿烈发表《宋代的法律》一文。1935 年任启珊发表《宋建隆重详定〈刑统〉考略》,就《宋刑统》的名称、版本、编纂过程、编纂体例以及与之相关的著作等有关问题进行考证,这也是学术界首次较为系统地研究《宋刑统》。1942 年金毓黻的《宋代敕令格式》是首篇关于宋代立法体系的论述。

(2)行政法律制度方面。关于行政机构设置问题,最早的论文是 1903 年明夷的《宋官制最善篇》;首次研究南宋官制的是 1918 年葛怀民撰写的《南宋之节度使》,该文指出节度使制度是南宋亡国的原因之一;对宋代地方行政制度的主要研究成果有 1935 年张家驹的《宋代分路考》、1941 年聂崇岐的《宋代府州军监之分析》、1941 年史鼐的《汉唐宋地方制度之研究》、1942 年梁宗敬的《宋代之保甲制度》、1943 年金毓黻的《宋代府州军监制度考》,以及 1944 年曾资生的《宋金与元的乡里制度概况》;有关宋代科举制度的研究,最早源于 1932 年陈东原的《宋代科举与教育》,聂崇岐则在 1938 年、1939 年发表考察科举制度的姊妹篇《宋代制举考略》和《宋词考科》,1944 年曾资生发表《宋辽金元的科举概略》;针对宋代的选官和官员的考核问题,曾资生于 1945 年发表《宋辽金元的考核制度概况》和《宋代荐举制度的运用与精神》两篇文章;此外,1940 年罗志渊的《两宋地方政制与国防》、1942 年金毓黻的《宋代官制与行政制度》、1942 年钱穆的《论宋代相权》、1947 年何回的《宋代中央的财物行政——三司与户部的组织》,

也是该时期宋朝行政制度史研究的主要成果。

(3)刑事法律制度方面。1947年徐行发表《宋清两代的文字狱》一文,对宋代的文字狱进行探讨。邓广铭1949年发表了《宋史刑法志考正》一文,有学者认为,“20世纪上半叶宋代法律制度研究成果最大当属邓广铭”,①邓文就《宋史·刑法志》的史源做了系统缜密的考证,并归纳了《宋史·刑法志》所存在的八大疵病:年代等的错误;地名、人名的错误;记事自相矛盾;叙事不能原始要终;类例区分不清;北宋事多南宋事略;删改旧史文字而丧失原意;抄袭旧史而未加以考订,“并以成书早于宋史的相关史籍与之进行了细致的比勘,较量其异同,论证其是非,订正其伪谬,补苴其疏失,为学者阅读和利用《宋史·刑法志》提供了极大的便利”。②

(4)民事法律制度方面。宋代的家族财产制度、继承制度在当时也受到不少学者瞩目。家庭财产方面,在陈鹏研究唐宋“家庭公产”后,刘兴唐于1936年发表《宋代中国之血族公有财产制》专门研究宋代“家庭公产”问题,1942年张荫麟发表《宋代关于家族制度之法令》。继承方面,继陈鹏的《唐宋继承法研究》后,1941年谷霁光撰写了《宋代继承问题商榷》一文专门研究宋代继承问题。

(5)经济法律制度方面。有关宋代赋役制度的研究,除了通史性著作,如刘道元所著的《两宋田赋制度》系统论述了宋代田赋制度的具体情况,同期也有许多有关论文问世,代表作主要有:1934年何兹全的《北宋之差役与雇役》、同年陶希圣读宋史随笔之一的《王安石以前田赋不均与田赋改革》、1941年范振兴的《王安石的雇役法》、1943年郭垣的《王安石的整理田赋政策》、1943年李源澄的《论宋初免除僭伪无名杂税诸诏》、1943年金毓黻的《唐宋两税与宋代二税》、1947年曹道安的《两宋杂变之赋》(上、下)、1947年宋晞的《北宋商税在国计中的地位与监税官》、1947年聂崇岐的《宋役法述》,以及1948年若璋的《宋朝的宽剩钱》等。在工商业管理方面,对和籴的研究,主要有1942年戴裔煊的《北宋便籴制度产生的时代背景》,以及1948年若璋的《宋代的籴政》。

(6)司法制度方面。《名公书判清明集》是一部极具学术价值的宋代司法判词汇编,1936年李祖荫发表《名公书判清明集》一文,考述与《名公书判清明集》有关的文献题跋、著录和《名公书判清明集》版本等问题,李氏认为该著足以考证宋代社会民情风俗,为民法史研究提供了最为精确的资料。同年,牟润孙

① 戴建国:《20世纪宋代法律制度史研究的回顾与反思》,载《史学月刊》2002年第8期。

② 同上。

也发表同名论文《名公书判清明集》。

(7)通史研究方面。1929年杨鸿烈在《吴淞月刊》(第1卷第1期、第2期)发表了《宋代的法律》,从法典、法院组织、诉讼手续、刑法总则、刑法分则、民法、法律思想等方面论述宋代法律,后该文编入杨著的《中国法律发达史》中。杨氏认为宋代法律体现出五个特色:司法的特点是中央政府能统一全国的司法权;用刑尚未摆脱严酷野蛮状态;致力于使司法成为专门事业;法典之多,超越各代;产生世界上最早的法医学。在资料选择上,杨氏多使用《宋刑统》《宋史》《文献通考》,对其他重要文献却未充分利用,因而限制了其研究深度。陈顾远对宋代法律制度论述并不多,但其对宋代法律的一些看法却对后世产生了重大影响,如宋神宗"以敕代律"说、"宋折杖法为附加刑"说等观点。

2. 研究评析

首先,比较而言,学界对于宋代法制的研究起步较晚,学术积累并不丰厚。之所以出现这种局面,原因主要三点:一是直至20世纪二三十年代,才出现了相对独立的宋史研究。二是由于宋代法律资料发掘整理显得较为迟缓,1935年才整理出《宋会要辑稿》,学者也并不易见到诸如《庆元条法事类》《名公书判清明集》等的法律文献。三是宋律往往被定性为唐律的翻版,这也进一步影响了学者对宋代法律的进一步深入探讨。

其次,受到上述原因的影响,宋代法律制度的研究仅仅停留在叙述以及浅层面的介绍上,研究力度上看还是有所欠缺。一方面,叙述之作往往是从摘录材料出发,缺少理论分析;另一方面,因循之说多,创新之处少,如梁启超和陈顾远都认为,宋神宗《元丰敕令格式》是世界上最庞大的法典之一,有二千零六卷之说。很明显,这一说法是根据当时通行的武英殿等刻本《宋史·刑法志》得出的结论。百衲本《宋史·刑法志》则是"二十有六卷",所说的二千零六卷的"千",实际是"十",这估计是流传中版刻的问题,但也是学者没有仔细加以辨认的结果。

最后,从研究视角上看,尽管研究呈现多元化的视角,然而研究者并不是从法律制度的角度出发进行研究的。行政制度、赋役等制度的研究,往往被视为史学界研究的命题,而非法史学界的研究范畴。若是把法律仅仅视为历史而非法学课题加以研究的话,史学研究方法的运用很大程度上决定了研究成果的形态,尽管研究中固然需要史学实证研究方法,然而也不应忽视与法学思维的有机结合。

(六)明代法制研究

1. 研究概说

(1)法律考证方面。主要代表作是清末沈家本所撰的《明大诰峻令考》,该文主要考证了以严刑著称的《明大诰》中的主要刑罚种类。如死刑主要有族诛、凌迟、极刑、枭首、斩;肉刑主要有墨面文身挑筋去指、墨面文身挑筋去膝盖、剁指、断手、刖足、阉割为奴;耻辱性枷号的三种为断趾枷令、常枷号令、枷项游历等。

(2)刑事法律制度方面。研究主要集中于廷杖问题上,1942年朱畸觚在《廷杖考》一文中指出,明代的廷杖,论者皆持否定态度,认为乖于古者刑不上大夫之义。然而实际上"朝官受刑,汉以来代有其事,而后来皆归咎于明也。清朝入关始罢杖官之法,盖所谓刑不上大夫者,至是乃践其实焉"。[①] 其他主要代表作还有酉生的《廷杖》以及文的《廷杖与黥刑》。

(3)经济法律制度方面。就赋役制度研究而言,梁方仲被誉为"明代赋役制度的世界权威",其最重要的代表作《一条鞭法》是其学术功业的基石,也被视为明代田赋史的总结性论文。梁文系统论述了明代的田赋制度,指出一条鞭法是现代田赋制度的开端,标志着货币经济的进一步发展。此外,梁方仲的《明代粮长制度》、赵其方的《明代之赋役制度》都是该时期赋役制度的主要代表作。就盐法研究而言,1933年何维凝的《明代盐务政策概观》一文代表了早期的概述性研究,文中指出明代盐政具有政府严格控制的特点,受害者是食户和灶户;1943年刘厚泽的《明盐杂考》则主要论述了明代盐政的性质及失败的原因。

(4)监察制度方面。主要代表作是于登的《明代监察制度概述》,该文在考察监察制度历史发展概况的基础上,阐述了明代的都察院和六科给事中的组织和职掌情况,最后总结了明代监察制度的特点。

(5)军事法律制度方面。尽管1935年谭其骧撰写了《释明代都司卫所制度》,但对明代军制研究具有开创意义的成果首推1937年吴晗的《明代之军兵》,该文全面阐述了明代卫所制、军户、军屯制以及募兵制的发展。1940年解毓才发表《明代卫所制度兴衰考》一文,从卫所的编制、类别、军饷及成立意义等方面全方位阐述了卫所制度。

(6)案例研究方面。1934年吴晗在《燕京学报》上发表《胡惟庸党案考》,广泛收集史料,进行严密细致的考证,最终证明扑朔迷离的胡惟庸党案是一个冤案。统治者为强化文化专制而采取的强硬控制手段之一为文字狱,明代初年是文字狱密集发生的年代,顾颉刚撰写的《明代文字狱祸考略》一文,对之进行具

---

① 朱畸觚:《廷杖考》,载《国学丛刊》1942年第11期。

体剖析。此外,廉君的《明代两大疑案》、陈友琴的《略谈明初之诗谳》以及刘官谔的《明宪宗赐朱永铁券考》等也是该时期的主要代表作。

2. 研究评析

首先,研究的相对薄弱以及案例研究的突出。整体上看,有关明代法制研究的成果并不多,相对而言,学者在案例研究方面的成果比较突出。在中国法制史通史研究中,尽管学者也肯定了明代法律的重要性。例如,杨鸿烈指出:"洪武三十年更定的《大明律》,比较唐代的《永徽律》更为复杂,又新设许多篇目,虽说条数减少,而内容体裁,俱极精密,很有科学的律学楷模。后来的《大清律》,也都是大部分沿袭这部更定的《大明律》,可以见得这书实在算得中国法系最成熟时期的难得产物。"①然而明代法制与前朝相比能称道的地方实在有限,因此,学者对明代法制研究的积极性并不高,成果也不多。不过,由于明代初期的"重典治国"和文字狱的多发,因此较之以往朝代,学者在案例研究方面的成果比较突出。代表著作主要有:吴晗的《胡惟庸党案考》、顾颉刚的《明代文字狱祸考略》、廉君的《明代两大疑案》、陈友琴的《略谈明初之诗谳》,以及刘官谔的《明宪宗赐朱永铁券考》。

其次,一条鞭法研究为后世研究奠定了基础。在已有的研究成果中,影响力最大的当属梁方仲对明代赋役制度尤其是一条鞭法上的研究。梁方仲的研究对于后世的积极影响,不仅仅在于他在一条鞭法研究上的洞见卓识,而且在于他的治学方法。也正是因为梁氏运用了科学的研究方法,研究古代典章制度,才能发他人所未能,取得一定的高度。

梁氏的治学方法,被汤明檖、黄启臣总结为:小题大做、讲求新观点和新方法、重视史料的搜集和整理、重视史料的考释、重视计量方法等几个方面。这些研究方法在其《一条鞭法》中得到充分的展现。如果说重视史料的搜集、整理和考释是同时期其他学者也会采用的研究方法的话,梁氏的研究除在史料的搜集上有其与众不同的地方外,他特别重视的是小题大做和讲求新观点和新方法。从小题大做上看,表面上梁氏的研究主旨是一条鞭法,实际上梁氏是以一条鞭法为切入点,通过其产生背景和改革内容的分析,剖析制度运作背后所体现的明清社会经济变迁过程,并进而理解中国的社会结构。即梁氏研究的基本视角,是通过对一条鞭法改革的社会背景和改革内容的深入分析,说明明清社会结构变动的实质。从讲求新观点和新方法上看,梁氏开宗明义,提出自己的新观点:中国古代田赋制度转变为现代田赋制度,这一结构性转变的枢纽便是一

① 杨鸿烈:《中国法律发达史》,中国政法大学出版社 2009 年版,第 436 页。

条鞭法,这种转变源于以白银为主要货币的货币经济的发展。为了阐释新观点和实现其研究目的,梁氏首先通过对历史文献的考释,分析其真实文本意义。其次利用正史、实录、会典等官方文献以外,还充分地利用了大量的地方志资料,其使用的地方志数量超过了一千种。正是借助这些资料记载的不同地区和不同时间执行的一条鞭法,他掌握了一条鞭法在地方上推行的过程、在不同地区的差别和不同地区的社会实况,从而掌握了赋税编派的方法,充分认识了赋税体系以及其与社会结构转变之间的关系。

当其他学者简单利用西方的概念分析中国历史现象,并为彼此之间的分歧争执时,梁方仲坚持从大量史料出发,通过史料的考释和事实的分析去解读历史。梁氏在明代赋役制度上的研究成果和所展现的治学方法是民国时期明代法制研究中最大的亮点。

(七)清代法制研究

1. 研究概说

(1)立法方面。民国时期几篇相当有分量的论著则出自两人之手:董康和郭卫。董康在《前清法制概要》和《前清司法制度》中均有专门章节谈到《大清律例》;郭卫的《清律名例——中国旧律之探讨》《清六律之探讨(吏、户)上》《清六律之探讨(中)》《清刑律之探讨(附工律)》,均对《大清律例》进行了广泛细致的比较研究。

(2)行政法律制度方面。就官员入仕的考试制度而言,主要代表作有章中如的《清代的考试制度》、傅增湘的《清代殿试考略》、史鼐的《唐宋迄清取士科目考略》,以及董康的《追记前清考试制度》。此外,王念中的《本国地方自治史》和马奉琛的《清代行政制度研究参考书目》也是有关清代行政制度研究的代表作。

(3)刑事法律制度方面。1925年《法学丛刊》刊登了百川的《清末军流徒刑执行方法之变迁与吾人应有之认识》一文,这是首次针对刑法中的流刑进行剖析和评述的文章。此外,主要代表作还有董康的《拟辑清刑法史凡例》及《清刑法史编辑纲要》。

(4)司法制度方面。就审判制度而言,清朝每年秋天由朝廷派员会审外省死刑的秋审制度,是学者研究的核心问题,沈家本的《秋审比较条款附案》和董康的《论秋审制度与欧美减刑委员会》《秋审制度》《清秋审条例》三篇论文,均是探讨秋审制度的力作;就监察制度而言,主要代表作是曾纪蔚的《清代之监察制度论》;就文字狱而言,论著主要侧重于对文字狱个案史料的整理和史实的考证,对清代文字狱进行宏观探讨者较少,代表作主要有朱襄廷的《庄史案辑论》、原北平故宫博物院文献馆编的《王锡侯(字贯)案》、夏廷棫的《庄史案辑论跋》及夏廷棫的《关于庄史案的材料》、原北平故宫博物院文献馆编的《乾隆朝文字狱》、贾逸君的《清代文字狱考略》、周延年的《庄氏史案考》、赵录绰的《清高宗之焚毁书籍》、杨鸿烈的《清代庄史案之重鞫》、许霁英的《戴名世(南山集)之狱》与《清乾隆文字狱简表》,以及徐行的《宋清两代的文字狱》。

此外,需要特别指出的是,民国初年特设清史馆,由赵尔巽任主编,缪荃孙、柯劭忞等为总纂,开始编修《清史稿》。《清史稿》于1914年开始编纂,1927年秋大致完稿,其中的《刑法志》记载了清代240多年的法律制度变化发展,并对清末法律变革及近代法学的形成和演变情况做了详细介绍。

2. 研究评析

其一,清代法制研究体现了鲜明的时代特征。

20世纪初期,出于救亡图存的危机感,清政府变法修律的帷幕徐徐拉开,大陆法系和英美法系涌入国内。在欧风美雨的浸润下,传统中华法系加速解体。清末法律改革已经初步把以大陆法系为主的制度架构,作为改革的范本引进到了中国。民国初期,政府更迭频繁,受此影响,在沿袭清末法律改革的同时,立法也处于不停的变动当中。变法虽然已经成为人们的共识,但分歧却在于如何变法改制,救国兴邦。尽管各界人士千方百计地寻找解决之道,但却莫衷一是。学界也徘徊在新学和旧学之间。一些学者认识到,一味沉溺于中国传统法制,已经证明是死路一条。但若是仓促地将我国传统法制连根拔起,一味移植西方法制,也并不见得能够解决中国的实际问题。在此情形下,正确的方法应该是平衡传统法制与西方法制之间的关系,而对历史的回顾才是解决现实问题的一种可能的经验和力量源泉。为了解决迫在眉睫的法律改革问题而进行法制史的研究,尽管充满了功利性和实用主义色彩,但却是特定时代背景下的必然产物。清代,作为中国末代王朝,其时间上相去未久,其法制资料的完整保留,为其法律制度的探析奠定了坚实基础。而对清代法律制度的研究,能够为当时正在进行的法制改革提供可资借鉴的最纯正的本土资源。

其二,重视立法和司法的研究。

也正是基于上述原因,即受到时局的影响,研究者非常重视清代的立法和司法制度。从立法上看。《大清律例》作为清代最系统、规模最大、最具代表性的成文法典,其制定又沿袭了中华法系的典范——《唐律疏议》的原则和精神。对《大清律例》的研究一方面满足了了解中国传统法制精神的主题,另一方面又满足了因时代相去未久而使其具备的和现代类似的本土文化基础因素。从司法制度上看。就秋审制度研究而言,当皇帝失去了执政的合法性地位,与皇帝相关的一切制度都随之被取消,秋审制度也不例外。而董康,这个曾经积极主张废除传统法律制度的学者,之所以发生转变,提倡部分恢复秋审制度,正是基于其认识到中国传统不应该一概摒弃的缘故。就监察制度研究而言,正是由于孙中山先生提出的“五权宪法”概念以及因此而在国内进行的“五权宪法”构建,才会进一步推动学者对作为“五权宪法”之一的“监察权”进行追根溯源的考察,曾纪蔚《清代之监察制度论》的研究即源于此。

其三,重视文字狱的研究。

由满洲贵族当政的异族统治时期,当政者为了稳固其统治地位,与前朝相比,更加注意和加强了思想控制,客观上造成了文字狱的多发。学界也因此非常重视文字狱的研究。

三、宪法史及部门法史研究

日本京都大学的织田万,在1903年主持了“临时台湾旧习惯调查会”,并根据《大清会典》等资料编写了《清国行政法》,该著被誉为是第一部中国行政法史著述,开中国部门法史研究之先河。国内学者受此影响,逐渐开展对部门法史的研究,主要涉及刑法史、诉讼法史、国际法史、婚姻法史等领域。

(一)宪法史研究

1. 研究概说

1906年,清政府在种种压力之下,宣告“仿行宪政”,两年后便颁布中国历史上第一个宪法性文件《钦定宪法大纲》,自此拉开了清末民国时期制宪的序幕和风风雨雨的制宪历程。近世中国立宪活动频繁,而学者则纷纷著书立说,探究制宪历史。据初步统计,民国时期涉及宪法史的代表性著作主要有25部,论文则主要有12篇。除此之外,还有一些宪法研究著作,虽然没有标明是宪法史的名称,但也包含了宪法史研究的内容。如王世杰、钱端升合著的《比较宪法》,储玉坤编著的《中国宪法大纲》等,前著的第六编“中国制宪史略及现行政制”,对清末预备立宪至国民政府时代立宪情况的回顾,正是宪法史的内容。总体上看,民国时期宪法史研究主要可以划分为以下几种类型:

(1)关涉立法史的研究。中国法制历代沿袭,其损益自然可知。然从清末变法修律开始,逐渐引入大陆法系、英美法系的内容,使中国法律有革新之趋势。民国时期,虽受变幻莫测政治时局的影响,立法活动频繁且不稳定,不过近代法治国家所应该具备的法律制度大多被一一制定,法学家对此也有系统的记述。涉及民国立法史的代表著述,主要有王景濂、唐乃霈合著的《中华民国法统递嬗史》、江庸的《五十年来中国之法制》、杨幼炯的《近代中国立法史》,以及谢振民的《中华民国立法史》。

(2)关涉宪法通史的研究。1914 年,因为不满袁世凯非法解散国会、擅自修改《中华民国约法》等违法行为,在黄兴的支持下,李根源在日本东京撰写了《中华民国宪法史案》一书,这是较早的宪法史著述。此后出现了诸多宪法史论著,著作主要有吴宗慈的《中华民国宪法史》、汪煌辉的《中国宪法史》、陈茹玄的《民国宪法及政治史》、岑德彰的《中华民国宪法史料》、潘大逵的《中国宪法史纲要》、陈茹玄的《中国宪法史》、潘树藩的《中华民国宪法史》、吴经熊和黄公觉的《中国制宪史》、董霖的《中国宪法》、童沂的《中国宪法史考》、郭卫和林纪东的《中华民国宪法史料》、张道行和张世杰的《国民政府制宪史略》、周异斌和罗志渊的《中国宪政发展史》等,论文主要有黄花的《民国宪法变迁记》、储玉坤的《中国宪政史及最近宪法草案的精神》、周逸云的《二十年中国制宪工作的回溯》、张耀曾的《民国制宪史概观》、吴经熊的《过去立宪运动的回顾及此次制宪的意义》、王赐余的《中国制宪纪略》等。

(3)关涉专题宪法史研究。主要有 1948 年曾资生关于五权宪法研究的《中国五权宪法制度之史的发展与批判》,以及以 1931 年顾敦鍒的《中国议会史》为代表的议会史研究。此外,该时期也出现了对"宪政运动"的研究、纯粹宪法性法律汇编的著作以及地方制宪史的研究论著。

2. 研究评析

综观民国宪法史著述,不难看出,在制宪史研究中占据主导地位的是传统的"实证史学"范式。在实际运用中,通常是在选定主题的基础上,注重史实的叙述和文献的梳理。注重以资料为主的写实手法,在侧重于史料的挖掘的同时,以客观审慎为原则,强调少发议论。

宪法史著作的许多著者,如林长民、吴宗慈、吴经熊、黄公觉、陈益轩、陈茹玄、杨幼炯等人,因为职务关系能够亲身参与到宪法制定过程,其当事人或亲历者的身份以及工作的便利性,能够使其尽最大可能搜集到尽可能多的第一手资料,进而在作品中体现出这些优势。现在所看到的吴经熊将会议记录全盘照录、吴宗慈将宪法起草委员会开会情况展现的诸多种情形,正是这一优势运用的结果。利用立法者的身份,利用搜集到的第一手资料撰写立法历史,展现异常丰富的立宪史料,不但让世人了解当时宪法制定的详细过程,而且为以后的制宪提供了可供历史借鉴的文本资料，其积极意义自然不言而喻。然而，以资料汇编为主的写作模式，缺少了太多的理论层面的研究和分析，这也正是作为完整宪法史著作所欠缺的部分。

从宪法史研究的内容上看，尽管著者的研究视角也包含了立法史、专题法史、民主"宪政运动"，但从整体上看，著者或者将目光主要放在某部宪法的制定过程上，或者着眼于对不同时期制定的宪法的梳理工作，并大多以时代背景、宪法制定过程、宪法性法律条文内容为主体写作框架结构，对于制定宪法后的宪法实施情况却很少提及。客观上说，以文本史为主研究或者说是宪法演变为中心的研究本来就是宪法史的主要研究对象之一。另外，民国时期的社会背景也使制定的多部宪法在实际生活中无法实施，在这种情况下要求著者撰写包括行宪在内的宪法史作品，有强人所难的嫌疑。然而，宪法史毕竟不是单纯的制宪史，如果研究仅仅着眼在宪法制定环节，即便是搜集到的资料再丰富，史料梳理的再清晰，也会制约宪法史研究的拓展空间，使其在研究层面上过于狭窄，研究深度上有所欠缺，而这些都是无法忽视的缺憾。

民国时期的中国法制史研究中，存在以西方法学概念体系解释中国古代法律，产生类似牵强附会、言必称古的流弊。在宪法史的研究中，除陈汉章在《古有宪法考》中以中国古代有"宪法""宪"来论证古代存在宪法外，其他学者一般认为，自晚清始中国才出现了近代意义上的宪法。这种学术清醒状态也是值得肯定的。

（二）国际法史

1. 研究概说

民国时期，受晚清时期"先秦国际法"思潮的影响，国内出现了多部研究"先秦国际法"的论著。1924 年张心澂的《春秋国际公法》是较早的论著之一，论者通过考证春秋史籍，阐释春秋时期即存在国际公法的观点。1933 年陈顾远出版的《中国国际法溯源》则奠定了"先秦国际法"研究的基本格局。同年，郭云观发表《中国国际私法沿革概要》一文，简述了中国古代有关国际私法的内容。1935 年罗时彬在《法学杂志》的创刊号上发表《中国古代的国际法》一文，指出春秋时期以"信"为一切国际契约的依据。此外，1939 年洪均培的《春秋国际公法》也是该时期研究的主要代表作。

对"先秦国际法"进行研究的学者，并不局限于国内，在国内研究展开之际，部分留学海外的学生也不约而同地关注于此。何炳松 1915 年就读普林斯顿大学研究院，专攻现代史和国际政治。1916 年何炳松硕士毕业时，与当时学术需要与现代政治紧密结合的理论相契合，其硕士毕业论文选题为《中国古代国际法》。何文根据《左传》和《战国策》等传世文献，使用西方政治学概念阐释中国古代政治，从西方近代国际法理论出发，阐述东周列国外交上的纵横捭阖与西方近代国际法的异同。归国后，何炳松以硕士论文为主干，在 1920 年发表《中国古代国际法》一文。徐传保曾在巴黎大学留学，学习法律。1925 年其博士毕业论文选题为“国际公法与古代中国”，按照计划该论文分为两部分，“思想”和“事实”，因时间关系仅仅完成了第一部分。归国后，徐传保完成了“国际公法与古代中国”第二卷，后命名为《先秦国际法之遗迹》，于 1931 年出版。

2. 研究评析

其一，儒家世界新图景构建的初衷与现实的背离。

最早将近代西方国际法传入中国的是西方传教士，最早对中国古代国际法进行研究的也是西方传教士。肇始于丁韪良的“先秦国际法”研究，发展至民国时期，研究主体变为中国法学家。表面上看两者似乎都是为了构建新的儒家世界图景，但其实际用意确实值得玩味。

晚清以降“先秦国际法”思潮的进一步发展，更大程度上是源于国人的学术自觉，这种学术自觉不仅是受到外在冲击影响的产物，而且有其内在逻辑性。晚清时期，学者已经认识到西方国际法体系在扩张过程中，尽管打着理性与公平的口号，而实际上却是强权政治的体现。两次鸦片战争、中法战争以及中日甲午战争的失败，使中国传统的朝贡体系和礼仪规范陷入崩溃的境地。西方文化以及国际法体系的强势冲击，使国人面临严峻局面：一方面，不可能全盘接受西方文化，对其俯首臣服；另一方面，也不可能一味回避，拒绝承认西方文化。强烈危机意识下促使晚清士大夫产生一种构思：通过重建儒家的普适主义，构建世界新图景，而此后民国时期有关“先秦国际法”的研究正是体现了这种思路。从《春秋》《周礼》等儒家经典著作出发研究古代国际法，不仅能够批判现实社会的弱肉强食，发挥经典著作蕴含的“微言大义”的强烈现实主义关怀精神，而且试图以此为道德标尺，进而重塑国际法的精神。

然而，不容否认也必须要面对的事实是，构建儒家世界图景的预期并未完全实现。国力的衰败，使客观上对西方国际法的接受成为必然，没有国力支持的儒家普适主义根本不可能具有与强权政治相抗衡的资本，余下的也只能是一种没有结果的想象和努力。

其二，“先秦国际法”的研究视角与叙事模式。

纵观该时期“先秦国际法”研究可以看出，研究大多针对国际公法，相较而言,却很少展开对国际私法的研究。尽管徐传保的著作、郭云观的《中国国际私法沿革概要》涉及古代国际私法的内容,如后者对国际私法源于唐代"化外人"等古代国际私法的发展情况进行了简要介绍,不过其内容涵盖面实在有限。

从整体上看,研究者大多在肯定了先秦国际公法存在的前提下,对之进行进一步阐释。研究大多围绕国家、国家权利义务、条约、国际争议、外交机关等方面展开论述。尽管陈顾远论著的整体学术价值比较高,不过其他学者的研究也有各自的特点。徐传保罗列了先秦许多国家的名称,以此证明国家的存在,国际法的存在,对国际私法、国际刑法的部分内容进行说明,详细介绍了东周列国同盟会的情况。洪培均尽管借鉴了陈顾远的研究成果,和陈顾远相比,洪培均对当时"先秦国际法"的存在与否进行了学说史的整理,平时法规和战时法规的内容也弥补了陈氏论述的不足。

一方面试图要构建儒家世界图景,另一方面也要对西方国际法的普适化做出回应,陈顾远的叙事模式很好地回应了这两方面的要求。在史料的选择上,和其他学者类似,均以春秋三传为主,从史料中所体现的儒家传统出发,阐释国际法的原则。为了使中国传统与西方文明有对话的可能性,陈氏从传统文化出发解读国际法,如用礼、信、敬、义解读"先秦国际法"的内容,从而使两者之间形成一种对接,并寻求进一步变革的可能性。不同于其他学者用西方概念解释中国传统的做法,陈氏用中国精神重塑国际法概念,这些国际法概念只有放在中国独特的话语系统和历史脉络中,方可让人们明白其真实含义,通过这种方式"部分消解了西方普遍主义的强势,使中国传统资源始终作为一种具有建设性意义的批判性力量而存在"。①

(三)刑法史

1. 研究概说

中国近代第一部通史性质的刑法史作品,当属沈家本的《历代刑法考》。在沈氏研究基础上,民国时期的刑法史研究作品主要有:徐朝阳的《中国刑法溯源》、黄秉心的《中国刑法史》、丘汉平的《历代刑法志》。

1926年,徐朝阳的《中国刑法溯源》问世。该著共分四篇:第一篇总论,概述刑法名称、刑法意义、刑法编制、刑法与刑事法、刑法成立、刑法制度、刑法目的、国家刑罚权的依据、刑法公布、刑法施行等;第二篇犯罪,包括族罪刑考、犯罪之要素、犯罪状态等;第三篇刑罚,包括刑罚的意义、刑罚种类、刑罚适用、刑

---

① 邹磊:《"先秦国际法"研究与中国"世界图景"的重建——从丁韪良到陈顾远》,载《国际观察》2009年第3期。

罚执行、刑罚消灭等;第四篇监狱,包括监狱的名称、监狱种类、监狱构造、给养、劳役、教诲、卫生及救治、刑具等。

1938年,丘汉平出版的《历代刑法志》。诸正史有刑法志者有汉书、晋书、魏书、隋书、两唐书、旧五代史、宋史、辽史、金史、元史、明史,清朝郝懿行补宋书刑法志,汪士铎所著南北史补志中也有刑法志的内容,丘汉平即编录各书志及补志,以及柯劭忞的新元刑法志、赵尔巽的清史稿刑法志等,并从各没有编修刑法志的断代史《纪》《传》中收集有关材料,编成《历代刑法志》一书,另收入汪士铎撰《南北朝刑法志》和明代宋濂撰《元刑法志》作为附录。该著的特点主要有:将各志内容条目化,在目录上形成篇、条结构;补志,如自王莽本传钩稽近30条传文;增志,如从纪、传、志中钩稽《后汉书刑法志》600余条,"内容涉及立法、宽刑、诸罪、刑名、诉讼诸项"。①

1940年,黄秉心出版的《中国刑法史》,该书记载了中国自三代以来至清代刑法史的变迁沿革。该著共分三编:第一编总论叙述我国法律的基本观念,说明礼与法的关系等;第二编本论,叙述我国法的起源、法典编纂的沿革、刑罚变迁等;第三编结论,总结了中国法的沿革,分析了中国古代法律的五个特点,以及中国刑法在世界法制史上的地位。

2. 研究评析

一方面,民国时期的刑法史研究,丰富和完善了中国法制史研究的内容,为后世研究奠定了基础。从资料汇编的角度看,刑法志是不同朝代法律和司法制度的概括叙述,丘汉平的《历代刑法志》问世,为其他学者的研究提供了便利条件;从研究内容上看,黄秉心的《中国刑法史》虽以历代刑法变迁为主线,但不局限于刑法史本身,他探讨了苗族刑罚主义对古代刑法发展的影响,探讨了礼法关系,给人新的启示。

另一方面,尽管民国时期的刑法史研究完善了部门法史研究的内容,但其仍难以超越以《历代刑法考》为代表的清末刑法史研究。民国时期学者的研究在某些内容观点、逻辑体系等方面的缺陷也不容忽视。

(四)诉讼法史

1. 研究概说

随着刑事诉讼法成为清末高等学堂法科的专门课程,编写教材、从事科研的活动相继展开。就诉讼法史研究而言,主要有:徐朝阳的《中国诉讼法溯源》

---

① 徐世虹:《秦汉法律研究百年》,载徐世虹主编:《中国古代法律文献研究》(第6辑),社会科学文献出版社2012年版,第76页。

和《中国古代诉讼法》、严榕的《中国司法制度改进之沿革》、曹树钧的《中国周代陪审制度之研究》、王宠惠的《二十五年来中国之司法》。其中,徐朝阳的两本论著被视为是诉讼法史研究的代表著作。

《中国诉讼法溯源》一书,初版于1922年上海商务印书馆发行,1933年再版。全书分二十一章,包括诉讼法之名称、诉讼法之主义、民事诉讼与刑事诉讼之区分、告诉与告发、传唤与拘提、讯问、并案受理、羁押、证据、勘验、代理辩护及辅佐、诉讼担保、诉讼行为之时间、裁判之宣告、上诉及非常上诉、公诉权之消灭、司法官之责任、司法官之回避、法院之组织、陪审制度,以及法官始祖皋陶考等。《中国古代诉讼法》一书,初版于1927年上海商务印书馆发行。该著作分绪论、诉讼观念、民事诉讼与刑事诉讼之区分、诉讼法原则、私诉之有无、公诉权之消灭、法院之组织、司法官吏、诉讼代理及辅佐、诉讼证据与诉讼担保、诉讼证据、诉讼时期、裁判等十三章。

徐朝阳认为:虞舜时代已经产生了刑法,但是一直到公元前5世纪末李悝制定《法经》时,诉讼法才见诸文献,其中的"囚法",就是关于诉讼法的规定;《周礼》中的"以两造禁民讼"和"以两剂禁民狱"的出现,说明当时就有了民事诉讼和刑事诉讼的区别;"孟秋之月,命理瞻伤察创视折审断",就是后世的检验之法;《周礼》中也出现了关于证据种类的人证和书证的记载,以及陪审制度的内容;先秦时代已经出现了有关司法官责任的规定,该制度至唐朝得以完善。

2. 研究评析

其一,完善了部门史研究的内容,为后世的诉讼法史研究奠定了基础。当时的诉讼法史论著简单梳理了古代有关诉讼制度的做法和实践,为后世了解古代诉讼法制、编写诉讼法史论著奠定了基础。另外,徐朝阳的两本论著,尤其是《中国诉讼法渊源》从出版至今,国内法学院校诉讼法专业的培养方案中仍然将此列为必读书目,从中可见其影响力。

其二,以西方法学理论为参照,对比中国古代法制的做法,有利于从本土法律文化中寻觅现代法的内容和精神,弘扬中国传统法律文化,促进东西方两种不同法律文化的融合和吸收,进而为当时的法制建设服务。当时的许多学者醉心于欧风,对罗马法、德意志法、日本法、英吉利法、法兰西法津津乐道,对中国的传统法律却不屑一顾,徐朝阳等学者正是在这种学术背景下,以崭新的视野展开对中国传统法制的研究。

其三,必须要承认的是,单纯以西方的解释体系来重构我国的法制历史,导致的结果是作者所叙述的只是自己构建出的历史,并且可能失去了其在当时历史语境中的价值。比如说，在《中国诉讼法溯源》中，徐朝阳将西方诉讼理论框架，以及诸如自由心证、言词审理、诉讼担保、公诉等西方法律术语，代入到传统中国的法律历史中，其目的之一在于托古改制，体现中国的制度悠久性，西方有的东方也有。但实际上这两种不同的学术体系并不具有同质性，将西方法学理论制度简单代入东方法律历史的阐述方式，也必然会带来机械照搬和类比不当，甚至过分夸大古制的弊端。

（五）婚姻法史

1. 研究概说

陈顾远认为，婚姻为社会现象之一，也为法律现象之一，社会学家及法学家均应该重视这个问题。陈氏本科毕业论文为《中国古代婚姻史》，该文后来于 1925 年由商务印书馆出版。1936 年出版的《中国婚姻史》一书，该著从婚姻范围、婚姻人数、婚姻方法、婚姻成立、婚姻效力、婚姻消灭方面阐述了古代婚姻制度。陈氏的这两部婚姻法史著作被视为是民国时期婚姻法史研究的担纲之作。

1929 年，吕诚之（吕思勉）的《中国婚姻制度小史》出版，此篇上自经子，中至史集，下逮现行法律判例，一一搜集研究，从最古离婚时代，以及现在之男女关系，论列变迁，了如指掌；其中如邃古女权之遗迹、同族不婚之起源、婚年迟早之变迁、蓄妾之原、嫡庶之别、夫妇二字之初诂，无一不精确奇创。

1930 年，徐朝阳的《中国亲属法溯源》出版，该著分亲属之名称、亲属、家制、婚姻、亲子、宗法考证等 6 章，是对中国传统亲属法进行系统研究的一部学术力作。

1934 年，王桐龄发表的《中国史上之婚姻制度》一文。从婚姻之始、掠婚、买婚、自由结婚与自由恋爱、离婚与再醮、贞操问题、未婚守志、结婚年龄等方面展开阐述。

此外，婚姻法史的代表论著还有董家遵的《汉唐时“七出”研究》《论汉唐的离婚》《唐代婚姻制度》《唐宋时七出研究》《隋唐五代的收继婚》等。

2. 研究概说

其一，陈顾远是中国最早研究婚姻法史的学者，他的开创性研究为后世奠定了基础，至今仍为学界所称道。陈顾远不仅从社会学意义上，还从法学意义上研究古代婚姻制度，他着重考察了历代有关婚姻的礼制、刑制、习惯法等。陈氏的两本论著可以视为社会学和法学相结合的作品，这种研究视野与研究方法值得称赞。

其二,民国时期的婚姻法史研究完善了私法研究的内容。众所周知,传统社会的法典在内容上侧重刑事部分,私法内容涉及较少,私法内容较多存在于礼和习惯中,私法因此并不独立,这种状况促使学者,如徐朝阳等人对传统社会的亲属法进行系统的整理研究。

其三,民国时期的婚姻法史研究,如同其他部门法史研究,也是在欧风东渐影响下,在启迪民智、推动国家改革的动力下,进行若干追本溯源研究中的一部分。

四、专题法史研究

专题法史研究,是中国法制史研究中最为活跃的一方面。专题法史研究涉及面的宽广、研究是否具有深度,能够体现出中国法制史研究的总体水平。民国时期的专题法史研究,涉及面尽管不是十分广泛,但是对于一些重要问题也进行了研究,积累了一些成果,也取得了一定的突破。学者侧重对中华法系、中国法律起源、中国法律儒家化、中国律学发展、传统刑罚制度、御史制度、田制、里甲制度、大赦等问题进行研究,其中,学者最为关注、发表著述也较多的主要是中华法系研究。下文将主要介绍民国时期的中华法系问题研究。

1. 研究概说

自20世纪20年代始,在中国传统文化优越感心理支配下,学者对于中华法系问题始终保持浓厚的兴趣,撰写了数本专著和论文。民国时期对中华法系的研究成果主要分两类:著作类和论文类。

著作类主要有杨鸿烈的《中国法律对东亚诸国的影响》、居正的《为什么要重建中国法系》,此外在程树德的《中国法制史》、丁元普的《中国法制史》、杨鸿烈的《中国法律发达史》、秦尚志的《中国法制及法律思想讲话》、周祺的《中国法制史讲义》等著作中也有论述,论文类则主要包括卢复的《中国法系论》、高维廉的《建设一个中国法系》、薛祀光的《中国法系的特征及其将来》、马存坤的《建设新中华法系》、焦易堂的《新中国法系与世界大同》、李次山的《世界法系之中华法系》、丁元普的《中华法系成立之经过及其将来》、王汝琪的《中华法系之复兴》、林廷柯的《中华法系特有之"自首"制度》、程树德的《论中华法系》、何兴翔的《试论我国法系之梗概》、蒋澧泉的《中华法系立法之演进》、刘陆民的《建立中国本位新法系的两个根本问题》、陈顾远的《儒家法学与中国固有法系之关系》与《家族制度与中国固有法系之关系》、李景禧的《读〈中国法系的权利思想与时代〉有感》等。

研究者主要从以下几个方面展开研究:第一,中华法系的起源问题。从中华法系起源上看,普遍认为中华法系起源于古代,然而在具体起源时间上却存在不同的看法。李次山根据《易经》得出中华法系肇始于太皞伏羲氏时期的结论;丁元普认为中华法系肇始于唐尧虞舜时期;蒋醴泉认为在唐尧虞舜时期已经产生了发达的法律;其他学者则大多认为因为资料的缺失,因此对于中华法系究竟肇始于何时的具体时间,已经不可考证,但可以肯定的是中华法系的产生肯定是在三代之前。第二,中华法系的思想基础问题。天道思想和儒家思想被认为是中华法系的思想基础。第三,中华法系的特色问题。其特色主要有:农业本位的特色;道德至上的特色;家族本位的特色;质地纯洁的特色等。第四,中华法系的地位与影响问题。研究者在考察中华法系时,公认中华法系当之无愧为世界一大法系,其影响则主要集中于东亚诸国,如朝鲜、日本、安南等。第五,中华法系的重建问题。受到民族文化复兴和立法需要关注本土资源观念的影响,研究者认为应该重建中华法系,大部分学者主张应该以三民主义作为重建中国法系的最高指导原则。

2. 研究评析

民国时期对中华法系的研究,最初多着眼于中华法系的内容、特征以及复兴。自20世纪30年代中期开始研究注入了新视角,从通论研究过渡到专论研究,如林廷柯对自首制度的探讨,刘陆民对民族与国家这两个中国本位新法系根本问题的探讨,陈顾远从儒家思想、天道观念、家族制度三方面对中国固有法系的论证等。四十余年的多元化研究视角和研究成果为后世中华法系研究提供了借鉴,当然由于历史所限,该时期的研究也有自身缺陷存在。

研究的贡献主要在于:首先,肯定了中华法系在世界法系中的地位以及中华法系的巨大影响力。杨鸿烈的著作比较具有代表性。这种肯定不仅仅提升了国人的民族自尊心和自豪感,更为重要的是对西学东渐影响下的法学研究注入新的视角,即从中国本土资源本身出发,探讨未来中国法律发展的思路。其次,对中华法系特征有清晰的界定。研究者对中华法系的基本特征形成了清晰一致的认识,即便和今日中华法系研究成果相对比,在特征界定上也存在相似性。基本上都承认下述内容是中华法系的主要特征:农业社会的属性决定了传统法制的内容;儒家思想对传统法制产生深远影响;中华法系重视公法、轻视私法;中华法系的内生性等。最后,为中国法律未来发展提供了思路。多数研究者或梳理中华法系的源流,或概括中华法系的特征,或分析中华法系滞后的原因,研究目的都是找到更切合实际的中华法系重建路径。研究者的研究不仅仅是为了学术发展,更为重要的是期望为现实法律改革所用,从中也体现了研究者深切的现实主义情怀。

研究的缺陷则主要在于:首先,概念界定和理解存在问题。除杨鸿烈和曹德成外,大多研究者对中华法系的概念没有进行明确界定,对于"法系"一词也存在不同理解。概念界定上,杨鸿烈提出,中华法系"盖指数千年来支配全人类最大多数,与道德相混自成一独立系统且其影响于其他东亚诸国者,亦如其在本部之法律制度而谓也"。[①] 曹德成则认为,中国法系是指规律中国民族生活的法律规范的体系。其他学者并没有清楚界定中华法系的概念。其次,研究存在简单比附。比附的原因很多,其中一点在于强烈的民族自尊心,认为外国有的制度,我们国家古代早已存在,如陈鹏认为中国古代的"义"就是西方所言之"权利"。尽管强调中国古代早已有之是对民国时期照抄西方法学制度的批判,但是以曲解古意为代价,终究还是有悖研究风气。最后,资料使用上存在问题。一些学者并没有对史料的真伪加以考证,把所有的资料都当作信史,由此得出的结论值得商榷。如李次山认为,中华法系的代表作是《周礼》,我们知道,《周礼》的作者和成书时间存在很大争议,内容上也有理想主义色彩和后人附益之处,尽管对研究法律制度有重要参考作用,但能否以此来论证中华法系值得怀疑。

除通史研究、断代史研究、部门法史研究、专题法史研究外,民国时期学者在案例汇编方面的代表作主要有《历代奇案大观》《中国历代诉讼选要》等,其中,在《中国历代诉讼选要》中,不同于以往的案例汇编,李宗藩选编中国历代著名刑事案例二十个,之后运用日本刑律予以解释。

第三节 中国法制史学的代表人物

一、董康

(一)其人

董康(1867~1947年),字绶金,号诵芬主人,江苏武进(今常州)人。

董氏自幼丧父,靠母亲做针线度日。在亲戚的帮助下,就读于南菁书院。1885年经县府试举秀才。1889年参加江南乡试,中举人。1890年中进士,后即进入刑部工作。1896年因被刑部派往《时务报》选译外国报刊,得以自此钻研英文。1900年擢牢厅主事,总办秋审,兼陕西司主稿。1902年清政府设置修订

① 杨鸿烈:《中国法律对东亚诸国之影响》,中国政法大学出版社1999年版,第2页。

法律馆,董氏因沈家本赏识而得以提拔,先为修订法律馆校理、总纂,后为提调,并多次赴日本聘请修订法律馆顾问和法律学堂教习。1911 年赴日本留学,进修外国法律,1914 年回国。后任北洋政府法律编查会副会长,兼署北洋政府大理院院长、中央高等文官惩戒委员会委员长,后参与《第一次刑法修正案》的编纂。1915 年任全国选举资格审查会会长。1917 年兼地方捕获审查厅厅长。1918 年充任修订法律馆总裁,主持了《第二次刑法修正案》的修订工作。1920 年先后任大理院院长和司法总长。1922 年赴欧美漫游,先往美国、英国,后去日本。1923 年移居上海,后被东吴大学授予法学博士学位,并在东吴大学法学院任教。1926 年董氏已是知名律师,并在上海法科大学任校长。1932 年任广东高等法院院长,后又担任北京大学法科、国学研究所教授。1933~1934 年到日本讲中国法学史。1937 年任日伪华北中华民国临时政府议政委员会常务委员、行政委员会常务委员,兼任司法委员会委员长、法院院长、大理院首席法官。1940 年任汪伪国民政府华北政务委员会委员、汪伪国民政府委员。后被南京国民政府通缉,托病住进东交民巷的德国医院,1947 年在北平去世。

董氏在清末与民国时期,长期担任立法、司法要职,是中国近代立法大家。此外,他还担任法学教授等教职,培养了一批法学人才。从学术研究上来看,其对刑法、民法、诉讼法、法制史都有深入研究,因此,有学者称其为"中国法律和司法界的权威人士,近代资产阶级法学的奠基人"。①

(二)其著

1. 概说

董康一生笔耕不辍,著述颇丰,代表作有《书舶庸谭》《嘉业堂藏书志》《课花盦词》《曲目韵编》,辑刻有《诵芬室丛刊》《千秋绝艳图》《广川词录》,并与王国维校订、纂录《曲海总目提要》,学术成就遍及戏曲、藏书、刻书、古籍整理、历史、敦煌学、法学研究和法律改革等众多领域。

2. 秋审制度研究系列

秋审制度,反映了"天人合一"的哲学观念对中国传统社会的深刻影响,也反映了人们对刑狱之事的谨慎心理。秋审制度因其对社会所产生的深刻影响,颇受研究者的关注。《论秋审制度与欧美减刑委员会》《秋审制度》《清秋审条例》是董康探讨秋审制度的力作。

---

① 周天度主编:《七君子传》,中国社会科学出版社 1989 年版,第 489 页。

二、程树德

(一)其人

程树德(1877~1944年),字郁庭,福建闽侯(今福州)人。

程氏自幼丧母,但少年有志且勤奋自学,熟读经史,博览群书,年二十入陈宝琛门下,得以尽读其藏书,并留心考据之学。后公费留学日本,入日本法政大学学习法律。回国后通过留学生授职考试,赐予法政科进士出身,并于1909年被授予翰林院编修,任京师大学堂宪法教习。后历任国史馆协修、法典编纂会纂修、福建法政学堂教务长、国务院法制局参事和帮办、北京大学法学院讲师、清华大学政治系讲师等职。日伪统治时期不事教学,尽管生活上困窘不堪,但仍然潜心于学术研究。1944年病逝。

(二)其著

1. 概说

程树德一生主要从事中国法制史、宪法、国际法研究,著述约有四百余万言。在中国法制史学研究方面,程氏的主要代表作有:1919年《汉律考》七卷问世;1925年出版《九朝律考》,这也是程氏在传统法制研究中的最重要代表著作;1928年出版《中国法制史》,该书是程氏为清华和北大的法律系研究生所编写的教材。程氏的《九朝律考》是继沈家本的《历代刑法考》之后,系统整理传统法律资料的又一部扛鼎之作,对中国法制史学研究有巨大的推动作用。相较而言,1928年程氏撰写的《中国法制史》按照专题形式构建中国法制通史,尽管对后世中国法制史的编写体例提供了参考,但究其影响力,不如前者。下文将对《九朝律考》进行简要评述。

2.《九朝律考》

1925年出版的《九朝律考》一书约30万言,主要包括《汉律考》《魏律考》《晋律考》《梁律考》《陈律考》《后魏律考》《北齐律考》《后周律考》《隋律考》九个部分。其中,《汉律考》8卷,所占篇幅约有四成。该著以考证为主,考证基本上是以历代正史为依据,也兼及其他史料,在引用史书时,程氏必定会标明其出处来源。九朝中汉律部分的写作花费了近十年的时间,内容占到全书的2/5以上。

以《汉律考》为例,简要对《九朝律考》的写作风格加以介绍。在写作体例上,九个部分基本上都是以书序起篇,书序的内容大多是对该时期法律概况、辑录要旨及依据。《汉律考》开篇自然也是有关序的内容,在序中,程氏简要说明了汉律的起源、九章律到汉律60篇的发展过程、汉朝后汉律的亡佚、汉朝律学的兴盛、《汉律考》的写作背景、过程及方法等问题。在序后，分别从律名考、刑名考、律文考、律令杂考、沿革考、春秋决狱考、律家考七个方面对汉律进行分门别类的详细考证，具体而言：在律名考中，从律令科比四方面罗列了史籍中辑录的汉律名称，律有九章律、傍章律、越宫律、朝律、尉律、酎金律、上计律、钱律、左官律、大乐律、田律、田租税律、尚方律、挟书律，令有令甲、令乙、令丙、功令、金布令、宫卫令、秩禄令、品令、祠令、祀令、齋令、公令、狱令、箠令、水令、田令、马复令、胎养令、养老令、任子令、缗钱令、廷尉挈令、光禄挈令、乐浪挈令、租挈，比有决事比、死罪决事比、辞讼比和廷尉决事；刑名考中，针对死刑、肉刑、髡刑、完刑、作刑、赎刑、罚金、夺爵、除名、夷三族、徙边、督、鞭杖、顾山、禁锢等刑罚组成部分一一予以介绍；律文考中，程氏以185条佚文为主，按照先律目、次律文、次令、次军法的体例罗列，若"纪传表志及他书有可资旁证者，则各附于后，唐律有明文者，亦并及之，或亦寻流溯源之一助云尔"；[①]律令杂考中，经过旁征博采，在上述佚文以外，将新辑录的内容按类分为134条。因为时间久远，已经不能分辨这134条中哪些属于律，哪些属于令，哪些属于科比，因此便合为一部分，称之为"杂考"；沿革考中，针对萧何定律后300年间法律的增损、天子诏令、臣工建议等内容，按照编年体例，介绍其历代发展情况；汉代律学在律学发展中起到了承前启后的重要作用，律学家在其间的地位自然不言而喻，因此在最后一部分"律家考"中，程氏又进一步简要介绍了75名律学家的情况。通过具体分门别类的考证，使汉律的面目更为清晰可见，也使读者对汉律有了较为全面的认识。

《九朝律考》一著具有极其重要的学术研究价值。具体体现在：首先，该著通过唐前9个朝代法律的考证，勾勒出了古代中国法律的变迁沿革，不但为后世研究中国历代法律变迁提供了参考，而且填补了传统学术空白。在《九朝律考》序中，程氏点明了写作目的："今古律之存者，皆自唐以下。窃不自量，欲尽搜罗唐以前散佚诸律，考订而并存之。"[②]正是因为唐前法律资料并没有完整保存下来，因此作者对唐以前的汉、魏、晋、梁、陈、后魏、北齐、后周、隋9个朝代的文献史料进行了十分细致的梳理考证，从中采摭了内容丰富的法律资料，一定程度上恢复了九朝的法律发展面貌。这自然是程氏对中国法制史研究的贡献，除此以外，这种知难而上的学术品格也对后世有借鉴意义。其次，该著勾勒出

① 程树德：《九朝律考》，中华书局2006年版，第52页。

② 同上书，第1页。

了中国古代法律发展的“律系表”，并对历代法律发展得失进行了评析和纵向比较。其一，所谓“律系表”是指中国古代立法自《法经》始至清律的承袭过程，程氏认为这个“律系表”主要划归为两条支线：南支和北支。南支为法经—秦律—汉律—魏律—晋律—梁律—陈律；北支中以后魏律为界又分两支：一支为法经—秦律—汉律—后魏律—后周律；另一支为法经—秦律—汉律—后魏律—北齐律—隋开皇律—唐律—宋刑统—明律—清律。其二，如前所述，程氏在每一部分的考证中都写了一个序，序中的部分内容是有关该时期法制建设得失的评价，此外该著中许多地方都能看出程氏使用比较研究方法的痕迹，如魏律与汉律的比较等，通过比较分析使后世对不同时期的法律发展有更为清晰的认识。

然而，该著中也有部分值得探讨的地方。首先，如上所述，程氏在《九朝律考》中提到的“律系表”分南北两支，但在其后《后魏律考序》中，程氏又提道：“是故自晋氏而后，律分为南北二支：南朝之律，至陈并于隋，而其祀遽斩；北朝则自魏及唐，统系相承。”①此处所言南北两支的顺序以及联系又与之前所说有所出入。其次，程氏在《汉律考》的“律令杂考”中引用了《太平御览》中的一个案例“上洛发墓”，以此论述汉代“发墓”的内容。但有学者认为，“上洛发墓”的出处是《太平御览》卷五五九《礼仪部三十八 · 冢墓三》引《汉赵记》，而非《汉记》，②《汉赵记》反映的是十六国时期刘曜统治的前赵法制状况，与东汉有百年之遥。对《汉赵记》案例的引用，自然也不能反映汉朝的法制状况。这也是程氏一著所存在的小瑕疵。

(三)对中国法制史研究的贡献

尽管从方法论的角度上看，程树德通过对浩如烟海的文献进行考证和梳理进而采摭内容丰富的法律资料的做法，依旧还是沿袭了传统中国法制史研究范式，并没有对中国法制史研究带来什么大的突破。然而，程氏《九朝律考》一书的问世，为近代中国法制史学科的形成、发展起到了巨大的推动力，也是程氏对中国法制史学研究的主要贡献。

中国法律起源很早，不过就传世文献而言，在唐代以前并无前朝法典留存。程树德的《九朝律考》在搜罗自公元前 2 世纪到公元 7 世纪早已散失的法律资料基础上，对唐以前的汉、魏、晋、梁、陈、后魏、北齐、后周、隋 9 个朝代的法律进行了综合考证。因此如前所述，程树德对于中国法制史的贡献主要体现在以下几点：一定程度上恢复了唐以前的汉、魏、晋、梁、陈、后魏、北齐、后周、隋 9 个朝

① 程树德：《九朝律考》，中华书局 2006 年版，第 339 页。

② 参见龙大轩、梁健：《程树德〈汉律考〉辨正一则》，载《历史研究》2007 年第 5 期。

代法律发展的大体面貌，填补了中国法制史研究的空白；勾勒了中国传统法律发展的“律系表”；进一步发展了法制史研究的比较研究方法；对传统法发展得失的评述为后世提供了借鉴。

此外，程氏的《汉律考》卷七为“春秋决狱考”，辑董仲舒春秋决狱五条，并析出“汉以春秋决狱之例”“汉论事援引春秋”两类，扩充了春秋决狱的内容，可视为研究春秋决狱之嚆矢。

三、陈顾远

（一）其人

陈顾远（1895～1981年），字晴皋，陕西三原人。

有关陈顾远的身世背景和早年成长经历，相关记载非常少。目前，所知道的情况大概是这样的：陈氏在中小学时便与同学们组织“警钟学社”，宣传新知，1911年加入了同盟会。1916年考入北京大学预科，1919年升入本科攻读政治学。就读北大期间，陈顾远曾受教于程树德，研究历代律例与刑名。此外，在北大期间，陈氏参加了“五四运动”，在1920年和同学一起创办了《奋斗》（旬刊）以及《评论之评论》（季刊）。1920年陈氏参加了文官考试，以优等中试，分发平政院为候补书记官，后为农商部秘书处帮办。1923年本科毕业，获北京大学法学学士学位，后任教于北京大学。1926年陈氏避难上海，任教于上海法科大学。1928年任职于南京审计院。1930年被聘为省立安徽大学法学院法律系主任。1932年任国民党中央党部民众运动指导委员会特种委员及办公室主任。1935年被聘为立法院立法委员，此后长期从事立法议政工作。1937年后在复旦大学、朝阳学院、中央政治学校等校教授法学课程。1947年当选立法院立法委员，国民党中央评议委员会委员。1949年迁居我国台湾地区。

结合陈氏去台后的情况，能够看出他一生中基本上以两种身份行世：大学教师和立法委员。

（二）其著

陈顾远涉猎广泛，研究涉及政治学、法学、历史学等众多领域。在北京大学就读期间，陈顾远出版3本个人专著：《孟子政治哲学》《墨子政治哲学》《地方自治理论》。其本科毕业论文为《中国古代婚姻史》，该文后来于1925年由商务印书馆出版。在中国法制史学研究上，陈氏的代表性著作有《中国法制史》《中国古代婚姻史》《中国婚姻史》《中国国际法溯源》等，代表性论文有《中国法制上之法与令》《家族制度与中国固有法系之关系》《天道观念与中国固有法系之关系》《周礼所述之司法制度》《汉之决事比及其源流》《中国婚姻制度之发生并其发展》等。

1.《中国法制史》

1934年商务印书馆出版陈顾远《中国法制史》一书,该著的研究特点主要体现在以下几个方面:

第一,陈氏利用“广义法制史”或“大法制史”的宏观视野进行考察。所谓“广义法制史”,主要是“不仅限于法律一端,举凡典章文物刑政教化,莫不为其对象”,①即考察对象更为广泛,政治制度、经济制度、宗教制度、婚姻制度也纳入到了考察范围中。陈氏采用的正是“广义法制史”的概念,并在此指导下构建了该著的框架结构:总论、政治制度、狱讼制度、经济制度。其中:政治制度由组织法和选试法组成;狱讼制度由诉审、刑名、科刑、肆赦组成;经济制度由田制税制中的经济立法和商制币制中之经济统制组成。以“广义法制史”的宏大视野出发对中国法制历史加以考察,能够更为全面地了解中国法制史的概貌,并深刻体会传统法制组成部分之间的深切联系。

第二,陈氏按照法制发展变迁脉络,采用“问题研究法”考察中国法制史。与传统“时代研究法”即按照王朝更替进行研究有所不同的是,陈氏提出采取“问题研究法”,即以问题为切入点进行研究。陈氏指出“不应妄依朝代兴亡而求中国法制之变迁”,②即考察法制历史,不能采用“断代为史”的方法。“断代为史”的研究方法割断了法制发展演变的连续性,不利于会通古今。此外,“不应专依或种标准而言中国法制之变迁”,③,即要说明中国法制史变迁的阶段,应该从法制本身的性质出发考察,而不能借用历史或政治史之类的分期标准。基于这种认识,陈氏在政治制度等三编,都是在选定主题的前提下,采取制度专史的研究方法,不人为地切断历史发展,阐明某制度的起源、产生、发展、变革、特征等问题。

第三,陈著采用多角度多层面考察中国法制史。陈氏认为应该从“变”和“不变”的角度去认识中国法制历史。所谓“变”是“变法”之变、“法统”之变以及“律学”之变;所谓“不变”是“中心势力未变”以及“历史上之势力未变”。换言之,中国法制发展变迁历史主要可以从“法统”“变法”“律学”的变化三方面着手认识,这些变化始终都是以不变的理论资源和制度资源为依托的。

---

① 陈顾远:《中国法制史》,商务印书馆1934年版,第2页。

② 同上书,第12页。

③ 同上书,第14页。

总体来看,与前期中国法制史研究成果相比,陈著从框架到内容上,体现出了比前人更为成熟的写作风格,此外也涉猎了许多前人没有或很少论及的问题。尽管该著也存在某些缺陷,如忽视了某些重要法律制度的考证,试图将中国法律制度史与中国法律思想史融为一体但未能成功等,然而陈著不仅整体水平较高,而且开创了中国法制史学的新框架体系。

2.《中国国际法溯源》

1933 年陈顾远出版的《中国国际法溯源》奠定了"先秦国际法"研究的基本格局。该著共分四编,分别为总论、常时之邦交、临时之策略、战时之法则。

首先,陈氏开门见山地指出,中国古代是存在国际法的,之后进一步对国际法的主体和客体、国际活动与外交使节、国际争议与国际公断进行阐述。陈氏认为:国际法是国际关系适用之法,也可看为是一种外交作用法,欧美人士认为东洋古代不存在国际法的观点是错误的,"宾客之礼,创于西周,邦交之局,定于春秋。五经三传所见粲然可考,纵谓经传不可尽信,要不能否认国际法之观念与学说之早已存在",[①]即春秋时期国与国之间交往十分频繁,实际上出现了许多外交准则,这便是中国古代的国际法;古代国际法适用依据有最高法令、国际惯例、国际盟约;中国古代国际法的内容包含礼、信、敬、义,礼即是古代支配国家关系的国际规律,有朝礼、聘礼、会礼、盟礼、军礼、戎礼等,信即是古代的国际道德,敬即是古代的国际仪貌,义即是古代的国际公理,义是礼、信、敬三者之上的总原则,也可称之为"天道",类似西方的"自然法";当时国际法的主体主要有周王室、方伯之国、诸侯国、附庸国等,这些国家因地位不同而享有不同的等级序列;至于与主体相对应的国际法客体,陈氏主要对土地方面加以说明,内容主要涉及国境、疆界改变、田邑得丧、都城等国际问题;国际活动的参与,虽然以国君为主,但毕竟国君不可能皆能自行,外交使节的设置也是非常必要的;在国际交往中,各国之间如若发生争议,通常采用和平的息争或者强硬的息争两种方式,和平息争的手段主要有直接交涉和斡旋调停,强硬息争的手段主要有报复、复仇和经济封锁等;另外,还有若干适用国际公断之诉。

其次,陈氏通过朝觐、聘问、报拜、告请、吊恤几方面阐述各国间常时之来往邦交情况。"朝"是春秋时表示邦交的方式,主要有朝天子、朝方伯、朝诸侯三种,"朝"的时期主要是述职之朝、即位之朝、五年之朝、特殊之朝,"朝"之法则主要是受朝于庙、辨位正等、执玉相见、享礼为续、朝不终礼、朝须尽礼;国君遣

---

① 陈顾远、徐传保:《中国国际法溯源 先秦国际法之遗迹》(民国丛书第 3 编第 27 册),上海书店 1990 年影印版,第 3 页。

使通问以修好的方式成为“聘问”,“聘”有诸侯聘于天子、天子聘于诸侯、诸侯聘于诸侯三种形式,“聘”的时期主要是例行之聘、即位之聘、修好之聘、特殊之聘,“聘”的法则是宾有其介、主有其摈、聘礼持玉、聘礼享宴、聘须称礼。

再次,春秋诸国因在实际上存在强弱不等等具体情形,因此在国与国平常交际以外,也出现邦交的临时策略,如会同、遇离、盟誓、质执等。会同的最重要目的在于维持和平,有诸侯会同于天子、王臣会同于诸侯、诸侯会同于诸侯等方式;遇离为会同的略式,类似今日国际交涉会盟之前,与国不期而遇或者与国秘密协商之例;两个国家之间或数国之间同意缔结条约,保证彼此权利的,称为同盟条约,春秋时期虽然没有现代同盟条约的形式,但是类似的盟诅誓约盛行一时,盟的种类有同盟、常盟、寻盟、涖盟、改盟、補盟、复盟、要盟、请盟、乞盟、丧盟;国际交往中,为获得彼此之间的信任,会以“质”作为担保方式,质主要有下列几种情况:因结信而为质、因复君而为质、因讨伐而为质、因要盟而为质、因请师而为质。

最后,陈氏从征伐侵袭、战取入灭、敌俘谍使、降成平盟等方面对战时法则予以诠释。

(三)对中国法制史研究的贡献

1.奠定了中国法制史研究的宏观视野

陈顾远开创了中国法制史学新的框架体系,即运用“广义法制史”的宏观视野和“以制度为纲”阐述中国法制史。

所谓“广义的中国法制史”,是相对于“狭义的中国法制史”而言的。这两个概念是基于对中国法制史研究范围的不同理解而来的。陈氏认为,从字义上理解,“法”偏重于刑狱律例的内容,其功能主要是定分止争、为吏民的一种规矩准则,“制”则偏重于典章政化的指示,与广义的“令”同义。中国法制史研究分为两派:一派以“法”统“制”,即“狭义的中国法制史”,认为法制即刑罚,中国法制史的研究范围仅以法律上的制度为限;另一派以“制”统“法”,即“广义的中国法制史”,举凡典章文物刑政教化,都是中国法制史的研究对象。之前的中国法制史研究者,往往将研究视野局限在“律例、狱讼”层面上,与“律例、狱讼”无关的内容则不会被纳入中国法制史的研究范围内。陈氏则不然,他采用“广义的中国法制史”(或大法制史)的视角,在考察中,陈氏将政治制度、经济制度、宗族制度、婚姻制度等纳入中国法制史的考察范围当中,其中有关田制税制、商制币制等的内容也是其他法制史著作中很少涉及的内容。

这种宏观的学术视野并不是其他很多学者所能拥有的,这也是陈氏进行中国法制史研究的高明之处,因此陈氏的《中国法制史》一经出版,便在学界产生了重大的影响,该著所体现的法制史研究的宏观视野也为后世研究提供了极大的借鉴。

2. 全新角度的中国法制史研究

首先,陈顾远采用了“问题研究法”而非“时代研究法”进行法制史的考察。民国法制史研究中,包括杨鸿烈在内的许多学者,多采用“时代研究法”。即纵向上以朝代为经进行法制史的考察。实际上,梁启超曾经指出:“文物专史的时代不能随政治史的时代以画分时代”。[①] 换言之,梁氏并不赞同“时代研究法”。陈顾远在梁氏史学观念下,提出并采用了“问题研究法”进行法制史的考察。陈氏认为,中国法制的历史和政治制度的历史、经济制度的历史是不同的,断代为史的做法,妨碍了对法制演变连续性的认识。而“问题研究法”则很好地解决了“时代研究法”的弊端,所谓“问题研究法”,也可称之为制度研究法,通过对某一制度的起源、内容、流变、特征等方面的阐述,对该制度形成全面而系统的认识。陈氏的《中国法制史》一书便是采用的该种研究方法。

其次,法制研究应注意的史料问题。陈氏在谈及中国法律起源问题时,提到了三原则,实际上这些原则也是史料使用的原则。三原则分别为:推测之辞不可为信、设法之辞不可为据、传说之辞不可为确。史料是法史研究的基础,地下出土文献的科学性自然不容怀疑,当代史的纸上记载也是真实的。除此之外的史料,需要治史者多加明辨。对于一些托古改制之辞,如若怀疑,可以多加求证,如若不能验证,则放弃该资料的使用或保持怀疑态度。

最后,从“变”与“不变”的角度综合考察中国法制的演变历程。所谓“变”,是指“变法”之变、“法统”之变、“律学”之变。“变法”之变是中国法制史最大的变动,主要包括了秦代变法、王莽变法、宋世变法、清末变法,其中以秦代变法与清末变法为最,这种变法实质上是在传统政治体制不变的前提下进行的政治法律或经济改革;“法统”之变,即“律统”之变,通过自《法经》到明清律的考察,陈氏认为“法统”之变其实并不大;“律学”之变则指“法学”到“律学”,再到“幕学”的发展演变过程。所谓“不变”,则包含了两点内容,中心势力不变和历史上之势力未变。前者是指历史上某些时期的法律尽管出现了变动,但指导变法的中心思想,即儒家思想却一直保持不变;后者是指历史上某些时期的法律变动,都是以历史上曾出现的或曾有人主张的制度为参考样本的。通过结合中国法

---

① 梁启超:《中国历史研究法补编》,中华书局2010年版,第208页。

制“变”与“不变”的因素,“体现了先生对中国法律史的高屋建瓴的出色洞察力”。①

3. 中华法系研究的出色造诣

就中华法系的研究而言,陈顾远除在通史研究中列有专题外,还发表了3篇长文,即《儒家法学与中国固有法系之关系》、《家族制度与中国固有法系之关系》以及《天道观念与中国固有法系之关系》。陈氏对中华法系研究的巨大贡献,主要体现在对中华法系内在精神核心的儒家化认定上。

陈氏指出,儒家思想支配中国历史数年前之久,尽管期间有盛有衰,不过中华法系的主要思想仍然是儒家思想,中华法系之所以能在世界法系中独树一帜,也是因为儒家思想的缘故;儒家极力维护家族制度的存在,反映在立法上,不同层面的法律制度均是与家族制度相关的;传统社会特有的“天道”观念决定了中国传统法律文化的内容和特色,而儒家文化中的“天道”观念就是自然的客观法则及自然法则。综观陈氏对中华法系的分析,陈氏认为中华法系的主要特质有家族本位、义务本位、礼法合一等内容,实际上陈氏已经认识到了中华法系的主要特质,即中华法系儒家化。

中华法系儒家化结论的得出,是陈氏宏观研究视野和出色洞察力的反映,今日对中华法系的探讨,实际上也是建构在陈氏该结论的基础之上的,其影响可窥一斑。

4. 注重部门法史的研究

部门法史是中国法制史研究中的重要组成部分之一。织田万的《清国行政法泛论》开中国部门法史研究的先河,受此影响,国内学者方才注意到了部门法史的研究。陈顾远是中国法制史领域内较早关注部门法史研究的学者,并撰写了有关国际法史、婚姻史方面的3本著作,即《中国国际法溯源》、《中国古代婚姻史》以及《中国婚姻史》。

如前所述,陈顾远的本科毕业论文是《中国古代婚姻史》,1925年由商务印书馆出版,1936年在前著基础上,删繁去冗,著成《中国婚姻史》一书。陈氏指出:“婚姻为社会现象之一,而又法律现象之一,社会学家及法学家均甚重视其问题。”②通过该观点可以看出,尽管这两本著作均未以“婚姻法史”命名,然而究其实质,陈氏是以法学家的角度,考察传统社会有关婚姻的刑律、民律、习惯

① 范忠信、尤陈俊、翟文喆编校:《中国文化与中国法系——陈顾远法律史论集》,中国政法大学出版社2006年版,第13页。

② 陈顾远:《中国婚姻史》,商务印书馆1936年版,第1页。

法等内容的,这两部著作是中国婚姻法史研究的早期成果,属于开创性的研究。陈氏在婚姻法史上的开创性研究,直至今日还为学界所称道,有学者认为"就学术地位而言,这两部书可以称得上是婚姻史领域的担纲之作"。①

除婚姻法史研究外,1934 年陈顾远还撰写了《中国国际法溯源》一书。该著上承张心澂的《春秋国际公法》研究之绪,下启洪均培的《春秋国际公法》之端,奠定了肇始于 1884 年美国传教士丁韪良《中国古世公法论略》的国际法史研究的基本格局。陈氏从儒家传统解释"先秦国际法"的原则,希望以此完成中国传统与西方国际法概念之间的对接,进而建构中国人的新"世界图景"。该著也是民国国际法史研究中较为完整系统的一部。

四、杨鸿烈

(一)其人

杨鸿烈(1903~1977 年),又名宪武、志文、炳堃,号知不足斋主,云南晋宁人。

有关杨鸿烈的身世背景和早年成长经历,相关记载甚少。目前所知情况大致包括以下内容:杨氏于国立北京师范大学外文系毕业后,就读于清华大学国学研究院,师从梁启超、王国维研究历史;自清华毕业后曾任教于南开大学、上海中国公学、北京师范大学、云南大学、河南大学等校;1934 年至 1937 年杨氏留学日本,就读日本东京帝国大学研究院,获博士学位;1939 年归国后任教于无锡国学专科学校和南京中央大学,并兼任国史编纂委员及伪中央宣传部编审司长;1946 年迁居香港。

根据杨氏的论著,可以看出杨氏有良好的国学基础,再加上就读清华期间,梁启超、王国维对其历史研究的进一步指导,这些都为杨氏后来在中国法律史领域的研究奠定了坚固基础;青年时杨氏接受了外文训练,加上后来留学日本的经历,良好的外语基础为其"养成跨越时代和学科的高远学术视野及贯通中西的学术素养奠定了基础"。②

(二)其著

1. 概说

杨鸿烈著述甚丰,在中国法制史学研究上有两部代表作,即《中国法律发达史》以及《中国法律对东亚诸国之影响》。李约瑟高度评价了杨鸿烈的著作,他

① 马忆南:《二十世纪之中国婚姻家庭法学》,载《中外法学》1998 年第 2 期。
② 杨鸿烈:《中国法律发达史》,中国政法大学出版社 2009 年版,第 5 页。

指出:“关于法律史,最好的中文专著是杨鸿烈的《中国法律发达史》和《中国法律思想史》。”①此外,杨氏还发表了许多中国法制史论文,代表作有《宋代的法律》《清代庄史案之重鞫》《后魏司法上因种族成见牺牲的大史案》等。

2.《中国法律发达史》

1930年出版的《中国法律发达史》一书分27章、70余万言,该著以史为经,依次论述了五帝殷商至民国的法律制度沿革,是中国法制史学的奠基性著作之一。

首先,杨氏该著的特点和成就主要体现在以下几个方面:

第一,该著厘定了中国法制史学科体系框架,使学科框架基本定型。从篇目上来看,杨氏把中国古代法制发展作为一个有机生命体看待,把其分为:胚胎时期、成长时期、欧美法系入侵时期三个时期,对分属每个时期各个朝代的法律制度进行详细论述,这些朝代包括了其他论著很少提到的王莽时期、后赵等五胡、南朝宋齐梁陈时期、五代等。另外,杨氏非常重视当代史的研究,“民国时代”法制内容占据全书的1/6之多,比唐律、清律内容都要多,对当代法制的重视,使传统意义上的法制史的价值作用朝实践性价值靠拢。从内容上来看,杨氏拓展了中国法制史学的研究范围,并以西方部门法分类体系为标准,对庞杂的中国历代法制内容进行了分类。杨氏认为,中国法制史学的研究范围主要为三个方面:沿革的研究,即中国法律千年发展演进的历程;系统的研究,即在沿革研究基础上,描述中国历代法制之间共性的体系以及逻辑架构;法理的研究,即研究中国古代法律发生的原理和显示的特征,以及历代的法理学说。在编纂上,杨氏多从法典、法院编制、诉讼法、刑法总则、刑法分则、民法等方面加以阐述各时期的法制概况。特别值得一提的是,从第四章开始,杨氏几乎在每一章后面都对该时期的法律思想状况进行了简要介绍,这为中国法制史通史的写作提供了另一种可供参照的标本。

第二,该著提出的中国法制史学的研究方法对后世产生重要影响。以外国史学和法学研究方法为理论指导,具体而言,在借鉴鸠山和夫、阪本三郎的“外包法制史”与“内容法制史”、浅井虎夫的“纵的研究法”与“横的研究法”、爱斯卡拉的“历史的方法”“比较的方法”“观察的方法”的基础上,杨氏在导论中指出,中国法制史的研究应该利用上述多元化研究方法,而该著即是利用了纵横结合的研究方法、历史的方法、比较的方法以及观察的方法。后世研究者进行

① [英]李约瑟:《中国科学技术史》(第2卷),袁翰青等译,科学出版社、上海古籍出版社1990年版,第559页。

中国法制史研究时,大多沿袭了杨氏的方法论。

第三,该著广泛吸收了中西学者的相关研究成果,并且广泛运用了法律史料。杨氏大量引用了国外学者的研究成果,如梅因(Henry S. Maine)、威尔逊(W. Wilson)、爱拉巴斯特(Alabaster)、威尔格(L. Wieger)、普拉兹(H. Platz)、格劳士(H. Gross)、庞德(R. Pound)及鸠山和夫、阪本三郎、浅井虎夫、东川德治、冈田朝太郎等人。对国内外研究成果的借鉴,杨氏并没有仅仅限于史学和中国法制史学的范畴,对人类学的研究成果也广泛进行引用。另外,杨氏在研究过程中,除常规运用的经史子集资料外,还特别注意了对野史、甲骨文、金文、简牍、石碑、契约文书、诗集等资料的运用。站在"巨人"的肩膀上,使杨氏的研究从宏观上更能把握中国法制历史变迁的发展脉络,从内容上更为具体详细和多元化,这些都进一步提高了该著的学术高度。

第四,该著体现了论者的世界性眼光。杨氏在导言部分以"中国法律之特点与其在世界文化的位置"为题,对中国法系在世界五大法系中的地位进行了界定,并指出,正是因为中国法系的重要性,所以不但中国人需要知道,国外研究者也应该对之加以研究。且不从学术价值上考虑,这样的表述也增强了国人的民族自豪感和自尊心。

其次,在中国法制史学科的拓荒阶段,新旧史学范式转换中,学术研究也存在某些通病或缺陷,而该著的缺陷主要在于以下几个方面:

第一,以"描述性"为主的研究,显得内容过于庞杂,且从结构上看各章体例安排略显随意,部分内容出现杂乱罗列的现象。一方面,"描述性"为主的研究,大多以史料的考证为根本主线,力图再现中国法制历史发展进程。正是因为论者的主要着眼点在于借助史料对中国法制历史的"描述",因此在著作中简单堆积史料的情况比较多,部分章节堆积史料的部分达到了全部篇幅的90%以上,从整体上看,不但内容显得过于庞杂,更重要的是缺乏对史料以及历代法制重要制度的分析和归纳总结。另一方面,杨氏的体例安排略显随意,且部分内容显得杂乱无序。体例略显随意主要表现在:对比之下部分章节比例严重失调、不同朝代相同章名等问题。前者如新莽一章的1500字与民国一章的9万字对比,差距就十分明显,杨氏初衷在于对中国法律历史进行详尽论述,但其可以采用技术手段把内容较少的章节结合在一起,规避比例失调的状况;后者如南朝时期的宋和后来的宋朝,两者在篇名上完全相同,从名称上看,会让人无法区分。部分内容杂乱无序主要体现在:某些章节中内容并没有分类整理,把分属不同部分的材料一并堆积在一起;某些章节出现有目无文的情况等。

第二,简单比附,把西方某些法学观念强行套用到中国传统法律制度中。有学者认为,该著与传统中国法制史论著相比的区别是“它按照一套完全现代的分类和范畴体系把历史资料重新整理了一遍”,①所谓现代的分类和范畴体系无疑是从西方传来的部门法分类体系和概念体系,然而把这种分类体系和概念体系套用在传统中国法制身中,存在“水土不服”的症状,如用西方的“法院”界定中国古代的各级审判、监察等机构,就是牵强附会的表现。

客观来说,杨著中存在的缺陷是当时中国法制史研究中的通病,整体来看,该著不失为民国时期的中国法制史集大成之作。

3.《中国法律对东亚诸国之影响》

杨鸿烈在日本留学期间,根据日本图书馆中收藏的在中国国内很难找到的资料,撰写了《中国法律对东亚诸国之影响》一书,1937 年由上海商务印书馆出版。该著详细考证了中国传统法律对东亚其他国家的影响,是中华法系研究的经典著作。

该著共分为六章:导言;中国法律在朝鲜之影响;中国法律在日本之影响;中国法律在琉球之影响;中国法律在安南之影响;结论。导言部分,在引用穗积陈重、温格尔、韦格穆尔等人对法系的看法后,杨氏明确提出了“中国法系”的概念,并指出“中国法系”是世界最大法系之一。第二章中,著者认为,中国与朝鲜的关系最深远,因此在述及中国法律对东亚其他国家的影响时,先述朝鲜;学界关于箕子为朝鲜订立“犯禁八条”的说法并不可信;根据《增补文献备考》《高丽史》等资料将高丽法制与唐律相对比,可以看出高丽朝对唐律的模仿;《大明律》《大明会典》是李朝一代的主要法源。第三章中,著者指出,日本自天智天皇至醍醐天皇时代充分借鉴了中国法律,从法律形式上看,律令格式齐备,但这种借鉴并不是一味盲从,而是有所取舍;“武家时代”末期以及明治维新时期仿照大明律进行了法律的制定。第四章中,著者指出,琉球在 1786 年颁布的《科律》,实际上是从《大清律》中择取的 103 条。第五章中,著者认为安南在汉代时已经实施了汉律;公元 939 年成为独立国后建立的法典基础是唐宋法制;黎王朝以唐律为主,参详明律,建立法律体系;阮朝的法典编纂则以明清律为蓝本。结论部分,通过对东亚各国法制史的研究,杨氏指出,东亚大地之文化均以中国为唯一策源地,因此他希望当学者回顾这段历史的时候,“不惟不至纷失,且更进一步,力采欧、美之所长,斟酌损益,以创造崭新宏伟之东洋法系”。②

① 梁治平:《法律史的视界:方法、旨趣和范式》,载《中国文化》2002 年 Z1 期。

② 杨鸿烈:《中国法律对东亚诸国之影响》,中国政法大学出版社 1999 年版,第 543 页。

从总体上来看,杨著体现了以下几个特点:首先,该著立意甚高,具有世界性的法学眼光。以中国法律对周边国家的影响为出发点的论著,《中国法律对东亚诸国之影响》是第一部。杨氏在开篇便专门阐述了中华法系在世界法系中的地位,这种世界性的法学眼光是之前的中国法制史研究者所不具备的。其次,比较研究方法的创新。以往的中国法制史研究,尽管也有比较方法的运用,如薛允升在《唐明律合编》中对唐明法律的纵向比较,然鲜见横向比较方法,杨著将中国法律与朝鲜、琉球、日本、安南的有关法律进行了细致的横向比较,这是比较研究方法的创新。最后,杨著以资料丰富、论证细致而著称。从资料上看,杨氏利用身在日本的机会,最大限度地利用了日本的藏书,而这些藏书多是在中国国内没有的;从论证上看,在横向比较方法的指导下,杨氏将中国法律与其他国家进行具体的罗列和细致的分析。

(三)对中国法制史研究的贡献

杨氏所撰写的《中国法律发达史》《中国法律对东亚诸国之影响》被誉为民国时期的中国法制史学的扛鼎之作,在中国法制史学的发展历史中占据重要地位,并对后世产生了巨大的影响,这两本著作的多次重印和再版也说明了其研究的重要价值。具体而言,杨氏对中国法制史学研究的贡献主要体现在:

1. 中国法制史学科体系的基本定型

20世纪初期,日本学者浅井虎夫的《中国历代法制史》被翻译至国内,该著运用西方法学分类方法,对中国历代法制按照朝代进行纵向划分后,从横向上将各代法制分为十三目,这种写作框架对中国学者影响至深。1919年壮生出版的《中国历代法制大要》几乎是浅井虎夫《中国历代法制史》的翻版,其他学者的论著,如郁嶷的《中国法制史》,从框架结构上看都充斥着浅井虎夫的"影子"。发展到20世纪30年代,随着杨氏《中国法律发达史》的问世,改变了以往《中国法制史》深受日本学者影响的局面,奠定了后世中国法制史的研究框架。

《中国法律发达史》以中国历史朝代顺序为经,以西方部门法划分为纬,阐述了中国法制自先秦至民国五千余年的发展历程。就研究范围而言,杨著的研究可分三方面:以中国法律演进的历史为主的沿革研究、以中国法律原理为主的系统研究、以历代法家思想为主的法理研究。就研究方法而言,杨著的研究方法有:"外包法制史"、"内包法制史"、纵横结合研究、体用结合研究。与日本的浅井虎夫以及国内其他学者的研究成果不同的地方,主要表现在:从内容上看,杨著更为全面系统;从资料的使用上看,杨著的史料更为丰富;从研究方法上看,杨著的研究方法更为清晰明确和科学;从后世的影响上看,杨著奠定了此后的研究框架,影响力更大。

因此,杨鸿烈《中国法律发达史》一著的面世,标志着中国法制史学科框架的基本定型,其在中国法制史学这个新生学科的拓荒阶段中的贡献毋庸置疑。

2. 中华法系研究的推进

中华法系作为世界五大法系之一,不但对中国传统社会产生巨大影响,而且对东亚其他国家也有极大的借鉴意义,为世界法律文明做出了杰出贡献。日本法学家穗积陈重在19世纪末发表的《论法律五大族之说》一文,开“法系”研究之先河。梁启超则是国内“法系”研究第一人,此后在中国传统文化优越感心理支配下,中国学者对于中华法系问题始终保持浓厚的兴趣。杨鸿烈也不例外,他的《中国法律发达史》以及《中国法律对东亚诸国之影响》,尤其是后者,均是中华法系研究的经典作品。杨氏的研究进一步推动了国内的中华法系研究,并使其达到了一定的高度。

首先,杨氏明确了“中国法系”的概念。杨氏认为中华法系“盖指数千年来支配全人类最大多数,与道德相混自成一独立系统且其影响于其他东亚诸国者,亦如其在本部之法律制度之谓也”。[①] 今日学界提到中华法系概念时,或者援引杨氏的概念界定,或者在杨氏概念基础上进行界定。

其次,在肯定“中国法系”的世界地位基础上,考证了其对东亚诸国的巨大影响力。杨氏认为,中国法律延续四千余年不曾中断,且对其他国家产生巨大的影响,这是其他法系所不曾具有的特质,可谓是世界最大法系之一。在此基础上,杨氏撰写《中国法律对东亚诸国之影响》一书,通过对朝鲜、日本、琉球、安南等国法律渊源的考证以及比较分析,得出中国法律有深远影响的结论。

最后,建立东洋新法系的宏愿。晚清以降,清末10年的“变法修律”带来的西方两大法系的冲击,使传统的中华法系走向崩溃,并淡出历史。杨氏在论证中华法系在世界法系的地位时,其目的并不仅仅在向传统致敬,而是希望通过中华法系的研究,在唤起国人的民族自尊心和自豪感的同时,在本土法律资源基础上,采外来法律之所长,建构“新中华法系”。

3. 中国法制史研究方法论的完善

中国法制史的研究,是建立在史料基础之上的。杨鸿烈非常重视广泛运用各类法律史料。杨氏除使用其他法史研究者经常使用的历代经史子集、法典法规的主要资料外,还注意到了野史、甲骨文、金文、石碑、简牍、文学作品、契约文书等资料。在研究某一时期的法制历史时,杨氏会把研究所使用的法制史料先

---

① 杨鸿烈:《中国法律对东亚诸国之影响》,中国政法大学出版社1999年版,第2页。

予以说明,让读者明白其论证的依据。基于其出色的史学和法学功底,杨氏对史料的甄选、运用以及解读令人叹为观止。此外,杨氏也非常注重对中外学者最新研究成果的广泛吸收利用。对中外学者的研究成果的借鉴,并不仅仅局限于中国法律史方面,杨氏的研究也广泛利用了史学、人类学的研究成果。丰富法律史料的运用,加上广泛借鉴其他学者的研究成果,使杨氏的研究达到了当时学界的较高水平,也为后世研究者提供了借鉴。

从研究方法上看,杨氏采用了史学和法学研究方法相结合的方式研究中国法律历史。杨氏的研究方法主要包括"外包法制史"和"内容法制史"、纵的研究法和横的研究法、历史的方法和比较的方法。其中,在比较方法的运用尤其是横向比较方法的运用上,杨氏显得非常纯熟。正是在综合运用上述研究方法的基础上,杨氏的论著才得以成为具有奠基性质并达到一定历史高度的作品。多元方法论的运用也影响了一大批后期法史研究者。

五、瞿同祖

(一)其人

瞿同祖(1910~2008年),字天贶,后改为天况,湖南长沙人。

瞿氏出生于官宦之家,家学渊源,其祖父瞿鸿禨是大学士,曾担任军机大臣一职,父亲瞿宣治曾在驻瑞及荷兰公使馆任职,叔父瞿宣颖是一位具有深厚国学功底的史学家和文学家。在祖父、父亲、叔父等人的训练和熏陶下,瞿氏幼承庭训,为其古文功底以及对史学的兴趣奠定了坚实的基础。

1930年瞿氏以优异的成绩被保送到燕京大学,主修社会学。在读期间,瞿氏接受了系统的社会学训练,选课时除选择社会学的课程外,还选择了历史学的课程,并从钱穆、萧公权、吕复、陶希圣、邓之诚等人的课程中得到教益。瞿氏深受社会学系主任吴文藻的赏识和栽培。此外作为由美国在华的基督教会创办的教学大学,燕京大学基本上是用英文授课的,这也奠定了瞿氏扎实的英语基础。1934年获得文学士学位后,瞿氏进入燕京大学研究院,在吴文藻和杨开道指导下,从事中国社会史研究,1936年硕士毕业。

抗战爆发后,瞿氏南下避难,1939年执教于云南大学,后兼任西南联合大学讲师。1945年远赴美国,先后任哥伦比亚大学中国历史研究室研究员、哈佛大学东亚研究中心研究员,从事汉史研究。1965年回国。

(二)其著

1937年瞿同祖的硕士论文《中国封建社会》由商务印书馆出版。在云南大学任教期间,瞿氏除教授中国社会史、中国经济史课程外,还教授中国法制史一科,授课需要促使瞿氏进一步对中国法制史学科加以研究。幼时的国学基础,青年时期的社会学熏陶,加上对西方法人类学家马林诺夫斯基、历史法学家梅因等人著作和思想的研究,瞿氏在其云南大学和西南联合大学的中国法制史讲稿以及社会史讲稿基础上,改写而成了影响深远的经典之作《中国法律与中国社会》,后于1947年由商务印书馆出版。1948年瞿氏为北京大学50周年庆又撰写《中国法律之儒家化》①。这两部著作都是瞿氏从事中国法律史研究的代表作。

瞿同祖的《中国法律与中国社会》一书,与其他中国法制史研究不同的地方,主要在于这是"将法律与社会结合起来予以研究的一个创新尝试……它既是一部法律史,也是一部社会史"。② 作为一种中国法制史研究新的尝试,该著的特点主要体现在下述几个方面:

其一,该著不具有教科书痕迹。该著是在中国法制史讲稿和社会史讲稿基础上撰写而成的,然而与其他中国法制通史论著相比,很少有教科书痕迹。当时已面世的中国法制通史论著,大多以三种面貌出现:仿照浅井虎夫《中国历代法制史》模式;以杨鸿烈为代表的"时代研究法"模式;以陈顾远为代表的"问题研究法"模式。不论何种模式,基本上都以力求对中国法制历史概况加以面面俱到的描述为目标,因此带有很强的教科书气息。瞿氏该著则不然,从社会学的角度出发设计论著的篇章体系,全文除导论外由六章正文组成:家族、婚姻、阶级、巫术与宗教、儒家思想与法家思想。这样的体系安排使其更像是一部中国法律史研究著作,而非教科书。

其二,该著的写作目的主要在于探讨中国传统法律的基本精神和主要特征。作为中国法制史著作,自然也应该以法制历史为研究对象,因此多数论著多着眼于溯及法律的历史发展过程以及各朝法律制度之间的区别。瞿氏则认为,各朝法律概况自然不同,历代法律之间自然存在因革损益,然中国法制史研究更为重要的因素不是探讨这些"变"的成分,而是应该重视那些"不变"的"共同点"部分,即法律的基本精神及其主要特征,并以此为基础考察中国传统法律从西汉开始至清朝有没有重大变化的内容。换言之,瞿氏的主要目的是考察中国传统法律的"神",而并非其"形"。

---

① 1981年瞿同祖应中华书局要求,将《中国法律之儒家化》作为附录收录到《中国法律与中国社会》一书中,现行大部分版本都采用了这种结构。

② 瞿同祖:《瞿同祖法学论著集》,中国政法大学出版社2004年版,自序Ⅱ。

其三,该著非常重视法律的实效问题。在导论部分,瞿氏提出一个观点,即研究法律时是需要研究法律条文的,然而因为法律条文和社会现实之间存在的差距,使法律条文的规定和法律的实施是两回事,因此在研究过程中,除法律条文外,更应该注意法律的实施情况如何、对民众生活的影响程度如何等问题。换言之,法律分"书本上的法律"和"行动中的法律",研究时不但要注重前者,对后者也要特别关注。因此,该著中瞿氏引用了很多朝代的案例、判牍,尤其是清代的《刑案汇览》和《驳案新编》等资料,通过运用这些与社会生活联系密切的判例说明法律的实际运行状态。

不可否认的是,瞿著中也有传统史学的痕迹,注重史料的罗列,论证却显得相对简单。研究也采取了一种大而化之的方式,并没有深一步地探讨和阐述更为深刻的命题。另外,通过分析家族、婚姻、宗教等内容,还不宜定义中国法律的主要特征和主要精神。并且,在研究中,存在人为切割历史的现象,缺乏对习惯法的关注。

(三)对中国法制史研究的贡献

1."法律社会史"研究范式的提出

瞿同祖横跨法学、社会学、历史学三个领域,开创的新研究范式,即"法律社会史"范式,不仅仅是20世纪上半叶绝无仅有的一种尝试,而且后来也很少有人超越其成就,这也是瞿氏对中国法制史学研究最为重要的贡献之一。

瞿氏认为,法律是社会的产物,是社会规范的一种,法律只有运用到实际社会生活中才能实现自己的真正价值,因此对法律的研究必须放到社会中去。既然要从社会学的角度研究法律,就应该使用社会学方法进行中国法制史的研究,其具体使用的研究方法主要有结构—功能分析法、比较分析方法、个案调查等。

瞿氏之前的中国法制史研究,主要有两种方法论:一种是以沈家本为代表的传统史学研究方法;另一种则是以梁启超、杨鸿烈、陈顾远为代表的法学研究方法。瞿氏新研究范式的提出,打破了以往法史研究的窠臼,并为其注入新鲜色彩。瞿氏"法律社会史"研究范式提出后,不仅对后期的国内中国法制史研究形成了巨大影响,而且瞿氏在国内版《中国法律与中国社会》的基础上,1961年出版了英文版的《传统中国的法律与社会》,受到了国际汉学界与史学界的关注,被誉为是英文文献中有关中国法律史最好的论著。瞿氏勇于突破传统研究范式的魄力以及跨学科的研究思想,值得今日中国法律史研究者学习和借鉴。

2. 中国传统法律基本精神和主要特征的界定

瞿氏认为,中国传统法律具有儒家化的特性,其主要特征表现在家族主义和阶级上。

(1)就中国法律儒家化问题而言。陈顾远在20世纪30年代已经有所阐述,陈寅恪在20世纪40年代则明确提出了传统法律"儒家化",瞿氏就此又进行了更为深入的研究和探讨,为后世提供了更为完整系统的认识。瞿氏认为,儒家思想以伦常为中心,强调贵贱、尊卑、长幼、亲疏有别,自汉武帝始,进入了传统法律儒家化的历程,至唐代已告完成。传统法律儒家化进程完成后,传统法律显示出七个特点:以礼为中心;法律的作用在于刑罚;法律的目的在于维护君权父权夫权、巩固中央集权的专制主义、维护家族主义;个人义务本位;强调特殊而非普通主义;重视身份的差别;同罪异罚。

(2)就传统法律的主要特征而言。实际上,瞿氏并没有明确指出究竟什么是中国传统法律的基本精神。不过,瞿氏指出,中国传统法律呈现儒家化的基本精神,而要了解法律的基本特征,只需要明白儒家意识的核心就可以了。儒家意识的核心是家族主义和阶级的概念,因此,中国传统法律的基本特征主要表现在家族主义和阶级的概念上。《中国法律与中国社会》一书中,瞿氏用了约占80%的篇幅来说明这个结论,这也从另一方面证明瞿氏的核心思想所在。

3. 对法律实效的关注

瞿同祖认为,研究法律不能脱离条文规定,但是只关注静态意义上的法律条文是不够的,也必须要注意法律的实效问题,两者毕竟不是一回事。"如果只注意条文,而不注意实施情况,只能说是条文的,形式的,表面的研究。"①因此,瞿氏运用了大量的法律史料,如案例、判牍、律学家的律注释书、判例汇编,尤其是《刑案汇览》和《驳案新编》,说明法律在社会上的具体实施情况,从而使人们能够观察到传统法律在实际生活中是否有效,推行的程度如何,对百姓的生活又会产生怎样的影响。瞿氏基于社会学的立场,对法律条文与法律实效之间关系的考察,完善了法史研究的内容,其借鉴意义不言而喻。

自幼奠定的良好国学功底,在教会学校打下的坚固英文基础,系统正规的社会学训练,加上后来的中国法制史的浓厚兴趣,使瞿氏具有了跨学科研究的开阔视野和基本素质,这也是瞿氏横跨几大领域开创的中国法制史新研究范式的学术基础。瞿氏横跨法学、社会学、历史学三个领域,开创了新研究范式,即"法律社会史"范式。该研究范式打破了以往中国法制史研究的窠臼,这不仅仅

① 瞿同祖:《瞿同祖法学论著集》,中国政法大学出版社2004年版,第9页。

是20世纪上半叶绝无仅有的一种尝试,也受到了国际汉学界与史学界的关注,并深受好评。

以上所罗列的几个学者,都曾对中国法制史研究做出过突出贡献。他们的成长经历和学术生涯,存在着许多个体差异。例如,董康、程树德和杨鸿烈有过出国留学经历,其他人则没有。然而,尽管存在着个体差异,但从他们的学术渊源上看,却有许多相同的因素:其一,精深广博的国学功底。从董康到瞿同祖,尽管他们所处的具体时代有所不同,但是幼时基本上都接受了国学教育,这种教育为他们日后从事中国法制史研究奠定了坚固的基础。如董康的《春秋刑制考》与《春秋诉讼法》,正是建筑在其坚实的国学基础,特别是丰富的经史子集等知识基础上。其二,涉猎广泛,具有贯通中西的学术素养。董康等人在传统文化基础上,还广泛接触和了解了西方的法律;董康、程树德、杨鸿烈以及瞿同祖的外文能力,以及留学生涯,为他们借鉴域外知识创造了条件;陈顾远尽管没有出国留学,但陈氏广泛涉猎法学、政治学、历史学等领域。其三,跨时代和跨学科的高远学术视野,"古为今用"与"洋为中用"是这些学者在进行学术研究时都有的学术视野,并且,其研究没有拘泥于某一学科。因此,从总体上看,自幼所奠定的良好国学基础,贯穿中西的学术素养,良好的知识储备,以及跨越时代和跨越学科的开阔性视野,是民国时期的中国法制史大家所共同具备的基本素质。

第九章　中国近代法制史学演进的思考

第一节　中国近代法制史学的演进阶段

一、萌芽阶段(1840~1902年)

晚清以降,中国社会身处"三千年未有之一大变局"中。从学术发展上看,伴随西学东渐以及"经世之学"的兴起,"四部之学"逐渐转变为"七科之学"。随着近代西方学科分类体系在国内的逐渐形成,中国法制史课程雏形出现在近代高等教育中。

(一)萌芽状态的中国法制史学科

在洋务派的倡导下,1862年清政府设置京师同文馆,该馆最初仅开设英文馆,之后又开设了法文馆、德文馆、俄文馆,其最初目的是学习外国的语言文字、培养翻译人才。1865年,为适应洋务工业的需要,加设算学馆。京师同文馆的课程也得以扩充,自然科学和实用科学等课程也加入其中,该校由曾经的翻译学校改为高等学堂。1867年12月,京师同文馆聘请担任英文教习的丁韪良开设有关国际法的课程,这是首次将近代西方的国际法引入国内,并作为专门科目设置,是国内讲授西方法律的开端,标志着中国近代法学教育的肇始。

1870年京师同文馆开始实行的两套课程表中,都有"万国公法"的课程。在"万国公法"课程的教学过程中,丁韪良所使用的教材之一是其写的一篇论文"International Law in Ancient China",即《中国古世公法论略》。[①] 尽管在同文馆的课程体系中并未出现类似"中国法制史"类的课程，但在初期的法学教育中，"万国公法"课程所使用的带有国际法史性质的教材，说明研究者在讲课中已经涉及了有关部门法史的内容。

变法维新思想在湖南的实践之一，是1897年时务学堂的设立。梁启超受聘为湖南时务学堂的中文总教习，根据梁启超拟定的《时务学堂功课详细章程》，时务学堂课程分为两类：溥通学（普通学）和专门学，前者为通习之课程，后者则需学生任选一门学习。专门学又细分为公法门、掌故门、格算门三门，公法门主要是有关西方政治法律和历史知识的内容，掌故门则主要是有关本国传统法律和典章制度。除了功课章程以外，梁启超还制定了一份《第一年读书分月课程表》，其中，第十一月的掌故门中出现关涉中国法制史课程性质的内容，即"唐律疏义"和"全史刑律志"。[②] 故此有学者认为："'掌故'是历史人物事迹，制度沿革。掌故学所列书目，多为中外法典，与今天的中外法制史相近。"[③]尽管有学者指出，不同于今日平常意义所言的课程概念，"梁启超制定的这个学堂课程表，实际上是一个读书计划表"[④]，然而，"唐律疏义"和"全史刑律志"开设在"专门学"下"掌故门"的这一事实，为以后中国法制史课程的单独开设奠定了基础。

（二）传统史学方法为主的研究范式

前学科时期，中国法制史学研究隶属史学研究范畴，通过对晚清时期的中国法制史研究成果的考察，可以看出历史学注重实证性的特性，决定了考据方法在历史学研究方法中的重要性。考据方法是中国传统社会史学研究的基本方法。肇始于先秦的考据学以音韵、训诂为基础手段，经过乾嘉学派的弘扬，臻于成熟。因此，作为传统史学研究一部分的中国法制史研究，受到史学研究范式的影响，所形成的研究范式便是：以史书和成文典章为史料基础，以史料罗列、源流考证为主要方法，研究前朝法律制度。

传统史学研究方法在中国法制史研究中仍占主导地位，但从趋势上看，对历史上法律制度的研究已有走向专业化的趋向。研究者已不满足于单纯注释律例或主要为司法适用的目的来探讨法律制度，而是在西学之影响下，怀着批判的精神进行研究。

---

① 丁韪良的这篇论文后来被汪凤藻翻译成中文，在1884年由同文馆印书处出版。

② 有关《时务学堂功课详细章程》的内容，详见汤志钧、陈祖恩、汤仁泽编：《中国近代教育史资料汇编·戊戌时期教育》，上海教育出版社1993年版，第237～245页。

③ 李贵连主编：《二十世纪的中国法学》，北京大学出版社1998年版，第40页。

④ 王健：《中国近代的法律教育》，中国政法大学出版社2001年版，第167页。

另外,需要特别指出的是,薛允升所著《唐明律合编》开创了比较研究的传统,薛氏该著也被公认为中国历史上第一部比较法学作品。薛氏的另一部巨著《读例存疑》则对中国古代律例进行了比较客观而认真的探讨与评述,充分揭示了中国传统法律的利弊得失。可以说,传统研究方法所取得的成果为中国法制史学科的创立提供了系统的研究资料,它在学科研究中的作用是不可替代的。

(三)研究缺乏科学性和系统性

传统社会的中国法制史研究,只是作为规模宏大、包罗万象的史学研究的一部分存在。从发展上看,如果说明代以前,中国法制史的研究依旧属于史学的附庸的话,从清朝开始,已有学者专门地有意识地从事法制史研究,中国法制史研究已有脱离史学走向专业化独立发展的趋势,薛允升《唐明律合编》这部采用比较方法研究前代法制的著作便是明证。不过,从整体上看,该时期的中国法制史研究缺乏学科研究的科学性和系统性。

由于中国法制史并未从史学中独立出来,对法律制度的研究缺乏系统性和体系性。可能在某些朝代或某些制度上,研究充实,如汉律。但从中国法制发展沿革上看,研究显得支零破碎。该时期许多学者的研究主要是史料的堆积,缺乏理论性分析总结。

当然,由于学者身处时代的限制,学术研究不可能全方位地展开,深度上也有所欠缺。即便如此,这一时期的研究者,仍对一些重要领域进行了深入研究,撰写了许多重要论著,推动了学术研究的成熟与转型。《唐明律合编》是历史上有名的比较法研究著作,薛氏的《读例存疑》是研究大清律例的集大成者,祝庆祺等的《刑案汇览三编》、樊增祥的《樊山判牍》和《樊山政书》、许梿的《洗冤录详义》均是该时期不同法制史研究领域的扛鼎之作。

二、初创阶段(1902~1912年)

在西方学术分科体系中国化与传统中国法制史研究交互作用下,中国法制史类课程得以在近代高等教育中生成。在此基础上,有关中国法制史的研究进一步展开。清末十年是中国法制史学的初创时期,初创时期中国法制史学并没有形成专业研究群体,研究范围也不明朗,研究方法相对也较为单调,还没有形成一门现代意义上真正具有独立品格的学科。

(一)中国法制史课程的初步设置

综合清末教育立法和法学教育课程设置概况,可以得出以下几点结论:

首先,京师大学堂的课程设置中,不仅在法律学门设置有中国法制史类课程，而且在经学科和历史科的课程设置中也出现了中国法制史类课程。之所以出现这种情况，原因主要在于，在经学科以及历史科中，论及学科研究方法时都不约而同地提到同一点，即“考史事者，分考治乱、法制两门……研究史学者，务当于今日中国实事有关系之处加以考求”。① 换言之，从属性上看，中国法制史学不但是历史学的专史之一，有很强的史学性质，而且通过中国法制史研究能够为当时的清末变法修律寻找契合的本土资源，因此，在与史学相关的学科中也设置了中国法制史类课程。

其次，清末的法学教育基本上确定了中国法制史类课程的开设。在清末大学法学教育和法政学堂法学教育中，通过上述课程设置的罗列，可以看出大多都设置有中国法制史类课程。中国法制史类课程在法学课程中的基本地位得以确立。

最后，中国法制史类课程的名称多元化。综合来看，中国法制史类课程，主要以下述名称出现：中国法制史、中国古今历代法制考、现代法制及历代法制沿革、中国历代刑律考、大清律例及唐明律、大清会典要义及宪法史等。从中可以看出，命名中很少直接以“中国法制史”命名，而是呈现多元化状态。另外，“大清律例及唐明律”课程和北洋大学堂“宪法史”课程的设置，说明当时在通史以外，对断代法史、比较法史、部门法史的内容也非常关注。

（二）以中国法制通史为主的研究

清末十年，在中国法制史研究领域，扛鼎之作无异源于梁启超和沈家本。梁氏在1904年发表的《论中国成文法编制之沿革得失》被称为现代中国法律史的开山之作，②沈氏的《历代刑法考》这一法律部门法通史性质的著作更使其跻身于杰出法学家之列。除此之外，该时期还有其他学者一些具有真知灼见的论著，如1906年孙荣的《古今法制表》、1907年章震福的《古刑法质疑》、1907年张鹏一的《汉律类纂》、1908年涂景瑜的《中国监狱史》等。从总体上看，学者的研究主要侧重于法制通史方面，且多停留在传统法制史资料的梳理上。

从研究方法上看，一方面，前学科时期中国法制史研究历史惯性的影响，加上中国法制史学科自身的史学属性，决定了史学研究方法必定在中国法制史研究中占有一席之地；另一方面，西学东渐影响下西方法学概念体系的输入，对外

---

① 璩鑫圭、唐炎良编：《中国近代教育史资料汇编·学制演变》，上海教育出版社1991年版，第351页。

② 梁治平在《法律史的视界：方法、旨趣与范式》一文中，如是定义梁启超的《论中国成文法编制之沿革得失》一文之成就。

交流的展开,以及清末变法修律新政的刺激,学者也开始利用西方法学概念体系研究和解释中国传统法律。因此,清末的中国法制史研究,法学研究模式注入后,史学研究方法独尊的地位逐渐被打破。

(三)尚未形成专业化研究队伍和明确研究范围

沈家本和梁启超是清末中国法制史研究的佼佼者,但两人并不以中国法制史研究为主要研究领域。就沈家本而言,从身份上看,当时沈氏的主要身份是修订法律大臣,从研究上看,沈氏的研究偏重于刑法史和刑法学;就梁启超而言,从身份上看,法学家只是梁氏众多身份之一,从研究上看,梁氏涉猎广泛,其研究并不以法学为主业,而即便在法学研究领域内,他的研究也以法理学、宪法学为主,而并非中国法制史。至于其他研究者,大多是官员,如孙荣、涂景瑜等,且不以法学研究为其主要学术研究领域。

中国法制史类课程开设后,对研究范围和研究对象的问题,如中国法制史应该研究什么样的问题、时间范围如何确定、内容如何确定、对法律进行狭义还是广义理解等基本问题,研究者并没有主动地、有意识地进行类似问题的认真的探讨和深入的研究。沈家本的《历代刑法考》偏重于对中国历代刑法变迁进行了爬梳和评价,梁启超的《论中国成文法编制之沿革得失》偏重于运用西方法学观点来评价中国古代成文法,因此,从该时期中国法制史学研究范围上看,并没有明确形成中国法制史的概念界定和范围界定。

三、筑基阶段(1912~1930年)

中华民国诞生后,尤其是在"五四运动"后,在西方科学研究体系和研究方法进一步传播的同时,国内近现代化的学制也逐渐完备,相关学科体系的建设也趋于科学化。教育的正规化进一步推动了相关学科研究的系统化和科学化,1930年杨鸿烈的《中国法律发达史》一书的问世标志着中国法制史学科框架的基本定型,中国法制史学渐次发展成为一门现代意义上真正具有独立品格的学科。

(一)课程设置的初步发展

综合民国时期教育立法和法学教育中的课程设置,可以看出,1917年大学享有自主设置课程权利后,多数设置法科的院校都设置了中国法制史课程。不过课程性质不一,或者是必修课程,或者是选修课程。另外,个别学校的课程设置中出现了"比较法制史"的课程。

(二)中国法制史研究的逐步展开

1. 就研究范围而言。首先,从通史研究上看。通史研究是该时期中国法制史研究的重点部分。通史研究成果主要有两类著作构成:第一类是教材性质的中国法制史著作,通史研究以这类研究成果为主,其中最具有代表性的是杨鸿烈的《中国法律发达史》;第二类是对中国古代法律考证的研究成果,代表作是程树德的《九朝律考》。

其次,从断代史研究上看。在中国法制史初创时期,张鹏一、沈家本对汉代法律的研究,就已经开启了断代史研究的大门。该时期学者对断代史的研究进一步展开,研究范围几乎涵盖了所有朝代。从总体上看,学者侧重研究的是西周、汉代、唐代等时期的法制,研究相对薄弱的是夏商法制、秦代法制、三国两晋南北朝等时期的法制。

再次,从部门法史研究上看。日本京都大学的织田万,在 1903 年主持了"临时台湾旧习惯调查会",并根据《大清会典》等资料编写了《清国行政法》,该著被誉为是第一部中国行政法史著述,开中国部门法史研究之先河。国内学者受此影响,逐渐开展对部门法史的研究,研究面涉及婚姻法史、刑法史、诉讼法史、国际法史等领域。不过与其他领域研究成果相比,部门法的研究在总体上显得较为薄弱,原因之一主要在于,中国古代法典的内容很难用西方部门法的分类体系、概念、术语进行界定。

最后,就专题法史研究而言,学者侧重对中华法系、中国法律起源、中国法律儒家化、中国律学发展、传统刑罚制度、御史制度等中国法制史的重点问题进行研究,此外,也有部分学者就禁烟法令、田制、里甲制度等问题展开专题研究。

另外,就案例汇编而言,代表作主要有《历代奇案大观》《中国历代诉讼选要》等,其中,在《中国历代诉讼选要》中,不同于以往的案例汇编,李宗藩选编中国历代著名刑事案例 20 个,之后运用日本刑律予以解释。

2. 就研究主体而言,从中国法制史学研究主体上看,以教师为主的专业化研究群体已逐渐形成。中国法制史课程在高等教育中固定后,如果不考虑学术兴趣,即便只是出于职业的要求,教师也要进行学术研究。许多著述,其实正是中国法制史教学的成果。在高等教育中,并不是说只有教师才从事中国法制史的研究,在中国法制史研究生教育未开展以前,在本科阶段,在校学生对中国法制史感兴趣并从事研究的也大有人在,赵凤喈的《中国妇女在法律上之地位》就是代表。在教育体系以外的其他领域中,如立法机构、司法机构,也有学者基于个人学术兴趣而涉足中国法制史研究。另外,不容忽视的是,除个人研究以外,专业化学术研究机构也逐渐形成。

(三)研究范式的初步形成

在中国法制史的筑基时期,从整体上看,正如有学者指出的那样,"移用西方概念体系和借鉴其他学科的研究角度、方法，是主导性的趋势，也是最核心的环节”。[①] 因此，尽管本书中提到了法学以外其他学科研究方法对中国法制史研究的借鉴意义，但是，无论是梁启超的“新史学”，还是李大钊的马克思主义唯物史观，无论是疑古派、释古派，还是史料派的方法论，实际上，所起到的具体作用，无非是在法学概念体系之下的一种填充。

而更为重要的是，20 世纪上半叶的中国法制史研究，从研究取向上看，包括对后世产生重大影响的著作在内的研究成果，不管在具体的方法论上是采用何种方法，其目的大部分都在于完成对事实的描述工作，而缺乏理论阐释。即从研究范式上看，事实描述性研究是筑基时期的主要研究范式。

四、发展阶段（1930~1949 年）

（一）中国法制史课程设置的固定

综合民国时期教育立法和法学教育中的课程设置可以看出，1939 年以后的大学法科教育，遵照教育立法的规定，把“中国法制史”设置为必修科目，学分固定。

首先，从中国法制史课程和中国法律思想史课程设置上看，两者并不同步，相较而言，对前者更为侧重。在同一时期，相比之下，课程设置中很少出现中国法律思想史课程，即便有，课程性质也是选修课。这种状况说明民国时期的课程设置多注重实用性，因此就缺少诸如法理学或法律思想史之类的理论性课程。

其次，中国法制史学类课程除“中国法制史”外，还有“中国旧律研究”和“唐律研究”，“唐律研究”作为选修课的出现，说明对于中国法制史学的研究逐渐深入。然而这些课程仅仅在极个别学校设置，并不像中国法制史课程那般普及。

（二）研究领域的扩展和深入化

随着中国法制史学教育的逐渐普及，对中国法制史学的研究渐次展开，并朝着更加深入化、成熟化的方向发展，涌现出了一大批有价值的学术作品。该时期的中国法制史研究，不仅仅在中国法制通史的研究上有一定程度的发展，而且在部门法史、断代法史、专题法制史、法律文献史、历史案例汇编等方面的研究上也取得了很大的发展，涌现出一批对后世产生重大影响的著述。

---

① 王志强：《略论本世纪上半叶中国法制史的研究方法》，载李贵连主编：《二十世纪的中国法学》，北京大学出版社 1998 年版，第 321 页。

首先，该时期的中国法制史研究，初步形成了中国法制史学科的体系，大致确定了研究范围和研究对象。在通史性著作中，陈顾远的《中国法制史》明确界定了中国法制史学科的内涵，并确定了中国法制史的研究对象，即凡是属于中国典章文物礼刑教化的内容，都是中国法制史研究的对象。

其次，出现了许多对后世产生重要影响的论著。该时期，中国法制史领域出现了一批“扛鼎之作”，杨鸿烈的《中国法律对东亚诸国之影响》、陈顾远的《中国法制史》、瞿同祖的《中国法律与中国社会》等，以上论著的面世正是学术研究深入化的体现。

（三）新研究范式的形成

发展至20世纪30年代，中国法制史学的奠基工作虽然基本上已告完成，然而其研究框架仍然停留在以沈家本和杨鸿烈等为主要代表的窠臼之内，急需新鲜血液的输入。

该时期，瞿同祖突破了中国法制史学的传统研究范式，将社会学研究引入中国法律史研究中，开创了中国法律史研究的新范式，即“法律社会史”研究范式，为中国法制史研究注入了新生力量，对后世研究产生了重大示范作用。

第二节　中国近代法制史学的方法论

一、史学研究方法

（一）乾嘉考据方法

历史研究的目的之一在于重构历史的本来面目，基于史料的研究是达到该目的的一种途径，因此从该种意义上说，“辩章学术，考镜源流”也显得顺理成章。乾嘉考据学作为清代学术大宗，历经三百余年的发展。

1. 乾嘉考据方法论特点

一般而言，乾嘉考据方法主要是建立在收集资料的基础上，然后“加以鉴定与分析，运用排比、分类、归纳、演绎等逻辑推理方法，判定事件、材料的真伪与是非，推求和印证某一现象与结论”。[①] 所借助的手段主要是训诂、版本、目录、校勘、辨伪、辑佚，工作主要集中在校勘、订误、正讹、补遗、诠释等方面。学者考史的大致路数为：发现问题；搜集有关资料，在此基础上排比分析；归纳分析材料后，提出见解；对提出的见解，广征博引，溯本求源。

其中，乾嘉考据方法论的两个最主要特点分别是：非常重视小学；推明古

---

① 王宏斌：《历史考据法探源》，载《史学理论研究》2002年第3期。

训、溯本求源、实事求是、无征不信。就前者而言,小学即为语言学,语言学自古以来都是学者关注的对象,发展至乾嘉时期,乾嘉学派对此越发重视,并视其为考据学的先导。在语言学之中,则尤其注重音韵学。就后者而言,汉儒的治学传统是实事求是,乾嘉学派承袭了此学风。推明古训、溯本求源、实事求是、无征不信,正是乾嘉学术的重要特色。此外,乾嘉学派还主张"诸说并存,则择善而从;诸说无定,则或下以己意,或异文互存;在无有凭据或诸说错讹的情况下,则主张阙疑以待后人"。①

2. 乾嘉考据方法在中国法制史研究中的运用

乾嘉考据方法在中国法制史研究领域也得到了广泛的运用,从清末的中国法制史研究成果可以看出其对乾嘉考据学的借鉴,张鹏一的《汉律类纂》、孙荣的《古今法制表》、沈家本的《历代刑法考》中所运用的主要研究方法便是乾嘉考据方法。

研究者利用考据方法所进行的中国法制史研究,其写作模式,往往是利用探赜索隐的注释,辅以历史叙述模式,即"大抵以王朝、事项为其经纬,按目分列,汇录史料,再考之一音韵训诂之学,出按语阐明己意",②以此构建著作的主体内容。在运用考据方法时,主要有两项工作:首先,初步工作在于,在有明确目标的前提下,对资料进行搜集,资料的搜集务必求全,历史学家陈垣称为"竭泽而渔"的搜集方法。考据方法的第二步工作,便是"运用分析、比较、归纳、推理等形式逻辑的方法,对资料进行整理"。③

以沈家本的《历代刑法考》一书为例,观察以考据方法为主导的写作模式和考据方法的运用。

首先,沈氏该著以"历代刑法考"为名,因此在资料的收集上,凡是历代与刑法有关的内容,如刑法制度、刑官建制、律目变迁、各朝赦免、监狱设置、刑具种类、行刑方法、盐法、茶法、酒禁等都纳入其中。该著素材来源广泛,取材广博,除源自历代史书外,其他出处主要有以下数种:法典类,主要有《唐律疏议》《唐六典》明律等;儒家经典著作类,主要有《周礼》《左传》《公羊传》《大学衍义补》等;子类著作类,主要有《慎子》《荀子》《韩非子》等;类书,主要有《北堂书钞》《初学记》《太平御览》等;谶纬文献类,主要有《孝经纬》等;论文集类,主要有

① 漆永祥:《乾嘉考据学研究》,中国社会科学出版社1998年版,第106页。

② 梁治平:《法律史的视界:方法、旨趣与范式》,载《中国文化》2002年Z1期。

③ 葛志毅:《史重人事 长于征实——中国传统史学中的考据方法评述》,载《历史教学》1991年第11期。

《淮南子》等；以及《通考》《通志》《续通考》《春明梦余录》《辍耕录》《西汉会要》《史记志疑》《洗冤录》《韩诗外传》《井观琐言》等著作。其次，在搜集资料的基础上，对文献进行考辨整理，考辨大多以训诂、注释为切入点。沈氏精于小学，使用训诂的方法主要有：注音的方法，釱为"《字林》'徒计反'"；①解释词义的方法，如"《说文》：轘，车裂人也"；②解释文意的方法等。从训诂着手时所利用的著作主要有：《说文解字》《释名》《尔雅》《广韵》《苍颉篇》《字林》《一切经音义》《急就篇》等。最后，针对主题，在考辨的基础上，引经据典，旁征博引，说明论点或得出结论。如对"象刑"进行考察时，在引用《尚书》《尚书大传》《孝经纬》《慎子》《白虎通》《汉书刑法志》对"象刑"的界定后，得出"象刑为画象"的结论。综合而言，《历代刑法考》所体现的仍然是传统律学研究的范式，使用的研究方法主要是以探赜索隐为主、强调溯本求源及实事求是的考据方法。

（二）比较研究方法

1. 概念解析

比较是人类认识事物异同时最常用的思维方法，比较方法也被广泛运用到科学研究领域。所谓比较方法，一般是指根据一定的标准，对物与物和人与人之间的相似性或相异程度的研究与判断的方法。比较方法存在不同的分类体系：(1)可以分为横向比较和纵向比较。横向比较主要是指通过比较不同对象在同一时期的表现，探讨其历史运作和内在本质；纵向比较主要是指通过对比同一对象不同时期的发展变化，追溯事物形成的历史渊源、发展顺序，需找事物发展的规律性。(2)可以分为同类比较和异类比较。同类比较是指对同类事物进行对比，揭示其相同之处和不同之处；异类比较是指比较不同事物而揭示其相似之处。(3)可以分为宏观比较和微观比较。宏观比较是指比较不同事物的体系，把握他们的总体特征；微观比较是指比较不同事物的各个组成部分，把握他们的个别性。(4)可以分为静态比较和动态比较。静态比较一般是对处于某个时间或空间点的法律的观察，这种观察一般是就法律条文而言的；动态比较则是对变动的、发展运行中的法律进行的观察。此外，比较还可以分为中外比较、古今比较等。

2. 比较方法在中国法制史研究中的运用

从现有典籍中可以看出，社会科学的研究在一开始就与比较方法结合在一起。在中国，利用比较的方法研究法制史，也渊源已久。孔子曾指出："殷因于

---

① 沈家本：《历代刑法考》(第1卷)，邓经元、骈宇骞点校，中华书局1985年版，第227页。

② 同上书，第105页。

夏礼,所损益可知也。”所以有学者认为,孔子是比较法制史的创始人。

在晚清法制史研究中,将比较研究方法发扬光大的则是薛允升。薛氏的《唐明律合编》被公认为中国历史上第一部比较法学作品。何勤华认为,《唐明律合编》开创了对大的法典进行正式比较的传统,这也是该著最大的贡献。《唐明律合编》中的比较,属于对一个国家内部不同朝代法典之间的比较,属于纵向比较、同类比较、宏观结合微观比较、静态比较的范畴。研究方法主要是:在唐律和明律基础之上,通过“逐条疏证”,列出唐律的条文后,列出相类明律的条文,说明哪些被明律继承,哪些被明律修改,哪些并不存在于明律中,之后分析唐明律谁优谁劣。薛氏对法制历史的比较,为后来的研究提供了很好的范例。

实际上,清末变法修律过程中所修订的一系列法律,正是运用比较方法研究中西法制的成果。在沈家本、梁启超等人法制史研究中,有许多运用中西比较、古今比较的例证。

(三)“新史学”方法论

1. 梁启超“新史学”观与“新史学”方法论

史林泰斗梁启超首倡“史界革命”,以进化论学说为指导,尝试以新的方法和新观点进行史学研究。梁启超参照泰西近代学术,撰写《中国史绪论》《新史学》等文,提出“史界革命”的口号,以期建立符合社会进化学说并且能够增强民众爱国情感的“新史学”,实现史学救国的价值目标。此后在“新史学”观的指导下,梁氏又撰写《历史研究法》《历史研究法补编》等,对史学的研究方法提出自己的见解。通过这些论著,可以看出梁氏的史学方法论,此处姑且以“新史学”方法论称之。梁氏“新史学”观以及“新史学”方法论都对中国法制史研究领域带来了极大影响。

2. 梁启超“新史学”方法论与中国法制史学研究

就梁氏的“新史学”方法论而言,主要包含三方面的内容。首先,史学研究注重的是“公理公例”的探寻。在梁氏看来,封建史学存在“四病二弊”,因此史学界需要建立“新史学”。“新史学”中的史学是指“叙述人群进化之现象而求得其公理公例者也”。史学具有三层含义:第一,从历史的性质上看,历史要“叙述进化之现象”;第二,从历史的范围上看,历史叙述的是“人群”的进化现象;第三,从历史研究的作用上看,历史研究在于探求理性认识,只有获取了这种理性认识,历史研究才能起到应有的作用和影响,而历史研究的理性认识是“公理公例”。换言之,历史应该以社会进化理论为指导思想,通过考察叙述社会中人群进化现象,探求对历史“公理公例”的理性认识。其次,历史是进化的,历史发展之间存在因果关系。梁氏认为，任何事物都不是孤立存在的，凡属于史学范围内的事实，从横的方面看与其他事实有一定的联系，从纵的方面看与另外一些事实也有一定的联系，因此治史者不能只着眼于各个事实，还要着眼于事实与事实之间的联系；人类的一切活动都有前后因缘关系，可将数千年的史迹作为一个整体看待，通过考察整体中的各个时代的组成部分，进而得出对整体的认识。最后，主张文物专史的纵向作史方法。为文物专史作史的时候，如果采取断代为史的方法，是不妥当的，因为这种方法割裂了事物之间的联系性。因此为文物作专史，最好的方法是“把人生的活动事项纵剖，依其性质，分类叙述”，①作纵剖的专史。

受梁氏“新史学”方法论的影响，中国法制史研究也借鉴采纳了以上三种方法。

首先，“新史学”强调对“公理公例”的总结，反映在中国法制史研究中，中国法制史的研究也以追求“公理公例”为价值目标，研究从以往的重视“描述”到如今的重视“阐释”。以梁启超的《论中国成文法编制之沿革得失》一文说明该方法论的使用。从梁氏的写作背景上看，该文写于1904年，正处于清末变法修律的时代大洪流中。众所周知，清末新政背景之下，引进西律成为“救世良药”。然而任何一种法律都有其历史属性和本国文化基础，对其他国家未必适用，这是历史内含的继承特质所决定的事实。若不考虑中国历史孕育了中国法律文化、中国法律的历史构建了中国历史的内容这一因素，单纯依靠引进西律，根本不可能产生预期的效果。因此，一方面要引进西律，另一方面也要从本土法律文化着手，汲取可资利用的资源，后者不但能对前者起到补充作用，而且能够帮助前者更好地发挥效用。如何从本土法律文化着手？首先要对法律的“进化之现象”有全面的了解，然后在了解的基础“求得公理公例”，只有通过这种方式才能探求传统法制的合理因素，并为现实法律改革所用。梁启超的研究正是在以上背景下进行的。从梁氏的写作方法上看，《论中国成文法编制之沿革得失》一文，通过爬梳历代成文法编纂沿革，对传统成文法编纂的特点进行总结，指出中国古代成文法存在四个缺点，即种类不全、固定性太过、体裁不完善、文体不适宜，为清末变法修律提供了理论基础。与以往研究不同的地方在于，梁氏并不是以描述中国历代的成文法为目标的，其目的在于通过考察中国历代成文法编制，总结“公理公例”，进而为现实的变法修律提供借鉴。

其次，“新史学”方法论强调历史发展脉络和因果关系，以及主张纵剖式的

---

① 梁启超：《中国历史研究法补编》，中华书局2010年版，第148页。

研究方法,被法史研究者借鉴。民国时期陈顾远和瞿同祖的研究均体现了这一点。

(四)马克思主义唯物史观

如前所述,20 世纪 20 年代前后,马克思主义思想传入中国。1919 年 5 月 5 日渊泉在《晨报》翻译的《马克思的唯物史观》一文,揭开了马克思主义传播的序幕。1919 年李大钊发表《我的马克思主义观》,对马克思唯物史观进行了阐述,1924 年《史学要论》出版,该文是马克思主义中国化的重要文献,李大钊开创了以马克思唯物史观为理论指导研究中国法制史的新进路。

李大钊认为,马克思主义唯物史观有两个要点:一是凡是精神上的构造,都是随着经济的构造变化而变化的;二是生产力与社会组织之间有密切的关系。第一个要点实际上就是现在所说的"物质决定意识"理论,这就对以往法制史研究中肯定神权理论以及天命观的唯心主义史学观产生了颠覆。

李大钊指出,马克思唯物史观"能造出一种有一定排列的组织,能把那从前各自发展不相为谋的三个学科,就是经济、法律、历史,联为一体,使他现在真值得起那社会学的名称。因为他发现那阶级竞争的根本法则;因为他指出那从前全被误解或蔑视的经济现象,在社会学的现象中是顶重要的;因为他把于决定法律现象有力的部分归于经济现象,因而知道用法律现象去决定经济现象是逆势的行为;因为他借助这些根本的原则,努力以图说明过去现在全体社会学的现象"。① 也就是说,利用马克思主义唯物史观,能将原本相异的三个学科——法律、经济、历史结合在一起,即用经济现象理解法律现象,然后借助这些根本的原则,说明过去的社会学现象。通过这种方式将三个学科予以结合,不但可以通过法制史的视野去透视历史真相,进而总结社会历史的发展规律,而且为法制史学的研究提供了一种新的思路,既然法制属于精神构造的范畴,自然是随着经济的变动而发生变动,从经济角度出发研究法律成为法史研究中的新方法。

马克思主义思想与马克思主义唯物史观为中国传统学科体系重新整合提供了契机,法律、经济、历史的相互结合为中国法制史学科提供了新的内涵。有了唯物史观的指导,法律现象不再仅仅被视为单一的社会表面构造,而被看作与经济因素紧密联系的元素,与经济一起构成了社会的全貌。因此,从法律史角度透视历史,就成为人们总结社会历史发展规律的主要途径之一。王亚南的《支持官僚政治高度发展的第一大杠杆——两税制》一文,正是运用马克思主义

① 李守常:《史学要论》,河北教育出版社 2000 年版,第 138 页。

政治经济学理论研究中国古代法制的力作。

(五)疑古派、史料派的方法论

疑古派,又称为“古史辨派”,以顾颉刚为主要代表,主张用历史演进观念研究历史,用近代科学知识和方法疑古辨伪,揭示历史真面目。傅斯年在治史上倡导“史学即史料学”的观念,以傅斯年为代表的注重史料研究的学者,一般称为史料派。部分中国法制史研究者,在疑古派和史料派的治史方法指导下进行学术研究。

“古史辨派”主张利用历史演进观念,大胆疑古,借鉴近代西方社会学、考古学的方法,进行史学研究。“古史辨派”的主要代表人物顾颉刚,提出了“层累地造成的中国古史”的观点,该论一出,引发了长时间的古史大论战。具体来说,1923年顾颉刚的《与钱玄同先生论古史书》在考察中国古代思想文化的源头时,系统表述了“层累地造成的古史说”观点,要点有三:时代愈后,传说中的古史期愈长;时代愈后,传说中的中心人物愈放愈大;即便不知道某一件事的真确状况,但可以知道某一件事在传说中的最早状况。“古史辨派”推翻了以往“三皇五帝”的臆造古史体系,对古史和古书进行了广泛的考证,对推进史学的近代化建立了巨大的功绩。

在“史料派”的代表人物傅斯年看来,只有以收集、掌握、分析材料为切入点,才能对历史形成真确的认识。因此史学家应该极其重视史料的搜索考辨,穷尽所能地致力于史料的发掘、梳理和考订,只有在整理好材料的基础上,才能使事实自明。傅斯年认为,研究史料的方法便是史学的研究方法,其方法论主要有两种:史料比较法和自然科学的方法。其中,傅斯年非常看重史料比较法,所谓史料比较法就是运用比较方法比较不同的史料。傅斯年认为,治史者只要能够“将各种性质、形式、来源与出现先后不同的史料作一比较,便可求得一事的‘近真’,诸事的头绪和关联”。①

“古史辨派”主张大胆疑古,用批判的态度考察古史。“史料派”注重史料的整理考证,注重比较方法的运用,对中国法制史学方法论都产生了重要影响。早期的中国法制史研究,囿于根深蒂固的国学观念影响,毫无例外地将唐尧虞舜时期的记载作为信史使用,在述及中国法制起源等诸多相关问题时,多从唐尧虞舜时代开始,还有甚者,将黄帝视为中国法制始祖。“古史辨派”对于古史和古书的辨伪成果,在为法史研究者提供了可资借鉴的基础以外,也促使法史研究者进一步关注和研究史料的真伪状况。陈顾远、杨鸿烈等研究者主张对述

① 许冠三:《新史学九十年》,岳麓书店2003年版,第248页。

古之辞保持怀疑态度,指出就法制起源问题,应从已得到考古验证的殷代开始;他们还主张,若要研究商代之前的法制概况,需要有确凿的资料作为支撑,而不仅仅是传统意义上的传世文献;此外,陈顾远还专门提到"史疑"问题,提出推测之辞、设法之辞、传说之辞均不可信的观点,反对妄言三代。受"史料派"的影响,杨鸿烈在考察中国法制历史时,使用了大量的法制史"主料"和"副料",邓广铭的《〈宋史·刑法志〉考证》也是该理论影响下的产物;另外,利用比较方法对史料进行分析的学者及学术成果也比比皆是。

(六)二重证据法

如前所述,所谓"二重证据法",就是运用地下考古材料与古文献相印证的方法考证古代历史。作为一种重要的治史观和治史方法,从学术渊源上看,乾嘉学派钱大昕利用碑刻史料与传世文献相结合的方法考证元史,可以视为是"二重证据法"的前身。"二重证据法"的产生,与 20 世纪上半叶中西文化交融以及新史料发现有密切的联系,是两者交叉作用下的产物。具体而言,一方面,19 世纪末期以来,伴随西学东渐,欧洲学者对考古资料的重视给中国学者以深刻的启发,再结合中国传统学术的史学考证方法,使王国维等学者能够在治史观念和治史方法上取得重大的突破。另一方面,随着清末民国时期考古学的发展,学者进行史学研究时,使用资料不再仅限于史料,学者也采取依靠出土文物,如甲骨文、汉简等资料,辅助史学研究的方法,并取得了一系列成果。王国维利用《史记》和其他历史文献与甲骨史料互相释证,于 1917 年撰写了《殷卜辞中所见先公先王考》及《殷卜辞中所见先公先王续考》两篇文章,对商王室世系作了总体的研究。实际上,这就是王国维成熟运用"二重证据法"所取得的重大成果。不过,当时王国维并没有明确地从方法论的角度对此予以说明。直到 1925 年,王国维明确指出:"吾辈生于今日,幸于纸上之材料外,更得地下之新材料。由此种材料,我辈固得据以补正纸上之材料,亦得证明古书之某部分全为实录,即百家不雅驯之言亦不无表示一面之事实。此二重证据法,惟在今日始得为之。"①,至此,王国维方正式提出"二重证据法"的概念。陈寅恪曾经概括"二重证据法"在 20 世纪初的发展,主要是采取将"地下之实物与纸上遗文"、"异族之故书与吾国之旧籍"和"外来之观念与固有之材料"互相参证的方法,考证古史。

"二重证据法"的主要价值,在于拓展史料来源的同时,承载了检验传世文献的功能。该种研究方法自然也被法史研究者接受,此后,在中国法制史研究

---

① 王国维:《古史新证》,湖南人民出版社 2010 年版,第 2 页。

中,研究者便运用"二重证据法"解决法制史微观研究领域中的某些实证问题,如杨鸿烈运用甲骨文考察殷商法律制度,杨鸿烈借助乾隆年间出土的西周时期的曶鼎铭文论述西周的民事法律制度,胡长清运用敦煌出土的开元律残卷考察唐律,陶希圣利用敦煌写本《水部式》研究唐代管理水流的法律等,都是"二重证据法"在中国法制史研究中有效运用的例证。

二、法学研究方法

(一)西方法学方法论的引入

晚清以降,伴随西学东渐,不仅西方学科体系引入中国教育领域,西方的人文科学和社会科学的研究方法也对中国产生了深远影响。具体到法律研究领域,清末的变法修律加速了西方法学体系和法学概念等在国内的传播速度,西方的法律话语迅速取代中国传统法律话语,西方近代法学研究方法的引入,渐次打破传统法律史的叙事模式和传统史学研究方法占据主导地位的法史学研究格局,并逐渐在民国时期的中国法制史研究领域占据主导地位。

实践中,法学研究模式主要是以西方法学概念体系为指导,采取多种研究方法进行中国法制史的研究。另外,需要特别加以说明的是,在中国法制史研究中,尽管法学研究模式和传统史学研究模式采取的是两种不同的概念体系,但是,并不意味着采用了法学研究模式的概念体系,就必然排斥具体的传统史学研究方法。

(二)法学方法论的具体运用

中国法制史初创时期,学者就已经开始运用西方法学概念体系研究中国法制历史。因此在此基础上,"接受现代法律训练的学者,更加自觉援用西方法律制度的知识类型与研究方法'重构'中国古代法律制度",①以法学理论体系和概念为指导,辅助以传统考据方法的法史研究模式,渐次成为主导性研究模式。现用四个学者的研究简单对法学方法论的使用进行说明。

1. 沈家本的研究

实践中,法学研究方法主要是借助西方法学概念体系对中国法制史进行研究。由于任何事物都要经历一个产生、发展的过程,而清末这10年恰恰是法学研究方法引入法史学研究的初级阶段。因此,相较于传统研究方法,研究者运用法学研究方法的效果稍显幼稚。

实际上,作为中国传统法律史研究的总结性人物和近代中国法制史研究的

---

① 徐忠明:《试说中国古代法律制度研究范式之转变》,载《北大法律评论》第4卷第1辑。

奠基性人物，沈家本在中国法制史的研究中，就已经开始利用西方法学理论和法学概念解释中国传统法制的部分内容。如沈家本在《九朝律考》中运用西方部门法体系、西方罪刑法定的法律原则、西方正当防卫制度等内容，解释中国传统法制的相关内容。然而从整体上看，沈氏只是在局部使用了西方法学概念，并没有以西方法学理论为指导原则研究法制史，其研究所运用的主体框架依旧属于传统史学范畴。或者说，沈氏的叙事模式仍然是在传统史学指导下，以王朝、事项为经纬，通过对汇集史料运用音韵训诂等知识加以解释以后，再以按语的形式阐明己见。

2. 梁启超的研究

和沈氏研究模式有所不同的是，1904 年梁启超撰写的《论中国成文法编制之沿革得失》则代表了另外一种方法，即在近代西方法学概念体系指导下对中国法律史学进行研究的方法。作为独立存在的学科，法学必定有自己独特的概念体系和研究方法，而利用西方法学体系、法律术语等建构中国传统法制则是法学研究方法的基本表现。

《论中国成文法编制之沿革得失》一文则是梁氏利用西方近代法学理论体系和法学概念研究中国法律史的尝试，"虽然梁氏也大量参考和引证历代正史、类书和政书，但是这些史料已经被剪裁、安排在一套现代社会理论和法律理论的框架之中，而获得了不同于以往的意义"。[①] 获取的与以往不同的意义主要表现在，梁氏利用法学理论体系以及西方法学概念术语进行研究，使用诸如成文法、习惯法、法典、单行法、法的渊源、法的体系、立法技术等近现代法学概念，频繁引用外国法学家如梅因、边沁、穗积陈重、织田万等的观点，以西方近代法制作为参照物，讨论中国旧法的缺陷所在。其与以往律学研究方法的不同一目了然，这种新的历史叙事方法也对后期中国法制史研究奠定了基础。

3. 杨鸿烈的研究

梁启超之后的另一位法学大家杨鸿烈，在其代表性著作《中国法律发达史》中，在各章内容的安排上，主要是根据现代西方法典体例编制的条目之下汇集史料的方式描述法律制度，这些条目主要是法典、法院编制、刑法总则、刑法分则、民法和法律思想等。该种知识分类明显是西方模式，写作模式通常是在西方法学部门法知识架构内纳入大量的史料，这种写作模式是中国法制史学科发展期的主流模式。

实际上，杨氏只是按照西方法学的分类体系，分门别类地整理了中国传统

---

① 梁治平：《法律史的视界：方法、旨趣与范式》，载《中国文化》2002 年 Z1 期。

法制的内容,尽管洋洋大篇,其功劳主要体现在以近代西方法学体系博辑传统法律史料上,缺少的是传统中国法制与西方法律体系之间的交流、中西这两种不同知识类型之间的沟通对话,也缺少了必要的学术反省。另外,用西方法学体系和法学概念诠释中国传统法律的过程中,也出现了牵强附会的流弊,如陈汉章,通过古籍中的"宪""成宪"说明中国古代存在宪法,有学者甚至认为,西方法学体系中所包含的部门法,中国古代全部都有。在对中西方法律制度没有真正理解消化的情况下,得出的结论自然值得怀疑。

4. 陈顾远的研究

与杨鸿烈的研究迥异的是,如果说杨氏的研究主要采取的方式是按照西方法学的分类体系,分门别类地整理了中国传统法制的内容,那么显而易见的是,尽管陈顾远也借鉴了西方法学体系、法学概念,但是他并没有利用这种西方的法学概念体系建构中国的法制历史,而是建构了一个中国传统法制的主体框架后,再利用西方法学概念体系说明这个中国传统法制框架。

之所以会出现这种区别,主要归结于陈顾远注意到了中西两种不同知识结构差异的问题,如果否定了中国的传统与西方之间的文化差异,完全以西方的概念体系架构中国的历史,牵强附会自然在所难免。事实上,并不是西方所有的制度中国早就有之,这是否定历史客观性的认识。陈氏正是注意到了中西的知识结构差异,才着眼于中西文化之间的交流对话。要借用西方法学的概念体系,但在借用时,并不是一味地套用西方概念体系,而是对传统法制的内容和西方法学概念体系进行比较分析,看两者之间是否具有同类性。实际运作中,陈氏在撰写《中国法制史》时,首先构建自己的叙述框架后,然后将恰当的西方法学概念体系融入既定框架之中。

相较而言,陈氏的法史研究更具有批判意识,更注重法史研究方法论上的自觉性。与以往研究者相比,陈氏并不是将史料简单分列于西方法学知识架构内,而是将史料进一步融入分析模式中去,这种叙事风格显得更为成熟。总体上看,单纯利用西方概念体系进行中国法制史研究,容易产生牵强附会的流弊,学者也对此进行了反思。反思并不意味对西方法学概念体系的抛弃,而是希望通过借用西方法学体系,结合中国传统史料,建构一个更符合中国历史事实的法学体系。陈氏的《中国法制史》《中国国际法渊源》以及郭云观的《中国国际私法沿革概要》均是该种努力的结果。

(三)比较方法的运用

就法学领域而言,没有比较的法学是狭隘的,勒内·达维德曾指出:"对不同地区的法制进行比较,其历史同法学本身同样古老。"①法学研究中对比较方法的运用也有悠久的历史。在西方法学概念体系的法学研究模式已经建立的情况下,在这种古今中外的法律用同一套体系概念描述的基础上,运用比较研究方法就显得顺理成章。另外,在法律交流、法律借鉴和法律移植日益频繁的环境下,比较方法也越来越受关注。

在中国法制史研究中,最常运用的比较方法是中西比较和古今比较、静态比较和动态比较。1923年冯承钧首次提出比较法制史的概念,冯氏在《中国法制史》中对列举的古罗马与中国家族制度、欧洲与中国封建制度等问题进行中西比较,这可以视为中西横向比较方法的运用;郁嶷在《中国法制史》中所运用的主要是中西比较,"中西法制之比较"一章即为明证;徐道邻在《唐律通论》中则结合两种比较方法,如"唐律之与现代法"的古今比较方法以及"唐律之与罗马法"的中西比较方法;杨鸿烈在《中国法律对东亚诸国之影响》中对静态的唐律及明律条文与朝鲜、安南、日本等国法律的对比,是横向比较的体现,也是静态比较方法的体现;瞿同祖在《中国法律与中国社会》中对不同时空中实际运行中的法律的考察,正是动态比较方法的体现。

无论是横向上的中西法律的对比,还是纵向上的古今法律的对比,无论是着眼于法律条文的静态比较,还是注重于法律实际运行的动态比较,都出现在了中国法制史研究中。通过比较方法的运用,能够从不同视角多方位地观察分析研究对象。此外,需要指出的是,作为一种方法论,比较方法并不是仅仅存在于法学研究方法领域内,在史学研究中也同样存在比较方法。

三、社会学研究方法

瞿同祖突破了中国法制史学的传统研究范式,将社会学研究引入中国法律史研究中,开创了中国法律史研究的新范式,即"法律社会史"研究范式。任何一个学者,其研究旨趣与研究方法都不是凭空产生的,都是在受到一定因素影响并在特定历史背景下形成的。下文就瞿氏中国法制史新研究范式的提出以及运用进行详细阐述。

(一)范式突破的前提

托马斯·库恩指出:"在历史条件和科学家集团的社会心理状态急剧变化的时候,旧的理论形态陷入危机,科学的发展就进入了从一件形态过渡到另一

① [法]勒内·达维德:《当代世界主要法律体系》,漆竹生译,上海译文出版社1984年版,第7页。

个形态的革命时期,最后建立起新的理论形态的常规科学。"[①]

20 世纪上半叶,西学东渐影响下的中国学术界,无论是史学研究领域、社会学研究领域,还是中国法制史研究领域,都不同程度呈现了托马斯·库恩所说的"急剧变化"和"旧理论形态陷入危机"的状况。史学方面,梁启超等人呼吁"史学革命",对诸如史学的范围、史学的功能、史学的研究进路等问题展开了一系列的讨论,史学发展处于新旧交替状态;社会学方面,作为舶来品的社会学自 1919 年"五四运动"后得以在中国迅速发展,学者也慢慢尝试用西方社会学研究范式研究中国社会;法学方面,如同美国法学家庞德所言的那样,19 世纪初期,"出现了各种社会学方法的综合,出现了各门社会科学的综合,出现了以考虑法律的作用为主,而不是以法律的抽象内容为主的功能观……以上出现的情况,逐渐成为了社会学法学家公认的信条",[②]换言之,法律社会史研究代表了法学发展的一种趋势;中国法制史方面,肇始于 20 世纪初期的中国法制史研究,发展至 20 世纪 30 年代,其奠基工作虽然基本上已告完成,然而其研究框架仍然停留以沈家本和杨鸿烈等为主要代表的窠臼之内,急需新鲜血液的输入。

正是这种新旧学术格局转变的背景,才为瞿氏法律社会史的新研究范式提出创造了现实可能性。

(二)瞿同祖法律社会史研究方法的渊源

瞿同祖自幼奠定的良好国学功底,在教会学校打下的坚固英文基础,系统正规的社会学训练,使其具有了跨学科研究的开阔视野和基本素质。另外,瞿氏在《瞿同祖法学论著集》序中提到,自己之所以对法律产生兴趣,主要是因为梅因等对其的巨大影响,加上研读了维纳格勒多夫的《历史法学大纲》,其对法律史的兴趣更为浓厚,后来又认真阅读了马凌诺斯基[③]的《蛮族社会之犯罪与风俗》、拉德克利夫-布朗的《原始法律》、哈特兰的《原始法律》等西方法人类学著作,使其有了撰写中国法律史著作的想法。这些因素都为瞿氏把社会学研究方法引入到中国法律史研究奠定了基础。具体而言,除社会学方法影响外,对瞿氏法社会学研究方法的形成影响比较大的因素,可归纳为下述几点:

1. 梅因历史法学的影响

瞿氏正是因为阅读了梅因的《古代法》和《早期的法律和习俗》,才对法律产生兴趣,梅因对瞿氏的重要影响不言而喻。梅因作为英国历史法学派的奠基

---

① 纪树立编译:《科学知识进化论——波普尔科学哲学选集》,三联书店 1987 年版,第 29 页。
② [美]庞德:《法律史解释》,曹玉堂、杨知译,华夏出版社 1989 年版,第 71 页。
③ 此处的翻译主要是依据瞿同祖的著述而言的,和目前的一般翻译,即马林诺夫斯基,不大一致。

者,其主要代表作正是1861年出版的《古代法》一书。梅因历史法学方法论的理论前提是进化论的历史法学,他认为世界的演化是单线过程,现代社会制度或思想能从早期找到依据,因此在《古代法》中梅因明确提出其研究古代法的目的就是说明人类早期的某些观念,以及这些观念与现代思想的联系;梅因在具体的研究范式中则强调历史材料的重要性和比较法律史的研究方法;梅因认为法律与社会之间有密不可分的联系,对法律史的梳理主要是通过分析社会观念等资料实现的。在《中国法律与中国社会》一书中,正是受到梅因等人的影响,瞿氏才把研究对象定位为中国古代的法律,而其写作目的是寻找传统法律的基本精神和特征,并在此基础上考察西汉以后法律的发展变化,这与梅因提出的世界单线演变过程有相似之处;瞿氏广泛利用正史、野史、小说中的法律资料以及法典、判例等法律文献资料,这与梅因的研究方法也相似;此外,瞿氏也指出法律不是孤立存在的,是社会共同作用的结果。瞿氏受梅因的影响可见一斑。

2. 功能主义学派的影响

1922年英国人类学家马凌诺斯基和拉德克利夫-布朗发表了《西太平洋的探险队》和《安达曼岛人》的实地调查专刊,把功能主义贯彻到民族学著作中,一般认为这是功能主义学派创立的标志。马凌诺斯基和布朗在学术上有许多不同之处:前者强调人类文化的功能分析,认为功能主义学说的目的"乃在了解文化的本质而非'进化的臆测'或以往历史事件的重造";①后者则在强调功能分析外,也主张对人类社会学进行"社会结构"的分析。功能主义学派在世界上产生了一定影响,20世纪30年代,燕京大学社会学系以吴文藻为首的学者翻译和介绍了功能主义学派的一些著作,并于1935年由吴文藻邀请拉德克利夫-布朗到燕京大学讲学,这也是西方社会学、民族学、人类学界学者第一次访问中国。师从吴文藻的瞿氏,自然也受到了功能主义学派的影响。根据功能主义学派的观点,瞿氏把西汉至清朝的法律制度作为一个整体看待,并进而把其作为社会的一部分,通过考察社会各个主要构成部分在整体中所占据的地位,探求对社会整体的理解。

3. "新史学"观念的影响

1902年梁启超发表《新史学》一文,自此掀起了一场"史界革命"。梁氏对史学及其功能进行了重新界定,扩大了史学的研究范围,提出了史学研究的新进路,指出史学的研究目的之一在于"求得公理公例"。刘师培、章太炎等人则非常重视用社会学研究历史的方法。瞿氏利用社会学方法对中国法律历史进

---

① 吴文藻:《功能派社会人类学的由来与现状》,载《民族学研究集刊》1936年第1期。

行研究，探求中国传统法律的“公理公例”，正是在传统史学到新史学研究范式转变过程中形成的，“与梁启超倡导‘新史学’以来的影响，社会史专题研究的拓展和深入都有着内在的思想逻辑关系”。①

（三）瞿同祖法律社会史研究方法的运用

和分析学派把法律视为一种孤立的存在不同，瞿同祖认为，法律不是仅仅停留在纸面意义上的社会规范，法律是社会的产物，是社会规范的一种，法律只有运用到实际社会生活中才能实现自己的真正价值，因此对法律的研究必须放到社会中去，应当在社会学方法指导下研究中国法律史。瞿氏横跨法学、社会学、历史学三个领域，开创了新的研究范式，即法律社会学研究方法，为中国法律史研究注入新鲜血液。下文以瞿氏运用法律社会学方法的典范之作《中国法律与中国社会》一书说明该研究方法的具体运用。

一是结构—功能分析法的运用。作为西方社会学的一个流派，结构功能主义认为，社会是具有一定结构或组织化手段的系统，社会的各组成部分具有不同的功能，并以有序的方式相互关联，对社会整体发挥必要的功能。一方面，社会是一个由不同部分组成的互相联系、互相影响的有机体，这些互相联系的各个部分正是社会结构的一部分。另一方面，对结构的分析主要是通过结构的功能分析进行。功能分析认为，社会各个组成部分都有一定的功能，由于各个组成部分并非孤立存在，因此各个组成部分功能的发挥，还要取决于与其他组成部分的协调。通过对社会结构，即各种社会现象的功能考察，可以认识社会。

瞿氏首先指出，法律是社会制度之一，中国古代社会作为一个有机体，其主要组成部分或社会结构还有家族、阶级、宗教等，法律与社会的关系极其密切，法律也会受到社会其他组成部分的影响。其次，任何社会的法律都是为了维护并巩固其社会制度和社会秩序而制定的，法律需要回应整体社会的需求。这是法律功能的体现，瞿氏的研究正是以法律的功能为核心的研究。再次，对法律的功能进行研究时，仅仅研究法律条文是不够的，还要关注法律的实效问题，关注所有法律规则在社会中的实际意义。“如果只注重条文，而不注意实施情况，只能说是条文的，形式的，表面的研究，而不是活动的，功能的研究。”②最后，就社会学中的功能主义方法看，强调的是整体的研究，追求的是大同与大异。因此，在瞿著中，通过把中国古代社会作为一个有机体，分析主要组成部分或社会结构——法律、家族、阶级、宗教等的内容和功能，通过法律与其他社会组成部

---

① 王健：《瞿同祖与法律社会史研究——瞿同祖先生访谈录》，载《中外法学》1998 年第 4 期。

② 瞿同祖：《瞿同祖法学论著集》，中国政法大学出版社 2004 年版，第 9 页。

分的比较,考察法律与其他社会制度是否存在共性。把中国古代自汉至清的2000多年的法律作为一个整体,广泛运用各种资料,关注历朝历代法律"不变"的因素,而并不是变化的部分,从而对中国古代法律的特征和法律精神加以研究。"这种观察和处理历史的方法,被认为是出自其社会学的功能主义立场。"①

二是瞿氏的法律社会学研究深受梅因历史方法论中比较法的影响。比较法是梅因历史方法论中的重要组成部分之一,在运用中,比较法往往是把一个或者几个国家的不同时期的法律制度进行对比,通过分析法律制度产生演变的过程,进而从更深层次上剖析法律制度的特征。在瞿著中也随处可见比较法的运用。例如,针对"巫蛊"行为,瞿氏首先比较原始习惯、希伯来法律、汉谟拉比法典、墨西哥法律、英国法律、非洲习惯法、美国法律的不同规定,之后将目光放在国内,对汉律、魏法、隋律、唐律、宋律、明律、清律的规定进行比较。

三是注重文献研究方法的运用。文献研究方法一般是指"对研究者不能直接接触的研究对象进行间接观察和搜集情报资料的方法"。② 按照材料学的观点,材料分为史证、实证、传证、引证等。传统中国法制史研究,在资料的收集和运用上往往强调史证,而忽视了其他材料的使用,如程树德的《九朝律考》,视野都集中在官方资料的汇编和梳理。在瞿著中,广泛运用各项材料,如法律规范、司法判例、经史文献、家谱、档案、野史、文艺作品等,通过对包括法律史、社会史、经济史、文化史在内的材料的运用,分析法在社会上的实施、古代法的实质等问题。

四是瞿氏还充分运用法社会学的个案分析方法。通过古代案例的大量引用和典型个案的研究,不但克服了西方法学话语的干扰,而且用众多的个案归纳总结一般性的原理,使论著显得更加具有说服力和真实感。

综上所述,瞿同祖横跨法学、社会学、历史学三个领域,开创的新的研究范式,即"法律社会史"范式,这不仅仅是20世纪上半叶绝无仅有的一种尝试,即便发展至今日,也很少有人超越其成就,这是瞿氏对中国法制史学研究最为重要的贡献。

---

① 梁治平:《法律史的视界:方法、旨趣与范式》,载《中国文化》2002年Z1期。

② 李其瑞:《法学研究与方法论》,山东人民出版社2005年版,第216页。

第三节　中国近代法制史学价值比较分析

一、古代的中国法制史学

整体上看，与学科形成后相比，古代的中国法制史研究主要有以下几个特点：

（一）以史学研究方法为主的范式

历史研究的目的之一在于重构历史的本来面目，基于史料的研究是达到该目的的一种途径。作为传统史学的一部分，受到史学研究范式的影响，传统社会的中国法制史研究所形成的研究范式便是：以史书和成文典章为史料基础，以史料罗列、源流考证为主要方法，研究前朝法律制度。

对史料的梳理和考证，是史学研究的重要组成部分。古代的中国法制史研究，对史料罗列的重视以及考据方法的运用，影响了后世一大批学者。不过，如果仅仅停留在史料的堆砌，而没有进一步的阐述和深入的分析，不能不说是一种缺陷。此外，传统社会在研究法律制度时，往往停留于文本叙述部分，对法律制度背后的思想渊源却很少涉及，这一点也是传统法制史研究的通病。

（二）以刑法为主要研究对象

古代的中国法制史研究主要体现在以下几个载体中：正史所设置的刑法志；九通中系统记录的中国历代典章制度的沿革；官修类书，如《北堂书钞》《艺文类聚》《太平御览》《册府元龟》《玉海》《永乐大典》《古今图书集成》等中的刑部；法典，如《唐律疏议》；私人著述，如郝懿行《补宋书刑法志》等；在一些文学作品中，如《白居易集》《欧阳修全集》《王临川集》等，也出现了有关中国法制史研究的内容。

由上可以看出，古代的中国法制史研究关注的主要内容仅仅局限于国家正式制度中的刑法部分。传统社会一般认为，法律是以皇帝为代表的统治阶级的意思表示，法律的历史主要就是法典的历史。在该种认识指导之下，中国法制史研究自然以正式立法、官方档案、正史实录类文献为主要资料，或者说这些内容构成了史料的主要组成部分。另外，"法即刑"的法律观仍然占据主导地位。因此，官方以及学者的中国法制史研究，往往从国家正式制度出发，进行刑法史的研究。这种研究的缺陷，便是诸如民间法研究、民法研究、经济法研究、行政法研究、国际法研究等的缺失。

此外，古代的中国法制史研究缺乏科学的理论和体系。注重研究的实用价值，即着眼于历史法律制度对该朝代立法、司法的借鉴意义。因此在中国法制史研究中,许多时候仅仅是为了叙述而叙述,缺乏科学的理论指导。此外,无论是有组织的官方研究还是分散的私家研究,可能对于某个时期的法制状况、某些法律制度的研究是充实的,但从中国法制发展沿革的整体上看,研究则显得凌乱破碎而没有体系。

(三)尚未形成专业的研究队伍

古代的中国法制史研究,最早要追溯到先秦时期。以专门形式系统整理中国法制史的尝试,则始于东汉班固的《汉书·刑法志》。班固修《汉书》时,首次专门设置"刑法志"的体例,叙述一代法律制度的发展演变过程。受此影响,之后的正史系统中不乏对历史法律制度的精要记述。中国自古便有尊崇历史的传统,汉代以后随着以解释法律为主的律学的兴盛发展,学者对中国法制史的研究就此逐渐展开。

众所周知,传统中国学术的主体是经学,律学研究虽有所发展,潜心从事律学研究的,仍代有其人,不过仍无法撼动经学的主导地位。在律学研究中,法制史研究也从来并非官方或私人律学研究的中心。

尽管传统社会的中国法制史研究存在诸多缺陷,不过站在当时的历史时空中,结合历史语境思维,也会产生一种"同情的理解"。在传统社会经历了数千年发展的中国法制史研究,也有其自身价值所在,其为近代中国法制史学提供了极其丰富的研究素材和方法论上的借鉴。

二、中国近代法制史学的贡献与局限

(一)晚清时期中国法制史学的贡献与局限

1. 贡献

(1)中国法制史学科的创建

前学科时期,[①]中国法制史研究,尽管只是规模宏大、包罗万象的史学一部分,如同沧海一粟,但也历经了几千年的发展历程,而且为近代中国法制史学科的形成和发展奠定了本土基础。

19世纪以来,在西学东渐的影响下,中国传统学术理论、架构悄然发生变化,传统学术体系向西方近代学术体系过渡之桥已搭建,近代意义上的中国学术分科体系随着国人对西学认识的深化而逐渐形成。传统学术向近现代学术的转型,实际上是从传统文史哲不分的"通人之学"向近现代学术分科的"专门

① 借鉴曾宪义、郑定编著的《中国法律制度史研究通览》一书中的用法,将强调"通人之学"的传统社会定义为前学科时期。

之学”转变,或者说是从传统的“四部之学”到近现代“七科之学”的转变。

以这种历史转变为契机,在清末新政的历史背景下,近代法政教育兴起。法政教育中,根据20世纪初期“壬寅学制”和“癸卯学制”的规定,在高等教育领域中开始设置有关中国法制史学类的课程。中国法制史类课程的设置,不仅仅是西方学术分科体系中国化进一步细化的表现,而且还标志着中国法制史学科的初步形成。

(2)研究范式的转换

回顾半个多世纪的发展历程,传统史学研究方法在中国法制史研究中仍占主导地位。但从趋势上看,对历史上法律制度的研究已有走向专业化的趋向。研究者已不满足于单纯注释律例或主要为司法适用的目的来探讨法律制度,而是在西学之影响下,怀着批判的精神进行研究。

如前所述,薛允升的《唐明律合编》可以说是中国历史上第一部有意识地专门研究前代法制的著作,它的意义即在于“标志着清代律学已由单纯注释提高到也有批判的境界”。[①] 实际上,这种批判理性不仅是中国法制史学学科属性的主要表现,也是学科创立所必备的科学精神之一。

除了传统研究方法,法学与史学相结合的方法也开始崭露头角。这种研究方法的运用可以梁启超为代表。戊戌变法前,梁启超便对学界疾呼“中国宜讲求法律之学”。应该注意的是,梁启超所言“法律之学”,无论从概念上,还是从研究方法上说,都已不是传统意义上的“法律之学”。在梁启超的研究中,以往附属于史学中的“刑法志”及附属于经学中的传统律学,都仅仅是新的法律之学的研究材料。梁氏是站在一个有别于传统,也有别于西方,同时又兼而有之的立场上,运用近代法学研究方法对中国传统法律进行重新整理研究的。这种新研究方法的出现,使中国传统法律的研究变得系统化、学理化,同时也为学科体系的确立提供了一种强有力的方法论支撑。

(3)研究领域的扩展及研究的局部深入

由于中国古代“刑”与“法”相通,所谓“灋,刑也”,因此无论是上溯法律的沿革,还是叙述本朝的立法,都是以刑法为中心的。即从研究领域上看,传统中国法制史学相对偏重的是刑法史的研究。但伴随着西学渐入,学界在传统研究的基础上形成了更广泛的研究领域,主要集中于断代法制史、法制通史、其他部门法制史、专题法制史以及法律文献史等多方面的研究。尤其是戊戌前后,日

---

① 吴建璠:《清代的律学及其终结》,载《法律史研究》编委会编:《中国法律史国际学术讨论会论文集》,陕西人民出版社1990年版。

趋严重的民族危机使救亡图存成为举国上下共同关心的头等大事。“法治救国论”的高涨,促使研究者不得不关注中国法律近代化问题的研究,他们从不同角度对该问题进行了深入而广泛的探讨,从而为中国法制史学研究注入了新鲜的血液,并赋予其救国图存的时代价值与社会价值。

当然,由于学者身处时代的限制,学术研究不可能全方位地展开,深度上也有所欠缺。即便如此,这一时期的研究者,仍对一些重要领域进行了深入研究,撰写了许多重要论著,推动了学术研究的成熟与转型。

现举一例略作说明。有关汉律的辑佚研究,到清代已达到一个巅峰。据笔者统计,在晚清时期,共出现五本相关著作,分别是张鹏一的《汉律考》、淡园的《汉诏令》、杜贵墀的《汉律辑证》,以及薛允升的《汉律辑存》和《汉律决事比》。其中:薛允升的《汉律辑存》以所征引书为排列次序;杜贵墀的《汉律辑证》按现代标准分类为刑事、经济、罪名、行政、杂。由于均属考据性成果,研究对象又大体一致,兼史料有限,上述编排体例的差异,仅仅引起排比次序的不同。但事实上,薛著是单纯史料钩沉,没有其他理论预设;杜著则在考证时认为,汉律的内容可以且应当以另外的一套体系来排列,只不过由于这样做出现了一批他所选择的概念体系无法涵盖的内容,因此将其归为杂类,以解决这一问题。总之,这些著述为汉律辑佚和考证的发展做出了重大贡献,同时也推动了中国法制史研究朝着学科化、系统化的方向发展。

(4)研究之集大成者的出现

研究之集大成者,可以从学者的角度来理解,也可以从论著的角度来理解。

晚清时期,中国法制史学尚处于前学科阶段,无论是从研究者的数量、研究课题的广度、研究成果的数量、代表著述的多少等方面看,都无法与民国时期百家争鸣、百花齐放的繁荣景象相比。但是,就在传统法制史学终结之时,出现了薛允升、沈家本、梁启超这样出类拔萃的中国法制史学家。

在中国法制史上,作为“陕派律学”的创始人,薛允升在有清一代法学家中的权威地位,早为时人推服。沈家本最为推崇的也是薛氏。薛氏一生潜心律学,所留著述甚多,影响力也极大。薛氏在研究中表现出的批判精神为传统研究注入了活力,同时,其对汉唐律的肯定及对现实法律的批判也为后世的研究者所推崇。所以,李贵连和黄静嘉先生对其评价是:“因袭传统,眷恋旧学,将一生心血尽付旧律,因而成为传统法学的殿后人。”①沈家本对传统法律的研究,在

① 李贵连:《传统法学的殿后人和殿后作——兼论〈读例存疑重刊本〉之价值》,载《法律科学》1992年第2期。

很大程度上受到薛允升的影响。

沈家本则被称为承前启后、汇通中西法学的冰人。沈氏良好的国学基础、刑部任职的经历、清末变法修律的参与,使其具有汇通中西的能力和开阔的视野。在沿袭传统的同时,突破了中国传统法制史研究的方法论,较早采用了西方法学理论学说和比较研究方法,在积极汲取西学的基础上,沈氏第一次全面、系统且有意识地对中国自传说中的唐虞时代直至清代几千年中的立法、司法各个方面进行了认真的考察,系统地研究中国历代法制。相较于前期法学家以及同时期法学家,这种更为开阔的视界和较高的高度,使沈氏当之无愧地成为传统法制史研究的总结性人物。同时,他的研究工作为近代意义上的中国法制史学科的形成创造了良好的条件。因此,在中国法制史学科的发展史上,沈氏毫无疑问是一个承先启后的重要先驱者。沈氏的《历代刑法考》作为第一部刑法通史著作,被视为整理中国法律史资料方面的带有总结性的著作,直至今日仍是研究中国法律史的基本参考书目。

梁启超则被称为"中国法制史的开山鼻祖",梁氏的《论中国成文法编制之沿革得失》是第一部由中国学者撰写的较系统的法制通史论著,奠定了中国法制史学科研究的基本框架。此外,梁氏还为中国近代法制史学研究提供了一种不同于以往的专门史的研究范式,正是这种研究范式为后世的法制史研究奠定了坚实基础。

此外,祝庆祺等的《刑案汇览三编》、樊增祥的《樊山判牍》和《樊山政书》、许梿的《洗冤录详义》均是该时期不同法制史研究领域的扛鼎之作。

2. 晚清时期中国法制史学的局限

(1)研究领域上的局限性

晚清时期,中国法制史学不仅研究成果数量相对有限,而且涉猎范围也相对狭小,研究领域呈现较大的不均衡性。

从宏观上看,学者侧重于法制通史和断代法史的研究。尽管在专题法史、法律文献史、历史案例汇编等方面,学者也展开了初步的研究,但从其倾注的热情、研究成果的数量等方面来看,仍然不能和法制通史研究和断代史研究相提并论。

从微观上看,通史研究中有关中国法制通史的研究成果并不多;在断代法制史方面,学者的研究集中于几个重要朝代,如汉代、唐代、明代、清代,而对于先秦、秦代、三国两晋南北朝、宋代等时期的研究则相对薄弱,究其原因,与资料多寡、该时期法制地位和清代文化高压政策等不无关联;在专题史方面,有关法律层面上的刑事领域、民事领域内的研究并不多。

(2)研究取向上的局限性

对中国法制史的研究取向,已有学者提出"事实描述"和"理论阐释"这对概念:事实描述是"承认或侧重于利用既有理论框架或纯粹立足史料本身所进行的考订史实、陈述事实的研究取向";①理论阐释则强调"通过研究、对理论体系的整体或局部进行重构,表现为对现象世界进行抽象性的理论抽象、因果阐释以及以此为基础的价值判断"。②

统观晚清时期中国法制史学的研究,主要侧重的是事实描述,而不是理论阐释。首先,作为一种"前学科时期"的研究工作,其主体是史学的一个附属部分,因而对法律制度的研究缺乏科学的理论和体系。在一些具体时代或具体制度上,研究是翔实、精审的;但从客观上看,这些研究是支离破碎的。其次,因为这种研究缺少学科的科学性和系统性,因而在大部分的研究工作中只是一些具体史料的堆砌,很少能够有学理性的综合和分析。即使在一些带有专业性质的著作中,理论分析的缺乏仍然是非常明显的。

从研究材料上看,传世典籍被广泛使用,而对于当时的出土资料,则很少予以运用,这不免是一个缺憾。

从研究方法上看,乾嘉考据法占据主流。以汉律研究为例,杜贵墀的《汉律辑证》和张鹏一的《汉律类纂》,尽管在史料钩稽上取得了骄人的成果,但在理论阐释方面,稍微欠缺。

(3)研究客观性的局限性

清朝末期时局动荡,以救亡图存为己任的社会精英,希望通过积极引进西方学术思潮以及改革国内学术思想,从中寻找适合国情的振兴进路。但在面对西学的强势涌入,许多研究者或者自惭形秽或者妄自尊大。无论是在哪种心态下进行的学术研究,都容易远离学术研究的客观性。

尤其是在有关中国法律近代化的研究中,研究者们往往掺杂着感情色彩。传统观念的历史惯性,帝国虚骄的难以克服,致使许多研究者往往把要输入和提倡的西学,说成是中国固有的。这种与西学作牵强附会之比附的做法,实在有悖学术研究的客观性。同时,不少研究者两种心态兼具:一方面,为摆脱危机必须批判、扬弃传统文化,广泛审视与摄取西方文明;另一方面,为克服危机又需要从传统文化中汲取营养,以维护和强化民族文化的自尊心。这样"二律背

① 王志强:《中国法律史学研究取向的回顾与前瞻》,载中南财经政法大学法律史研究所编:《中西法律传统》(第2卷),中国政法大学出版社2002年版,第60页。

② 同上书,第60~61页。

反”的困境,对他们的研究无论在深度、广度还是科学性上都有一定的影响。

总体而言,在中国传统法制史研究和西方法律文化的相互作用下,近代意义上的中国法制史学开始形成。经历半个多世纪的发展,中国传统法制史学已渐趋成熟,并逐步向近代中国法制史学迈进,其标志是研究范式的转换,研究领域的开拓和研究的局部深入,以及代表性著述的相继问世。然而,作为中国法制史学科的孕育阶段,晚清时期的中国法制史学也存在许多不足,如研究不均衡、理论阐释不够、研究相对缺乏客观性等。不过从整体上看,晚清时期的中国法制史学虽然发展相对缓慢,但仍然做出了那个时代应当做出的成就,不应为学界所忽视。

(二)民国时期中国法制史学的贡献与局限

1. 民国时期中国法制史学的贡献

(1)中国法制史学科学体系的初步形成

中国法制史学历经近半个世纪的发展以后,大致形成了学科的研究范围,确定了学科的研究对象,最终完成了中国法制史学科科学体系的初步构建。

现在一般认为,中国法制史学的研究范围很广泛。若从时间上看,则始自法的形成,终至研究者身处的年代;若从地域上看,则包括所有在中国境内的法律制度。民国时期的中国法制史研究者也都认为,中国法制史研究的是中国历史上的法律制度。然而,研究者在对“历史”的具体时间界定上出现了不同的理解,这种不同的理解表现为两个方面:首先,是“历史”的起点;其次,是“历史”的终点。就“历史”的起点而言,之所以会就该问题出现理解上的不一致,其根本原因在于对法律起源问题所持的看法不同。清末民国时期的学者囿于国学影响和考古文献的缺乏,因此在述及法律起源问题上,一般从上古谈起。杨鸿烈、陈顾远等人则认为这种看法是有问题的,法律的起源应该从殷商起算。不过,尽管对法律起源说持不同的观点,杨鸿烈在《中国法律发达史》中也论及了上古的法制概况。陈顾远则主张,在没有进一步考古证明以前,中国法制历史应从殷商谈起。但是总体上看,学界大多数学者主张“历史”的起点是上古时期。就“历史”的终点来看,尽管学者所处的时期有所不同,但是多数人的通史论著都在论及清代后结束,唯一的例外是杨鸿烈,杨氏用了九万多字论述民国时期的法制概况。因此,在学科的研究范围问题上,因受到学者身处时代的种种限制,只能说是大致上形成了始自上古、终自清代的中国法制史研究范围。尽管出现了理解不一的现象,但是这种不一致只是个别的。另外,学者的研究基本上都囊括了中国历史上的重要时期,如汉代、唐代、宋代、明代、清代等。作为学科基础建设中不可缺少的一个环节,研究范围的大致形成,其积极意义非常明显。

现在一般认为,中国法制史学的研究对象主要包括三部分内容,即各个历史时期的立法、司法以及法律思想。民国时期,在研究对象问题上,最终形成的认识是,凡是属于中国典章文物礼刑教化的内容,都是中国法制史研究的对象。中国法制史研究中,曾就中国法制史研究对象问题发生过争议,学者主要有两种不同的认识:一种是以陈顾远为代表的"以制统法"说,该说也被称为"大法制史"说;另一种是以朱方为代表的"以法统制"说。前者认为,中国法制史的研究对象不应该局限于法律这一个方面,凡是属于典章文物礼刑教化的内容,与"制"相关的,都应该包含在研究对象中,因此中国法制史的研究对象不应该仅仅局限于立法、刑法、民法、诉讼制度等领域,还应该包括政治制度、经济制度、宗族制度、婚姻制度等方面。后者则认为,中国法制史的研究对象应该以法律上的制度为限,凡是不属于讼狱律令内容的,都不属于中国法制史研究的范畴。尽管在早期中国法制史研究中出现了这番论争,不过发展至后期,学界基本上还是肯定了第一种观点。

(2)研究领域的扩展以及研究的局部深入

前学科的中国法制史研究,从研究领域上看,相对而言偏重的是刑法史的研究。民国时期,随着近代中国法制史学的形成,中国法制史学课程在法学教育中的普及,学界对中国法制史学的研究也渐次展开,并朝着深入化和成熟化的方向发展,以往的研究倾向性得到了纠正。从整体上看,该时期的中国法制史学研究,研究涉猎面非常广泛,主要包括了中国法制通史、部门法史、断代法史、专题法史、法律文献史、案例汇编等方面。中国法制通史的研究向来都是学界侧重研究的对象;部门法史方面,学者的研究集中在宪法史、刑法史、国际法史、诉讼法史、婚姻法史等方面;断代法史方面,学者的研究涵盖了夏商法制、周代法制、春秋战国法制、秦代法制、汉代法制、三国两晋南北朝法制、隋唐法制、宋代法制、元代法制、明代法制、清代法制以及民国法制等方面;专题法史方面,学者的研究则集中在法律起源、中华法系、刑罚制度、婚姻制度等方面。

随着中国法制史研究领域的不断扩新,学者围绕不同研究领域所进行的研究也形成了许多著述。由于学者身处时代的限制,学术研究不可能全方位地展开,在深度上可能也有所欠缺,尽管如此,该时期的中国法制史研究者针对中国法制史学科的一些重要的理论问题进行了深入的探讨考察,撰写了许多论著,客观上看也推动了学术研究的深入发展。现举一例略作说明,即关于中华法系的研究。学者除在通史类著作对中华法系进行阐述外，还发表大量的论文。其中，比较有代表性的著述有杨鸿烈的《中国法律对东亚诸国之影响》、居正的《为什么要重建中国法系》、薛祀光的《中国法系的特征及其将来》、丁元普的《中华法系成立之经过及将来》、程树德的《论中华法系》、蒋醴泉的《中华法系立法之演进》、陈顾远的《儒家法学与中国固有法系之关系》《家族制度与中国固有法系之关系》《天道观念与中国固有法系之关系》、尚爱荷的《新中国法系的重建与三民主义》等。这些著述分别从不同的角度和侧面剖析了中华法系，在清晰界定中华法系概念的基础上，肯定了中华法系在世界法系中的地位以及巨大影响力，提出了构建新中华法系的构思。对中华法系问题的深入探讨，对于中国法制史学科基本理论的形成发展起到了促进作用，也对后世的中华法系研究产生了巨大影响。

(3)名家辈出，精品迭现

民国时期被称为中国法制史名家的人物主要有董康、程树德、杨鸿烈、陈顾远、瞿同祖等人，这些名家的代表性著作也无愧于“扛鼎之作”的名号。

民国“四大法学家”之一的董康，作为中国最早的立法、司法工作者，其在中国法制史研究领域内的贡献往往容易被人遗忘。实际上，在刑法史问题上，董氏成果丰硕，代表性论著有《虞舜五刑说》《春秋刑制考》《科学的唐律》《唐律并合罪说》《清秋审条例》《集成刑事证据法》等；在中国法律教育史上，则撰写了《我国法律教育之历史谭》。总体上看，董氏在中国刑法史上的考证研究，尤见功力，也为后世提供了极大的借鉴。

毕业于日本法政大学的程树德，一生潜心学术，其代表作《九朝律考》勾勒出了中国传统法制的变迁沿革，作为系统整理传统法律资料的论著，填补了学术空白，对中国法制史学研究具有巨大的推动作用。

继沈家本、梁启超之后，民国时期的法学大家杨鸿烈为中国法制史学的奠基做出了杰出贡献。杨氏的《中国法律发达史》《中国法律对东亚诸国之影响》在其去世后被海峡两岸多次重印或再版。实际上，民国时期的法学著作汗牛充栋，然而被重印或再版的寥寥无几，杨氏的影响力于此处可见一斑。

陈顾远曾受教于程树德，学习历代律例与刑名。不过陈氏并没有局限在程氏的研究框架下，反而在更为宏观的学术视野指导下，采用全新角度研究中国法制史，撰写了颠覆以往中国法制史通史研究的《中国法制史》。与其他中国法制史学大家相比，陈氏是中国法制史领域内较早关注部门法史研究的学者，其本科毕业论文《中国古代婚姻史》即是明证。另外，在国际法史研究上，陈氏还撰写了《中国国际法溯源》一书。

出生于官宦之家的瞿同祖,自幼便对史学充满兴趣。在燕京大学接受的系统社会学训练,为其以后开创的“法律社会史”研究范式埋下了伏笔。瞿氏利用“法律社会史”研究范式撰写的《中国法律与中国社会》一书,打破了以往法制史研究的窠臼,是20世纪上半叶绝无仅有的一种尝试。即便放在现代社会,也是法律与文化研究所不能避开的经典之作。

2. 民国时期中国法制史学的贡献

(1)研究领域上的局限性

民国时期中国法制史的研究领域虽然宽广,但在实际研究过程中出现了研究的不均衡性。

从宏观上看,学者侧重于中国法制通史的研究。尽管在部门法史、专题法史、法律文献史、历史案例汇编等方面,学者也展开了初步的研究,但从其倾注的热情、研究课题的广度、研究成果的数量、代表著述的多少等方面看,仍然不能和法制通史研究相提并论。

从微观上看,断代史方面,学者的研究集中于重要朝代,如汉代、唐代、宋代、明代、清代等,而对于先秦、秦代、三国两晋南北朝等时期的研究则相对薄弱。之所以会出现针对某朝代的研究硕果累累,另外一些朝代则成果寥寥的现象,从客观上看,第一个原因是资料的多寡,第二个原因是该时期法的地位,第三个原因是学界普遍的史学观。实事求是地说,第一、第二个原因是能够理解的,但第三个原因则不可被接受。具体而言,就资料而言,囿于信史的缺乏,资料不但匮乏,而且真伪难辨,这些因素自然使对有些朝代如夏代、商代、秦代的法制研究受到影响。就法的地位而言,唐律的科学性不言而喻,学界对此深入研究自然不为过。就史学观而言,举例说明如下:传统社会存在的“尊周”观念对学界有很大影响,因此学者也非常重视对周代法制的研究;而与之相反的是,儒家思想从汉朝始,在传统社会便占据主导地位,深受法家影响的秦代自然是儒家口诛笔伐的对象,加上“暴秦”的观念深入人心,使学者很少对秦代法制产生研究兴趣。显而易见的是,不能因为学界或学者本身对某些朝代没有好感,就因此不去进行该朝代的研究工作。这也正是在断代法史研究中存在的局限之处。

(2)研究取向上的局限性

首先要说明的是,此处所说的研究取向,主要是从方法论角度来说的。总体上看,民国时期的中国法制史研究,更为侧重的是对事实的描述,而不是理论的阐释。

就前者而言，以杨鸿烈的《中国法律发达史》为例，观察其事实描述的研究取向。杨鸿烈的研究虽然根据外国现代法学概念体系进行框架构建，但其研究或侧重于史料的考订，或侧重于史料的罗列，而对于这些史料能说明什么问题、史料和论证的问题之间的关系若何、其实质究竟是什么，则在所不问，即重心都在于事实的陈述，而往往缺乏理论性的论证分析。必须要加以说明的是，并不是说根据西方法学概念体系进行研究，或者根据传统律学概念体系研究，其价值取向就会有所不同，已经展现出的例证表明事实并非如此。无论采取何种理论框架，最关键的因素在于，作者的目的究竟是什么，是罗列事实抑或是分析事实？如果目的相同，那么不管采用何种理论框架，都没有太大的区别。所以不能因为某些学者的研究视角是国际法，另一个学者的研究视角是汉律考，就此即断定前者肯定不是事实描述的研究，后者肯定属于事实描述的研究。而通过对民国时期中国法制史研究成果的回顾，可以明显地看到，以事实描述为研究取向仍然在中国法制史研究占据主导地位。

就后者而言，以瞿同祖的《中国法律与中国社会》为代表，该类著作侧重的并非事实的描述，而是在借鉴西方法学概念体系基础上，侧重于对研究主题的理论总结、规律探索、分析评价，注重对理论的阐释研究。而这一类著作，在民国时期，无疑是属于少数的。

事实描述与理论阐述，从对中国法制史学研究的贡献上看，尽管都有其价值所在，但是，以事实描述为研究取向的研究，尽管也可能实现对规律性的认识，然而"这种认知过程是分散的、直觉的、个体顿悟式的"，[①]这种认识不但过程缓慢，而且结论不容易被人理解，不利于研究的深入。另外，如果仅仅依靠事实描述研究，也不是不能进行理论的构建，但对研究者的个人素质提出了极高的要求。因此，从价值论的角度出发，理论阐述研究取向应在中国法制史研究占据主导地位。

因此，民国时期的中国法制史研究，从研究取向上看，包括对后世产生重大影响的著作在内的研究成果，多数都采用系统整理古代法制史料的方式，完成对事实的描述工作。对事实描述的侧重，理论阐释的匮乏，代表了研究方法论的不成熟，反映了该时期中国法制史研究的局限性。或者换种简单的说法，该时期的中国法制史研究，尽管在史料的考证、积累、整理上比较有成就，以史料

① 王志强：《中国法律史学研究取向的回顾与前瞻》，载中南财经政法大学法律史研究所编：《中西法律传统》（第2卷），中国政法大学出版社2002年版，第83页。

丰富见长，然而研究也仅仅是停留在此而已，理论性分析却相对阙如。

(3)研究客观性上的局限

首先，个人感情的过分介入。民国时期，欧风美雨影响之下的中国学术界，面对西学的强势涌入，许多学者或者自惭形秽或者自尊自大。然而无论是自惭形秽，还是自尊自大，在这两种心态下进行的学术研究，容易远离学术研究的客观性。传统的“国粹”观念仍然不同程度地停留在许多研究者的头脑之中，在论及中国传统法制时，存在一味提高传统法制价值的现象，如在中华法系的研究中，部分学者对中华法系的缺陷选择性“失明”，一味主张复兴中华法系。又或者由于高度民族自尊心的存在，使“外国有的，我们也有”的思想膨胀。如曹树钧在《中国周代陪审制度之研究》一文中，运用《周礼·秋官·小司寇》中所载“一日讯群臣，二日讯群吏，三日讯万民”以及“三刺”“三宥”“三赦”等史料论证周代存在并实施了陪审制度。然而非常明显的是，实际上并非外国在法学上有什么制度中国便自古就有之。因为感情色彩而抱持偏见，或者因为理解力欠缺而产生认识偏差，使在中国法制史研究中存在大量牵强附会、不尽客观的现象。

其次，历史情境的脱节。即便不存在这两种心理，在西方法律话语的霸权统治下，也经常能看到中国法制史研究中的牵强附会和不尽客观的情形。而之所以出现该种情形，是缘于研究者的研究脱离了历史情境。在西方法律话语统治下，许多研究者以西方法学的分类来构建中国法制历史，即将各朝代的法律分解为行政法、刑法、民商法、经济法等部门法体系。这种分类的缺陷在于，中国传统法制和西方法学概念体系是两种不同的话语结构，其文化基础、价值取向、体系结构、制度设计、思维模式等分属不同的体系，甚至存在抵触。对任何事物的研究，都不能脱离其所属的历史时代，中国法制史研究也是如此。以宪法为例，陈汉章以古籍中存在的“宪法”等为依据，说明中国古有宪法。穿凿附会如此，实在是谬以千里。另外，借鉴西方法学概念体系过程中，也存在因为对于西方法学概念并没有完全理解消化，从而产生认识或结论上的偏差。

三、中国近代法制史学的启示

在传统中国法律史研究与西方学术分科体系交互作用下，近代意义上的中国法制史学得以形成。经过了近五十年的发展以后，中国法制史学渐次摆脱了传统律学研究范式，在逐渐形成的多元化研究方法的指导下，最终完成了中国法制史学的学科体系构建，形成了学科研究范围并确定了学科研究对象，学术研究也达到了一定的水准。一大批具有开放性知识视野的中国法制史研究大家，从沈家本到瞿同祖，在敦实国学基础上，取得了斐然的成绩，为后世留下了许多扛鼎之作。然而作为中国法制史学科的初级发展阶段，近代中国法制史学也存在许多不足，如研究的不均衡性、理论分析的阙如、研究相对缺乏客观性等。不过从整体上看，经过了近半个世纪发展的中国法制史学，所做出的开创性贡献，足以彪炳史册，垂范后世。中国近代的中国法制史学可以为今天的中国法制史学发展提供可资借鉴的学术史资源和发展创新的进路。

（一）就研究群体而言

薛允升、沈家本、董康、梁启超、程树德、杨鸿烈、陈顾远、瞿同祖等一大批具有开放性视野的中国法制史研究大家，尽管在个体成长经历和治学方法上存在很大的不同，然而在学术渊源上却具有许多相同的因素。他们在学术渊源上的相同点主要表现为：自幼所奠定的良好国学基础；良好的知识储备，贯穿中西的学术素养；跨越时代和跨越学科的开阔性视野。

目前从事中国法制史学研究的学者，或者出身于史学，或者出身于法学。然而史学背景也好，法学背景也好，学者在进行学术研究之前，首先要明确一个基础问题，即中国法制史学的学科属性问题。20世纪上半叶的中国法制史学史，已经证明了中国法制史学是一门交叉学科，既具有史学属性，又具有法学属性。中国法制史学的双重属性，要求研究者一方面要站在历史的纵深角度，从历史出发研究法律，另一方面还必须要站在法学的高度，从法的角度研究历史。因此，中国法制史研究者必须尽力培养史学和法学的基础和功底，必须具备以下学术素质：国学基础；良好的法律知识储备；贯穿中西的学术素养；跨越时代和跨越学科的开阔性视野。

（二）就中国法制史研究取向而言

中国近代法制史研究方法论的演进主要经历了下述几个主要阶段：19世纪晚期20世纪初期，比较研究法也好，西方法学研究方法也罢，用传统“经学”方法解读中国传统法制仍是主流；发展至20世纪20年代，随着史学和考古学的发展，马克思主义历史唯物主义方法和“二重证据法”逐渐运用到中国法制史研究中；发展至20世纪30年代，杨鸿烈以及陈顾远，在梁启超中国法制史研究的示范下，以西方法学研究方法为指导，将中国传统法制架构到西方法学话语体系当中；发展至20世纪40年代，瞿同祖提出法律社会学的研究方法，提倡运用社会学方法以及人类学方法研究中国传统法制。

通过以上分析可以看出，中国近代的中国法制史研究，从以西方法学概念体系为指导的事实描述式研究,逐渐向以跨学科视角为指导的理论阐释式研究迈进。以跨学科视角为指导的理论阐释式研究,其代表著作《中国法律与中国社会》在今时今日中国法律史学界的地位,充分说明了该研究取向的价值所在。今天的中国法制史研究,延续了中国近代法制史学的主流研究取向,事实描述式研究至少占据半壁江山。研究的过多集中,应该引起学界的警惕,在此种情形下,今天的中国法制史学研究应该更加注重理论阐述式研究取向的采用。

第三编

中国当代法制史学的演进与思考

法制史是人类法律经验的历史,也就是以往的法制在历史上是怎样的一种存在,就是将法制的历史复原出来。法制史是法学的基础学科,它阐明了法学各个分科历史发展的源流关系。法制史学史则是研究法制史学发展的历史,是将法律当作一种社会历史现象来加以研究的科学。

中国法制史经历了100多年的发展历程,也曾是入世之"显学"。中国法制史学是研究中国法制史的一门学科,它立足于探索中国历史上的法律制度如何传承、发展与运行,以及其在维护社会秩序等方面究竟扮演怎样的角色等问题。可以说,中国法制史学已有相当的成绩。以中国法制史学为研究对象的中国法制史学史,作为一门学术专史,不仅能够清理、总结法制史学的遗产,叙述法制史学发展过程,更在揭示法制史学发展规律方面有无法取代的位置和责任。一个学科只有做到了这种自我总结、自我揭示规律,才能有更好的发展。

任何一门学科的发展,都离不开对自身发展历程的自省。当下,中国法制史学已经显得有些边缘化,学界也深刻认识到了这一问题,所以努力对此进行反思与求索,以期能找到突破困境和找到发展创新的进路。回顾发展历程,探索研究兴衰,多识前言往行,以鉴往知来,无疑具有重要意义。

中华人民共和国成立以后,按照苏联的法制发展模式,我国建立了社会主义法律体系。但在阶级决定论的思想指导下,强调国家和法权的阶级属性,阶级分析法成为权威研究方法,再加之受到法律虚无主义思潮的影响以及诸多的政治运动,新中国刚刚建立起来的法律体系被迅速摧毁。"文化大革命"十年对法治的摧残使法制史学也处于停滞阶段。1976年"文化大革命"结束后,学科重建的问题被提上日程。1979年9月在长春召开了中华人民共和国成立以来首次全国法律史学术讨论会,该学科开始恢复和发展。20世纪80年代以来,随着国家改革开放的进行,法史学者解放了思想,拓宽了眼界,在研究方法上也做了更多的探索。本书通过梳理这一时期中国法制史学科发展的过程,分析具有代表性学者的研究成果,探究学科发展的社会环境和制度条件,总结学科发展中的经验和教训,以期揭示中国法制史学发展的规律。

本书以时间为线,大致从20世纪50~70年代、80年代、90年代三个阶段进行具体的分析和研究。根据不同时间段的研究状况,三个时期被确定为蛰伏期(1949~1978年)、复苏期(1979~1989年)和发展期(1990~1999年)。每一阶段着重揭示本学科与当时社会环境、时代背景之间的关系,中国法制史学的发展特点,此时期中国法制史学的主要研究方法以及新的研究方法的引入,并对这一时期法制史学发展进行反思,探索其对中国法治进程产生的影响。

第十章　中华人民共和国成立后30年中国法制史学[①]

中华人民共和国成立后的30年，中国法制史的研究断断续续出现了一些研究成果，有些成果直至今天依然值得重视。

第一节　时代背景及研究概况

一、时代背景

1949年10月中华人民共和国宣告成立。不容否认，这是一次划时代的政治与社会变革。这一变革在学界的反映是：一方面，学术界的思想改造运动接踵而至，政治运动此起彼伏；另一方面，以马列主义理论为指导、用马列主义的研究方法从事各自学科的研究，成为那一时代相当一部分学者追求的时尚和信念。

在中国法制史的研究方面，学界在这一时期对前期的研究成果持彻底否定的态度。学界普遍认为，“法律既是经济基础的上层建筑而且又是巩固和发展经济基础的。因此，不同的社会制度和经济基础，就会有不同的法律和法学理论。我们同资本主义国家和旧中国的社会制度、经济制度是根本不同的，因而我们的法律制度和法学理论与他们应有根本的不同，否则就不能分清

① 此部分参阅了何勤华、王立民主编：《法律史研究》（第1辑），中国方正出版社2004年版，第197~207页。

敌我界线与新旧法的界线了……法学研究工作的跃进方向应当是创立中国自己的法学体系”。[①] 1956年中国政治法律学会的工作报告,只字未提中国法制史研究,[②]如《政法研究》杂志,直至1962年才刊登了潘念之的《“中国民国临时约法”的产生和被撕毁》、张晋藩的《剖析“中华民国临时约法”,吸取历史的经验和教训》等涉及法制史研究的文章。在研究方法上,视阶级分析方法为无产阶级革命者斗争的武器,该方法被绝对化。研究中国法制史的目的在于可以更系统、更彻底地批判它、肃清它,可以“恢复被旧的统治阶级歪曲了的历史真面目,以马克思列宁主义的观点正确地解释国家与法的现象,揭露它的阶级本质”。[③] 中国法制史成为政治类学科的附庸。

“文化大革命”时期(1966~1976年),中国法制史研究更是全面停滞。处处以阶级斗争为纲,既否定传统法学理论,又否定苏联的法学理论,把传统法制视为剥削阶级的法律制度扫进历史的垃圾堆,即使是批判性研究也停止了,中国法制史研究遭受重创。

二、研究概况

如前所述,这一时期,随着政治环境和社会环境的波动,中国法制史学经历了许多跌宕起伏。本部分把这一时期的中国法制史学研究简要地分为两个时期:1949~1966年的中国法制史学;1966~1978年的中国法制史学。

(一)1949~1966年的中国法制史学

1949~1966年,国家刚刚摆脱了动乱状态,社会经济恢复发展,在文艺方面提出了“百花齐放,百家争鸣”的开放政策,这在客观上为中国法制史学的发展创造了有利条件。在学科发展上,中国人民大学还培养了一批法制史研究生,充实了中国法制史学的研究队伍;各大院校还编著了中国法制史学教材和讲义,推动了中国法制史学的进一步发展。

这一时期,在中国法制史研究方面掀起了批判国民党“伪六法”的浪潮。伴随着对旧法的批判,建立在旧法基础上的旧法学也遭到了弃置,旧法学著作纷纷被限制,甚至被完全抛弃。

(二)1966~1978年的中国法制史学

这一时期经历了中国历史上的一场浩劫,中华人民共和国的法制建设和法

① 郑绍文:《同资产阶级政治法律思想彻底决裂法学研究工作来个大跃进必须彻底划清新旧法的界线》,载《法学研究》1958年第3期。

② 《中国政治法律学会工作报告》,载《法学研究》1956年第2期。

③ 萧永清:《学习中国法制史初探》,载《法学研究》1963年第3期。

学事业遭到巨大冲击,使法学研究遭受灭顶之灾。法律史研究生的招生和培养早已停止,中国法制史教育陷入全面停顿。中国法制史研究也处于停滞状态,甚至五年左右的时间没有一篇论文发表,没有一部著作、教材出版。直至1976年"文化大革命"结束,中国法制史研究才逐渐复苏。

第二节　研究内容

一、国民政府"六法"的研究

1949年2月22日,在新民主主义革命即将取得全国胜利前夕,中共中央发布了《关于废除国民党〈六法全书〉和确定解放区司法原则的指示》(以下简称《指示》),宣布彻底废除国民党"六法全书"。对新中国法制建设特别是法制思想来说,这是一个决定性的事件,"它确立了中华人民共和国法制建设的基础和出发点,其精神一直是新中国建立后法制建设的指导方针,对中国法制建设产生了极其深远的影响"。① 此后,相继有此类论文发表,如宋光和江振良的《国民党伪"六法"的反动本质》(载《华东政法学院学报》1958年第2期),等等。这类论文通过对国民党"六法全书"的深入分析,揭示了"六法"的反动实质,在今天依然有现实意义。

二、断代法制史的研究

(一)隋唐以前法制史研究

对隋唐以前法制史的研究主要有张晋藩的《关于李悝〈法经〉》(载《光明日报》1974年12月16日)、崔春华的《战国时期秦封建法制的发展》(载《历史教学》1962年第1期)、张政的《秦刑徒刑的考古资料》[载《北京大学学报》(人文科学)1958年第3期]等几篇文章。特别是崔春华的《战国时期秦封建法制的发展》是对秦代法制较为深入的探讨。首先,该文分析了秦代的立法状况,指出秦代的立法状况和商鞅以前的法律相比,无论是立法目的或者是法律内容,其广泛性和复杂性,都远远超过后者。这是因为社会发展情况的不同,在社会日常生活和国家事务方面,战国后期比战国前期要丰富和复杂得多,反映在法制上,也必然日趋广泛和严密。其次,法律是一种暴力手段,它始终是和刑罚结合在一起的。一般来说,刑罚的文明程度总是和社会的进步情况相一致的,在刚刚脱离奴隶制进入封建制的战国时期,在刑罚制度上保留着许多野蛮、残酷的

---

①　蔡定剑:《历史与变革——新中国法制建设的历程》,中国政法大学出版社1999年版,第3页。

刑罚手段。这首先表现在刑名之多,刑罚之残酷上。从古代记载来看,商周时期的五刑,即墨、劓、剕、宫、大辟,秦基本上承袭下来,并有所发展。秦的刑罚,不仅种类繁多,在量刑上也十分苛刻。在战国时代,法律发展,量刑上虽有法理等原则规定,但是由于审判权掌握在地主阶级手中,即使法律规定如何明确,他们也可以任意矫情枉法,也不可能凡事都得到公平的裁判,这就是封建社会冤案层出、滥杀无辜的原因所在。对此作者都做了具体细致的列举和分析。最后,作者对秦的司法机构、审判和诉讼制度也有翔实的讨论。在封建社会,立法权和司法权都是掌握在代表地主阶级最高统治者国王或皇帝的手中,所以司法隶属于行政,司法大权并没从统治权中分化出来,因此,无论是中央政府还是地方郡县,既是行政机构,也是司法机关。战国时代,秦也是这种情况。作者还介绍了秦的诉讼制度和诉讼程序,如审讯制度、检查制度、侦查制度等。这些在今天的研究者看来虽然已显老套,但在当时资料缺乏、前期成果缺少的情况下,作者仍选用了大量翔实的资料进行分析,是十分难能可贵的。

(二)隋唐法制史研究

对各朝代法制史的研究,总的来说并未全面深入展开。为数不多的几篇论文主要集中在中国古代法律较发达的隋唐时期,如韩国磐的《略论隋朝的法律》(载《历史教学》1956 年第 12 期)、王永兴的《关于唐代法律的几个问题》(载《历史教学》1957 年第 4 期)、戴克光的《试论唐律是中国封建社会的标准法典》(载《政法教学》1958 年第 1 期)、刘海年的《唐律的阶级实质》(载《历史教学》1966 年第 3 期)等。

早在 1956 年,韩国磐就曾撰文《略论隋朝的法律》,该文在阐明隋律进步性的同时,指出了"当时的律文与执行情况,还有颇大距离"。这是从中国法制史角度,分析隋朝的灭亡除经济、政治、暴政等原因外,法律制定与实施不统一也是其灭亡的原因。这和其后王天木、杨永华在《略论开皇律的地位和教训》一文中的分析是一致的。该文中,作者在充分肯定隋《开皇律》历史地位的同时,进一步从法律执行情况的角度对隋朝法制的教训做了较为深入的分析。作者指出,开皇中期,为了维护封建专制,隋文帝即开始背离自己制定的法律,尤其在其晚年,不仅自己带头破坏法制,"喜怒不恒","用法益峻",而且公开提倡法外用刑,使《开皇律》实际上成为一纸空文,损害了这部良法的进步意义。隋炀帝是个有作为的暴君,他所修订的《大业律》不仅大大减轻了刑罚,甚至做出了删除"十恶"重罪的大胆举动,但他实际上置《大业律》于不顾,继续在法外滥施刑威,造成隋朝的迅速灭亡。这种有法不依、法外用刑的状况,正是隋朝统治短暂的重要原因。

主要致力于隋唐研究的王永兴先生在隋唐法律方面也有建树。他的《关于唐代法律的几个问题》、《〈唐律〉所载“同居有罪相为隐”一语如何理解》(载《历史教学》1962年3月、4月)、《关于唐律疏议中三条律疏的修改》(载《文史》8辑,1980年)、《唐田令研究——从田令和敦煌文书看唐代土地制度中的几个问题》(载《纪念陈垣诞辰百周年史学论文集》,1981年)等文表明他对唐律已有较全面和深入的考察,这些论文不但有对唐律的宏观把握,而且也有对“同居有罪相为隐”等具体问题的深入理解。

戴克光先生是原北京政法学院“四大教授”之一(其他3位是吴恩裕、曾炳钧、严景耀),曾翻译《英国工业革命和宪章运动》一书,毕业于清华大学法学院。当时清华大学的法政教育正值迅速发展期,其实行通识教育,在专业课程上既注意国际问题,亦重视中国国情,培养了曾炳钧、邵循恪、张企泰、邹文海、王戆愚、王铁崖、龚祥瑞、楼邦彦、俞国华、戴克光等众多著名法学大师和优秀人才。戴克光先生的《试论唐律是中国封建社会的标准法典》一文,以丰富的资料试图以马克思列宁主义的观点方法阐明唐律——《永徽律疏》——不仅是中国封建社会中一部承先启后的标准法典,而且它影响到后来东亚各国的律制。他论证唐律所保护的封建特权,是专制主义君权、家族主义父权和身份主义官权三者的密切结合,也是一部完整的儒家理论的标准法典。

三、学科法制史研究

杨琪的《试论新民主主义阶段人民刑法的发展》(载《法学》1957年第6期、第8期)是这方面的代表作。该文主要对人民刑法的发展做了详细的梳理,把其划分为四个阶段:(1)第一次国内革命战争时期——人民刑法的萌芽(1924~1927年);(2)第二次国内革命战争时期——人民刑法的形成(1927~1936年);(3)抗日战争时期——人民刑法的继续发展(1937~1945年);(4)第三次国内革命战争时期——人民刑法逐渐趋向统一(1946~1949年)。该文写道:“我国人民刑法的发展,大体经过这样的阶段:在第一次国内革命战争时期,群众斗争方才开始,革命在反动统治下发展,这就决定了革命斗争的主要方式是群众的直接冲锋,不可能坐下来制定一套法律。但是人民群众在与敌人作斗争中仍然创造了一些保障革命斗争的规章和禁令。这是人民刑法的开始。到第二次国内革命战争时期,由于建立了工农民主政权,有了革命根据地,在客观需要和主观可能的条件下进行了各种立法活动,人民刑法在这个时期开始基本形成。随着日寇的大规模进攻,国内政治局势发生了极大的变化,人民刑法有了新的更大的发展,制定了一些新的刑法规范……更具规模。日本投降后,蒋介石集团又发动了全面的武装进攻,国内的革命战争全面爆发,这时人民刑法的主要任务也转向军事斗争。随着全国解放事业的完成,必须根除和破坏一切旧的反动制度,建立新的革命制度和秩序,恢复被战争破坏了的创伤。废旧立新便成为这个时期革命斗争的基本任务。经过三年的恢复工作,转向社会主义建设时期,随着革命斗争任务和形势的变化,我们就到了制订完备的簇新的社会主义刑法的时期了。"①

杨琪对人民刑法发展的考察和梳理,充分表明我国人民革命运动开始就重视法制,几十年来不但有刑法,而且经过长期的发展,并不能说没有法制。研究和分析刑法的发展,总结刑事斗争的经验,不但可以了解我国刑法的历史渊源,对于今后法制的加强和巩固也有巨大意义。

四、中国法制史学科建设的研究

中华人民共和国成立后 30 年,对中国法制史的研究除对学科内容的关注外,也有对学科发展本身的关注,这种对于学科自身建设的总结是有助于学科长远发展的。在这方面有戴克光的《关于研究中国法制史的几个问题》(载《人民日报》1956 年 12 月 30 日)、李祖荫等的《中国法制史问题座谈会发言摘要》(载《政法研究》1957 年第 1 期)、王绍仪的《法学界座谈关于中国法制史的几个问题》(载《光明日报》1957 年 2 月 4 日)、《上海政治研究所整理中国法制史资料》(载《人民日报》1962 年 6 月 3 日)、肖永清的《学习中国法制史初探》(载《政法研究》1963 年第 3 期)、宋光和江振良的《"大世界"与法制史研究》(载《解放日报》1964 年 4 月 3 日)等论文发表,这些论文主要集中在对中国法制史的命名、学科研究方法、史料的收集和甄别等方面给予指导。在 1956 年中国政治法律学会召集的一次关于中国法制史的座谈会上,与会者热烈地讨论了学科的名称、研究资料的汇编、研究方法的革新等问题。特别对于学科名称的研讨,基本在这次会议上才初步确定采用"中国法制史"的名称。

五、其他研究

(一)中国传统立法、司法、法医学等问题研究

除对中国法制史传统研究对象的把握外,还有一些学者关注了中国传统立

---

① 杨琪:《试论新民主主义阶段人民刑法的发展》,载《法学》1957 年第 3 期。

法、司法、法医学等问题,陈光中的《我国古代刑事立法简述》(载《政法研究》1963年第4期)、马锡五的《新民主主义革命阶段中陕甘宁边区的人民司法工作》(载《政法研究》1955年第1期)、高树异的《中国革命各时期的土地立法》[载《东北人民大学学报》(人文科学版)1956年第4期]、仲许的《中国最早的一部法医学——〈洗冤录〉》(载《华东政法学院学报》1958年第2期)等是其代表。特别是陈光中的《我国古代刑事立法简述》一文深刻指出,古代丰富的刑事立法表明历代封建统治者是相当重视刑事立法工作的,同时,此文详细梳理了中国封建法制的波浪式发展过程及逐渐完备的状况。作者梳理了中国古代法律从法经—秦律—九章律—魏律—晋律—梁律—陈律—北魏律(北周律、北齐律)—隋律(开皇律、大业律)—唐律—宋刑统—元典章—明律—清律这样一个线性发展过程,对今天深刻认识古代刑法的发展仍是有现实意义的。作者指出,中国封建统治阶级一方面相当重视运用法律来实行专政;另一方面却从来没有以此来束缚住他们自己的手脚。

对研究方法的探讨,普遍集中在马克思列宁主义的思想指导、辩证唯物主义和历史唯物主义的方法启示上,当然这些方法在今天依然是适用的,但在当时的历史条件下,阶级分析法在学术上的滥用已是不争的事实,这些都是我们今天应引以为戒的。

(二)国外研究状况

1. 日本

一直以来,日本学者基于丰富的基础资料,他们得以对各方面法律制度做深入细致的研究,特别是在基本史料、文献的整理和译注方面,典型的如对《唐律疏议》的译注。唐律研究会曾于20世纪50年代出版过《唐律索引稿》,其后,又出版了律令研究会编《官版唐律疏议》。日本学术界从20世纪70年代开始,更是组织了一批资深法史学者着手翻译注释这部中国现存最早的重要法典,滋贺秀三的《唐律疏议译注篇(1)〈名例〉》于1979年问世。此后,八重津洋平的《职制律》、滋贺秀三的《户婚律》、奥村郁三的《斗讼律》也相继出版,与仁井田升的《唐令拾遗》及其弟子的《唐令拾遗补》等共同开创了对唐代律令研究的新境界。①

2. 其他

1967年美国出版的德克·布迪、克拉伦斯·莫里斯的《中华帝国的法律》一书,至今仍是中国法研究领域的经典之作,也是在海内外学界有深远影响的

① 李泽岩:《浅谈日本学者研究中国法制史的得与失》,资料来源中华法律文化网。

著作。该书选择了《刑案汇览》中的大量案例并附有注释，以此为基础介绍并分析中国传统法律的基本内容、发展轨迹以及国家法典在实际司法实践中的运行状况。对注重案例法的美国学者来说，此书的分量可想而知。著作以课堂讲义及材料整理而成，体现出教科书的特点，但又没有中国式教科书的程式。

虽然《中华帝国的法律》完成已有半个世纪，但作者在资料选取、论证方法等方面的创新仍值得借鉴。

第三节　重大事件及争鸣

在1949~1978年，中国法制史学领域发生的重要事件及学术争鸣，深刻地影响了这一时期中国法制史学的发展和走向。

一、重大事件

（一）苏联法学进军与中国法制史学

中华人民共和国成立之初，法学研究理论准备不足，法学研究人才相当匮乏，中国要建立自己的法学体系，只有借助外来的力量。基于当时中国与苏联的密切外交联系，苏联法学开始渗透中国。

苏联法学主要通过三个渠道影响中国法制史学：苏联来华法学专家授课、向苏联派遣留学生和苏联法学著作与教材的翻译。[①] 从苏联来华的法制史方面的专家是瓦里雅赫梅洛特夫，他主要在中国人民大学法律系国家与法的历史教研室工作，他的著作《俄罗斯国家与法的历史和苏维埃国家与法的历史》也成为当时重要的译著。这虽然是一部外法史教材，但它“国家与法”的编写体例，却长期影响了中国法制史的编写体例。中国向苏联派遣的留学生虽然大部分并不学习法学，但在少部分人中，仍有在法制史领域学习研讨者，并且回国后持续进行法制史研究工作。

总之，在中华人民共和国成立初期，中国法制史学打上了深深的“苏联烙印”。

（二）“厚今薄古”讨论与中国法制史学

1958年3月10日，陈伯达在一次会议上作了题为“厚今薄古，边学边干”的报告，此后在整个学术界掀起了“厚今薄古”的讨论。

1958年4月18日，在上海召开了一次法学界座谈会，专门讨论“厚今薄古”

---

① 参见何勤华：《中国法学史纲》，商务印书馆2012年版，第369页。

方针。会议大力批评把过多精力放在古代法律上的“厚古薄今”的行为,认为主张“旧法继承”的观点是右倾的、错误的。它与新中国开展的批判旧法运动是一脉相承的,这种对传统法律的一味批判,歪曲了中国法制的历史,对中国法制史,特别是中国古代法制史研究造成极大扭曲,也挫伤了中国法制史学研究的积极性。

(三)“评法批儒”运动与中国法制史学

20世纪70年代,“四人帮”为了达成其政治野心,导演了“评法批儒”这出闹剧。儒家与法家本是先秦两个重要的思想流派,其思想也是两个流派的治国方略,传统的儒法之争,也是正常的治国方略之争。但在“四人帮”的神话下,法家仿佛成了中国古代一切先进力量的代表,他们甚至把荀子、刘邦、曹操、诸葛亮、王安石、张居正等都划入法家;儒家则是没落贵族的代表,是守旧的、落后的、反动的。这种政治闹剧严重背离了学术研究的根本,随着“文化大革命”的结束,自然遭到学者们的一致批判。

二、重要争鸣

(一)关于中国法制史学科名称的争鸣

在中华人民共和国成立初期,就中国法制史学科的名称问题,在学术界展开了充分讨论。一派认为,继续沿用传统的“中国法制史”名称,因为这一名称沿用已久,已是约定俗成,其内容也已包含“国家与法权历史”的内容,没有改换名称的必要,其代表学者有肖永清、张国华、吴恩裕、张晋藩等。而另一派则主张使用“中国国家与法的历史”这一名称。因为这一名称突出了国家的地位,先有国家后有法权,其代表学者有李祖荫、罗耀培、戴克光等。

这场争鸣在20世纪50年代落幕,其结果以“中国国家与法权历史”一派获胜,“中国法制史”这一名称一度消失于视野中。但在20世纪60年代以后,随着苏联与中国关系的恶化,“中国法制史”的名称再度出现并沿用至今,这并不仅是简单的称谓的改变,也是学科研究方法的改变。

(二)关于现存唐律的版本问题的争鸣

现存的《唐律疏议》究竟是《永徽律疏》还是《开元律疏》,一直是法史学界争论的一个重要问题。这一争论早在19世纪末就开始了。主要以仁井田陞为代表的日本学者,经过考证,认为《唐律疏议》是《开元律疏》。在1949~1978年这一时期,此问题重现。主要是以叶孝信、杨廷福为代表的学者主张《唐律疏义》是《永徽律疏》。

第十一章　20世纪80年代中国法制史学[①]

20世纪80年代，中国法制史学在经历了长期的蛰伏、蓄积期之后，开始步入正轨，经历缓慢恢复和发展，并结出了丰硕的果实。

第一节　中国法制史学的发展环境

20世纪80年代中国法制史学的恢复和发展，既是社会主义民主法制建设的缩影，也是学者们不断努力的结果，是当时学科建设与社会环境发展的必然要求。

一、中国法制史学的发展环境

（一）中国法制史学发展的社会环境

党的十一届三中全会拉开了改革开放的序幕，围绕发展经济、推进现代化建设的目标，在教育方面狠抓落实，重视人才的培养，发展知识经济，在此基础上开展了以“拨乱反正”为口号的社会动员与社会重整，对文化的发展，尤其是法学领域的发展起了极大的推动作用。20世纪80年代中期，在我国大陆出现了引人瞩目的“中国文化热”。从根本上说，文化热潮是时代的必然产物，它对于新时期文化理论建设，对于新时期文化生

---

① 本章的引述，部分摘引了华东政法大学王安廷和陈艳的硕士毕业论文等若干资料，特表谢忱。

活和文化事业的发展，对于社会主义精神文明建设，对经济、政治和社会各领域的全面改革，都具有积极的、深远的意义。文化大讨论，不仅把许多重大理论问题提到了人们面前，而且扩展到地区性和全国性的文化事业发展问题的研讨，引起全社会对文化问题的重视和兴趣。由于文化讨论的影响和社会的实际需要，文化问题迅速扩展到社会生活的各个方面，提出诸如城市文化、乡镇文化、社区文化等诸多理论与实践问题，出现了文化的空前普及。对人们文化素质和工作水平的提高也具有深刻意义。法学界从1986年开始了"法律文化"的研究，适应了现代化建设对于学科间交叉与综合研究要求的趋势。[①] 对中国传统法律进行文化阐释，试图超越一维的立法层面，从法文化演变与变迁的视角来深入解读中国法律的传统与近代转型。

（二）中国法制史学自身的学科建设

"文化大革命"结束后，1979年在长春召开了中国法律史学会成立大会，会上集中讨论了学科重建问题，确定了中国法制史学术研究的中国特色，把学科的名称定位为"中国法制史"已经得到了普遍的承认。这次学术讨论会首开法制史学术研究突破政治束缚的风气，逐渐把中国法制史的研究作为一门科学学术来研究讨论，这同1979年以前所有时期相比，都是一个非常重要的进步。[②] 其主要表现是中国法制史学会成立，中国法制通史等一大批专著问世，被取缔的政法院校及研究机构恢复及重建，有影响的法学学术刊物有数十家之多，中国法制史的研究及学科建设开始步入正轨。

1983年8月，古都西安举行了以"法律史研究与建立具有中国特色的法学"为中心议题的第二届年会。代表们认为，建立具有中国特色的法律史学，首先，要以马克思主义为指导，在提高理论水平的基础上，继续重视历史典籍的整理工作，同时加强对我国近代史和革命根据地法制建设的研究；其次，要坚持实事求是的原则，提倡学术讨论和争鸣；再次，要深入探讨和把握中国法制史的本质特征和民族特点，不要简单地用外国或今人的概念去套用；最后，注意汲取现代科学发展提供的研究方法，系统地、历史地、客观地开展研究，在分头研究的基础上，开展更多的合作和交流，为建设具有中国特色的社会主义法学和法制做出应有的贡献。[③]

---

① 洪明：《澄清是非开拓前进——反思80年代"文化热"》，载《文艺理论与批评》1991年第4期。

② 曾宪义、郑定编：《中国法律制度史研究通览》，天津教育出版社1989年版，第45页。

③ 参见《中国法律史学会召开首届年会》，载《法学杂志》1983年第5期。

1986年在合肥召开的第三次中国法律史年会上,成立了全国性的中国法制史学术研究机构——中国法制史研究会,中国法制史学的发展又迈出一大步。这次会议有来自全国的150名代表参加,与会者就法律史的地位、法律史的研究方法等问题展开了热烈而广泛的讨论。

1987年7月在昆明召开了中国法制史研究会首次学术讨论会,这次会议主要针对古代法制改革的成败得失进行研讨。与会代表一致认为,中国古代法律制度改革并非偶然,它是社会政治、经济矛盾发展到一定阶段的产物,且都是在以自然经济为主导的状况下进行的,受到君主专制制度的制约和宗法等级观念的羁绊,始终围绕着强化皇权这一轴心运行。在总结改革得失的同时,代表们还认真地分析了古今改革的实质差异:"尽管历史上的改革取得一定的成功,但同时也必将带来重大的弊端。当今的社会主义改革事业是在先进思想和先进政党领导下进行的有史以来最宏伟的事业。因此,二者之间无论是出发点还是归宿都有根本上的不同,只有分清这一点,才能更有针对性地借鉴历史上的改革经验。"①

总之,这一时期的法制史学科动向受到整个学界的关注,可以说,这是该学科自20世纪初形成以来百年间最为荣耀的时期。这一荣耀在很大程度上和当时的社会需求有关,当时的社会刚刚经历了一场"文化大革命",而"法制缺失"正是那场浩劫形成的主要原因。在法制处于"一穷二白"的状况下,经过全国人民代表大会常务委员会对1978年以前颁布法律的清理,其中134件法律和有关法规重新认定,宣布已经失效的有111件,也就是说81%已经失效。② 当时也只有法制史学能担当起兴盛法学的历史重任。

(三)其他学科对法制史学的影响

法制史是历史的一部分,是古代社会法制发展的过程,对它的研究不可避免地涉及考古学、历史学和社会学的内容,同时它们的发展也促进了法制史学的发展。

1. 考古学。考古发掘的文字资料虽然因埋藏久远而有所缺失,但却最大限度地保留了当时的历史原貌,有相当大的可靠性。其不仅可与文献资料相互印证,且能弥补后者的不足,纠正其中的错误。近百年来,在对文物考古资料的研究中,甲骨文、简牍文书等越来越引人注目。战国、秦汉时期是我国封建法制的形成和发展时期,长期以来由于资料匮乏而难以对其进行深入研究,考古资料

---

① 郭成伟:《中国法制史学界重视古代改革得失研究》,载《比较法研究》1988年第1期。

② 信春鹰:《中国法律制度及其改革》,法律出版社1999年版,第19页。

的发掘极大丰富了这一领域的研究资料，尤其是云梦秦简、张家山汉简的发掘、整理公布后，法制史学界立即掀起了研究秦律、汉律的高潮。不过，文物资料整理速度缓慢是妨碍研究进一步发展的重要因素。“我国迄今出土简牍已逾20万枚，但已整理公布者仅是其中的极少部分，使大多数研究者无法了解其内涵。”①所以，加快对考古资料的整理将进一步推进这一领域法制研究的发展。

2. 历史学。20世纪80年代初始，史学理论研究领域兴起了一阵方法论热潮，其主要内容就是讨论多学科方法的引入问题。梁启超在他的名著《中国历史研究法》以及《新史学》等著作中，详细阐述了历史学的研究方法，强调历史发展脉络和因果关系，这一思想被法律史学所接受。② 运用历史比较方法，通过对不同时期或不同地域的历史进行求常求变或求同求异的比较研究，在法制史的著作中也颇为常见。例如，王清云编著的《汉唐文官法律责任制度》③一书分三章，即封建文官法律责任制度概述、两汉文官的法律责任制度、唐代文官的法律责任制度，通过比较分析获得对我国人事制度改革所具有的借鉴意义。历史学方法的运用对法制史的研究产生了极大的影响。

3. 社会学研究方法的借鉴。这种研究方法注重法律的社会功能及其价值，而不在于考证具体制度。例如，朱勇的《清代宗族法研究》，④作者以清代的宗族法为考察对象，从政治、经济、思想、文化等方面对其社会作用做了有益的探讨。

二、境外法制史学对中国法制史学的影响

（一）我国台湾地区法学的影响

1979年随着高考制度的顺利恢复，大江南北的万千青年重新拥有了汲取知识的机会，开始陆续步入大学校园，接受高等教育。全国各地的法学高等院校的莘莘学子，投身到法学基础理论学科与各部门法学的学习与研究当中，逐步揭开法学领域研究的高潮。但是，由于十年“文化大革命”造成的知识发展的停滞，浩劫甫息，百废待兴，出现了学生们渴望读书但却无书可读的情况，书籍资

① 曾代伟、郑军：《二十世纪简牍文书法制研究的回顾与展望》，载汪汉卿、王源扩、王继忠主编：《继承与创新——中国法律史学的世纪回顾与展望》，法律出版社2001年版，第91页。

② 林乾：《学科体系、研究方法与文献利用——中国法律史研究突破路径之浅见》，载张中秋编：《法律史学科发展国际学术研讨会文集》，中国政法大学出版社2006年版，第236~237页。

③ 王清云：《汉唐文官法律责任制度》，中国人民大学出版社1989年版。

④ 参见朱勇：《清代宗族法研究》，湖南教育出版社1987年版。

源的匮乏成为学术领域深入研究的阻碍,法学研究资料的极度匮乏也成为当时为数不多的法科院系的共同难题。由此,我国台湾地区法学家们的各类著述开始进入祖国大陆法学教研中。

(二)日本法学的影响

20世纪80年代,日本对中国法制史的研究取得了长足进展,研究范围进一步扩大,新的研究领域不断开拓,对法史资料的整理、翻译、校订、考证等基础研究成绩突出。除依据各代传世文献的记载对各方面法律制度做深入细致的研究外,还有一些学者专门在实物资料(如出土简牍、敦煌文书等)方面进行整理与研究。在此基础上,法制通史、断代法史、部门法史、法典编纂史等各个方面,凡是属于中国法制史以及相关联的许多领域几乎都有所论及,并取得若干成果。这些成果对当时甚至现在的法制史研究都具有借鉴意义。

(三)欧美苏等法学的多方影响

在这一阶段,对于西方法学,特别是英美法学的介绍和翻译,构成了20世纪80年代以降中国法学的重要环节。同时,比较令人欣慰的是,在大力了解英美法系的同时,中国法学界并未停止对于"苏东"法制和法意的介绍与研究。而且,随着外语语种的增多,对于德、法、意等欧陆法律文明的研究亦逐渐受到应有的重视,避免了非"苏联"则"英美"的视域的单向。

除了对国外著作的介绍和翻译,中国学者也加强了对外的学术交流。1981年6月韩幽桐率中国社会科学院法学考察团赴日本访问,紧接着,以滋贺秀三为团长的法制史专家访华团回访了中国。① 中国法制史学界与美国、英国、法国、日本、澳大利亚、韩国等都建立了广泛的学术交流关系。其中,影响较大的有1984年4月由中国社科院法学研究所和华夏研究院法律文化与法律发展战略研究所举办的"中国稀见法律史料国际学术讨论会",会后还出版了中国法律史国际学术讨论会论文集。② 此外,日本学者的论文也被译成中文发表在刊物上,如池田温的《隋唐律立与日本古代法律制度的关系》(载《武汉大学学报》1989年第3期)、池田雄一的《论中国古代法制的发展:中国古代的法和国家》(载《中国史研究》1989年第2期)等。

---

① 参见[日]冈野诚:《中国对唐代法制史研究的现状》,张邻译,载《中国史研究动态》1983年第11期。

② 参见俞荣根:《大陆中国古代法律史研究概述》,载《现代法学》1995年第4期。

第二节　中国法制史学研究领域的拓展

关于中国法制史的研究对象问题,不少学者都进行过一定程度的讨论。韩延龙、刘海年在《关于法制史的研究对象和方法问题》一文中对此作了归纳:"第一,把法制史理解为法律编纂史或法律沿革史;第二,把法制史理解为国家制度、政治设施和法律制度的演变史;第三,研究对象既包括法律制度,也包括国家一系列的具体制度,如选官制度、田赋制度、货币制度、土地制度;第四,把法制史理解为各种法律制度的历史部分的综合或专题汇编;第五,把法制史理解为探讨刑法的制定、内容、沿革及其对后世的影响。"①1979 年中国法制史学会成立时集中讨论了法制史研究对象问题,会后取得了一致意见,即"中国法制史的研究对象就是中国法律制度的产生及其发展过程中的实质、特点、作用和规律"②。但一致意见并不等于定论,随着社会形势和学科建设的发展,关于中国法制史的研究对象也在不断扩展。

一、对通史研究的拓展

重视通史的研究和编纂是中国史学的传统,同样,重视中国法制通史的研究和编纂也是中国法制史学的传统。十年"文化大革命"期间,各政法院系先后解散,教师和科研队伍严重流失,致使中国法制史学的研究完全陷于停滞。1976 年"文化大革命"结束后,百废待兴的局面使学科重建的问题提上日程,此时期的著作多以法制通史和教材为主,因此,法制通史成为研究这一时期法制史学发展状况的重要资料。

(一)法制通史的发展阶段

中国是从 19 世纪末 20 世纪初开始把法制史学作为一门学科来看待的。《历代刑法考》是由沈家本所著,可以把它看作中国法制史学的第一部著作。在这之后,该学科开创初期的代表作主要为程树德的《九朝律考》和杨鸿烈的《中国法律发达史》。从那时起可以从三个发展阶段看中国法制史的研究过程:第一阶段是从沈家本到民国末期,研究基本上是对相关历史史料的整理、记录,特别是对那些从没有人系统梳理过的中国法制史史料进行全面的整理叙述。考

① 韩延龙、刘海年:《关于法制史的研究对象和方法问题》,载中国法律史学会《法律史论丛》编委会编:《法律史论丛》(一),中国社会科学出版社 1981 年版,第 2~5 页。

② 张友渔主编:《中国法学四十年(1949—1989)》,上海人民出版社 1989 年版,第 112 页。

察这一时期的研究，比较欠缺的是，我国的法制史研究并没有形成比较系统的法制史研究方法和理论指导思想。第二个阶段是从中华人民共和国成立到20世纪80年代以前的时期。这一阶段中国法制史的研究和讨论，由于受到许多政治运动的影响，集中表现出反封建、反剥削的特质，实现了从反面衬托新中国法制所取得的伟大进步的宏伟目标。综观这一时期的研究，紧扣历史唯物主义和辩证唯物主义的指导思想，以阶级分析方法作为主要方法来研究法制史的基本问题，并通过对历史现象的研究，得出历代法制所呈现的阶级本质。中国法制史研究指导思想的确立是这一时期所取得的主要研究成果，与此同时，存在非历史唯物主义的态度，导致人类文化遗产的连续性、继承性、共通性被忽视。大约从20世纪80年代末开始，中国法制史研究进入第三个阶段，即客观、全面、系统地研究中国传统法制文化的阶段。

（二）法制通史的研究成果及重要意义

1979年恢复中国法制史的教学和科研工作以后，为适应学科刚起步时的需要，进行了一些基础性的工作，主要是在法制通史上进行全面的探索和介绍。据初步统计，20世纪80年代有关法制通史的著作大约有38部，[①]并且由于当时缺乏教学书籍，所以大部分的通史研究都是从中国法制史教材开始的。1982年春，司法部法学教材编辑部组织编写了高等院校试用教材《中国法制史》，[②]该教材第一次明确了中国法制史是一门以马克思列宁主义为指导思想，研究我国进入阶级社会以后各种类型的法律制度的实质、内容、特点和它的发展规律性以及中国法律起源的科学，而不再包括政治制度等内容，从此最终结束了照搬外国模式的弊端，标志着新时期法律史学科体系的形成，并正式将中国法律史分为中国法制史和中国法律思想史两个分支学科。以两部典型的著作为例：

1.《中国法制史》（第1卷）。[③] 史料丰富、观点鲜明、体例十分得当，它是一部公开出版的具有中国特点的法制通史。在内容上，这一卷记述了从氏族制度解体和国家的形成到最后一个封建王朝的覆没近四千年的中国古代法制史的主要发展变化。在研究方法上，《中国法制史》（第1卷）用系统和重点相结合的编写方法，阶级分析和历史分析相统一的研究方法，较好地反映出了中国古代法制自成一统的完整性和某些颇具影响的法制特色。在史料应用上，史论结

① 参见曾宪义主编：《百年回眸——法律史研究在中国》（第4卷：目录索引卷），中国人民大学出版社2009年版，第410~411页。

② 参见张晋藩主编：《中国法制史》，群众出版社1982年版。

③ 参见张晋藩、张希坡、曾宪义编著：《中国法制史》（第1卷），中国人民大学出版社1981年版。

合、论从史出,是此书的特色所在。如作者通过叙述西周统治者创设“礼”的缘由、“礼”的基本内容和它的规范、“礼”的实际运用等历史事实,说明了礼和法的形式虽然不同,适用对象有所不同,但实质上都是压迫人民、维护其统治的工具。《中国法制史》(第 1 卷)还注意到中国古代法制对经济的调整作用,这是过去编写的法制史所不重视的部分。中国封建法制自秦律起,便以刑法推行经济法规,以调整经济关系,维系和巩固封建经济基础。至唐律已有较为详备的规定,而至明律、清律时更有所补充、日臻完备。作者通过对封建秦汉律到大清律的发展演变的详细介绍,可以使我们清楚地看出法律是根据时势而为之变通转移的。

2.《新编中国法制史》。[①] 在体例上,本书以断代为经线,以部门法史为经络。全书除前言及附录外,按历史断代分为三大部分:奴隶制时期法律制度、封建制时期法律制度、近代和中华民国时期法律制度。对中国历史上各个时期存在的主要的全国性政权与革命根据地政权的法律制度分十五章作概括论述,以勾画出中国上下几千年法制变迁沿革的发展线索。同时,各章又按六—七节分述立法思想和立法概况、行政法规、刑事法律、民事法律规范、经济法律规范、司法制度(近代、中华民国时期加宪法),以描述出各个历史阶段各部门法的具体轮廓。这样,横观成块成面,纵观成条成线。每章由不同部门的法律规范构成一个整体,由此可窥一代法律制度全貌;把各章中相同部门的法律规范贯穿起来,亦可形成各自独立的部门法史。该书特别对各代的行政、民事、经济法规,都用了一定的篇幅加以介绍,各朝代中后期的法律制度状况,亦力图做些必要补充。

20 世纪 80 年代对法制通史教材和著作的编写,一方面对法制史学科建设起到非常大的作用,满足了当时各大院校及学者对教材和书籍的需求;另一方面法制通史大多按朝代的时间顺序对各代的法制史进行详细的介绍,对于学者们从总体上把握中国法制史起到非常大的作用。

二、对断代史研究的拓展

在基本解决法律史教学急需的教材建设之后,学者开始向断代法律史和部门法律史进军。断代法律史方面的研究主要集中在秦汉、唐、明清以及近代法制史

---

① 曾宪义主编:《新编中国法制史》,山东人民出版社 1987 年版。

方面,初步统计20世纪80年代有关断代法制史的著作大约有29部,[①]已出版的著作有《西周法制史》、[②]《秦律通论》、[③]《隋律研究》、[④]《唐律初探》[⑤]等。

(一)从隋律研究看20世纪80年代断代史研究

谈论中国历史的辉煌,我们理所当然想到唐朝,谈论中国传统的法制成就,映入我们脑海的会是《唐律疏议》,但正如"罗马不是一日建成的",唐律的发达与完善也不是唐朝一代的功劳,唐人说"唐因于隋,相承不改"。[⑥] 鉴于史料的丰厥不一,许多年来,对秦、汉、唐的研究颇多,各类著述也不少。而研究隋代的各种文章则寥若晨星,特别是在法制史研究方面。因此,长期以来,中外学术界,除程树德的《九朝律考》之《隋律考》对隋律有所掇拾以及少量的单篇论文外,隋律研究几乎可以说还是一个空白。倪正茂的《隋律研究》一书的问世,为填补这一空白做了有益的尝试,也从正面证实了中国20世纪80年代在断代史方面所取得的伟大成就。该书在隋律渊源的论断上,提出了不少有说服力的新见解,认为隋律承袭了北朝法律的传统,兼采北齐、北周以及隋之前封建法制长期发展的极为丰富的经验。在隋律性质的论证上,该书提出了首次正式列名为"十恶之条"的是《开皇律》,其矛头主要是指向封建统治阶级内部的异己分子的观点。还指出法律的本质在于它的阶级性,即使它带有落后民族统治阶级的某些特征,但归根结底还是阶级性在起作用。在隋代法律思想的评述上,作者详细论述了隋初君臣的法律思想,并指出其法律思想所具有的两个特点:"第一,积极革新法制;第二,佛、道、儒合一的'德主刑辅'思想。"[⑦]此外,从写作时间看,《隋律研究》一书是国内最早对王通的法律思想做出全面考证与评述的。作者指出,王通的法律思想与他的复古主义和儒学理论是一致的,主要体现在四个方面:"第一,主张'刑清'以求'无讼';第二,主张适当的赏罚,'罚一惩众';第三,反对严刑峻法;第四,主张先德后刑。"[⑧]因此,它在学术上的贡献是应该给予肯定的。

---

① 曾宪义主编:《百年回眸——法律史研究在中国》(第四卷:目录索引卷),中国人民大学出版社2009年版,第421~424页。

② 胡留元、冯卓慧:《西周法制史》,陕西人民出版社1988年版。

③ 栗劲:《秦律通论》,山东人民出版社1985年版。

④ 倪正茂:《隋律研究》,法律出版社1987年版。

⑤ 杨廷福:《唐律初探》,天津人民出版社1982年版。

⑥ 《唐律疏议·名例》:"隋因北齐,更为名例。唐因于隋,相承不改。"

⑦ 倪正茂:《隋律研究》,法律出版社1987年版,第144~146页。

⑧ 同上书,第160~162页。

(二)从唐律研究看20世纪80年代断代史研究

“我国保留下来的古代的成文法,较完备的首先要算唐律。”①并且,如前所述《唐律疏议》是中国传统法制的成就,是一部具有深远影响的法典。它总结了以往各朝代的立法及司法经验,并使之系统化和周密化,成为维护封建经济基础、上层建筑和调整各方面社会关系的法律规范。历代“承用不废”,唐律成为五代、宋、元、明、清编制和解释律例的蓝本。所以,对20世纪80年代断代史的研究不得不提对唐律的研究。

《唐律初探》是这一领域的代表作,它出版于1982年,全书共收录了7篇论文,这7篇文章虽然各自成篇,但是每篇又互有联系,形成一个较系统的整体,大致反映了唐律的基本面貌。该书考证出《唐律疏议》当为《永徽律疏》,澄清了学术界几十年来悬而未决的一桩公案。它对唐律的制作年代、社会经济基础及其阶级关系、唐律的历史渊源、唐律对中国法律的影响以及对古代亚洲各国封建法典的影响进行了论证,同时指出唐律最终是为了维护皇权、维护统治者的统治地位、压迫剥削人民的。此外,作者在最后一章中提出了对中国古代法制建设的一些借鉴,强调法律的作用,重视法典的编制,对判决和死刑执行要慎重,依法办事,执法必严,并对建立法官责任制度等方面进行论述。②

(三)从其他朝代的法律研究看20世纪80年代断代史研究

80年代有关夏商周的断代史只有一部《西周法制史》,③该书详细介绍了西周的立法概况,对热点问题“礼”进行了详细的介绍,指出“礼”是奴隶制时代等级名分制度的体现,是调整奴隶主阶级内部关系的习惯法。对明清律的介绍有多部著作,它们从不同的角度和方面对明清的立法状况、监察制度、司法制度等进行了细致的描述。近代法制史的研究成果主要集中在清末修律及法律近代化以及司法改革方面。

《秦律通论》是20世纪80年代又一部断代史著作。它是一部对秦王朝占统治地位的法学理论、秦律的体系内容以及秦的司法实践进行系统研究的著作。全书共9章、39节,各章名称依次为:秦律的制定和发展,秦律的一般理论基础,关于犯罪的理论和认定犯罪的原则,“重刑主义”的刑罚理论,《秦律》的刑罚体系,刑事诉讼的基本原则和程序,行政法规和行政管理,经济法规和经济

---

① 《董必武同志在军事检察院检察长、军事法院院长会议上的讲话》,载《人民日报》1978年10月10日。

② 杨廷福:《唐律初探》,天津人民出版社1982年版。

③ 胡留元、冯卓慧:《西周法制史》,陕西人民出版社1988年版。

管理,秦律中的民法问题。秦是我国历史上第一个实行中央集权国家制度的封建专制王朝。据史书记载,秦国家统治者信奉法家学说,崇尚法治,建立了十分完备的法律制度。但是,由于年代久远,加之许多法律文献久已失传,长期以来,有关秦代法律制度的资料十分缺乏。1975 年 12 月从我国湖北省云梦县睡虎地出土了一批秦代竹简,共 1155 支,经有关专家整理后,出版了《睡虎地秦墓竹简》一书,为秦律研究提供了极为珍贵的第一手材料。其中包括《编年记》、《语书》、《秦律十八种》、《效律》、《秦律杂抄》、《法律问答》、《封诊式》和《为吏之道》等 8 个部分,涉及的律名有 30 余种。作者正是充分利用了这些资料,根据理论联系实际的原则,把秦律和法家思想结合起来研究,力图通过秦律和秦的司法实践较为系统地阐述法家学派的一般理论基础和有关刑法、诉讼法、行政法、经济法和民法的理论原则。这也是贯穿全书的一个指导思想。①

三、对部门法史研究的拓展

所谓部门法史,是研究中国历代统治者运用各部门法的特殊手段来调整特定范围内的社会关系的立法、司法活动,研究各部门法律法规的制定、修改过程以及指导原则等问题。对于这些问题的研究有助于我们更深入、更准确地了解统治阶级运用各种法律手段调整各种社会关系的意图、过程及经验教训,加深对法律制度的本质和作用的认识。20 世纪 80 年代部门法史方面,先后出版了《中国刑法史》②、《中国刑法通史》③、《中国古代行政管理体制研究》④、《中国古代民法》⑤等著作。

(一)刑法方面

在刑法方面,蔡枢衡的《中国刑法史》有其独到之处,他并没有按照传统的历史著作的编写体例,即按照朝代顺序来阐述自己的刑法史研究,而是采取了纵横相结合的方法:一方面,其按照生产资料所有制的发展变化,来划分刑法体系历史的发展阶段,同时将全书内容分为若干问题来进行分别叙述研究,目的在于探索各自的发展历程和规律性,以避免相互干扰,故此可以充分地完成刑法史学的任务;另一方面,作者坚持以马克思历史唯物主义为指导思想,认为社

① 刘志:《秦律通论》,载中国法官网:http://www.china-judge.com/zzty/zzty25.htm,最后访问日期:2019 年 6 月 5 日。

② 蔡枢衡:《中国刑法史》,广西人民出版社 1983 年版。

③ 李光灿、宁汉林主编:《中国刑法通史》,辽宁大学出版社 1986 年版。

④ 张晋藩主编:《中国古代行政管理体制研究》,光明日报出版社 1988 年版。

⑤ 李志敏:《中国古代民法》,法律出版社 1988 年版。

会经济基础的上层建筑是法制，其归根结底取决于社会的生产资料所有制，但作者并没有照搬马克思主义的教条将社会发展的五个阶段简单地搬用到中国历史的发展过程中，而是按照历史资料的显示，认为中国的生产资料所有制先后经历了原始共产制、邦人私有制、邦君私有制、家长私有制和法律上的个人私有制等五个阶段，其中除第一个为共有制外，其余为私有制，并花费大量笔墨详细介绍它们各自所具有的特点，以此来指导自己的刑法史研究，系统地描画出中国刑法史的变革。魏国库编著的《中国历代刑法浅谈》[①]是一部介绍、研究我国各个朝代的刑法专著，与蔡枢衡的《中国刑法史》相比，它是按照我国历史发展的顺序，简明扼要阐述了刑法的起源、本质、作用及其在不同历史时期的特点和规律。由于此时期刑法方面的著作与其他部门法相比数量较多，限于篇幅有限，笔者在此仅以上述编写结构不同的两本著作予以介绍。

（二）民事经济方面

在民事经济方面，主要涉及婚姻、家庭、财产以及农业、赋税、商贸等领域，如高树异的《中国民法简史》[②]、李志敏的《中国古代民法》[③]；在行政法律方面，主要围绕行政组织机构、官员的职务及责任展开，如张晋藩的《中国古代行政管理体制研究》[④]；在司法方面，不仅涉及机构、法官责任、具体的原则和制度，还包括动态的诉讼和审判情况考察，如陈光中、沈国锋的《中国古代司法制度》[⑤]、熊先觉的《中国司法制度简史》[⑥]。

从以上分析不难看出，传统的刑事法律在数量上仍然保持优势，但我们欣喜地发现民事、经济、行政、司法等其他领域正逐步扩大，对中国古代法制的研究呈现多样性的一面。

四、对少数民族法制史研究的拓展

民族法制是多民族国家法制工作的一个重要内容。在多民族国家内如何用法律调整民族关系，如何运用法律解决民族工作中的问题，以及调整民族关系的法律的产生、发展的规律，它的内容、形式和作用等，是法学的一个新的研究领域。因此，家族法、少数民族习惯法和民间习惯法的研究，是了解和分析中

---

① 魏国库编著：《中国历代刑法浅谈》，江西人民出版社1985年版。

② 高树异：《中国民法简史》，吉林大学出版社1982年版。

③ 李志敏：《中国古代民法》，法律出版社1988年版。

④ 张晋藩主编：《中国古代行政管理体制研究》，光明日报出版社1988年版。

⑤ 陈光中、沈国锋：《中国古代司法制度》，群众出版社1984年版。

⑥ 熊先觉：《中国司法制度简史》，山西人民出版社1986年版。

国古代法律的地域性、结构性和层次性特征必不可少的环节和内容。20 世纪 80 年代以来,学者们对该领域日益关注,取得了长足的进步,丰富了中国法制史的研究领域。

(一)少数民族法制史研究的兴起

1978 年后,中国法制史学科之一——包括民族法制史学的教学与科研走向新的发展。1979 年中国法学界在长春市正式成立了全国级学术团体——中国法律史学会,民族史方面各种研究机构与人才亦如雨后春笋般发展,这一切有效地推动了少数民族法制史的研究。少数民族法制史研究的首要倡导者张晋藩先生在 1983 年 8 月 17 日中国法律史学会第一次年会上首次提出法制史研究要开展创新的领域,尤其是要开展对少数民族法制史的研究。1988 年全国人大民委、国家民委等有关部门,着手谋划筹备建立民族法学研究会。

(二)少数民族法制史研究成果和研究目的

20 世纪 80 年代以来,中国少数民族历史研究取得了长足的进步,不仅开掘了研究深度,也拓展了研究领域,作为中国少数民族历史和中国法制史交汇点上的中国少数民族法制史的系统研究提到日程上来了。[①] 这一时期具体的研究成果主要取得了两方面的成绩:一方面是对相关各少数民族历史文献资料单纯的收集整理,即研究者将汉文古文献中有关对民族地区的治理及对少数民族法律文化的描述加以整理,将少数民族文献中有关法律文化的记载加以汇编。已经出版的有魏治臻的《彝族史料集》[②],但其只是史料的收集整理,并没有作者自己的见解看法。另一方面是对少数民族法制的断代史、地方史的研究。其中史筠对于民族法的研究是值得称道的,他的《民族法制研究》[③]是一部系统研究民族法制的著作,该书对从新民主主义革命时期革命政权的民族法制概述开始,到中华人民共和国民族法制问题的规定做了全面考察。作者认为,中华人民共和国成立以来的三十多年间,我国出现了两次重视民族立法的时期,第一次是 20 世纪 50 年代至 60 年代初,第二次是中共十一届三中全会以来,并指出两时期的不同点在于:前一时期侧重于规定自治机关在政治上的自治权力;而后一时期则在重视自治机关政治上自治权力的同时,着重规定了自治机关在经济文化建设上的自治权。该书资料丰富翔实,方法新颖独到,具有重要学术价值与学术影响。

---

① 参见俊德、王平:《中国法学会民族法学研究会在京成立》,载《中国法学》1991 年第 4 期。

② 魏治臻编:《彝族史料集》,四川民族出版社 1989 年版。

③ 史筠:《民族法制研究》,北京大学出版社 1986 年版。

研究民族法制史是为了丰富中国法制史的内容，扩展中国法制史、中国民族史的研究领域，复原中国多民族国家各民族法制发展的历史原貌，使民族法制的内容凸显出来。所以在研究过程中应该注意把国家和少数民族法制两方面兼容互补，既要介绍汉民族法和汉民族政权法，也要介绍各少数民族所具有的习惯法。但由于各民族习惯法不同，历史的线索也不够清晰，近现代的多，古代的少，所以在研究过程中对古代的要多注意些，并且要注意突出每个历史时期占主导地位的民族法律关系，如清朝的蒙古族和藏族问题。中国少数民族法制史是中国法制史不可缺少的组成部分，所以要在中国法制史研究的基础上不断地拓展少数民族法制的内容，尽量将具有少数民族法制特色的内容凸显出来，同时要摆正以汉民族为主体的统一的多民族国家发展中各民族法制的位置。因为，历史上的民族法制是中国法律发展史中的一个重要部分，是在中华法系的大背景中产生和发展的。少数民族法制的内容十分丰富，具有民族的多样性和不同历史时期的阶段性，反映着各民族在不同社会发展阶段的经济形态、政治组织、管理手段、文化习俗的差别。研究这些纵向和横向的差别与联系，对探讨中国法律的形成与发展，对认识当代少数民族法律习惯、传统、心理等都有重要意义。

第三节　对中国法制发展进程的影响

党的十一届三中全会以来的十年，是中国人民在党的领导下，进行伟大实践创造与理论创造的十年，党的十一届三中全会是我国历史上的又一次大转折，它打破了长期存在的“左”的思想禁锢，使党重新回到实事求是的思想路线上来，确立了经济建设的中心地位，揭开了改革的序幕。改革带来了中国法制发展的生机，带来了社会主义法治的希望，也是中国法治社会开始奠基并以踏实的步子迈进的十年。在我国已经建立社会主义制度，剥削阶级作为一个阶级被消灭以后，仍然过分强调法制的阶级统治工具职能，这样就忽视了法制对经济建设、民主政治建设的意义，忽视了社会主义制度下法制对广大人民群众自身发展的意义。改革开放后的十年中，对于法学基本问题的探讨，如“法的起源”“法的本质”“法的阶级性”“法的继承性”“法律面前人人平等”“人治与法治”等，法律史学者们都积极参与并发挥着重要的作用。

当时只有法律史学能担当起兴盛法学的历史重任，概其原因，大致有三：一是当时法律史的史料相当丰富，而由于各种原因，其他类型的法律书籍十分缺乏,两者形成了鲜明的对比。二是法律史研究从未中断过。在“文化大革命”的十年动乱期间,法制史研究也从未完全中断。三是法律史研究涉及许多基本的法学理论问题,如法的起源、法的本质、法的阶级性、法的社会作用、法的继承性、人治与法治的关系等问题,回避这些理论问题甚至将其视为禁区,会导致法制发展停滞不前。

刚刚进入正常轨道的法律史学研究首先就提出了法律的阶级性和继承性问题,并且在关于法律的阶级性和继承性问题的讨论中观点鲜明:法律的阶级性不能否定法律的继承性,不能把法制阶级性的存在作为衡量法制的唯一标准。今天看来,这场争论的学术价值或许并不是很大,但在当时,它却实际上涉及整个法学中最敏感的问题——法的阶级性问题。同时,这场争论以承认法律有继承性而结束,使当代法制建设实现了与历史上法制传统的连接,使历史上的法律制度和法律思想得以在当代社会更充分地发挥其价值。接下来的人治与法治之争发生在20世纪70年代末80年代初的我国社会主义法制的转型期,时代的特点决定了这次讨论的性质和范围,法律史学者们积极参与这一争论,并且充当这场争论的主力军。这场争论得出的主流观点为:不赞成人治,实行社会主义法治,并认为在法律面前人人平等和消除特权既是法治的内涵也是其价值所在,这为此后的依法治国方略做了理论准备。

任何事物的发展都有一个过程。中国的十年改革是一个过程,十年的法制发展也是一个发展过程。这有两层意思:一是说,十年的法制发展并不是独立于新中国前30年历史之外发生的,也不是完全脱离于整个中国历史以及历史所造就的国情而自行发展的,它有发展的土壤环境和根基。二是说,十年法制的发展是“旧”与“新”的碰撞,是一种由旧向新的转化过程,造成一些陈旧的观念、意识以及原则的体制中的不利因素正在萎缩,而新的法制实践和法制观念正在不断发生。法律史学开创了引领法学研究、繁荣法学成果的新局面,其成为改革开放初期研究一系列法学基本理论问题和法制实践问题的重要力量,不仅完成衔接古代法与现代法的重大任务,而且确立了法学理论和法制发展的指导思想——马克思历史唯物主义和辩证唯物主义,大大推进了我国民主法制发展的进程,为中国法制发展的进步提供了有益的借鉴。同时,在法学研究百花齐放的良好态势下,法律史学研究也获得了充分的发展,朝着更为深入的研究方向迈进。①

---

① 徐祥民:《架起联接过去、现在与未来的桥梁——谈中国法律史学50年的经历》,载《山东大学学报》(哲学社会科学版)1999年第3期。

第十二章　20世纪90年代中国法制史学[①]

20世纪90年代，处在世纪之交的关口，经历了20世纪近百年的发展，继承了前90年法制史学的方方面面，更影响了21世纪中国法制史学的新发展。90年代的十年间，中国法制史学在相对良好的环境下发展，开拓了新的研究领域，发表了更多的研究成果，更成熟的方法论与价值观也深深影响着当今中国法制史的研究。

第一节　中国法制史学的发展环境

一、中国法制史学发展的社会环境

国家在特定历史时期的经济发展状况、政策取向、政治环境以及文化氛围都会影响学术研究。所幸的是，与"文化大革命"十年造成法制史学停滞相反的是，20世纪90年代国家大体政局稳定、政策趋好，给学科发展提供了有力的保障。

20世纪90年代党的两次代表大会所制定的方针政策给了法制史学科乃至法学学科稳定的保障。1992年中共中央第十四次全国人民代表大会提出经济体制改革的目标是建立社会主义市场经济，而建立市场经济体制的一个重要条件就是建立起一个完备的法制体系。

---

① 本章的引述，部分摘引了华东政法大学刘倩和李林的硕士毕业论文等若干资料，特表谢忱。

从这个层面上说,法学学科拥有了更加明确的目标。1997 年中共中央第十五次全国人民代表大会进而提出“依法治国,建设社会主义法治国家”的目标。治国方略的转变,表明我国的现代化进程从首先解决存亡之忧、凝聚人心,然后追求物质层面的变化,转向物质文明、精神文明、制度文明并重的阶段。这个过程,法制是不可或缺的。

值得一提的是,1997 年和 1999 年香港、澳门分别回归,与台湾地区的互通也逐步加强,都从客观上扩大了中国法制史的研究对象,同时学科的大门也郑重其事地为更多人敞开。我们也看到,90 年代末期本学科迅猛发展,不仅在研究对象上有很大拓展,研究主体上大大增加,研究成果就更是硕果累累。地域的扩大,参与人员的增多,政策的保驾护航,都是重要的影响因素。

改革开放以来特别是 90 年代以后,经济持续高速增长引发社会结构变化和物质财富涌流,释放出对法律制度的巨大需求,法学的各学科都看到了明朗的未来。另外,形势的变化、市场经济的强大冲击,实用主义、拜金主义等观念的出现,让很多人认为,法律史学科不能学以致用,无法像其他部门法那样及时应用,使法律史学科的发展也面临一些困难。例如,法律史学科研究成果的出版、发表日显困难,这在一定程度上降低了研究者的积极性,使法律史研究遭受了损失。再者,由于基础学科的研究本身较为艰苦和困难,加之外部环境的压力,使法律史学研究的后继人才发生问题。如中青年学者成为学科发展的主力,但 30 岁以下的新生代中有法律史研究的功力且愿意从事法律史研究的人较少,这无疑是法律史学科发展的一个隐忧。① 经济的快速发展对本学科发展来说是把“双刃剑”,一方面创造了条件,提供了便利,另一方面却带来了现实主义思想与浮躁之风,这两个方面都在 90 年代学科发展中得以体现。

改革开放以来的十几年时间给各种思想的引进和更新提供了充足的时间和相对宽裕的环境,文化领域内的各学科蓬勃发展。其中,史学的发展对法制史的影响最大,其新的理论、新的研究方法等都对法制史的研究有着推动、帮助的效果,对中国历史学来说,最大的成就莫过于重新恢复了实事求是的学风,重新焕发出勃勃生机并开始了全面发展。这不仅表现在打破学科的“禁区”、深化研究重大史学理论方面,也表现在应学科发展的需要而进行史学研究的结构性调整、建设新的分支学科、拓展新的研究范畴、关注前沿的研究热点,还表现在提出新颖的课题,转换不同的观察视角,从理论到方法进行探索。特别是坚持

① 参见曾宪义:《法律史学科的研究现状与发展趋势的调查报告》,载《法学家》1995 年第 6 期。

用唯物史观构建中国历史解释体系，从社会形态变迁的角度重新对中国历史的发展道路问题进行探索并取得了进展，这一切史学理论的发展都为法制史学的发展带来了有形或无形的影响。

除了史学理论的发展，课题的更新、视角的转换、新的史料的发现也为法制史研究扩展了对象，带来了新鲜的血液。比如，简牍出土资料，它是重要的第一手资料，如江陵张家山汉简整理小组的《江陵张家山汉简〈奏谳书〉释文》[①]，连云港尹湾汉墓简牍的整理则是由连云港市博物馆整理出版[②]等，这些新的史学成果就好像养分一样滋养了法制史学。

二、中国法制史学自身的学科建设

从 20 世纪 80 年代开始，国家教委正式确认法制史为法学基础学科，纳入政法院校的教学计划。后来学科分类把法律史学和法律思想史学分为独立的两个学科。这样一来，一方面充实了两个领域的研究人员，奠定了这两个领域的基础，但是另一方面也人为地带来了研究方法的分裂、研究领域的分割，不利于从宏观上进行研究。[③] 后经过多次征求意见、反复论证修订，国务院学位委员会和国家教育委员会又于 1997 年 6 月联合下发了《授予博士、硕士学位和培养研究生的学科、专业目录》（1997 年颁布）。[④] 新的学科目录将法律制度史和法律思想史合为一个法律史二级学科，并下设若干方向，有利于法律史学者摆脱学科的束缚，开展宏观的、综合的研究。具体来说，90 年代已有不少研究机构都设立了法律史教研室，开设了中国法制史的课程，以及招收硕士研究生和博士研究生，其中，主要的研究机构有中国政法大学、中国人民大学、北京大学、吉林大学、华东政法大学等。这些机构也逐渐成为中国法制史科研与人才培养的重镇，并逐渐形成了各自的学科特色和专业优势。

随着国家的对外开放，中国法制史学科的对内、对外学术交流也频繁起来。这一时期的会议主要是中国法律史学会年会与其他研究机构组织的学术研讨会两类。中国法律史学会是中国法律史学界的全国性学术机构，1979 年成立，

---

① 张家山汉简整理小组：《江陵张家山汉简〈奏谳书〉释文》，载《文物》1993 年第 8 期。

② 连云港市博物馆：《江苏东海县尹湾汉墓群发掘简报》，载《文物》1996 年第 8 期；连云港市博物馆、中国社科院简帛研究中心：《尹湾汉墓简牍初探》，载《文物》1996 年第 10 期。

③ 参见曾宪义、郑定、丁相顺：《1997 年中国法律史学研究的回顾与展望》，载《法学家》1998 年第 2 期。

④ 参见：国务院学位委员会和国家教育委员会：《授予博士、硕士学位和培养研究生学科、专业目录》，载：http://www.exam8.com/xueli/kaoyan/zixun/zhengce/201103/1916583.html，最后访问日期：2013 年 2 月 10 日。

1991 年 8 月经民政部重新进行社团登记,由曾宪义任会长、刘新任秘书长。学会下属机构经调整后,主要有中国法制史专业委员会、中国法律思想史专业委员会、西方法律思想史专业委员会、法律文献古籍整理专业委员会、儒学与法律文化分会、民族法律文化分会、东方法律文化分会及老庄法律文化分会。90 年代主要的会议有:

1991 年,中国法律史学会西南分会第三届学术年会在桂林举行。会议由西南法律史分会、广西大学法律系、广西壮族自治区桂林地区司法处联合举办,研讨了中外历史上关于廉政的法律制度与法律思想问题。会议的热门话题是中国历史上惩贪倡廉及其法制建设的经验和教训。会上很多学者发表了自己的独到见解。

1993 年,主要有:年初在南京召开的"《论语》思想的现代法文化价值研讨会";6 月在北京召开的"中国法律史国际学术讨论会";8 月在北京召开的"两岸法学界学术研讨会"。①

1995 年,在南京召开了中国法律史学会第五届年会。这届年会除了顺利完成学会组织机构调整,还围绕"新形势下中国法律史学的发展趋势与前景"这一主题进行了讨论。会上对近年来中国法律史学科的发展、学科面临的共同问题等方面进行了回顾并交换了意见。4 月,中国社会科学院法学研究所《法学研究》编辑部就《美国学者论中国法律传统》一书举行座谈会。8 月,儒学与传统法律文化研究会在黄山召开的该会第三届年会,围绕"儒家义利观与市场经济"这一论题进行了讨论。②

1996 年,中国法律史学会年会第二次会议于 10 月在南京召开。年会就市场经济与传统道德、市场经济与经济法律、传统法律文化与法律现代化等议题进行了研讨。这次年会是中国法律史学会领导体制改革后的第一次年会,会上既有就法律史研究中的热点、难点问题进行的探讨,还有学者就当代法制中的若干问题提出的新见解。8 月在辽宁省营口市召开"20 世纪中国法制变革的回顾与前瞻学术研讨会"。研讨会主要就 20 世纪中国法制变革的历史道路进行总结,对如何实现"依法治国、建设社会主义法治国家"的战略性目标提出见解。研讨会的论文集《走向法治之路——20 世纪的中国法制变革》一书,有很多法

① 参见曾宪义、郑定、赵晓耕:《法律史学研究的回顾与展望》,载《法学家》1994 年第 1 期。
② 参见曾宪义:《1995 年中国法律史学研究的回顾与展望》,载《法学家》1996 年第 1 期。

律史方面的文章。①

1997年，中国法律史学会年会在西安召开。这次年会的主题是“廉政与法律监督”。近七十位法学界的专家和学者参加了会议，围绕“中国古代有关廉政法制建设的一般理论问题”、“各朝代的具体廉政措施”和“中国古代廉政法制建设的成败得失及对现实的启示”等三个问题进行讨论。提交的论文着眼点主要是为抑制腐败现象，如何建立有效的监督机制，凸显了法律史学者的使命感和责任感。1月在海南大学召开了民族法律文化分会第四届学术年会。会议的中心议题是中外证券法制的历史与现状。在开封召开的中国儒学与法律文化研究会第四届年会，就“儒学思想与现代道德和法治的关系”这一主题进行了探讨，可以说是法律史学界的一次重要的学术盛会。②

1998年，中国法律史学会第六届会员代表大会暨中国历史上的法制改革学术研讨会在济南召开。会议由山东大学法学院承办，五十余名法律史学者参加了会议。会议主题是“中国历史上的法制改革”，研究方法与研究领域等问题也受到很多学者的关注。这次会议还选举和产生了第六届理事和常务理事。11月由中国社会科学院《法学研究》编辑部与南京师范大学法制现代化研究中心联合召开的全国“20世纪中国法学与法制现代化”学术研讨会。与会人员就20世纪中国法学与法制现代化的概念、范畴、理论基础、科学定位、发展历程以及21世纪中国法学的发展目标和战略进行了讨论，并就建立20世纪中国法学学术史及深入开展法学学术史的研究达成了初步共识。③

1999年，“庆祝中国法律史学会成立二十周年暨1999年学术研讨会”在重庆西南政法大学召开。会议的主要议题是回顾20年来法律史学会所取得的成就，并对未来法律史研究进行展望。此外，与会的百余名法律史学者就法律史研究的方法及面临的问题进行了讨论。④

---

① 参见曾宪义、丁相顺：《1996年中国法律史学研究的回顾与展望》，载《法学家》1997年第1期。

② 参见曾宪义、郑定、丁相顺：《1997年中国法律史学研究的回顾与展望》，载《法学家》1998年第1期。

③ 曾宪义、丁相顺、黄长杰：《1998年中国法律史学研究的回顾与展望》，载《法学家》1999年第1期。

④ 曾宪义、赵晓耕：《1999年中国法律史学研究的回顾与展望》，载《法学家》2000年第1期。

第二节 20世纪90年代我国大陆中国法制史学

在20世纪90年代我国大陆中国法制史学发展欣欣向荣的大环境下,中国法制史学的发展具体是怎样一种状况,学者们都在研究与探讨哪些领域,有了哪些新的研究成果,又有哪些学者在这片学术研究领域建功卓著,这些是我们需要总结和汲取经验的。

一、中国法制史学的研究主体

对研究主体的研究,能够帮助我们更加清晰地架构出20世纪90年代我国大陆中国法制史学是怎样的百家争鸣,怎样的缘起因由。

首先,从论文发表数量看,一些学者在这一阶段成果较多,有多篇论文发表,如张晋藩、王立民、钱力群、李贵连、范忠信、何勤华、张中秋、俞荣根、杨一凡等。论文发表数量在一定程度上表明该学者在这一时期的活跃程度,高活跃度表明这一学者对某项研究不断有新成果出现,从而可以说明这些学者基本上代表了这一时期在某一领域的最新研究成果。例如,以发表论文数量最多的著名学者张晋藩为例,其论文成果主要有《中国古代社会的法制与法治》、《中国法律的传统与转型》、《从崎岖走向辉煌的中国法制五十年》、《论礼》、《论礼——中国法文化的核心》、《中国法律的传统与近代化的开端》(上中下)、《论中国古代的职官编制法》、《重塑中华法系的几点思考——三论中华法系》、《中国古代惩贪治吏的历史借鉴》、《中国古代民事诉讼制度通论》、《清代律学及其转型》(上下)、《中国律师的法律保障》、《论清代民事诉讼制度的几个问题》、《中国传统法观念的转变与晚清修律》、《中国古代法律文化论纲》、《清代民法的地位与特点》、《中国历代官制的发展规律及其时代特点》、《依法治国是历史发展的必然——二十世纪中国法治回眸》等。第一,可以看出,张晋藩研究的领域很广泛,从通代、总论性的论文到具体制度的论文,行文扎实、严谨深厚、观点明晰。第二,虽然广泛,也有所侧重,比如多篇论文对中国古代总论性的内容进行阐述和分析,比如中国法律的传统、礼或者法治等内容,也充分显示出学术大家的功力之深。第三,还可以看出处于世纪之交承上启下的十年,部分学者已经开始注意到回顾与反思,以及如何更好地面向未来。

很多学者是术业有专攻,成果主要是针对某一朝代。例如,关于隋唐法制史的论文中,钱大群有9篇、霍存福有8篇、王立民有7篇;关于宋代法制的论文，戴建国发表的数量最多；关于三国两晋南北朝法制史的论文，一共有 43 篇，其中邓奕琦有 7 篇，张建国有 4 篇，占了 1/4 还多；汉代法制史的论文中，张建国有 9 篇，徐世虹有 6 篇；古代法制通史的论文，巩富文有 15 篇，王立民有 8 篇。这些学者的成果比较集中，也可以说基本上都是在该领域有所成就的学者。

从以上人员所处的研究机构看，中国政法大学的人数最多，其次是北京大学、中国社会科学院、西南政法大学、吉林大学、华东政法大学、中央民族大学，这也从侧面反映出这些研究机构在当时的发展程度与研究方向，以及研究机构与研究主体间相辅相成的良性关系。虽然单纯的论文数量还不足以反映这一时期的学术水平，但“高产”作者往往是学术型学者，并非一时兴起而做学问之人。这种不但有所思有所悟，更以多篇论文的形式展现出来，应该说是很不容易的。这些学者所表现出来的治学态度是值得赞赏和敬佩的。

其次，研究成果被引用的次数，也可以从侧面反映这些成果的学术价值。被引用数值高一般有两个原因：其一，论文的学术价值高，其某一观点、表述，甚至某一个用词都有极高的奠基或者开创意义；其二，该篇论文引起了争议，一般被后人引用多作为开篇“问题的引出”。因此“被引数”是衡量文章价值的一个重要参考。从中国知网显示的数据看，张晋藩、武树臣、李贵连、戴建国、范忠信、何勤华、马作武、俞荣根等学者的论文引用率是名列前茅的，这样的结果能够说明，他们的成果在所对应的研究领域基本来说是不可多得的经典之作，这也和他们目前的学术地位是相对应的。

二、中国法制史学的研究对象

要对 20 世纪 90 年代我国大陆中国法制史学发展的状况做一个阐述，笔者认为最基本的应当是阐明这一时期学者们聚焦的研究对象。根据《百年回眸——法律史研究在中国》[①]第 4 卷目录索引卷所列，共计 1735 篇中国法制史的论文；根据《中国法制史学的发展》[②]附录所列，共计 957 篇中国法制史的论文；根据《法律史研究》(第 2 辑)[③]资料库所列，共计 1186 篇中国法制史的论文。粗略比较，《百年回眸——法律史研究在中国》中的 1735 篇论文几乎包含了《中国法制史学的发展》与《法律史研究》(第 2 辑)中的所有论文，因此，下文中的数据基本上都源自《百年回眸——法律史研究在中国》第 4 卷目录索引卷所列资料。

① 曾宪义主编：《百年回眸——法律史研究在中国》，中国人民大学出版社 2006 年版。

② 刘广安、高浣月、李建渝等编著：《中国法制史学的发展》，中国政法大学出版社 2007 年版。

③ 何勤华、王立民主编：《法律史研究》(第 2 辑)，中国方正出版社 2003 年版。

（一）研究对象的分类

20 世纪 80 年代以来，中国法制史学的发展渐入佳境，时至 90 年代，不但发表的论文数量多，而且研究对象也越来越丰富，不再拘泥于传统的几个方面的研究，而是开拓了更为广泛的学术领域。对 1735 篇论文的研究对象首先以主流分类方法，即立法、刑事、民事、行政、司法五个方面进行分类，有 928 篇属于这五类，占论文总数的一半以上。虽然这一分类方法，并不足够科学，也避免不了"用现代的方法去衡量古代法"而造成的分割，但这样有助于我们相对清晰且容易地了解研究对象分布的情况。这五类研究对象的论文相对而言比较好划分，有的论文从题目就能划分出来。五大类具体分类如下：(1) 立法类。包括：立法思想的介绍，如杨一凡的《明代三部代表性法律文献与统治集团的立法思想》；立法特点的阐释，如陈绍方的《略论宋代立法特点》；法典的考释，如马小红的《〈吕刑〉考释》；法律形式的考证，如胡留元的《从几件敦煌法制文书看唐代的法律形式——格》等。(2) 刑事类。包括：对某类犯罪的研究，如刘世哲的《清太宗时期宗室犯罪的两性原则和处罚方式》；刑罚的考证，如王敏典的《秦代徒刑刑期辩》；刑事责任的考证，如张全民的《秦律的责任年龄辨析》；刑事制度的探究，如苏钦的《清朝对边疆各民族施行的"换刑制"》等。(3) 民经类。包括：婚姻、财产问题研究，如唐自斌的《略论南宋妇女的财产与婚姻权力问题》；继承问题研究，如刘春萍的《南宋继承法规范初探》；合同法方面，如霍存福的《论元代不动产买卖程序》；经济法、商法方面，如杨松的《试论明清时期市场法的特点与功能》、张全明的《论宋代税收中的违法处罚》等。(4) 行政类。包括：监察制度探究，如徐斌的《南北朝监察概论》；行政机构设置问题，如程维荣的《北魏中央监察机构——御史台研究》；行政制度考述，如孙筱的《秦汉户籍制度考述》、张鹤泉的《西汉养老制度简论》等。(5) 司法类。包括：司法原则的介绍，如熊伟华的《汉代经济犯罪的类型及惩治的司法原则》；法律实践情况，如武树臣的《〈易经〉与中国古代法律实践活动》；诉讼制度方面，如赵平安的《从金文看西周诉讼制度》；监狱制度介绍，如万安中的《中国封建社会前期监狱制度的演化初探》；侦察形式考述，如王立民的《中国古代的刑侦手段述论》；司法机关介绍，如巩富文的《唐代刑事审判机关及其管辖制度》等。

除 928 篇划分在五类之中的论文外，另有 807 篇，因其研究对象纷繁复杂，且每个研究领域的数量不多，在下文具体介绍每一时期的研究对象时，笔者将这部分论文放在"其他方面"的部分进行介绍。

宪法方面，如俞江的《两种清末宪法草案稿本的发现及初步研究》；国际法方面，杨泽伟的《我国清代国际法之一瞥》；动物保护法方面，如王风雷的《论元代法律中的野生动物保护条款》；军事法方面，如肖季文的《太平天国军事法制建设探析》；法制教育方面，如陈连营的《明初法制教育述评》；文物保护法方面，如苏勇的《论国民政府时期的文物法令与文物保护》；兵役法方面，如方秋苇的《抗战时期的〈兵役法〉和兵役署》；对外贸易法方面，如张中秋的《唐代对外贸易的法律调整述论》；社会保障法方面，如陆士祯、杨小强的《中国古代社会保障典制考评》；法律与政治方面，如王立民的《论唐律与专制统治》；法制与人物方面，如于沛霖的《宋教仁与民初法制》；法制评述方面，如华友根的《西汉的立法结合及其在中国法律史上的地位》；文献考释类的论文数量较多，如戴建国的《中华版〈宋史・刑法志〉辩误》、屈超立的《〈名公书判清明集〉书判性质述略》、陆昕的《〈大清律例通考〉正疑》；另外总论类的文章尤其多，如武树臣的《从"荒阅"到"质要"：中国奴隶制法一瞥》、唐自斌的《试论南宋封建法制的败坏及原因》等。总的来说，这部分论文类别多、数量少，也表明了 90 年代中国法制史学研究对象的丰富。

（二）研究对象的分析

上文对 90 年代的研究对象分为两大部分，下面笔者主要对第一部分进行分析。笔者对以研究对象为五大类的论文以断代划分统计成表 12-1。表 12-2 是表 12-1 的百分比数量表。同时，笔者还按朝代与年份区分统计了不同朝代、不同年度的论文数量，显示具体年度的不同研究对象的论文分布情况，如表 12-3 所示。表 12-4 是表 12-3 的百分比数量表。

表 12-1　20 世纪 90 年代中国法制史学研究对象（以断代划分）统计

单位：篇

朝代	立法	刑事	民事	行政	司法	总计
夏商西周	7	19	4	1	4	35
春秋战国	7	2	1	4	1	15
秦	1	7	4	8	3	23
汉	8	24	2	13	6	53
魏晋南北朝	2	6	1	9	1	19
隋唐五代	23	36	12	12	8	91
宋	12	8	25	19	7	71
西夏辽金元	7	7	22	3	9	48

续表

朝代	立法	刑事	民事	行政	司法	总计
明	10	11	12	10	10	53
清	28	28	40	19	17	132
太平天国	0	3	0	0	0	3
中华民国与北洋政府	5	0	11	10	21	47
革命根据地	7	4	6	3	7	27
新中国	3	7	13	2	18	43
通代	18	135	57	22	36	268
总计	138	297	210	135	148	928

表 12-2　20 世纪 90 年代中国法制史学研究对象(以断代划分)百分比统计

朝代	立法/篇	刑事/篇	民事/篇	行政/篇	司法/篇	五类总和占总数的百分比/%
夏商西周	20	54	11	3	11	4
春秋战国	47	13	7	27	7	2
秦	4	30	17	35	13	2
汉	15	45	4	25	11	6
魏晋南北朝	11	32	5	47	5	2
隋唐五代	25	40	13	13	9	10
宋	17	11	35	27	10	8
西夏辽金元	15	15	46	6	19	5
明	19	21	23	19	19	6
清	21	21	30	14	13	14
太平天国	0	100	0	0	0	0①
中华民国与北洋政府	11	0	23	21	45	5
革命根据地	26	15	22	11	26	3
新中国	7	16	30	5	42	5

续表

朝代	立法/篇	刑事/篇	民事/篇	行政/篇	司法/篇	五类总和占总数的百分比/%
通代	7	50	21	8	13	29
总计	25	40	13	13	9	—

注:3 篇占 928 篇的 0.32%,略计为 0。

表 12-3　20 世纪 90 年代中国法制史研究对象(以年份划分)统计

单位:篇

朝代	1990年	1991年	1992年	1993年	1994年	1995年	1996年	1997年	1998年	1999年	总数
夏商西周	10	6	5	7	4	11	4	9	6	6	68
春秋战国	5	5	0	1	3	4	4	3	6	6	37
秦	4	3	6	5	2	1	5	2	4	4	36
汉	10	6	13	10	5	12	10	6	12	13	95
魏晋南北朝	4	5	3	4	5	6	6	4	2	4	43
隋唐五代	17	11	16	13	14	10	22	9	18	19	149
宋	14	15	7	11	8	3	9	12	11	5	96
西夏辽金元	6	4	3	3	10	7	10	7	11	18	79
明	12	7	7	7	7	2	9	13	12	9	85
清	28	32	52	27	17	16	16	34	41	39	302
太平天国	1	1	0	1	0	0	0	2	2	0	7
中华民国与北洋政府	12	12	11	7	5	6	5	21	17	8	104
革命根据地	11	6	5	8	2	3	5	8	7	5	60
新中国	6	4	3	0	5	2	4	11	28	74	137
通代	39	33	41	33	36	32	35	56	49	83	437
总计	179	150	172	137	123	115	144	197	226	293	1735

表 12-4　20 世纪 90 年代中国法制史研究对象(以年份划分)百分数统计

单位:%

朝代	1990年	1991年	1992年	1993年	1994年	1995年	1996年	1997年	1998年	1999年
夏商西周	15	9	7	10	6	16	6	13	9	9
春秋战国	14	14	0	3	8	11	11	8	16	16
秦	11	8	17	14	6	3	14	6	11	11
汉	11	5	14	11	4	13	11	6	13	14
魏晋南北朝	9	12	7	9	12	14	14	9	5	9
隋唐五代	11	7	11	9	12	14	14	9	5	9
宋	15	16	7	11	8	3	9	13	11	6
西夏辽金元	8	5	4	4	13	9	13	9	14	23
明	14	8	8	8	8	2	11	15	14	11
清	9	11	17	9	6	5	5	11	14	13
太平天国	14	14	0	14	0	0	0	29	29	0
中华民国与北洋政府	12	12	11	7	5	6	5	20	16	8
革命根据地	18	10	8	13	3	5	8	13	12	8
新中国	4	2	2	0	4	1	3	8	20	54
通代	9	8	9	8	8	7	8	13	11	19
总计	10	9	10	8	7	7	8	11	13	17

如表 12-1、表 12-2 所示,首先,学者们对不同朝代的不同研究领域各有侧重。如关于夏商西周时期,有一半以上的论文聚焦在刑事方面,而行政方面鲜有成果;关于魏晋南北朝时期有近一半的论文都是关于行政方面,而民经、司法方面的论文很少;关于辽金西夏元有近一半的论文都是关于民经方面,而行政方面则比之少了近 20 篇之多;关于中华民国与北洋政府时期有近一半的论文都是关于司法领域,却没有一篇关于行政方面的论文;关于通代的论文更是有

135 篇都是关于刑事方面,立法类论文只有 18 篇。其次,从总计一栏看出,虽然刑事方面的论文最多,民经方面其次,行政方面、司法方面、立法方面也都有 100 篇以上的成果。这说明,20 世纪 90 年代学者们除对中国法制史传统重点领域——刑法方面重视外,其他领域也可谓齐头并进,不甘示弱。

表 12-3、表 12-4 所示,首先,20 世纪 90 年代末的三年文章数量较大。如关于西夏辽金元法制的论文,90 年代的最后三年共 36 篇,占此领域的 46%;关于新中国法制的论文,90 年代的最后三年共 113 篇,占此领域 10 年论文总数的 82%;关于通论的论文,90 年代末的最后三年共计 188 篇,占 10 年总数的 43%。其次,尽管不同朝代的论文数量有多有少,甚至有的能相差 200 多篇,但单从这一朝代横向来看,每个年度的论文数目并没有太大的起伏。就魏晋南北朝和隋唐五代两个时期来说,虽然总数上差了 106 篇,但前者几乎每年的数量都在 10 篇以下,而后者则几乎稳定在十几篇的数目。因此,也可以说中国法制史学在 90 年代,对同一研究对象的热度是有一定持续性的。最后,个别朝代的论文在个别年度论文数目大。例如,1992 年清代文章 52 篇,是其他年度的 1~2 倍左右,1999 年通代的论文数目 83 篇也几乎是其他年度的 1~2 倍。这或许也是因为出现了某种争议性事件,或其他热点问题,引起了大家的广泛关注。

或许上面笔者对研究对象的分析或许还有些抽象,那么下面就让我们来具体看一看,在 20 世纪 90 年代这个法律史学发展的稳步上升期,有哪些论文的发表引起了学界争议,有哪些论文的发表填补了学术空白,又有哪些论文在中国法制史学发展的画卷上,留下了浓墨重彩的一笔?

三、中国法制史学的研究成果

这一时期我国大陆的研究成果整体来说是多样化的,在此从通史、断代史和专题三方面的研究成果分别介绍,以此为基本架构,尽可能地展现 90 年代的诸多成果。

(一)法制通史研究

20 世纪 90 年代关于法制通史的研究成果共计 438 篇,其中古代法制通史有 329 篇,近代法制通史有 109 篇(见表 12-5)。中国古代漫长的时间跨度与丰富多样的资料厚度也使研究成果非常可观。

表 12-5 通代法制史的研究成果

单位:篇

时期	立法	刑事	民经	行政	司法	其他	总计
古代	14	125	40	14	33	103	329
近代	5	1	17	8	11	67	109

1. 古代法制通史的研究成果

这一时期的通代法制史的研究成果有 329 篇实属可喜可贺,同时论文在分布上也十分突出,刑事方面几乎占了总数的半壁江山,传统五个方面的成果也占到了总数的 2/3。鉴于成果之多,有些方面的成果以类别举例介绍。

立法方面成果较少,赵元信的《中国古代妇女立法的特征》研究对象聚焦在妇女立法上,通过分析考述,总结了特征。郑显文的《中国古代关于见义勇为的立法》聚焦见义勇为特定行为,对今天仍有借鉴意义。有关于立法环境的,如张梓太的《中国古代立法中的环境意识浅析》。有关于某类法规立法的,如黄启昌的《试论中国古代的反贪立法》、李光涛的《我国古代反贪惩贿立法探微》,都是通过对反贪或惩贿史料的挖掘,说明反贪立法的特点或概况。另外还有黄才庚的《我国历代诏令文书发展述略》等论文。

刑事方面共计 125 篇论文,甚至比其他朝代所有研究成果还要丰富。制度类的如童光政、龚维玲的《论赎刑制度》、董念清的《论中国古代的赦免制度》、范忠信的《中国容隐制度的历史发展及其文化意义》、徐晓光和路保均的《中国古代反腐惩贪法律制度述要》、陈嘉俊的《论中国古代的赎刑制度——兼议现代以罚代刑的若干问题》、巩富文的《中国古代法官责任制度的基本特征》和《中国古代法官违法行刑的责任制度》、王耀虎的《浅谈中国古代死刑制度的演变及特点》等,此类论文对某一制度展开讨论,范围广泛,而每一篇又可谓观点明晰、用词准确。罪名刑罚类的,如刘桂彬的《中国古代盗窃罪的产生成立及处罚》、张建国的《夷三族解析》、王小健的《论象刑》、黄晓明的《车刑论考》、任怀国的《"车裂"试释》等,这些论文对某一罪名或刑罚展开论述,大多体现了时间的跨度。原则类的,如杜钢建的《无罪推定与罪行法定:中国古代人身权利保障原则的新仁学思考》等。还有王晓勇的《我国封建法律惩治行贿罪的规定及特点》、沈厚铎的《中国古代的赦》、梁凤荣的《论中国古代防治官吏赃罪的对策》、胡新的《中国古代刑法中的比附》等论文。

民经方面的成果,多聚焦在婚姻家庭法与经济法方面。如陈宁英的《从婚姻家庭法的规定看我国古代妇女的社会地位》、曾尔恕与张志京的《论中国古代法和罗马法中的夫权》及王良学的《儒家学说对中国历史上民商法经济法的影响(上)》、陈涛与高在敏的《中国古代侵权行为法例论要》、高潮与刘斌的《敦煌所出买卖契约研究》、张传玺的《论中国历代契约资料的蕴藏及其史料价值》、侯欣一的《中国封建社会对外贸易法制初探》、怀效锋的《中国古代民法未能法典化的原因》。

行政方面的成果也并不多,代表性的有于敬民的《秦汉以来我国古代监察制度的几个特点》、陆士祯与杨小强的《中国古代社会保障典制考评》、张晋藩的《论中国古代的职官编制法》、王立民的《我国古代官吏知法论》、李传卫的《消防法制史漫谈》、李曙光的《中国古代没有行政法》、刘长江的《迁徙封建时代监察官的"闻风弹人"》、徐立志的《中国古代官吏监控系统探析》等论文。

司法方面有张晋藩的《中国古代民事诉讼制度通论》、刘敏的《传统调节制度及其创造性转化———种法文化分析》、王立民的《有关中国古代刑讯制度的几点思考》、马作武的《古代息讼之术探讨》、马作武的《"录囚""虑囚"考异》、薛梅卿的《我国监狱及狱制探源》、徐忠明的《"仵作"源流考证》、杨一凡与刘笃才的《中国古代匦函制度考略》、侯淑雯的《中国古代法官自由裁量制度的发展脉络》、孙谦的《逮捕制度的产生与发展》、郑禄的《诉讼证明的中国传统模式初探》等论文。

其他方面,张建国的《中国法制历程简论——1949年之前的中国法》一文对各个时期法律制度的特点、发展的因果关系、沿革轨迹和利弊得失进行了分析。还有李光昱的《浅谈中国古代法律的宗教性》、黄宗智的《中国法律制度的经济史、社会史、文化史研究》、徐忠明的《试论中国古代廉政法制及其成败原因》、史建群与叶桐的《中国古代礼治与法治的冲突与互补》、武树臣的《中国古代法律样式的理论诠释》、何勤华的《法学形态考:"中国古代无法学论"质疑》和《汉语"法学"一词的起源及其流变》、范忠信等的《论中国古代法中的重农抑商传统》、姜建设的《古代中国的环境法:从朴素的法理到严格的实践》、徐忠明的《试论中国古代廉政法制及其成败原因》、林国清的《中国古代法律与文学发展关系初探》、马志冰的《中国古代法律制度特点若干成因质疑》等论文均有一定代表性。

2. 近代法制通史的研究成果

近代法制通史的研究成果中,刑事方面、行政方面、诉讼方面和立法方面的论文成果都比较少,民事方面的略多。这与古代法制通史研究成果的分布不同。同时笔者还发现,"教育"方面的法律制度受到学者们的关注较多。同样限于篇幅,笔者对这部分研究成果中属于五类的论文稍作分析,主要介绍其他方面成果。

立法方面的成果仅有5篇,代表性的有杨惠的《中国近代刑事立法的特色》等论文。

刑事方面只有一篇,为彭凤莲与陈旭玲的《罪刑法定:立法还是司法——探析20世纪罪刑法定原则在中国的历程》。

民经方面的成果较其他四类相对多些,且高质量的论文居多。虞和平的《近代商会的法人社团性质》、胡旭晟的《20世纪前期中国之民商事习惯调查及其意义》、李玉与熊秋良的《中国近代公司制度史:史学领域的一块处女地》、钱明星的《近现代物权法的发展趋势与我国物权法的制定》、张忠民的《近代中国的"公司法"与公司制度》,还有曲三强的《被动立法的百年轮回——谈中国知识产权保护的发展历程》、周林的《中国版权史研究的几个问题》等论文。

行政方面的成果仅有8篇,有方庆才的《旧中国治安管理处罚法评介》、韩光辉的《北京历史上的警巡院》等论文。

司法方面,有郭卫东的《近代中国全力丧失的另一种因由:领事裁判权在华确立过程研究》、崔敏的《刑事诉讼法学百年回眸》。

其他方面,成果比较丰富。关于近代法制教育问题,有李龙的《中国法学教育百年回眸》、王立中的《近代中国的比较法学教育》、《论近代中国的法政留学教育及影响》和《近代中国政法留学教育动因考察》。关于法律近代化问题,李贵连有4篇:《中国法律近代化简论》《近代中国法律的变革与日本影响》《二十世纪初期的中国法学》《二十世纪初期的中国法学(续)》,还有郭志祥的《中国法制近代化论略》、张晋藩的《中国法律的传统与近代化的开端》。其他还有郑文举的《国际法观念与中国法的近代转型》、赵晓耕的《近代不平等条约与清末法制的变革》、周少元的《二十世纪中国法制变革与法律移植》、公丕祥的《二十世纪中国的三次法律革命》、杨泽伟的《近代国际法输入中国及其影响》、张仁善的《近代中国的海权与主权》、郝铁川的《中国近代法学留学生与法制近代化》、萧功秦的《近代中国人对立宪政治的文化误读及其历史后果》、何勤华的《〈华洋诉讼判决录〉与中国近代社会》、文勇的《制度决定论的贫困:近代中国立宪政治失败的原因分析》等论文。

(二)断代法制史的研究成果

这一时期整体来看,汉、唐宋、明清这些传统热点在90年代继续保持,同时中华人民共和国成立以来的法制史研究也越来越受到学界的重视。下面,将基本按时间顺序具体对各代的研究成果加以介绍。

1. 夏商西周时期的研究成果

夏商西周时期法的形式,尤其是习惯法,是很多人关注的焦点之一。徐进在《战国前法的形式、生成及其时代特点》一文中指出,夏商西周及春秋时期的法主要是习惯法、经验法,不是成文法。形式也很多样,至少有以下十种:誓、诰、命、令、盟、制、常、典、则、法。这些法常常不是出于某个有权主体有目的制定的,也不是来自一个权力中心,其生成途径主要是掌权者的随机决定、几个权力主体的约定及前例。并且战国前法具有明显的自然长成的特征,战国前法仍处在前成文法时代,尚不具有成文法典的必行性效力和高出一般行为规范的特殊地位。高其才的《中国的习惯法初探》认为,在中国社会的发展中,习惯法发挥了极其重要的作用,并总结出习惯法确立有七个条件、习惯法有七个体系等。田成有的《从法律的起源与运行方式看民族习惯法的重要作用》,从法的起源和运行方式的角度出发,认为一个国家的民族习惯或习惯法对国家法的产生、法律的实践运行影响是非常直接、重要的。在法的起源上,法是遵循着民族禁忌—民族习惯—国家法律的发展轨迹演变运行的。

中国法起源问题的研究一直是法制史学界关注的重点。马小红在《祀与戎——中国古代法律的源头》一文中,对于征战、祭祀及其与中国早期法律的渊源关系进行了具有说服力的论述。田成有的《酋邦战争与中国早期国家法律的起源》一文对酋邦战争与中国法律起源的关系问题进行了分析。

其他论文还有李衡眉的《"奴隶社会不存在独立于礼的法"说质疑》、李交发的《略论周公与西周法制》、陈伟的《包山楚司法简131~139号考析》、马军胜的《论〈易经〉与周代法制》、梁颖的《试论西周春秋时代宗法制与分封制的结合》等。

2. 春秋战国时期的研究成果

先秦法制可以说是法史研究的难点,但值得称赞的是,20世纪90年代中期,该领域的研究显露出新的视角,有的学者从过去常常被忽略的史料入手进行分析,有的对新的研究对象进行分析,给法制史研究带来了新气象。比如,李力《东周盟书与春秋战国法制的变化》一文从"盟书"入手,先对东周以前的盟书考述,再分析东周盟书的史实和性质,进而阐述东周盟书与春秋战国法制变化间的关系,可谓突破传统、标新立异。还有朱方枫的《从〈易·讼〉看中国古代法律制度建设的初始阶段》、田有成的《民族禁忌与中国早期法律》、徐忠明的

《皋陶与“法”考论》等论文,均以视角新颖、论题独特而引人注目。

立法方面主要是聚焦对《法经》的考辨。如李力的《从几条未引起人们注意的史料辨析〈法经〉》与《〈法经〉的篇目及其亡佚》、殷啸虎的《〈法经〉考辨》、何勤华的《〈法经〉新考》与《〈法经〉略考》及杜文忠的《〈法经〉新解》,这几篇论文从篇目到真伪等几个传统角度进行了考述。

刑事方面,周学军的《〈尚书·五刑〉五过新解》一文针对历代注家未得“五过”其详的研究现状,认为“五过”不能解释为“有关过失犯罪的规定”,而是一种对犯人的处理手段。另外还有《论西周春秋时期的灭族刑》等。

民经方面,缪昭的《春秋时期我国婚姻制度的几个特点》一文分析了春秋时期婚姻制度中的聘娶婚、媵制和同姓不婚,并对其源流、演变作了分析。

司法方面,贾继东的《简论楚国诉讼制度的期日与期间》一文主要从史料发掘的角度对诉讼中的期间制度进行论述。

其他方面突出的论文有李衡眉与周兴的《春秋战国国际法述略》、陈乃华的《论齐国法制对汉制的影响》等。

3. 秦代的研究成果

这一时期研究成果的突出特点是关于睡虎地秦墓竹简的研究成果居多。张建国的《秦令与睡虎地秦墓竹简相关问题略析》一文对日本学者大庭脩关于秦没有“令”的观点提出怀疑,列举秦简律条进行分析,认为不但秦国和秦朝两个时期都有令的形式存在,而且令还是先于律出现的。另外,张建国还认为整理人员对“间令”解释为“干扰法令”不准确,应当是于法律空隙之中补充法律的作用。

还有对秦简具体篇目的研究,如刘乐贤的《睡虎地秦简日书〈诘咎篇〉研究》对《诘咎篇》作了综合研究,首先对秦简整理小组未加注释的词句进行注释,然后对释文、断句和注释方面存在的不足进行了修订,另外还对《诘咎篇》的内容进行了全面论述,认为《诘咎篇》讲的基本上是古代的解除之事,是以去凶为目的的活动。还有张伯元的《〈秦简·法律答问〉与秦代法律解释》,认为《法律问答》内容主要涉及明确刑罚适用、以罪名为判罪的依据和犯罪动机的认定三个方面,解释法律的方式有问答、成例比照、比例、比较、附带说明五种。还有对具体字词的研究,如胡平生的《云梦龙岗秦简〈禁苑律〉中的“耎”(壖)字及相关制度》一文对刘信芳、梁柱在《云梦龙岗秦简综述》中关于“耎”字的释义提出怀疑,认为应读作“堧”或写作“壖”,且是“隔离地带”的意思,还介绍了秦律中关于“耎”字的律条。其他有代表性的论文有张全民的《秦律的责任年龄辨析》,

他认为云梦秦简的律文与传世典籍表明:秦律的责任年龄是身高六尺,相当于十五周岁。他提出并论证了和当时学界主流观点不一致的见解。孙瑞的《从〈睡虎地秦墓竹简〉看秦国控告文书》一文对《睡虎地秦墓竹简》中记载的控告文书形成的原因、受理及处理情况进行了分析。

民经方面值得一提的是童光政的《简论秦代契约法》,他认为秦代的契约"无论是形式、种类、调整的内容还是法律责任都较前代有所发展和进步"。文章从睡虎地秦简的资料入手,对秦代买卖、借贷、保管、雇佣等契约种类做了论述。此外,还有齐桂苓的《略论秦法对经济生活的规范与促进》等。

值得注意的是,行政方面的论文成果较之其他种类要多。关于秦简中《为田律》的论文居多,如张金光的《青川秦牍〈更修为田律〉适用范围管见》、罗开玉的《青川秦牍〈为田律〉再研究》等。

4. 汉代的研究成果

20 世纪 90 年代关于汉代法制史共 95 篇论文,与其他时期相比可谓成果颇丰。如上文表 12-2 所示,关于刑事方面的论文有 26 篇,行政方面的论文有 13 篇,约占总数的 1/4 以上,可见刑事和行政方面是对这一时期的研究热点。

关于汉代的立法,徐世虹的《汉代的立法形式与立法语言》一文依据史料和典籍分析了汉代的立法形式与立法语言之间的关系,并认为汉代的法律构成主要是律典和会典,且律、令各有特点,语言存在异同,一定程度上反映了法家和儒家两种不同的文化源流。张建国的《叔孙通定〈傍章〉质疑——兼析张家山汉简所载律篇名》提出与前人之说不同的观点,认为叔孙通制定的是汉礼仪,并没有制定傍章。且《晋书·刑法志》中有误,傍章在汉代应是写成和读作"旁章"等。蒋晓伟的《汉代经济立法初探》,从土地法、赋役法、商税法、手工业法、钱法、酒法六个方面对汉代经济法制进行了探索性的陈述。

刑事方面较突出的有华友根的《西汉的春秋决狱及其历史地位》一文,对"春秋决狱"这一传统问题提出了自己的观点,重新认识与评价了"春秋决狱"的历史地位。宋杰的《论秦汉刑罚中的"迁"、"徙"》认为秦汉时期"迁""徙"之刑虽然和后来的流刑属于同一种刑罚,但还不是国家的主刑、正刑,有关的法规也很不完善。值得一提的是,张建国对汉代刑事方面的研究论著较多,代表性的有《秦汉弃市非斩刑辨》《西汉刑制改革新探》《汉武帝除肉刑的再评价》等。《秦汉弃市非斩刑辨》一文对沈家本与程树德关于弃市是何种刑,弃市作为绞刑始于何时的观点提出怀疑,认为秦汉时就有弃市之刑,且弃市不是斩刑,而是绞杀。《西汉刑制改革新探》一文从问题的提出到对有关《汉书·刑法志》正文和诸家注释的分析再到对刑制如何改革进行探讨,洋洋洒洒一万四千余字,找出了与日本学者滋贺秀三所说完全不同的《汉书·刑法志》的错误之处,同时对《汉旧仪》中的刑期规定从何时开始的问题,做出了合理的解释,文章论证丰富,论点清晰,是一篇高学术价值的文章。《汉文帝除肉刑的再评价》一文主要对当时流行的观点——废肉刑的原因是经济原因,即破坏了生产力的原因提出深思,认为看待肉刑应当从刑罚的原始意义和目的出发,肉刑具有一种终身性的卑贱身份的象征,而废除肉刑的最大意义是开辟改过自新之路,使受刑之人不被"排除出常人社会",可以说文章另辟蹊径,视角独特,不失为一种新锐观点。

民经方面文章较少,主要有刘厚琴的《儒学与汉代婚姻制度》一文,从汉代婚姻意义、婚姻形态、结婚礼仪、离婚制度四个方面对儒学与汉代婚姻制度的关系进行了探讨。

行政方面这一时期的研究成果占五类里近 1/4 的比重,其中一个原因就是 1993 年年初在江苏连云港市东海县尹湾村 6 号墓出土了一批西汉时期的郡县级行政档案,引起了学者的广泛关注。代表性的论文有高恒的《汉代上计制度论考——兼评尹湾汉墓木牍〈集簿〉》、高敏的《尹湾汉简〈考绩簿〉所载给我们的启示——读尹湾汉简札记之三》、滕昭宗的《尹湾汉墓简犊概述》、谢桂华的《尹湾汉墓简犊和西汉地方行政制度》及《尹湾汉墓新出〈集簿〉考述》等。其中高恒的论文对尹湾汉墓简犊的其中一批记载有西汉后期东海郡的社会、经济概况的简牍进行研究,依据这批珍贵的史料对汉代上计制度进行了深入的研究和探讨;高敏的论文对《考绩簿》进行了不同角度的分析;滕昭宗的论文简要介绍了《考绩簿》的主要内容;谢桂华主要研究了地方行政制度和对《集簿》的研究阐述。除关于尹湾汉墓简犊的论文之外,还有其他几篇如仝晰纲的《秦汉时期的乡里管理体制》、张鹤泉的《西汉养老制度简论》、邢义田的《从简牍看汉代的行政文书范本——"式"》、李学勤的《〈奏谳书〉与秦汉铭文中的职官省称》等,这些成果反映出既有集中,又有新研究对象出现的特点。

司法方面这一时期的成果较少。其中,张建国的《汉简〈奏谳书〉和秦汉刑事诉讼程序初探》文章万余字,通过对《奏谳书》原文及李学勤、彭浩二人的研究成果的分析,对秦汉刑事诉讼程序做了总括性的论述,对"奏谳"的意思进行梳理,对个别案例进行了分析以及对基本程序告劾、讯、鞫、论、报进行逐一阐述。罗鸿英的《汉代奏谳制度考析》对汉代奏谳制度的程序、特点、流变、成因及影响等问题进行了研究。

其他方面突出的论文,如侯欣一的《孝与汉代法制》一文依据《汉书》《后汉书》等基本史料，对汉代孝与法律的融合过程和特点、汉代法制中的孝及其实施状况等问题做了综合性考察，认为无论在法家还是儒家思想占统治地位的朝代，重孝都是中国古代法制自始至终的重要特点之一。何勤华的《秦汉律学考》与《秦汉时期的判例法研究及其特点》分别对中国古代律学的内涵、秦汉时期律学的诞生、内容、特点等问题和秦汉时期判例法研究的分期和内容进行了研究。

5. 魏晋南北朝时期的研究成果

魏晋南北朝时期因其时间短、资料少，一直是学者们少有涉足的领域。20 世纪 90 年代民经方面、司法方面只有 1 篇，立法方面有 2 篇，行政和刑事方面居多。

刑事方面有张建国的《魏晋五刑制度略论》一文，该文是研究魏晋法制中学术价值较高的一篇，作者在文中对魏晋五刑的源流、现状问题进行分析，对魏晋南北朝时期这一相对薄弱的部分，起到了重要的补充作用。范家伟的《复肉刑议与汉魏思想之转变》和王政勋的《汉魏之际关于肉刑问题的辩论》两篇文章对曹魏政权提出恢复肉刑引起思想变化及争论进行研究与阐述。

行政方面有徐斌的《南北朝监察概论》与《魏晋时期监察概论》两篇论文，共同为魏晋南北朝的监察制度在整体上勾画出一个轮廓。陈长琦的《魏晋九品官人法再探讨》认为九品官人法制度是贯穿魏晋南朝时期官员选拔、任用制度的总和，而九品中正制不等于九品官人法，并指出了二者的联系与区别。

其他还有林明的《论魏晋南北朝时期儒家思想的地位及其法律化表现》、贾瑞芬的《北魏前期法律制度的特征及其实质》、张建国的《魏晋律令法典比较研究》与《魏晋五刑制度略论》等论文。

6. 隋唐五代时期的研究成果

唐代一直是中国法制史研究的重点领域，90 年代又迈上了新的台阶。根据表 12-1 所示，这个时期 149 篇论文中只有 2 篇关于隋代的文章，可见发展到 20 世纪 90 年代，聚焦隋代的成果也是少之又少的。唐代研究成果中最多的仍是传统的刑事方面。立法方面的成果仅次于刑事方面的成果，唐代的立法丰富且水平高是一个主要原因。这方面学界争辩的一个焦点就是《唐六典》的性质问题。宁志新在《〈唐六典〉性质当议》一文中坚持了"《唐六典》是行政法典"的传统观点，而钱大群在《〈唐六典〉不是行政法典》一文中则持相反观点，认为《唐六典》仅仅是一般的官修典籍而非通用的行政法典。与二人不同，徐忠明的《关于唐代法律体系研究的评述及其他》一文认为《唐六典》是部"类书"，既不是刑法典也不是行政法典。另外，霍存福的《唐式性质考论》认为唐式可视为今天的行政法规,是以行政法为主,另有军事法、民事法、诉讼法规范的综合法律形式。其他还有霍存福、丁相顺的《〈唐律疏议〉“以”“准”字例析》、钱大群的《律、令、格、式与唐律的性质》、王立民的《唐律条标探析》、陈戍国的《从〈唐律疏议〉看唐礼及相关问题(续)》等文。

刑事方面有刘启贵的《我国唐朝流放制度初探》一文,从流放的类型、对象、目的、执行与特点五个方面对流放制度进行了探讨。李毅的《论唐代的流刑及其执行情况》一文认为,唐代的流刑制度虽然规定清晰明确,但执行过程中有时有法不依,反映了唐代法律制度与唐代司法实践及政治斗争之间的关系,以及封建时代以帝王意志为转移的封建法律的特征。明廷强的《唐律数罪并罚制度探析》一文则介绍了唐律对数罪并罚的规定,认为这些规定看似少,但其实是切实可行的。其他还有明廷强的《唐律自首制度初探》、余经林的《略论唐代刑事控告及其受理制度》、刘毅然的《唐代惩治受贿罪研究》等文。

民经方面,张中秋的《唐代对外贸易的法律调整述论》一文从唐代法律与经济关系,特别是以法律手段来调整经济关系的角度论述了唐代法律在对外贸易领域的重要作用。其他还有方亚光的《从〈唐律·户婚〉看唐代婚姻的双重性》、齐陈俊的《有关遗产继承的几件敦煌遗书》、张中秋的《唐代专卖法律研究》等文。

行政方面的成果不多,有学者聚焦均田令的问题,如赵云旗的《论隋代均田令的诸问题》、赵翔等的《唐代前中期土地立法述略——从唐律看唐代均田制》等文。其他还有王毅文的《唐代官制考述》、王宏治的《唐代行政法概论》、黄毛的《唐代司法监察得失谈》。

司法方面成果虽然不多,但有几篇高质量的成果出现。如霍存福的《〈龙筋凤髓判〉判目破译——张鷟判词问目源自真实案例、奏章、史事》一文对张鷟判词问目进行了考证,指出它是武周、中宗两朝的实录,具有极高的史料价值。汪世荣的《汉唐民事诉讼制度》和侯欣一的《唐律与明律立法技术比较研究》前后对照唐代法律法制,一个侧重具体的民事诉讼制度,另一个侧重立法技术的比较,对总体把握中华法制发展脉络都提供了很好的分析、研究视角和方法。刘后宾的《唐代司法“三司”考析》从唐代政治史的发展分析“三司”在不同时期组成和职能上的变化,有助于从侧面了解唐代的司法过程。还有董念清的《从唐代的判例集看唐代对法律的适用》等文。

其他方面,蒲坚的《唐律:中国古代法律文化遗产中的瑰宝》对唐律的主要内容和特点进行了归纳,对唐律的重要地位进行了概括。王立民的《贞观时期的廉政与法制》一文对唐初的廉政与法制的关系作了再探讨。陈宁英的《唐代律令中的贱民略论》对唐代律令中贱民在人格权、身份权、财产权等方面的状况进行了较为全面的分析论述,并从法律制度上探索我国中古时期社会不平等结构。

7.宋代的研究成果

对于宋代的研究,成果数量与唐代持平,突出之处是民经方面成果较多。

立法方面的成果主要围绕《宋刑统》的研究,如李俊的《〈宋刑统〉的变化及法史料价值探析》一文认为,《宋刑统》之体例渊源不是唐律而是唐中后期的《大中刑律统类》,其直接摹本则是《显德刑统》。还有郭东旭的《〈宋刑统〉的制定及其变化》、戴建国的《〈宋刑统〉制定后的变化——兼论北宋中期以后〈宋刑统〉的法律地位》等文。陈绍方的《略论宋代立法特点》认为,宋代的立法有频繁编敕、勤于编纂综合性法典的特点,体现了封建社会由盛转衰的鲜明时代特征。郭东旭的《论宋代法律中的"例"的发展》、孔学与李乐民的《宋代全国性综合编敕纂修考》等文对例、敕进行了研究。

刑事方面,戴建国的《宋代赎刑制度述略》对两宋赎刑的实施对象、范围与具体规定作了论述。安国楼的《宋代笞杖刑罚制度论略》从笞刑与杖刑的刑具与实施、演变与特点的角度对笞杖刑制度进行概述。郭旭东的《宋代编管法》对编管人的适用范围、解送和管理制度三个方面进行了介绍。郭旭东的另外一篇《宋代酷刑论略》介绍了宋代于常法之外采用的十余种酷刑,认为这反映了宋代阶级斗争尖锐而激烈的时代特征。

民经方面可谓成果丰硕,一个主要的原因是宋代经济开始发达起来,买卖交易制度的确立、商事活动的增加都留下了丰富的史料。郭东旭的《宋代买卖契约制度的发展》一文从动产买卖契约、田宅买卖契约到总结契约制度再到介绍印契的法律效力,对宋代买卖契约制度形成了一个总括性的论述。刘春萍的《南宋田宅交易法初探》一文对田宅买卖关系状况与田宅典当、抵当法律关系进行了论述。刘春萍还有另一篇《南宋继承法规初探》一文针对南宋继承法,论述了法规中的具体规定。余贵林、郝群的《宋代典卖制度散论》从静态、动态角度分析,认为宋代典卖制度相当保守落后,并且这也是它的最大特色。黄纯艳的《论北宋初期的茶叶贸易法令》探讨了北宋初期茶法的重要性,不仅在于揭示宋代茶法的发端,而且有助于解决学术界几个主要问题的争议。另外,关于妇女在婚姻中的地位有两篇文章比较突出:唐自斌的《略论南宋妇女的财产与婚姻权力问题》从《明公书判清明集》中的史料出发,对南宋妇女的财产与婚姻权利问题作了论述。刘春萍的《南宋婚姻家庭法规范中妇女地位刍议》认为南宋婚姻家庭法规范是在南宋商品经济畸形发展的特定历史条件下产生的,带有鲜明的时代色彩。离婚权、改嫁权、财产继承三个方面论证南宋妇女地位有一定的提高,也展现了民主性色彩。

行政方面,苗书梅的《宋代通判及其主要职能》对宋代通判的设置情况、设置的目的及权限等问题进行梳理。何忠礼的《宋代官吏的俸禄》一文对两宋俸禄的变化及其社会作用详有论述。还有张大鹏的《朱子社仓法的基本内容及其社会保障功能》等。

司法方面,王志强的《南宋司法裁判中的价值取向——南宋书判初探》从南宋书判入手,结合社会历史背景,既有对个案分析,又有综合统计,分析书判以情理为中心的价值取向,并且论述其成因与影响。殷啸虎的《试论北宋的审判复核制度》从几个方面对北宋的审判复核制度论述。季怀银的《宋代司法审判中的限期督催制度》介绍了为了减少案件积压等原因,对审限和审判及时给予监督的执行情况。季怀银的另一篇《宋代法官责任制度初探》从违法刑讯的责任、断狱稽违的责任与出入人罪的责任三个方面阐述了法官责任制度。

其他方面,值得一提的是,唐自斌的《试论南宋封建法制的败坏及原因》对南宋法制败坏的情况做了介绍,并对原因进行了剖析。陈景良的《试论宋代士大夫司法活动中的人文主义批判之精神:中国传统法律文化研究之一》《试论宋代士大夫司法活动中的德行原则与审判艺术:中国传统法律文化研究之二》两篇关于中国传统法律文化研究的系列论文分别以人文主义精神与德行原则为视角对士大夫的司法活动进行了透析,视角独特,在大多重视制度的研究成果中显得尤为突出。

8. 西夏辽金元代的研究成果

西夏辽金元历来是中国法制史研究中难度大、前人较少涉足的领域,但 90 年代研究成果篇数不少,且有些高质量的研究成果,这些论文推动了这一领域的深入发展。

立法方面,《大元通制》中"断例"的性质及影响问题是元朝法律制度乃至元史研究中的一个争议较多的问题。殷啸虎的《论〈大元通制"断例"〉的性质及其影响——兼与黄时鉴先生商榷》一文,对黄时鉴的《大元通制》的"断例"即元朝成律的观点提出了不同的看法,认为《大元通制》的"断例"就其性质与内容而言,是在吸收、借鉴传统立法经验与成果的基础上,将那些在长期的司法实践中形成的典型判例和事例以及通则性的规定,按照旧律的体例进行汇编整理而成的。从法律形式与内容来看，是成文法与判例法的结合。舒炳麟的《试析〈元典章〉的特色》着重分析了元代之民刑分诉与诉状问题。

刑事方面的成果较少，代表性的有郭晓航与姚大力的《金〈泰和律〉徒刑附加决杖考——附论元初的刑政》一文，通过对金元法律文献的考察，指出所谓"决杖"，实指泰和律所沿袭的由来已久的做法，即把决杖作为附加刑并施于徒刑犯，且进一步讨论了金元之际刑法体系转换过程中一些重要的历史细节。还有冯修青的《元朝的流放刑》等文。

民经方面的成果相对较多。霍存福的《论元代不动产买卖程序》论述了元代法律关于特殊主体的优先权购买、产权确认和卖方保证等程序的内容以及呈报、过户程序，表明不动产买卖的国家干预性。李淑娥、魂簇的《论蒙元时代的收嫂婚与其法例》一文首先对收嫂婚条例的确立进行阐述，继而论述了条例的影响与对收嫂婚的限制。霍存福的另一篇《元代借贷法律简论》认为元代借贷法律无论在立法上、实践上还是学理上，都是中国法制历史中承前启后的重要一环。

司法方面，赵文坦、孙成状的《元代司法制度的特点》一文较为详尽地分析了元代司法制度的内容与特征。其他还有李明德的《元代司法制度述略》、杨德华的《元代"约会"制度初探》、曾代伟的《金朝诉讼审判制度论略》等论文。

行政方面，刘晓的《元朝断事官考》一文对断事官在元朝各机构中的设置与职掌问题进行了比较系统的研究，并且探讨了元朝统治下蒙汉官制相结合的一些特点。其他还有史金波的《西夏的职官制度》等。

其他方面，值得一提的是王风雷的《论元代法律中的野生动物保护条款》一文，首次对元代自然保护方面的法律条文作了专门探讨，对元代野生动物保护条规的产生、发展、内容及其特点进行了分析，不但是聚焦少有关注的元代，更从野生动物保护法规入手，填补弱项，既有新意又很有价值。

9. 明代的研究成果

五类研究对象分布表上可以看出90年代关于明代的研究成果比较平均，数量上次于汉唐宋清等时期，略高于其他时期。

立法方面，戴建国的《天一阁藏明抄本〈官品令〉考》一文对宁波天一阁所藏明抄本《官品令》进行了考证，认为此书是久已湮没的宋代法律典籍《天圣令》，并详细考证了这部残存令典的体例、篇目以及它所保存的《唐开元二十五年令》原文，认为这个残本的发现不仅对了解北宋的典章制度和人口等问题具有重要参考价值，而且对于唐史研究，尤其是唐令的研究和复原工作具有极为重要的意义。王侃、吕丽的《明清例辨析》一文对明清例的渊源、性质、表现形式、例律关系及作用提出了独到的见解。杨一凡的《〈大明律〉修订始末考》对洪武元年、洪武七年、洪武九年律与洪武十八、十九年行用律、洪武二十二年律、洪武三十年律分别加以考述。其他还有张家国、殷耀德、李红卫的《试析明代盐法变迁之轨迹》、苏钦的《唐明律"化外人"条辨析——兼论贞观古代各民族法律文化的冲突和融合》、郭孟良的《明代茶禁考析:明代茶法研究之一》和《明代引茶制度初论:明代茶法研究之四》、商传的《〈明会典〉及其史料价值》等文。

刑事方面,周致元的《明代的宗室犯罪》从法律的角度看待宗室,列举了犯罪宗室的处决情况并加以分析。还有王恩厚的《明代的廷杖与皇权》、杨雪峰的《明代化外人犯罪时适用之法律》、程丽华的《略论朱元璋的惩贪治赃》、张凤仙的《明代发女犯罪缩小收禁范围原因探析》等文。

民经方面,明清时期资本主义经济萌芽产生,商品经济有了进一步发展,因此明清时期民事方面的成果较多。童光政、龚伟玲的《明代民事法律客体论述》一文指出,明代的民事法律客体较之前的范围更广、规定更具体。物是民事活动中最普遍的对象,劳务成为重要的民事客体,官职、爵位则是特殊客体。杨松的《试论明清时期市场法的特点与功能》对明清市场法的特点与功能进行了分别论述。

行政方面,王兴亚的《明代实施老人制度的利与弊》与《明代的老年人政策》两篇论文聚焦老年人的制度,详细地对其介绍。《明代监察制度评述》一文认为明代监察制度在制约皇权、惩罚官吏、抑制宦官上,都取得了一定的成就,是解决权力机关矛盾、抑制腐败的有力措施,但也有一定的历史局限性。

司法方面,有高春平的《论明代的提刑按察使司》、徐忠明的《〈金瓶梅〉"公案"与明代刑事诉讼制度初探》等文。

其他方面,高春平的《从李福达案看明中期的法制状况》一文从个案着手分析明代中期的法制状况,运用个案分析的方法得出结论,可谓别具一格。

10. 清代的研究成果

以1840年为界,将清代分为清和晚清,笔者把对这两个阶段的研究成果放在一起,共324篇,为各代中研究成果最多的时期,作为我国法史学界研究水平较高的一个领域,在90年代继续保持着某种优势。民经方面的成果在五类当中数量较多,刑事方面次之,其他不分伯仲。另外值得注意的是,清末开始出现了很多宪法方面的法制事件与文献,因此对这一时期的研究成果呈现新的特点:第一,出现了关于宪法等方面的成果;第二,对法制改革的探讨成果多;第三,理论构建性的成果多;第四,对事件的反馈,如文字狱、戊戌变法等事件的成果多。

立法方面,清代的立法较多,成果也几乎对主要的法律均有论及。郑秦的《康熙〈现行则例〉:从判例法到法典法的回归》一文在立意上很有新意,认为康熙《现行则例》是一部独具特色的"法典"化的判例法。郑秦的另一篇《顺治三年律考》一文对顺治律的版本、律名、律文小注、律文条目等问题进行考证,并结合案例进行实证对比,行文严谨厚重。刘广安的《论明清的家法族规》论证了明清封建统治者大力支持家法族规的强化措施,并就明清家法族规中有关刑事和民事法律方面的内容进行了归纳和概括。经君健的《清代关于民间经济的立法》分析了清政府在调整民间经济关系方面采用哪些原则,制定了哪些律例,并试图找出这些律例与前朝律例的渊源。张晋藩的《清代律学及其转型》对中国传统律学的特点、基本精神、形成原因及其近现代的转型,作了很好的分析。并且做到了阐明传统律学学术史的意义和价值。其他还有陈绍方的《清末教育立法的缘起、立法指导思想及其运作机制》、徐晓光的《蒙古立法在清代法律体系中的地位》、吕丽的《论〈大清律例〉"以例辅律"的体例原则》、王敏的《论清末修律的方法与意义》、张晋藩的《中国传统法观念的转变与晚清修律》、陈绍安的《论清末教育立法》等文。

刑事方面,李贵连的《晚清就地正法考》一文运用丰富史料论述了"就地正法有效地延续了末代王朝"、"就地正法削弱了专制皇权"、"就地正法存废之争"以及"久争不行之原因"等问题,是一篇颇有分量的学术论文。还有陈勇勤的《晚清清流整顿吏治清议述论》、李国荣的《雍正严禁赌博》等文。

民经方面,随着商品经济的进一步发展,清代的民事活动相对增多,可供研究的资料也相对丰富。刘广安的《传统习惯对清末民事立法的影响》认为,习惯在民法中有重要地位,传统习惯对清末民事立法的思想、活动、内容及传承有深刻的影响,而这种影响反映了中国民事法律从传统走向现代化初期的特点。马敏的《商事裁判与商会:论晚清苏州商事纠纷的调处》一文利用晚清苏州商会档案中大量的商会"理案"记录,分析了晚清商会商事调处的性质、特点及其运行情况。熊秋良的《论民国初年的公司法规》、宋德会的《试论中国近代公司法中的责任制》、曹成建的《试论南京国民政府1929年〈公司法〉的实施效果及其制约因素》和李玉、熊秋良的《论清末的公司法》等都是对于近代公司法进行研究的。

朱英的《清末苏州商会调解商事纠纷述论》和《论清末的经济法规》聚焦商

会调解和法律规范。张洪林的《试析清代四川井盐生产中的合伙法律关系》一文运用现代民法中合伙法律关系的理论,对清代井盐生产中的合伙法律关系作了深入的分析。还有江太新的《略论清代前期土地买卖中宗法关系的松弛及其社会意义》。郑杰的《行政法文献巨篇——略谈清代五朝会典》认为,五朝会典具有其特有的法律地位,对国家社会各个领域进行广泛的干预和管理,直接作用于封建专制统治,是清代立法上的重要成就。柏华的《从历史档案看清代对州县官吏的惩处制度》一文,运用大量档案史料进行分析,弥补了清代行政法制研究中一向多注重法典条文分析所形成的某些不足之处,其研究方法也有一定的借鉴意义。关于《清会典》的性质,吕丽、刘杨的《是官修史书,还是行政法典——〈清会典〉性质论》与吕丽的《论〈清会典〉的根本法与行政法的合一性》两篇文章认为,《清会典》形式上具有官修典制史书的特点,实质上是一部合行政法与根本法于一体的特殊的法典。还有谢世诚的《道光时期胥吏违法》、康大寿的《明清政府对澳门的法权管理》等论文。

司法方面,王东平的《清代回疆的司法制度》一文对少有学者关注的回疆司法制度进行了考述。沈厚铎的《秋审初探》一文对秋审的渊源、发展、形成与完善及终结作了分析与探讨,对秋审制度的利弊亦略作评析。王立民的《论清末审判方式的改革》一文对清末法制改革中对审判方式进行的改革的内容、历史背景和改革流产的原因等问题做了探索。王学珍的《清末报律的实施》一文较为详细地论述报律的制定过程的基础上,对报律的贯彻实施情况作了考述。另外,还有李贵连的《清季法律改革与领事裁判权——兼论沈家本法律救国思想》、何勤华的《〈华洋诉讼判决录〉与中国近代社会》、何敏与汪世荣的《清代刑事投诉制度研究》、师建祥的《清末巡警制度述论》、徐家力的《领事裁判权与清末律师制度的产生》等论文。

其他方面,清末改革与法制现代化是学者关注的焦点之一。公丕祥的《清末法制改革与中国法制现代化》一文分析了清末法制改革与中国法制现代化之内在联系,认为这场改革运动既开始了法律结构的创新性过程,又表现了法律精神的某种价值转型,从而构成中国法制现代化的历史发端。张晋藩的《清代律学及其转型》,对以清代律学为代表的传统律学作了系统、深入的研究,对传统律学演变问题更加深入推进了一步。赵晓耕的《近代不平等条约与清末法制的变革》一文,阐明了近代不平等条约与清末法制变革的关系,使我们能够从历史的角度总结过去,关注今天的法制变革。周少元的《二十世纪中国法制变革与法制移植》一文揭示了中国法律的近代化进程始终贯穿着法律移植,文章回顾了近代法律移植的意义。此外还有苏亦工的《发现中国的普通法——清代借贷契约的成立》、黄国信的《清代乾隆年间两广盐法改埠归纲考论》、吕鹏军的《从有关律例看清代田房典当契税的变化》、王玉海的《清代热河蒙旗的地契及其所反映的租佃关系》等论文。

行政方面，值得一提的是郭成伟、田涛、张培田的《新发现的清末京师城市管理法规研究》一文首次对新发现的清末39种城市管理法规进行了全面、中肯的分析，并对这些法规的编纂形式、性质、实际作用等问题进行了评价。这篇论文对前人鲜有涉足的新问题，运用新史料进行研究，富有新意，可读性强。何勤华的《中国古代法学的死亡与再生——关于中国法学近代化的一点思考》一文认为，中国古代法学的大部分成分和要素消亡了，只有某些成果获得再生，同时分析了中国与其他主要国家在法学近代化过程中不同的特征。还有李育民的《试论清末的宪政改革》、尹成的《康有为与戊戌变法》、曲三强的《被动立法的百年轮回——谈中国知识产权保护的发展历程》、徐晓光等的《清末的法制改革及其历史意义》、田涛的《晚清国际法输入述论》等论文。

11. 太平天国时期的研究成果

这一时期的研究成果数量少，仅有7篇论文，一个主要的原因是这一时期存在的时间短，可研究对象不多。论文主要有邱远猷的《太平天国与晚清"就地正法"之制》和《洪仁玕与中国法律近代化》、肖季文的《太平天国军事法制建设》、黄剑华的《太平天国的法制问题探讨》、周新国的《奴刑与太平天国刑罚》、翟桂范的《论太平天国的刑审立法及其局限性》。

12. 中华民国与北洋政府时期的研究成果

目录索引卷中没有这一时期刑事方面的论文，而司法方面的论文较多。

立法方面，《中华民国临时约法》是学者们关注的焦点。陈晓峰的《〈中华民国临时约法〉的文化透视》一文从宪法文化角度出发，认为"临时约法"的命运反映的是更广阔的文化传统对于"大典"和"朝纲"的处理法则。张希坡的《应当恢复〈中华民国临时约法〉的条文原貌》一文对《中华民国临时约法》进行了详细的考据，通过对照海内外《临时约法》的不同版本，对讹误之处进行核查，并重现了其条文原貌，为后人继续深入研究做了不小的贡献。张国福的《关于〈中华民国临时约法〉制定的问题》对其制定中存在的问题进行考述。还有邹小站的《关于南京临时政府与〈临时约法〉的几个问题》、李罡的《略论南京国民政府初期的高等教育立法》等论文。

民经方面，熊秋良的《论民国初年的公司法规》一文以北洋政府颁布的以

《公司条例》为核心的一系列公司法规为对象,剖析了民国初年公司法的产生、作用和局限,指出民初的公司法规是近代中国首次出现的经济方面比较完备的资产阶级法令体系,它基本上奠定了中国公司法的模式,在中国公司法制史上明显起了承前启后的作用。但由于历史条件的限制,民初的公司法规还有许多局限性。饶东辉的《试论大革命时期南方政权的劳动立法》认为,1924 年至 1927 年相继颁布实施的工会条例等劳动法规对改善工人的劳动状况,促进工人运动的发展和国民革命高潮的到来起了重要的作用。但立法时具有急功近利的特征,可行性研究明显不足。虞和平的《民国初年经济法制建设述评》一文认为,民国初年的经济法制建设有承上启下的地位,不仅基本奠定了近代中国资本主义经济法制体系,在整个近代中国的资本主义经济法制建设中居于重要的地位,还对建立和维持近代中国的资本主义经济秩序,促进资本主义经济的发展有重要的意义。此外还有石柏林的《民国时期经济法律体系及其作用初探》等论文。

行政方面,武乾的《论北洋政府的文官制度》一文认为,在几乎没有任何制度基础的情况下,北洋政府在不到十年的时间内就基本废除了中国封建职官管理制度,并且初步建立起了中国近代的文官法律制度,这对南京国民政府乃至于我国台湾地区现行的公务员制度都有重大影响。

司法方面,徐家力的《民国律师制度得失论》、《论民国初期律师制度的建立及特点》和《民国前期创设律师制度的曲折过程》都聚焦中国律师制度,并对其发端、特点问题进行探讨。还有武乾的《论北洋政府的行政诉讼制度》、乔从启的《北洋政府大理院及其判例》、张生民的《民国初期的大理院:最高司法机关兼行民事立法职能》、郭兴莲的《论民国初期的选举诉讼》、张玉法的《民国初年山东省的司法变革》等论文。

其他方面,廖大伟的《袁世凯与预备立宪》分析了袁世凯从最初对立宪顾虑重重、态度消极到后来变得积极的原因。还有陶广峰的《清末民初中国比较法学的产生》、杨丹伟的《论南京国民政府的合法性》等论文。

13. 革命根据地时期的研究成果

这一时期的研究成果数量上偏少,但是特点比较明显:多篇文章以人权问题和妇女运动为研究对象。

立法方面,很多学者聚焦人权法的研究是一个特点。如王立民的《试论抗日根据地的人权法》一文在前人已有成果的基础上,进一步拓宽了探索的领域,也为现实的法制建设提供了宝贵的经验。肖周录的《延安时期边区的人权与法律保障》认为,边区的法规是马克思主义人权理论的正确运用和发展。还有杨永华的《陕甘宁边区人权立法》、喻权域的《中国共产党早期的人权立法》、韩松等的《陕甘宁边区的破产立法》、张希坡的《陕甘宁边区征粮法规及有关史实考辨》、华友根的《新民主主义革命时期的刑事法规简介》、赵胜的《陕甘宁边区禁毒评介》、韩延龙与常兆儒的《中国红色区域劳动立法史料简析》、方秋苇的《抗战时期的〈兵役法〉和兵役署》、许有恒等的《从新民主主义的立法看妇女运动的特点》等论文。

刑事方面的研究成果少,代表性的有唐滔默的《革命根据地如何惩治贪污》等论文。

民经方面,有傅建成的《论华北抗日根据地对传统婚姻制度的改造》、谭双泉与李招忠的《根据地婚姻立法与人权保护》等文。

行政方面的研究成果也偏少,有张西坡的《毛泽东同志与苏维埃组织法的制定和宣传》等。

司法方面,于树斌的两篇《新民主主义革命时期根据地预审制度的建立与发展(一)》和《新民主主义革命时期根据地预审制度的建立与发展(二)》对预审制度的建立与发展进行了详细的考述。

其他方面,《边区民主政治建设与净化执法环境》一文认为完善的民主环境、卓有成效的思想教育和从严治罪的刑法原则是这一时期法制建设的经验。另外,还有张明之的《中华苏维埃共和国立法工作浅议》、黄柳玲的《抗日战争时期妇女宪政运动的回顾》、张佺仁的《试论陕甘宁边区抗日民主政权人民民主法制的特点和经验》等论文。

14. 中华人民共和国的研究成果

20世纪90年代关于中华人民共和国成立以来的法制的研究成果有以下特点:(1)以“法治”为论题;(2)临近世纪之交,回顾性与前瞻性的论文增多;(3)系列类的论文不但具有规模而且学术水平较高,如中华人民共和国成立以来法学界重大事件研究系列。

立法方面,有赵映林的《对我党立法的历史回顾与展望》、郑淑娜的《立法:走过二十年》等论文。

刑事方面,刘丽的《论我国刑法典中死刑立法的演变及控制》详细分析了中华人民共和国成立后,为贯彻“不废除死刑,但要少杀”的死刑政策,我国刑法典中对死刑立法的演变以及存在的问题。谢望原的《世纪之交的中国刑法学研究》对1997年《刑法》修订以来的研究特点进行了阐述,并寄予了世纪展望。还有康树华的《新中国成立以来的犯罪发展变化及其理性思考》等论文。

民经方面,梁慧星的《中国合同法起草过程中的争论点》一文将合同法起草过程中的主要争论点概括了五个方面。还有傅强的《中国市场的形成和中国合同法的统一》、李大文与马忆南的《新中国婚姻家庭法学的发展及我们的思考》等论文。

行政方面,有赖钦显的《新中国行政法发展的历史考察》、秦祖仪等合著的《接管旧警察机构和建立人民公安机关》等论文。

司法方面,应松年的《行政诉讼十年回顾——行政诉讼的成就、价值、问题与完善》对1989年颁布《行政诉讼法》以来十年间行政诉讼的成就等问题进行了探讨。陈岚的《近半个世纪我国刑事诉讼法学的回顾与前瞻》从刑事诉讼法的历史回顾、两次落败、三次勃兴说起,对走过近半个世纪的刑事诉讼法学进行了肯定并且寄予了期待。还有江伟的《走向二十一世纪的中国民事诉讼法学》、刘海渤的《简述我国民事诉讼法的沿革及其特点》、铁犁与陆锦碧的《一场有缺陷的司法改革——建国以来法学界重大事件研究(十三)》、杜清森的《论中国的司法改革(二)》等论文。

其他方面,综述类的论文居多,且论文的水平高、价值高,有很高的借鉴意义,比如张晋藩的《从崎岖走向辉煌的中国法制五十年》、徐付群的《五十年代末法制建设滑坡原因新探》、刘翰与李林的《我国法制建设20年成就与展望》、刘作翔的《世纪之交中国法学研究问题前瞻》、杨建广的《法治系统工程20年(上)》、戴小明的《新中国民族法制建设——世纪之交的回顾与前瞻》、苏晓宏与郝铁川的《中国法制现代化历程的特点》等论文。

(三)专题方面的研究成果

1.少数民族的法制史研究成果

20世纪90年代关于少数民族的法制史研究成果有总论27篇,分论86篇,共计113篇。从很多论文的篇名当中就可以看出其主要是对各民族习惯法的研究。

首先,总论部分。这部分论文数量较少,代表性的论文有邹渊的《习惯法与少数民族习惯法》、杨选第的《从〈理藩院则例〉与〈卫拉特法典〉的比较看其民族法规的继承性》、田成有的《从法律的起源与运行方式看民族习惯法的重要作用》、史金波的《要重视和加强少数民族法制史研究》等。

其次,分论部分。按民族分类统计出,关于藏族法制史的论文为22篇,蒙古族法制史的论文为11篇,瑶族、傣族法制史的论文分别为7篇,彝族法制史的论文为 6 篇,羌族、纳西族、苗族法制史的论文分别为 4 篇,其他各十几个少数民族如侗族、满族、壮族、回族、黎族、独龙族等基本是 1~3 篇论文。可见藏族、蒙古族、瑶族、彝族、傣族 5 个少数民族的法制史研究是相对受到重视的。

依旧用五类研究对象的方法划分来看,立法方面有陈光国的《试论藏区部落习惯法中的刑法规范》、赵音的《略论清朝中央政府辖治西藏的法律——〈钦定西藏章程〉》、陈光国的《论清朝对藏区法制的立法思想和立法原则》等论文。刑事方面有武玉环的《辽代刑法制度考述》对辽代的刑法制度进行了全貌式的论证,还有《凉山彝族习惯法对伤害五官的处罚及其特点》等论文。民经方面有星全成的《藏族继承制度的内涵及特征试析》、韩小忙的《〈天盛律令〉与西夏婚姻制度》等论文。行政方面有徐晓光的《明清之际蒙古地方政权法制概述》等论文对蒙古族的法律、法学做了发掘、研究、整理。司法方面有曾代伟的《金朝诉讼审判制度论略》一文对金朝诉讼审判制度进行了探讨,认为其表现出明显的多元特色——杂糅了唐、辽、宋旧制和女真族传统的司法习惯于一体,对元朝司法制度具有深远影响。其他方面有韩肇明等的《试论广西大瑶山瑶族的习惯法》、杨选第的《古代蒙古族法律与法医学》、华热·罗杰的《关于藏族古代法的几个问题》、俞荣根的《习惯法与羌族习惯法》、张晓辉的《南诏国法律制度研究》、吴海航的《"约孙"论——蒙古法渊源考之一》、苏钦的《"苗例"考析》、吴浩等的《侗族"约法款"对现实生活的影响》、周勇的《侗寨村落法初探》、王明东与颜绍梅的《云南彝族水利山林习惯法及其功能》、马伟与马芙蓉的《撒拉族习惯法及其特征》等论文。

2. 关于中华法系的研究成果

中华法系自被提出以来,就一直是法史学界的重要议题。90 年代马小红的《中华法系特征的再探讨》及李昕的《中华法系的封闭性及其成因》对这一老问题又有创新见解。更值得一提的是,1999 年中华法系的研究再成热点,《南京大学法律评论》(春季号)出了一个专栏加以研讨。张晋藩的《重塑中华法系的几点思考——三论中华法系》一文认为中华法系不是一种历史现象,就总体而言,它没有消亡,而是处于艰难的蜕变、转型、更新与重塑之中,其基础是法律义务与亲情义务的统一。张中秋的《回顾与思考:中华法系研究散论》一文通过对近百年来中华法系研究的历史回顾,梳理出中华法系研究的简要历程及其现状,并就中华法系研究的继承与出新提出了自己的初步意见。徐忠明的《中华法系研究的再思》回顾了中华法系的研究现状,进而指出了这些研究存在的问题,认为:作为中华法系的"祖宗"的中国古代法律,它的根本特征就是"礼法文化"与

“天人合一”两点。李昕的《中华法系的封闭性及其成因》一文从中华法系的封闭性入手,分析了这种特点形成的原因。还有南玉泉的《先秦思想文化与之法系之源流》,李罡的《中华法系的解体与中国现代法律制度的初步形成》,王绍棠的《法系、中国法系再议论》,范忠信的《中华法系法家化驳议——〈中华法系研究〉之商榷》与《中华法系的亲伦精神——以西方法系的市民精神为参照系来认识》,彭凤莲的《论中华法系“重礼轻法”特征的形成》,杨振洪的《论中华法系的形成和发展条件》,侯文富、张立波与贾国发的《简论中华法系的特色与价值》等论文,都对中华法系的多个方面进行了研究和探讨。

中华法系的研究,从20世纪初至今已有百余年的历史,期间既有梁启超、杨鸿烈、陈顾远等民国先贤的奠基,也有张晋藩、俞荣根等当代知名学者的积极探索;既有对中华法系基本问题如概念、时间范围、地域范围、特征等问题的论述,也有对一些问题的争论,足见对这一问题研究之热,当然也取得了丰硕的成果。在此百年之际,对前辈的成果予以梳理和思考,不但对于我等后学是一个理清思路、潜心学习的过程,更期望通过自己的点滴工作,能为学界对这一问题的思考提供一些借鉴和参考。

(1)中华法系源流

“法系”一词最早于1884年由日本著名法学家穗积陈重提出。他在日本刊物《法学协会杂志》第1卷第5号发表了论文《论法律五大族之说》,在此文中,他按照各国法律传统和相似性把世界法律分为五大类:印度法族、中国法族、回回法族、英国法族、罗马法族。后来在称谓上虽有中国法族、中国法系、中华法系的辗转变化,但在内涵上基本符合穗积陈重运用这一概念的初衷,也符合他的划分标准,即按照各国法律传统及其相似性所做的划分。其后,在世界范围内,对法系研究较有影响的著作,是1914年德国学者柯勒尔(Josef Kohler)和温格尔(Leopold Wenger)所著的《综合法制史》,在这部著作中,他们将世界法律划分为原始民族法、东洋民族法、希腊民族法。显然,这里的东洋民族法即指中华法系。当然,在他的划分中暗含了法律的线性发展,在法律进化这条线上,西方法律处于金字塔的最高端。梅因在《古代法》中的那句名言“所有进步社会的运动,到此处为止,是一个从身份到契约的运动”,①表明梅因也深受这种思路的影响。1923年,美国学者威格摩尔(John H. Wigmore)同样在《法学协会杂志》(第41卷第5号)上发表了论文《世界诸法系之发生消灭及传播》,在此文中,他将世界法律划分为十六大法系:埃及法系、美索不达米亚法系、希伯来法系、印

① [英]梅因:《古代法》,沈景一译,商务印书馆1959年版,第112页。

度法系、中华法系、希腊法系、罗马法系、日本法系、伊斯兰法系、凯尔特法系、斯拉夫法系、日耳曼法系、海事法系、教会法系、大陆法系和英美法系。这集中体现在他的名著《世界法系概览》一书中。在这部著作中，中华法系被认为是“唯一一个持续留存至今的古老法系——超过 4000 年的时间”。①

穗积陈重博士在提出“法系”概念时，“借助了西方生物分类学和人类学的术语，其英文为 Genealogy of law 和 Family of law。Genealogy 和 Family 都有家谱、世系、系谱、血缘、家系等含义，故我国最早将其汉译为‘法族’。顾名思义，一个法系就是在时间上向后传宗接代、空间上向周边蔓延繁衍的法律家族，在这一范围内不同时间不同国别的法律制度有着相同的‘基因’（Genealogy 一Gene）”。② 法系之划分，就应以法之独特精神为标准。“夫一法系之成立，必有其一帜独树之特质，与卓尔不群之精神，虽彼此或有相类之点，但彼此绝无尽同之事。”③

但无论从哪个角度划分世界法律，中华法系都是具有代表性的不可缺少的一部分。自此也开启了国人研究“中华法系”的热潮。在中国，梁启超是最早进行中华法系研究的人物。这集中体现在他的《中国法理学发达史论》和《论中国成文法编制之沿革得失》（1904 年刊行）两篇论文中。在《中国法理学发达史论》中，他说：“近世法学者称世界四法系，而吾国与居一焉，其余诸法系，或发生蚤于我，而久已中绝；或今方盛行，而导源甚近。然则我之法系，其最足以自豪于世界也。夫深山大泽，龙蛇生焉，我以数万万神圣之国民，建数千年绵延之帝国，其能有独立伟大之法系，宜也。”④在《论中国成文法编制之沿革得失》一文中，他说：“虽然，法律之实质，既已历二千余年，无所进步。即其形体，亦沿汉晋隋唐之旧，卷帙条目虽加增，而组织之方法，卒未一变。驯至今日，而固有之法系，殆成博物院中之装饰品，其去社会之用日远，势不得不采他人之法系以济其穷。”⑤又说：“我国之法系，其中一部分，殆可谓继受苗族之法系而来。”⑥对中华法系的法源，他认为：“我国数千年自成一固有独立之法系。”而对中华法系的影响，他概括道：“故高丽日本安南诸国，皆以彼时代继受我之法系。”⑦虽然梁启

① ［美］威格摩尔：《世界法系概览》，何勤华等译，上海人民出版社 2004 年版，第 111～112 页。

② 俞荣根、龙大轩：《中华法系学述论》，载中南财经政法大学法律文化研究院编：《中西法律传统》（第 8 卷），中国政法大学出版社 2006 年版。

③ 陈顾远：《中国法制史》，中国书店 1988 年版，第 52 页。

④ 范忠信：《梁启超法学文集》，中国政法大学出版社 2000 年版，第 69 页。

⑤ 范忠信：《梁启超法学文集》，中国政法大学出版社 2000 年版，第 123 页。

⑥ 同上，第 124 页。

⑦ 同上，第 147 页。

超在其论文中陆续使用了“我之法系”、“独立伟大之法系”、“我国法系”、“我国之法系”和“独立固有之法系”等称谓，但已从不同角度指向中华法系这一概念。但梁启超当时还不可能对中华法系从法理上进行系统的研究。

民国时期中华法系研究的一个弊端就是概念不清、对象不明。而用语不同，所指可能也不同，这样讨论问题的基础也可能不同。比如“法系”一词，语多歧义。凡用“中国法系”一词的，其视角往往关注中国当下的法律改革，以建立中国特色的新法系；凡用“中华法系”一词的，其视角多关注于总结传统法律的特征与历史地位以及继承的可能性；凡用“我国固有法系”一词的，往往倾向于旧有法律思想和法律制度的描述。

中华人民共和国成立以后，大多数学者已接受“中华法系”的称谓，学者们认为构成中华法系的要素有二：一是独有的特征；二是涵盖一些国家和地区，使该国的法律建设纳入中华法系，构成一个系统。基于此，不少学者对中华法系的概念进行了概括。笔者认为，比较有代表性而且全面的是：“所谓中华法系，是指在中国古代特定的社会历史条件下孕育成长的，以礼法结合为根本特征，以成文刑法典为核心内容，以《唐律疏议》为典型代表的中国封建时期的法律制度以及仿效其法而制定的东亚诸国法律制度的统称。”①

但也有部分学者并不认可，甚至对法系的说法也感到模棱两可。武树臣就指出，“当我们回顾百余年来比较法学家们关于‘法系’的学说之际，却突然发现，最早提出‘法系’的比较法学家实际上给自己并给其后继者提出了一个大难题，甚至可以说是一个‘吃力不讨好’的大难题。他们留给我们的，尽管有许多有益的启示，但更多的是混乱，特别是由于没有使用明确的划分标准(或同时使用几个划分标准)所造成的逻辑混乱，以至于我们在读这些著作时不禁感觉到，他们除历史根源之外，什么也没说清楚”，“因此，继续在划分‘法系’上面下功夫也许是不明智的。而正确的选择也许是走出‘法系’的迷谷，去寻找新的研究视野，这就是‘法律样式’”。②

对于“中华法系”这一概念，虽然学界仍缺乏统一、准确的概括，但随着研究的深入，学者们已经明显地把中华法系看成一个实体，热衷于探讨中华法系的起源、时限、发展阶段、特征、根本精神和命运走向等基本问题，甚至俞荣根教授还提出了“中华法系学”的论断。这种深入系统的研究，明显摆脱了研究初期把

① 何勤华、孔晶：《新中华法系的诞生？——从三大法系到东亚共同体法》，载《法学论坛》2005年第4期。

② 武树臣：《走出“法系”——论世界主要法律样式》，载《中外法学》1995年第2期。

中国古代法制史研究统归于中华法系的这种大杂烩式的方式，在研究对象上是一个明显的进步。如果要把中华法系作为一个持续性的课题深入研究，还需要明确它的研究任务并使之系统化。就目前阶段而言，对中华法系的研究主要在于汲取中国传统法律文化的精华为当前的法律建设服务，并在此基础上，使之系统化、条理化，甚至形成独立的学科，可持续地、长远地为当前的法治建设服务。

(2)对中华法系的多元思考

除了对中华法系的基本概念界定，20世纪学术界还从多个角度广泛深入讨论了中华法系的问题，包括时间、空间、特点、价值等问题。

①中华法系的时间问题

这个问题在民国时期研究者中涉及并不多，因为当时学术界更关注中华法系本身的社会价值及其对民族复兴的帮助。但李次山先生在《世界法系中之中华法系》一文中，仍详细讨论了中华法系的发生与发达以及中华法系中法律制度发展的轨迹。作者认为，中华法系的发生与发达可以分为四个时期：萌芽期、成熟期、发达期和因袭期。①

首先，是萌芽期。作者认为中华法系肇始于太皞伏羲氏，其依据见于《易经·系辞》中记载，只是内容相当简单而已。其次，是成熟期。唐虞时期，法律制度已然大备。他根据《尚书·尧典》《尚书·舜典》中所记载的典章制度，批驳了欧美学者认为汉谟拉比石柱法是世界最古之法典的论断，强调前述二典远远超越于后者。再次，是发达期。他认为中华法系的成熟代表就是《周礼》一书(这一点似乎影响到后来的学者)，他认为《周礼》一书最大的意义在于它设置了一套详备的官制，无论是中央官职还是地方官职；无论是中央行政制度还是地方行政制度，都设置得井然有序。除此之外，周礼中还规定了一整套诉讼审判制度，在他看来，早在西周时期，司法行政已经分开，甚至还有大量民主性因素在内。即使是民商事法规，周礼也没有遗漏，其中的土地制度、市廛法规、婚姻制度等足以证明此点。作者因此感慨："周代法律制度之周备，立法精神及其采用政策之完善，可谓登峰造极矣。顾后代法学不昌，不能将此种种最适于人类社会生活之法律制度，发扬而光大之，不可谓全世界之恨事。"最后，是因袭期。作者认为，从汉代开始，中国法律没有根本性的变革。换言之，自《周礼》奠定中华法系地位之后，后来的法律，只是在其中某个点上加以修补而已。为此，他简要地叙述了从《法经》开始到《大清律例》结束各代法典篇目演变增删之大

① 参见李次山：《世界法系之中华法系》(再续)，载《法学丛刊》1930年第1卷第4期。

略。然而至清末修律后,法律形式及分类“已十九趋于欧化”。①

但20世纪80年代以后,法律史学者深入讨论了这一问题,并基本达成一致,认为中华法系“主要是指中国封建时代的法律,它的形成经历了一个漫长的过程,有其历史渊源……至20世纪初期,随着封建社会的解体,中华法系已经丧失了独立存在的基础,清末政府变法修律,开始输入资本主义的法律,特别是经过日本输入的大陆法系,逐渐占据主导地位,中华法系终于解体了”。② 乔伟说:“中国封建法律制度以战国时李悝所编纂的《法经》为其开端,经过秦汉魏晋南北朝的沿革发展,到隋唐时期已经达到了完备阶段。《唐律疏议》就是中华法系的典型代表。此后又经过宋、元、明、清各朝的承袭沿用,到清末沈家本等人修律时,中华法系才告解体。所以说,中华法系基本上是与中国封建专制制度相始终的。”③

但也有学者认为,中国民族资产阶级领导的辛亥革命才基本上打破中华法系的古老传统。④ 而陈朝璧在《中华法系特点初探》一文中提出了广义的中华法系概念,作者认为应从广义上来理解中华法系,而广义的中华法系包括三个历史阶段中本质不同的中国法制:历三十年之久的封建法制,近代史上昙花一现的半封建法制,后来居上的社会主义法。⑤ 而武树臣教授在肯定了中华法系产生的一般观点时,认为“中华法系与中国法同时出现同步发展。中国法律产生于原始社会的部落联盟时代”,“由于史料的原因,虽然我们可以通过甲骨文来窥见殷商社会生活的诸多方面,但是真正能够详细叙述的法律史是从西周开始的”。他还分析了中华法系的原生形态,认为“中华法系历史悠久,其起源可以上溯到史前的传说时代。古史传说时代的东夷民族,不仅发明了最初的法律制度,还酿造了丰富的法律观念,这些内容构成了中华法系的原生形态”。⑥

②中华法系的空间范围问题

在中华法系的空间范围问题上,学者们普遍认为它涵盖了日本、朝鲜、越南、琉球等相邻的国家和地区,并且认为中华法系的影响范围与以下几个因素有关:一是与中国所处的自然地理环境有关;二是与农业经济为主要经济结构

---

① 张晋藩主编:《中华法系的回顾与前瞻》,中国政法大学出版社2007年版,第11页。

② 张晋藩:《再论中华法系的若干问题》,载《中国政法大学学报》1984年第2期。

③ 乔伟:《中华法系的基本特点》,载《文史哲》1986年第2期。

④ 参见韩玉林、赵国斌:《略论中华法系特点及其形成和消亡的途径》,载《吉林大学社会科学学报》1983年第4期。

⑤ 陈朝璧:《中华法系特点初探》,载《法学研究》1980年第1期。

⑥ 武树臣:《中华法系的原生形态、发展轨迹和基本特征》,载《法学杂志》2012年第1期。

的生产方式有关;三是与宗法制的长期统治所造成的家族主义和伦理关系有关;四是与专制主义政治制度的影响有关。① 也有的学者从经济、政治、思想三个方面考察了中华法系的形成原因,认为中华法系涵盖的国家,经济上都是农耕经济,政治上都是世俗的国家政权,思想上都以世俗思想为国家的主要思想而非宗教思想。② 还有的学者认为,除特殊的环境、儒家学说外,移民和留学为中华法系的形成发展造就了法律移植人才,而汉语又为中华法系的形成发展,提供了传播媒介和语言文化条件。③

③中华法系的特征问题

关于中华法系的特征问题,可谓百家异说。从民国时期开始,学者已从不同角度对其进行梳理和总结。20世纪80年代后,法律史学界的主流学者更是对这一问题进行了深入探讨。并且,学者普遍认为,考察中华法系的特点,要从本国国情出发,抽象出其特殊性,亦即是中华民族所独有的。陈顾远先生认为:"中国固有法系为世界最古老法系之一,在世界各大法系之林中,具有灿烂光明卓尔不群之风格,独树一帜,与众不同。"④同时他认为:"印度法系的特色在于种姓等级制;伊斯兰法系的特征在于政教合一,以《古兰经》为经典;大陆法系的特色在于罗马法基础,重视法典的创造与编纂;英美法系的特色在于以习惯法为其渊源、重视成例和保守性。每一法系的特征都与影响它的文化的特性有一致性。"⑤因此,对于中国法系他独到地指出:"故中国固有法系之存在,由法家创造其躯体,由儒家贯注其灵魂,乃儒法两家合作之成绩也。"⑥基于此,陈朝璧教授认为,中华法系主要有三个特点:一是重视成文法典的编纂;二是以天理作为法的理论根据;三是礼法并重。⑦ 乔伟教授认为,中华法系最基本的特点就是礼法结合。⑧ 刘海年、杨一凡教授则把中华法系的主要特点归结为四点:一是在立法上皇帝具有决定性的作用。二是法的形式是诸法合体,律令格式例并存。以唐律为例,主要是一部刑法典,但同时又规定了有关诉讼的各种制度,属于民法方面的所有制关系和家庭婚姻等方面的内容,也有系统的规定。三是法的内

① 张晋藩:《中华法系特点探源》,载《法学研究》1980年第4期。
② 参见王立民:《也论中华法系》,载《华东政法学院学报》2001年第5期。
③ 杨振洪:《论中华法系的形成和发展条件》,载《法学研究》1997年第4期。
④ 陈顾远:《中国文化与中国法系》,台北,三民书局股份有限公司1969年版,第4页。
⑤ 史广全:《陈顾远中华法系研究初探》,载《学术探索》2005年第2期。
⑥ 陈顾远:《中国文化与中国法系》,台北,三民书局股份有限公司1969年版,第139页。
⑦ 参见陈朝璧:《中华法系特点初探》,载《法学研究》1980年第1期。
⑧ 参见乔伟:《中华法系的基本特点》,载《文史哲》1986年第2期。

容上,是寓礼于法,礼法结合。四是在司法上,行政与司法混为一体。① 郝铁川教授认为:中华法系的特点是法典法家化、法官儒家化、民众法律意识鬼神化。② 何勤华教授等认为中华法系的特点为:一是儒法为主,兼容道释;二是出礼入刑,礼刑结合;三是家族本位,中央集权;四是天人合一,世俗主义;五是减轻讼累,审断有责。③ 徐忠明教授认为中华法系的根本特征,就是礼法文化与天人合一。④ 张晋藩教授提出中华法系的特点是:一是以儒家学说为基本指导思想,但也融合了道释的教义;二是出礼入刑,礼刑结合;三是家族本位的伦理法占有重要地位;四是立法与司法始终集权于中央,司法与行政合一;五是民刑不分、诸法合体与民刑有分诸法并用;六是融合了以汉族为主体的各民族法律意识与法律原则。⑤ 2005 年,张晋藩教授又发表《中华法系特点再议》一文,认为中华法系的特点是:一是农本主义的法律体系;二是皇权至上的法制模式;三是儒家学说的深刻影响;四是引礼入法,法与道德相互支撑;五是家族法的重要地位;六是法理情三者的统一;七是多民族的法律意识与法律成果的融合;八是重教化慎刑罚的人文关怀。⑥

以上为大部分主流学者的概括,展现了他们看待问题的不同角度。比如,郝铁川教授对中华法系的概括:法典法家化、法官儒家化、民众法律意识鬼神化。他第一次从民众法律意识的角度探讨中国传统法律。另外,在具体特点上还有争论。比如,对诸法合体、民刑不分的特点的概括,王立民教授提出异议,他认为在人类的早期阶段,大多数古代法典都存在诸法合体的情况。他考察了西亚楔形文字法的代表《汉谟拉比法典》、俄罗斯法的代表《罗斯法典》,以及欧洲古希腊、罗马时制定的《哥地那法典》和《十二铜表法》等法典,认为它们普遍存在诸法合体的情况,"由上可知,诸法合体在世界古代社会中不为鲜见,绝非仅为中华法系所特有,因此这不能成为中华法系的特点"。⑦ 虽然存在诸多争议,但在一些主要问题上仍然达成了不少共识。"如礼法结合、礼法并重是中华法系最突出的特点,儒家思想是中华法系的理论基础,家族主义与亲情伦理在

---

① 参见刘海年、杨一凡:《中华法系的形成及其特点》,载《人民司法》1983 年第 1 期。

② 参见郝铁川:《中华法系研究》,复旦大学出版社 1997 年版。

③ 参见何勤华、孔晶:《新中华法系诞生?——从三大法系到东亚共同体法》,载《法学论坛》2005 年第 4 期。

④ 参见徐忠明:《中华法系研究的再思》,载《南京大学法律评论》1999 年第 1 期。

⑤ 张晋藩:《再论中华法系的若干问题》,载《中国政法大学学报》1984 年第 2 期。

⑥ 张晋藩:《中华法系特点再议》,载《江西社会科学》2005 年第 8 期。

⑦ 王立民:《也论中华法系》,载《华东政法学院学报》2001 年第 5 期。

法律上有突出表现，人本主义法律化是展示中华法系文明程度的重要标准等等。”①

④中华法系的哲理分析

除了对中华法系的一般问题进行梳理与分析，随着研讨的深入，学者们还对蕴含于中华法系背后的哲理进行解读。丁元普先生非常重视法律的哲学解读：

> 欲明法学之系统，当从法律哲学。以研究法律现象之为最高原理或根本原则。盖学者虽依沿革的研究，而知古今法律变迁之所自；依比较的研究，而知东西洋法律异同之所在；依分析的研究，而知现行法律所认之原则。然此仅足以知法律之为何物（过去），法律之成为何物（现在），仍无以明了法学之系统，完成研究之目的。故必综合法律现象之最高原理，以理解法律之可成为何物（将来）。夫而后法学之系统，乃能穷源竟委矣。②

同时期，王汝琪女士在《中华法系之复兴》一文中，作为专门问题阐明了“中华法系之哲学的基础”，探讨了支配中华法系四千年发展的哲学思想。她按照西方法哲学方法把中国古代法律思想分为三个学派：第一，神权法学派，是上古时期文明未进步时的法学思想形态。第二，自然法学派及理性法学派，其代表是儒家法律思想。作者认为，“儒家对于法律都是以实行法律为达到道德的手段，这在法学派中居于自然法学派，儒家评议法律的言论是潜伏的，很少有明显的表现”。③ 同时作者认为，道家和墨家也有一部分属于自然法学派。但道家不拘礼法，而墨家主张礼法本于天。所以同是自然法言论，与儒家却有所不同。当然，这里的自然法学派并非完全是基于启蒙运动而在西方产生的自然法学派，虽然有西方自然法的影子，但更多的是基于中国本土理解的自然、道德而产生的自然法学派。第三，“已成统一体系的法学家之思想”，这是指法家的法律思想。作者认为，“法家以儒、道、墨三家的思想为学理上的根据，所以法家的立论是由儒、道、墨三家的思想嬗变汇合而成的。中华法系的进化可分为两大支：

---

① 张晋藩：《中华法系研究新论》，载《南京大学学报》（哲学　人文科学　社会科学版）2007年第1期。

② 丁元普：《中华法系成立之经过及其将来》，载《现代法学》1931年第1卷第4期。

③ 王汝琪：《中华法系之复兴》，载《复兴月刊》1933年第1卷第10期。

在公法上是由自然法进为人为法,在私法上是由宗法而为国法"。①

学者们重视中华法系的哲理基础,同时认真分析了影响中华法系的哲理精神,特别表现在有不少学者提出,"天人合一"是中华法系的最高精神境界。徐忠明教授认为:"'天人合一'是中国传统法律的价值观念与精神境界的最高体现;或者说是各种法律制度的终极依据。"②"可以说,中国古代占统治地位的世界观是'天人合一',天人合一构成了中国传统文化的基本精神,是中国古代哲学的基本命题。""不管是价值与理想的形上追求,还是法律制度的形下建构,天人合一思想对中国法的形成与发展、制定与运行都有深刻的影响。天人合一实为我中华法系的基本精神和主要特色(之一),正是它成就了中华法系的高远境界和宏伟气象。"③按照任继愈先生的看法,天人合一的"天",至少有五种含义:第一,主宰之天,它可以指挥自然界的变化,决定社会治乱与个人祸福。第二,命运之天,人力无法改变,只能尽力而为。第三,自然之天。第四,人格之天,有喜怒哀乐,可赏善罚恶之天。第五,义理之天,世界上好的品性和行为都是天生的,天给予的。④ 冯友兰先生同样给出了"天"的五种含义:第一,物质之天,即与地相对之天,就是我们现在所说的天空;第二,主宰之天,即所谓皇天上帝,有人格的天、帝;第三,运命之天,乃指人生中吾人所无奈何者,如孟子所谓"若夫成功则天也"之天是也;第四,自然之天,乃指自然之运行,如《荀子·天论篇》所说之天是也;第五,义理之天,乃谓宇宙之最高原理,如《中庸》所说"天命之谓性"之天是也。⑤ 而国学大师汤一介先生则把中国哲学史"天"的含义归纳为三种:"(1)主宰之天(有人格神义);(2)自然直天(有自然界义);(3)义理之天(有超越性义、道德义)。"⑥虽然每个人的理解不同,但他们都含有人与自然界相和谐的意思,都认为天命、人性、道德、教化原本是一脉相通的,但其含义远远不止于此。

虽然人们对"天"的理解是多角度的,甚至到了宋代有把"天理"本体化的发展,但在中国以儒家入世哲学为指导的社会,始终是以人为中心的,对天的理解也多是伦理化的天,人们敬天、畏天的起点与归结是为了建立良好的道德与社会秩序。"儒家一切学问,专以'研究人之所以为人者'为其范围……吾侪若

---

① 王汝琪:《中华法系之复兴》,载《复兴月刊》1933年第1卷第10期。
② 徐忠明:《法学与文学之间》,中国政法大学出版社2000年版,第295页。
③ 吕世伦、邓少岭:《天人合一境界中的中华法系之美》,载《现代法学》2003年第3期。
④ 参见任继愈:《试论"天人合一"》,载《传统文化与现代化》1996年第1期。
⑤ 参见冯友兰:《中国哲学史》,华东师范大学出版社2000年版,第35页。
⑥ 汤一介、[法]汪德迈:《天》,岳瑞译,北京大学出版社2011年版,第28页。

离却人之立脚点以高谈宇宙原理物质公例,则何所不可?顾儒家所确信者,以为'人能弘道,非道弘人'。故天之道地之道等等悉以置诸第二位,而惟以'人之所以道'为第一位。质言之,则儒家舍人生哲学外无学问,舍人格主义外无人生哲学也。"①正如孟子所言,"仁也者,人也。合而言之道也"。这体现在中华法系的精神上就是以人为本,和谐、无讼,法律伦理化,法律虚无主义等思想。"中国固有法系之神采为人文主义,并具有自然法像之意念。陈先生指出世界上古代法系的产生都经历了神权法阶段,与其他法系不同,中华法系迅速摆脱了神权法阶段进入了人文主义阶段,即逐渐不以神祇为主,而以人事为宗。这与中华文明形成于黄河流域之大平原有关。随着社会的发展,逐渐生出'天'的观念,而'天意'即'民意',天道天则实际上类似于西方的自然法。"②或者换句话说:"人本主义,或人文主义,是中国古代法制与法文化的哲学基础。"③

(3)中华法系的重建是否可能

以 20 世纪为整体考察中华法系的研究进展,可分为三个阶段,而且每一阶段都有特定的时代背景和与之相应的中华法系的研究任务。第一阶段是 20 世纪初,以梁启超为代表,他们的直接诉求是应对民族危机,即从传统法律思想寻找救亡图存最急之事业——立法事业的理论资源,这一理论就是梁启超所概括的法家的"法治主义",这是中华法系的启蒙阶段。第二阶段是 20 世纪 30~40 年代,以杨鸿烈、陈顾远等一批民国时期的法学家为代表,这一时期中华法系研究的共同理想,是重构中国本位的法律制度,亦即新中华法系,这一阶段是中华法系研究的高潮阶段。第三阶段是 20 世纪 80 年代以后,以张晋藩为代表,他们的直接诉求是:重塑中华法系,一方面他们注重传统法律文化的当代传承,同时又强调法制现代化。他们致力于在法制现代化中纳入中国传统法律文化资源。总之,20 世纪中华法系的研究都充分肯定了中国传统法律文化的价值,并不同程度地提出了重构、重塑中华法系的主张。

但每一种法系的发生、发展都有特定的时代背景,对它的研究也是如此。穗积陈重当初开始法系研究时也是如此。他身处明治维新时代,当时日本天皇政权决定向西方学习,大力推行政治经济改革必须变法图强,并抛弃对已被认为是落后的中国政治制度的依赖。在法制建设上,日本自然地把目光从中华法系上移开,而投向先进的欧美法律制度。穗积陈重正是在这一社会背景下展开了法系

---

① 梁启超:《先秦政治思想史》,岳麓书社 2010 年版,第 82 页。

② 史广全:《陈顾远中华法系研究初探》,载《学术探索》2005 年第 2 期。

③ 张晋藩:《中国法律的传统与近代转型》,法律出版社 2009 年版,第 32 页。

的研究。所以,他提出"法系"概念及其理论的初衷,是近代日本人迫切要求脱离中国、走向世界、实现民族救亡图存的愿望在法律研究领域的一种具体表现。

同样,中华法系研究于20世纪初在中国的兴起也并非偶然,而是受到了社会环境的强烈影响。因为,20世纪初中国在政治、经济、文化等各方面已经全方位落后于西方,中国的有识之士已经强烈地意识到,中国要在世界立足,必须进行改革。他们在向西方学习的同时,也对自身所负载的深厚的精神文化传统进行反思,在对传统法律制度的全面反思,就表现在"中华法系"研究上。20世纪以来,中国掀起了两次研究中华法系的热潮:一次是在民国时期;另一次是在20世纪80年代以后。两次研究都有特定的社会背景。第一次是在中华民族面临民族危难时,文化界一些有识之士掀起了民族救国、文化救国的热潮,他们立足探讨民族本位文化,强调如果民族文化被消弭,民族复兴又何从谈起?他们"对传统怀有强烈的依恋感,并且十分强调文化变动的历史延续性,始终倾向以传统文化为根底或主体的近代文化建设进路,但却并不因此盲目维护传统社会体制。他们不仅能以理性的姿态看待和认肯整个社会的近代化趋势,有的还积极投身推翻封建专制和建设现代民主制度的革命实践。即使对所钟爱的传统文化,也不一味偏袒,而是有所反思和批判,其文化观的内涵和关切目标都已显露出一种背离封建的近代文化建设意向。从章太炎到'五四'以后新儒家的文化保守主义,无不具有这样的特点。"①这种文化思潮也体现在法学领域。在法学领域,当时的学术旨趣主要在于通过弘扬传统法文化的优点与长处,以增强民族自信心,因而"复兴中华法系"的提法,便成了这一时期的主流。

在此背景下,以杨鸿烈、丁元普、陈顾远等为代表的人士,纷纷提出复兴或重建中华法系的主张,以呼应文化复兴运动。首先,他们充分肯定了中华法系的世界地位。1937年杨鸿烈在《中国法律在东亚诸国之影响》一文中指出:"若以诸法系之历史比较,则中国法系延长数千余年,较最古之埃及、美塞布达米亚等法系之寿命而犹过之,且影响于东亚诸国如朝鲜、日本、琉球、安南、西域者,尤非埃及、美塞布达米亚等之局促一隅者可比,故谓中华法系为世界最大法系之一,谁曰不宜?"②因此,他希望中华民族珍惜"数千年来我祖宗心血造诣之宝贵财产,不惟不至纷失,且更进一步力采欧美之所长,斟酌损益,创造崭新宏伟之中华法

① 胡逢祥:《社会变革与文化传统——中国近代文化保守主义思潮研究》,上海人民出版社2000年版,第4页。

② 杨鸿烈:《中国法律对东亚诸国之影响》,中国政法大学出版社1999年版,第4页。

系”。[①] 这样，对中华法系的肯认最终便落脚到创造新的中华法系的问题上来。

丁元普在1931年发表了《中华法系成立之经过及其将来》一文，在此文中，他最早提出了“复兴中华法系的精神”的口号。他运用西方法哲学的原理研究中华法系问题，并且通过与罗马法的比较论证了中华法系之精神，他说：“要之，吾中华法系传统之精神，固由于礼刑一致之观念，而其进展之途径，实由宗法而扩大为国法（观刑律服制图及婚姻户役诸篇可见），而我国之刑法，独臻发达，与罗马式之法典，注重于民法，各有其历史与环境之关系，正不足为诟病也。”[②]在此，他从中华法系的实质精神论述，要复兴的是中华法系的精神，而非形式。

民国时期中华法系的研究者们，都有着很强的现实关怀，他们迫切期望通过学术研究能够促进法律的改革和进化，进而达到变法图强的目的。因此，他们不但分析中华法系的特质，找出导致中华法系滞后的因素，并且设计了重建中华法系的理论依据和途径，以使其立于当今世界法系之林。

一种理论的兴起，不但是现实之思的反映，同时也需要必要的理论支撑。20世纪初中华法系研究的理论背景即是19世纪在西方颇有影响的历史法学派的法律观，其代表人物萨维尼有一个著名的观点：“法律有自身确定的特性，它是一定民族所特有的禀赋，如同其语言、行为方式和基本的社会组织体制。”[③]

陈顾远先生特别指出，应以批判的眼光看待中华法系：“中华法系本为农业社会之产物，依现代眼光观之，当然亦有不适宜于现代生活者在；且因受儒家学说影响甚深，而儒家学说之在今日，仍有待于蜕变更新，遂亦有一部分在今日成为僵石者在。”[④]

3. 关于中国法制史的基本问题的研究成果

此处中国法制史基本问题指的是研究对象、研究范围和研究方法问题。学界对这三个问题一直有关注，但是在90年代的成果比较少。研究对象问题上，特别是在1979年以后，法律史学界曾进行过广泛的讨论，并就其中一些主要理论问题基本形成了比较一致的看法。[⑤]

---

① 杨鸿烈：《中国法律对东亚诸国之影响》，中国政法大学出版社1999年版，第543页。

② 丁元普：《中华法系成立之经过及其将来》，载《现代法学》1931年第1期。

③ ［德］弗里德里希·卡尔·冯·萨维尼：《论立法与法学的当代使命》，中国法制出版社2001年版，第7页。

④ 陈顾远：《中国文化与中国法系》，台北，三民书局股份有限公司1969年版，第204页。

⑤ 1979年中国法制史学会成立时集中讨论了法制史研究对象问题，后一致认为“中国法制史的研究对象就是中国法律制度的产生及其发展过程中的实质、特点、作用和规律”。参见韩延龙、刘海年：《关于法制史的研究对象和方法问题》，载中国法律史学会《法律史论丛》编委会编：《法律史论丛》（一），中国社会科学出版社1981年版，第2~5页。

但随着研究的进一步加深,新的观点也逐渐出现。钱大群在1993年发表了《中国法制史研究对象新论》一文,对中国法制史的研究对象、研究范围提出了新的看法。他认为,在法律史学界,关于“法律制度史”中的“法律制度”,在认识上是不确定、不明确的。“法制史”应有“本义上的”和“广义上的”区别。他主张,法制史研究应从“法律制度”的历史逐渐转变为“法制”的历史,而且“研究法制的历史”应优于“研究法律制度的历史”。这对进一步明确法制史研究对象的贡献很大。同时,王志强对于法律思想史有一篇《二十世纪的中国法律思想史学——以研究对象和方法为线索》,虽然是对法律思想史的思考,但对法制史的基本问题也有一定的帮助。研究方法上,主要有胡旭晟的《描述性的法史学和解释性的法史学——我国法史研究的新格局评析》,对之前出现的新的解释性的学派与传统的研究方法进行比较和分析,认为各有千秋,学科的进步应当取二者之精华,可以说是90年代关于研究方法问题有代表性的论文。另外,还有侯欣一的《法制史研究要有科学的定位和方法——钱大群教授〈唐律与唐代法律体系研究〉一书读后》,也对研究方法问题进行了探讨,尤其是以学者间交流的形式展开,这种交流或者争论对法史研究都有很大的推动作用。

第三节　我国台湾地区及国外中国法制史学

一、我国台湾地区的中国法制史学

20世纪我国台湾地区的中国法制史研究,也可谓一波三折。从我国台湾地区法律史学者说起的话,不能不提到一位影响深远的学术泰斗戴炎辉先生。戴炎辉不但个人学术研究成就非凡,更为我国台湾地区法制史研究开创了一片广阔天地,因此也有学者认为,1949年至20世纪80年代这40年是我国台湾地区法律史研究的奠基与初步发展时期,以戴炎辉为代表的一大批学者把台湾地区的法律史研究带入了现代学术的佳境,开创了法律史作为台湾地区法学界之显学的时代。[①] 然而20世纪80年代初,我国台湾地区法律史研究开始进入一个逐渐弱势的“黄昏”时代。但随着1987年7月解除戒严令之后,社会变化加速,进入20世纪90年代,其变化越发迅速化——台湾地区在政治上已不是国民党

① 参见尤陈俊、范忠信:《中国法律史研究在台湾:一个学术史的述评》,载中南财经政法大学法律文化研究院编:《中西法律传统》,北京大学出版社2008年版。

独裁统治的体制。[①] 而在这个过程中，我国台湾地区的学术界也呈现蓬勃发展的态势。黄源盛教授也将1993~2002年称作台湾地区法史研究的转型区。由此可以看出，20世纪90年代我国台湾地区中国法制史学的研究状况整体还是良好的。

首先，从发展环境上看，20世纪90年代我国台湾地区法制史研究处于弱势变强势的转型期，也可以说是上升期；20世纪90年代大陆的法制史研究继续了80年代蓬勃发展的势头，虽然没有了政策性的支持，但也可以说是上升期。

其次，从研究对象上看，从上述统计数据可以看出，我国台湾地区法制史研究成果在各断代研究成果数量均不多的情况下，关于清代和台湾地区本土的研究成果居多，也即以清代和本土为主要的研究对象。

在中国法制史研究中，儒家思想和法家思想经常作为中国传统法思想被提及，把这样的传统法思想和在这种法思想之下产生的法制度，与现行法中的西欧近代法上的概念和制度进行研究比较的成果有不少，并且以论文形式为主，著作形式则相对偏少。其中《个人在中国传统与现代法律上之地位》[②]一书在论述儒家有关个人地位的基础上，阐述应当如何理解在现代法制度里确立个人地位。在这些研究中，较为传统的中国法思想特征与西欧近代法特征是其主要论述的，包括的问题有：传统中国法中欠缺西欧近代法上的什么概念？如何引入所欠缺的西欧近代法概念，等等。在传统社会，并没有产生过个人的权利、自由保障、人人平等、民主政治等的表达，因此，应当在引入西欧近代法的现代社会中确立这些观点。另外，在比较并论述传统中国法特征和西欧近代法特征的时候，出现了从不同视角进行论述的研究成果。这就是从对现代社会的新秩序的形成寄予希望的观点出发，尝试重新构建传统法律思想。就像之前所指出的那样，由于我国台湾地区正处于急剧的社会变化之中，所以用以维持过去社会秩序的精神基础正在逐渐崩溃。处于这种状况中的研究者，就从传统法的立场对于此问题发表自己的见解。

再次，从研究方法上看，虽然我国台湾地区对1949年以前法律史传统有一种延续，即"台湾学者基本沿袭了中国法制史学科创建之时的主流研究方法"，[③]

---

① 参见[日]松田惠美子：《台湾地区的法制史学界之动向(1990—2000年)》，李力译，载曾宪义主编：《法律文化研究》(第4辑)，中国人民大学出版社2008年版。

② 马汉宝：《个人在中国传统与现代法律上之地位》，初刊于1992年，后收入马汉宝：《法律与中国社会之变迁》，台北，翰芦图书出版有限公司1999年版。

③ 刘海年、马小红：《五十年来的中国法制史研究》，载韩延龙编著：《法律史论集》(第3卷)，法律出版社2001年版，第37页。

但不同于大陆的是，其有更多特性，例如，戴炎辉在我国台湾地区学界首创的将法律、社会、经济融于一体的，近于瞿同祖的“法律社会史”的研究范式。①

最后，从研究主体看，笔者认为这个时期研究主体的流动性非常弱，也正是这种“封闭性”的原因，基本上，两个地区的研究主体在各自的地区各自钻研着、成长着。台湾地区有代表性的研究人员有黄源盛、那思陆、王泰升、陈惠馨、张伟仁等，代表性的研究机构有台湾大学、政治大学与台湾地区研究院等。

二、国外的中国法制史学

20世纪90年代，中国法制史学界与美国、英国、法国、日本、澳大利亚、韩国等地都建立了广泛的学术交流关系。我们的学者先后赴美国、英国、日本、法国、韩国、澳大利亚等国进行访问交流，也取得了一定的成果。所以，中国法制史的研究不仅在国内开花结果，国外的专业机构和学者也积极地展开研究，其中：美国研究群是比较突出的；受中华法系影响最大的日本，则主要是以个人研究为主体；虽然韩国对中国法制史的研究开始得比较晚，但是依然有优秀的成果……这些研究成果从不同角度提供了丰富的学术资源。

（一）美国

美国的中国法制史研究在20世纪90年代取得了很大的进展，以前某些关于传统中国法制的旧说，在不同程度上得到反省与批判。以黄宗智教授为核心的加利福尼亚大学洛杉矶校区中国法律史研究群是引领这股学术风潮的主力军，他们的研究体现了法制史的特征：在“历史感”的观照之下，连接经验与理论，提炼拥有启发性的新概念。法制史所体现的学术取向可以为我们提供重要启示，不但提醒我们注重对诉讼档案的充分掌握与利用、借鉴历史洞悉现实问题，而且在某种程度上帮助中国法律史研究从虚学化的困境中摆脱出来。这一群体大致包括来自美国、中国、日本和新加坡的学者。除导师黄宗智及白凯（Kathryn Bemhardt）两位外，当年的博士研究生们，包括苏成捷、白德瑞、艾仁民、唐泽靖彦等，现在都已经成为年富力强的中青年学者。90年代初中国的档案文献陆续对外开放，这一举动为全世界的中国法制史研究者们提供了良好的机会。西方研究中国史的学者纷纷来华，其中人数较多的是美国学者，他们不同程度地利用这些浩如烟海的宝贵资料做出新研究，而且逐渐形成气候。如斯

---

① 我国台湾地区学者受日本的影响普遍比较大，如戴炎辉师从日本学者中田熏先生，加之戴炎辉任教数十年门生弟子众多，而其中很多人都成了台湾地区法律史研究的中坚力量，因此台湾地区的研究方法在某种程度上与日本学界的研究方法有较大关联。

坦福大学出版社陆续推出“中国的法律、社会与文化”系列丛书，这是中国法制史研究在美国兴起的一个主要标志。这套丛书由黄宗智和白凯主编，问世以来就带来了重要影响。

戴蒙德（Neil J. Diamant）教授在《美国历史学评论》（2001 年）刊登的一篇书评中写道：“过去的十年中，一场智识上的地震在中国法律史领域隆然发生。确切地说，它的震中位于洛杉矶。在那里，加利福尼亚大学洛杉矶校区历史系的一群学者与博士生们，成功地从基础上动摇了数十年来关于中国——尤其是清代（1644～1911）——法律的公认看法。”[①]这种动摇，用包恒先生的话概括，即“甚至是（西方）当代最为优秀的学者，也高估了清代法律的严酷性与刑法的重要性，而低估了民法的作用”。[②] 这就是以黄宗智及白凯教授为首的学术团队所创造的成果。正是在他们的引领下，自 20 世纪 90 年代以来，加利福尼亚大学洛杉矶校区中国法律史研究群迅速崛起，成为广受学界关注的知识生产群体。安守廉教授也曾经反思了一个意味深长的现象：“那就是，如果称二十世纪九十年代之前西方学者作为一个整体都忽视中国法律研究，则未免有些言过其实，但在西方研究中国历史与社会的绝大多数学者，的确都往往忽视或误解法律在中国人生活中的作用，尤其是看轻其中丰富的法律史传统。”[③]他们的研究共同体现了“新法律史”的特征：在“历史感”的观照之下，连接经验（广泛利用极富学术价值的诉讼档案）与理论（从优秀社会科学理论中汲取灵感并与之真正对话），提炼自己具有启发性的新的中层概念。对于中国学者而言，“新法律史”所体现的学术取向可以为我们提供重要启示，不仅包括提醒我们注重对诉讼档案的充分运用，以及吸收优秀的社会科学成果，还包括借历史之光洞见现实问题，从而在某种程度上摆脱中国法律史研究虚学化的困境。[④]

20 世纪 90 年代以来，在西方学界，尤其是美国，利用档案研究法律开始逐渐形成气候。他们立足于前辈同行们取得的成就之上，但又对其进行超越。与老一辈学者主要依靠官方颁布的律例和会典等传统文献资料所做的研究不同，新一代的学者凭借着新近可得的司法档案，逐渐逼近传统中国法律的复杂面

---

① Neil J. Diamant, “Book Review: Sex, Law and Society in Late in Late Imperial China”, *American Historical Review*, 106(2), 2001, p. 546.

② David C. Buxbaum, “Some Aspects of Civil Procedure and Practice at the Trial Level in Tanshui and Hsinchu from 1789 to 1895”, *Journal of Asian Studies*, 30(2), 1971, p. 277.

③ 尤陈俊：《“新法律史”如何可能——美国的中国法律史研究新动向及其启示》，载《开放时代》2008 年第 6 期。

④ 同上。

相，不再仅仅依赖文化精英单方面的代为发言，先前无数籍籍无名的下层民氓也不同程度地开口说话，中国法律的面貌，也因此逐渐向原本多向度的历史实践复原。例如，在基于传统文献资料所做的传统中国司法研究中，我们所能看到的，往往只是威严在上的县官在司法过程中对唯唯诺诺的小民百姓进行单向度的权力支配，而如今通过这些司法档案，我们还可以看到小民百姓的抉择乃至试图反向建立权力支配的复杂面相。并且，新一代学者的学术关注点，也不再限于法律制定的过程，而扩展至包括具体执行在内的各个运作环节；不再限于中央一级，还扩展至地方基层；不再限于刑法，而是扩展到民事法律、行政法律与商事法律等更为广泛的领域。总而言之，这是西方学界在中国法律史研究上的一种新传统。①

这些中国法制史研究成果对于我国大陆的学者来说早已成为了一种重要的学术资源。即便抛开不在少数的散见于各种期刊、文集中的论文，以及在中国大陆出版的中国法制史译著，并且除前面提及的黄宗智、白凯、步德茂的专著外，也至少还有《中华帝国的法律》②和《美国学者论中国法律传统》③等。其中部分译著更是对中国法制史学界影响非常大。在这场声势日渐浩大的研究中，加利福尼亚大学洛杉矶校区中国法律史研究群的成果对于国内的学界而言，其意义，除了能够为中国的学者提供比较丰富的学术资源，同时在学术竞争中对先前的一些偏颇结论加以修正。

（二）日本

日本法学界对中国法律制度的研究，是外国对中国法制史研究与关注的一个重要组成部分，也是他们学习和了解中国法文化的一条途径。日本法学界对中国法制史进行研究的学者，已经整理和积累了极其丰富的典籍与资料，进行了卓有成效的研究。

20世纪90年代，日本对中国法制史的研究取得了不小的成绩，研究范围、对象进一步扩大，新的研究领域陆续开拓，对法史资料的整理、翻译及考证等基础性研究成绩比较突出。还有学者专门在实物资料方面，如出土简牍、敦煌文书等方面进行整理和研究。在此基础上，对法制通史、断代法史、部门法史以及法典编纂史等，凡是与中国法制史相关的领域与课题都有所涉及，并且取得若

① 参见尤陈俊：《"新法律史"如何可能——美国的中国法律史研究新动向及其启示》，载《开放时代》2008年第6期。

② ［美］布迪、莫里斯等：《中华帝国的法律》，朱勇译，江苏人民出版社2003年版。

③ 高道蕴等编：《美国学者论中国法律传统》，中国政法大学出版社1994年版。

干成果。其中不少成果不但填补了这一学科中的研究空白，而且他们的研究手段与方法、选题、研究深度与角度、文献资料的运用等方面值得我们学习和借鉴。日本学术界对敦煌、吐鲁番等西域发现的法典断简及云梦秦简、居延汉简的研究非常关注，特别在20世纪90年代比较盛行。其中，滋贺秀三编的《中国法制史基本资料的研究》①是一部通史性和研究导向性并存的史料研究集，29位法制史学者，从各自的研究领域，分别论述了从先秦到近现代各种类型的史料文献与其他史料领域的研究情况。作者以历朝历代颁布的法典、判语、简牍史料以及有关民间习惯的调查报告为中心，在对中国法制史研究的课题已取得的学术成果进行揭示的同时，也介绍了日本方面对各时代、各类法制史料文献的研究史及研究动向等情况。但该书的清末、民国时期的法制部分，因为没有适当的执笔者而有所欠缺。从总体上看，该书具有较高的实用性和学术价值，得到了日本学术界较高的评价与广泛重视。在断代史方面比较突出的是丹羽友三郎关于元代监察制度的专著《中国元代的监察官制》，这是日本对元代监察制度研究的代表作品，该书主要对元代监察机构的建立、职能等问题做了详细的论述。

20世纪90年代这十年，日本学者深入地进行中国法制史的研究意义何在？关于这个问题，当前日本法史学界一般认为，这些研究可以加深对中国现代法制的认识与理解。滋贺秀三认为，现代中国的法制是在彻底否定传统法制和国民党政府法制体系的基础上建立起来的，但它又是具有自己特点的，就是所谓"中国特色的法"。"浓厚的中国特色，正是在具有深厚传统的中国文化的土壤里培育、发展而来的，在新中国的法制之中，仍然可以看到与传统法制之间某些连续的没有历史中断的继承关系，这正是一个需要研究的重要着眼点。"②另外，对于日本学者来说，可以对日本本国法的历史特点有更加深刻的认识。对中国法制史的研究作为对中国法律文化，进而是对中国文化进行研究的一部分，在某种意义上，可以加深对当代中国社会的认识，进而为中日两国间不断扩大的交流和人员往来提供帮助。

（三）韩国

韩国的中国法制史研究开始得比较晚，就算是中国史研究，在韩国也才始于20世纪60年代。可以说，在20世纪80年代以前，韩国的中国法制史研究，

① ［日］滋贺秀三编：《中国法制史——基本资料的研究》，东京大学出版会1993年版。

② ［日］滋贺秀三：《清朝的法制》，载［日］坂野正高等编：《近代中国研究入门》，东京大学出版会1974年版。

尤其是中国古代法制史研究几乎是空白的。到 80 年代之后,才逐渐开始有中国古代法制,特别是刑法方面研究成果的发表,主要是以研究“云梦秦简”的论文为主。20 世纪 90 年代几乎没有专著出版,主要是译著,有金铎敏、任大熙主编的《译注唐律疏议 · 名例》,[①]任大熙、金铎敏主编的《译注唐律疏议 · 各则(上)》,[②]、《译注唐律疏议 · 各则(下)》[③]等书籍。

① 金铎敏、任大熙主编:《译注唐律疏议 · 名例》,韩国法治研究院 1994 年版。
② 任大熙、金铎敏主编:《译注唐律疏议 · 各则》(上),韩国法治研究院 1997 年版。
③ 任大熙、金铎敏主编:《译注唐律疏议 · 各则》(下),韩国法治研究院 1998 年版。

第十三章　近四十年的专题研究

近四十年,在中国法制史学的研究中,还有一些专题研究的成果,其中包括了对唐律的研究、租界法制的研究和地方法制史的研究。

第一节　中国唐律研究四十年

近四十年,中国的唐律研究队伍逐渐壮大,成果颇丰,影响不小,超过对中国古代任何其他法典的研究。本书对唐律研究的主要学术成果做一回眸和前瞻,以期总结其经验,探求其不足,寻找打开研究新局面的方向。

一、唐律研究成果的三大类别

近四十年,中国公开出版、刊发了不少专门研究唐律的学术成果,包括著作 19 部、论文 793 篇。[①] 如果加上其他著作中论及唐律的内容,数量就更多。这些成果,分别从不同视角、深度对唐律进行了梳理、解读和论述,大致可分为以下三大类。

(一)对唐律条文的注释

这类成果以专著为主。它们以注释唐律条文中的相关字、词、句为己任,帮助读者作现代汉语的解读,使大家能够正确理解唐律的原意。没有这种研究,许多人

---

① 2019 年 9 月 15 日在"中国知网"数据库,以"唐律"为篇名关键词进行搜索,在这 40 年中的期刊上公开发表的唐律研究论文已达 793 篇。

或许看不懂唐律的原意,或产生歧义。这些著作又可分为三种:第一,对唐律中律条的解释,只涉及唐律的律条,不涉及唐律的"疏议",如《唐律译注》。[①] 第二,对唐律中"疏议"的解释,只针对唐律中的"疏议",而不针对唐律中的律条,如《唐律疏议译注》[②]和《唐律疏议笺解》。[③] 第三,对唐律中的律条和"疏议"都作解释,对唐律作全面解释,唐律中的律条和"疏议"都在解释之列,如《唐律疏义新注》。[④] 这三种著作都注重对唐律本身内容的注释,其中《唐律译注》、《唐律疏议译注》和《唐律疏义新注》除对相关的字、词和句子作解释外,还有对照原文的现代汉语译文,《唐律疏议笺解》则没有这种译文。另外,《唐律译注》和《唐律疏议译注》更侧重对唐律原文的注释,扩展的内容很少,《唐律疏议笺解》和《唐律疏义新注》则有不少扩展的内容。《唐律疏议笺解》的"内容有四:分析律意;考订渊源;叙述演变;补充案例。前一项内容为主",[⑤]后三项都有扩展的性质。《唐律疏义新注》则对一些存有争议的内容,提出了自己供商榷的看法,如对《唐律疏议·擅兴》"乏军兴及不扰军事"条中"随身七事"的理解。[⑥] 尽管如此,对唐律原意的解释仍是这类著作的主要内容,也是它们的共同点。

(二)对唐律整体内容的系统阐述

这类成果对唐律的整体内容按照作者自己归纳的标准,重新编排唐律的律条及其"疏议",较为系统地阐述唐律的内容。这些内容经过作者的消化,着重用现代汉语进行表达,律文与"疏议"大多作为资料引用。这类成果中的著作把唐律的内容做了较为系统的阐述,使读者能较为全面地了解唐律的基本内容。如《唐律研究》(钱版)"引言"所言,"要让他们即使手头没有《唐律疏议》,通过阅读这本书,对唐律的内容也能有个较完整的印象"。[⑦]《唐律研究》(乔版)、[⑧]《唐律论析》[⑨]也均是这类著作。但是,这三部著作的内容编排并不相同。《唐律研究》(乔版)在《唐律概说》[⑩]的基础上,把唐律的内容分为上、下两编。上编

① 钱大群译注:《唐律译注》,江苏古籍出版社1988年版。

② 曹漫之主编:《唐律疏议译注》,吉林人民出版社1989年版。

③ 刘俊文撰:《唐律疏议笺解》,中华书局1996年版。

④ 钱大群撰:《唐律疏义新注》,南京师范大学出版社2007年版。

⑤ 刘俊文撰:《唐律疏议笺解》,中华书局1996年版,第1页。

⑥ 钱大群撰:《唐律疏义新注》,南京师范大学出版社2007年版,第524页。

⑦ 钱大群:《唐律研究》,法律出版社2000年版,第8页。乔伟、钱大群和杨廷福均撰写、出版过以《唐律研究》为名的著作。为了区别,本书将之分为《唐律研究》(乔版)、《唐律研究》(钱版)和《唐律研究》(杨版)。

⑧ 乔伟:《唐律研究》,山东人民出版社1985年版。

⑨ 钱大群、钱元凯:《唐律论析》,南京大学出版社1989年版。

⑩ 乔伟:《唐律概说》,吉林大学出版社1982年版。

是“总论”，包括唐律的产生与形成、五刑、十恶、八议和各项原则，大量的内容属于刑法总则的内容。下编则分述了八种犯罪和民事规范、诉讼程序，大量内容属于刑法分则的内容。《唐律论析》共十一章，前三章分别阐述初唐的经济政治制度和统治者的法律思想、唐律的制定与篇章结构、唐律中的刑法原则与刑法制度，最后一章是关于唐律对中国及亚洲国家封建法制的影响，中间的7章内容均为唐律所维护的各种客体或对象。《唐律研究》（钱版）则分为4编，分别是立法研究、刑罚及刑罚运用研究、犯罪研究、刑律的任务与特点研究篇。另外，这类成果中还有少量论文，用有限的文字，精练地综论了唐律中的一些内容，如《试论〈唐律疏议〉》，[①]从巩固地主阶级专政、维护父权和夫权为中心的封建伦理关系、庇护等级特权制度、保护封建剥削的经济基础等六方面，对唐律进行综论。

（三）对唐律相关问题的专题研究

这类成果以专门研究唐律中的一些问题为其主要内容，尽管不是面面俱到，但论述更有深度。《唐律与中国现行刑法比较论》、[②]《唐律新探》、[③]《唐律与唐代吏治》、[④]《法典之王——〈唐律疏议〉与中国文化》、[⑤]《唐律“七杀”研究》、[⑥]《古代法律词汇语义系统研究——以〈唐律疏议〉为例》[⑦]及《唐律与唐代法制考辨》[⑧]等都属于此类著作。

不过，从研究专题的角度来看，它们又可以分为两小类：一是论述集中在一个专题上，如《唐律与中国现行刑法比较论》、《唐律与唐代吏治》、《法典之王——〈唐律疏议〉与中国文化》、《唐律“七杀”研究》及《古代法律词汇语义系统研究——以〈唐律疏议〉为例》等。此类研究涉及的专题一般比较大。《唐律与中国现行刑法比较论》集中论述唐律与中国现行刑法的比较，《唐律与唐代吏治》集中论述唐律与唐代吏治，《法典之王——〈唐律疏议〉与中国文化》集中论

---

① 叶孝信：《试论〈唐律疏议〉》，载中国法制史学会《法律史论丛》编委会编：《法律史论丛》（一），中国社会科学出版社1981年版，第179~203页。

② 钱大群、夏锦文：《唐律与中国现行刑法比较论》，江苏人民出版社1991年版。

③ 王立民所著《唐律新探》共出版过4版，其中上海社会科学院出版社于1993年和2001年分别出版了第1版、第2版，北京大学出版社于2007年和2010年分别出版了第3版、第4版。

④ 钱大群、郭成伟：《唐律与唐代吏治》，中国政法大学出版社1994年版。

⑤ 徐永康、吉霁光、郑取：《法典之王——〈唐律疏议〉与中国文化》，河南大学出版社2005年版。

⑥ 刘晓林：《唐律“七杀”研究》，商务印书馆2012年版。

⑦ 王东海：《古代法律词汇语义系统研究——以〈唐律疏议〉为例》，中国社会科学出版社2007年版。

⑧ 钱大群：《唐律与唐代法制考辨》，社会科学文献出版社2013年版。

述唐律与中国文化,《唐律“七杀”研究》集中论述唐律中的“七杀”,《古代法律词汇语义系统研究——以〈唐律疏议〉为例》则集中论述唐律中法律词汇的语义系统。二是一本著作的论述分散在多个专题上,如《唐律新探》和《唐律与唐代法制考辨》。《唐律新探》论述的每一章即是一个专题,随着版次的增加,专题也随之增加,一本著作中容纳了25个专题。《唐律与唐代法制考辨》涉及的专题更多,达到31个。

再从论文来看,许多研究唐律的论文都属于这一类,依据其内容而论,可分为三个小类:其一,阐述一个专题,聚集于一个较小专题,做较为深入的论述。如《唐律与礼的关系试析》、①《唐律债法初探》、②《〈唐律疏议〉与中国古代法律文化》、③《试论唐律对唐前期寺院经济的制约》、④《略论唐律中的服制原则与亲属相犯》、⑤《唐律所体现的古代立法经验》、⑥《〈唐律〉别籍异财之禁探析》、⑦《论唐律的补充条款》、⑧《唐律误杀考》、⑨《为什么说〈唐律疏议〉是一部优秀的法典》、⑩《唐律与丝绸之路》、⑪《唐律“六杀”的启示:主观责任配置的另一种进路》⑫等。其二,一篇论文进行某个方面比较的专题,内容既有唐律与中国其他朝代法律的比较,也有唐律与外国法律的比较,如《唐律与明律立法技术的比较研究》、⑬《汉唐律中反映的和谐理念——以汉简〈二年律令〉与〈唐律〉为例》、⑭等属于前者,《〈唐律疏议〉与〈法国民法典〉》、⑮《唐律与日耳曼法刑讯制度比

---

① 刘文俊:《唐律与礼的关系试析》,载《北京大学学报》(哲学社会科学版)1983年第5期。

② 何勤华:《〈唐律〉债法初探》,载《江海学刊》1984年第6期。

③ 高绍先:《〈唐律疏议〉与中国古代法律文化》,载《现代法学》1997年第2期。

④ 郑显文、于鹏翔:《试论唐律对唐前期寺院经济的制约》,载《中国经济史研究》1999年第3期。

⑤ 郑定、马建兴:《略论唐律中的服制原则与亲属相犯》,载《法学家》2003年第5期。

⑥ 马小红:《唐律所体现的古代立法经验》,载《南京大学法律评论》2008年春秋合卷。

⑦ 艾永明、郭寅枫:《〈唐律〉别籍异财之禁探析》,载《法学研究》2010年第5期。

⑧ 王立民:《论唐律的补充条款》,载《现代法学》2011年第1期。

⑨ 刘晓林:《唐律误杀考》,载《法学研究》2012年第5期。

⑩ 张中秋:《为什么说〈唐律疏议〉是一部优秀的法典》,载《政法论坛》2013年第3期。

⑪ 王立民:《唐律与丝绸之路》,载《江海学刊》2019年第1期。

⑫ 刘艺涵:《唐律“六杀”的启示:主观责任配置的另一种进路》,载《厦门大学法律评论》2019年第1期。

⑬ 侯欣一:《唐律与明律立法技术比较研究》,载《法律科学》1996年第2期。

⑭ 崔永东:《汉唐律中反映的和谐理念——以汉简〈二年律令〉与〈唐律〉为例》,载《政法论坛》2009年第1期。

⑮ 王立民:《〈唐律疏议〉与〈法国民法典〉》,载《世界法学》1989年第1期。

较研究》[①]等。其三，与以往观点商榷的专题，包括质疑、辨正等，如《唐律内容疏而不漏的质疑》、[②]《唐律"一准乎礼"辨正》[③]等。这类成果除照顾到唐律研究内容的广度，更注重它的深度，也有其特色。

专题研究类的成果中还包括一些论文集，综合了作者的各篇论文，如《唐律初探》、《唐律研究》(杨版)、《唐律与唐代法律体系研究》和《古今之平：唐律与当代刑法》等。[④] 由于每篇论文各有体系，内容相对独立性较强。有的论文在出版著作前已公开发表，有的论文则是在著作中第一次发表。如《唐律初探》一书，"把有关《唐律》初步探索的六篇拙文和《我国古代法制建设的一些借鉴》汇为一集"，"其中四篇已分别在国内学术性期刊发表过"。[⑤]《唐律研究》(杨版)在《唐律初探》中7篇论文的基础上，又增加了1篇《〈唐律〉的特色》。《唐律与唐代法律体系研究》也是一本研究唐律的论文集，[⑥]共有10篇论文，其中4篇论文已公开发表过。

论文集中的文章相对独立性较强，但并不影响其整体性。《唐律初探》的论文"虽各自成篇，但每篇又互有联系，形成一个较系统的整体，大致反映了《唐律》的基本面貌"。[⑦]《唐律研究》(杨版)也是如此。《唐律与唐代法律体系研究》的10篇论文则组合成"几个意义板块"，[⑧]通过这些板块的组合来体现它的整体联系。《古今之平：唐律与当代刑法》则是由19篇独立的论文组合而成，重点反映唐律与当代刑法的比较与关联。

以上三大类成果只是通过其论述结构而作的基本分类。它们的内容也互相渗透和联系，不能绝对切割。有的系统阐述类著作中，也以论文为铺垫，以前期成果为依托，如《唐律研究》(钱版)；有的专题研究类著作中的内容，也以公开发表的论文为基础，只是在编入著作时作了调整编排，如《唐律新探》。总体而言，近四十年中国已公开出版、发表专门研究唐律的专著、论文数量颇丰，唐

---

① 蒋铁初：《唐律与日耳曼法刑讯制度比较研究》，载《西南科技大学学报》(哲学社会科学版)2008年第5期。

② 王立民：《唐律内容疏而不漏的质疑》，载《南京大学法律评论》1998年第2期。

③ 苏亦工：《唐律"一准乎礼"辨正》，载《政法论坛》2006年第3期。

④ 杨廷福：《唐律初探》，天津人民出版社1982年版；杨廷福：《唐律研究》，上海古籍出版社2012年版；钱大群：《唐律与唐代法律体系研究》，南京大学出版社1996年版；赵晓耕主编：《古今之平：唐律与当代刑法》，社会科学文献出版社2012年版。

⑤ 杨廷福：《唐律初探》，天津人民出版社1982年版，第1页。

⑥ 钱大群：《唐律与唐代法律体系研究》，南京大学出版社1996年版。

⑦ 杨廷福：《唐律初探》，天津人民出版社1982年版，第1页。

⑧ 钱大群：《唐律与唐代法律体系研究》，南京大学出版社1996年版。

律研究已经取得了可观的成绩。

二、唐律研究涉及的内容

回眸近40年唐律研究的成果,不仅数量很多,而且涉及的研究领域也有了一定的广度和深度,以下内容成果尤丰,最值得关注。

(一)《唐律疏议》制作年代之争

20世纪初,日本学者首先对《唐律疏议》的制作年代提出异议。佐藤诚实的《律令考》通过对《唐律疏议》中避讳内容的考证,对《唐律疏议》是《永徽疏议》提出异议。其后,仁井田陞与牧野巽合著长达14万字的《故〈唐律疏议〉制作年代考》,通过更为详细的考证,根据七项主要论据,提出《唐律疏议》就是唐玄宗开元二十五年(公元737年)颁行的《开元疏议》。① 这在当时国际的史学界、法律史学界都引起轰动。由于中国学术界没有及时应对这一结论并提出有说服力的辨正,以致《唐律疏议》制作于开元年间似乎成了定论。1979年以后,这一问题引起了中国法律史学界的关注,杨廷福的《〈唐律疏议〉制作年代考》②和蒲坚《试论〈唐律疏议〉的制作年代问题》③两文首先从不同角度,对《唐律疏议》制作的年代进行了研究,并对日本学者提出的结论进行了辨正。他们研究的角度不完全一样。杨廷福较注重唐律本身内容的考证,蒲坚则更重视唐律内容与社会经济、政治制度间的关系。两者不仅论证有力,而且殊途同归,都认为现传《唐律疏议》的制作年代就是《永徽疏议》制作的年代。近年来,郑显文和岳纯之从不同角度又对《唐律疏议》的制作年代进行研究,阐明各自的观点。④郑显文的基本观点是:《唐律疏议》就是《永徽疏议》。岳纯之的观点则相反,认为《唐律疏议》是《开元疏议》。他们的争论、商榷有很强的学术性,值得进一步深入探索。

---

① [日]仁井田陞、牧野巽合撰:《故〈唐律疏议〉制作年代考》(中译本),程维荣等译,载杨一凡总主编:《中国法制史考证》(丙编第2卷),中国社会科学出版社2003年版。

② 杨廷福:《〈唐律疏议〉制作年代考》,载《文史》1979年第5期。

③ 蒲坚:《试论〈唐律疏议〉的制作年代问题》,载中国法律史学会《法律史论丛》编委会编:《法律史论丛》(二),中国社会科学出版社1982年版。

④ 郑显文:《唐开元二十五年〈律〉为日本〈养老律〉蓝本之新证——以敦煌吐鲁番发现的唐律、律疏残卷为中心》,载中南财经政法大学法律文化研究院编:《中西法律传统》(第7卷),北京大学出版社2009年版;郑显文:《现存的〈唐律疏议〉为〈永徽疏议〉之新证——以敦煌吐鲁番出土的唐律、律疏残卷为中心》,载《华东政法大学学报》2009年第6期;岳纯之:《所谓现存〈唐律疏议〉为〈永徽疏议〉的新证——与郑显文先生商榷》,载《敦煌研究》2011年第4期。

（二）关于唐律法律性质的讨论

关于唐律法律性质问题的一种传统说法是：唐律是一部“以刑为主，诸法合体”的综合性的封建法典。① 可是，随着对唐律研究的深入进行，唐律是一部刑法典的观点被更多人接受。笔者和张中秋、钱大群等人都持这一观点，认为唐律不是诸法合体的法典，而是一部刑法典。笔者从唐律的刑罚、其他制裁方式和实施情况等方面进行研究，论证了唐律是一部刑法典而不是诸法合体的法典。② 张中秋则从中国刑律的发展、《大唐六典》对律的定位、陈寅恪的相关论述等方面，论证唐律是一部刑法典。③ 钱大群是从篇目结构、法律条款制定的形式、罪名、罪状以及法定刑等多视角进行论述，同样认为唐律是一部刑法典。④ 三人都认为唐律是一部刑法典，只是论述的角度不尽相同。

（三）关于唐律的制定背景、特点、影响和历史地位的研究

唐律的制定背景、特点、影响和历史地位，也是这四十年来许多法律史学者所研究的内容。

关于唐律制定的背景，乔伟重点聚焦在初唐的政治、经济、立法指导思想和总结唐以前立法等一些方面。⑤ 比如，关于政治背景，他认为，唐代是在隋末农民大起义以后窃取了农民大起义胜利果实而建立起来的一个封建朝代。唐初的统治者认真地总结并吸取了隋亡的历史教训，提出了“安人宁国”的方针。唐律的制定就是这一方针的体现。

唐律的特点也得到了研究。杨廷福认为唐律的特色有四项：为伦常立法的礼教法律观，其核心则是尊尊、亲亲、贵贵，即尊君、孝亲、崇官；维护唐朝的经济制度；具有一般预防主义和罪行主义倾向；法官责任制度和伤害罪的保辜等。⑥ 他分别对其进行了充分阐述。

唐律的影响很大，也吸引了法律史学界的注目，而且都从两个方面进行研究：一是对唐朝以后中国封建立法的影响；二是对当时一些东亚国家的影响。钱大群在《唐律译注》的“前言”中，用精练的语言概括了唐律的影响。他认为，唐律上承战国秦汉，下启宋元明清，同时给东亚诸国封建刑律以决定性的影响，

---

① 肖永清主编：《中国法制史教程》，法律出版社1987年版，第185页。

② 参见王立民：《论唐律令格式都是刑法》，载《法学研究》1989年第4期。

③ 参见张中秋：《中西法律文化比较研究》，南京大学出版社1991年版，第82~83页。

④ 参见钱大群：《唐律与唐代法律体系研究》，南京大学出版社1996年版，第102~104页。

⑤ 参见乔伟：《唐律研究》，山东人民出版社1985年版，第26页。

⑥ 杨廷福：《唐律研究》，上海古籍出版社2012年版，第217~232页。

成为中华法系的代表性法典。[①] 这是广大研究唐律学者的共同观点。唐律的历史地位也是许多学者论述的内容。李光灿从世界法制史的角度,将《唐律疏议》同罗马法、拿破仑法典做了比较分析,认为它们浓缩了人类社会发展的三个私有制的历史时代的精华:在发达的简单商品经济基础上产生的罗马法,代表了西欧奴隶私有制高度发展的时代;在发达的自然经济基础上产生的《唐律疏议》,代表了中国封建私有制高度发展的时代;在发达的资本主义商品经济基础上产生的拿破仑法典,代表了西欧资本主义私有制高度发展的时代。[②] 他把唐律看作世界法制史上三大代表性法典之一,与罗马法与拿破仑法典相提并论,论证了其在世界法制史上的重要地位。

(四)关于唐律法律思想和唐律体例的研究

唐律中的法律思想和唐律的结构都是唐律的组成部分,也都是被研究的对象。笔者在《唐律新探》一书中,从整体上对唐律的法律思想做了研究。笔者认为,这一法律思想主要包括这样一些方面:以礼为本的思想;礼法并用的思想;法律内容须统一、稳定和简约的思想;严格治吏的思想;依法断狱的思想;慎重行刑的思想等。笔者还指出,唐律中的法律思想有四点特别突出:完整性、现实性、伦理性和一致性。[③]

还有一些学者研究了唐律中某个方面的法律思想,如任映艳关于《唐律疏议》中孝亲思想的研究、[④]俞荣根和王祖志关于《唐律疏议》中司法伦理法思想的研究[⑤]等。

唐律的体例也是唐律的重要组成部分,引起一些学者的重视。钱大群和钱元凯在研究了《唐律疏议》的体例后认为,唐律篇目设置、体例安排基本仿照《开皇律》,把类似于现代刑法总则的名例律置于律首,把类似于现代刑法分则的有关具体犯罪及其惩罚的其他 11 篇律置于其后。这十二篇体例中的内容分工十分明确。[⑥] 此外,关于唐律的体例还有其他一些研究成果。杨廷福研究了现存《唐律疏议》为 502 条,而与古籍记载的 500 条略有差异,他认为,"可能是传抄或刊版时把一条误歧为二条",这两条是职制律中的"大祀在散斋吊丧"条和斗

---

① 钱大群:《唐律译注》,江苏古籍出版社 1988 年版,第 1 页。

② 参见曹漫之主编:《唐律疏议译注》,吉林人民出版社 1989 年版,第 7 页。

③ 参见王立民:《唐律新探》,北京大学出版社 2010 年版,第 1~16 页。

④ 参见任映艳:《从〈唐律疏议〉看中国古代的孝亲思想》,载《兰州交通大学学报》(社会科学版)2007 年第 2 期。

⑤ 参见俞荣根、王祖志:《试论〈唐律疏议〉的伦理法思想》,载《现代法学》1986 年第 4 期。

⑥ 参见钱大群、钱元凯:《唐律论析》,南京大学出版社 1989 年版,第 40 页。

讼律中的"殴兄姊妹"条。[①] 霍存福认为,唐律的体例中还有"义疏",其"法律功能"主要存在四方面:义疏贯通相关律文,使松散的律文之间形成了严密的网络;义疏参引令、格、式去疏解律文,沟通了不同法律形式之间的联系,在多种法律形式并存的情况下,方便了法律的适用;义疏援礼入律,礼与法得到融汇,充分表现了律对于礼的依赖性;义疏比类相附,限定扩张,拾遗补阙,并设置问答,互相辩语,解释疑难等。[②]

(五)关于唐律规定的原则和制度的研究

唐律中的原则和制度都是唐律内容的核心部分,非常重要。要正确认识唐律的内容,必须准确掌握其中的原则和制度。不少学者对此进行了研究。

乔伟第一次在中国大陆出版的唐律研究著作中全面梳理和研究了唐律的原则。在《唐律研究》(乔版)的第五章中,他逐一对这些原则进行了论述,包括刑事责任年龄、区分故意与过失、划分公罪与私罪、共同犯罪、同居相隐不为罪、再犯与累犯、并合论罪、自首减免刑罚、类推和涉外案件的处理等十项原则。[③]乔伟的这一研究有相当的深度和广度,为以后的进一步研究创造了条件。

钱大群对唐律的刑罚制度研究以后认为,唐律中的主刑就是律中明文规定的五刑,即笞、杖、徒、流、死。其中,流刑中又有加役流。此五刑互相衔接,共有二十等。在论述了五刑加减的计算规则以后,还专门论及了五刑的附加刑。其中包括附加行政处罚、没收财产、经济处罚、某些权利限制等。然后,还论述了五刑的替代和交易。五刑替代刑的形式主要有以赎刑来赎五刑和以官当的处罚来替代徒、流刑两种,五刑的交易刑包括流和徒刑判决的改换、流徒刑执行期中改易赎刑、征赃或赎金执行的交易和反坐罪刑罚执行中的交易等。[④]

(六)关于唐律规定的犯罪的研究

唐律中的大量内容都与相关的犯罪有关,这是唐律研究中不可忽略的组成部分。乔伟在其《唐律研究》一书中,第一次在中国大陆以唐律研究专著的形式对唐律所规定的犯罪做了较为全面、系统的梳理。他把唐律中规定的犯罪分为八大类:反对和侵犯皇帝罪、危害人身安全罪、侵犯官私财产罪、危害公共安全罪、妨害管理秩序罪、职务上的犯罪、军事上的犯罪和审判上的犯罪。每大类下面还分小类,如在侵犯官私财产犯罪下,分强盗和窃盗、毁损财务、勒索财物、诈

① 杨廷福:《唐律初探》,天津人民出版社1982年版,第30页。
② 参见霍存福:《论〈唐律〉"义疏"的法律功能》,载《吉林大学社会科学学报》1987年第4期。
③ 参见乔伟:《唐律研究》,山东人民出版社1985年版,第120~149页。
④ 参见钱大群:《唐律研究》,法律出版社2000年版,第113~130页。

骗财物、侵害官私田、侵占财物等 6 小类。八大类犯罪中,总计 38 小类。每小类之下再有具体犯罪,总计 189 种具体犯罪。[①]

还有些学者用考证与论述的形式研究唐律中的犯罪,如刘俊文。他专门研究了十恶犯罪,认为十恶之名定于隋朝的《开皇律》,最初尝试则是北齐律的"重罪十条",隋唐以后的各代律典都在《名例律》的律首即开列十恶之目。同时,他对十恶中的每项罪名都做了考证,内容涉及起源、发展、唐律的规定等几方面内容。[②] 更多的学者论述了唐律中的犯罪。钱大群和郭成伟的《唐律与唐代吏治》一书,以专章论述了唐律处置官吏犯罪的司法特点。[③] 此外,还有些论文也属于此类研究。如徐显明的《唐律中官吏犯罪初探》、[④]袁建勇的《唐律规定的官吏失职行为的种类及其惩治的原则与特点》[⑤]等,对唐律中的一些犯罪做了专题研究,也取得了可喜的成果。

(七)关于其他一些问题的研究

还有不少成果是对唐律其他一些问题的研究,主要涉及唐律所体现的中国古代的立法经验、唐律的实施、从出土竹简视角的研究、与其他律的比较、与中国古代法律文化的关系等。如马小红的《唐律所体现的古代立法经验》一文专门对唐律所反映出来的立法经验进行了研究,从修律的指导思想、律的历史沿革和律典的体例条文分析等方面,集中阐述了唐律所体现的立法经验。[⑥] 笔者的《唐律实施问题探究》一文对唐律的实施情况作了专题论述。这一论述从以格断狱、以制敕断狱和唐律允许不依律中罪名断狱等方面做了详细论述,反映出唐律实施中的一些较为重要的侧面。[⑦] 闫晓君的《竹简秦汉律与唐律》是一篇从出土竹简视角来研究唐律的成果,把出土的《睡虎地秦墓竹简》和《张家山汉墓竹简》中显示的秦、汉律与唐律做了比较。[⑧] 侯欣一的《唐律与明律立法技术比较研究》一文则是从比较的角度来研究唐律,主题是立法技术,认为只要将唐律与明律稍加对比,就可以发现尽管两者渊源关系极为明显,但又有许多不

---

① 参见乔伟:《唐律研究》,山东人民出版社 1985 年版,第 155~367 页。

② 参见刘俊文撰:《唐律疏议笺解》,中华书局 1996 年版,第 56~65 页。

③ 参见钱大群、郭成伟:《唐律与唐代吏治》,中国政法大学出版社 1994 年版,第 269~351 页。

④ 徐显明:《唐律中官吏犯罪初探》,载《东岳论丛》1985 年第 1 期。

⑤ 袁建勇:《唐律规定的官吏失职行为的种类及其惩治的原则与特点》,载《中南政法学院学报》1991 年第 3 期。

⑥ 参见马小红:《唐律所体现的古代立法经验》,载《南京大学法律评论》2008 年春秋合卷。

⑦ 参见王立民:《唐律实施问题探究》,载《法学》1990 年第 10 期。

⑧ 参见闫晓君:《竹简秦汉律与唐律》,载《学术月刊》2005 年第 9 期。

同,从总体风格、文字、篇章结构、法条等方面来论述这些不同。[①] 高绍先的《〈唐律疏议〉与中国古代法律文化》一文,聚焦于唐律与中国古代法律文化的关系,从唐律的制定人、文字和美学价值、儒家思想、语言风格等一些角度,重点研究唐律中蕴含的法律文化。[②] 另外,《古代法律词汇语义系统研究——以〈唐律疏议〉为例》一书从训诂学原理出发,结合现代的结构语义学、认知语义学理论,对《唐律疏议》中的法律词汇语义系统进行了系统研究,分析了其中的种类、方法等一系列问题。

相对而言,对唐律的比较研究和联系文化的研究成果很少,研究深度有限,是个可以进一步开发的领域。如唐律与日本、朝鲜、越南等地同期或稍后律典的关系,目前的研究尚未超过杨鸿烈《中国法律对东亚诸国之影响》一书的水平,[③]唐律相关内容受到佛教等影响的研究也有待进一步加深。

三、唐律研究取得的主要成就及其原因

近四十年,唐律研究已取得相当丰硕的成果,研究队伍也不断壮大,成果的影响也逐渐凸显。在取得这些成就的背后,存在一定的原因。

(一)主要成就

近四十年,中国唐律研究主要取得以下三大成就。

第一,研究成果丰硕。近四十年中,唐律研究的成果大大超过中华人民共和国成立后前 30 年的成果。那时,没有公开出版过唐律研究的著作,相关论文也数量很少,只有戴克光、刘海年等学者撰写的几篇文章。[④] 与此相比,近四十年对中国唐律研究的学术成果明显具有优势。首先,全面梳理了唐律的内容。唐律是唐朝前期制定的一部刑法典,其体例结构与内容安排都与现代刑法典有很大差异,再加上古汉语的文字,使今天的读者阅读、学习有不少困难。为了便于大家阅读、学习唐律,掌握唐律的内容,为今后的进一步研究打下基础,近四十年中的大量唐律研究成果对唐律的内容做了全面梳理。其次,针对相关问题展开学术争鸣。争鸣是学术的生命,唐律研究也是如此。这一研究的争鸣主要体现在对前人、同行的观点提出辨正、商榷。例如,苏亦工的《唐律"一准乎礼"

---

① 参见侯欣一:《唐律与明律立法技术比较研究》,载《法律科学》1996 年第 2 期。

② 参见高绍先:《〈唐律疏议〉与中国古代法律文化》,载《现代法学》1997 年第 2 期。

③ 参见杨鸿烈:《中国法律对东亚诸国之影响》,中国政法大学出版社 1999 年版。

④ 参见戴克光:《试论唐律是中国封建社会的标准法典》,载《政法教学》1958 年第 1 期;戴克光:《论唐律与中国封建社会的"四种权力"问题(提纲)》,载《法学研究》1963 年第 1 期;刘海年:《唐律的阶级实质》,载《历史教学》1966 年第 3 期。

辨正》对前人提出的唐律“一准乎礼”的观点进行了辨正，认为祝总斌、瞿同祖、陈寅恪等虽都提出唐律“一准乎礼”，但仍可“加以辨正地认识”，唐律所融入的礼确切而言是“唐礼”。[①] 此外，还出现了一些扩展性的成果，把唐律与相关方面联系起来研究，如有把唐律与中国古代的立法经验联系起来研究的《唐律所体现古代立法经验》，有把唐律与出土竹简联系起来研究的《竹简秦汉律与唐律》等。这些研究拓展了唐律研究的领域，丰富了唐律研究的学术园地。

第二，研究队伍壮大。四十年，唐律研究的队伍逐渐壮大。从著作作者看，前十年中，仅有杨廷福、乔伟和钱大群3位作者。后二十年中，作者大量增加，超过20位。《唐律论析》中钱大群、钱元凯、夏锦文等6位作者共同撰写；[②]《唐律疏议译注》则由曹漫之、王召堂、辛子牛等9位作者共同参与。[③] 再从论文作者看，前十年中，仅有李光灿、杨廷福、刘俊文、何勤华、徐显明、马长林、蒲坚、俞荣根、霍存福及笔者等近40位作者。后二十余年中，研究队伍迅速壮大，涌现出许多新人，撰写、发表过唐律研究论文的作者达300余人，[④]而且不断有新鲜血液输入，形成了一个由老、中、青结合的研究队伍，其中不乏执着研究唐律、成果不断的专家。钱大群是其中的代表者。他的研究成果不断问世，仅唐律研究的著作就有8本之多，2013年还出版了《唐律与唐代法制考辨》一书，并发表了《唐律的使用及〈律疏〉体制内外“法例”的运作》一文。[⑤] 他把唐律研究作为自己的事业、学术生命中的一个最重要的组成部分。[⑥] 这支研究队伍的壮大，为唐律研究成果的产生和质量的提高奠定了基础，是近四十年取得成就的重要因素。

第三，研究影响凸显。在国内，这种影响表现在教学、学术交流等方面。唐律研究成果转化在教学中，使更多在校学生分享到唐律研究的成果。《唐律研究》(乔版)一书是乔伟把自己研究唐律的成果奉献给本科生的一本著作，正如他在此书“自序”中所说，“这部《唐律研究》是作者在学习和研究《唐律疏议》的基础上，根据大学法律系的教学计划及初学法制史者的需要编写而成的”。[⑦]《唐律论析》也是一本对学生产生影响的著作，作者在研究唐律的基础上，把研

① 苏亦工：《唐律“一准乎礼”辨正》，载《政法论坛》2006年第3期。

② 参见钱大群、钱元凯：《唐律论析》，南京大学出版社1989年版。

③ 参见曹漫之主编：《唐律疏议译注》，吉林人民出版社1989年版。

④ 参见本项数据以“中国知网”数据库收录以唐律为主题论文的作者数量为主要依据。

⑤ 参见钱大群：《唐律的使用及〈律疏〉体制内外“法例”的运作》，载《北方法学》2013年第1期。

⑥ 参见何勤华主编：《中国法学家访谈录》(第1卷)，北京大学出版社2010年版，第298页。

⑦ 乔伟：《唐律研究》，山东人民出版社1985年版，第2页。

究成果以选修课的形式传授给在校的学生。[①] 也有学者以自己的研究成果在学术会议上进行交流，与同学们切磋。特别是在中国法律史学界，唐律研究成果通过学术研讨会得以交流，并汇编于论文集。1998 年由中国法律史学会召开的以“中国历史上的法制变革”为主题的年会论文集中，有周东平的《关于中国古代赃罪的若干问题——以唐律为中心》一文；[②]2000 年由中国法律史学会召开的以“中国法律史学的世纪回顾与展望”的年会论文集中，有周少元的《〈唐律疏议〉的律学成就》一文；[③]2001 年由中国法律史学会和儒学与法文化研究会联合召开的以“走向廿一世纪的中国法文化”为主题的年会上，有笔者的《唐律与唐朝身份等级关系》一文；[④]2007 年由中国法律史学会召开的以“理性与智慧：中国法律传统再探讨”为主题的年会论文集中，有南玉泉的《论汉唐律的罪数与处罚》一文；[⑤]2010 年由中国法律史学会召开的以“吏治与传统法文化”为主题的年会论文集中，有张珊珊的《唐律契约之债的类型化分析》一文[⑥]等。另外，中国大陆近四十年的唐律研究还对国外产生了影响，包括与外国的学术交流。一些著作的部分内容被翻译成外文在国外发表，也有著作全文被翻译成外文在国外出版，与国外同行进行交流。《唐律初探》由七篇论文合成，“其中 4 篇已分别在国内学术性期刊发表过，有的日本学者已译成日文，在国外刊行”。[⑦]《唐律新探》的全文已被翻译成韩文，在韩国出版，成为研究生教材。这些成果从不同角度、不同程度地在国外产生了影响。

（二）主要原因

近四十年唐律研究取得可观成就的原因主要有以下三方面：

首先，唐律在唐朝、中国古代、东亚、世界法制史上均具有十分重要的地位。关于这一点，中国古代的学者已有一些论述。[⑧] 近四十年，我国的法律史学者、

① 参见钱大群、钱元凯：《唐律论析》，南京大学出版社 1989 年版，第 375 页。

② 参见徐显明、徐祥民主编：《中国历史上的法制变革与改革家的法律思想》，山东大学出版社 1999 年版，第 183~198 页。

③ 参见汪汉卿、王源扩、王继忠主编：《继承与创新——中国法律史学的世纪回顾与展望》，法律出版社 2001 年版，第 430~439 页。

④ 参见陈鹏生、王立民、丁凌华主编：《走向二十一世纪的中国法文化》，上海社会科学院出版社 2002 年版，第 253~265 页。

⑤ 参见张中秋编：《理性与智慧：中国法律传统再探讨》，中国政法大学出版社 2008 年版，第 234~244 页。

⑥ 参见汪世荣、闫晓君、陈涛主编：《吏治与中国传统法文化》，法律出版社 2011 年版，第 501~511 页。

⑦ 参见杨廷福：《唐律初探》，天津人民出版社 1982 年版，第 1 页。

⑧ 参见王立民：《唐律新探》，北京大学出版社 2007 年版，第 1 页。

专家也有深刻的体会，并达成了一些共识。如张晋藩认为，唐律在中国与世界法制史中都具有重要价值，“反映唐代法制所达到的水平的则莫如唐律。唐律上揽秦汉魏晋法律已有大成，下开宋元明清法律之先河。的确是承先启后，继往开来，鸿纤备举，义疏精审，在中国法制史与法律文化史上具有极为重要的价值”，“唐律的影响还超出中华大地，成为相邻的东亚国家制定封建刑律的依据。以至治中国法制史的外国学者，或以唐律为主攻对象，或将唐律与罗马法相提并论进行比较研究，论著纷呈，蔚为大观”。[①]

其次，法学教育的大发展，是唐律研究队伍壮大的直接原因之一。近四十年，我国的法学教育有了前所未有的大发展，中国法制史是法学本科教育的核心课程之一，是每个法学专业本科生必须学习的课程。法学专业的学生越多，从事中国法制史教学与研究的教师就越多。1979 年时，法学专业的在校学生数为 3008 人；1998 年时，这一数字上升为 85,565 人。[②] 21 世纪以后，随着高等学校的扩招，法学专业的在校大学生人数有进一步的增加，2001 年为 236,551 人，2005 年为 449,295 人。[③] 目前，全国的法学院、系超过 630 所，在校学生仍超过 40 万人。这些学生中的本科生都要学中国法制史，法学院、系也需要聘用中国法律史的教师，加上史学队伍中教学和研究中国法律史的人员，总数可至数百人。同时，中国法制史方向的研究生也有成倍增长。如华东政法大学，1982 年仅招收中国法制史方向的硕士研究生 2 名，2012 年则招收了硕士、博士研究生超过了 20 名。从事中国法律史教学与研究的教师、研究生队伍的扩大，为唐律研究队伍的壮大奠定了人才基础。

最后，唐律研究的可观成就得益于思想的解放和学术环境的宽松。近四十年，既是改革开放的四十年，也是民主法治建设的四十年。在这一大背景下，中国学术研究的严冬过去了，学术环境比较宽松，学者的思想得到了解放，有利于形成学术研究大发展和百家争鸣的局面。如学者所言，“思想解放使法学工作者勇于打破禁区，全方位地开展法学研究；思想解放也使法学工作者能够以科学的态度面对现实和理论研究中存在的问题，理性地思考解决问题的方法。思想解放更为广大法学工作者营造了一个从事法学研究的宽松环境，而这正是中国法学能够顺利发展的养分所在”。[④] 宽松的学术环境同样给唐律研究带来了

---

① 钱大群、钱元凯：《唐律论析》，南京大学出版社 1989 年版，第 1 页。

② 参见霍宪丹：《中国法学教育的发展与转型》，法律出版社 2004 年版，第 326 页。

③ 参见朱景文主编：《中国法律发展报告》，中国人民大学出版社 2007 年版，第 523 页。

④ 同上书，第 595 页。

生机,相关研究著作、论文不断出版、发表,数量史无前例。有的著作多版印行,如《唐律新探》已印行4版。没有这种宽松的学术环境,不可能产生这么多唐律研究的成果。

近四十年唐律研究的辉煌,改变了世界唐律研究的格局,唐律研究中心又回到了中国大陆。早在古代,学人已重视对唐律的研究,出现了《唐明律合编》等优秀成果,唐律研究中心在中国大陆。进入近代以后,由于各种原因,唐律研究的中心逐渐从中国大陆外移,我国台湾地区和日本出现了不少研究成果,在数量和质量上均超过了中国大陆。近四十年来,我国台湾地区的唐律研究成果明显减少。以著作为例,除林咏荣的《唐清律的比较及其发展》、[①]戴炎辉的《唐律各论》、[②]刘燕俪的《唐律中的夫妻关系》[③]等外,成果主要是由高明士、黄源盛主编的论文集,包括:《唐律与国家社会研究》、[④]《唐代身份法则研究——以唐律名例律为中心》、[⑤]《唐律诸问题》[⑥]和《唐律与传统文化》[⑦]等。从公开发表的论文来看,数量很少,而且后劲不足,硕士、博士论文以唐律研究为主题的也不到10篇。[⑧] 日本在这一时期唐律研究也不景气。据统计,前二十余年,日本公开出版的唐律研究著作为2本,公开发表唐律研究的论文30篇。[⑨] 后十年的此类成果更少。而在中国大陆,唐律研究的情况则是另一番景象,可以说,世界唐律研究的中心又回到了中国大陆,这是一件值得庆幸之事。

四、唐律研究中存在的主要问题和解决途径

当然,在近四十年的唐律研究中,还存在一些问题。这些问题的解决将有利于推进唐律研究,提高研究的水准。

---

① 林咏荣编著:《唐清律的比较及其发展》,台北,编译馆1982年版。

② 戴炎辉:《唐律各论》,台北,成文出版社有限公司1988年版。

③ 刘燕俪:《唐律中的夫妻关系》,台北,五南图书出版有限公司2007年版。

④ 高明士主编:《唐律与国家社会研究》,台北,五南图书出版有限公司1999年版。

⑤ 高明士主编:《唐代身分法制研究——以唐律名例律为中心》,台北,五南图书出版有限公司2003年版。

⑥ 高明士编:《东亚传统教育与法制研究(二)——唐律诸问题》,台湾大学出版中心2005年版。

⑦ 黄源盛主编:《唐律与传统法律文化》,台北,元照出版有限公司2011年版。

⑧ 黄源盛、黄琴唐、江存幸:《新传五十年——台湾法学院法史学硕博士论文》,载黄源盛总编:《法制史研究》(第14期),台北,元照出版有限公司2008年版;高明士:《台湾近五十年来大学文学院法史学研究趋势》,载高明士总编:《法制史研究》(第17期),台北,元照出版有限公司2010年版。

⑨ 俞荣根、胡攀、俞江:《中国法制史研究在日本》,重庆出版社2002年版,第308~408页。

（一）进一步加强唐律文本的研究

在近四十年的唐律研究中，对唐律文本的研究十分欠缺，这是唐律研究存在的突出问题。唐律文本的研究是唐律研究的基础，对唐律体例、内容等的研究都以唐律的文本为依据。只有文本正确了，唐律研究的成果才会正确；文本错误了，唐律研究的成果难免不出错。1985年以前，刘俊文曾对敦煌、吐鲁番发现的唐律文本残卷进行了卓有成效的研究，其中涉及贞观律、永徽律、垂拱律及开元律等的一些残片。他通过简介、考证、校补的方法，"以录文展示其全貌，以简介叙述其外观，以考证鉴定其性质，以校补修正其缺讹，以笺释辨析其内容和探讨其价值"。① 此后已难觅唐律文本研究的成果，这一研究明显滞后。值得注意的是，1985年以后，唐律文本仍有新发现。在海外，有英、法等国学者在20世纪初从敦煌掠走的古代文书陆续面世。在国内，20世纪70年代中期吐鲁番出土的唐朝法律文书也陆续被整理出版。这些文书中，记载有唐律条文，有进一步挖掘的价值。新发现的唐律文本都有进一步研究的价值，其研究成果也会有利于对现有唐律文本的认识，弥补其不足。期望有学者能重视这一研究，下功夫钻研各种唐律文本，产出新成果。

（二）进一步加强唐律的比较研究

近四十年，唐律研究中的比较研究明显不足。虽然有一些唐律比较研究的成果面世，如《唐律与中国现行刑法比较论》一书，以及《唐律与日耳曼法刑讯制度比较研究》等论文，然而从总体上看，唐律比较研究的范围还欠宽，成果不多，深度不足。从法律文明传播的角度来看，对唐律的比较研究有重要的学术意义，不仅可进一步认识唐律的特点，加深对唐律的理解，还可以开阔视野，认识比较对象及其相关情况。包括比较对象所处的时代、国家的法制、社会的经济和文化状况等。这种比较虽然从体例、内容等开始，但往往会不同程度地涉及它们的背景，拓展至一些深层次问题——这是唐律研究引向深入的一条通道。这种比较研究可以包括国内与国外两个方面。国内方面，进一步加强唐律与国内不同朝代、时期法典的比较研究，包括宋刑统、大明律、大清律例等法典的多方位比较研究。也可关注与一些新发现的法典的比较研究，如与晋律中部分律的比较研究。② 国外方面，进一步加强唐律与国外的不同朝代、时期法典的比

① 刘俊文：《敦煌吐鲁番唐代法制文书考释》，中华书局1989年版，第2页。

② 据报道，中国甘肃省的考古研究所已于2002年在玉门市花海乡毕家滩葬墓群的考古发掘中，发现了晋律中的诸侯律、捕亡律和系讯律，共五千余字，其中既有律文也有注释。参见周明、罗成荣：《玉门葬墓考古发现〈晋律〉》，载《法制日报》2002年9月1日。

较研究,可以是东方国家,也可以是西方国家等,比较的角度也可以多元化。如唐律与德国中古著名习惯法汇编《萨克森法典》和以后制定的《加洛林纳法典》的比较研究等。要通过比较研究来进一步拓宽唐律研究的视野,进一步推动唐律研究。

(三)进一步加强唐律联系文化的研究

近四十年,唐律与文化史研究严重不足。这一研究十分必要,任何法典、法律都是一定社会的产物。它们都植根于社会,不会是无根之木。唐律制定于唐朝前期,是包括唐朝前期文化在内的社会培育了唐律,使它成为一部闻名遐迩的法典。唐律与当时的文化有着千丝万缕的联系。这里的文化既包括物质文化,也包括精神文化,与唐律关系比较大的是精神文化,其中又有思想、观念、理论、宗教、伦理、习惯等。此外,唐律作为唐朝法制的重要组成部分,还对当时的文化进行了规制,也对其产生过影响。把唐律与文化史联系起来研究,可以开辟出唐律研究的更大天地。四十年的唐律研究成果中,已有过少量的这类成果,《法典之王——〈唐律疏议〉与中国文化》一书和《〈唐律疏议〉与中国古代法律文化》等论文都是如此。从整体来看,这类成果不多,涉及的领域不宽,研究的深度有限。解决这一问题的途径可以从两方面切入:一方面,深入研究唐前期文化对唐律的影响。唐朝是中国帝制社会的全盛时期,文化充分发展,唐律又是礼法结合过程完成的结晶,新儒学对其影响不小。史学界有观点把先秦时期的儒学称为原始儒学,把先秦以后的儒学则称为新儒学。[①] 新儒学相对原始儒学而言,是一种既主张提倡儒学,又不拘泥于儒学的经义训诂,而强调依据国家社会的需要,利用、改造和发展原始儒学的儒家学说。从这种观点出发,唐前期的儒学已属于新儒学的范畴,新儒学对唐律的影响,这一主题有研究的空间。另一方面,深入研究唐律对唐朝文化的影响。唐律内容丰富,规制的范围很大,涉及社会生活的各个领域,其中亦包含有文化。唐律对文化规范的手段、范围、特点等都可归入研究之列。另外,唐律对唐朝后的封建朝代立法产生过较大影响,对这些朝代的文化也有一定影响,这也是一个可以关注的命题。把唐律与文化进一步联系起来研究,唐律研究会豁然开朗,展现出全新的空间。

(四)进一步加强唐律的实证研究

实证研究是近四十年唐律研究中的弱项。对唐律也需进行实证研究,特别是有关唐律与其他法律形式的关系、唐律适用情况等的研究。通过这一研究,

---

① 参见宇培峰:《新儒家、新儒学及其政治法律思想研究》,中国政法大学出版社2006年版,第1页。

可以较为客观、深刻地反映唐律的地位、作用以及对社会生活的实际影响,以便对唐律有更为科学的认识。唐朝的法律形式除唐律以外,还有令、格、式和制敕等,其中的制敕是单行法规,与唐律是法典与单行法规的关系。这是法律形式中非常重要的一对关系。从制敕的角度来考量,有多少制敕是补律,多少制敕是破律,补律、破律的领域和程度等,都可做实证研究,在此基础上再做进一步的探研,以清晰反映出唐律与制敕各自的地位和作用。另外,唐律所规定的制度的适用情况也可做实证研究,比如,"五刑""十恶""八议""上请""官当"等许多制度的适用情况。经过这一研究,可以对唐律的适用情况有较全面、真实的掌握,折射出其对社会生活的实际影响。要做这样的实证研究,需全面掌握相关资料。① 这一研究应建立在正确把握史实的基础上,尽量避免疏漏。当然,在进行这一研究中还必须熟练掌握和使用实证的方法,这样才能使这一研究顺利开展,取得新的研究成果,开辟唐律研究的新天地。

(五)进一步加强唐律实施的研究

制定法律是为了使其在现实社会中发挥作用,体现其应有的价值,这就与法律的实施联系在一起。唐律也是如此,唐朝的立法者制定唐律是为使它在当时得到实施,发挥其应有的作用,体现其存在价值,这就包括稳定社会、巩固统治、发展经济、繁荣文化、开展对外交流及防御外来入侵等。从此意义上讲,唐律的实施比其制定更为重要,也更有意义。近四十年,中国的有些学者已经注意到唐律的实施问题,做过一些有益的尝试,间有成果问世,如《唐律实施问题探究》等论文。但是,有关专门研究唐律实施问题的成果实在太少,与唐律内容的研究相比,呈不对称状态。而且,其研究的面太窄,研究的深度太有限,留下可以研究的空间很大。对唐律实施研究的不足,也是当前唐律研究中的缺憾,有必要及时加以弥补。因此,进一步加强对唐律实施的研究也是当前深入研究唐律的途径之一。在今后的这一研究中,可以关注以下的一些研究领域:首先,唐律实施的阶段性研究。唐律自武德七年(公元624年)颁行《武德律》始,以后又颁布过《贞观律》、《永徽律》及其《律疏》等,而且其在唐朝长期被实施。在这一实施历程中肯定存在着若干不同阶段。每个阶段都有一定的时间区间和时间节点、实施的基本情况与特点、存在问题与解决途径、可以总结的经验与教训等。通过这种阶段性的研究,可以大致反映出唐律实施的整体情况,掌握唐律

① 其中主要有:综合类的《旧唐书》《新唐书》《贞观政要》《大唐新语》《全唐文》等,典制类的《大唐六典》《唐会要》等,法令类的《唐大诏令集》等,狱政类的《折狱龟鉴》《龙筋凤髓判》《疑狱集》等。

实施的演变走向，甚至可以从中摸索出唐律实施的一些规律。其次，中央与地方实施唐律情况的研究。唐朝的司法机构也分层次，有中央司法机构，也有地方司法机构。大理寺、刑部、御史台都是中央司法机构，地方的州、县也设有自己的司法机构，它们都被赋予实施唐律的职责。但是，中央、地方司法机构中的司法官对唐律的理解、实施方法等都会有区别。中央司法官可能会对唐律的理解更全面、深刻一些，审判违反唐律的重大案件多一些，审判过程中面对皇帝与中央官吏对案件审理的干预度也会大一些。地方司法官则有所不同，他们除对唐律要了然于胸外，还需要知晓当地其他的一些通用规范，比如风俗习惯、乡约民规，甚至是少数民族内部的特殊规则等，它们也可能会成为审判中的依据。还有，地方司法官在判决中可以适用的刑罚都属于较轻的，以笞、杖、徒为多，审判违反唐律的一般犯罪案件多一些，审判中受到地方绅士、官僚的影响会较大一些等，这些都可以在唐律实施研究中予以关注。再次，唐律实施中与礼、理、制、敕等其他规范关系的研究。在唐朝，唐律固然是一部重要法典，可是在唐朝还有其他一些行为规范，它们同样会成为司法中的依据，并对唐律的实施发生影响。礼、理、制、敕都是如此。比如，唐朝制定过唐礼，违礼不违律的行为有可能受到制裁。[①] 唐朝的理是一种情理，违理不违律的行为也会因违理行为的严重程度不同而受到不同的处罚。[②] 唐朝的制、敕都是皇帝发布的单行规范，其法律效力往往会高于律，甚至破律。这些问题都可在研究者的关注视野中。最后，唐律实施后对唐朝社会影响的研究。唐律的实施会对唐朝社会产生影响，而且这种影响往往是动态的、丰富多彩的；涉及的领域也比较广泛，经济、政治、文化等都在其中。为了使这一研究有深度，可以分类进行，各个击破，推出成果。这一研究与法社会学的关系较大，研究者要学习法社会的专业知识，作为前期的技术铺垫。当然，值得关注的问题还远远不止这些，这里只是为说明问题进行举例而已。

（六）进一步加强唐律的史学史研究

唐律的史学史研究是近四十年唐律研究中的软肋，其成果极为匮乏。唐律研究是中国法律史学史中的一项重要组成部分，应该有其自己的史学史，包括唐律研究产生、变化、发展的历史。其内容可以包括：唐律研究的过程、阶段及其表现、特点；研究人员与研究成果的联系、特色；唐律研究中的重大事件及其缘由、结果、影响；唐律研究与社会各个方面的相互关系、唐律研究所呈现的规

---

① 参见《唐律疏议·名例》“老小及疾有犯”条。

② 参见《唐律疏议·杂律》“不应得为”条。

律等。研究中还会涉及许多问题,如唐律研究中形成的学派及其主要观点和特点,直接或间接影响唐律研究的历史现象、思想及思潮,唐律研究与其他领域的关系等。从史学史的角度研究唐律,有利于回顾和反思唐律研究的队伍与成就,总结唐律研究的成功经验和不足,前瞻唐律研究的方向和目标。目前,已有一些中国法律史学史的成果。如张晋藩主编的《中华法系的回顾与前瞻》、[①]韩秀桃的《中国法律史学史——一个学科史问题的透视》[②]等。但对唐律研究史学史的全面、系统成果却鲜见。应在思想上重视这一史学史的研究,培养研究人员的史学史研究素质,拓宽研究视野,产出高质量的研究成果。

(七)进一步加强境外唐律研究

中国的境外唐律研究成果较少,是近四十余年中国唐律研究中存在的主要问题之一。唐律是世界法律史上的一部著名法典,境外学者对其的关注和研究亦在情理之中。境外也确实有唐律研究的成果,除日本和中国台湾地区的学者有此类成果外,英、美等国的学者也有一些此类成果。以下仅以近 40 年由中国学者翻译的相关论文为例。英国学者崔瑞德(Denis C. Twiehtt)曾发表过《初唐法律论》一文,他在文中对唐律的刑法性质、法律的实施等一些内容做了论述。[③]美国学者马伯良(Brian E. Mcknight)发表过《〈唐律〉与后世的律:连续性的规范》一文,他在文中对唐律规定的犯罪、唐律对中国后世封建朝代的影响、唐律在地方的实施情况等一系列内容,都做了论述。[④] 他们在唐律研究中都有些自己的特色,研究方法与角度等都与中国学者的研究不尽一致。对这些境外唐律研究成果的吸收,应成为中国唐律研究的组成部分。这可以帮助中国学者更全面、深刻地了解和认识世界上唐律研究的状况,并发现境外唐律研究的领域、角度、方法和成就,从中寻找其长处,取长补短,避免重复研究。境外学者接受的教育和文化背景,都与中国学者有所不同,研究思路与方法也会不尽相同,这会导致研究成果的多样性。这种多样性正好又反映出世界唐律研究成果的丰富性。当然,要解决境外唐律研究的问题,先需具备专业外语知识,这样才能研究他们的成果,掌握他们的研究情况和趋势。通晓一门外语往往还不够,要根据

---

① 张晋藩主编:《中华法系的回顾与前瞻》,中国政法大学出版社 2007 年版。

② 倪正茂主编:《法史思辨:二〇〇二年中国法史年会论文集》,法律出版社 2004 年版,第 160~173 页。

③ 参见张中秋编:《中国法律形象的一面——外国人眼中的中国法》,法律出版社 2002 年版,第 188~208 页。

④ 参见高道蕴等编:《美国学者论中国法律传统》,清华大学出版社 2004 年版,第 287~309 页。

不同国家的研究成果,运用不同国家的语言,因此组织一个精通多种语言的研究团队,不失为一种好方法。这一任务虽然艰巨,但不能忽视,它是唐律研究中不可缺少的组成部分。

以上这七种研究,虽各自相对独立,但也会有交叉,把它们结合起来进行研究更好,即将两种以上的研究聚焦于同一个领域内存在的问题。比如,在唐律比较研究中,可以结合使用联系文化、实证的研究。在对境外唐律研究成果的研究中,也可以同时进行实证、比较、联系文化的研究。用双管或多管齐下的方式,去解决唐律研究中存在的问题,将会收到更好的效果,产出更高质量的成果,唐律研究便会向纵深发展。

唐律是一部值得深入研究的中国古代法典,这由其在唐朝、中国古代、东亚乃至在世界法制史中的地位和作用所决定。在唐朝的律、令、格、式等法律形式中,律处于中心地位,违反令、格、式都要一断于律,律不可或缺。在中国古代,唐律起到了承前启后的作用,上承唐朝以前立法,集前代之大成;下启唐以后朝代的立法,成为它们的楷模,是中国古代立法的巅峰。唐律在东亚地区占有极其重要的地位,对朝鲜、日本、琉球、越南等东亚国家的立法均产生过重大影响,以至于成为中华法系的代表作。在世界法制史上,唐律同样占有重要席位,与罗马法、拿破仑法典齐名,成为世界封建时期立法史上的高峰之作。唐律研究有利于弘扬中华优秀传统法律文化,有利于向今天的法治建设提供借鉴。近四十年中国唐律研究逐渐繁荣,大量的成果出版、发表,成果质量亦逐步提高,在世界唐律研究中名列前茅。中国的法治建设不断推进,法学教育迅速跟进,唐律研究队伍日益壮大,思想解放和学术研究环境宽松等,为唐律研究营造了良好的氛围,推动唐律研究的不断进步。为使中国唐律研究可以持续、健康地发展,有必要找准存在的问题,找到解决问题的办法。时下,在唐律的文本研究、比较研究、文化研究、实证研究、实施研究、史学史研究及对境外唐律研究成果的研究等方面,都不同程度地存在不足,有较大的拓展空间。若在这几个方面下大功夫,中国的唐律研究定会有更新的气象,创造更大的辉煌。

第二节　中国租界法制研究四十年

在中国大地上,近代最早出现法制的是在中国租界。鸦片战争以后,在上海、天津、汉口、厦门、镇江、九江、广州、杭州、苏州、重庆等 10 个城市中,先后出现了租界,也有了租界法制。[①] 对这一法制已有了一定的研究,也有了一些成果,特别是近四十年。本书对中国租界法制研究的回顾与前瞻做了探索。

一、中国租界法制研究成果的分类

中国大陆和境外学者都有一些研究中国租界法制的成果,特别是在改革开放以后的40年,这类成果明显增多,其分类情况如下。

(一)大陆研究中国租界法制的著作

中国大陆现在已经出现了很少量专门研究中国租界法制的著作。这些著作以研究中国租界法制为研究对象,并展开论述,但是研究领域只是集中于一个城市中的租界法。《上海租界法制研究》[②]、《上海租界法制史话》[③]和《上海公共租界特区法院研究》[④]、《上海英租界巡捕房制度及其运作研究》[⑤]、《中国租界法制初探》[⑥]、《上海会审公廨审判研究》[⑦]即是如此。

《上海租界法制研究》是一本综合性研究上海租界法制的学术专著,共有19章,每章分别研究一个上海租界法中的一个专题,内容涉及上海租界法制的诞生、立法、行政执法、司法、法制变迁、动力来源和法制引起的社会变化等。这样的内容有其自己的逻辑,即从上海租界法制的产生、运作到效果。第一章专门论述了上海租界法制的产生及其具体表现。第二章至第六章集中阐述了上海租界的立法,内容包括上海租界的土地章程、土地管理和登记制度、道路管理和建筑管理制度等。第七章至第九章聚焦于上海租界的行政执法,内容主要叙述巡捕房的机构、职能、执法控制等。第十章至第十五章突出了上海租界的司法,其中涉及司法机构的沿革,从洋泾浜北首理事衙门发展到会审公廨、临时法院和特区法院。这一沿革过程同时也是这些机构职能发展、司法权运作变化的过程。第十六章和第十七章则是反映太平洋战争爆发以后,日军占领、控制上海租界之后上海租界法制的变迁,内容包含法制机构、内容等的变迁。第十八章专门论述了上海租界法制近代化的动力来源,其中主要是人、政体和经济三

---

① 近代中国除租界以外,另有一些类似租界的地区,如租借地等。本书仅以租界及其近代法制为研究对象,其他地区及其法制均不包括在内。关于其他地区可参见费成康:《中国租界史》,上海社会科学院出版社1991年版,第431~436页。

② 王立民、练育强主编:《上海租界法制研究》,法律出版社2011年版。

③ 王立民:《上海租界法制史话》,上海教育出版社2001年版。

④ 姚远:《上海公共租界特区法院研究》,上海人民出版社2011年版。

⑤ 张彬:《上海英租界巡捕房制度及其运作研究》,上海人民出版社2013年版。

⑥ 王立民:《中国租界法制初探》,法律出版社2016年版。

⑦ 洪佳期:《上海会审公廨审判研究》,上海人民出版社2018年版。

大动力。第十九章专门考察了上海租界法制的实施效果,给社会带来的各种变化,促进了上海城市近代化的进程以及存在的各种弊端等。综观全书,在研究上海租界法制领域,它的体系结构、内容和资料运用方面都有所突破。上海长期存在公共租界和法租界两个租界,此著作的研究内容大量集中于公共租界的法制。

《上海租界法制史话》则是从通俗化的角度来反映上海租界法制。它全都由通俗性短文构成,共有 58 篇,而且每篇短文的内容相对独立,讲述上海租界法制的一个侧面。这些短文根据其内容分别归入四大篇,即立法、司法、案例和法文化篇。立法篇介绍了上海租界一些重要法规,其内容涉及法规形式、土地章程、路名及其规定、人口与立法、新闻出版规定、公园规则、卫生立法、戒严法等。司法篇叙述了上海租界的司法机构和实施法制的一些情况,其内容有领事公堂、会审公廨、临时法院、特区法院、监狱、律师等。案例篇描述了一些发生在上海租界较为著名的案例,包括大闹会审公堂案、《新生》杂志案、张金海案等。法文化篇则是从文化的角度来审视上海租界法,其内容有华洋法文化的形成与表现、法文化的价值取向、"非政治化"倾向等。此著作虽是一本通俗性的上海租界法制史,但其中的内容均以相关史料为依据,真实可靠,与文艺小说不同。它通过短小精悍、通俗易懂的内容和一些上海租界的老照片相结合的形式,提高了上海租界法制史的可读性和观赏性。这是一本很有特色的上海租界法制史著作。

如果说以上两本著作以研究上海租界近代法制的多个领域为其内容的话,那么《上海公共租界特区法院研究》则仅聚焦于上海公共租界的特区法院,内容相对集中和单一,但却更有深度。它较为全面地探研了这一法院,包括了上海公共租界审判机构沿革,上海公共租界特区法院的前身——临时法院,上海公共租界特区法院的设立与组成、审判、检察制度、法权之争、变异与思考等一些内容。它不仅使这一法院的基本情况得到了较为全面的反映,还从理论上对一些问题做了阐述,比如法权之争、变异与思考等都是如此。另外,书中的大量史料取自于流传至今的档案,比较可靠,史论结合得也比较好。在此书出版之前,中国大陆还未有如此全面、深入研究上海公共租界特区法院的专门成果,此书的学术价值不言而喻。

另外,《上海英租界巡捕房制度及其运作研究》《中国租界法制初探》《上海会审公廨审判研究》三部著作也从不同角度对中国租界法制进行了研究,同样具有学术价值。

(二)大陆研究中国租界著作中有关中国租界法制的内容

中国大陆出版过一些从整体上研究中国租界的著作。在这些著作中,涉及中国租界法制的内容,这些内容也是中国租界法制的研究成果。这些著作的数量不多,《中国租界史》①和《列强在中国的租界》②是这样的著作。

《中国租界史》共有十二章,包括中国租界的开辟、拓展、土地制度、法律制度、行政制度、特征、各国租界的异同、各地租界的兴衰、近似租界的特殊区域、中国人民的抗争、有关租界研究的一些问题和租界的收回。此著作的正文后还有三个附录,分别是中国租界一览表、主要的未辟租界及类似租界地区一览表和中国租界史大事年表。其中的土地制度、法律制度、行政制度和租界的收回等章,都不同程度地存在研究中国租界法制的内容。土地制度章中涉及的内容包括土地权的取得方式、地价与地税和特殊的土地文契,而这些都是关于租界法制的研究成果。在中国的绝大部分租界中,"外人都通过永租的方式来租借土地。永租制是租界土地制度的特点"。③ 法律制度章阐述的全都是研究中国租界的法制的内容,主要是立法和司法制度、上海租界会审公廨的独特变化等。行政制度章中的行政体制、日常行政的主要内容和华人参政后的新格局部分都渗透着法制研究的内容。租界的收回章中的关键内容都与法律文件有关,因为这种收回本身就是一种法制行为。比如,1943 年中国政府与美、英两国政府签订的《关于取消美国在华治外法权及处理有关问题之条约》《关于取消英国在华治外法权及其有关特权条约》是收回美、英租界的法律文件。④ 此著作既是一部系统反映中国租界的专著,也是一部在一定程度上研究租界法制的著作。

《列强在中国的租界》⑤是一本以研究中国租界为对象的史料及其研究文集。文集分为两大部分,即租界史料、租借地及其他史料部分。其中的作者有 64 位,文章有 60 篇。作者通过自己的回忆撰写成文,编入此文集,内容涉及上海、天津、汉口、广州、厦门、九江、镇江、苏州、重庆、杭州等租界。其中,有些文章直接与研究租界法制相关。比如,朱梦华的《上海租界的形成及其扩充》、赵晋卿的《收回会审公廨交涉的经过》、李守宪的《上海西牢回忆》、李汉元的《我在天津英租界工部局警务处的纪事》、汪应云的《我在汉口法租界巡捕房的经历》、林曼馥的《会审公堂与华人议事会》等都是如此。《上海租界的形成及其

---

① 费成康:《中国租界史》,上海社会科学院出版社 1991 年版。

② 上海市政协文史资料委员会等编:《列强在中国的租界》,中国文史出版社 1992 年版。

③ 费成康:《中国租界史》,上海社会科学院出版社 1991 年版,第 86 页。

④ 同上书,第 416 页。

⑤ 上海市政协文史资料委员会等编:《列强在中国的租界》,中国文史出版社 1992 年版。

扩充》一文从上海土地章程的内容、变化来分析上海英、美、法三个租界的形成、扩充。其中,还引用了《上海土地章程》的一些具体规定。[①]《上海西牢回忆》一文则通过作者自己的亲身经历来反映上海提篮桥监狱的一些情况。这是"所谓的东方第一大监狱",但作者认为"实在是一个残忍的人间地狱"。接着,通过"续命饭""跑圈子""裸体舞""上吊铐"等来证明这一"人间地狱"。在"裸体舞"中,作者写道:"每七天淋浴一次,骤听起来似乎是好事。但是当你把衣服脱光了,冬天就开冷水,让冰水淋得你周身痉挛,夏天则放滚烫的热水,烫得你浑身起泡。不'洗澡'是不允许的。"[②]此文集中研究的法制部分内容是研究中国租界法制的一种实录性的资料及其研究成果,弥足珍贵。

(三)大陆研究中国地方租界志中有关租界法制研究的内容

中国大陆已出版了一些专门研究中国地方租界的租界志。其中,有研究这些租界法制的内容。《天津通志·附志·租界》、[③]《上海租界志》[④]和《汉口租界志》[⑤]是三本专门研究天津、上海、汉口租界的志,其中均有这三个租界法制研究的内容。

《天津通志·附志·租界》共有十二章,分别是租界的划定扩张与收回、租界的管理机构、金融、房地产业、工业、商业、市政及公用设施、交通邮电、文化教育、体育卫生、人口宗教、租界恶疾和租界人物等章。其中,租界的划定扩张与收回章中有大量天津租界法制的研究内容,因为天津租界的划定扩张与收回都与相关规定和契约有关。比如,中英租界的《英墙外推广界合同》、法租界的《天津紫竹林法国租地条款》、德租界的《天津租界条约》、日租界的《天津日本租界条款》等都是如此。[⑥] 其他章中则很少涉及法制的内容。

《上海租界志》分6篇进行阐述,分别是区域人口、机构、财政、公共设施、管理和人物篇。篇下分章,共有十七章。其中,每篇的内容都涉及法制的研究。在区域人口篇中,涉及英、美、法三个租界的土地章程;[⑦]机构篇中涉及土地章程、《上海法租界公董局组织章程》、租地人会制度等;[⑧]财政篇中涉及土地章

---

① 上海市政协文史资料委员会等编:《列强在中国的租界》,中国文史出版社1992年版,第3页。

② 同上书,第81页。

③ 罗澍伟主编:《天津通志·附志·租界》,天津社会科学院出版社1996年版。

④ 史梅定主编:《上海租界志》,上海社会科学院出版社2001年版。

⑤ 袁继成主编:《汉口租界志》,武汉出版社2003年版。

⑥ 罗澍伟主编:《天津通志·附志·租界》,天津社会科学院出版社1996年版,第41~51页。

⑦ 史梅定主编:《上海租界志》,上海社会科学院出版社2001年版,第91~93页。

⑧ 同上书,第151~153页。

程、租地人会、会审公廨等；[①]公共设施篇中涉及法租界公董局与英商上海自来水公司的36条协议、英商上海自来水公司与华界南市给的规定等；[②]管理篇中涉及《西童公学章程》《中法学校章程》等；[③]人物篇中涉及一些人物参与上海租界法的制定，如宫慕久、吴继彰参与上海英租界土地章程的制定、蓝蔚雯则与英美法三国领事设定租界内租占土地及房舍居住章程等。[④] 作者们对这些内容都做了一些研究。

《汉口租界志》分章进行叙述，共有九章，分别是租界区域与人口、经济活动、政治体制、文化事业、公用事业、社会生活、租界与中国政局、租界的收回、人物章。此外还有附录，共选录了40个法律文件。此志中的租界区域人口章所叙述的汉口租界初设、扩展部分直接与租界法制有关；政治体制章中的立法、司法部分也直接与租界法制的研究相关。其他章中也有些内容研究了这一法制。比如，经济活动章里有《长江各口通商暂订章程》的规定；[⑤]文教事业章里有法租界关于从医的规定；[⑥]公用事业章里有英租界《巡捕章程总则》的内容；[⑦]社会生活章里有英租界《工部局市政章程警察附则》的内容；[⑧]租界与中国政局章里有"六一一"的记载；[⑨]租界的收回章里提及了《收回汉口英租界之协定》；[⑩]人物章里有英国人巴夏礼参与《汉口租界条款》制定的记录等。[⑪] 这些地方租界志中有关租界法制的内容也较为真实，其研究也有一定的针对性，是研究中国租界法制中可贵的组成部分。

（四）大陆研究中国地方史著作中有关租界法制的内容

中国大陆已有一些城市的地方史著作问世。一些有租界城市的地方史著作中，都会不同程度地涉及租界法制。有些关于地方史通史类的著作中有研究租界法制的内容。上海地方史著作有这方面的内容。《上海史》、《上海通史》、《上海近代史》和《上海一百年》都是如此。《上海史》记载了上海租界的一些情

① 史梅定主编：《上海租界志》，上海社会科学院出版社2001年版，第315~320页。
② 同上书，第386~387页。
③ 同上书，第469~470页。
④ 参见史梅定主编：《上海租界志》，上海社会科学院出版社2001年版，第605页。
⑤ 参见袁继成主编：《汉口租界志》，武汉出版社2003年版，第55页。
⑥ 同上书，第305页。
⑦ 同上书，第360页。
⑧ 同上书，第392页。
⑨ 同上书，第411页。
⑩ 同上书，第424页。
⑪ 同上书，第449页。

况,研究了租界的扩张及其法制的规定,其中包括《虹口租界章程》和重订的《上海土地章程》。[①]《上海通史》是一套十五卷本组成的著作,全面、系统地阐述了上海发展的历史,其中就有一些是研究上海租界法制的内容。在其第一卷中就涉及会审公廨职权的变迁。[②]《上海近代史》中也有上海租界法的记录和研究,包括了土地章程的第一次修改。[③]《上海一百年》中也有些内容涉及上海租界法制,其中有上海的第一个土地章程的相关内容。[④] 这些内容从不同视角反映了一个城市中的租界法制及其研究情况。

有些专门研究地方租界史的著作中也有租界法制研究的内容。研究上海租界史的著作中就有这方面的内容。《上海公共租界史稿》、《上海租界问题》、《租界 100 年》、《上海的租界》、《上海租界百年》、《上海公共租界城市管理研究》、《租界里的上海》和《老话上海法租界》等都是如此。《上海公共租界史稿》对上海公共租界的产生、变化做了较为系统的表述,其中对 1845 年土地章程(又称地皮章程)的产生、内容等一些问题都有较为详细的阐述和研究。[⑤]《上海租界问题》较为全面地研究了上海租界的产生、治理等一系列问题,其中对辛亥革命时期上海租界中会审公廨的变化做了研究。[⑥]《租界 100 年》是一本简明上海租界史著作,讲述了上海租界 100 年历史中的一些重要侧面,其中亦有一些内容论述了上海租界法制,上海法租界的《市政宪章》是其中之一。[⑦]《上海的租界》实际上是一本简明上海租界通史,从上海租界的出现至上海租界的收回都有不同程度的涉及,其中亦有法制的评述,比如有关公共卫生的规定。[⑧]《上海租界百年》用较为生动的语言,反映了上海租界的百年历史,其中也论及了租界的法制,比如有关人力车规定的实施情况。[⑨]《上海公共租界城市管理研究》探研了上海公共租界中公共卫生、城市交通、建筑、公共设施建设等的管理,其中有关于法制内容的研究,如对《狂犬病及家犬上口套管理条例》的研究。[⑩]

---

① 唐振常主编:《上海史》,上海人民出版社 1989 年版,第 344~346 页。

② 参见熊月之主编:《上海通史》,上海人民出版社 1989 年版,第 43~44 页。

③ 参见刘惠吾编著:《上海近代史》(上),华东师范大学出版社 1985 年版,第 125~128 页。

④ 参见朱华等著:《上海一百年》,上海人民出版社 1999 年版,第 12 页。

⑤ 参见蒯世勋等编著:《上海公共租界史稿》,上海人民出版社 1980 年版,第 308~319 页。

⑥ 参见夏晋麟:《上海租界问题》,载周谷城主编:《民国丛书》(第 24 卷),上海书店 1989 年版,第 54~59 页。

⑦ 参见汤伟康、杜黎:《租界 100 年》,上海画报出版社 1991 年版,第 31 页。

⑧ 参见马长林:《上海的租界》,天津教育出版社 2009 年版,第 112 页。

⑨ 参见姜龙飞:《上海租界百年》,文汇出版社 2008 年版,第 170 页。

⑩ 参见马长林等:《上海公共租界城市管理研究》,中西书局 2011 年版,第 93 页。

《租界里的上海》从经济、文化、社会、对外关系、管理等角度研究了上海的租界,其中涉及法制,对四明公所案的研究就是其中之一。①《老话上海法租界》专门探索了上海法租界的历史、地理、政治、经济、军事、文化等,其中也有法制,法租界的监狱就是其中之一。② 这些租界法制的研究内容往往与租界的发展有关联,以一定的租界背景作支撑,也有其特色。

另外,在其他一些有关地方史研究的著作中,也有少量租界法制的研究成果。上海就有一些这样的著作。《上海研究资料》、《上海研究资料》(续集)、《上海地名小志》、《旧上海的帮会》、《旧上海黑社会》、《上海法制史》、《名人笔下的老上海》、《近代社会变迁中的上海律师》、《城市·规划·法制:以近代上海为个案的研究》等都是如此。《上海研究资料》用专题形式,记载了包括租界在内的老上海的一些情况,其中评述了华人不可进入外滩公园的规定。③《上海研究资料》(续集)保持了《上海研究资料》的风格,在记录了上海租界一些法制情况的同时,也作了适量的评论,比如对苏报案整个过程的描写及其评论就是如此。④《上海地名小志》是一部专门研究老上海地名的著作,其中大量涉及上海租界的地名,亦包括设立地名的规定。其中,论述了上海英美租界关于南北向的道路以中国的省名来命名、东西向的道路以中国的主要城市来命名的规定。⑤《旧上海的帮会》是一本由20多位作者回忆上海帮会的文章组成的著作,其中许多内容都与上海租界有关,还论及了一些法制的内容。比如,评述了犯罪嫌疑人规避英、法两租界巡捕追捕的史实。⑥《旧上海黑社会》是一本专门阐述旧上海黑社会中毒品、流氓、赌博、嫖妓、绑票、强盗等内容的著作,其中也有一些内容与研究上海租界法制相关,比如,发生在上海租界的严裕棠、魏廷荣等的绑票案就是这样。⑦《上海法制史》是一部集中论述上海自成立县以后至中华人民共和国成立以前法制历史的专著,其中亦包括租界法制的研究,内容涉及立法、审判机关等。⑧《名人笔下的老上海》一书收集了蔡元培、胡适、陈独秀、鲁迅、方志敏、陈望道、宋庆龄等九十余位中国名人撰写的有关老上海的文

---

① 参见马长林主编:《租界里的上海》,上海社会科学院出版社2003年版,第207~214页。

② 参见杨尧深主编:《老话上海法租界》,上海人民出版社1994年版,第31~32页。

③ 参见上海通社编:《上海研究资料》,上海书店印行1984年版,第481页。

④ 参见上海通社编:《上海研究资料》(续集),上海书店印行1984年版,第71~84页。

⑤ 参见郑祖安编著:《上海地名小志》,上海社会科学院出版社1988年版,第36页。

⑥ 上海市政协文史资料工作委员会编:《旧上海的帮会》,上海人民出版社1986年版,第89页。

⑦ 参见郭绪印编著:《旧上海黑社会》,上海人民出版社1997年版,第233~239页。

⑧ 参见王立民:《上海法制史》,上海人民出版社1998年版,第165~235页、第272~287页。

章,有少量内容也评论了上海租界法制,比如对上海租界公园的"中国人与狗不准入内"规定的评论就是这样。①《近代社会变迁中的上海律师》以专著形式,聚焦近代的上海律师,大量的是上海租界里的律师,其中的第二章还专论了上海租界里的外籍律师。②《城市·规划·法制:以近代上海为个案的研究》是一部系统、全面研究上海规划法制的专著,共有导论、近代上海公共租界城市规划法制、近代上海华界城市规划法制、结论等部分,其中的近代上海公共租界城市规划法制部分以专门研究近代上海公共租界中城市规划法制为内容,属于研究上海租界法制的内容。③ 这些有关上海地方史研究的著作中的上海租界法制研究的内容也有其一定的价值,可为进一步研究这一法制提供参考。

(五)大陆其他著作中有关研究租界法制的内容

还有一些著作中也有研究租界法制的内容。《中国近代律师制度与律师》、《近代外商来华投资法律制度》、《上海档案史料研究》(第5辑)、《上海审判志》、《上海公安志》、《上海监狱志》等,它们在自己的研究中,也涉及租界法制的研究。《中国近代律师制度与律师》一书比较系统地研究了中国近代的律师制度与律师,其中的有些内容较为详细地分析、论述了中国租界特别是上海租界的律师,其中的第六章即是如此。④《近代外商来华投资法律制度》是一本专门研究中国租界法制在内的近代外商来华投资法律制度的著作,其中也没有回避中国租界的法制,其中的第八章对外商在上海租界的房地产法制作了论述,内容涉及其产生、变化和影响等。⑤《上海档案史料研究》(第5辑)则是一本以研究上海档案史料为主的成果汇集,其中也有一些研究的内容与上海租界法制有关,比如领事裁判权与大闹会审公廨的情况等。⑥《上海审判志》是一本系统论述上海审判机关的组织、功能、运作,其中有上海租界会审公廨的内容。⑦《上海公安志》系统叙述了上海自1854年以来至1994年的警政情况,内容包括警政机构、作用、装备、警种、人物等,其中也研究了上海租界的警政机关,第三章

---

① 参见倪墨炎选编:《名人笔下的老上海》,北京出版社1999年版,第277页。

② 参见陈同:《近代社会变迁中的上海律师》,上海辞书出版社2008年版,第41~109页。

③ 参见练育强:《城市·规划·法制:以近代上海为个案的研究》,法律出版社2011年版,第35~229页。

④ 参见王申:《中国近代律师制度与律师》,上海社会科学院出版社1994年版,第123~136页。

⑤ 参见吕铁贞等:《近代外商来华投资法律制度》,法律出版社2009年版,第265~298页。

⑥ 参见邢建榕主编:《上海档案史料研究》(第5辑),上海三联书店2008年版,第140~141页。

⑦ 参见滕一龙主编:《上海审判志》,上海社会科学院出版社2003年版,第60~62页。

"租界警察机构"就是如此。[①]《上海监狱志》对自759年至2001年上海的监狱做了一个系统、全面的梳理,其中也对上海租界的监狱做了一定的研究,第一章的第一节即为"租界监狱",其中既有上海公共租界的监狱,也有上海法租界的监狱。[②] 尽管这些著作中有关租界法制研究的内容参差不齐,有多有少,但也是这一研究的组成部分,不能被忽视。

(六)大陆论文对中国租界法制的研究

还有一些论文也对中国租界法制进行了研究。这些论文主要可以分为三类:第一类是以研究中国租界法制的一般问题为主;第二类是以研究立法问题为主;第三类是以研究司法问题为主。第一类的成果有:《中国的租界与法制现代化》[③]、《上海公共租界法制现代化的动力来源》[④]、《中国城市中的租界法与华界法——以近代上海为中心》[⑤]、《论上海租界法制的差异》[⑥]、《试论中国租界与租借地区域法制的差异——以上海租界与威海卫租借地区域法制的差异为例》[⑦]等。它们重点研究了中国租界与法制现代化的关系,内容涉及、租界的设立开创了现代法制、租界的现代法制与中国古代法制有很大的差别、租界的法制发展不平衡和具有两面性;上海公共租界法制现代化的动力源于人的现代化要求、分权政体、经济发展等方面;中国城市中出现租界法与华界法并存的原因有法制、地域、机构等方面的原因;上海租界中的法制不完全相同,在适用时间和空间、立法、司法等方面都存在差异,形成这种差异的原因包括土地章程、司法习惯和管理传统等方面,这种差异造成了给中国人带来了不便、给规避法制行为开了方便之门和给法制借鉴提供了机会等后果。第二类的成果有《从城市规划法看上海租界土地章程》[⑧]、《近代上海公共租界的建筑法律制度》[⑨]、《上海

① 参见易庆瑶主编:《上海公安志》,上海社会科学院出版社1997年版,第68~76页。

② 参见麦林华主编:《上海监狱志》,上海社会科学院出版社2003年版,第97~104页。

③ 王立民:《中国的租界与法制现代化》,载《中国法学》2008年第3期。

④ 练育强:《上海公共租界法制现代化的动力来源》,载《历史教学问题》2010年第4期。

⑤ 王立民:《中国城市中的租界法与华界法——以近代上海为中心》,载《比较法研究》2011年第3期。

⑥ 王立民:《论上海租界法制的差异》,载《法学》2011年第7期。

⑦ 王立民:《试论中国租界与租借地区域法制的差异——以上海租界与威海卫租借地区域法制的差异为例》,载《现代法学》2017年第1期。

⑧ 练育强:《从城市规划法看上海租界土地章程》,载《华东师范大学学报》(哲学社会科学版)2010年第1期。

⑨ 练育强:《近代上海公共租界的建筑法律制度》,载《探索与争鸣》2010年第3期。

租界的现代法制与现代社会》[1]等。它们侧重于上海租界的立法研究，内容涉及土地章程是上海最早的规划文件，也是上海英租界的“根本法”；上海租界的历次土地章程中都有建筑管理的规定，这种规定内容变化的原因与消防、卫生防疫、交通相关，这些规定的实施过程中仍然存在一定的局限性；上海租界的现代法制引导、规范了上海租界的现代社会，但是这种法制有瑕疵，它又导致了这一社会的病态存在等。第三类的成果有《会审公廨的收回及其历史意义》[2]、《试论会审公廨与近代法制的半殖民地化》[3]、《清末民初上海公共租界会审公廨法权之变迁(1911~1912)》[4]、《会审公廨与中国法制进步——以一名美国律师的记录为视角》[5]、《论上海公共租界审判权力变迁》[6]、《会审公廨司法审判权的“攫取”与“让渡”——会审公廨移交上海总商会调处民商事纠纷的分析》[7]等。它们集中研究了上海租界的会审公廨并以此来折射中国租界的司法情况，其中的主要内容是：中国会审公廨的形成与发展，民国时期会审公廨的交涉暨收回，它被收回的历史意义；在中国近代史上，领事裁判权的攫取和会审公廨的设置，都是西方列强对我国司法主权的侵犯，会审公廨是中国政府出人出钱，惩办中国人，保护外国人的一种审判机关；清末民初之际，上海公共租界会审公廨法权的变化甚大，从中国基本控制下的司法机构变为完全由外人控制，所受侵略更深一层，也使民国后废除领事裁判权难度增大；从一个美国律师的简短记录可以看到，会审公廨开启了中国法律移植的先河，在法律继承的同时并未重视法律创新，法应促进合法利益的保护而非对非法利益的权衡等；上海公共租界审判权力有个变迁过程，这个过程显示中国的司法权在租界内不断丧失，上海特区法院的建立才使这种情况出现转机；从上海公共租界把一些商事纠纷移交给上海总商会处理来看，这种司法权的“让渡”与“攫取”的冲突需要得到合理的

---

① 王立民：《上海租界的现代法制与现代社会》，载《华东师范大学学报》(哲学社会科学版)2009年第5期。

② 徐小松：《会审公廨的收回及其历史意义》，载《民国档案》1990年第4期。

③ 刘春山：《试论会审公廨与近代法制的半殖民地化》，载《驻马店师专学报》(社会科学版)1993年第2期。

④ 胡震：《清末民初上海公共租界会审公廨法权之变迁(1911~1912)》，载《史学月刊》2006年第4期。

⑤ 杨帆、于兆波：《会审公廨与中国法制进步——以一名美国律师的记录为视角》，载《北京理工大学学报》(社会科学版)2009年第6期。

⑥ 姚远：《论上海公共租界审判权力变迁》，载《政治与法律》2010年第3期。

⑦ 王红梅：《会审公廨司法审判权的“攫取”与“让渡”——会审公廨移交上海总商会调处民商事纠纷的分析》，载《甘肃社会科学》2011年第1期。

解释,这种"攫取"是租界寻求司法保护,这一"让渡"则是租界对商会这一优质资源的有效利用,它们在维护上海租界秩序上实现了价值目标的统一。这些论文从不同侧面,集中对中国租界中的审判机关会审公廨作了论述,发表了自己的观点,同样是研究中国租界法制的成果。

(七)境外对中国租界法制的研究

境外的有些著作中有研究中国租界法制的成果,其中有美国、法国、澳大利亚等国家学者的研究成果,也有我国台湾地区等地学者的研究成果。其中,美国有《出卖的上海滩》《上海警察,1927~1937》;法国有《上海妓女——19~20世纪中国的卖淫与性》《上海法租界史》;澳大利亚有《上海青帮》;我国台湾地区有《帝国之鞭与寡头之链——上海会审公廨权力关系变迁研究》等。《出卖的上海滩》记述了上海自开埠至1937年淞沪战争之间百年的上海发展史,绝大部分定位在上海租界,其中有一些有关研究上海租界法制的内容,比如审理的英国轮船海洋号和中国轮船福新号相撞案及其详述。① 《上海警察,1927~1937》虽然研究的是十年中整个上海的警察,但相当部分都是研究上海租界的警察,第五章中的"公共租界巡捕房的警政"部分即是如此。② 《上海法租界史》是一部阐述上海法租界从建立至1900年的发展历史,包括有一些法制研究的内容,上海法租界的会审公廨与上海公共租界会审公廨的差异及其形成原因的研究就是这样。③ 《上海青帮》是一部较为系统地研究上海青帮的著作,许多内容都与上海租界有关,也包括上海法租界的法制,第三章的"黄金荣和法租界巡捕房"部分就重点研究了上海的青帮大亨黄金荣与法租界巡捕房的关系、各种勾当。④ 《帝国之鞭与寡头之链——上海会审公廨权力关系变迁研究》从历史的视角专门研究了上海租界的审判机关会审公廨的权力关系问题,这是有关会审公廨的核心问题,内容包括了它的历史因素、地理人文原因,及组织、运作、侦查审判程序等。⑤ 这些境外学者研究上海租界法制内容,也是研究中国租界法制内容中一个不可或缺的组成部分。

---

① 参见[美]霍塞:《出卖的上海滩》,越裔译,上海书店出版社2000年版,第61~63页。

② 参见[美]魏斐德:《上海警察,1927~1937》,章红等译,上海古籍出版社2004年版,第62~65页。

③ 参见[法]梅朋、傅立德:《上海法租界史》,倪静兰译,上海社会科学院出版社2007年版,第301~302页。

④ 参见[澳大利亚]布赖恩·马丁:《上海青帮》,周育民等译,上海三联书店2002年版,第62~67页。

⑤ 参见杨湘钧:《帝国之鞭与寡头之链——上海会审公廨权力关系变迁研究》,北京大学出版社2006年版,第4~5页。

研究中国租界法制的成果大致可以分为以上七类。它们从不同方位研究了这一法制，其内容不仅反映了中国租界法制的一些侧面，有了研究成果的积累，同时也为以后的这类研究奠定了基础。

二、中国租界法制研究的主要内容

综观研究中国租界法制的内容，主要可以归纳为以下几个方面：

（一）立法主体的研究

中国租界的立法主体行使着立法权，是租界法制的制造者，对于这一法制的产生、发展关系重大，有不少研究成果论述了这一主体。《上海租界志》把上海租界的租地人会、纳税外人会和领事作为租界内的立法主体，并对其历史、成员资格、会议规则、议事内容、投票制度等都做了研究。它认为，在1845年的土地章程里已有了关于租界事务由租地人议决的规定，这是租地人会议和以后的纳税外人会制度的滥觞。1846年正式召开了第一次租地人会议，此制度开始实施。1869年上海英美租界把租地人会发展为纳税外人会，并对其成员资格、会议规则、议事内容、投票制度等都作了规定，这一立法主体趋于成熟。以后的上海公共租界纳税外人会沿用了这些制度。1856年上海法租界也召开了第一次租地人会议，以后也逐渐形成了自己的制度。可是，1866年法国政府取消了租地人会的权力，规定领事对租界内包括立法权在内的一切事务具有决定权，此后上海法租界的最终立法权转移至法国驻上海总领事。① 上海英美租界纳税外人会的成员资格主要是，居住在界内的外侨，置有价值至少为500两的地产，每年缴纳房地捐满10两或以上者，或其租赁的房屋每年缴租金在500两或以上者。会议的规则中规定，此会分为年会和特别会两种，年会每年举行一次；同时规定了会议的各项议程、会议情况的公布等。议事内容包括：审议法案；批准工部局预算；通过决算；商议捐税、发给执照等；选举地产委员会；选举董事；其他立法事项。投票制度中分为复票制和投票制等。②

《天津通志·附志·租界》也对天津租界的立法主体做了研究，以英租界为例。它认为，天津英租界的董事会成立于1862年，是界内的统治主体和决策机关，拥有立法权。其成员由界内的纳税人推选，任期一年，任满全体改选。董事会成员的资格必须具备以下这些条件，年满21周岁，每年交税房地产捐200两或以上者；在选举人登记前的6个月内已有房产估定价值满600两者亦可以。

① 参见史梅定主编：《上海租界志》，上海社会科学院出版社2001年版，第150页。

② 同上书，第162~166页。

董事由5人组成。董事会下设有8个常设委员会，即电气、医院、自来水、工程、机要会计、学校、警备、义勇队等委员会。董事会的职责包括：讨论、通过界内的规定；任免官吏；买卖公产；经营公有设备及公用事业、筹措财政、捐税等。①

《汉口租界志》同样对汉口租界的立法主体做了研究，也以英租界为例。汉口英租界的纳税人常年大会是英租界的最高权力机关，它的职责是：听取工部局报告；通过行政规划；通过预算；制定各种法案、规章；选举市政委员（董事会董事）；任免英籍职员；发行公债等。参会成员必须符合一定的条件：界内的人士具有2500两的财产并按财产税纳税者，或在投票前年纳房屋地基税共满25两者，可投1票；满150两者，可投2票；150两以上者，每达75两可投1票，但最多每人不得超过12票等。华人则没有这一投票权。如遇特别事务，可以召开特别会议，但需有2/3到会，其议案方为有效。②

《中国租界史》对中国租界的立法主体研究以后明确认为，综合起来说，立法权的分配有五个层次。也就是说，立法主体可分五个层次。其中，有关租界开辟的法令多由当地的道员与外国领事来会订；租界的基本法多由租界开辟国政府来订；租界的行政法规多由纳税人会议来议决；租界开辟国的公使有相关法令的审批权；有的租界工部局的董事会拥有行政法规的立法权。③ 各层次都有分工，各司其职。

（二）立法内容的研究

中国各租界中的土地章程被称为是租界内的“小宪法”和“根本大法”，④对租界的建立确立、发展意义重大，被引起广泛注意，也有不少研究成果。《上海公共租界史稿》从中英南京条约及其附件为出发点，运用大量史料，对上海公共租界的土地章程颁布、实施等情况都做了论述。1845年道台宫慕久与英国领事商定的土地章程“是为《第一次土地章程》”。它对上海英租界的地域作了规定，第二年该地域正式划定，上海英租界诞生了。根据1844年中美望厦条约的规定，1848年以后美国人先在虹口一带地价较低廉的地区广置土地，打下了美租界的基础，上海小刀会起义以后，上海英美法三租界于1854年通过租地人会议，制定了《上海英法美租界租地章程》，扩充了新的内容，包括扩大了租界的地域，设立巡捕等。1863年上海英租界与美租界合并为上海英美租界，1899年又

① 罗澍伟主编：《天津通志·附志·租界》，天津社会科学院出版社1996年版，第81~82页。

② 袁继成主编：《汉口租界志》，武汉出版社2003年版，第215~216页。

③ 费成康：《中国租界史》，上海社会科学院出版社1992年版，第125页。

④ 同上书，第118页。

改名为上海公共租界。1869年《上海洋泾浜北首租界章程》出台，赋予工部局更大的权力，使租界的权力有了进一步扩张。1893年上海地方官员又与美国领事签订了《上海新定虹口租界章程》，对竖立界石、租界筑路、收捐等事务又做出了新的规定。每次新订土地章程，这一租界的面积便有一次增大。1846年时上海英租界才830华亩，至1899年后上海公共租界增至32,110亩。① 与此同时，上海公共租界拥有权力也逐渐加大，最后变成了"国中之国"。②

《上海租界志》对上海法租界的土地章程做了研究，内容涉及制定背景、具体内容、影响等。根据1844年中法黄埔条约的精神，1849年上海法租界的土地章程出现了，其地域在上海洋泾浜的南面，北面即是上海英租界。上海法租界同时也取得了类似于上海英租界的权力。以后，上海法租界又执行了1854年的土地章程。以这些土地章程为依据，上海法租界的地域也不断扩大，开始时仅有185亩，到了1914年竟达15,150亩。与此同时，上海法租界与上海公共租界一样，权力也不断扩张，具有了界内的"独立管理权"。③ 这样，上海法租界也变成了一个"国中之国"。

《天津通志·附志·租界》和《汉口租界志》也对天津、汉口的土地章程做了些研究。《天津通志·附志·租界》介绍了天津英租界的《英墙外推广界合同》、法租界的《天津紫竹林法国租地条款》、德租界的《天津租界条约》、日租界的《天津日本租界条款》、俄租界的《天津租界条款》、意大利租界的《天津意国租界合同》、比利时的《天津比国租界合同》、奥地利租界的《天津奥国租界章程合同》等一系列土地章程。根据这些章程的规定，英、美、法三国率先于1860年以后，在天津城南的紫竹林一带取得了租界；1894年以后，德、日两国也在天津得到了租界；1900年以后，俄、意、奥、比利时四国也在天津占有了租界；其间，英、法、德、日四国租界还进行了扩张。最终，天津租界的总面积达23,350.5亩，相当于当时天津旧城区的7.9倍。④ 它们也都在租界内进行独立管理。

《汉口租界志》同样研究了汉口的土地章程并逐一阐述。其中，有1861年英租界的《汉口租界条款》，1895年德租界的《汉口租界合同》，1896年俄租界的《汉口俄租界地条约》，1896年日租界的《通商口岸日本租界专条》等。以后，德、英、日等租界又有扩张。这样，汉口租界区便占据了上至江汉关，下至麻阳

---

① 蒯世勋等编著:《上海公共租界史稿》，上海人民出版社1980年版，第20~75页。

② 费成康:《中国租界史》，上海社会科学院出版社1992年版，第203页。

③ 史梅定主编:《上海租界志》，上海社会科学院出版社2001年版，第92~97页。

④ 参见罗澍伟主编:《天津通志·附志·租界》，天津社会科学院出版社1996年版，第39~61页。

街,在沿江长达3600米,总面积约2.2平方公里的地域。其面积仅次于上海和天津租界,位居全国第三。[①] 汉口租界也是"国中之国"。

除对土地章程的研究外,中国租界法制中其他的内容也有了一定的研究。这里以对上海租界法制的研究为例。《上海法制史》对上海租界法制的内容作了较为集中的论述,内容包括组织、政治、经济、治安和交通、医疗卫生、文艺出版和教育、其他方面的法规。在每个方面的法规中,都选取比较重要者,逐一进行叙述,然后作些必要的评价。比如,在组织法规中,选后选用了上海公共租界的《纳税外人会章程》、上海法租界的《公董局组织章程》和《义勇队组织条例》。以上海法租界的《公董局组织章程》为例。它首次于1866年7月14日在《字林西报》上公布。共有18条,分别对公董局董事会的组成、选举人和被选举人的资格、选举方式、董事会的职责等均作了规定。关于董事会的组成,此章程规定,应由法国总领事和通过选举确定4个法籍董事和4个外籍董事组成;任期为2年,每年改选半数;总董由总领事兼任;另设副总董和司库各1人,由董事选举产生。关于董事会选举人和被选举人的资格,此章程规定,凡年满21周岁并拥有法租界内地产、具有正式契据者;或者租有法租界内的房屋,并且年缴租金在1000法郎以上者;或者居住在法租界已满3个月以上,每年进款达4000法郎以上者,可以成为选举人。凡年满25周岁,并且在法租界拥有地产而且年纳税金在240法郎以上,或在法租界内年交纳租金4000法郎以上,或居住在法租界内且年进款实达1万法郎以上者,可以具有被选举权。另外,还对选举方式、董事会的职责等也都有明确规定。接着,对这一组织章程做了评价,认为从这一规定可以看到,上海法租界的公董局与上海公共租界的工部局一样,掌握着租界内财政、税收、市政建设等大权,实际上是外国列强在华租界中的政府。[②]其他方面也大致如此。

还有一些著作也对中国租界立法中除土地章程以外的某些内容做了研究。《城市·规划·法制:以近代上海为个案的研究》较为深入地研究了上海公共租界的土地管理、道路管理、建筑管理等立法的内容。每个立法均用一章的篇幅加以研究,有了相当的深度。比如,关于上海公共租界建筑管理制度中,涉及的内容就包括了上海公共租界管理法规的变迁、变迁原因、法规的内容、存在的问

---

① 参见袁继成主编:《汉口租界志》,武汉出版社2003年版,第1~33页。

② 参见王立民:《上海法制史》,上海人民出版社1998年版,第197~198页。

题等。[①]《上海公共租界城市管理研究》中在公共卫生管理部分中，专门研究了1899年颁布的《狂犬病及家犬上口套管理条例》。此条例规定，家犬外出必须上口套，既防止家犬染上狂犬病毒，又避免咬人。但颁行以后，引起相当多的摩擦，一些洋人狗主不愿遵行，最后，不得不采取强制措施，向那些抵制这一条例者发出传票，逼迫他们出庭审判。[②]《上海租界百年》记载了1866年的《野生动物保护协会规则》的内容，并对其进行了研究，认为这一规则一是制度设计洗练缜密，环顾左右，兼及上下，简直滴水不漏；二是制度安排与悲悯情怀毫无隔阂，让世间万物均置于可持续状态的理念天然混成等。[③]

（三）警政机构的研究

中国租界里的警政机构称为“巡捕房”，警政人员称为“巡捕”。《上海研究资料》以上海的巡捕房为例，对其进行研究，认为巡捕房和巡捕的称呼源于中国本土。早在元朝时，就把县尉和巡检司的职责定为“巡捕”和“巡捕盗贼奸宄”，明清时继续使用。上海租界于1854年开始建立自己的警政机关时，为了便于华人接受，就采用了巡捕房和巡捕的称谓。[④]

《列强在中国的租界》对汉口英租界和法租界的巡捕房做了研究。汉口英租界的巡捕房设在工部局内，每人拘捕“人犯”30名左右，其中90%是劳动人民。那时制定的《工部局市政章程警察附则》是“镇压劳动人民的武器”。其中的规定有：任何人不得在租界内携带或私藏武器；马车、人力车在租界内行驶时，不得拉响铃；结婚、出丧仪仗路经租界时，不得使用乐器；不可燃放鞭炮、敲锣打鼓，或使用其他响器；行人不得高声谈话，或大声喊叫；人力车夫不分左右两边鱼贯而行；肩挑鱼贩走人行道；家庭卫生不合标准，情节严重等等；违反以上规定都要拘罚。这些规定“不但其中的一部分越出了违警范围，且一些规定语言含混，用心险恶，极尽苛犹侮辱之能事”。巡捕房对烟、赌、娼是“明禁暗不禁”。[⑤] 汉口法租界的巡捕房保护烟、娼。运送烟土的“船到武汉都是深夜卸货，并派法国陆军和巡捕在江边布防，警戒森严，禁止行人”。烟土到旅馆零售，公开吸食，租界“成了毒化区了”。巡捕房要收缴花捐，长清里、辅营里、永贵里、

---

① 参见练育强：《城市·规划·法制：以近代上海为个案的研究》，法律出版社2011年版，第170~202页。

② 参见马长林等：《上海公共租界城市管理研究》，中西书局2011年版，第93页。

③ 参见姜飞龙：《上海租界百年》，文汇出版社2008年版，第173页。

④ 参见上海通社编：《上海研究资料》，上海书店1984年版，第92~93页。

⑤ 上海市政协文史资料委员会编：《列强在中国的租界》，中国文史出版社1992年版，第213~215页。

如寿里等都是聚集娼妓的地方。巡捕房在租界里的权力最大,对中国人民可以随意侮辱、迫害,以致人们一提到巡捕,无不谈虎色变。①

上海租界也设有巡捕房,最早的是上海英租界的巡捕房。《上海租界法制研究》对上海英租界前期的巡捕房作了专门的研究,内容包含有其产生的背景、外部关系、管理制度三大部分,每一部分再细化研究。比如,在上海英租界巡捕房的管理制度中,又具体研究了它的立警原则、警御与内部分工制度、招聘渠道、物质待遇、编制和纪律控制等。对于立警原则,作者认为主要有六个,分别是:为公众服务;预防为主;制怒、宁静和有礼;保持巡捕的良好个人形象;每个巡捕应当挂牌服务;最低限度暴力等。其他部分也都有较为详细的论述。②《上海研究资料》对上海租界的巡捕房也有研究。它指出,上海英租界的巡捕房始建于1854年。中央巡捕房设在福州路和河南路江西路之间,坐南朝北的一座新大厦里。它下设有虹口、老闸、戈登路、新闸、静安寺、嘉兴路、狄思威路、普陀路、成都路、榆林路等13个分巡捕房。其使用的经费"占所有捐钱三分之一"。下属机构有管理处、缉捕股和特务股、各警区总办事处、各区捕房、武装后备队、车务办事处、材料储藏及转运处、马巡等。1935年时,它具有西籍巡捕513人,印籍巡捕599人,日籍巡捕256人,华籍巡捕3645人。上海法租界巡捕房建立于1856年,划归公董局管理。驻沪的法国退伍军人龙德为第一任总巡,下有巡头4人,巡捕20名,以后的数量又有增加。它的机构是在警务总监下设警务处长、文书课长、法警课长、政事治安处长;在警务处长下另设人事科长、警备副处长;政治治安处长下又另设政事科长、治安科长、起诉传译科长。共有1794人。③

《老话上海法租界》对法租界的大亨黄金荣任界内巡捕房华探督察长的表现做了研究,认为在那个弱肉强食的年代里,倚仗着法租界主子起家的黄金荣,利用种种权力,贩运鸦片,开设赌场,什么都干,很快便聚敛了一大笔财富,从一个穷光蛋一跃成为有钱有势的"海上大闻人"。他担任上海法租界巡捕房的华探督察长多达二十余年,直到他60岁才辞去职务,然而巡捕房还聘他为顾问。上海解放以后,他登报检讨了自己过去的罪恶,获得了人民的宽大处理。1953年在上海逝世。④

---

① 上海市政协文史资料委员会编:《列强在中国的租界》,中国文史出版社1992年版,第222~223页。

② 参见王立民、练育强主编:《上海租界法制研究》,法律出版社2011年版,第261~264页。

③ 参见上海通社编:《上海研究资料》,上海书店1984年版,第92~97页。

④ 参见杨尧深主编:《老话上海法租界》,上海人民出版社1994年版,第141页。

《上海公安志》把上海租界的巡捕房作为上海解放以前曾存在过的警政机构进行了研究，内容安排在第一编的第三章，其中包括了英租界（以后的公共租界）和法租界的警察机构。这一研究比较系统，内容的逻辑性也比较强。其内容的先后排列为：警务委员会和警务处、巡捕房、警务人员、警务人员的装备待遇和经费支出、监狱等。对这些内容都进行了研究。比如关于警务人员。它把英租界聘用“西捕”“华捕”“印捕”“日捕”的时间都做了研究。清同治四年（1865年）以前都是英国人，被称为“西捕”；同治四年开始聘用中国人，被称为“华捕”；清光绪十年（1884年）开始聘用印度人，被称为“印捕”；1914年又开始聘用日本人，被称为“日捕”。这些巡捕的人员不断增加。清同治二年（1863年）时，“西捕”仅有133人，到了1938年增加到了452人。清同治四年，“华捕”仅有34人，到了1942年增加到了3762人。“印捕”和“日捕”也有增加。有关他们的待遇，在“日捕”、“印捕”和“华捕”中，“日捕”的薪金最高，“华捕”最低。根据1935年的规定，月薪以银币计算，“日捕”为145~149元，“印捕”为24.50~37.50元，“华捕”仅为10~35元。其中引用的数据都比较翔实。①

（四）司法制度的研究

中国租界建立了自己的司法制度，内容主要涉及领事法庭、领事公堂、会审公廨、临时法院和特区法院等。《中国租界史》对领事法庭和领事公堂做了研究。它认为，通过不平等条约在中国取得领事裁判权的19个国家在华的侨民，无论在租界内外民、刑事案件的被告，都不受中国法律与法庭的管辖，只接受本国在华领事法庭的审判。这些法庭一般附设在领事馆内，多以领事官为庭长或审判官。在市政、经济较为发达的城市，领事法庭一般设在本国的租界内，或设在别国的租界内。天津的英、法租界、汉口的英、俄、法租界、广州的英租界等租界内，都设立过别国的领事法庭。上海和鼓浪屿两个公共租界内则设有来自十几个国家的领事法庭，可以说是“法庭林立”。但是，天津的比利时租界和厦门英租界是例外，由于没有领事馆，也没有领事法庭。②

《中国租界史》认为，外人在中国开辟了租界后，也把行政诉讼制度输入到租界地区，设立了领事公堂，受理此类案件。不服工部局行政处分的个人或法人即可向租界开辟国的领事法庭控诉工部局总董等人。由于公共租界工部局的董事会由不同国家的侨民组成，不受任何一个国家领事法庭的管辖，所以不得不由当地各国领事组成的混合法庭——领事公堂来行使审判权。值得指出

① 参见易庆瑶主编：《上海公安志》，上海社会科学院出版社1997年版，第68~76页。
② 参见费成康：《中国租界史》，上海社会科学院出版社1991年版，第126页。

的是，因为各国的法律均不相同，它也不适用中国法律，无任何国家的法律可以在领事公堂适用。实际操作也是如此。1911 年上海公共租界工部局借口租界自来水厂享有专利，阻止闸北水电公司在北四川路底下铺设水管，诉讼后，领事公堂以“专利”有违条约精神，而不是根据某国法律做出了判决，判定闸北自来水电公司胜诉。“尽管引入行政诉讼对近代中国不乏积极的意义，但领事公堂本身却是租界制度所生的畸形儿。”①

有更多的研究成果集中于会审公廨的研究。《帝国之鞭与寡头之链——上海会审公廨权力关系变迁研究》从两个方面来研究上海租界的会审公廨权力关系变迁问题。一是会审公廨的生成历史因素、地理人文原因，及组织、运作、侦审程序等，较偏向于历史的考察。其中涉及的内容包括：自会审公廨向外延伸，会审公廨所根生的上海租界及其法制的成因；租界政体与帝国政体分别与会审公廨的权力关系；会审公廨内部，从侦查、移送、起诉、裁判到执行的运作情况等。二是剖析通过会审公廨所呈现的权力与权力的关系，以及寻绎各种权力关系相互竞逐的轨迹与特色，偏向于基础法学的探索。其中，涉及的内容有：上海租界是否在传统帝国上对下掌控的权力关系模式外，又因主事者法律文化与思维的不同，以及新兴都市发展等原因，而产生了新的权力关系；如果有，是否通过会审公廨展现出来了；在这种权力关系中，有否存在非法规范所赋予的“权力”等。它还认为，在观察历史上成文的、理想的或欲速构“法律”以外，更不能偏废“法律”与庶民社会的种种真实互动，也就是隐身在“法律”之后的各种“权力”面相。②

《上海审判志》对上海租界的会审公廨做了较为系统的研究，内容涉及它建立的时间、称谓、下属机构、人员构成、谳员的任职情况表等。它所阐述的内容比较系统，发展的脉络比较清晰，有的地方还比较详尽。比如，公共租界和法租界会审公廨谳员任职情况表所列的内容比较详尽。另外，有些内容也表述得比较清楚，比如，法租界会审公廨的机构，有中国刑事初审庭、中国刑事上诉庭、中国民事初审庭、中国民事上诉庭、刑事初审会审公廨、刑事上诉会审公廨、民事初审会审公廨和民事上诉会审公廨等。③ 其中的内容也是研究中国租界法制的参考内容之一。

---

① 参见费成康：《中国租界史》，上海社会科学院出版社 1991 年版，第 130~131 页。

② 参见杨湘钧：《帝国之鞭与寡头之链——上海会审公廨权力关系变迁研究》，北京大学出版社 2006 年版，第 4~5 页。

③ 参见滕一龙主编：《上海审判志》，上海社会科学院出版社 2003 年版，第 61 页。

上海租界的后期曾出现过临时法院和特区法院。《上海公共租界特区法院研究》以上海公共租界为例,对它们都做过一些较为深入的研究。1926年签订了《收回上海公共租界会审公廨暂行章程》,1927年正式设立了上海公共租界临时法院。设立这一法院有其深层原因,即会审公廨司法权矛盾冲突激化、民族司法权独立意识觉醒等。① 接续上海公共租界临时法院的是上海第一特区地方法院,成立于1930年,它的全称是"江苏省上海公共租界特区地方法院",建立这一法院的法律依据是1930年签订的《关于上海公共租界内中国法院之协定》。从此以后,这一特区法院便正式成为南京国民政府司法体系中的一个成员,是其中的一级司法机构。它设院长1人,下设民事庭、刑事庭和书记室3个机构。这一法院的上诉法院是江苏省高等法院第二分院,也设在上海。②

中国租界司法制度还与律师相关。《中国近代律师制度与律师》在第六章中专门研究近代中国的外籍律师,这些律师主要在租界执业。它认为,他们是随着西方殖民主义者强行攫取领事裁判权和在中国租界设立了审判机构以后才出现的。从19世纪60年代起,上海、汉口、厦门等地不仅产生了租界,而且还设立了会审公廨。这为外籍律师的活动提供了充分的活动场地;不平等条约和治外法权又为这些外籍律师提供了恣意妄为的法律保护。于是,一些外籍律师适时来到中国开业。最初,他们只为外国人提供服务,承办的也只是外国人之间的案件。具有讽刺意味的是,最初来到中国的一些所谓律师,实际上许多人并不是职业律师,甚至连自己国内的法律也根本不通;他们中有的是官员、警察、商人,是为发财而来到中国。③《近代社会变迁中的上海律师》则在第二章中专门对上海租界中的外籍律师做了研究,内容有关于外籍律师的规模、法律事务、律师制度对华人社会的影响、在收回法权前后的变化等。就这类律师的规模而言,有一个增长的过程。1872年的行名簿中,外籍律师只有7人,其中有1名当时还不在上海。19世纪90年代的时候"不会与12名相差太远"。到了20世纪最初的十多年时间里,这一数字开始有了明显的增长。1900年时是15人,1912年增加到了46名。它对外籍律师的国别进行了研究,以1909年为例。那年共有外籍律师43名,其中英国籍的最多,占24人;其次是美国籍的,有7人;再次是法国籍的,有3人;日本、德国籍的各2人;俄国、意大利籍的各1人;

① 参见姚远:《上海公共租界特区法院研究》,法律出版社2011年版,第46~48页。

② 同上书,第82~87页。

③ 参见王申:《中国近代律师制度与律师》,上海社会科学院出版社1994年版,第123~126页。

还有 3 人不详。[①]

《上海法制史》对上海租界的监狱做了研究。它认为，早期上海公共租界的各种条件都比较差，地点设在南京路的老会审公廨里，肮脏、污秽、疾病丛生。囚犯都要被强制做工。1900 年始建提篮桥监狱，1903 年定名为"华德路监狱"，以后规模又有扩大。1925 年时在监人数为 4422 人，到了 1934 年增至为 6166 人。1943 年日伪政府接收此监狱以后，改称为"上海市监狱"。1909 年以后，由于上海法租界巡捕房大肆抓人，所以在建卢家湾总巡捕房的同时，也建造了法租界监狱，并在 1911 年落成。它由巡捕房管辖，人员设置、薪金则由公董局决定。1931 年时改名为"江苏上海第二特区监狱"。此监狱的关押人数定员为 1000 人，1934 年实际关押人数为 1068 人。其中，男囚犯 919 人，女囚犯 81 人，童囚犯 68 人。[②]《上海监狱志》也对上海租界监狱做了研究，在第一章专列一节论述租界监狱，包括公共租界的监狱与法租界的监狱。它认为上海公共租界最早的监狱是厦门路监狱，位于厦门路 4 号，原为英国在华高等法院监狱。华德路监狱曾关押许多志士仁人，除"《苏报》案"的章太炎、邹容外，还有李维汉、任弼时、曹荻秋、张爱萍、林青等人。上海法租界先在法国驻沪领事馆内设立领事法庭附设监狱，以后才在 1911 年落成了新监狱，被称为"薛华立路西牢"等。监狱中除囚房外，还有囚犯的作业工场、教诲营等设施。[③] 还有，《列强在中国的租界》中也有一些研究中国租界监狱的成果。[④]

（五）有关法制事件、案件的研究

中国租界中发生的一些法制事件、案件也得到一定程度的研究。《上海通史》研究了发生在上海公共租界的《苏报》案。《苏报》原是一份普通小报，创刊于 1896 年 6 月 26 日，先由胡璋经营，其妻驹悦是日本人，以其妻名义在日本总领事馆注册。1898 年《苏报》出售给陈范，他又聘请爱国学社的章士钊担任主笔。此后，《苏报》的革命色彩便十分强烈。他应聘那天就发表了《论中国当道者皆革命党》和邹容的《革命军自序》。在晚清的革命风潮中，邹容的《革命军》和章太炎的《驳康有为论革命书》的反响更大，被认为是"似雨声惊雷，半空轰烈，振聋发聩，地动山摇"。它们都揭露清朝专制统治的腐败，都主张进行革命，因此均闪耀着民主主义的光辉和对革命的信心。《苏报》对此均进行宣传，扩大

① 参见陈同：《近代社会变迁中的上海律师》，上海辞书出版社 2008 年版，第 43 页。

② 参见王立民：《上海法制史》（第 2 版），上海人民出版社 2019 年版，第 215~217 页。

③ 参见麦林华主编：《上海监狱志》，上海社会科学院出版社 2003 年版，第 97~104 页。

④ 参见上海市政协文史资料委员会编：《列强在中国的租界》，中国文史出版社 1992 年版，第 79~84 页。

影响。清政府采取了镇压措施。1903 年 6 月上海道与公共租界当局反复交涉,终于达成拘捕他们的协议,章太炎和邹容在上海公共租界被捕。1904 年 5 月最终判决章太炎监禁 3 年,邹容监禁 2 年,期满以后逐出租界。结果,1905 年 4 月邹容病逝狱中;章太炎于 1906 年 6 月刑满出狱,东渡日本。对此案的意义,被认为对于清朝统治是爆炸性的一击,对于晚清的革命意义重大。从此,革命浪潮越涌越急,此起彼伏。①

《租界里的上海》从地产权问题的角度,研究了“四明公所”事件。它试图从维克多·爱棠与四明公所董事之间签订的租地文契的性质及由此而决定的签约双方对于该契约相关的权利、义务问题进行研究,力求从土地制度及中法法律意识的差异等角度来研究这一事件发生的根源。四明公所的地产使用权在此事件发生时就已是中法双方当事人争论的焦点。宁波同乡会极为正常地以有清政府发给的田单为凭证而证明四明公所属于其祖传的地产,可是法租界公董局则以维克多·爱棠所持的永租契为凭证,强调此地产归法商所有。因此,维克多·爱棠手中永租契的合法性便成为争议的焦点。经过研究以后发现,维克多·爱棠与四明公所签订的只是一份挂号永租契,而且四明公所作为签约的一方来享受到与自己权利和义务相关的知情权。最后,还强调两点:一是对于四明公所某些董事轻率签约的行为,一定的责任仍在于上海法租界当局;二是此事件是那个时代的产物,上海法租界在不断扩大界域,任意侵犯华人权益的事件本来就屡见不鲜,把四明公所划入法租界是迟早的事。②

《旧上海黑社会》对在上海租界发生的绑架案做了些研究,反映了案件的过程的魏廷荣绑架案是其中之一。1929 年 7 月 24 日上午住在上海法租界的魏廷荣突遭持枪绑架,在被蒙汗药迷昏后,被船运到南汇六灶的樊庭玉家中。魏廷荣是上海法租界的著名人物,精通法语,早年在法国留过学,回到上海法租界以后,从事实业,拥有大量地产,他的岳父朱葆三还是上海总商会的会长。他担任上海法租界公董局的华董兼法租界华人商团司令,还是中法银公司经理,被认为是“法租界数一数二的豪门”。樊庭玉家在上海远郊,比较偏僻。樊庭玉这位农村人士秉性善良,甚至把是朱葆三女婿绑架了魏廷荣的事也告诉了魏廷荣。这位“女婿”便是魏廷荣的连襟,叫赵慰先,也在法国留过学,回上海后投拜在杜月笙门下,但是,他不务正业,吃喝嫖赌样样都干。上海法租界巡捕房接到报案,开展了侦查,但没有解救成功,只是抓住了三名绑架嫌疑人。最后,还是樊

① 参见熊月之主编:《上海通史》(第 3 卷),上海人民出版社 1999 年版,第 301~320 页。

② 参见马长林主编:《租界里的上海》,上海社会科学院出版社 2003 年版,第 207~214 页。

庭玉动了恻隐之心,救出魏廷荣。但是,此案的首犯赵慰先却在杜月笙等人的庇护下,逍遥法外。①

这些研究成果都为以后进一步研究中国租界法制打下了基础,也为进一步从事这一研究提供了借鉴,发挥了不可替代的作用。

三、中国租界法制研究的方向

四十年来,虽然中国租界法制已得到了一定程度的研究,也有一些成果面世,但是这一研究的时间不算长,成果不算多,远不如中国近代其他时期法制的研究,可以进一步研究的空间很大。分析中国大陆当前研究的队伍、资料、方法、成果、交流和境外研究等存在的问题,前瞻今后的研究,有以下方面特别值得重视。

(一)要重视中国租界法制的研究队伍的进一步改善

当前,研究中国租界法制的队伍存在不足。这种不足主要表现在以下三个方面:

第一,专门从事中国租界法制研究的人员很少。这里所指的专门从事中国租界法制的人员,是指专门研究过中国租界法制并且公开发表过具有一定数量、学术价值的成果,或者曾把自己的博士学位论文的题目、内容均定位在中国租界法制的人员。凡是仅研究过某个城市中租界的法制或法制中某个方面的人员也都属于这类人员。当然,不排斥这些人员也有其他研究领域的成果。就是如此,中国目前这类人员仍然很少。可喜的是,在华东政法大学聚集了一些这样的研究人员。华东政法大学的法律史学科培养了一些专门研究上海租界法制的人员,其中有洪佳期、张彬、姚远等。他们都把自己的博士学位论文定位在上海租界法制中的某个方面,而且有的成果已公开出版。姚远的博士学位论文定位于上海公共租界的特区法院,《上海公共租界特区法院研究》已公开出版。洪佳期和张彬的博士学位论文定位于上海公共租界的会审公廨和上海英租界早期的巡捕制度,其中有的内容已在《上海租界法制研究》公开出版。此著作中的"'洋泾浜'北首理事衙门的建立及其运作"和"上海公共租界会审公廨的机构性质考察"两章均是洪佳期博士学位论文中的部分内容;"上海英租界巡捕房产生的背景"、"上海英租界巡捕房的外部关系(1854~1863)"和"上海英租界巡捕房的管理制度(1854~1863)"三章则是张彬博士学位论文中的部分内容。另外,王立民、练育强也出版、发表过一些有关中国租界法制的成果。王立

① 参见郭绪印编著:《旧上海黑社会》,上海人民出版社1997年版,第237~239页。

民出版过《上海租界法制史话》，还发表过《中国的租界与法制现代化》《中国城市中的租界法与华界法——以近代上海为中心》《论上海租界法制的差异》等论文。练育强也发表过《上海公共租界法制现代化的动力来源》《从城市规划法看上海租界土地章程》《近代上海公共租界的建筑法律制度》等论文。他们两人还共同主编了《上海租界法制研究》，其中也都有他们的成果。尽管如此，从整体上这类研究人员人数还是很少。

第二，没有专门从总体上研究租界法制的人员。与从总体上研究中国租界不同，因为中国已有从总体上研究租界的人员，费成康即是，《中国租界史》是他的研究成果。然而，中国还没有从总体上研究中国租界法制的人员。现有以中国租界法制命名的论文成果，也不是完全从整体上研究中国租界法制的成果，只是从一些侧面来论述中国租界法制。《中国的租界与法制现代化》是以上海、天津和汉口租界的法制为例，《中国城市中的租界法与华界法——以近代上海为中心》则是以上海租界法制为中心。

第三，附带研究中国租界法制人员的知识结构参差不齐。中国现有一些人员在研究自己领域的同时，附带研究了一些中国租界法制。中国租界法制的成果只是他们研究成果中的一部分，甚至是一小部分。他们分别来自法学、法律、史学、档案学等。比如，王申来自法学界，他的《中国近代律师与律师》中有部分内容研究了中国租界的律师；陈同来自史学界，他的《近代社会变迁中的上海律师》中也有部分内容研究了中国租界的律师与律师制度；滕一龙来自法律界，他主编的《上海审判志》中有上海租界法制的内容；马长林、姜龙飞则来自档案学界，他们的《上海的租界》《上海租界百年》里均有上海租界法制的研究内容。他们的知识结构参差不齐，有明显差异。有的侧重于法学知识，有的偏重于法律实务，有的注重史学研究，有的则更重视档案资料的探究等。目前，这支研究中国租界法制的队伍还未到达理想状态，还有改善的空间。

随着中国租界法制研究的不断深入，研究这一法制的队伍需进一步改善。第一，研究队伍需要扩大。中国租界法制研究的空间还很大，研究的空白点还很多，需要有一批人员进行深入研究，方能见大效。第二，研究人员可以有一定的分工。研究中国租界法制的人员是可以有一定的分工。比如，一部分人员专门研究地方租界法制，一部分人员则专门研究整个中国租界法制等。甚至在研究地方租界法制的人员中，还可以根据自己的情况，分为研究某个城市不同租界的法制。第三，研究人员的知识结构也需要改善。他们最好能掌握法学和中国租界史的基本知识，因为研究这一法制不可缺少这些基本知识。中国租界法制是中国租界史与法学的交叉,对其研究即会涉及中国租界史,也会傍及法学。这就要求研究人员能具备复合性知识结构,即至少具备中国租界史与法学的复合性知识结构,缺少其中任何一种知识,都会不利于这种研究。缺少了中国租界史知识,就会对其中的基本知识缺少了解,造成史实上的错误;缺少了法学知识,就会对其中的法律形式、内容等一系列法律基本问题把握不准,形成法制内容的混乱。这两者都必须避免,以使中国租界法制的研究更具科学性。总之,要重视研究中国租界法制研究队伍进一步改善,使其能适应这一研究的发展。

(二)要重视中国租界法制研究资料的进一步挖掘

中国租界法制已成为历史。研究这一法制,如同研究中国历史上其他时期的法制一样,资料十分重要,它是研究的基础条件。缺少了这个条件,研究就成了无源之水、无本之木。当前,相关资料的不足已成为进一步深入研究中国租界法制的"瓶颈"。这种"瓶颈"不仅存在于不同城市的租界法制资料中,也存在于同一城市不同租界的法制资料中。目前,上海、天津、汉口等城市租界的法制资料相对多一些,以致在编成的租界志中,有大量有关法制的内容得到了体现;而苏州、九江、镇江等城市租界的法制资料则少一些,很少有相关的研究、资料、成果公开面世。同在上海的租界中,上海公共租界法制的资料最多,法租界法制资料要少一些,美租界法制的资料则最少,以致当前有关上海租界法制的研究成果大量集中在上海公共租界的法制方面。因此,有必要进一步重视中国租界法制研究资料的挖掘,突破这一"瓶颈",推进这一法制的研究。

当前,可以在以下一些方面下点功夫。首先,进一步挖掘我国大陆的现存资料。中国租界法制存在于过去中国有租界的城市中。它的产生、发展都与这个城市息息相关,有一些法制的资料会在城市中存留。其中,可能会存在于档案、实物、报刊、书籍等之中。上海租界法制的资料在它们中都存在。在上海档案馆保存的档案就有大量上海租界制定的法规,会审公廨临时法院、特区法院等司法机关的档案;上海租界时期上海律师公会用品、律师使用的物品等实物,现也有部分保留下来;①上海出版的《申报》、《北华捷报》和《法律评论》等报刊中,也有关于租界法制的内容;《上海公共租界史稿》《上海法租界史》等书籍中,同样也有一些有关法制的内容。中国其他租界法制的资料也可以试着从这些方面进行发掘。当然,每个城市的情况可能不太一样,法制资料的存在也会有差异,因此需要根据本城市的具体情况做出选择。另外,除租界法制

① 上海卢湾区司法局致力于上海市律师公会展览馆的建设,收集了不少有关上海律师公会的实物与资料,成功建设这一展览馆并于2010年正式对外开放。

存在的城市外，还可以去中国第一、第二档案中寻找相关资料。中国多数租界产生于19世纪下半叶，那时还在清政府执政期内，其档案在第一档案馆比较集中。中国租界的收回大多在20世纪上半叶，属于中华民国时期，其档案在第二档案馆比较多。从中或许可以发现一些新资料，弥补其他方面资料的不足。

其次，进一步挖掘境外存有的资料。中国租界是个开放性地区，其法制的资料也具有开放性，因此完全有可能散落在境外地区。中国台湾地区就有关于上海租界的资料。已有学者在中国台湾地区研究院近代史研究所的档案馆中，发现了有关上海租界的资料，其中包括推广上海公共租界、上海租界等的卷宗。这些卷宗里就有法制的内容，比如有关上海苏报案、上海跑马厅地皮案等的资料。甚至，还有专家从中发现了以前从未发现过的日本拟在上海设立日租界的法律文件。[①] 从中国台湾地区的相关机构里，可以去发掘一些关于中国租界法制的资料。另外，有些国外的机构也可能藏有中国租界法制的资料，特别是曾在中国设立过租界的那些国家。它们是中国租界的宗主国，曾向中国租界派遣过人员、提供过设备、输出过法制等。在那里也有可能会留下一些关于法制的资料。上海美租界及其法制的资料现在上海极少，很有可能会存留在美国的相关机构中，值得进行进一步探索、查找。总之，境外也是一个可以挖掘中国租界法制资料的地方。功夫不负有心人，只要重视进一步挖掘这些资料，一定会有新收获、新突破。

（三）要重视中国租界法制研究方法的进一步改进

研究方法对于研究中国租界法制也很重要。在同样资料存在的情况下，不同的研究方法可以研究出不同的结果。正确和充分的研究方法可以较为全面、客观地反映出中国租界法制的状况，并在这一基础上作深入、科学的研究，取得新成果、新进展；反之，则很困难。当前，研究中国租界法制的人员较为常用的研究方法是历史归纳与分析的方法。这是研究中国租界法制可以使用的方法，而且也可以在一段时间、一些问题的研究中取得成功。具有代表性的《上海公共租界史稿》运用了这一方法，把上海英、美、公共租界中的土地章程及其发展线索梳理得非常清晰，并从中进行了一定程度的论述，在20世纪30年代的研究中获得了成功，并对今天的研究产生了一定的影响。可是，在今天，还停留在仅适用这一方法，就会不利于进一步深入研究中国租界法制。因为，研究方法

① 参加冯绍霆：《台湾所见上海租界历史档案及上海史研究的深入》，载马长林主编：《租界里的上海》，上海社会科学院出版社2003年版，第317~330页。

过于单一,已无法适应许多问题的深入研究,有必要使用一些其他的研究方法,来进一步推动中国租界法制的研究。

(四)要重视中国租界法制研究成果的进一步扩充

当前,研究中国租界法制的成果虽然有一些,但从总体上来看,存在三个“缺乏”:第一,缺乏研究整个中国租界法制的成果。中国已有从整体上研究中国租界史的成果,即《中国租界史》,而且在1991年就已公开出版,距离今天已有20余年。可是,中国至今还未能出版一本从整体上研究整个中国租界法制的中国租界法制史著作,人们还无从了解和认识中国租界法制的整体面貌,这是一个很大的不足。

第二,缺乏研究各个城市租界法制的成果。中国有10个城市曾经出现过租界及其法制,它们都应该在研究之列,这样才能做到全面研究,全面反映中国租界法制的实际状况。目前,能够反映研究成果的租界不多,仅涉及上海、天津、汉口等一些城市租界的法制,多数租界城市的租界法制尚未研究,成果还未产出。

第三,缺乏研究中国租界法制中具体制度的成果。每个城市的租界法制中,都有不少制度,比如土地管理制度、公共卫生管理制度、城市交通管理制度、建筑管理制度、公共设施建设管理制度、律师制度、会审公廨制度、特区法院制度、监狱制度等。目前,对于这些制度的研究也不够充分。其中,对土地管理制度、律师制度、会审公廨制度等研究虽有一些成果,但只限于上海、天津、汉口等城市的租界,其他的城市则几乎没有。

(五)要重视中国租界法制研究交流的进一步扩大

中国租界法制研究的交流也与其他学术交流一样,可以通过信息的传播,研究成果的共享,互相取长补短,促进研究。因此,它对于加强中国租界法制的研究同样十分重要。目前,这一交流十分贫乏,既没有中国租界法制的交流网站,也没有举行过对这一研究的专门研讨会,仅存的交流主要集中于相关著作的出版和论文的发表。

(六)要重视中国租界法制境外研究的进一步加强

中国租界法制的研究并不局限在中国大陆,境外也在开展这一研究并已有研究成果公开出版、发表。然而,对于这一研究非常不足,甚至没有一篇关于这一研究的有分量论文。改变这一状况也是今后可以努力的目标。其实,境外中国租界法制研究也很重要。通过对这一研究成果的研究,不仅可以掌握境外研究的动态,还可以从境外的研究中有所借鉴,促进中国大陆的相关研究。

第三节 中国地方法制史研究四十年

近四十年,中国地方法制史的研究方兴未艾,成果渐多,许多著作、论文相继问世。可是,对其研究尚不充分,还不能反映出它的基本面貌。为了进一步推进中国地方法制史的研究,本书以在我国大陆公开出版、发表的主要著作、论文为中心,对其作个探研。

一、中国地方法制史研究的意义

中国法制史既包括中央法制史,也包含地方法制史。地方法制史是中国法制史的一个组成部分,着重反映各地方法制发展的状况与规律。研究中国地方法制史有其特有的意义。

(一)有利于丰富中国法制史的内涵

中国地方法制史是中国法制史的一个部分,中国法制史中不能没有地方法制史。它与中央法制史互动,可以大大丰富中国法制史的内涵,使其更为完整。中国的中央法制对全国各地生效,各地都应认真贯彻、执行。为了使中央法制能在本地落地,各地会根据本地的实际情况制定一些适用于本地的相关规定,细化、实施中央法制。另外,有些地方法制中有价值的内容,也会被中央法制汲取,改变成为中央法制的内容。这样,中国的地方法制便会丰富中国法制的内涵。也就是说,它的内容可以丰富、拓宽中央法制史,使其更为丰富,这时的中央法制史就变得更加有血有肉。这样,一方面,地方法制可以较为充分地反映出中央法制贯彻、执行的细化情况;另一方面,地方法制又可以向中央法制提供成果、经验,地方法制与中央法制有了互动。这两个方面反映在中国法制史中,它就变得更为鲜活、生动,也更为完整了。缺少中国地方法制史,中国法制史就会显得比较单调,甚至比较枯燥,也不完整了。从这种意义上讲,研究中国地方法制史十分有价值,也很有意义。现有的中国地方法制研究成果已经能够体现出这一意义的存在。

从上海法制史的研究成果来看,已经能反映出这样的意义。在辛亥革命期间,上海地方法制一方面把南京临时政府的中央法制细化,以便在上海得到实施;另一方面自主开创地方法制,有些内容还为中央法制提供参考。它们的结合便使辛亥革命时期法制的内容更加完美。辛亥革命以后,南京临时政府改变原来用阴历来纪元的办法,规定使用阳历的纪元方式。上海沪军都督立即响应,并做出规定。1912年1月2日的《申报》刊登了一个以"中华民国纪元"为题、上海沪军都督府为了贯彻和执行中央法制的地方性规定。此规定开宗明义:"本日(阴历十一月十二日)奉大总统孙谕令,以本月十三日为阳历元旦,我民国百度维新,亟应及时更用阳历,期于世界各强国同进文明。"因此,上海也做出了相应的规定,贯彻、执行中央法,也要求"从前行用阴历,一律变更"。从此,上海与全国一致,也都使用阳历纪元了。另外,上海那时创制的地方性法制为中央法制提供了参考。辛亥革命爆发以后,上海很快做出男性须剪辫的规定。1911年11月12日的《时报》报道了这一规定,主要内容是:"凡我同胞,一律剪辫,除去胡尾,重振汉室。"这一规定成了南京临时政府做出男性须剪辫规定的参考。1912年3月5日的《临时大总统关于限期剪辫致内务部令》也做出了关于剪辫的规定,其内容与上海的规定十分相似,只是增加了时间的限制。此令规定:"凡未去辫者,于令到之日,限20日一律剪除净尽,不遵者,违法论。"①这一上海地方立法早于中央立法4个月左右,其内容被中央立法吸收。经过上海地方法制与中央法制的互动以后,辛亥革命时期中国法制史的内容更为丰满,也更为鲜活了。

(二)有利于发展地方法文化

法文化是中国文化中的一个重要组成部分,它集中反映了法律精神和理念,立法、行政执法和司法的状况,法律实施和监督的情况,法律设施和器具的形态,法制宣传、法学教育和法学研究的面貌等,是法治国家不可或缺的一种重要文化。缺少这一文化,法治国家便会失去灵魂,没了立根基础,法治大厦就会倾倒。中国的国情决定了中国的法文化离不开地方法文化。中国各地都有自己的法文化,只有把各地的地方法文化有机整合,才能烘托出完整的中国法文化。缺少地方法文化,中国法文化就会残缺不全,甚至面目全非。

在地方法文化中,地方法制史是极为重要的一员。它着重反映历史上地方的立法机构、法规体系、法规形式、法规内容、司法机构、司法特点、特殊司法程序、判决的执行、法律监督的机关、施行情况等。以这些构成的内容为出发点,可以进一步探索、发现地方法制的整体面貌和发展路径、规律。它们都是地方法文化中一个极其重要的组成部分,其地位不同一般。因为,地方法制史处于地方法文化的中心地位。它是地方法律精神和理念的外在转化形式,集中体现了这种精神和理念;又是地方法律设施、器具和法学教育、研究之本,没有地方

① 中国第二历史档案馆编:《中华民国史档案资料汇编》(第2辑),江苏人民出版社1981年版,第32页。

法制史，它们便成了无本之木。从这种意义上说，把一部地方法制史看成是半部地方法文化史，也不为过。

中国长期是地广人多，风土人情各异，民族差别不小，经济、文化发展还不平衡。这些都决定了中国地方法制史会五彩缤纷，而非千篇一律。城市、农村、少数民族聚居区等的法制史都会显示各自的特色。比如，上海是一座近代发展起来的新兴城市，其地方法制史的内容大量围绕近代城市管理方面，包括城市的经济、金融、交通、治安、卫生、教育管理等。[①] 这些均与农村的地方法制史不同。云南省以农村地区为多，其法制史的大量内容集中于农村发展的需要，在古代时期有许多关于土地、赋税、移民垦殖、矿业等方面的规定。[②] 同时，云南省的少数民族又特别多，在全国排名第一，因此少数民族法制史也融入其中，涉及西盟佤族、纳西族、傣族、彝族等的法制史。[③] 这在农村的法制史中独树一帜。少数民族聚居区的法制史也是一种地方法制史，以每个少数民族的风俗、习惯等所形成的法制为主体内容，不同的少数民族法制便有了不同的特色。藏族法制史的特色表现为：保留了原始社会奴隶制社会法的残余；法律规范与宗教戒律、道德规范合体；约束军民的军律占有较大比重；按等级论罪处罚；实行当事人设誓，相信神明裁判等。[④] 蒙古法制史中也有自己的特点，其《大扎撒》的特点就十分明显，主要是：严刑与重赏并举；内容上是兼容并蓄；继承了蒙古族游牧业的传统；训言、说教有很高的权威性等。[⑤] 可见，中国地方法制史的内容十分丰富，特点也非常鲜明。研究、弘扬地方法制史，就可充实地方法文化，发展地方法文化，使其在地方法治建设中发挥积极作用，加快地方现代化建设。当然，地方法文化的建设也直接有利于丰富中国法文化建设。

（三）有利于为今天的地方法治建设提供借鉴

今天，中国正在建设的中国特色社会主义法治具有开创性，既没有现存的模式可以照搬，也没有现存的制度可以照抄，而需要逐渐进行摸索。在摸索过程中，渐渐走出一条适合中国、具有中国特色的社会主义法治道路。这种摸索中，也包括中国地方的法治建设。中国的地方也需要进行法治建设。没有地方的法治建设，整个中国的法治建设便会成为空中楼阁、无本之木。事实上，

---

① 参见王立民：《上海法制史》（第 2 版），上海人民出版社 2019 年版，第 2 页。
② 参见方慧主编：《云南法制史》，中国社会科学出版社 2005 年版，第 3~5 页。
③ 同上书，第 8~9 页。
④ 徐晓光：《藏族法制史研究》，法律出版社 2001 年版，第 5 页。
⑤ 奇格：《古代蒙古法制史》，辽宁民族出版社 2005 年版，第 43~46 页。

中国的地方法制建设同样是历史悠久、成果不少，其中的有些内容还可以为今天的法治建设所借鉴。在借鉴中，不断吸取以往地方的法制文明成果，古为今用，完善当今的地方法治。这种借鉴可以涉及多个方面，可以是地方性法规的修订，也可以是地方性法规的实施等。只要属于法制领域，都可在关注的范围之内；只要对今天地方法治建设有利，都可以在借鉴之列。总之，在今天的地方法治建设中，地方法制史有益经验的借鉴不可被忽视，有其存在的价值。

中国有些地方在建设自己的法治过程中，也确有借鉴本地以往法制的先例，上海就是如此。这里以制定禁止随地吐痰的规定为例。这一规定的内容直接体现在2001年制定的《上海市市容环境卫生管理条例》（以下简称《条例》）和2003年的《关于修改〈上海市市容环境卫生管理条例〉的决定》（以下简称《决定》）之中。[①] 此《条例》的第28条“禁止下列影响环境卫生的行为”中，第1项就规定禁止“随地吐痰、便溺”。违反这一规定的，《条例》规定要处50元罚款，以后的《决定》则提高到200元以下罚款。《决定》修订这一罚款数额时，正值上海处于“非典”时期。为了防治“非典”，有必要加大处罚力度，进一步禁止随地吐痰。因为，当时大家已经充分认识到，“一口痰中含有大量病菌，痰是病毒的温床，由于‘非典’病毒可以较长时间地存活，而病毒随风飘扬，一经被人体吸入，将严重危害人们身体健康这一事实出发，认为为了维护公共卫生安全，对乱吐痰者加大处罚力度很有必要”。[②] 但是，无论是《条例》的制定，还是《决定》的修改，都借鉴过上海20世纪30年代的相关立法。那时，上海制定的《上海市经常保持清洁办法》中就有关禁止随地吐痰的规定，从那以后，上海就一直借鉴、沿用这一规定。该办法也成了上海禁止随地吐痰规定的先例，为今天上海的立法所借鉴。上海在1994年制定《上海市烟花爆竹安全管理条例》时，[③]其中的“严禁燃放烟花爆竹”的规定也曾借鉴过以往上海关于禁放花炮的规定。[④] 从这种意义上说，研究地方法制史还有其一定的现实意义，可以为今天的地方法治建设提供借鉴，发挥“余热”。

综上所述可知，当前研究中国地方法制史很有意义，是值得进一步开拓的领域，可以作为中国法制史乃至中国法文化研究中一个突破方向，其天地很宽。

---

① 参见沈国明主编：《上海市地方性法规汇编》，上海市人民代表大会常务委员会法制工作委员会编，2007年版，第433~441页。

② 周慕尧主编：《立法中的博弈》，上海人民出版社2007年版，第109页。

③ 沈国明主编：《上海市地方性法规汇编》，上海市人民代表大会常务委员会法制工作委员会编，2007年版，第131~132页。

④ 王立民：《上海禁放花爆规定今昔》，载《档案春秋》2012年第12期。

二、中国地方法制史研究成果的分类

如果把地方范围作为标准来加以区分，四十年来的中国地方法制史的研究成果主要可以分为三类，即以中国行政区划来划定的地方法制史、以地区来划定的地方法制史和以少数民族聚居区来划定的地方法制史等的研究成果。它们都为研究中国地方法制史做出过贡献。

（一）以行政区划来划定的地方法制史研究成果

这一成果的研究对象是以行政区划来划定区域内的地方法制史，即其地域性是以行政区划作为标准来划分。这一法制由地方政府为主导，在本行政区划内生效。中国从古至今行政区划不少，有部分研究成果能从这一侧面来反映地方法制史发展状况。根据其时间和内容来划分，还可以有通史、断代史和专题史等的区别。这类成果与其他两类中国地方法制史的成果相比在数量上较多。《上海法制史》、《云南法制史》和《天津监狱史》[①]等是通史类的地方法制史著作。《上海法制史》叙述的时间自建立上海县的元朝开始，一直沿续至中华人民共和国成立之初，叙述的内容包括了上海的立法机构、地方法规渊源、法规的基本内容、治安机关、审判机关、律师、监狱等。《云南法制史》阐述的时间始自秦汉，终至中华人民共和国成立初期，内容涉及云南省立法指导思想、立法机构、各部门法的内容、司法制度等。《天津监狱史》则是一部专门研究天津市监狱史的通史类著作。时间跨度从明清开始，直至改革开放以后，内容触及了监狱管理和法制中的各个方面，能够较为全面地反映天津监狱发展的历史。另外，还有一些相关的地方志也可归入此类，如《上海公安志》[②]、《上海检察志》[③]、《上海审判志》[④]、《上海监狱志》[⑤]、《陕西省志・审判志》[⑥]、《厦门政法志》[⑦]和《广州检察志》[⑧]等，它们都以志的形式，反映了上海地方法制史中公安、检察、审判和监狱的整体情况。

在这类成果中，还有一些断代地方法制史的著作，所反映的是以行政区划

---

① 薛梅卿、从金鹏主编：《天津监狱史》，天津人民出版社1999年版。
② 易庆瑶主编：《上海公安志》，上海社会科学院出版社1997年版。
③ 吴光裕主编：《上海检察志》，上海社会科学院出版社1999年版。
④ 滕一龙主编：《上海审判志》，上海社会科学院出版社2003年版。
⑤ 麦林华主编：《上海监狱志》，上海社会科学院出版社2003年版。
⑥ 陕西省地方志编纂委员会编：《陕西省志・审判志》，陕西人民出版社1994年版。
⑦ 《厦门政法志》编纂委员会编：《厦门政法志》，厦门大学出版社1997年版。
⑧ 广州市人民检察院编志办公室编：《广州检察志》，广东人民出版社1995年版。

来划定的地方法制史中某一时期内的内容。《宁波近代法制变迁研究》①和《滇国法制初探》②是这类成果中的代表作。《宁波近代法制变迁研究》研究的是宁波市的近代法制,是一部十分典型的断代史地方法制史。它重点考察了从中国清末法制改革至中华人民共和国成立以前的宁波法制,涉及立法和司法制度、律师制度以及宁波近代法制变迁的基础和成因等。《滇国法制初探》则是一篇专门研究从春秋到汉这一时期,西南古王国滇国的法制论文,内容涉及法制原则、立法内容与法制特点等。

在以行政区划来划定的地方法制史研究成果中,专题研究的成果较多。它们把中国不同时期的某一法制专题作自己的研究对象,并对其做了较为深入的探讨。其中,主要的著作有:《清代四川盐法研究》③、《清代广州涉外司法问题研究》④、《民初湖南省宪自治研究》⑤、《城市·规划·法制:以近代上海为个案的研究》⑥、《上海法制与城市发展》⑦、《近代社会变迁中的上海律师》⑧、《上海法治建设三十年专题研究》⑨等。它们都从不同角度专题研究了中国地方法制史。《清代四川盐法研究》和《清代广州涉外司法问题研究》均把研究时间定位在清代,但所研究的专题不同。前者专门于清代的盐法,内容包括了盐的生产、运销、征税的法制和对私盐的惩治。后者则集中探索了鸦片战争前,广州涉外司法的一些问题,包括涉外司法的两种运作模式、涉外刑事审判的实体与程序、涉外商事纠纷的处理模式、华洋民事诉讼与中西价值冲突、清代涉外司法理念解析、清代涉外司法中的"主权"问题。《民初湖南省宪自治研究》专门研究了民国初期即1910年至1926年,以省宪的制定和实施为核心的省级层面的地方自治问题,内容中有民初湖南省宪自治的历史时空和进程、自治选举、《湖南省宪法》的创制内容和基本精神、绅权与民初湖南省宪自治、现实反思等。其他的一些成果都把上海市的法制史作为研究对象,重点反映了上海不同时期一些专题研究的状况。《城市·规划·法制:以近代上海为个案的研究》是一部专门探研中华人民共和国成立以前上海城市规划法制的著作,内容涉及了城市土地、

---

① 邹剑峰:《宁波近代法制变迁研究》,复旦大学出版社2010年版。
② 方慧:《滇国法制初探》,载《思想战线》2003年第2期。
③ 张洪林:《清代四川盐法研究》,中国政法大学出版社2012年版。
④ 唐伟华、黄玉:《清代广州涉外司法问题研究》,中国社会科学出版社2009年版。
⑤ 丁德昌:《民初湖南省宪自治研究》,上海人民出版社2011年版。
⑥ 练育强:《城市·规划·法制:以近代上海为个案的研究》,法律出版社2011年版。
⑦ 王立民、练育强、姚远主编:《上海法制与城市发展》,上海人民出版社2012年版。
⑧ 陈同:《近代社会变迁中的上海律师》,上海辞书出版社2008年版。
⑨ 顾肖荣、史建三主编:《上海法治建设三十年专题研究》,上海社会科学院出版社2008年版。

道路和建筑法制的各个方面。《上海法制与城市发展》是一部大量内容集中于研究中华人民共和国成立前后上海不同时期法制的专题性研究著作,内容涉及上海小刀会起义军、劳资争议处理、土地改革、公有住房等等的法制。《近代社会变迁中的上海律师》聚焦于上海近代的律师与律师制度,是一本这一研究领域内的力作。《上海法制建设三十年专题研究》则是以上海在改革开放以后法治建设为主线,分专题加以论述,其中有立法、行政执法、司法等专题中的许多方面,最后还有法学教育与研究的内容。另外,还有一些论文也属于此种成果。比如《上海工人三次武装起义中的市民代表政府及其革命法制》①、《新上海第一年刑案述评》②、《论近代湖南绅权运动与省宪自治》③、《清代广西土州县监狱制度》④、《新发现的清末京城城市管理法规研究》⑤、《清末广东巡警(警察)制度述略》⑥、《明代徽州的民事纠纷与民事诉讼》⑦《民国晚期西安地区律师制度研究》⑧、《国民党统治时期广东监狱发展探讨》⑨、《辛亥革命时期上海华界立法探析》⑩、《上海律师公会与中国近代法制》⑪、《上海:中国现代区域法制建设领先之地》⑫、《上海近代法制若干问题》⑬等,都从不同方向专题研究了地方法制史。这类成果以专题研究为形式,注重研究中国不同时期地方法制中的一些侧面,研究的面较窄,但较具深度。

(二)以地区来划定的地方法制史研究成果

这是一种把特定地区产生、生存、发展的法制作为研究对象的成果。这里的特定地区不以行政区划为限,可以是跨越两个以上行政区划的地区,也可以是在一个行政区划中的某个地区。不过,现有的研究成果多以跨越两个以上行

---

① 张希坡:《上海工人三次武装起义中的市民代表政府及其革命法制》,载中国法律史学会《法律史论丛》编委会编:《法律史论丛》(二),中国社会科学院出版社 1982 年版。

② 王立民:《新上海第一年刑案述评》,载《华东政法学院学报》2000 年第 3 期。

③ 欧阳斗平:《论近代湖南绅权运动与省宪自治》,载《长沙大学学报》2006 年第 1 期。

④ 许直:《清代广西土州县监狱制度》,载《学术论坛》1990 年第 3 期。

⑤ 郭成伟、田涛:《新发现的清末京城城市管理法规研究》,载《政法论坛》1994 年第 2 期。

⑥ 沈晓敏:《清末广东巡警(警察)制度述略》,载《政法学刊》1997 年第 3 期。

⑦ 卞利:《明代徽州的民事纠纷与民事诉讼》,载《历史研究》2000 年第 1 期。

⑧ 侯欣一:《民国晚期西安地区律师制度研究》,载《中外法学》2004 年第 4 期。

⑨ 万安中:《国民党统治时期广东监狱发展探讨》,载《中山大学学报》(社会科学版)2003 年第 3 期。

⑩ 王立民:《辛亥革命时期上海华界立法探析》,载《史林》2012 年第 6 期。

⑪ 王立民:《上海律师公会与中国近代法制》,载《探索与争鸣》2012 年第 11 期。

⑫ 王立民:《上海:中国现代区域法制建设领先之地》,载《东方法学》2017 年第 6 期。

⑬ 王立民:《上海近代法制若干问题》,载《法治现代化研究》2019 年第 5 期。

政区划的地区的法制史为研究对象。这类成果与其他两类成果相比，显得较少。《民国时期华北地区农业雇佣习惯规范研究》①是一本重点研究民国时期中国华北几个省的农业雇佣习惯规范的著作，涉及的地域包括了今天的山东、山西、陕西、河南和河北等省。它从整体上对民国时期这几个省的农业雇佣习惯规范做了较为深入的研究，其主要内容是：华北地区农业雇佣习惯规范的场域与习惯、内容构成、生成机制、运作机制、演化机制、总体特征等。

中国革命根据地法制史中，也包括地方法制史。中国革命的性质决定了中国革命的道路是一种先在农村建立根据地，农村包围城市、最后夺取城市的道路。于是，中国的许多地方都建立了革命根据地，也创制了地方法制，形成了革命根据地的法制史。不过，中央革命根据地颁行的法制不属于地方法制，具有中央法制性质，如在瑞金建立的中华苏维埃共和国所颁行的法制就是如此。那时颁行的中华苏维埃共和国宪法大纲、土地法、婚姻法等，都属于中央法制，不属于地方法制。目前，已有关于革命根据地的地方法制史著作面世，《鄂豫皖革命根据地的人民检察制度》②是其中的代表作。它以湖北、河南、安徽的革命根据地人民检察院为主线，进行了较为全面的研究，主体部分的内容包括了鄂豫皖革命根据地人民检察制度的发端，工农监察委员会、革命法庭中的公诉机关和公诉人、政治保卫局等反映人民检察制度的法律机关，人民检察制度的历史贡献等。此著作为专门论述革命根据地的地方法制史做了有益的尝试。还有一些论文也为此做了尝试。《论〈井冈山土地法〉的开创意义》③、《简论山东抗日民主根据地的人民调解工作》④、《论山东抗日民主政权刑事立法的特点》⑤、《论晋察冀边区的法制建设》⑥、《略论东北解放区的土地立法》⑦等，也都对根据地的地方性法制进行了研究，也富有成效。

在一些有关革命根据地法制史的著作中，也会涉及一些革命根据地的地方法制史的内容，把其作为自己的一个组成部分。这部分内容也应归入这一地方

---

① 尚海涛：《民国时期华北地区农业雇佣习惯规范研究》，中国政法大学出版社 2012 年版。

② 刘建国主编：《鄂豫皖根据地的人民检察制度》，中国检察出版社 2011 年版。

③ 刘国荣：《论〈井冈山土地法〉的开创意义》，载《荆州师专学报》1999 年第 1 期。

④ 李庚元：《简论山东抗日民主根据地的人民调解工作》，载《东岳论丛》1993 年第 6 期。

⑤ 刘为民：《论山东抗日民主政权刑事立法的特点》，载《山东大学学报》（哲学社会科学社版）1988 年第 1 期。

⑥ 齐一飞：《论晋察冀边区的法制建设》，载《法学杂志》1990 年第 2 期。

⑦ 孙光妍：《略论东北解放区的土地立法》，载《齐齐哈尔大学学报》（哲学社会科学版）1999 年第 1 期。

法制史中。《中国革命法制史》[①]是一部专门研究革命根据地法制史的大作,其中关于抗日民主政权司法机关比如晋察冀、晋冀鲁豫、山东、晋绥、华中等抗日根据地的司法机关中的有些内容就属于地方法制史。《抗日根据地金融法律制度研究》[②]是一本专门研究抗日战争时期根据地金融法制的著作,其中有胶东、山东、浙东等抗日根据地的金融法制的内容也属于地方法制史范畴。《中国革命根据地狱制史》[③]是一本专门阐述中国革命根据地监狱制度史的力作,其中也有关于革命根据地的地方监狱制度的内容,比如弋阳县苏维埃政权建立的劳动感化院、渤海太岳区的劳动教育所、华北人民政府的海监模式等。这类地方法制史研究成果虽在整部著作中只占一小部分,但因在其他著作中往往没有提及或没有详细叙论,其价值仍应肯定,不要忽视。

(三)以少数民族聚居区来划定的地方法制史研究成果

这类研究成果以少数民族聚居地区的法制史为研究对象。这是一种特殊的地区,以少数民族的聚居为特征。如果某一少数民族聚居区域形成了一个行政区划,也以这一少数民族聚居区的地方法制史来论述,而不是一个行政区划的地方法制史来对待,以突出这一法制的少数民族特殊性。这类研究成果着重反映少数民族内部推行法制的历史,因此往往与此民族的风俗、习惯、宗教联系在一起,具有本民族的特色,往往为其他民族法制史所不具备。在这类成果中,主要也可分为通史、断代史和专题研究三种。《藏族法制史研究》[④]和《羌族法制的历程》[⑤]是两部均以朝代为序的通史类地方法制史著作。前者系统论述了从吐蕃王朝至近代的藏族法制史,其内容包括了各个时期的立法、司法,特别是藏族法律内容、结构、功能和法律文化的传统特征等。后者则系统地论述了从古代到近代的羌族法制史,特别是其中的习惯法阐述得十分详尽,包括了刑事、民事、诉讼等部分。《西夏法律制度研究》[⑥]和《西夏法制研究》[⑦]也是两部少数民族法制史的通史类著作,但是其体制则主要是分部门法进行述论,但又有自己的特色。前者更注重对西夏法制本身内容的研究,而后者则更关注西夏法制与唐宋法制的比较。有些论文也从整体上来研究这一法制史,也属于这种成

---

① 张希坡、韩延龙主编:《中国革命法制史》,中国社会科学出版社 2007 年版。
② 栗明辉:《抗日根据地金融法律制度研究》,法律出版社 2012 年版。
③ 薛梅卿、黄新明:《中国革命根据地狱制史》,法律出版社 2011 年版。
④ 徐晓光:《藏族法制史研究》,法律出版社 2001 年版,第 1~5 页。
⑤ 李鸣:《羌族法制的历程》,中国政法大学出版社 2008 年版,第 1~3 页。
⑥ 陈永胜:《西夏法律制度研究》,民族出版社 2006 年版,第 12~16 页。
⑦ 邵方:《西夏法制研究》,人民出版社 2009 年版,第 14 页。

果。比如,《吐蕃法律初探》①、《傣族法律初探》②、《满族法律综述》③等,都是如此。

在少数民族地方法制史的研究成果中,还有一些是断代史的研究成果。以时间段来区分,还可分为几种。第一种是一些古代法制史的研究成果。比如,《藏族古代法新论》④、《古代蒙古法制史》⑤等著作。它们都对古代的藏族、蒙古族的法制进行了论述,但在体例上不完全相同:前者分专题进行研究,其中主要分为古代的私法、公法和传统法律观与现代社会三大部分;后者则以时间为序,从古代蒙古的约孙到清朝,分段进行述论。还有,论文《试述古代蒙古的法制及其主要特点》⑥等也属于此种成果。第二种是一些古代时期某个朝代法制的研究成果。比如,《清代蒙古法制变迁研究》⑦和《清代回疆法律制度研究》⑧等著作是这样的成果。它们都把时间定位在清代,而且结构基本一致,即以部门法为线索。但是,它们的区别也十分明显:前者是研究蒙古族的法制;后者研究的则是维吾尔族的法制。还有《清代西藏法制研究》⑨也属于这种成果。第三种是一些当代的研究成果。这种成果不算多,《新疆维吾尔自治区法制建设50年》⑩是其中的代表作,它对近五十年来的新疆维吾尔自治区法制做了面面俱到的描述,内容涉及立法、公安、检察、审判、司法行政、仲裁、综合治理、法学研究和教育等方面,是这一领域研究的力作。

专题研究也是中国少数民族聚居区地方法制史的一种。它只是对这一法制史中的某个专题进行深入研究,既不是通史,也不是断代史。《清代清水江下游村寨社会的契约规范与秩序》⑪是这种的成果中的一部。它以清代文斗契约文书为中心对清水江下游村寨社会中的契约规范与秩序进行了深入的研究,内容涉及那里的社会情况、契约的解读、文斗契约文书的特征及其作用机制、多元

① 仁青:《吐蕃法律初探》,载《西藏研究》1983年第4期。
② 张晓辉:《傣族法律初探》,载《思想战线》1992年第5期。
③ 魏福祥、杜尚侠:《满族法律综述》,载《满族研究》1994年第2期。
④ 华热·多杰:《藏族古代法新论》,中国政法大学出版社2010年版。
⑤ 奇格:《古代蒙古法制史》,辽宁民族出版社2005年版,第43~46页。
⑥ 奇格:《试述古代蒙古的法制及其主要特点》,载《内蒙古社会科学》(文史哲版)1994年第2期。
⑦ 杨强:《清代蒙古法制变迁研究》,中国政法大学出版社2010年版。
⑧ 王东平:《清代回疆法律制度研究》,黑龙江教育出版社2003年版。
⑨ 孙镇平:《清代西藏法制研究》,知识产权出版社2004年版。
⑩ 白莉等:《新疆维吾尔自治区法制建设50年》,新疆人民出版社2010年版。
⑪ 梁聪:《清代清水江下游村寨社会的契约规范与秩序》,人民出版社2008年版。

视野下的村寨社会秩序等。在这种成果中还有一些是论文。比如,《论藏族传统的天断制度》①、《论古代蒙古习惯法对元朝法律的影响》②、《羌族婚姻习惯法的历史考察》③、《羌族诉讼习惯法的历史考察》④、《试论西藏封建农奴制度》⑤、《清代前期新疆地区的赋税制度》⑥、《清代蒙古刑事立法的本质和内容试析》⑦等,都是如此。它们均以专题为研究目标,所研究的问题不在面宽,而在于深度,其特点很明显。

除以上三类少数民族聚居区法制的研究成果外,在有些研究少数民族法制的著作中,也会涉及一些法制史的内容。比如,《黎族习惯法》⑧一书中就有关于宋朝前、后黎族习惯法的内容;《西南少数民族习惯法研究》一书中也有一些法制史的内容,如关于先秦时期和宋代的土地制度的内容。⑨ 总之,关于中国少数民族聚居区法制史的研究成果中,有集中论述的,也有分散阐述的,成果已有不少。

(四)其他的地方法制史研究成果

这四十年来,除以上三大类研究成果外,在中国地方法制史研究成果方面还有其他一些成果,也不能忽略。第一,从整体来研究中国地方法制史的成果。这种成果不是以某个地方的法制史为研究对象,而是从整个中国的地方法制史来进行总体研究。这种研究一般都集中于某个时间段,但面较宽,往往涵盖整个中国的地方法制史。而且,研究的具体内容以专题形式出现,又往往与司法相关,不是样样俱到。《宋代地方政府民事审判职能研究》⑩、《晚清卅县诉讼中的审断问题》⑪等著作都属于这种成果。第二,中国租界、租借地法制的研究成果。鸦片战争以后,西方列强通过不平等条约在中国取得了租界、租借地,并在

---

① 何峰:《论藏族传统的天断制度》,载《西北民族学院学报》(哲学社会科学版)1996年第4期。

② 柴荣:《论古代蒙古习惯法对元朝法律的影响》,载《内蒙古大学学报》(人文社会科学版)2000年第6期。

③ 李鸣:《羌族婚姻习惯法的历史考察》,载《比较法研究》2004年第4期。

④ 龙大轩:《羌族诉讼习惯法的历史考察》,载《山东大学学报》(哲学社会科学版)2005年第3期。

⑤ 牙含章:《试论西藏封建农奴制度》,载《中国藏学》1988年第1期。

⑥ 徐伯夫:《清代前期新疆地区的赋税制度》,载《新疆历史研究》1985年第3期。

⑦ 陈光国、徐晓光:《清代蒙古刑事立法的本质和内容试析》,载《民族研究》1991年第3期。

⑧ 叶英萍:《黎族习惯法》,社会科学文献出版社2012年版。

⑨ 参见陈金全主编:《西南少数民族习惯法研究》,法律出版社2008年版,第11页。

⑩ 屈超立:《宋代地方政府民事审判职能研究》,巴蜀书社2003年版。

⑪ 里赞:《晚清卅县诉讼中的审断问题》,法律出版社2010年版。

那些地方建立了自己的法制。这些租界、租借地设在中国城市中的某些区域，是中国城市中的一部分。它们的法制则是近代法制，与清末法制改革前的华界传统法制差别很大。现在，已有一些专门研究中国租界法制的成果出版，其中以研究上海租界法制的成果为多。《上海道契：法制变迁的另一种表现》①、《上海租界法制研究》②、《上海公共租界特区法院研究》③等著作都是如此。同时，还公开出版了少量专门研究中国租借地法制的成果。《英国租借时期威海卫法律制度研究》④便是其中的一部代表作。另外，还有一些相关论文，比如《上海租界与上海法制现代化》⑤、《近代上海公共租界的建筑法律制度》⑥、《上海公共租界的会审公廨》⑦、《上海租界时代的临时法院论述》⑧和《英租威海卫司法体制初探》⑨、《英租界威海卫司法殖民特性之分析》⑩等。此外，在个别专门研究租借地的著作中，也有租借地法制的内容，《旅大租借地史》⑪中的警宪特、司法制度等的内容就是如此。第三，中国地方法学教育与法学学术团体的研究成果。这种研究成果在这近四十年中也涌现了，《上海法学教育史研究》⑫和《上海市法学会历史变迁研究》⑬是其中的两部著作。前者对上海自开埠以来一百六十余年的法学教育做了系统总结，对前后共出现过的起源、发展、调整、挫折、新生、振兴和繁荣等一些过程，都做了论述；后者则对上海的法学学术团体上海法学会的变迁过程做了全面梳理，并对其中的一些关键问题，如变迁动力、规律、趋势等做了深入探研。第四，境外中国地方法制史的研究成果。中国大陆以外的有些学者也对中国地方法制史进行了研究，产出了一些成果。其中，有的已译成中文，在中国大陆发行。《上海警察，1927~1937》⑭是一本专门研究上海警察情况的专著，其中的地域既有租界，也有华界，是一部能较为全面反映这

---

① 夏扬：《上海道契：法制变迁的另一种表现》，北京大学出版社 2007 年版。
② 王立民、练育强主编：《上海租界法制研究》，法律出版社 2011 年版。
③ 姚远：《上海公共租界特区法院研究》，上海人民出版社 2011 年版。
④ 邵宗日：《英国租借时期威海卫法律制度研究》，法律出版社 2011 年版。
⑤ 王立民：《上海租界与上海法制现代化》，载《法学》2006 年第 4 期。
⑥ 练育强：《近代上海公共租界的建筑法律制度》，载《探索与争鸣》2010 年第 3 期。
⑦ 张铨：《上海公共租界的会审公廨》，载《社会科学》1983 年第 11 期。
⑧ 姜屏藩：《上海租界时代的临时法院论述》，载《上海社会科学院学术季刊》1987 年第 3 期。
⑨ 王娆：《英租威海卫司法体制初探》，载《环球法律评论》2005 年第 5 期。
⑩ 王娆：《英租威海卫司法殖民之特性分析》，载《甘肃政法学院学报》2006 年第 11 期。
⑪ 程维荣：《旅大租借地史》，上海社会科学院出版社 2012 年版。
⑫ 蒋晓伟：《上海法学教育史研究》，法律出版社 2008 年版。
⑬ 穆中杰：《上海市法学会历史变迁研究》，上海人民出版社 2011 年版。
⑭ ［美］魏斐德：《上海警察，1927~1937》，章红等译，上海古籍出版社 2004 年版。

10年上海警察的著作。《帝国之鞭与寡头之链——上海会审公廨权力关系变迁研究》①则是一本专门研究上海租界中的审判机关会审公廨权力关系变迁的专著,内容较有深度。另外,在有些著作中,也有境外研究中国地方法制史的单篇论文,《世界学者论中国传统法律文化》②是其中之一,它收集了法国学者康斯坦所著的《从蒙古法看清代法律多元性》一文。另外,还有一些单篇的相关论文,比如《近代安徽的警政》③、《蒙古法中刑罚的变迁》④和《英租威海卫之刑事审判》⑤等。第五,中国地方法制史的资料汇编。为了推动中国地方法制史研究的不断深入,有些地方法制史的资料整理、出版工作也在进行,而且已有一些成果问世。这为以后的地方法制史研究提供了一个极好的资料基础。《中国古代地方法律文献》在2006年与2009年分别出版了甲、乙两编外,2012年又出版了丙编,⑥这些都是研究中国古代地方法制史不可多得的珍贵资料。《贵州文斗寨苗族契约法律文书汇编》⑦是一部清代贵州文斗苗族聚居区法律文书的汇编,其中图文并茂,资料殷实可靠,很有价值。有的资料汇编中有地方法制史的部分,《近代中国地方自治法重述》⑧一书便是如此,它的第二部分"地方制定的地方自治法规"全是这类地方性法规,涵盖的地区有天津、湖北、上海、江苏、四川、浙江、湖南、江西、贵州、广西、广东、福建、河南等。

以上这些都是近四十年来研究中国地方法制史的成果,从中亦可见,成果的种类和数量已经不少,可以说,这种研究已经取得了长足的进步。

三、中国地方法制史成果所涉及的主要内容

把中国地方法制史研究的成果综合起来,主要涉及中国地方的立法、行政执法、司法等一些领域。

(一)中国地方立法史的研究

对中国地方立法史的研究包括了对立法主体、法律渊源、内容和特点等一

---

① 杨湘钧:《帝国之鞭与寡头之链——上海会审公廨权力关系变迁研究》,北京大学出版社2006年版。

② 张世明等主编:《世界学者论中国传统法律文化》,法律出版社2009年版。

③ 谢国光:《近代安徽的警政》,载《安徽史学》1990年第2期。

④ [日]岛田正郎:《蒙古法中刑罚的变迁》,潘昌龙译,载《蒙古学资料与情报》1991年第2期。

⑤ [马来西亚]陈玉心:《英租威海卫之刑事审判》,方芳译,载《环球法律评论》2005年第5期。

⑥ 参见杨一凡等编:《中国古代地方法律文献》(丙),世界图书出版公司2012年版。

⑦ 陈金全、杜万华主编:《贵州文斗寨苗族契约法律文书汇编》,人民出版社2008年版。

⑧ 王建学编:《近代中国地方自治法重述》,法律出版社2011年版。

些方面的研究。

1. 有关地方立法主体的研究。这是中国地方法制史研究成果中的一个重要组成部分,不少中国地方法制史的成果中都论述到这一主体,而且多以立法机构的面貌出现。《上海法制史》论述了从元朝的至元二十九年(1292年)建县以后至中华人民共和国成立之初上海的立法机构,除其中各个时期的这类机构外,还涉及租界的这类机构,覆盖的面比较宽,与这些机构相关的情况在书中均有体现。① 《云南法制史》对云南近现代的立法机构进行了专门的阐述,时间是从清末民初到中华人民共和国成立初期,内容包括了每个时期立法机构的名称、下设组织、人员、职类、制定的规定等。比如,辛亥革命时期临时议会、省议会先后为立法机构,下设9个股,讨论过《不过户登记》《征收营业税所得税》等法案,等等。②

2. 有关法律渊源的研究。中国地方法制史中也有法律渊源,对其也有一些研究成果。《藏族法制史研究》对吐蕃的法律渊源进行了研究,主要有赞普的诏令、盟誓、王室颁布的法律、法令和习惯法等,③它们的有机组合,共同构成了吐蕃的法律渊源。《清代蒙古法制变迁研究》则对古代蒙古族的法律渊源进行了论述,主要是清廷中央政府针对全国制定的法律和专门针对蒙古地区制定的特别法律、蒙古习惯法(包括宗教法)、经过清廷认可的蒙古地方政权制定的法律等四类,并且对它们分别做了介绍和说明。④

3. 有关法律内容的研究。对这一研究的成果比较多,也是作者们主要研究的内容之一。中国地方法制史著作中都有这块内容。比如,《宁波近代法制变迁研究》把宁波近代立法的主要内容归纳为行政、土地、金融和民间法等方面。⑤《民国时期华北地区农业雇佣习惯规范研究》分析的立法内容包括了雇佣方式、时间、待遇、组织等。⑥ 还有,在大量的中国地方法制史的论文中,也有这一内容。《上海工人三次武装起义中的市民代表政府及其革命法制》把当时的立法内容分为保障人民政治权利、市政建设和社会改革、教育、财政、商业、劳动法等方面,并进行了论述。《滇国法制初探》中论述的立法内容包括了刑事、民事、诅

① 王立民:《上海法制史》(第2版),上海人民出版社2019年版,第11~29页。
② 方慧主编:《云南法制史》,中国社会科学出版社2005年版,第253~258页。
③ 徐晓光:《藏族法制史研究》,法律出版社2001年版,第17~21页。
④ 杨强:《清代蒙古法制变迁研究》,中国政治大学出版社2010年版,第31~35页。
⑤ 邹剑峰:《宁波近代法制变迁研究》,复旦大学出版社2010年版,第1~2页。
⑥ 尚海涛:《民国时期华北地区农业雇佣习惯规范研究》,中国政法大学出版社2012年版,第111~140页。

盟等方面。《上海租界与上海法制现代化》中涉及上海租界20世纪初前后的立法内容，主要是有关组织、治安、邮政、路政和建筑方面的内容。

4. 有关立法特点的研究。有些研究中国地方法制史的成果中还论及立法的特点。《西夏法律制度研究》中论述了西夏的立法特点，主要是三个，即鲜明的宗教色彩、深受儒家文化影响、带有浓厚的民族习惯法的痕迹等。①《辛亥革命时期上海华界立法探析》通过对当时华界与租界立法的比较，探析了华界立法的主要特点，即缺乏系统性、具有革命性和开创性等。可见，从总体上来说，这四十年来的中国地方法制史研究已关注、涉及地方立法史的一些主要方面，也取得了不小的成绩。

（二）中国地方行政执法史的研究

对中国地方行政执法史的研究成果集中于地方的警政机关及其执法情况。《上海租界法制研究》中有3章专门论述了上海英租界早期警政机关巡捕房的问题，内容包含有产生的背景、与外部机构的关系、内部管理制度等，同时，还对这一巡捕房的初期执法情况作了介绍。②《上海警察，1927～1937》则是对上海租界中晚期、华界在这10年中的警政机关与警察状况做了较为详细、深入的研究，内容包括了背景、新的警察理念、有组织犯罪、政治选择之于警政的意义、新市政秩序的局限等。其中，穿插了许多执法情况。比如，大流氓黄金荣作为罪犯头子和捕头对法制的亵渎、顾顺章事件和白色恐怖等。③《新疆维吾尔自治区建设50年》把自1955年这一自治区成立至2005年这50年中的警政机关即公安机关的建设与执法情况做了全面的回忆与梳理，内容涉及这一机关的建设、发展与演变；内部机构设置；政保、刑侦、治安管理职能等。其中，有大量的执法内容。比如，在政保中，就有清匪、肃特、反间谍，镇压反革命，平暴安良、反对分裂，集中整治等执法情况，而且有大量数据显示。④ 还有少量论文也专门研究了中国地方的警政机关及其执法情况。《清末广东巡警（警察）制度述略》从总体上对这一巡警制度进行研究，内容涵盖了它的制度沿革，械服、值勤及待遇，巡警官弁的选拔和训练，简论等。在简论部分中，还提及了它的执法情况，如执法中违法乱纪之事时有发生等。《近代安徽的警政》则从前言、组织系统、经费、警政教育等侧面，来研究安徽的近代警政制度，其过程从清末的芜湖开始，逐渐推

---

① 陈永胜：《西夏法律制度研究》，民族出版社2006年版，第28～32页。

② 王立民、练育强主编：《上海租界法制研究》，法律出版社2011年版，第289～291页。

③ [美]魏斐德：《上海警察，1927～1937》，章红等译，上海古籍出版社2004年版，第27～29页，第156～161页。

④ 白莉等：《新疆维吾尔自治区建设50年》，新疆人民出版社2010年版，第58～64页。

向全省。其中,也涉及执法情况,特别提到那时的警察执法与保甲制联系在一起等。经过这样的研究,中国地方行政执法史的主要部分已有反映,从中也可窥视这一执法史的一般情况。

(三)中国地方司法史的研究

中国地方司法史的研究涉及司法主体、诉讼和审判、律师、执行等方面,而且在这些方面均有研究成果。

1.有关司法主体。在有些研究成果中,往往把这一主体称为司法机构。《清代西藏法制研究》对清末西藏司法体系的改革进行了论述。随着清末新政的推行,西藏建立了高、中、初级裁判所,作为自己的审判机构。① 《清代广州涉外司法问题研究》对清代的司法主体进行了研究,认为明清时期在清廷的默许下,葡萄牙人在广州建立了一套自治体系,因此总督、兵头、王室大法官等都曾是司法主体,行使过涉外司法案件的管辖权。② 《鄂豫皖革命根据地的人民检察制度》对此根据地的人民检察制度进行了探索,认为它是中国最早建立的人民检察机关性质的司法机构,并从公诉和监督两个视点进行了论证。③ 《上海会审公廨权力关系变迁研究》和《上海公共租界特区法院研究》都是对上海租界中审判机关的研究。前者集中探研了上海租界中会审公廨的权力关系的变迁及其所产生的后果;后者则探索了上海公共租界会审公廨取消以后成立的特区法院的基本情况,并对其中的有些关键问题作了较为深刻的研究。另外,还有一些专题研究相关的论文。《明代州县政府审理刑事案件职能初探》把明代的州县政府作为州县的司法机构,从总体上对其进行了研究,内容涉及它们在司法中的功能和运作。④ 《上海公共租界的会审公廨》、《上海法租界会审公廨》⑤和《上海租界时代的临时法院论述》都对上海租界不同时期存在的司法机构进行了专题研究。

2.关于诉讼和审判。许多关于地方法制史的著作中均提到诉讼、审判制度,把其作为重要组成部分。《宋代地方政府民事审判职能研究》聚焦于宋代县、州的民事审判职能,进行了深入研究和论述,内容由案件的受理、审理、证据

---

① 参见孙镇平:《清代西藏法制研究》,知识产权出版社2004年版,第373页。

② 参见唐伟华、黄玉:《清代广州涉外司法问题研究》,中国社会科学出版社2009年版,第22~27页。

③ 参见《鄂豫皖革命根据地的人民检察制度》,中国检察出版社2011年版,第149~155页。

④ 参见施洪道:《明代州县政府审理刑事案件职能初探》,载《零陵学院学报》2004年第4期。

⑤ 张铨:《上海法租界会审公廨》,载《史林》1994年第2期。

和判决等一些方面。[①]《羌族法制的历程》对羌族地方割据时期的诉讼和审判制度进行了研究,内容包括了告诉的限制和程序、审理和判决、上诉、复审和死刑复奏制度等。[②]《藏族古代法新论》专门对特殊的审判方法进行了阐述,这就是神明裁判,同时还指出了它的三大弊端,即反科学性、虚伪性和残酷性。[③]《上海法治建设三十年专题研究》则从改革开放三十年来审判改革的侧面来反映其中的审判制度变迁,这种改革包括了少年审判庭的建设、速裁模式的探索、法官选任制度的改革、法官行为规范的完善等。[④] 还有一部分论文也专门论述了地方诉讼、审判制度中的某个方面。《明代徽州的民事纠纷与民事诉讼》从收集到的明末歙县知县傅岩所审的153个案件出发,研究了有关田宅、山林、坟地和水利等的各种民事纠纷与诉讼,并挖掘了其中的原因。《简论山东抗日民主根据地的人民调解工作》把调解作为一种解决纠纷的方法,并解决了大量矛盾,保一方平安,内容涉及调解的组织形式、基本任务、纪律、作用和意义等。《英租威海卫的刑事审判》则对20世纪初英租威海卫租借地中发生的刑事案件进行了探讨,其中专门提及"英王诉王和谢"案,以其作为典型案例加以衬托。

3. 关于律师及其制度。在近现代中国地方法制史中,律师及其制度往往不被忽视。对于中国近现代的律师及其制度研究,同样取得了一些成果。《近代社会变迁中的上海律师》以翔实的资料,对上海的外籍律师、本土律师、律师公会、律师的地位和作用等一些问题均进行了深入的研究。[⑤] 还有一些论文研究中国地方的律师及其制度。《民国晚期西安地区律师制度研究》利用陕西和西安市现存的档案,对民国晚期西安地区的律师制度做了实证分析,内容涉及律师的分布地域、年龄和性别、政治倾向,还有执业与管理方式、对政治法律的影响等。《上海律师公会与中国近代法制》则把上海律师公会的产生、发展、作用的发挥等均放在中国近代法制中进行考量,把它们两者互动起来,有其特色。

4. 有关执行。现有中国地方法制史的研究成果对执行的研究主要焦点在刑罚的执行上,关于地方监狱便成了主要研究对象。《天津监狱史》梳理了从明清时期到改革开放以后天津监狱的历程,多数内容为中华人民共和国成立以

① 参见屈超立:《宋代地方政府民事审判职能研究》,巴蜀书社2003年版,第57~130页。

② 参见李鸣:《羌族法制的历程》,中国政法大学出版社2008年版,第225~232页。

③ 参见华热·多杰:《藏族古代法新论》,中国政法大学出版社2010年版,第190~191页。

④ 参见顾肖荣、史建三主编:《上海法治建设三十年专题研究》,上海社会科学院出版社2008年版,第32~44页。

⑤ 参见陈同:《近代社会变迁中的上海律师》,上海辞书出版社2008年版,第1~4页。

后,显示了这一监狱曲折的发展过程,内容包含了监狱管理和制度的方方面面。[①]《上海监狱志》把上海从唐宋以后的历朝监狱作了爬梳,重点也在中华人民共和国成立以后,内容十分广泛,可说是面面俱到。[②]《冕宁清代司法档案研究》把保存在冕宁档案馆中的司法档案进行整理,专门对清代的这一档案进行了研究,对其中的相关执行种类、方式等都做了介绍。[③] 还有少量论文也以专门研究地方监狱为主题,《清代广西土州县监狱制度》和《国民党统治时期广东监狱发展探讨》都是如此:前者对清代广西土州县的监狱制度做了总结、分析,并指出这一监狱一直沿用至民国初期的1929年;后者则对国民党统治时期广东的监狱作了概括性介绍,还在这一基础上提炼出狱制发展的三大特征。这些的研究反映出了中国地方司法史的一些基本情况。

(四)其他方面的研究

在现有的中国地方法制研究成果中,还有一些其他方面的成果也值得提及。首先,关于地方法制史特点的研究。有些中国地方法制史研究的成果中专门论述了本地法制的特点。由于地方不同,特点也就往往不同。《西南少数民族习惯法研究》从内容的完整性与形式的片断性、成文的习惯法与不成文的习惯法、伦理道德与神意性、民族习惯的民主性与阶级统治的专制性、融合性与冲突性等多方位来论述了这一习惯法的特点。《英国租借时期威海卫法律制度研究》则从形式、内容和法律实效三个方面来论述这一法制的特点,并对这些特点的成因作了解读。[④] 有些论文也提及了特点。《上海小刀会起义军法制评述》[⑤]对小刀会起义军统治上海华界期间,即1853年9月至1855年2月,建立法制的特点进行了概括,较为突出的是简约性和及时性两大特点。《吐蕃法律初探》对吐蕃法律的特点进行了探讨,总结为诸法合体、等级森严、佛教道德法律三位一体、妇女地位低下、保留了某些原始社会残余习惯等特点。其次,关于案例的研究。有少量中国地方法制史研究成果对地方案例进行研究,产出了成果。《清代江西赋税纠纷案浅析》一文把清代江西的地方性法规及文献、案牍材料、地方志、诉讼案卷等资料中的赋税纠纷案进行了整理和研究,并且探索了引起纠纷

---

① 参见薛梅卿、从金鹏主编:《天津监狱史》,上海辞书出版社2008年版,第1~3页。

② 参见麦林华主编:《上海监狱志》,上海社会科学院出版社2003年版,第1~6页。

③ 参见张晓蓓著:《冕宁清代司法档案研究》,中国政法大学出版社2010年版,第181~190页。

④ 参见邵宗日:《英国租借时期威海卫法律制度研究》,法律出版社2011年版,第276~289页。

⑤ 参见王立民:《上海小刀会起义军法制评述》,载《历史教学问题》1990年第4期。

的原因等。《新上海第一年刑案述评》一文则对上海在1949年5月后第一年中所发生的各种刑事案件进行了梳理、归类，主要分为反革命、经济、侵犯人身权和财产权等案件，接着还对打击这些犯罪所取得的成效和相关的一些问题进行了分析、论述。最后，关于地方法学教育与法学学术团体的研究。也有少量研究成果关注了地方的法学教育和法学学术团体并进行了较为深入的研究。《上海法学教育史研究》对上海自埠以后的1843年直到改革开放以后的2005年间的法学教育进行了全景式的研究，分为起源、发展、调整和挫折、振兴与繁荣四大时期，并对每个时期又分别作了阐述，最后还有结语。《上海市法学会历史变迁研究》则采用纵、横向相结合的体例，对上海市法学会进行了较为深入的探析，纵向以发展时期为主线，横向则以组织机构、社会功能、影响路径等相关问题为专题，整本著作的思路很清晰。

综上所述可见，四十年来，中国地方法制史研究的成果已经不少，成绩非凡，这为今后的进一步研究打下了良好的基础。

四、取得成绩的原因分析、存在的问题与进一步研究的展望

这四十年来中国地方法制史的研究，已取得不小的成绩。这些成绩背后的成因、还存在的一些问题和进一步研究的展望，都应该为今后的研究所关注。

（一）取得成绩的原因分析

这四十年来，中国地方法制史研究取得的成绩不小，大大超过中华人民共和国成立以后前四十年的成绩。这里仅以发表的论文来作比较。据统计，前四十年专门研究中国地方法制史的论文仅有7篇。[①] 这四十年的论文数则大大超过前四十年的数目，仅2005年就有10篇。[②] 一年超过四十年。著作的情况也基本如此。取得成绩的原因主要有：

第一，研究队伍开始壮大。这一队伍的壮大与法学教育的恢复和发展有直接关系。改革开放以后，中国的法学教育开始恢复，不久便有了一个前所未有的大发展。1979年时，法学专业的在校学生数为3008人，1998年时上升到85,565人。[③] 随着高校的扩招，法学专业在校人数有了进一步增长，到2008年，这一数字已提高到40万人，其中硕士研究生8万人，博士研究生1万人。同时，

---

① 参见《新中国成立以来发表的法律史论文目录》（一），载何勤华、王立民主编：《法律史研究》（第1辑），中国方正出版社2004年版，第197~207页。

② 参见《新中国成立以来发表的法律史论文目录》（三），载何勤华、王立民主编：《法律史研究》（第3辑），中国方正出版社2005年版，第374~390页。

③ 参见霍宪丹：《中国法学教育的发展与转型》，法律出版社2004年版，第326页。

具有法学专业的高校也扩张到超过600所。① 目前,仍保持着这一数据。法学专业学生的增加,从事中国法制史教研的人员也会增长。因为中国法制史是一门法学专业的核心课程,每个法学专业的本科生都必须学习。按每个学校配套一位教师来计算,全国会有超过600人的中国法制史教研队伍。其中,只要有一部分致力于中国地方法制史的研究,这支研究队伍的规模就比以往大许多。事实上也是如此。方慧、王立民、姚远、张晓蓓、王东平、尚海涛、栗明辉等作者都是中国大学中的教研人员。另外,还有一些硕士、博士研究生,特别是一部分博士研究生也以地方法制史为研究目标,博士学位论文以地方法制史为主题,地方法制史的成果便较为丰硕。《冕宁清代司法档案研究》《清代清水江下游村寨社会的契约规范与秩序》《晚清州县诉讼中的审判问题》《民国时期华北地区农业雇佣习惯规范研究》《西夏法律制度研究》《清代回疆法律制度研究》《上海公共租界特区法院研究》《近代社会变迁中上海律师》《英国租借时期威海卫法律制度研究》等力作,都是博士学位论文的翻版。可见,中国法学教育的大发展是中国地方法制史研究队伍壮大的直接推手。

第二,研究资料开始增多。中国地方法制史的研究依赖于地方法制史的资料。没有这些资料,这一研究便无法进行。改革开放以前,其中的有些资料没有对外开放,研究人员便无法得到这种资料,研究也就受阻,研究成果也就不多了。比如,地方的档案资料就是如此。改革开放以后,中国各地依据1987年制定的档案法的规定,纷纷开放本地保存的档案。这为研究地方法制史打开了方便之门,这一研究的资料一下子增加了许多。这里仅以研究上海地方法制史的成果而言,包括《上海公共租界特区法院研究》《近代社会变迁中的上海律师》在内,还有《上海法制史》《上海公安志》《上海检察志》《上海审判志》《上海监狱志》《上海市法学会历史变迁研究》《城市 · 规划 · 法制:以近代上海为个案的研究》等,无一不是大量运用了上海现存的地方档案资料。著作是如此,论文也是如此。有关地方法制史资料的增多,为中国地方法制史的研究提供了方便。

第三,研究环境开始宽松。改革开放以后,民主法治建设逐步推进,学术的春天到来,学术研究的环境开始宽松,研究人员的思想也开始解放。这正如《中国法律发展报告》中指出的,“思想解放使法学工作者勇于打破禁区,全方位地开展法学研究;思想解放也使法学工作者能够以科学的态度面对现实和理论研

① 参见王立民:《中国当前法学教育的职业化走向》,载《法制日报》2009年11月11日。

究中存在的问题，理性地思考解决问题的办法。思想解放更为广大法学工作者营造了一个从事法学研究的宽松环境，而这正是中国法学能够顺利发展的养分所在”。[①] 正因如此，中国地方法制史的研究也应运而发展起来了。

这三大主要原因的综合，正好是研究主体、客体和环境三大研究要素的有机聚合，这为中国地方法制史的研究并取得不小成绩铺平了道路。

（二）目前存在的问题

立足于今天，认真审视中国地方法制史的研究，可以发现还存在一些问题，主要有以下四个方面：第一，研究人员较为分散，没有形成研究合力。从现有的研究成果来分析，中国已经有一支地方法制史的研究队伍，分别研究以行政区划、地区、少数民族聚居区为单位的法制史。而且，人数已达数十人，形成了一定的规模。但是，这支队伍中的人员较为分散。大家都各自为政，各做研究，没有全国统一的研究计划、项目，无法形成研究合力。这会影响研究力量的有机组合，研究资源的合理配置，乃至系统、大部研究成果的产生。第二，研究的地域分布不匀，研究成果疏密不均。当前，虽有不少地方法制史的研究成果，但经过梳理可以发现，现有的这些成果所分布的地域不匀，还有很多地域没有为地方法制史的研究成果所覆盖。比如，中国有这么多的市、县，但有地方法制史研究成果的，也仅上海、重庆、广州、冕宁等一些市、县。又如，中国有五十多个少数民族，而且都有聚居区，但有地方法制史研究成果的，也仅藏、羌、傣、回、蒙古等少数的少数民族。同时，有的地方的地方法制史成果比较集中。再如，有关上海法制史的成果就相对多一些，著作、论文都有面世。许多地方法制史的研究成果就没有这么丰硕了。这就造成一个中国地方法制史研究成果不仅地域分布不匀，而且还密疏不均的情况，这从一个侧面反映出中国地方法制史研究参差不齐的现状。第三，研究资料没有被充分发掘，还有资料没有被充分运用。中国地方法制史的研究以资料为基础。没有这一资料，研究无法进行。缺乏相关资料，也会对这一研究带来不利影响，以致其无法深入。中国有大量地方史资料保存下来，不乏法制史的资料。其中，不仅有地方志，还有档案、契约文本、石碑、传记等。这些都可以被利用，为研究地方法制史做贡献。可是，从目前情况看，这些资料还未被充分发掘，更谈不上利用了。从上海档案馆所藏的上海华界、租界法制的资料来看，就是如此。同样，有些市、县档案馆里的地方法制史资料也在沉睡，没有被发掘、利用，它们都是中国地方法制史研究的潜在资料。第四，研究方法较为单一，高质量的研究成果不多。对现有的研究成果的

---

① 朱景文主编：《中国法律发展报告》，中国人民大学出版社 2007 年版，第 595~596 页。

审读可以觉察到,研究中国地方法制史的方法大多习惯于资料的搜集与归纳、观点的提炼与论证、根据部门法的要求进行分析和内容排列等。这些方法固然需要,也很重要,但是,要使这一研究向纵深发展、产出高质量的研究成果,这些方法往往不够,还需要运用其他一些方法,以使中国地方法制史的研究成果有全景式展示,有深刻的解读,提高其品味。这四个主要问题需要在今后的研究中加以解决。

(三)进一步研究的展望

中国地方法制史的研究起步较晚,可以研究的空间很大,要进一步推进这一研究,有必要重视解决现存的一些问题。首先,重视研究队伍的扩大和整合。目前,中国地方法制史研究的缺口不小,有不少地方的地方法制史研究成果还处于空白状态,这就需要组织力量进行研究,使这些空白及时得到弥补。而且,地方法制史的研究往往需要在本地收集相关资料,本地学者便具有了优势,因为他们会更熟悉当地的社会情况,更容易收集相关资料。从这种意义上讲,中国研究地方法制史的队伍还可有所扩大,人数也可有所增加。一些志同道合的学者可以作为新鲜血液加入这一队伍。另外,现有的研究力量也有整合的必要,以形成研究的合力,产出更为系统的高质量成果。中国已有系统的十卷本中国法制史研究成果即《中国法制通史》,①还缺少中国地方法制通史的大部著作。只有当研究力量得到合理、有效的整合以后,中国地方法制通史的成果才有望与大家见面。当前,可以先通过召开专门的地方法制史研讨会、成立相关的研究会、建立地方法制史研究的信息交流渠道等形式,加强学者之间的沟通与联系,为整合研究力量、产出更为系统和高质量的成果做准备。其次,重视研究资料的收集。中国地方法制史资料也很分散,有的还往往不被人们重视,可是要进一步推进中国地方法制史研究,没有资料不行。随着时间的推移、大工程的兴造、城市化进程的加快等,都有可能使一些珍贵的地方法制史受损,甚至灭失,因此当务之急是要重视收集这一研究资料,把它们尽可能多地保留下来,抢救下来,为研究做准备。不少地方法制史资料会存留在地方档案中,要特别重视地方档案的发掘。其中,既包括立法、行政执法档案,也包含司法档案等。中国已有一些地方法制史研究成果使用了大量地方档案资料,《上海法制史》《城市·规划·法制:以近代上海为个案的研究》《上海公共租界特区法院研究》《冕宁清代司法档案研究》《民国时期华北地区农业雇佣习惯规范研究》等,无一不是如此。还有,田野调查、口传资料也不能忽视。这些鲜活的资料往往

① 参见张晋藩总主编:《中国法制通史》,法律出版社1999年版。

能起到传世文献、档案等资料所起不到的作用,《羌族法制的历程》和《西南少数民族习惯法研究》等都使用过此类资料,效果很好。总之,要拓宽收集中国地方法制史资料的渠道,收集和使用更多相关资料,为进一步研究做好这一基础性工作。最后,重视研究方法的改进。现有的研究方法仍可使用,但更要重视引用其他一些行之有效的方法,比如理论分析、实证、比较等方法。使用这些方法可提升现有中国地方法制史的研究水准。理论分析方法可以提升这一法制史研究的理论水平,加强史论结合,突破就史论史的樊篱,使研究更具价值。实证方法可使这一研究突出定量分析,为定性奠定基础,做到定量与定性分析相结合,以使研究的问题和提出的结论更具说服力。比较方法可以在比较过程中,凸显地方法制史的特点,反映出它们的差别与实质。当然,在使用这些方法时,也须因地制宜,切忌盲从。要在适当的地方使用适当的方法,物尽其用。比如,把中国地方法制史与中央法制史做比较,可以反映出它们各自的特点;把不同省份、地区的法制做比较,可以提炼出它们各自的差异与特色;把不同少数民族聚居区法制史做比较,可以烘托出它们的相同点与不同点,等等。可以相信,随着研究方法的改进,中国地方法制史的研究还可再上几个台阶。

第十四章　中国当代法制史学演进的思考

从学科发展史而言,中国法制史学的发展固然需要时代赋予它的轨迹,但进程却并非机械被动地适应,而是应当有一个积极主动的催生过程,故而便不能不对中国法制史学的发展状况进行一番慎重的反思。

第一节　演进阶段

根据不同时间段的研究状况,笔者把中华人民共和国成立后中国法制史学的发展,划分为三个时期:蛰伏期(1949~1978年)、复苏期(1979~1989年)和发展期(1990~1999年)。

一、蛰伏期(1949~1978年)

1949年中华人民共和国的成立,从根本上改变了中华大地的面貌。从这时开始,国家在各个方面包括学术领域的建设和科学研究,本来都可以蓬勃地开展起来。但是由于战乱频仍,加上帝国主义的封锁和挑衅、国内反动派的破坏,以及随后几年相继进行的土地改革、镇压反革命、三反五反、抗美援朝和在意识形态领域内的各种批判运动,以致在1949年以后最初一段时间内,许多方面都没有获得预期的进展;社会科学包括法律史学研究,由于"以阶级斗争为纲"的方针的贯彻,基本处于一种停滞不前的状态。

值得庆幸的是,这一时期的法制史研究和历史研究常常融为一体。研究人员中,有不少历史学专业出身或研究领域在历史学的学者从事中国法制史研究的,比如王永兴是著名的唐史专家,后来对唐律的研究颇为关注,并有论文发表。中国法制史研究人员也常常参与到史学问题的讨论中,这在某种程度上使中国法制史依靠历史学得以更好地存续和发展。

总之,这一时期不论从研究内容还是研究方法上,都没有明显突破。漫长而沉闷的黑夜需要惊雷的打破,中国法制史的研究需要这一声惊雷的来临迎接春天。因此,这一时期成为中国法制史研究的蛰伏期。

二、复苏期(1979~1989年)

"四人帮"被粉碎和"文化大革命"被否定,特别是1978年12月举行的中国共产党第十一届三中全会和它制定的一系列路线、方针、政策及其全面贯彻,给国家和人民重新带来了和煦的春天。从这个时候起,社会科学和其他领域的情况一样,逐步展开了崭新的局面。就中国法制史学而言,广大的研究者们在痛定思痛之余,精神振奋,意气风发,从各个角度发挥出莫大的潜能。

正是在这个关键时刻,中国社会科学院法学研究所的领导和研究员们当仁不让,在牵头做了大量的先期工作之后,联络全国各有关研究机构和各高校法学院所,在党的十一届三中全会精神的指引下,于1979年9月在吉林省长春市召开了全国法律史学术讨论会。会上除落实组织措施,经过协商,成立了全国性的第一个法学分支机构"中国法律史学会"和选举产生了学会的领导机构之外,同时就研究方面面临的一些重要问题进行讨论并提出了建议。从此,中国法制史研究进入了一个新的时期。①

该时期的研究,一是摆脱了中华人民共和国成立之初套用的苏联研究模式,客观、科学地认识马克思主义理论,以马克思主义理论为指导研究中国法制史,构建新的学科体系。二是通过对法的继承性问题的大讨论,对此有了全新的认识,认为法律具有继承性,冲破了否定旧的一切的樊篱,开始正视中国法制史以及以往的研究成果,特别是20世纪初的50年里学科体系的构建以及研究的范围及方法等优秀成果,以实事求是的态度对待中国传统法制,还历史真面目。三是科学地运用马克思主义原理,正确运用阶级分析及其他的研究方法,探索中国法制史发展的内在规律。这些无疑使陷于停滞的中国法制史研究进

---

① 参见饶鑫贤:《二十世纪之中国法律思想史学研究及其发展蠡测》,载饶鑫贤著:《中国法律史论稿》,法律出版社1999年版。

入了一个新阶段。在1979年复刊的《法学研究》试刊后的第一期中，中国法制史的研究论文即占很大比例。1982年出版的张晋藩主编的高等法学试用教材《中国法制史》，为中国法制史的教学和研究提供了基本教材。曾宪义主编的《新编中国法制史》、肖永清主编的《中国法制史简编》等教材的出版，有力推动了中国法制史教学和研究逐渐深入。①

三、发展期(1990~1999年)

自1990年起，随着研究人员的增多、研究方法的多样化，中国法制史研究进入了一个新的快速发展时期。

特别在研究方法上呈现多样性的特点，也取得了丰硕的成果。这一时期的论著在研究方法上继续纠正将法制史简单描述为阶级斗争史的偏激做法，并逐步运用历史唯物主义的理论和阶级分析的方法取得了一系列成果。基础性的资料整理工作成绩斐然。刘海年、杨一凡主编的《古今珍稀法律集成》(科学出版社1994年版)，刘俊文、田涛的《官箴书集成》(黄山出版社1997年版)即是这方面的典型代表。

随着国际交流的深入和学者们视野的开阔，用中西比较的方法进行研究也是一大热点，其代表性的成果有：梁治平等的《新波斯人信札》、张中秋的《中西法律文化比较研究》、公丕祥的《法律文化的冲突和融合》等。著者运用比较的方法，将中国传统法制放在世界法律文化体系进行考察，得出的结论相对比较全面和科学。

用文化学的方法研究中国法制史的著作也有不少，代表性作品有武树臣等的《中国传统法律文化》，该书以法律实践活动的总体精神和宏观样式为标准，对中国传统法律文化进行了总体描述，勾勒出其发展线索和发展规律，将中国传统法律文化分为劣性、良性、中性遗产。陈晓枫的《中国法律文化研究》，运用法文化学的模式理论对中国现代的法律制度进行了文化分析，诠释了法律制度与现实实现中的若干问题，认为作为深层文化结构的思维方式，决定表层和中层的文化结构，而中华民族特有的思维方式具有恒定性，它决定了中国法文化的现状，从而合理阐释了法制建设中诸多矛盾的根源。梁治平的《法辩》，以法律阐明文化，以文化阐明法律，围绕中国法的过去、现在、未来的发展，阐明了对中国法的思考，以文化学理论认识中国法的历史演变。

对中国法制史的研究，还有用考古学的方法、哲学的方法、人类文化学的方

① 参见陈晓枫、柳正权：《中国法制史研究世纪回眸》，载《法学评论》2001年第2期。

法、规范分析法、描述评论法、历史演绎法、语义分析法等多种方法，多视角的研究，使研究的深度、广度达到了一个新的水平。

随着研究的不断拓展和深入，中国法制史的研究领域也在逐渐扩大。从注重对国家法律制度的研究，到重视地方法制的研究，上海、东北等地的学者已对地方法制做了系统研究。从重视刑法制度的研究，到大量民事、行政法史等研究成果问世。同时，部分学者开始重视动态法制史的研究，注重从社会的各方面去综合考察法律实施、社会效果及法制状况。梁治平的《清代习惯法：社会与国家》，从法律社会学的角度，研究了清代习惯法的渊源、背景、形态、功用，反映了习惯法与国家法的关系以及它在社会发展过程中的作用。

20世纪中国法制史的总结性著作是张晋藩任总主编的《中国法制通史》，该书从策划到全部出版历经20年。其以坚实的专题研究为基础，在前阶段的研究基础上，综合了20世纪法律史、历史学、考古学的成果，资料十分丰富，论证甚为确当，集中展现了当今的研究水平，为20世纪的中国法制史研究，画了一个较为圆满的句号。①

第二节　研究方法与影响研究方法的因素

广义地说，方法论是指导人们认识世界、改造世界的最一般、最根本的思维方式和思维理念。世界观与方法论是一致的，有什么样的世界观就有什么样的方法论，世界观指导方法论，方法论贯彻世界观。

20世纪90年代初期开始，尤其是中后期，很多学者充分认识到法史研究需要“新思维、新方法”，应该对既有的观点以新的方法重新审视。例如，1993年叶孝信在为《中国民法史》写的“绪论”②中，对当时法制史教材仍沿用的“诸法合体，民刑不分”说提出反驳；再如，《明清例辨析》③等文对传统的“以例破律”说等观点进行了批驳，而这不仅是90年代学者们对如何科学地认识中国法制史的探讨，更是对方法论的探讨与思考。

有学者认为，“历史”反馈在人们眼中其实是三个不同的“世界”，分别是：现象世界，即历史“是什么”；根源世界，即历史“为什么是什么”；意义世界，即历史能为我们的现在和将来提供什么。而这三个世界对学术研究的要求各有

① 参见陈晓枫、柳正权：《中国法制史研究世纪回眸》，载《法学评论》2001年第2期。
② 叶孝信主编：《中国民法史》，上海人民出版社1993年版，卷首“绪论”。
③ 王侃、吕丽：《明清例辨析》，载《法学研究》1998年第2期。

不同：现象的世界需要描述，根源的世界需要追究，意义的世界需要探求。[①] 那么，我们不仅要反思，20 世纪 90 年代中国法制史研究对哪一个问题研究得更多、更重视？传统的法制史研究大多是用考证、注释的方法，从 20 世纪 80 年代中期开始一种新的学术方法——追寻深层次、多方位的研究方法，[②]虽然时至 20 世纪 90 年代其仍未成为主流的研究方法，但我们看到了学术界对这一问题实践性的探索。例如，20 世纪 90 年代主要的研究方法有考证法、注释法、计量法、综合法、比较法、分析法。其中，分析法不仅包括以往的阶级分析法，还有社会分析法、文化分析法等。从学术史的高度看，中国法制史研究的发展进程"符合人们认知力发展的一般规律，与其他国家法律史学发展的轨迹也相一致"。[③] 如罗马法的研究，经历了从注释法学派、理性法学派至历史法学派的发展演变过程，[④]也是从纯粹文本性研究逐渐向综合性、实践性研究转变。"回顾法律史学科的发展史，我们可以清楚地看到每一种新的科学研究方法的出现都会给法史学科带来一次繁荣。"[⑤]我们看到了 20 世纪 90 年代法史学者们对方法论的讨论与实践，同样也看到了学科的繁荣发展。

对于如何进一步发展中国法制史学，张晋藩提出过几点看法，如法制史研究需要总体把握与多角度相结合，凡能揭示中国法制历史真实进程和规律性的方法都可以采用，应注意理论与史料的统一等几个方面，[⑥]也重申了研究方法可以多角度结合、可以多样化。

作为传统法学与现代法学的冰人，法制史学有着自己的独特术语和内涵，

---

① 胡旭晟：《描述性的法史学与解释性的法史学》，载《法律科学》1998 年第 6 期。

② "传统法史学的主流是描述性的，它以史料的考证为根本，而 80 年代中期以来兴起一种解释性的法史学，它以对历史的学理分析和文化阐释为特征，二者共同构成我国法史研究的新格局。大致而观，前者指向历史的现象世界，是一种客观性考察，它实质上是一种'发现'，其价值主要是学术性的；后者指向历史的根源世界和意义世界，是一种主体性的'理解'，它实质上是一种'创造'，其价值主要是文化性的和社会性的。在当前，两派学者之间存在种种风格差异，需要相互尊重和理解……从传统的哲学、经济学、社会学、伦理学、人类学理论到新兴的哲学解释学、现象学、结构主义、符号学观念等等。可以说，我们每多一种解释的工具，'历史'便会在我们面前多显现出一层意义，我们也就会多一份创造的收获。"参见胡旭晟：《描述性的法史学与解释性的法史学——我国法史研究新格局评析》，载《法律科学》1998 年第 6 期。

③ 王志强：《中国法律史学研究取向的回顾与前瞻》，载中南财经政法大学法律史研究所编：《中西法律传统》（第 2 卷）。

④ 参见周枏：《罗马法原论》（上册），商务印书馆 1994 年版。

⑤ 侯欣一：《法制史研究要有科学的定位和方法——钱大群教授〈唐律与唐代法律体系研究〉一书读后》，载《南京大学法律评论》1997 年第 2 期。

⑥ 参见张晋藩：《中国法制史学发展历程的反思和期望》，"法律史学科发展国际学术研讨会"会议交流论文暨张晋藩教授大会主题发言。

也天然存在现代词语与古典语境之间的紧张。比如"所有权"或者"物权"这一类词,在中国古代法律生活中并没有出现,而是用"为有""名下""占有""占"等词语来表达。① 仅仅是词语不同但所指之物相同倒还不难应对,最棘手的是"词不达意"的状况,用现代的法律术语去生搬硬套古代法律现象,引起了很多争议,在中国法制史学界都未达成基本共识,那么其他学科的学者难免对此有所非议和质疑。

一、主要研究方法

在此按法制史的学科属性将之划分为历史的研究方法和法学的研究方法,但这样做的结果难免会造成一些方法上的重叠,因为无论是历史的还是法学的,两者都可以包括诸如阶级分析法、比较分析法这类有点百搭的方法,只是在不同时期侧重会有所不同。

(一)传统历史学的研究方法

法制史是一门法律与历史的交叉边缘学科,历史学的许多研究方法自然也会被法制史学者运用。传统的史学方法主要是:处理历史资料的方法,像考订、校勘、训诂,还有对资料的收集、辑录、整理等,以期尽可能详尽、逼真地展现出古代法制的状况以及当时人们对于法律的种种认识。学者们大多执着于历史之"真",因而对史料、古籍以及"恢复"历史本来面目等怀着猎奇或者探险般的浓厚兴趣。例如,传汉的《"窥宫者膑"释》,考证了"宫"字在秦汉以前的用法,从而纠正了几种法制史著作中用秦汉以后"宫"字的含义来解释成书于战国初期的《法经》中的法条。② 史学界的学者研究法制史的一个优势便在于善于甄别史料的真伪,能够最大限度地借助那些已经发掘、考订的史料等成果作为研究的基础。历史学出身的高潮在他的一篇论文中指出:"用铜器铭文研究古代史,在史学界可以说蔚然成风,然而在法学界并没有受到足够的重视。"③他根据铭文提供的实例,对周代财产所有权提出新的观点,认为除周王之外,诸侯大臣对不动产和某些动产,不仅有占有、使用权,还具有处分权,这些权利为国家所认可,并受法律所保护。他的另一篇代表作则以历史考证的方式对"五虐"之中

① 周子良:《研究中国法律史的几点断想》,载倪正茂主编:《法史思辨:二〇〇二中国法史年会论文集》,法律出版社2004年版,第76~84页。

② 参见传汉:《"窥宫者膑"释》,载《辽宁大学学报》1984年第5期。

③ 高潮、刘斌:《铜器铭文中的法律史料——兼论周代的财产所有权》,载《中国法学》1988年第6期。

是否包括刖刑以及“膑”“刖”如何行刑的问题做了解释。① 同样是拥有历史学背景的学者戴建国，其研究领域集中于宋代，在《宋代的提点刑狱司》一文中，他引用《宋会要》《庆元条法事类》《长编》《文献通考》等大量史料，对宋代提点刑狱司的设置、组成、职能、考课监督和作用做了系统的阐述，即见其史学功底之深。值得一提的是，他还对当时较少为人注意的古代狱政制度做了研究，依然是通过大量史籍考察了宋代监狱、监狱管理、囚犯的医疗饮食待遇、狱官责任及狱政监督，并在论述制度的同时引用一些案例说明了上述制度的部分实施情况。从某种程度来说，几乎所有法制史的论文都会涉及历史资料的处理，毕竟法制史是历史的一部分，这是研究的基础。

当然，有很多学者都主张法制史的立足点在于法，而非史，这就对研究者提出了更高的要求，除具备良好的法学素养外，还要有扎实深厚的史学基础，否则，一个连史料甄别都不懂得或者对于史学界已经取得的成果茫然无知的研究者又如何能获得认可呢？不过，单单从历史学的角度分析问题难免会有盲人摸象的缺憾，虽然可以看到相关律文的逐条分析，却并不能使我们清晰地理解条文及其所使用的概念与现代法律体系中对应概念的联系和差别。②

(二)法学的研究方法

通常来说，属于法学本身的研究方法，主要是实证分析法。它以感觉经验为基础，以可以操作的逻辑形式来检验或推导出概念和命题。具体而言又可以分为两种：其一，是建立在逻辑实证主义基础上的规范分析方法，主要解决“法律是什么”的问题。它注重对法律的概念、渊源、形式和效力进行解释，一般很少甚至不考虑法律以外的因素对法律的影响，而仅限于法律规范本身的内容。80 年代中国的法制史研究相对注重宏观叙事，喜欢从整体或类型的角度谈论中国法律史，思辨色彩浓重，即是其典型体现。80 年代发表的论文也多是以中国古代整体法律制度或中华法系为对象的研究，如《中华法系特点初探》《中国古代法治与社会经济的发展》《中国封建社会两类法律形式的消长及影响》等。③其二，是建立在经验实证主义基础上的社会实证分析方法，如社会调查、资料统计和定量分析、历史考察等，它以可以观察和描述的事实来概括或检验命题和概念，解决“法律在实际上是怎样的”问题，同时关注其他因素对法律的影响。

① 参见高潮、史幼华：《刖刑名实考》，载《现代法学》1985 年第 2 期。

② 参见杨廷福：《〈唐律〉关于社会预防犯罪和社会治安的规定》，载《社会科学战线》1985 年第 2 期。

③ 闫文博：《1979—2007 年我国法制史研究综述——以〈法学研究〉为中心的考察》，载《法律文献信息与研究》2008 年第 3 期。

正如钱穆先生所言,“单研究制度本身而不贯通之于当时之史事,便看不出该项制度在当时之实际影响……每一制度自其开始到其终了,在其过程中也不断有变动,有修改。历史上记载制度,往往只举此一制度之标准的一段落来作主,其实每一制度永远在变动中,不配合当时的史事,便易于将每一制度之变动性忽略了,而误认为每一制度常是凝滞僵化,一成不变地存在”。① 可惜在关于司法方面的论文中,更多的是热衷于研究制度本身,例如,审判制度、监狱制度、断狱责任制度,或者是研究司法机关、狱官制度的,较少有法制实施方面的论文,这可能和资料的挖掘、收集不足有关。法制实施不似直接研究法律文本,它需要在一些史籍、档案甚至文学作品中寻找蛛丝马迹,抽丝剥茧地整理出相关内容,颇费工夫。

理论上讲,法制史学是法学与史学的交叉学科,要求研究者兼具法学和史学两门学科的功底和素养。20世纪五六十年代法科背景的学者在法制史的研究中似乎并不存在与史学学者泾渭分明的差异,他们仍然注重对史料的考证和分析,以马克思主义历史观看待各种现象,并没有将法学专门使用的概念和术语放置在特定法律体系中去理解,运用诸如规范性、权利与义务、程序性规则等法学思维模式来解读法律制度和法律现象。比如刘海年的《秦代法吏体系考略》利用云梦秦简提供的新材料结合史籍中有关记载,对秦代法吏体系进行一些新的探讨。乔伟的《五刑沿革考》通过分析我国各个历史时期政治、经济和文化的发展水平以及阶级力量对比关系的发展变化,详述了五刑在各朝代的沿革情况。但80年代毕业的法科学者则有了微妙的转变,他们逐渐倾向于依靠法学理论的学术训练和思维习惯,侧重从法的角度进行研究。比如张中秋的《试论唐朝司法审判的法律依据》根据“罪刑法定主义”产生的历史背景和它的四个分原则,对照唐朝司法审判的法律依据,辨明唐朝司法审判实行的到底是什么原则。苏亦工的《论清代律例的地位及其相互关系》从法理学的理论出发,探讨律和例的性质、地位、作用以及二者的相互关系。郭成伟的《从阿云狱的审理看宋神宗年间的“敕律之争”》从社会政治、经济、法律状况分析阿云狱发生的历史条件,并指出变法派与守旧派围绕审理阿云案展开的敕律之争,其实质是两派政治、经济斗争在法制上的延伸,而任何带有根本性的法律改革,只有彻底根除旧的社会经济基础与政治制度,法制上的革命才会取得成功。上述转变和80年代西方法学理论的引入不无关系,而且研究视角也渐趋多样化,不再局限于就制度论制度,而是从一个小事件入手,逐渐放大事件背后的政治经济法律等

① 钱穆:《中国历史研究法》,三联书店出版社2001年版,第33页。

因素的作用。正如有学者指出的,“法学界与史学界的法制史研究的区别可能并不在于对象和资料,而在于观察的角度和研究的方法”。①

二、影响研究方法的因素

(一)指导思想

不同的研究指导思想,会有不同的思维定向、内容取舍、理论分析、价值判断等,也会展现不同的法制史。法制史研究的指导思想,其实质是用什么样的观念去分析和认识法制史。通常来说,某个阶段的指导思想往往体现了当时国家的意识形态。

(二)研究对象和史料

每一门学科都有自己的研究方法,其分支学科亦不例外。除共同的研究方法外都要有所侧重,例如,制度史侧重于考据和解释,而思想史则侧重于归纳和分析。单就法制史而言,不同的研究对象决定了史料搜集范围、种类的不同,进而直接影响着方法的运用。例如,一个研究者试图研究某个朝代的具体制度而搜集了相关典章制度的文本史料,那么其很可能采用考据、分析的方法进行研究,从而排除了比较、综合、社会、文化等研究方法。倘若要研究民间的司法运行状况,那么他多半会积累一些民间法律文书,如契约文书、分家文书、乡规民约、家规族法、商业文书、讼师秘本等,从而以社会学的方法为切入点进行分析。大量新资料的发现往往能在相关学科领域产生划时代的革命,正如陈寅恪先生所说,“一时代之学术,必有其新材料与新问题。取用此材料,以研求问题,则为此时代学术之潮流”。不难发现,古代官员的司法案牍、行政司法事务的指导书和官箴书、地方志、地方法、习惯法,甚至稗官野史、笔记小说、戏曲唱词、法律俗语、宝卷善书、器物图画,也陆续成为学者们热衷收集的史料。应该说,法制史的研究并没有固定的方法,其选择在很大程度上取决于研究对象以及所掌握的史料。

1979 年以来,随着我国政治环境的相对宽松,我国法制史的研究范围更加广泛,也更有深度。据统计来看,这一时期对于秦律、唐律、清律和革命根据地法制的研究仍是一个重点,不仅在数量上比较多,而且研究内容和方法也更加丰富。虽然对于其他朝代的法律制度的研究也有,但与这些相比就显得少多了。

---

① 如同样是研究契约,历史学家从中考察地租、赋税、阶级关系等问题的历史演变和影响,法学家则侧重于法律分析。参见苏亦工:《法律史学研究方法问题商榷》,载《北方工业大学学报》1997 年第 4 期。

1979年以后,对秦律的研究给予了高度的关注,仅是发表在《法学研究》上的论文就有几十篇。高恒的《音夫辨正——谈云梦秦简札记》、黄贤俊的《对云梦秦简中诉讼制度的探索》、刘海年的《云梦秦简的发现与秦律研究》、刘序传的《从云梦秦简看秦代的经济立法》、王传生的《从秦简看社会变革时期经济生活的法律规范》,这些论文是在新发现的秦简的基础上对秦律进行研究而产生的成果。这种利用最新考古成果进行研究的方法也是新颖的。钱大群的《谈"隶臣妾"与秦代的刑罚制度》、李力的《亦谈"隶臣妾"秦代的刑罚制度》、王占通与栗劲的《"隶臣妾"是带有奴隶残余属性的刑徒》、刘海年的《关于中国岁刑的起源——兼谈秦刑徒的刑期和隶臣妾的身份》、钱大群的《再谈隶臣妾与秦代的刑罚制度》,这些论文针对"隶臣妾"这一罪名出现的时期、内容和性质进行了反复的辨析和研究,最终使人们对"隶臣妾"这一罪名有了更为清晰的认识。这种对概念的分析、比较研究法一直是主流的研究方法。刘海年的《秦汉诉讼中的"爰书"》、段秋关的《试论秦汉之际法律思想的变化》、刘海年的《秦律刑罚的适用原则》、高恒的《秦律中的刑徒及刑期问题》、栗劲的《秦律和罪刑法定主义》、王森的《秦汉律中宪、耐、完刑辨析》、张少瑜的《先秦兵家法律思想概要》、闫晓君的《秦汉盗罪及其立法沿革》、张培田与陈金的《先秦时期债流转的史实探析》、刘笃才与杨一凡的《秦简廷行事考辨》等论文,均选取秦律中的某一方面进行研究,极具针对性,弥补了秦律中研究的空白,加深了人们对秦律的认识。新史料的挖掘极大地拓宽了法制史研究的范围和视野,弥补了研究上的空白。这不得不说与1975年在湖北云梦睡虎地秦墓竹简的发现有很大关系,这些资料的发现为研究秦代的法律制度提供了丰富的材料,在此之前对于秦律的研究限于史料的匮乏而略显苍白,但在此之后关于秦律的著作和论文如百花竞放,不断涌现,填补了法制史学上的空白,可以说,对秦简的研究开了研究断代法制史学风气之先。在20世纪初和20世纪70年代分别在敦煌和吐鲁番出土了大批唐代文书,学者们据此对唐代的法律制度重新进行了思考和研究,对以前的谬误之处进行了修正。如高潮与刘斌的《敦煌所出借贷契约研究》、冯卓慧的《从几件敦煌吐鲁番文书看唐代法律形式——式》即是在此资料发掘基础上的研究成果。另外,刘海年的《战国齐国法律史料的重要发现——读银雀山汉简〈守法守令等十三篇〉》、李温的《一部罕见的中世纪法典——〈西夏法典·天盛年改定新律令(1~7章)〉简介》、崔永东的《〈王杖十简〉与〈王杖诏书令册〉法律思想研究——兼及"不道"罪考辨》等论文也都是新资料发掘基础上的成果,这一方面体现了史料对于研究法制史的重要意义,另一方面也体现了学者们与时俱进，紧跟时代潮流和步伐，不断更新自己的知识和研究以适应新形势的需要。作为史学研究一种的法制史研究，这种研究方法依然需要关注和重视。

我国古代法制在唐朝时达到巅峰，唐律起到了承上启下的作用，《唐律疏议》所取得的成就和影响为世界所公认，也正是由于唐律所取得的成就促进了中华法系的形成和传播，因此我国学者对于唐律的研究从未中断，取得的成果也比较丰富。胡曰武的《唐律"婚书"考》认为，在7世纪时，我国婚姻的确立已经从习惯法转向有"婚书"的法律形式，在我国婚姻发展史上，这是一个重大变化，是当时社会生产力迅速发展的结果。陶毅《关于中国古代婚姻立法的质疑》针对胡曰武提出的观点进行了批驳，他认为中国古代调整婚姻关系的法律，自奴隶制社会便以成文法的形式出现，并不长期单纯沿用习惯法。唐律中的"婚书"制度，只是自奴隶社会开始的关于结婚的法律制度的延续和发展，谈不上是划阶段的"重要变化"。无论如何，这时的研究者已注意从经济的角度研究分析问题，这种研究方法的拓展是值得注意的。

以《宋刑统》为代表的宋代法律制度，既继承唐以来优秀的法律传统，又根据时代的特点和当时的情况予以变通和改进，因此宋代的法律亦受一些学者的推崇，对其的研究也非常丰富。研究宋代法律的论文，如赵晓耕的《试论宋代的有关民事法律规范》、薛梅卿的《沈家本对〈宋刑统〉的研究和传播》、张中秋与陈景良的《宋代吸引外商的法律措施叙论》、戴建国的《宋代赎刑制度述略》、王侃的《宋例辨析》与《宋例辨析续》、张建国的《略论北宋的专卖法制》等，往往是从某一方面入手考察宋代法律制度的特点，这种具体研究法有助于研究的深入和细化，是比较有益的。90年代中后期以后，我国法制史的研究由以前比较注重对法律史的宏观叙事，向对某些具体制度进行细致、精准考察的趋势转变。比如陈朝壁的《中华法系特点初探》、张晋藩的《中华法系特点探源》、武树臣的《中国传统法律文化构成及其对实践的影响》、刘海年的《中国古代的法治与社会经济发展》、马小红的《中国封建社会两类法律形式的消长及影响》、杨振洪的《论中华法系的形成和发展条件》、何勤华的《中国古代法学的死亡与再生——关于中国法学近代化的一点思考》等论文，大多是以中国古代的整体法律制度或中华法系为研究对象，是对中国古代法制整体状况的描述和研究。而贾静涛的《中国古代的检验制度》、曾炳钧的《中国封建刑律中的八议》、纪清漪的《中国古代法医学初探》、程维荣的《我国封建社会犯罪预防初探》、李龙的《我国古代的年龄制度》、程辑雍的《中国历代基层政权组织略考》、史凤仪的《中国封建社会的继承制度》、肖胜喜的《略论我国古代死刑复核制度》、李龙的《中国民法沿革考略》、艾永明与钱长源的《中国封建社会理冤制度述论》、李明德的《中国法律起源的新探索》、昊汉东与王毅的《中国传统文化与著作权制度略论》、陈涛与高在敏的《中国古代侵权行为法例论要》、李祝环的《中国传统民事契约中的中人现象》、杨一凡与刘笃才的《中国古代匦函制度考略》等论文，则是以某一具体问题为主要研究对象，如检验制度、年龄制度、继承制度、理冤制度、侵权行为法、匦函制度等，对整个中国古代的相关制度进行研究和分析，这种研究方法避免人为地割裂历史尤其是法的历史发展的进程，对法的传承和演变过程能有更清晰的把握和认识。与那种对某一时期某一特定问题进行关注和研究不同，这种研究方式有其自身的优势和特色，但我们也能够发现，这样的研究由于横跨了整个中国古代社会，因此来讲研究的深度就有限了，给人一种浅尝辄止的感觉，似乎意犹未尽。而 20 世纪 90 年代中后期以后所发表的论文中，尽管也有一些这样的文章，如杨鸿雁的《中国古代耻辱刑考略》、刘笃才的《中国古代民间规约引论》、任强的《中国封建法再认识》、柴荣的《中国古代先问亲邻制度考析》等，但已不占多数，相对来讲对小问题的细致挖掘的文章数量逐渐上升。总之，总体的研究和具体的研究这两种考察方式都是必要的，具体的研究使我们对某一方面的问题更清楚明白，然后在此基础上去归纳、总结或梳理法律制度总体上的特点，更有利于得出有益的结论，因此，应当将二者紧密地结合，互相支持，以促进研究的深入进行。

清代距今较近而且资料丰富，因此对清律的研究一直是我国法制史研究中的热点和重点，在这一时期亦不例外。研究成果主要有，张晋藩的《清律初探》、李贵连的《〈大清新刑律〉与〈大清现行刑律〉辨正》、张晋藩与郭成康的《清〈崇德会典〉试析》、张晋藩与郭成康的《由崇德三、四年刑部满文原清初的刑法》、李建华的《沈家本对比附援引旧制的改革》、曾代伟的《〈暂行新刑律〉辨正》、梁彦的《清末的地方立法机关——谘议局及其立法初探》、徐立志的《清末的商事立法及其特点》、李贵连的《晚清〈国籍法〉与〈国籍条例〉》、何敏的《清代私家释律及其方法》、苏亦工的《清代八议制度存废考析》、何敏的《清代注释律学特点》、郑秦的《顺治三年律考》、苏亦工的《发现中国的普通法——清代借贷契约的成立》、王侃与吕丽的《明清例辨析》、艾永明的《清末修律的"中外通行"原则》、杨泽伟的《近代国际法输入中国及其影响》等。这个阶段对清代法律的研究不仅数量比较多，而且研究范围也日益扩大，既有对清代法律的整体性特点、对明律的继承和发展的研究，也有对清代律典的考证，还有对某些特定制度或法律形式等进行的细致研究，研究方法是全面的，这些研究能帮助人们认识清代法律、政治制度及其特点、律例之间的关系等。

我国社会主义的法制是由革命根据地的法制演变而来，因此对新民主主义时期红色区域立法的研究比较受到重视。如常兆儒的《陕甘宁边区的简政与行政立法》结合机构精减、明确职责范围，调整干部队伍，健全干部制度建设、整饬政纪、严明奖惩几个方面考察了边区精兵简政中的经验教训。韩延龙的《红色区域司法体系简论》总结了红色区域的司法制度，梳理了司法机构的发展历程，总结了其中的经验和教训。张希坡的《革命根据地的基层政权和群众性自治组织》研究了新民主主义革命时期革命根据地的基层政权和群众性自治组织的产生和发展，并从中提出了借鉴性意见。韩延龙的《红色区域婚姻立法简论》从立法原则、结婚条件到离婚原则等方面简要地评述了我国红色区域的婚姻立法。杨永华、王天木、段秋关的《论陕甘宁边区法制建设的原则》以翔实的史料全面地论述了陕甘宁边区在法制建设中贯彻人民民主、法律面前人人平等、实事求是和群众路线的原则。此外，侯欣一的《陕甘宁边区高等法院司法制度改革研究》、汪世荣的《陕甘宁边区高等法院对民事习惯的调查、甄别与适用》、侯欣一的《陕甘宁边区司法制度的大众化特点》等论文，根据陕甘宁边区高等法院档案、当事人日记、文集、边区报纸、政府文件等原始材料，从政治和法律相结合的视角考察了陕甘宁边区的司法制度，所体现出的地缘研究、司法实例研究等方法，都具有重要价值。

此外，采纳正史之外的资料，如文学、诗歌等来间接分析法律问题的方法也越来越多地被研究者使用。如王元明的《从〈诗经·召南·行露〉一诗看周代的诉讼》，通过《诗经·召南》中一首题为《行露》，内容为一个被欺凌、被诬告的劳动女子在法庭上的申诉之词，考察了周代的诉讼法律制度及其实施和运行情况。丛学斌的《〈周易〉中记载的周代刑法》，通过对《周易》中的卦辞和爻辞的分析，概括了周代刑法的内容和实施情况。尽管正式记述法律制度的比较传统的历史资料应该受到重视，但亦不能因此而否定其他资料所具有的历史价值，比如传说、诗歌、小说等文学作品，虽然其中可能有虚构的成分，但不可否认的是人们的认识总是源于一定的社会现实，因此古人在对此进行记录和复述的时候势必会反映出一定的社会现实，由此可见对《诗经》、《周易》或其他某些文学作品的考察，通过分析其背后法律运行的规则得出一定的结论是可行的，也是正确的。这种方式值得我们重视。

总之，1979 年以来我国的法制史研究在前人的基础上，适逢良好的政治环境和开放自由的学术风气逐渐形成，使研究内容更加广泛，取得的成果也越来越多。新史料的挖掘和整理(如秦简、汉简、敦煌文书的出土)为研究某些时期的法律提供了物质基础,弥补了研究中的空白;研究由整体宏观模式的研究逐渐转向更为精准、细致的考察,反映了学者们思路的转变,这对准确和严谨地把握相关问题很有帮助,同时也形成了更严谨认真的学术风气;学术交流活动的增多和更多的法律史研究者加入到这项工作中,既给法制史的研究提供了平台,也输入了大量的新鲜血液,使研究更具有传承性。[①]

第三节　法制史学的价值

许多人都会觉得,一门学科的发展,必须兼有学术价值和社会价值,两者缺一不可。缺少学术性,学科的发展难以维系;缺少社会性,学科就没有生命力。"历史"呈现于史学家的视野中,原本就是三个不同的"世界"。[②]

一、学术价值

史学史研究是历史学的一个重要分支学科,在法制史研究中它还是一个新兴的、也是较弱的学科。

就学科发展而言,这种研究将有助于对学科的深刻反思以及长远规划,同时也是对越来越边缘化的法制史学科地位的重视。张晋藩认为,"中国法制史是法学的基础学科,它阐明了法学各个分科历史发展的源流关系,较之法学分科的内容更加丰富;中国法制史又是历史学的一个分支,属专门史,较之一般的历史学尤为深邃。这就决定了研究中国法制史不仅需要文史哲方面的知识还需具备法学的功底,因而是一门艰深的学问","对当前构建和谐社会等一系列重大问题提供真实的历史借鉴,这是中国法制史学生命力的所在"。[③] 饶鑫贤认为,"在法学领域,法律史学具有特殊的学术功能和社会功能,是任何其他部门法的研究所无法替代的。它既不可能和没有必要成为什么'显学',但也不可能

---

①　参见闫文博:《1979—2007 年我国法制史研究综述——以〈法学研究〉为中心的考察》,载《法律文献信息与研究》2008 年第 3 期。

②　一是现象世界,即历史"是什么";二是根源世界,即历史"为什么是什么";三是意义世界,即历史能为我们的现在和将来提供什么,或者说,"过去"与"现在"和"将来"的统一体中意味着什么。参见胡旭晟:《描述性的法史学与解释性的法史学——我国法史研究新格局评析》,载《法律科学》1998 年第 6 期。

③　张晋藩:《中国法制史学发展历程的反思和期望》,"法律史学科发展国际学术研讨会"会议交流论文暨张晋藩教授大会主题发言。

和不应该被一笔抹杀;只要有法律学科的存在,就必然要有法律史学的研究”。① 徐忠明认为,法制史研究“不仅是一堆杂乱无章的材料,更要提出一套帮助人们深入理解人类法律文化的理论工具,这是他的重要使命”。② 可以说,对法制史的研究,不但能够弘扬中国传统法律文化,科学地总结历史经验,还能为现实的民主法制建设提供科学的借鉴。而这种借鉴不仅是从历史发展上的借鉴,更可以从人类文化命运与法制历史关系的高度提供借鉴。张伟仁认为,西方文化过于强调个人竞争,因此西方法制也是侧重这些的;相反,中国传统文化强调人与人、人与物以及人与环境之间的和谐关系,因此中国传统法制便保障这种安宁和发展。③

法制史学研究本身就是对学科的梳理与评析,这对学科地位的巩固、学科的长远发展是必要的,也是十分有意义的。

二、社会价值

中国法制史学者非常关心在我们文化的深层中是否掩埋着与现代法制相冲突抑或对现代社会法制文明有促进作用的基因,提炼出积累在我们民族机体中的古代法制文明,调适其与现代法治的关系,探索传统法律的现代价值,即法制史研究的现代意义或社会价值。梁启超也曾说:“无论研究何种学问,都要有目的。什么是历史的目的?简单一句话,历史的目的是将过去的真实事实予以新意义或新价值,以供现代人活动之资鉴。”④梁启超的话用在法律史研究上,就是既要探索以往法律的“真实事实”,又要从揭示它的“新意义”“新价值”,从而达到为现代人的法律实践提供“资鉴”的目的。

除此之外,我们还可以认真解构古代的制度、案例、立法者、执法者、守法者、法学家自己运用的概念体系和表达方式,对于走出上述“物与词”的困境也会大有裨益。同时,这个过程亦是以新的学术视角对历史事实的重新整理和建构,于历史学的研究或为补充或为批评,意义不小。更为重要的是,中国法制史研究所要提供的“不仅是一堆杂乱无章的材料,更要提出一套帮助人们深入理

---

① 马小红:《博观约取,厚积薄发——怀念饶鑫贤先生》,载中国法学网:http://www.iolaw.org.cn/showNews.asp? id=10008,最后访问日期:2019 年 6 月 5 日。

② 徐忠明:《中国法律史研究的可能前景:超越西方,回归本土?》,载《政法论坛》2006 年第 1 期。

③ 参见张伟仁:《中国传统的司法和法学》,载《现代法学》2006 年第 5 期。

④ 梁启超:《中国历史研究法》,上海古籍出版社 1998 年版,第 7 页。

解人类法律文化的理论工具”。[①] 缺乏这套理论工具,法制史不过是一堆没有生命的图画和数据。曾经一提到中国法制史,就意味着五刑、十恶、八议,一说到中国的法律传统就是君主专制、司法黑暗、刑罚残酷。其实,这既非中国法律历史的全部事实,也非中国法律传统的全部内涵。中国法制史与中国法律传统作为悠悠千年法律文化的体现,它还有着问题的另一面,即就治国的理想而言,中国古代法律传统提倡的是“道德理想主义”。中国法制史的研究,是对那样一段悠久绵长而丰富多彩的历史的发掘与重现,却又不仅仅是发掘出新的史料或者重现某些律条,更是通过这层表象,找到深层而内在的义理。

第四节　对未来法制史学的影响

法律史学的学科史研究,其探索的领域虽然是过去,但是其价值指向却是未来。20 世纪下半叶的中国法律史学迅速发展,在其他科学史研究、其他学科的反思性研究的启发下,法律史学科的自我意识被唤醒。没有法律史学科的创新意识和自我意识的萌生,就不会有法律史的学科史研究。我们为了寻求我国法律史学科在新世纪的发展而不断地对法律史这一学科史进行反思,使本学科在清醒的自我意识中不断探索,在深化理论品质过程中不断走向成熟与完善。

一、研究视角的转换

(一)研究对象的拓展

在 20 世纪中国法制史研究对象的基础上,以后的法制史研究在研究对象上可进一步深入和扩展。21 世纪初已出现了专门研究习惯法基本理论的著作、[②]专门研究少数民族习惯法的著作、专门研究民间法基本理论的著作[③]以及刊物。还有学者根据对古代案例的分析把古代的法律渊源扩展到了国家法以外的规则,如情、理、习惯等。[④] 通史方面作品数量可以用突飞猛进来形容,并且是整体上的提高,与之前教学用书占据相当比例的状况形成鲜明对比,这与近几年来法学学科在高校得到重视,以及日趋成熟的法学教育密切相关。在司法监察制度这一部分中,明清时期更加吸引学者进行研究,与之前的成果数量形

---

① 徐忠明:《中国法律史研究的可能前景:超越西方,回归本土?》,载《政法论坛》2006 年第 1 期。

② 参见李可:《习惯法——一个正在发生的制度性事实》,中南大学出版社 2005 年版。

③ 参见于语和主编:《民间法》,复旦大学出版社 2008 年版。

④ 参见何勤华:《清代法律渊源考》,载《中国社会科学》2001 年第 2 期。

成鲜明对比。究其原因,笔者认为有两点:首先,帝制时期的司法监察制度在明清时期得到最大限度的发展,各项制度都发展得比较完善,这为研究提供了丰富的对象;其次,从现实的需要来看,我们可以从对司法监察制度最发达的时期的研究中得到经验与启发,从过去得到对现代法制史的现实价值。民族与部门法制史都是90年代初步发展起来的,在90年代的基础上得到了更高的重视,也有更多学者将目光投向这两部分。民族法制史多集中于西南、西北少数民族法制的研究,部门法则集中于民法、刑法等主要部门法的研究。地方法制史虽然没有以迅猛的势头发展,但是已经得到关注,虽然著作数量并不可观,但是随着研究的深入、经验的积累,必然会有作品相继问世。

之前研究对象虽然有新的发展,但是在研究时也有不足。通论性的研究尚提出了一些问题,即使是概括特征,也毕竟是新思考。但是在断代法制史方面,研究的选题大多与以往的相同或近似,这就难以出现新意,难以突破。研究者只将"资料"理解为已发表文章或已出版的著述,论题也以已有的成果为范围,故新资料的挖掘和使用,始终是一个问题。应当提倡利用他人未使用的资料或他人使用资料不当、新发现的资料等第一手资料进行选题和研究,这样才能真正拓宽研究领域、提高研究深度,也才能发现新的研究视角,从而使用新的研究方法。

发掘中华民族法律传统的历史底蕴固然重要,但探究传统法制的现代价值,以期为法制建设服务,是一个重要且新颖的着眼点。对历史上曾经存在的阻碍民主与法治的消极方面,对此进行实事求是的剖析与批判,是研究中必不可少的一个方面。而对于传统法文化中优秀的成分进行挖掘与传播,则是一个更主要的变化。

(二)研究主体的提升

一个学科要长久良性发展离不开有序的梯队建设。在中国法制史研究中,张晋藩、蒲坚、钱大群等老一辈的学者依然在研究中占据有利的地位,他们出版作品的数量一直是居于前列的,在个体数量上,21世纪前十年的主要个体数量是20世纪90年代的两倍。作为90年代中坚力量的学者们,在新世纪前十年里出版的作品数都有一定程度的上升;在新世纪的前十年里更多的年轻学者取得成果并出版,但法制史领域还十分需要有思想、有学术修养、有自己独到见解的年轻学者。与此同时,也反映了在越来越浮躁的当下,如何保持做学问的态度,如何吸引更多的年轻人投入到法制史研究行列中来的问题。

二、研究方法的更新

20世纪下半叶，中国法制史的研究者更自觉地综合运用各个学科的知识，将法学、历史学、社会学的方法加入到法制史的研究中来，既进行考证、归纳，也进行分析、演绎，既有实例，也有理论，既注重文献也注重调查，等等。这些变化都将是研究的新气象，如从史料分析与考据入手的法历史学方法；从法律制度的社会运行与社会效果角度分析的法社会学方法；以田野调查形式研究民族习惯法与民间法的法人类学方法；从横向与纵向对比相关法律制度与法律思想的比较研究方法。这些方法在现代中国法制史研究中已经形成传统，并积极有效地运用在研究中。

在21世纪前十年新的方法被广泛运用，如法发生学方法与法人类学方法。法人类学的基本方法就是要抛弃国家法中心主义、法典中心主义以及部门法划分等观念，按照每个民族固有的社会规范样式来研究其法律问题。具体到中国而言，对“礼、制、理、情、俗、誓、盟、约、道、德、天命、民心”等一系列范畴和规则的研究就是十分必要的。虽然法人类学早在20世纪四五十年代就已经传入中国并且结有《乡土中国》《生育制度》等果实，但之后几乎没有什么发展。从20世纪80年代开始法人类学方法的研究才重新恢复，由于关注的学者少、研究经费不足等原因，使该领域的研究成果并不是很多。但是，有一些来自少数民族聚集区的高校或研究机构的学者克服各种困难，深入民族地区进行艰苦的田野调查，取得了一系列高水平的研究成果，①但是这些成果仅限于对民族地区习惯法的研究。此时，学术界还没有广泛地将法人类学方法运用于对中国法制史的研究。瞿同祖和梁治平的著作是法制史和法人类学结合的典范，是运用法人类学方法研究中国法制史的尝试。他们的作品对于中国法制史研究的借鉴意义较大。

法发生学经过90年代末的复苏到21世纪前十年的逐渐发展，已经进入到法制史学主流的研究方法范围之中。相对于法人类学，法发生学方法在法学研究领域只是个“新人”，虽然目前还没有运用在法制史的研究当中，但是作为“新人”，引进是很有必要的。

---

① 这些作品主要是对民族地区习惯法调查结果的总结和研究，代表性著作有：钱宗范、梁颖等：《广西各民族宗法制度研究》，广西师范大学出版社1997年版；徐晓光：《藏族法制史研究》，法律出版社2001年版；张晓辉等主编：《彝族法律文化研究》，民族出版社2005年版；陈金全主编：《西南少数民族习惯法研究》，法律出版社2008年版等。

关于法发生学这个"新人",并没有统一的定义,但是依据其他学科的知识可对其作如下认识:法发生学是一种研究法律现象发生的前提与发生过程的方法,研究思路是由完整形态的法律现象向起点进行回溯,这样就避免了在对历史发展过程的旁枝末节上纠缠不清,从而可以直接对对象产生的必要条件与前提进行研究,但是对研究结果进行叙述的时候依旧是按照从前至后的顺序进行。举个例子来说,我们以邓析代理诉讼为研究对象,不能只停留在对事件的阐述上,而是要回溯到子产公布成文法,并且发现二者之间的必然联系。

虽然法发生学作为独立的研究方法还没有被明确提出来,现在对法发生学有必要进行深入研究。但是在实际中已经在运用了。《法和法学发生学》①、《社会变迁的法律解释》②等这些学术作品的出现,说明学术界已经自发且零散地出现了运用法发生学方法研究的现象,这也说明该方法的引入是必然的趋势。

在研究方法上,应注意对其他人文学科和社会科学学科成果与方法的吸纳。法学本身并不是一门自给自足的学科,法制史更是如此,它需要从其他学术领域汲取发展所必需的养分。法制史研究除了需要借鉴法学领域其他学科的研究方法与研究成果,比如法理、刑法、民法、经济法等,同时也需要法律与文学、法律与哲学、法学与经济学等运动的推动。但是,我们的法学界却要在一个贫乏的基础上"两线作战",既要努力建立和丰富自身的知识体系,求得学科真正的独立,又要分出很大心力,不断地寻求与其他人文社会科学学科的融合,难免力不从心,顾此失彼。所以,两方面的研究都还有待加强,并需要不断互动。

历史像一座大厦,任何光源也不可能照亮每个角落,所以需要从多角度进行研究。只有总体把握与多角度相结合,才有可能揭示中国法制史的一般规律和特殊规律。梳理中国法制史学的发展以及对其进行反思这是一种现实性的思维过程,我们应该感受到其所折射出来的关乎人生前途、民族命运乃至人类未来的忧患世界。基于此,我们在以后的法制史研究中应注意以下几点:

第一,要更加重视挖掘古代法律调整功效的多样性。法律史是关于古代社会法制变迁的历史,它所反映的社会关系错综复杂,调整社会关系的方式也是多种多样。在阶级社会中,阶级分析是研究历史的基本方法,对于研究法制史来说要时刻注意把握、遵循。过去的研究,把阶级社会中法律的功能局限于阶级压迫与阶级剥削,却使法律的一般调整功能未能受到重视。

---

① 古棣、周英:《法和法学发生学》,中国人民大学出版社 1990 年版。

② 尹伊君:《社会变迁的法律解释》,商务印书馆 2003 年版。

第二,注意理论思想与历史史料的统一。中国法制史涉及的资料范围是十分广阔的,包括文献记载、地下文物、历史档案、私家笔记,以及各种规约和檄文等,我们要不断地发现新的史料,并且要鉴别真伪,做到理论的研究与史料的收集相统一,避免过分重视史料而陷入"唯史料论",充分发挥二者的统一,以期发掘法制史研究的实证价值。改革开放以来,国内外学术交流不断加强,各种思潮纷至沓来,马克思主义理论指导思想已经不是唯一,出现了百家争鸣的情况,西方的其他理论思想逐步引入并得到应用,但为使其真正发挥作用,应当避免"拿来主义"。

总之,整体来说,中华人民共和国成立后40年的研究较为薄弱已是不争的事实。同时,我们也深刻地认识到学术研究离不开良好的社会环境。科学研究以创新为灵魂,以质量为生命。创新离不开严谨的态度和艰苦的劳动,严格的研究方法和明确的规范。

20世纪80年代给大多数研究者确定的是身份而不是厚实的专业基础,是那种从70年代末延续而来的强烈的家国之忧,而不是复杂的学理。真正的法学专业自觉和学术体系的建立乃是90年代的成绩。当然,在这个过程中,80年代的法学毕业生们成了生力军。他们翻译了不少作品,开阔了知识的视野,提升了法学在整个知识格局中的地位,不断地推进着专业知识与社会变革之间的互动。自然,在这样的努力中,他们自身所具有的知识缺陷也制约着法律学术乃至法律制度的发展与成熟程度。"行百里者半九十",80年代的法科毕业生们仍然任重道远。跟其他学科一样,法学的发达需要长时间不间断的积累,每一代人只能在前人研究成就的基础上添加一些新东西。当然,开山立派的大师肯定是要有的。但是,大师也不能空穴来风、无所依托便硕果累累。吸收前人成果,创造性地解释前人的成说,以所谓同情的理解的态度对前人观点加以批判和发展,从而使学术的链条不致中断,这些都是维持一门学问于不坠的重要条件。

在承接了80年代研究范围的同时,90年代拓展了研究领域;在继承了80年代研究成果的同时,90年代有了更丰硕的成果;在80年代原有的研究主体的基础上,90年代有了一批又一批的青年研究主体加入;在外部条件不够好,阻力频频出现的情况下,90年代的研究不但没有停止,还有新的研究成果不断问世;那么多老一辈学者们年过花甲,却仍在言传身教、传播知识、奉献力量……这是我们看到的90年代中国法制史学的发展、中国法制史学界的精神、中国法制史学科的可爱之处。

昨日的历史已经远去,千百次的大浪淘沙与洗涤沉淀不但留给我们宝贵的财富,也留给我们一面反思的镜子。每一位法史学人,不但应当从 20 世纪 50 年代至 90 年代中国法制史学的发展看到走下去的勇气与激情,更应当从这一时期中国法制史学的不足找到中国法制史学科良性发展的良方与出路。让每一位法史学人,继续在历史的舞台上为那份奔腾挥洒激情,为那份绵延贡献智慧,为那期待的未来播种希望。

参考文献

一、古籍史料类

1.《尚书》
2.《尚书大传》
3.《国语》
4.《管子》
5.《老子》
6.《论语》
7.《礼记》
8.《商君书》
9.《孟子》
10.《荀子》
11.《韩非子》
12.《新语》
13.《淮南子》
14.《春秋繁露》
15.《史记》
16.《论衡》
17.《潜夫论》
18.《抱朴子》
19.《汉书》
20.《后汉书》
21.《唐律疏议》
22.《通典》

23.《昌黎先生集》
24.《白居易集》
25.《柳河东集》
26.《后唐书》
27.《范文正公集》
28.《欧阳修全集》
29.《直讲李先生集》
30.《朱子语类》
31.《四书章句集注》
32.《朱文公文集》
33.《文献通考》
34.《元史》
35.《明史》
36.《大学衍义补》
37.《明夷待访录》
38.《日知录》
39.《顾亭林诗文集》
40.《读通鉴论》
41.《龚自珍全集》
42.《默觚》
43.《唐明律合编》
44.《读例存疑》
45.《四库全书总目》

二、专著编著论

1. 冯友兰:《中国哲学简史》,北京大学出版社 1985 年版。
2. 高潮、刘斌:《中国法制古籍目录学》,北京古籍出版社 1993 年版。
3. 高潮、马建石主编:《中国历代刑法志注译》,吉林人民出版社 1994 年版。
4. 朱仲玉编著:《中国古代史学家》,北京科学技术出版社 1995 年版。
5. 梁启超:《中国近三百年学术史》,东方出版社 1996 年版。
6. 叶孝信主编:《中国学术名著提要》(政治法律卷),复旦大学出版社 1996 年版。

7. 钱穆:《国学概论》,商务印书馆 1997 年版。

8. 张晋藩:《中国法律的传统与近代转型》,法律出版社 1997 年版。

9. 张伯元:《法律文献学》,浙江人民出版社 1998 年版。

10. 洪丕谟:《中国古代法律名著提要》,浙江人民出版社 1999 年版。

11. 李光灿、张国华总主编:《中国法律思想通史》(三),山西人民出版社 2000 年版。

12. 杨一凡总主编:《中国法制史考证》,中国社会科学出版社 2003 年版。

13. 武树臣:《中国法律思想史》,法律出版社 2004 年版。

14. 王立民主编:《中国法学经典解读》,上海教育出版社 2006 年版。

15. 何勤华:《中国法学史》,法律出版社 2006 年版。

16. 张觉校注:《潜夫论校注》,岳麓书社 2008 年版。

17. 张晋藩主编:《清代律学名著选介》,中国政法大学出版社 2009 年版。

18. 杨鹤皋:《中国法律思想通史》,湘潭大学出版社 2011 年版。

19. 丁凌华主编:《中国法律思想史》,科学出版社 2012 年版。

20. 侯欣一主编:《中国法律思想史》,中国政法大学出版社 2012 年版。

21. 张维新:《中国古代法制史学史研究——以历代古籍为中心》,上海人民出版社 2012 年版。

三、论文类

1. 吉同钧:《薛赵二大司寇合传》,载吉同钧撰:《乐素堂文集》(卷三),中华印书局 1932 年版。

2. 何勤华:《中国古代第一部法律史著作——〈汉书·刑法志〉评析》,载《法学》1998 年第 12 期。

3. 华友根:《试论薛允升关于废除严刑酷法的思想及其意义》,载《学术月刊》1999 年第 8 期。

4. 何勤华:《论宋代中国古代法学的成熟及其贡献》,载《法律科学》2000 年第 1 期。

5. 范忠信:《中国"封建"法制史研究论纲》,载《中国法学》2003 年第 6 期。

6. 韩秀桃:《中国法律史学史——一个学科史问题的透视》,载《法制与社会发展》2003 年第 6 期。

7. 张兆凯:《论古代肉刑存废之争》,载《湘潭大学社会科学学报》2003 年第 6 期。

8. 曾宪义、马小红:《中国传统法研究中的几个问题》,载《法学研究》2003年第3期。

9. 许苏民:《顾炎武与浙西史学》,载《东南学术》2004年第1期。

10. 薛菁:《汉末魏晋复肉刑之议论析》,载《东南学术》2004年第3期。

11. 郝铁川:《从多元立法权和司法权到一元立法权和司法权的转折——春秋时期"铸刑书"、"铸刑鼎"辨析》,载《华东政法学院学报》2005年第5期。

12. 王立民:《〈唐律疏议〉——中国古代法律与历史融合的典范》,载《浙江工商大学学报》2005年第6期。

13. 吴光:《黄宗羲的学术成就及其现代价值》,载《中国哲学史》2006年第1期。

14. 黄克剑:《孔老之辨》,载《哲学研究》2007年第9期。

15. 朱人求:《李觏的礼法观》,载《孔子研究》2007年第6期。

16. 陈其泰:《历史编纂学视角展现的学术新视域——以〈汉书·刑法志〉为个案的分析》,载《天津社会科学》2008年第4期。

17. 黄东海、范忠信:《春秋铸刑书刑鼎究竟昭示了什么巨变》,载《法学》2008年第2期。

18. 吴怀祺:《历史思维与王夫之的史论》,载《河北学刊》2008年第2期。

19. 朱凤祥:《〈汉书·刑法志〉的历史编纂学价值》,载《兰台世界》2009年第11期。

20. 桑玲:《试论老子的法律思想》,载《河南社会科学》2009年第1期。

21. 王占通:《韩非法律思想新探》,载《当代法学》2011年第6期。

后　记

《中国法制史学的演进与思考》原是我主持的司法部“国家法治与法学理论研究”的立项课题(12SFB5008),2016年按时结项,经修改后,现以著作形式与大家见面。这是一个集体研究成果,由多位学者共同努力而成。其写作的分工情况如下：

王立民:序、第十三章、后记。

赵美玲:第一、二、三、四、五、六章。

周会蕾:第七、八、九章。

肖志珂:第十、十一、十二、十四章。

练育强、周会蕾协助我统筹了此项目的各项工作,对项目成果的内容做了汇总、调整和必要的修正。王瑞超在书稿后期的校对,修正中,做了大量工作。

对于大家的热情参与和辛苦工作表示衷心的感谢!

在撰写本书的过程中,参考了多人的研究成果,其中包括了张维新的《中国古代法制史学史研究——以历代古籍为中心》一书和孙婷、王安廷、陈艳、刘倩、李林、何仁俊等的硕士学位论文,在此也一并表示衷心感谢!

华东政法大学原校长何勤华教授大力支持本书的出版,同样表示衷心感谢!

此书不久就可面世,可错误与不足难免,还望大家指正。多谢多谢!

王立民

2019年国庆节于华东政法大学

比较法文丛

- ○ 现代西方的政党、民主与法治
- ○ 民国《合作社法》的孕育与影响
- ○ 拉丁美洲国家民法典的变迁
- ○ 唐代刑部研究
- ○ 澳大利亚行政裁量司法审查研究
- ○ 解读约因：英美合同之效力基石
- ○ 战后美国国家安全法律制度研究
- ○ 论英国警察权的变迁
- ○ 英国租借时期威海卫法律制度研究
- ○ 英国慈善信托制度研究
- ○ 罪刑法定原则在近代中国
- ○ 比较法视野下的民事公益诉讼
- ○ 律简身份法考论：秦汉初期国家秩序中的身份
- ○ 先秦诸子政治法思想萌芽研究
- ○ 中国法律文化对东南亚的影响
- ○ 1947年宪法体制下的中央立法权研究
- ○ 现代日本人的法律生活
- ○ 英国租借期间威海卫法令汇编
- ○ 韩国法专题研究
- ○ 中华民国宪法史
- ○ 俄罗斯国家与法的历史
- ○ 中国古代佛教法初探
- ○ 走近文明的橱窗：清末官绅对日监狱考察研究
- ○ 全球警务机制研究
- ○ 生命法学论纲
- ○ 华洋共处与法律多元
- ○ 教会法原理
- ○ 英国证据法史
- ○ 法律翻译与法律移植
- ○ 近代契约华工法律
- ○ 近代华侨法律研究
- ○ 苏联法学教育研究
- ○ 文教与政教
- ○ 西法东来的样式：西班牙殖民时期的菲律宾法研究
- ○ 董康法学文选
- ○ 美国食品安全法制与伦理耦合研究（1906～1938年）
- ○ 英国议会政治
- ○ 自贡盐业契约研究
- ○ 彝族习惯法及调解机制研究
- ○ 慈善捐赠的世界图景——以罗马法、英美法、伊斯兰法为中心
- ○ “《现行律》民事有效部分”集解四种
- ○ 20世纪以来英美国家的古希腊法律史研究
- ○ 国际法视野下非物质文化遗产保护问题研究
- ○ 清代仓库律例研究
- ○ 瑞士法律史（第二版）
- ○ 近代华侨教育政策与法律研究
- ○ 英国家事审判制度研究——以2011年以来的改革为中心
- ○ 近现代中国城乡规划法律问题研究
- ○ 清朝广州十三行法制研究
- ○ 美国海事司法管辖权之变迁研究（1789—1966）
- ● 中国法制史学的演进与思考